George L. Mosse
Der nationalsozialistische Alltag

George L. Mosse

Der nationalsozialistische Alltag

So lebte man unter Hitler

Athenäum Verlag
1979

Aus dem Englischen übertragen und neu bearbeitet.
Titel der amerikanischen Originalausgabe: Nazi Culture
Amerikanischer Originalverlag: Grosset & Dunlap, New York

CIP-Kurztitelaufnahme der Deutschen Bibliothek

Mosse, George L.:
Der nationalsozialistische Alltag : so lebte
man unter Hitler. – 2. überarbeitete Aufl. – Königstein/Ts. :
Athenäum-Verlag, 1979.
   Einheitssacht.: Nazi culture <dt.>
   ISBN 3-7610-8028-X

Deutsche Erstausgabe
© 1978 Athenäum Verlag GmbH, Königstein/Ts.
Alle Rechte vorbehalten
© 1966 George L. Mosse
Umschlaggestaltung: Endrikat + Wenn, Aachen
Gesamtherstellung: Friedrich Pustet, Regensburg
Printed in Germany
ISBN 3-7610-8028-X

Inhaltsverzeichnis

EINFÜHRUNG 1

HITLER GIBT DEN TON AN 23
Kultur als Glauben an ein ideales Reich und die Verankerung dieses Glaubens bei den Massen 26
    Die Kraft der Ideale 26
    Der Arier als Hüter der Kultur 26
    Der Staat ist kein Selbstzweck, sondern ein Mittel 27
    Der Jude hat keine Kultur 27
    Die Notwendigkeit der Propaganda 28
    Hitlers Bild von den Massen 28
    Erziehung muß auf Idealen aufbauen 30
Hitler definiert Kultur, indem er Kunst definiert 31
    Die kulturelle Wiedergeburt 31

WIE SAH DIE REVOLUTION AUS? 47
Der gute Kampf 52
    Friedrich Joachim Klaehn
    Hier marschiert das ‚Neue Deutschland' 52
    Kurt Massmann
    Saalschlacht 55
Die Familie 58
    Hanns Anderlahn
    Der Nationalsozialismus hat die Familie wieder in ihre natürlichen Rechte eingesetzt 58
    Ludwig Leonhardt
    Das Deutsche Volk ist eine Familie 61
    Hermann Paull
    Ehe, Moral und Besitz 62
Die ideale Frau 65
    Adolf Hitler
    Die Aufgaben der Frau 65
    Alfred Rosenberg
    Emanzipation von der Emanzipation 66
    Hildegard v. Rheden
    Bäuerlicher Hausfleiß aus Blut und Boden 66
    Joseph Goebbels
    Die Vogelfrau 67
    Diese Frauen können wir lieben 67
    Frau Goebbels über die deutschen Frauen 68
    Ein Wort an die Frauen 68
    Die glänzende Nase und die deutsche Nation 68
    Glaube und Schönheit 69

Richtiges Benehmen 70
Das Ehrenkreuz der deutschen Mutter 70
Weibliche Studenten 71
Engelbert Huber
Gegen politische Aktivitäten der Frau 72
Die gesellschaftliche Realität 72
Paßt der ‚Five o'clock' in unsere Zeit? 72
Märchen auf der Pfaueninsel 77
Wunderschöne Kleider beim diesjährigen Presseball 78
Gesucht: Croupiers 78

DIE URSPRÜNGE: RASSISMUS 79
Das Gesetz zur Verhütung erbkranken Nachwuchses 82
Hans F. K. Günther
Der Idealtyp der nordischen Rasse 101
Ludwig Ferdinand Clauss
Seele, Landschaft und die Beherrschung der Welt 105
Alfred Rosenberg
Der diesseitig orientierte Jude hat keine Seele 113
Jakob Graf
Familienkunde und Rassenbiologie für Schüler 116
Paul Brohmer
Die Neue Biologie: Einübung in Rassenbürgerschaft 118
Erich Ristow
Für die Arterhaltung der Rasse: Zwangsweise Sterilisierung 125
Das neue Eherecht für Großdeutschland 126

DER AUFBAU VON MYTHEN UND HELDEN 132
Alfred Baeumler
Nietzsche und der Sozialismus 135
Ernst Röhm
Der Soldat versteht eine rauhe Sprache 138
Joseph Goebbels
Michael – Ein Deutsches Schicksal 140
Friedrich Bubendey
Deutschland muß leben 147
Hanns Johst
Die Kluft zwischen den Generationen 151
Eduard Schönleben
Fritz Todt: Ein Held unserer Tage 153
Wilhelm Ihde
Friedrich der Große: Ein preußischer Held 154
Gudrun Streiter
Aus dem Tagebuch einer SA-Mann's Braut 157
Hermann Klauß
Über Schulfeiern 160

AUF DEM WEG ZU EINER TOTALEN KULTUR 173
Hermann Burte
Der Dichter muß dem Volk verbunden sein 179
Gegen die Überschätzung des Intellekts 183
Streicher, der Intellektuelle 184
Geist und Charakter 184
R. Walther Darré
Die Rolle der deutschen Bauern in der deutschen Geschichte 184
Joseph Goebbels
Freiheit und Organisation 187
Adolf Spemann
Über die nationale Verantwortung von Verlegern 194
Goebbels verbietet die Kunstkritik 197
Kurt Karl Eberlein
Was ist deutsch in der deutschen Kunst? 197
Heinrich Zillich
Die Geschichte ruft den Dichter 199
Josefa Berens-Totenohl
Der Wulfe-Hof: Zwei Episoden im Leben eines Bauern 201
Tüdel Weller
Ein Schläger als Held – Aus einem anti-jüdischen Roman 208
Eckart von Naso
Im preußischen Staatstheater 215
Spielplan des Herner Stadttheaters 1936–1940 217
Helmut Majewski
Neugestaltung deutscher Blasmusik 219
Karl Riebe
Musikerziehung des Arbeiters 221
H. S. Ziegler
Entartete Musik 224
Adolf Hitler
Über die Aufgaben der Baukunst 226
Das Winterprogramm des deutschen Rundfunks 1936 226
Pläne für das Rundfunkprogramm der Jahre 1938/39 227
Die deutschen Filme für Venedig 229
Das Filmpublikum ist nicht so dumm 229

WISSENSCHAFT UND NATIONALSOZIALISMUS 231
Philipp Lenard
Die Grenzen der Wissenschaft 234
Johannes Stark
Die nordische Rasse zeichnet sich durch besondere Fähigkeiten aus 238
Bruno Thüring
Die Natur prägt die geistigen Voraussetzungen 240
Kurt Gauger
Psychotherapie und politische Weltanschauung 246
Hanns Löhr
Der Arzt muß sich auch mit dem Irrationalen auseinandersetzen 256

VIII

DAS CHRISTENTUM 263
  „Mein Führer, von Gott mir gegeben!" 268
  Christsein in einer Gemeinschaft von Blut und Rasse 269
  Wie man sich als Christ dem deutschen Volk gegenüber zu verhalten hat 269
  Martin Bormann
  Nationalsozialismus und Christentum sind unvereinbar 271
  Im Brief des Apostel Paulus steckt ein Irrtum
  – Memorandum der Bekennenden Kirche in Deutschland – 273
  Die Beeinflussung der Jugend 275
  Kardinal Faulhaber
  Judentum, Christentum und Deutschland 280
  Ideologie und Krankenpflege 284

DER SCHLÜSSEL: DIE ERZIEHUNG DER JUGEND 285
  Inge Scholl
  Dabei sein! 291
  Ilse McKee
  Skepsis und Begeisterung 294
  Frische Jungen 297
  L. Grünberg
  Der Test 298
  Leibeserziehung und Nationalsozialismus 298
  Hans Schemm
  Zehn Kalorien mehr Charakter 299
  Bildung versus Weltanschauung 300
  Rassenlehre und nationale Gemeinschaft 300
  Lucie Alexander
  Steh' nicht beiseite! 300
  Rudolf Ramlow
  Kann Jugend nationalsozialistisch sein? 302
  Beispiele aus Schulbüchern 303
  Baldur von Schirach
  Der Kinderfreund 303
  Lehrplan zur Behandlung der ‚Judenfrage' im Unterricht 305
  Wilhelm Steckeling
  Gesundbrunnen, die dir dein Turnlehrer weist 307
  Baldur von Schirach
  Das Symbol der Jugend – die Sonne 308
  Otto Dietrich
  Ein verwegener Sturmflug 309
  Deutschstunde 310
  Einflußnahmen außerhalb der Schule 311
  Baldur von Schirach
  Die Hitler-Jugend 311
  Der Werdegang zum SS-Mann 319
  Die Universität 320
  Gerhard Krüger
  Die Wiederherstellung der akademischen Gemeinschaft 320

Werner Beumelburg
Arbeit ist Zukunft 323
Zulassungsbedingungen zur Friedrich-Wilhelm-Universität Berlin 324
Neue Lehre für ein neues Reich – Wissenschaft von Volk und Rasse 327
Walter Schultze
Von akademischer Freiheit 328
Jüdische Abiturienten sind nur Nummern 331

WAS IST DER STAAT UND WER SIND SEINE BÜRGER? 332
Carl Schmitt
Öffentliches Recht im neuen Kontext 335
Aus dem ‚Merkbuch für deutsche Polizeibeamte' 338
Wilhelm Stuckart/Hans Globke
Über die natürliche Ungleichheit der Menschen 339
Reichsbürgergesetz 347
Walther Buch
Der Jude steht außerhalb des Gesetzes 348
Roland Freisler
Der deutsche Beamte als Glied des Volkes 348

ARBEITER UND KAUFLEUTE 351
Der Arbeiter – Ideal und Realität 355
Tabellen über die Berufszugehörigkeit der Parteimitglieder 355
Deutscher Sozialismus?
– Kein Bedarf an Bildungsphilistern – 356
Die richtige Einstellung zur Arbeit 357
Betriebsführer, so darf es nicht sein! 358
Lohnstopp für Stenotypistinnen 358
Walter Dach
Die Bekehrung des ‚Genossen' Müller 359
Die Rechnung liegt auf dem Tisch 364
Was das deutsche Volk an Steuern bezahlt 364
Die Lebenshaltungskosten 1933–1937 366
Die Lage des deutschen Einzelhandels 367
Die Spitzengehälter in Deutschland 368
Einschränkungen für den Handel 368
So sah es aus 369
. . . und die Maßnahme folgte 369
Ständige Preiskontrollen 370

DIE MACHTERGREIFUNG 371
Otto Michael Knab
Unsere Stadt unterm Hakenkreuz 374
Veränderter Lebensrhythmus 379
Die Machtübernahme der Nationalsozialisten in Köln 380
Hermann Stresau
Kleinigkeiten verraten die Unterdrückung 385
Erich Ebermayer
Verlorene Freunde 386

Verzeichnis der Bilddokumente

,Einer wie der andere' – Eine Schulklasse in Uniform 165
Gemälde des idealen deutschen ,Mädels' von Paul Keck 165
Hermann Otto Hoyer ,Am Anfang war das Wort' 165
Jürgen Wegener ,Deutsche Jugend'. 166
Dietrich Eckart-Theater 166
Arno Breker ,Partei' 167
Werner Kraus in der Rolle des Jud Süß in Veit Harlans gleichnamigem Film (1940). . . 167
Werbeplakat für den ,Eintopfsonntag' 167
Arno Breker ,Der Wächter' 167
Das Ehrenkreuz der deutschen Mutter 167
,Stärker als die Liebe' – Ein zeitgenössisches Filmplakat 168
Novemberwahlen 1933 169
Wahlplakat 1936 169
Plakat gegen die ,Dunkelmänner', 1935 169
Autobahnbauarbeiter, 23. 9. 1933 in Frankfurt 170
Gedenkstein zum Beginn des Autobahnbaus, 23. 9. 1933 170
Hitlerjugend 1933 170
Festwagen zum Handwerkertag in Frankfurt, 2. 7. 1933 171
Jungvolk 171
Plakat zur Tagung des Reichsnährstandes in Frankfurt, 6. April 1936 172
Mustersiedlung für nationalsozialistischen Wohnungsbau in Frankfurt 1938 172

Autor und Verlag bedanken sich für die freundliche Abdruckgenehmigung der Bilddokumente.

Einführung

Das Dritte Reich hat tiefe Spuren in unserer Zivilisation hinterlassen, und dieser Eindruck hat in den vergangenen Jahren weiter gewirkt. Wie dieses Regime innerhalb einer zivilisierten Nation an die Macht kommen konnte und wie sich das Leben unter den Nationalsozialisten abspielte, sind immer noch aktuelle Fragen, die besonders von denen gestellt werden, die damals zu jung waren, um sich heute noch an den Nationalsozialismus erinnern zu können, und von denen, die dieses Regime nie erlebt haben. In diesem Buch wird versucht, durch Originaldokumente die Zeit des Dritten Reiches zu erhellen; so kann das Wesen und die Zielsetzung des Regimes am besten vermittelt werden. Die zentrale Frage, die wir dadurch beantworten wollen, ist: Wie lebte man unter Hitler; in welcher Weise beeinflußte der Nationalsozialismus das Bewußtsein derjenigen, die unter ihm lebten?

Aus diesem Grunde wurden Dokumente des kulturellen und sozialen Lebens berücksichtigt und Quellen zur auswärtigen Politik und inneren Verwaltung ausgespart. Um ein genaueres Bild von der Nationalsozialistischen Herrschaft zu geben, konzentriert sich das Buch auf die Jahre 1933 bis 1939. Der Einfluß des Krieges verstärkte manchen Aspekt der Ideen und Handlungen, die auf den folgenden Seiten dargestellt werden. Da dem kulturellen und sozialen Leben, so wie die Nationalsozialisten es verstanden, nach 1939 nichts wesentliches hinzugefügt wurde, schien es uns sinnvoll, uns auf die nationalsozialistische Herrschaft vor der Extremsituation des Krieges zu beschränken. Es ist das Bild einer „guten Gesellschaft", das dieses Buch veranschaulichen soll.

Diese Gesellschaft erlaubte keine Trennung von Politik und Alltagsleben, die viele von uns heute als selbstverständlich ansehen. Hitlers Ziel war es, eine organische Gesellschaft zu schaffen, in der jeder Aspekt des Lebens mit seinem ursprünglichen Zweck verbunden sein sollte. Die Terminologie, mit der dieser Zweck von der NSDAP propagiert wurde, war dabei: Niemand darf beiseite stehen. Politik war nicht nur ein Teil des Lebens oder eine unter vielen Wissenschaften, sie war vielmehr der konkrete Ausdruck der nationalsozialistischen Weltanschauung. Diese Weltanschauung wurde zu dem entscheidenden Punkt dafür, was „den Deutschen" ausmachte. Deshalb war Politik das Bewußtsein von Rasse, Blut und Boden, der Ausdruck des nationalsozialistischen Verständnisses der menschlichen Natur.

Dies meinte Hitler mit der „Nationalisierung der Massen".[1] Wille und Macht waren die Schlüssel zu den Herzen der Masse, um sie zum Bewußtsein ihrer Rasse zurückzuführen. Dieser absolute Anspruch der Politik bedeutete – so wie es nach dem Januar 1933 auch bezeichnet wurde – „Gleichschaltung" der Nation. Alle Individuen und Organisationen in Deutschland mußten in dem Sinne „nationalisiert" werden, daß sie der Parteikontrolle unterworfen war. Die Partei verstand sich als Wächter des germanischen Weltbildes, und durch den Willen und die Macht des „Führers" sollte die „gute Gesellschaft" geschaffen werden. So wurden die traditionellen Gewerkschaften aufgelöst und an ihre Stelle trat die unter Parteikontrolle stehende „Deutsche Arbeitsfront". Indem die Partei die Kontrolle über Studenten und Lehrer ausübte, wurden Schulen und Hochschulen in ihren Einflußbereich geführt. Ein ganzes Netzwerk von Parteiorganisationen kontrollierte die verschiedenen Berufsgruppen, in denen die Mitgliedschaft vorgeschrieben war. Darüberhinaus griff die Partei, von der „Hitlerjugend" bis zur „Organisation für Deutsche Mütter", in das Privatleben ein. Somit verschwanden die Grenzen zwischen öffentlicher und privater Betätigung, genauso wie die Grenzlinien zwischen Politik und dem übrigen Leben aufgehört hatten zu existieren.

Dies war der totalitäre Staat. Die NSDAP kontrollierte wie eine Spinne im Netz alle Lebensnerven der Nation; alle Aspekte des Lebens in dieser Gesellschaft waren den Forderungen der Politik unterworfen. Die nationalsozialistische Terminologie hierfür klang jedoch ganz anders. Politische Parteien und andere unabhängige nationale Gruppen mußten aufgelöst werden, weil sie ein Teil jener liberalen Politik waren, die die Nation gespalten, jeden gegen jeden und Klasse gegen Klasse aufgebracht hatte. Im Gegensatz dazu hatte der Einzelne unter den Nationalsozialisten ein Gefühl der Zugehörigkeit bekommen, das auf der Mitgliedschaft in einer Gemeinschaft beruhte, die aufgrund ihrer Weltanschauung seine eigenen inneren Ziele widerspiegelte. Ein Jahr nach Hitlers „Machtergreifung" wurde in der Parteischrift „Kampf" das Konzept des „politischen Menschen" als bürgerliche Mentalität abqualifiziert. Politisch sein bedeutete, ständig gesetzten Verhaltensregeln gemäß zu leben. Politisches Verhalten war nicht eine unter vielen Einstellungen. Sie bildete vielmehr die grundsätzliche Einstellung zum Leben.[2] Im Zeitalter der Industrieealisierung und des Klassenkampfes sollte der Mensch wieder in sein *Volk* integriert werden; sein wahres Selbst wurde hier zum Leben gerufen, und sein Gefühl der Entfremdung verwandelte sich zu einem Gefühl der Zugehörigkeit.

So sah das Konzept der Nationalsozialisten aus. Jedoch gelang es in der Praxis vielen Leuten, sich ihren Einflüssen zu entziehen. Der Begriff der „Inneren Emigration" wurde unter der nationalsozialistischen Herrschaft so wichtig, drückte er doch die letzte Möglichkeit privater Sphäre. Es gab keine Gruppen, die von der Partei und vom Staat unabhängig waren, keine Gruppenidentifikation, die nicht in irgendeiner Weise mit dem „neuen Deutschland" verbunden war. Sicher gelang es einigen wichtigen Institutionen, zumindest an der Oberfläche ihre Identität zu erhalten: den Kirchen, der Verwaltung, einigen Wirtschaftsorganisationen und dem Militär. Sie wurden allerdings allmählich unter Kontrolle gebracht. Dabei mußte gegen die Kirchen ein härterer Kampf geführt werden, wie einige unserer Dokumente zeigen. Die Angriffe richteten sich jedoch nie gegen die geeinte Front aller Kirchen, denn von Anfang an arbeiteten viele wichtige katholische und evangelische Priester begeistert mit dem Dritten Reich zusammen. Mehr noch, die Kirchen wurden durch ihre eigenen Mitglieder unter Druck gesetzt, sich ebenfalls „gleichzuschalten". Im Jahre 1933 gab es nur eine schwache Opposition. Als sie sich später entwickelte, war sie ineffektiv gegenüber der kulturellen Konformität des nationalsozialistischen Deutschland.

Für ausländische Bücher, Zeitschriften und Zeitungen wurden Zensurmaßnahmen eingeführt. Deutsche Literatur und Kunst wurde immer stärker kontrolliert, selbst wenn diese Kontrolle während der ersten Jahre der nationalsozialistischen Herrschaft nicht immer wirksam war. Um die Nation wurde eine Mauer gezogen. Innerhalb dieser Mauer konnten die nationalsozialistischen Machthaber ungestört darüber entscheiden, welche Lebenseinstellung jeder Einzelne zu übernehmen hatte.

Die Nationalsozialisten schlugen diesen Kurs ein, unmittelbar nachdem Hitler zum Reichskanzler ernannt worden war. Ständige Propaganda, Mahnungen und häufige Massenveranstaltungen schürten die Begeisterung. Es kam zu Bücherverbrennungen in fast jeder Stadt, zur Gleichschaltung aller kulturellen und sozialen Bereiche, – die Darstellung der beharrlichen Ausrichtung auf eine Revolution, die den Tagessieg errungen hatte. Im Sommer 1933 allerdings wurden die Menschen die Reden, die ständigen Massenversammlungen und die Paraden leid, da sie ihre Freizeit so sehr in Anspruch nahmen.[3] Die Nationalsozialisten verstärkten den Druck, um einer Gleichgültigkeit entgegenzuwirken. Die kulturelle Schlacht selbst war jedoch zu diesem Zeitpunkt bereits gewonnen, und viele, besonders Jugendliche, behielten ihre ursprüngliche Begeisterung bei.

Die Kultur, die die Nationalsozialisten auf die Bevölkerung entluden und dann noch verstärkten, ist in diesem Band dargestellt. Innerhalb dieser Kultur gab es keine Entwicklung, keinen Fortschritt; denn „Wahrheit" wurde als „gegeben" hingenommen, auf ewig durch die Rasse garantiert – so ewig wie das „arische Menschentum" selbst. Wir dürfen dies jedoch nicht so verstehen, als sei dieses Verständnis der Mehrheit durch die regierende Minderheit aufgezwungen worden. Der Boden hierfür war Jahrzehnte hindurch vorbereitet worden, in denen die deutschen Rechte in ihrer Ablehnung des Modernen eine entsprechende Art von Kunst, Literatur und Rassendenken entwickelt hatte. Darüber hinaus lehnte sich die nationalsozialistische Kultur an einen traditionellen Volksgeschmack an, eine Tatsache, die wir näher erläutern werden. Die nationalsozialistische Ablehnung jeglicher Neuerung in Kunst und Literatur wurde allgemein unterstützt. Die Kultur erhielt dadurch eine statische Qualität, und es hätte keinen Sinn, unser Thema nun durch Daten zu untermauern oder auch nur den Versuch zu unternehmen, eine kulturelle Entwicklung nachzuzeichnen, denn es gab sie nicht. Was sich zwischen 1933 und 1939 entwickelte, war der Grad der Beeinflussung, nicht die Art der Kultur, die propagiert wurde.

Unsere Dokumentation der nationalsozialistischen Kultur liefert eine weitere

Erklärung dafür, warum so viele Menschen die nationalsozialistische Herrschaft unterstützten. Wir haben es hier mit einer stark emotionalen Einheitsideologie zu tun, die ab 1934 in die Praxis umgesetzt wurde. Diese Ideologie steht nicht nur im Mittelpunkt dieses Buches, sie ist auch Dreh- und Angelpunkt der erstrebten „besseren Gesellschaft". Hitler betonte immer wieder den ideologischen Faktor, das Weltbild, das von größter Wichtigkeit war. Das „neue" Deutschland sollte auf dem „neuen Menschentyp" aufbauen. Dieser Mensch wiederum war das Produkt der neuen, richtigen Weltanschauung. Die Weltanschauung oder Ideologie war umfassend und damit das eigentliche Mittel der Erneuerung. In dem sie der menschlichen Natur entsprang, durchdrang sie alle Aspekte des menschlichen Lebens. Weil dieses Weltbild aus der Tiefe der menschlichen Seele stammte, mußten seine Ausdrucksformen kulturell und nicht materiell sein. So war denn Geschichte selbst – wie es ein führender rumänischer Faschist formulierte – ein Aspekt des erhabenen Geistes des Lebens.[4]

Deshalb legte Hitler selbst so viel Wert auf künstlerisches Arbeiten. Auch seine eigenen künstlerischen Ambitionen mußten dabei eine Rolle gespielt haben. Seine Rede anläßlich der Eröffnung des „Hauses der Deutschen Kunst" 1937 veranschaulicht seine Wertschätzung der Kultur als eines echten Ausdrucks des ewig schöpferischen Kerns der Rasse (s. Seite 31 ff.). Der „neue Menschentyp" mußte jene kulturell interessierte schöpferische Persönlichkeit sein, die durch ihre schöpferische Kraft ihr „Deutschtum" verwirklicht. Diese Idee war in der Strömung des deutschen Nationalsozialismus immer vorhanden und spiegelte in ihrer Betonung des Schöpferischen die individuelle Frustration in einer immer unpersönlicher werdenden Welt wider.

In allen vorliegenden Dokumenten sehen wir den Versuch, diesen „neuen Menschentyp" zu formen, einen Prozeß, der in der frühen Kindheit begann und das gesamte Leben begleitete. Hitler selbst glaubte, wie es scheint, wirklich an sein Weltbild, bestehend aus Rasse, Volk und Boden, und er hatte weit entwickelte Vorstellungen, wie das den Menschen zu vermitteln sei. Dies hielt er vor allem anderen für wichtig.

„Jede Weltanschauung, sie mag tausendmal richtig und von höchstem Nutzen für die Menschheit sein, wird solange für die praktische Ausgestaltung eines Völkerlebens ohne Bedeutung bleiben, als ihre Grundsätze nicht zum Panier einer Kampfbewegung geworden sind, die ihrerseits wieder solange Partei sein wird, als sich ihr Wirken nicht im Siege ihrer Ideen vollendet hat, und ihre Parteidogmen die neuen Staatsgrundsätze der Gemeinschaft eines Volkes bilden."[5] Eine solche Bewegung muß sehr gut organisiert sein, um an die Macht zu gelangen, aber die Organisation selbst wiederum muß fest an das Weltbild gebunden sein. Propaganda war daher von größter Wichtigkeit, obwohl das Wort „Propaganda" mißverständlich sein kann. Hitler hat nie geglaubt, man könne den Nationalsozialismus wie Zahnpasta oder Zigaretten verkaufen. Hier wurde eine wesentlich intelligentere Methode angewendet.

George Sorel, auf den sich der Faschismus ebenfalls stützt, schrieb zu Beginn dieses Jahrhunderts, daß alle großen Bewegungen durch Mythen geschaffen werden. Ein Mythos ist der stärkste Glaube, den eine Gruppe haben kann, und ihre Anhänger fühlten sich wie ein Heer der Aufrechten, das ein Heer des Bösen bekämpft. Einige Jahre früher, 1895, hatte der französische Psychologe Gustav Le Bon über die „Psychologie der Massen" geschrieben, die hartnäckig an traditionellen Vorstellungen festhalten. Hitler griff den vorhandenen Nationalismus deutscher Tradition und das Bedürfnis nach den stabilen persönlichen Beziehungen der „guten alten Zeiten" auf und setzte auf diese stärkste Überzeugung der Gruppe. Durch die Verbreitung eines Mythos erfüllte Hitler, was Le Bon vorausgesagt hatte: daß es magischer Kräfte bedürfe, um die Massen zu regieren. Der Führer selbst schrieb von der „Brandfackel des unter die Masse geschleuderten Wortes", der „Gewalt der Rede" und der „Massensuggestion".[6] Der Erfolg bewies die Wahrheit dieser Ansicht.

Es besteht keine Notwendigkeit danach zu fragen, ob Hitler wirklich Sorel oder Le Bon gelesen hatte. Entscheidend ist, daß sie die Probleme der Massengesellschaft aufzeigten, die die industrielle Revolution hervorgebracht hatte, wie auch die Zweifel an der Vernunft der menschlichen Natur, die, wie Le Bon es nannte, mit „der Ära der Massen" auftauchten. Das Grundproblem wird durch ein Zitat von Le Bon veranschaulicht, nachdem Hitler Jahre später mit fataler Entschlossenheit handelte: „Die Hauptmerkmale des in der Masse befindlichen Individuums sind demnach: Schwund der bewußten Persönlichkeit, Orientierung der Gefühle und Gedanken in derselben Richtung durch Suggestion und Ansteckung, Tendenz zur unverzüglichen Verwirklichung der suggerierten Ideen."[7]

Die Irrationalität der Massengesellschaft war am Ende des 19. Jahrhunderts klar formuliert worden, und das Verhalten der Massen während der Dreyfusaffäre in Frankreich und während der antisemitischen Welle in Deutschland bewiesen diese Theorie. In einer Welt der Industrialisierung war das Individuum nicht nur von der Gesellschaft entfremdet, sondern auch von seiner eigenen Rationalität. Dies war das allumfassende Problem, und Sorel wie auch Le Bon erkannten die Bandbreite dieser ungehemmten Irrationalität.

Die Industrialisierung hatte für sie und andere die traditionellen menschlichen Beziehungen zerstört und die grundsätzliche Irrationalität der menschlichen Natur hervorgebracht. Andere, wie Karl Marx und Friedrich Engels, die sich ebenfalls mit der Entfremdung des Menschen von seiner Gesellschaft auseinandergesetzt hatten, hielten dagegen an dem Glauben an die grundsätzliche Vernunft des Menschen fest. Hitler war nicht ihr „Erbe"; er sah sich in Sorels und Le Bons Lager. Hitlers Verständnis dieser Theorie ermöglichte ihm den Weg zur Herrschaft über eine Nation, die durch Krisen und Niederlagen zerrissen war. Der Einsatz grundsätzlich irrationaler Vorurteile und Voreingenommenheiten half der Durchsetzung des germanischen Weltbildes. Das war Hitlers Lösungsvorschlag für die Aufhebung der Entfremdung des Menschen.

Hitler glaubte, daß Massenversammlungen notwendig seien. Wenn der Einzelne „aus seiner kleinen Arbeitsstätte oder aus dem großen Betrieb, in dem er sich recht klein fühlt, zum ersten Male in die Massenversammlung hineintritt und nun Tausende und Tausende von Menschen gleicher Gesinnung um sich hat, . . . dann unterliegt er selbst dem zauberhaften Einfluß dessen, was wir mit dem Wort Massensuggestion bezeichnen.⁸ Die Entfremdung wurde verdammt, aber die Irrationalität der menschlichen Natur war grundlegend für Hitlers Weltbild. Diese Versammlungen glichen religiösen Feiern, die exakt und detailliert geplant und zweckgebunden aufgeführt wurden. Wir haben zwei Berichte über solche Feste aufgenommen (s. Seite 157 ff.). In Hitlers Vorstellungswelt war der Einzelne angstbesessen. In den Massenversammlungen konnte er jedoch durch das Zugehörigkeitsgefühl zu einer größeren gefühlsmäßigen Gemeinschaft erneut Mut und Kraft erhalten.

Massenversammlungen standen im Zentrum der nationalsozialistischen Bewegung. Besonders in den Jahren vor der Machtergreifung wurden fast täglich Versammlungen dieser Art in den verschiedenen Teilen Deutschlands abgehalten. Versammlungen allein erreichten nur wenig. Zwangsläufig mußte die Massensuggestion alle Kulturbereiche durchdringen: Literatur, Malerei und Bildhauerei, Theater, Film und den Bereich der Bildung und Erziehung. Als „totale Kultur" sollte sie den Menschen insgesamt erfassen, sein Isolationsgefühl überwinden und seine schöpferischen Kräfte in die Richtung von Blut und Boden lenken. Deshalb besteht eine so erstaunliche Kohärenz zwischen den einzelnen Dokumenten aller Bereiche der nationalsozialistischen Kultur, denn die Ausrichtung war jeweils die gleiche.

Ein Teil dieses Musters ist ihre „Dynamik", ein innerer Drang zum Kampf gegen das Böse. Wir haben es hier mit einer Revolution zu tun, und daher beginnt das Buch mit Dokumenten, die demonstrieren sollen, welche Art von Revolution hier gemeint war. Wir finden die Glorifizierung der Gewalt, so zum Beispiel in den Kämpfen der SA. „Was sie (die Masse; Anm. d. Verf.) wünscht, ist der Sieg des Stärkeren und die Vernichtung des Schwachen oder seine bedingungslose Unterwerfung."⁹ Die gleiche Betonung wurde jedoch auch auf die „traditionellen Bande" des Menschen gelegt: Volk, Familie und eine entsprechende Moral. Wenn die revolutionäre Dynamik mit der Tradition in Konflikt geriet, behaupteten sich die traditionellen Bindungen. Hanns Anderlahns Bericht über eine Auseinandersetzung in der SA ist in dieser Hinsicht besonders aufschlußreich (s. Seite 58 ff.).

Der Grund hierfür liegt auf der Hand: Die Ideologie des Nationalsozialismus basierte auf der Vorstellung von germanischen Traditionen, während die Revolution nun einerseits in die Zukunft weisen sollte, versuchte sie andererseits eine mythische Vergangenheit und mit ihr alte Traditionen zu beleben, die für viele die einzige Hoffnung bildeten, das Chaos der Gegenwart zu überwinden. Der allgegenwärtige Nationalismus wurde verbunden mit dem Versuch der Wiederherstellung einer Moral, die der Vergangenheit des Volkes zugeschrieben wurde. Zwar war das nicht die Moral der germanischen Stämme oder des erdverbundenen Bauern der Neuzeit, doch wurde diese Überzeugung durch die nationalsozialistische Ideologie und durch Romane wie „Der Femhof" von Josefa Berens-Totenohl gefördert (s. Seite 201 ff.). Tatsächlich aber war die von den Nationalsozialisten als typisch germanisch offerierte Moral die des Bürgertums des 19. Jahrhunderts: die Heiligkeit der Familie, der Ehe und des unprätentiösen, ergebenen Lebens. Ergeben und geweiht dem Volk, nicht dem Geldverdienen. Die moderne Bourgeoisie wurde damit verdammt, weil sie „verjudet" war. Die Rede von Hans Naumann, Professor für Literatur in Berlin, anläßlich der Bücherverbrennung von 1933 war typisch für diese Haltung. Er hebt am Anfang die Notwendigkeit zu handeln hervor: Es sei Zeit, gegen den undeutschen Geist zu handeln, und es sei nicht schlimm, wenn eher zu viel als zu wenig verbrannt werde. Er endet mit der Aussage: „Wir wollen ein Schrifttum, dem Familie und Heimat, Volk und Blut, das ganze Dasein der frommen Bindungen wieder heilig ist. Das uns zum sozialen Gefühl und zum Gemeinschaftsleben erzieht, sei es in der Sippe, sei es im Beruf, sei es in der Gefolgschaft oder in Stamm und Nation."[10] Dieses Zusammenspiel von revolutionärer Dynamik und der Betonung des Traditionellen dominiert die Bewegung.

Hitler nannte das eine „Revolution der Gesinnung".[11] Es war eine kulturelle Revolution, die nicht auf ökonomische Veränderungen zielte. Hitler erreichte so die Angestellten, die kleinen Unternehmer – den Mittelstand –, aber auch eine große Zahl von Ungelernten, wie aus einigen Statistiken in diesem Buch abzulesen ist. Dieser Appell des Nationalsozialismus an alle Klassen – so begrenzt er auch war – war ein wichtiger Bestandteil des Erfolges der Bewegung. Man sollte dabei im Auge behalten, daß die Mitgliedschaft in der Partei bis 1933 starken Fluktuationen unterworfen war und daß Statistiken hier nur von begrenzter Aussagekraft sind. Die nationalsozialistische Revolution war eine Revolution der mit dem bisherigen System Unzufriedenen, die nicht bereit waren, den Sozialismus zu unterstützen. Unter den Parteianhängern fanden sich viele Kriegsveteranen, denn sie sahen in der nationalsozialistischen Utopie einer gesunden Gesellschaft und einer harmonischen Nation ähnliche Ideale wie die, für die sie gekämpft hatten. Dem entsprach der Anspruch der Nationalsozialisten, das Erbe des Kameradschaftsgeistes des Ersten Weltkrieges angetreten zu haben. Sie sahen sich als die Testamentvollstrecker der gefallenen Helden: „Deutschland beginnt neu zu glänzen im Morgenrot eures Blutes."[12] Der Nationalsozialismus trat für eine Hierarchie der Funktionen ein, betonte jedoch die gleichwertige Bedeutung aller in der Gesellschaft: er würde diejenigen befreien, die sich entrechtet oder in der industriellen Gesellschaft isoliert fühlten, und ihnen einen Lebenssinn zuweisen. Er würde keine ihrer angestammten Interessen bedrohen, sondern eher ihre (bürgerliche) Wertschätzung von Familie und Gemütlichkeit bestätigen und die guten altüberlieferten Werte wiederherstellen, die in der modernen Gesellschaft zerstört worden waren.

Die nationalsozialistische Revolution hatte ihr geschlossenes Weltbild, an das Hitler tief glaubte. Der Rassismus stellt die Grundlage dar, wie aus der Auswahl der Schriften der drei führenden Theoretiker Hans F. K. Günther, Ludwig Ferdinand Clauss und Alfred Rosenberg zu ersehen ist. Günther und Clauss, beide Hochschullehrer, formulierten eine Theorie, die uns nicht nur heute abstrakt erscheinen mag, die dennoch so erschreckend konkret und faßbar wurde: die äußere rassische Erscheinung wurde mit der „Rassenseele" verbunden. Aus dieser Vorstellung entwickelte sich die Stereotype des Ariers einerseits und seines Feindes,

des Juden, andererseits. Diese Stereotypisierung war für die Umformung der Ideologie in eine „Kampfbewegung" notwendig, denn sie machte diese noch abstrakte Theorie für die Zwecke der Massensuggestion faßbar. Die weiteren Dokumente in diesem Kapitel über rassische Grundfragen zeigen die Auswirkungen und ihre praktischen Anwendungen, von der „Neuen Biologie" (die für die Begründung des rassischen Denkens von größter Bedeutung war) bis zu einem Leitfaden für Oberschüler, woran das rassische Wesen einer Person zu erkennen sei. Auszüge aus der nationalsozialistischen Ehegesetzgebung sind beigefügt, um die Auswirkungen der Rassengesetzgebung auf das tägliche Leben zu demonstrieren (s. Seite 79 ff.).

Eine Rasse braucht Helden, und keine Revolution war je erfolgreich ohne heroische Vorbilder. Der Held, den die Nazis dem Volk präsentierten, entsprang Hitlers Weltbild; er zeichnete sich durch Willenskraft aus. Die richtige Steuerung des Willens war es, was aus einem Mann einen Helden machte. Der Wille war der Antrieb, Hoffnungen in Realität umzusetzen. Hier bot sich die deutsche Interpretation von Nietzsches Philosophie an, die die deutschen Intellektuellen seit Anfang des Jahrhunderts beeinflußt hatte. Nietzsches „Wille zur Macht" wurde als Wille verstanden, die gute Gesellschaft Hitlers zu realisieren. Bei Alfred Baeumler, dem vielleicht wichtigsten Philosophen des Dritten Reiches, sind die Konsequenzen dieser Nietzsche-Interpretation nachzulesen (s. Seite 135 ff.). Auch hier konnte die Betonung der Macht des individuellen Willens mit der noch frischen Erinnerung an den Krieg verbunden werden, indem diese Macht offen in Erscheinung trat. Hierfür ist Ernst Röhms übersteigerte Darstellung des Soldaten in „Geschichte eines Hochverräters" (s. Seite 138 ff.) typisch. Der Stabschef der SA hatte selbst im Krieg und später in den Freikorps gekämpft. Röhm verkörpert die Rolle, die die Kriegserfahrung verbrämt mit nostalgischen Erinnerungen, in der nationalsozialistischen Bewegung spielte. Hitler selbst glorifizierte die Armee, in der er gedient hatte, als „die gewaltigste Schule der deutschen Nation" für „Entschlußkraft", „Idealismus" und „Hingabe an das Vaterland". Sie war für ihn „der Hort der Freiheit ... vor der Macht der Börse".[13]

Diese Art von Aktivismus, eingebunden in das Selbstverständnis der Partei als „Bewegung", sowie die irrationale Begründung des nationalsozialistischen Weltbildes standen in einem krassen Gegensatz zu rein intellektuellen Leistungen. Hitler führte dazu im Jahre 1938 aus, daß das deutsche Volk unter einem Zuviel an Bildung leide. Außer Wissen werde nichts geschätzt. Die Neunmalklugen aber seien die Feinde des Handelns. Notwendig dagegen sei Instinkt und Wille.[14] „Instinkt" hieß Liebe zu Volk und Rasse, die im Bereich der Seele entspringt, jenseits jeglicher empirischen Erfahrung. „Wille" verweist auf den Antrieb, diese Liebe in die Realität umzusetzen. Der Held ist kein Akademiker, kein Mann des Wissens, sondern jemand, der die Kraft seines Willens bis zum äußersten entwickelt hat, um seinen gesunden „Instinkt" für das einsetzen zu können, was richtig ist.

Joseph Goebbels Romanheld „Michael" (s. Seite 140 ff.) wird „das Geistige" zum „Überdruß". Ihn „ekelt jedes gedruckte Wort" in der Welt des „Phantasten", „Ästheten" und „Schönredners". Er will arbeiten, „mit Hand anlegen", um sein Volk zu retten. „Michael" steht für die stärker sozialbetonte Komponente des zukünftigen Propagandaministers, für den Sozialismus im Nationalsozialismus, der die Einordnung des Einzelnen in das organische Ganze des Volkes bedeutete. Zu den zeitgenössischen Helden, zu denen zum Beispiel Fritz Todt, der Erbauer der Autobahnen, gehörte, gesellten sich Helden der Vergangenheit. Friedrich der Große von Preußen wurde vom flötenspielenden Freund Voltaires zu einem Kriegsheld umgeformt. Der verehrte Preußenkönig durfte nicht mehr mit der Aufklärung und damit mit dem verhaßten Rationalismus in Verbindung gebracht werden.

Albert Leo Schlageter nimmt in der Heldengalerie der Nationalsozialisten einen besonderen Platz ein. Schon früh Nationalsozialist geworden, wurde er 1923 in einer Aktion gegen die Franzosen getötet. Das Nachwort zu einer Ausgabe seiner Briefe ist ein Beispiel für die Verehrung, die ihm entgegengebracht wurde (s. Seite 147 ff.). Schlageter symbolisiert wie alle nationalsozialistischen Helden den „neuen Menschentyp". Die Unterhaltung zwischen August und seinem Vater in Hanns Johsts Stück „Schlageter" zeigt deutlich die Überzeichnung dieses „neuen Menschentyps" – die junge Generation (s. Seite 151 ff.). Dieses Stück von Hanns Johst, dem berühmtesten Autor, der für das Dritte Reich schrieb, wurde oft aufgeführt, besonders in der Anfangszeit der nationalsozialistischen Herrschaft.

Andere Komponenten des nationalsozialistischen Mythos wurden schon erwähnt. Die Fahnenzeremonie in der Schule macht deutlich, wie der Mythos verankert wurde: durch feste Bestandteile, ständige Wiederholungen und damit durch seine Ritualisierung. Die Beschreibung der Sonnenwendfeier vermittelt uns etwas von der Wirkung solcher Zeremonien (und der leibhaftigen Helden; in diesem Fall: der „Fliegerkapitän Hermann Göring") auf eine anfällige Jugend. Sie waren nicht so formell wie Flaggenzeremonien, aber ihr Inhalt war unbestimmter und eher unmittelbar emotional.

Die Aufgaben nationalsozialistischer Kultur standen fest und hatten, wie bereits verdeutlicht wurde, einen zentralen Platz im ideologischen Gefüge: das nationalsozialistische Weltbild, eingeleitet durch die nationalsozialistische Revolution, mußte weiter verbreitet und gefestigt werden. In allen Dokumenten dieses Buches tauchen nicht nur die Begriffe „Rasse" und „Volk" auf, sondern auch das Bedürfnis nach „Verwurzelung im Volk". Das Volk wurde als Ganzes begriffen, und die Kultur durfte nicht von diesen Wurzeln – durch rein intellektuelle Formen, etwa – abgelöst werden. Genau das drückte Hitler mit dem Satz aus: „Deutsch sein heißt klar sein."[15] Von daher ist auch sein Stolz zu verstehen, die nationalsozialistische Ideologie zu einer 25-Punkte-Plattform zusammengefaßt zu haben.[16]

Den Zweck, dem diese Kultur diente, darf man allerdings nicht außer acht lassen: sie erklärte das Weltbild, verbreitete es und rief eine begeisterte Aufnahme dafür hervor. Die Volksmassen – und dies nicht nur in Deutschland – wurden nicht so sehr von der modernen Kunst, Musik und Literatur angesprochen, verstanden nicht das Suchen, das sich in diesen Kunstwerken ausdrückte, sondern bevorzugten einfache und leicht verständliche Bilder. Meist gelesen wurden solche Romane, die durch eine spannende Handlung und viel Gefühl den Leser ansprachen. Der allgemeine Geschmack am Anfang des 20. Jahrhunderts glich darin dem des 19. Jahrhunderts. Ländergrenzen spielten dabei keine Rolle – ob wir an den Groschenroman, den „shilling-shocker", in England denken oder an die Romane von Hedwig Courths-Mahler: sie schrieb, ohne die Sentimentalität oder Schlichtheit des Stils zu ändern, mehr als 200 fast identische Romane, von denen zusammen über 27 Millionen Exemplare verkauft wurden.

Die meistgelesenen deutschen Romane atmeten den Geist der Toleranz und des Respektes für Andersdenkende. Diese Aussage mag zunächst erstaunen, aber man braucht nur an Karl Mays Sympathie für die Indianer Nordamerikas oder an Marlitts und Ganghofers positive Darstellung des Juden zu denken. Hitler sah keinen Widerspruch zwischen seinem Rassendenken und einer Empfehlung an seinen Neffen, Karl Mays Winnetou als Vorbild zu sehen. Solche Autoren glauben, Toleranz und innere Anteilnahme seien typisch deutsche Merkmale, obwohl sie auch anderen zugebilligt wurden. Die Nationalsozialisten verknüpften die Durchsetzung einer Gesellschaft, in der diese Eigenschaften möglich sind, mit der Notwendigkeit der Rassenreinheit und damit mit der Vertreibung der unmoralischen Juden aus Deutschland.[17] Der populäre Geschmack wurde geschickt als Teil des gesamten Weltbildes eingesetzt, um auch hierin ein „organisches Volk" zu gewährleisten. Goebbels „Reinigung der Kunst" förderte diesen Geschmack, der angeblich den „gesunden Instinkt" des Volkes repräsentierte. Dieser Instinkt war konservativ – wie heute – und wurde für die nationalsozialistische Ideologie nutzbar gemacht.

Auch die Verwurzelung in der Vergangenheit wurde ausgebeutet (nach Sorel ein wichtiger Bestandteil des Mythos), und die Tugenden der vorindustriellen Gesellschaft hervorgehoben. So überwogen in der großen Ausstellung Deutscher Kunst 1937 ländliche und familiäre Motive bei weitem. Als Gegenbild zu dem entwurzelten und – durch seine Entfremdung – angsterfüllten Arbeiter wurde der mit seiner Scholle verbundene Bauer der Prototyp des „neuen Menschentyps". Seine Darstellung im Roman trug viel zu der Verbreitung dieses Bildes bei. So wurden über eine Million Exemplare Josefa Berens-Totenohls „Femhof" während des Dritten Reiches verkauft. Ein Auszug aus Berens-Totenohls Roman verdeutlicht diese Idealisierung (s. Seite 201 ff.). Er steht stellvertretend für eine Menge beliebter Romane des Dritten Reiches. Ihre Unausgeformtheit wurde durch eine lebendige Handlung und, nicht selten, einen passablen Stil wettgemacht. Tüdel Wellers „Rabauken" auf der anderen Seite steht für den nationalsozialistischen Roman in seiner rassischen und aufdringlichen Prägung (s. Seite 208 ff.). Theater, Rundfunk und Film wurden in die Auseinandersetzung einbezogen. Der typische Spielplan und eine Liste von Filmtiteln, die in diesem Kapitel vorgestellt werden, sollen aufzeigen, wie sich die Nationalsozialisten dieser Medien bedienen. Der Rundfunk nahm dabei eine besondere Rolle ein, da Hitler großen Respekt vor der Wirkung dieses Mediums hatte. Reden spielten eine zentrale Rolle, ob bei Massenversammlungen oder bei Festen. Der Rundfunk übertrug den Massen den Wortlaut durch billige „Volksempfänger" oder über Straßenlautsprecher.

Die Verbindung von vorindustrieller Nostalgie und dem Gebrauch neuester

Technologien war ein weiteres Merkmal dieses Regimes – deutlich sichtbar beim Einsatz des Flugzeugs für politische Kampagnen, des Rundfunks und im Ausdruck „Schönheit der Arbeit", der für die Modernisierung der Fabriken im Namen des „Volksgeistes" stand. Die Massenversammlungen mit ihrer romantischen Atmosphäre wirkten nur durch Zuhilfenahme neuester Beleuchtungsmethoden und Transportmittel. Die Nationalsozialisten attakierten die sogenannte Modernität neuer Musik und plädierten für eine Rückkehr zu traditionellen Formen; wenn es jedoch darum ging, Musik für die Massen zu spielen, waren ihnen diese Grenzen moderner Reproduktion unbekannt.

Musik spielte eine wichtige Rolle in der nationalsozialistischen Kultur, da sie – in der Vorstellung ihrer Vertreter – eher das Gefühl als den Verstand anspreche und so zu einer „unlösbaren geistigen Kameradschaft"[18] im Volke führe. Die Nationalsozialisten wollten Ordnung auf „diesem verwahrlosten Gebiete"[19] schaffen. Doch dies war schwierig. Zwar war die Wiederbelebung der Volksmusik ebenso beliebt wie Konzerte und Feste klassischer Musik. Mochte die Säuberung besonders der Unterhaltungs- und Tanzmusik von Kitsch oder Unkultur der Nachkriegszeit noch gelingen,[20] so war es doch weit schwieriger, die Deutschen so weit zu erziehen, daß sie diese sogenannte triviale Musik verachteten. Der Geschmack der Nationalsozialisten in Literatur und Kunst entsprach weitgehend dem Massengeschmack, für die Musik traf dies jedoch nur teilweise zu.

Die Leute tanzten weiterhin zu Schlagern und sogar zum Jazz, obwohl sogenannte jüdische Musik verboten war. Entgegen der Erwartung der Nationalsozialisten stellte sich heraus, daß mehr Arier als Juden „unerwünschte" Musik komponiert hatten. Als Goebbels schließlich zu einer Erneuerung der deutschen Tanzmusik aufrief, stieß er auf taube Ohren, denn die Nationalsozialisten definierten nicht, was sie unter solcher Musik verstanden. Abgesehen von der Ablehnung der Zwölftonmusik war bei weitem nicht klar, wie eine Erneuerung der Musik eigentlich gestaltet werden könnte, außer daß man Vorbilder des 17. und 19. Jahrhunderts heranzog. Schütz, Bach, Bruckner und Wagner gehörten zu den Helden in der Musik. Hans Pfitzner und Carl Orff waren die bedeutendsten zeitgenössischen Komponisten, die von den Nationalsozialisten bewundert wurden. Trotz der weiterhin bestehenden Verwirrung der musikalischen Stilarten (eine Vereinheitlichung war hier schwieriger als Literatur und Kunst) versuchten die Nationalsozialisten intensiv, die Musik ihrem Anspruch auf totale Kultur unterzuordnen.

Das Tempo bei der Durchsetzung dieser kulturellen Ziele war von Anfang an schwer zu halten. Die Sentimentalität, die sie für die Masse attraktiv machten, arbeitete gegen die moralischen Ansprüche des Nationalsozialismus. Das Versprechen nämlich, die vermeintliche öffentliche und private Moral wiederherzustellen, die aus dem modernen Leben verschwunden war, bildete die Grundlage der kulturpolitischen Ziele der Nationalsozialisten. Sie hoben die Bande der Familie, die Beschränkung des sexuellen und sozialen Verhaltens als Verpflichtung gegenüber dem Volke hervor. Romantik war daneben ebenfalls ein Teil der gesellschaftlichen Realität, die es erlaubte, die Liebe über alles zu setzen und sich körperlicher Gelüste hinzugeben. So bestand die Gefahr, daß eine Sentimentalität, die öffentlich anerkannt wurde, sich leicht verbotene Gebiete erobern würde.

Der bereits oben dargestellte Irrationalismus mußte eigentlich mit dem in Konflikt geraten, was man allgemein unter Naturwissenschaften versteht. Jedoch hatten sich diese Wissenschaften, die während des 19. Jahrhunderts immer spezialisierter geworden war, von einer Beschäftigung mit der „Welt als Ganzem" entfernt. Das Zeitalter Newtons war lange vorbei, und der moderne Wissenschaftler war in der Lage, sein Spezialgebiet unter ganz spezifischen Kriterien zu betrachten, die „Welt als Ganzes" und ihre Zusammenhänge unter davon abgehobenen Kriterien. Rationales Denken im Labor konnte so mit einem irrationalen Weltbild des Wissenschaftlers friedlich einhergehen. Die Nationalsozialisten gingen noch einen Schritt weiter. Ihre Ideologie war so stark, daß sie ebenfalls in Laboratorien Einlaß fand. Die Trennung von Wissenschaft und Gesellschaft wurde aufgehoben, und zwar nicht aufgrund einer wissenschaftlichen Methode, sondern aufgrund einer irrationalen Ideologie. Die Wissenschaftler Johannes Stark und Philipp Lenard waren beide berühmte Nobelpreisträger. Wie sie die nationalsozialistische Ideologie in ihre Forschung einbrachten, ist an den Dokumenten selbst abzulesen (s. Seite 234 ff.). Dahinter stand immer der Versuch, eine organische Einheit zwischen der Wissenschaft und dem nationalsozialistischen Weltbild herzustellen, genau wie das Volk ein organisches Ganzes sein sollte. Entfremdung mußte hier wie in allen anderen Bereichen beseitigt werden.

Es überrascht daher nicht, daß der Astronom Bruno Thüring um die vermeintliche Unvernunft der Einsteinschen Relativitätstheorie zu beweisen, zu einer älteren Tradition zurückkehrte, der Newtons und Kepplers, die von der Harmonie der Welt ausgegangen waren. Wieder dominieren hier ideologische Überlegungen: Thüring benutzt dabei eher rassische als rationale Argumente, um Einsteins Werk zu diskreditieren. Die negativen Folgen der nationalsozialistischen Wissenschaft konnten selbst von der Partei nicht übersehen werden: 1944 wurde Thüring und andere Wissenschaftler vom Gauleiter Josef Wagner angegriffen, sie hätten die „neue Physik" derartig in Mißkredit gebracht, daß die Kriegsführung dadurch schwer beeinträchtigt sei. Wagner erkannte, daß die theoretische Physik, die für die kriegsbedingte wissenschaftliche Entwicklung notwendig sei, von der Partei zugunsten einer einseitig ausgerichteten Forschung unterdrückt worden war.[21]

Die Medizin folgte dem Beispiel der anderen Wissenschaften. Objektive Forschung wurde zugunsten einer „organischen" vernachlässigt – die Behandlung des ganzen Patienten, einschließlich seiner Seele, stand im Vordergrund. Der ideologische Aspekt war wiederum entscheidend. Dies wird auch in den hier aufgeführten Beiträgen deutlich (s. Seite 246 ff.). Gaugers Rückbezug auf Jung muß im Zusammenhang mit der Rolle gesehen werden, die der berühmte Psychiater im nationalsozialistischen Deutschland spielte. Jung hatte den Vorsitz der Deutschen Gesellschaft für Psychotherapie nach Hitlers Machtergreifung übernommen und lenkte die Aufmerksamkeit auf den „Expansionsdrang" und den „gestalterischen Keim" der arischen im Gegensatz zur jüdischen Seele.

Nationalsozialismus war eine Religion: die Intensität der Ideologie, die Riten, das Element der Hoffnung, all das trug dazu bei, der Bewegung den Charakter eines neuen Glaubens zu geben. Es konnte nachgewiesen werden, daß Goebbels in vielen seiner Reden bewußt eine religiöse Terminologie einsetzte. Darüber hinaus beanspruchte der Nationalsozialismus ein so totales Weltbild, das per definitionem alle anderen ausschloß. Daraus folgte, daß das traditionelle Christentum ein Gegner und kein Verbündeter war. Aber hier ging Hitler zunächst vorsichtig vor, denn er brauchte (und bekam) die Unterstützung der Mehrheit der christlichen Kirche. Da er sich – wie wir gesehen haben – an den Mittelstand wandte, war es schwer, Familienbande und traditionelle Moral hoch zu halten und gleichzeitig das traditionelle Christentum auszuschließen. Im Grunde war dies jedoch Hitlers Ziel, und er hoffte darauf, daß die Durchsetzung seines Weltbildes das Christentum zunächst schwächen und schließlich aus dem deutschen Bewußtsein auslöschen würde. Heidnische Gebete, wie das in dem Abschnitt über Religion gedruckte, waren die Ausnahme, obwohl es von Anfang an den Versuch gab, die protestantische Konfirmation durch eine nationalsozialistische Zeremonie zu ersetzen. Ein Hauptaugenmerk wurde auf die Zusammenführung von Christentum und Volk gelegt, wobei das Christentum seiner historischen Elemente beraubt werden sollte. Wie die Wissenschaft, so sollte auch das Christentum von der Ideologie absorbiert werden. Die sogenannten „deutschen Christen" widmeten sich lautstark dieser Aufgabe.

Andere Auszüge in diesem Kapitel zeigen, auf welche Weise sich die Anstrengungen der Nationalsozialisten gegen das traditionelle Christentum in der Praxis auswirkte und das Leben vieler beeinflußte. Im Vergleich zu Aktivitäten auf anderen kulturellen Gebieten nahm sie sich harmlos und vorsichtig aus. Viel ist über den Widerstand der Kirchen geschrieben worden, der sich vorsichtig und meistens partiell äußerte. Der Münchner Kardinal Faulhaber hielt eine Reihe von Adventspredigten, die wegen ihres Mutes einiges Aufsehen erregten. Bereits diese Tatsache sagt viel über die Atmosphäre im Dritten Reich zu einem so frühen Zeitpunkt wie 1933 aus. Faulhaber verteidigte nämlich lediglich das Alte Testament und verschwieg nicht nur die bereits begonnenen Judenverfolgungen, sondern machte auch eine klare Unterscheidung zwischen den Juden zur Zeit Christi und in der Zeit danach. So gut eine solche Argumentation auch theologisch abgesichert sein mag, sie kann wohl kaum als Widerstand bezeichnet werden, es sei denn, man betrachtet dieses Verhalten innerhalb des größeren Kontextes der nationalsozialistischen Anstrengungen für eine totale Kultur. So wird nicht nur die zögernde Haltung der Kirchen deutlich, einen klaren Standpunkt einzunehmen, sondern auch Richtung und Intensität des „deutschen Erwachens", in dem solche Predigten als Trompetensignal gegen das Regime empfunden werden konnten.

Faulhaber, wie die meisten Kirchenfürsten, war ein Konservativer, kein Nationalsozialist. Die Nationalsozialisten gingen davon aus, daß ältere Leute wie er die nationalsozialistische Weltanschauung niemals akzeptieren würden, selbst wenn sie keine bekennenden Christen waren. Die Bewegung betonte diesen Unterschied zwischen den Generationen sehr stark. Die Jungen wurden den Alten gegenübergestellt, und die gleiche Unterscheidung, die zwischen alten und jungen Nationen gemacht wurde, wirkte innerhalb des Volkes. Wenn Hitler das Bürgertum verdammte, so zog er über die ältere Generation her, die im Kaiserreich groß geworden war. Hanns Johst thematisiert diese Wertung in seinem Stück „Schlageter". Der Sohn, August, ist Feuer und Flamme für den nationalsozialistischen Helden und dessen abenteuerlichen Kampf für das Vaterland. Schneider, der Vater, rät zur Vorsicht. Der Vater denkt in Begriffen der gesellschaftlichen Klassen und des Geldverdienens, während der Sohn „dienen, nicht verdienen" will. Der Alte macht sich über die Haltung als „jugendliche Romantik" lustig. Diese Romantik symbolisiert jedoch das Verlangen des Sohns, seinem Volk zu „gehören".

Der hohe Stellenwert, der der Jugend von den Nationalsozialisten von Anfang an zugebilligt und dem entsprechend Rechnung getragen wurde, ist für die meisten Revolutionen typisch. Engagiert sein hieß: jung sein; der „neue Menschentyp" mit seinem heroischen Willen war eine jugendliche Figur, die im Kampf gegen seinen Feind getötet wurde – wie Schlageter – oder während einer großen und wichtigen Aufgabe im unermüdlichen Einsatz starb, wie der Erbauer der Autobahnen, Fritz Todt (s. Seite 153). Die Führungsmannschaft der Nationalsozialisten selbst war jung. Hitler war bei der Machtübernahme nur 44 Jahre alt. Den Nationalsozialisten war klar, daß, wenn sie die Jugend für ihre Weltanschauung gewinnen konnten, ihre politische Zukunft gesichert war. Wieder finden wir hier eine für alle modernen Revolutionen typische Haltung. Faschismus in allen Ländern machte aus der Jugend einen Fetisch und bildete so einen Gegenpol zu den altgedienten Politikern, die die Parlamente Europas füllten, oder den versteinerten Bürokratien, die die Staaten regieren. Die Nationalsozialisten profitierten von der Unzufriedenheit der Jugend, von ihrem rebellischen Geist gegen Elternhaus und Schule. Bereits seit der Jahrhundertwende hatte sich eine große und lautstarke Gruppe bürgerlicher Jugendlicher von der „respektablen Gesellschaft" trennen wollen, in die sie hineingeboren war. Hitler wies ihnen nun den Weg, und viele junge Leute (nicht nur Arbeitslose) strömten in die Parteiorganisation, angezogen von den Aktivitäten der Nationalsozialisten, ihrer Betonung des heroischen Willens und ihren wohlformulierten Zielen. Sie konnten die „Bourgeoisie" kritisieren – und die Älteren meinen – und dabei doch ihre anerzogenen bürgerlichen Vorurteile beibehalten. Für viele junge Leute werden diese Ideale von Tat und Abenteuer anfänglich die eigentliche Position und die negativen Seiten der nationalsozialistischen Ziele verschleiert haben. Der hier abgedruckte Auszug aus Inge Scholls Memoiren macht dies deutlich (s. Seite 291 ff.). Ihr Bruder ging diesen Weg von der Begeisterung bis zur Desillusionierung. Wie die wenigsten der jungen Generation organisierte er schließlich eine Widerstandsgruppe und mußte im Widerstand sterben.

Die Bedeutung, die der Jugend als Schlüssel zur Zukunft der nationalsozialistischen Bewegung zukam, ist der Grund dafür, daß der jungen Generation in diesem Band das größte Kapitel gewidmet wird. Der wichtigste Punkt ist hierbei die Erziehung und Ausbildung, denn wenn eine Ideologie durch die entsprechenden Institutionen etabliert werden kann, hat sie die größte Schlacht gewonnen. Die Nationalsozialisten wußten das nur zu gut, und die Jugend wiederum war nur allzu bereit für diese Botschaft.

Die organisierte Begeisterung der Jugend wurde sorgfältig gesteuert und ausgenutzt (s. Seite 285 ff.). Entsprechende Auszüge sind Lesebüchern der Grund- und Hauptschule, Büchern für Jungen und Oberstufenlesebüchern entnommen. Dabei wurden einige Themen ständig wiederholt. Otto Dietrichs Geschichte über einen „gefährlichen Flug" ist einer Fibel für die oberen Klassen entnommen, aber das Thema taucht auch in anderen Schulbüchern immer wieder auf. Die nationalsozialistische Presse ging soweit, den gefahrvollen Flug in stürmischem Wetter mit Hitlers Herrschaft über die Elemente gleichzusetzen. Selbst die Jüngsten konnten die Analogie zu Deutschlands gefährlicher Position in der Welt verstehen. Die Symbole der Sonne und des Feuers, die in der nationalsozialistischen Ideologie vorherrschten, werden ebenfalls im Überfluß gebraucht. Baldur von Schirach bedient sich des Mythos der Sonne, um den nationalsozialistischen Sieg für Jugendliche verständlich zu machen. Dieses Beispiel liegt auf gleicher Ebene wie die übersteigerte Begeisterung für Sonne und Feuer bei der Sonnenwendfeier. Die in den Schulen vorherrschende Atmosphäre ist am besten an der Liste der Themen abzulesen, die Schülern am Ende eines Jahres gestellt wurden, oder an der Art und Weise, wie die Namen jüdischer Schüler auf einer Liste von Schulabgängern verzeichnet wurden. Sie wurden einfach in Nummerngruppen aufgenommen und nicht mehr als Personen vorgestellt.

Weitere Aspekte der Erziehung sind in den vorangegangenen Kapiteln abgedruckt (s. Seite 116 ff.). So hätten die Lehrmethoden der neuen Biologie oder der Leitfaden für Oberschüler, die Rassenseele zu bestimmen, auch hier aufgenommen werden können. Der Begriff der Rasse nahm einen zentralen Platz in der nationalsozialistischen Weltanschauung ein, und die Erziehung war dabei das wichtigste Instrument ihrer Verbreitung. Die angeführten Beispiele aus dem Bereich der Erziehung scheinen uns deshalb notwendig, um die Grundlagen der Ideologie zu verstehen.

Eine „geistige und weltanschauliche Schulung und Erziehung" fand nicht nur in den Schulen statt. Hitlers Vorliebe für die Durchorganisation aller Bereiche wurde bereits erwähnt. Dies schloß eine sorgfältige Organisation der Freizeit mit ein. Die Mitgliedschaft in der Hitlerjugend war so gut wie vorgeschrieben. Die Prinzipien, nach denen sie geführt wurde, verdeutlicht am besten der NSDAP Reichsjugendführer Baldur von Schirach. Was geschah, wenn diese außerschulischen Aktivitäten in Konflikt mit Schule und Elternhaus gerieten? Es ist deutlich zu erkennen, daß Schirach dies vermeiden wollte. Kam es aber zum Konflikt, triumphierte die Weltanschauung über andere Überlegungen und damit die Hitlerjugend als eine Organisation, die direkt damit befaßt war, die nationalsozialistische Weltanschauung bei der Jugend zu festigen.

Die Universität setzte die Indoktrination im Hinblick auf eine totale Kultur fort, indem Seminare über Rasse und Volk angeboten wurden. Studenten und Professoren wurden in das nationalsozialistische Gesamtkonzept eines deutschen Volkes integriert. Von den Studenten wurden auch außerhalb der Universität Aktivitäten erwartet, so der obligatorische Arbeitsdienst. Wie Goebbels

„Michael" sollten auch sie lernen, die körperliche Arbeit des Volkes zu teilen. Die Zulassungsbedingungen für die Friedrich-Wilhelm-Universität Berlin, die auch für alle anderen Hochschulen galten, machen deutlich, welche Studenten erwünscht waren (s. Seite 324ff.). Der Führer des NS-Studentenbundes, Gerhard Krüger, bezeichnete den von den Studenten erwarteten totalen Dienst am Volk als „Sozialismus" (s. Seite 320ff.). Da die Parteiführung keine rivalisierenden Eliten duldete, durfte auch die Studentenschaft sich nicht als Elite innerhalb der Nation begreifen.

Nationale Einheit war ebenfalls ein Hauptkriterium für die Professoren. Damit war nicht nur die Einheit mit dem Volk gemeint, sondern auch eine organische Einheit zwischen Weltbild und den verschiedenen akademischen Disziplinen. Die Freiheit von Forschung und Lehre wurde dabei mit der Gesamtheit und der Gemeinschaft des Volkes verknüpft und als Erfüllung der Einheit definiert (s. Seite 328ff.). Wir haben die gleiche Gesinnung schon bei dem Versuch festgestellt, eine neue Art von Naturwissenschaft zu schaffen. Dabei steht das organische Ideal im Vordergrund. Der Intellektuelle sollte das Bewußtsein eines höheren Status aufgeben, so wie der Arbeiter seine Ansicht vom Klassenkampf widerrufen sollte. Beides wurde als das Volk spaltende Kraft verstanden und mußte deshalb ausgerottet werden.

Das Volk umfaßte alle Lebensbereiche, und das Leben fand Erfüllung im Volk. Darüber hinaus, außerhalb dieses wertvollsten Gutes, konnten keine „ewigen" Kriterien existieren; also hatte auch die Gesetzesgebung sich dieser Tatsache anzupassen. Das Konzept einer Gesetzgebung, das sich durch sein Wertsystem über die nationalsozialistische Weltanschauung stellte, wurde als liberal verdammt, da es lediglich dazu diente, die Nation zu zersplittern. Nach der Rechtstheorie von Carl Schmitt, dem gefeiertsten Staatsrechtler des Dritten Reiches, wurde ein neuer Staat geschaffen, in dem alle Macht und daher alle Gesetze von den Bedürfnissen des Volkes, geleitet von seinem Führer, ausgehen (s. Seite 335ff.).

Das Führungsprinzip war nicht nur entscheidend für die politische Führung des Staates, sondern diese Führungsstruktur, das Organisationsprinzip der NSDAP, galt für die gesamte Nation. Der Führer und seine Gefolgschaft waren die Pole, an denen sich das öffentliche Leben in Deutschland ausrichtete – und da es keinen Unterschied zwischen privatem und öffentlichem Leben gab, betraf das alle Lebensbereiche. Das Dritte Reich suchte eine neue Hierarchie zu schaffen, um einmal mehr durch stabile, persönliche Beziehungen die unsicheren Beziehungen, die die Industrialisierung mit sich gebracht hatte, zu überwinden.

Diese Hierarchie war nicht die traditionelle aus Adel, Bürgertum und Arbeiterklasse. Die Nationalsozialisten verachteten den alten Adel und waren der Meinung, daß das Bürgertum versagt habe. Führerschaft mußte auf Persönlichkeit basieren – ohne Rücksicht auf ihren Ursprung –, die den Willen und die Macht besaß, den „Volksstaat" zu realisieren. In Hitlers Augen war der Fortschritt nicht „ein Produkt der Majorität", sondern beruhte ausschließlich „auf der Genialität und der Tatkraft der Persönlichkeit". „Diese heranzuzüchten und in ihre Rechte einzusetzen, ist eine der Vorbedingungen zur Wiedergewinnung der Größe und der

Macht unseres Volkstums."²² Der „neue Menschentyp" war der des Führers; so wie dieser „neue Menschentyp" die Partei zum Sieg geführt hatte, so sollte er nun den Staat lenken. Hitler stellte sich die Regierung des Reiches als eine Hierarchie der Führerschaft vor: von den lokalen Führern angefangen bis hinauf zu ihm, dem Führer des Volkes. In Wirklichkeit jedoch war das Dritte Reich ein Geflecht von untereinander rivalisierenden Führern, jeder mit seinem eigenen Gefolge und eigenen Untergebenen. Hitler ließ sie untereinander konkurrieren und war so in der Lage, die Gesamtstruktur der Führerschaft zu kontrollieren.

Die Ablehnung des Prinzips der Mehrheitsregierung bedeutete, daß alle Führer von den jeweils nächsthöheren und schließlich vom ranghöchsten, von Hitler selbst, eingesetzt wurden. Eine Regierung dieser Prägung trägt alle Züge der Zwangsherrschaft: das Volk hatte keinen Einfluß auf ihre Bildung und keine Kontrolle über ihre Aktivitäten. Indem Schmitt die „Artgleichheit" zwischen Führer und Gefolgschaft hervorhob, kam er möglicher Kritik zuvor. Denn das nationalsozialistische Regime sollte keine bloße Diktatur von oben sein, sondern das echte demokratische Regierungsprinzip.

Die Weltanschauung ist auch hier wieder grundlegend für das nationalsozialistische Verständnis der Demokratie. Führer und Volk waren gleich in ihrer Art, weil sie nach Rasse und Blut gleich waren. Die menschliche Natur eines jeden Deutschen und die seiner Führer war identisch. Daher mußten auch ihre Ziele identisch sein, da beide Teile sich durch die Schaffung des wahren deutschen Staates zu erfüllen suchen. Führer und Gefolgschaft waren Teil des gleichen organischen Volkes. Was den Führer von den Massen unterschied, war seine Fähigkeit, ihnen ihre Volkszugehörigkeit bewußt zu machen und sie zu ihrer Erfüllung zu führen, denn er hatte alle Eigenschaften eines Helden, den wir bereits beschrieben haben.

Außerhalb dieser Struktur wurden keine unabhängigen Gruppen geduldet. Niemand – selbst der Führer nicht – durfte sich dem anderen überlegen fühlen, sondern von jedem wurde Dienstbereitschaft und Verantwortungsbewußtsein erwartet. Hitlers besondere Sorge galt dabei den Intellektuellen und der Furcht, sie würden sich anderen aufgrund ihres Wissens überlegen fühlen und so eine eigene, schwer kontrollierbare Gruppe im Volk bilden. Hierzu haben wir bereits im Abschnitt über Erziehung die Versuche aufgezeigt, bei Studenten und Hochschullehrern ein Überlegenheitsgefühl gegenüber dem Arbeiter zu verhindern. Im neuen Deutschland konnte es nur ernannte Führer und die Massen geben, die durch ihre gemeinsame Rasse und Volkszugehörigkeit miteinander verbunden waren, und die dem gleichen durch jedermanns innere Überzeugung ausgedrückten Ziel dienten.

Wilhelm Stuckart und Hans Globke machen in ihrem offiziellen Kommentar zur nationalsozialistischen Rassegesetzgebung die Implikationen des nationalsozialistischen Regierungskonzepts noch deutlicher (s. Seite 339 ff.). Sie wiederholen die Auffassung, daß der Einzelne nur als Mitglied der Gemeinschaft verstanden werden kann und daß die deutsche Volksgemeinschaft auf Blut und Rasse basiert. Eine Reichsbürgerschaft ist daher nicht länger von territorialen Kriterien, sondern von der Zugehörigkeit zur arischen Rasse abhängig. Roland Freisler, der spätere Präsident des Volksgerichtshofes, zieht die logische Schlußfolgerung aus dieser Rechtsauffassung, wenn er die „restlose Bejahung" der dem Beamten durch den nationalsozialistischen Staat auferlegten Pflichten unterstreicht und damit für die Abschaffung des unabhängigen Beamtentums plädiert (s. Seite 348 ff.). Er gibt der Hoffnung Ausdruck, daß administrativer Formalismus und Bürokratie, beide in Deutschland weit verbreitet, verschwinden und einem neuen Geist Platz machen würden. Falls ein Beamter mit den Prinzipien des Nationalsozialismus vertraut sei, würde er ein flexibler neuer Mensch, die Augen nicht starr auf Gesetze gerichtet, sondern auf das zu erreichende Ziel.

In den Dokumenten, die wir bisher erläutert haben, vermischen sich Theorie und Praxis. Die Theorie wurde in die Praxis umgesetzt und machte sich im Leben der Menschen bemerkbar. Wie aber ging es dem „kleinen Mann" wirklich? Die Arbeiterschaft hat die Nationalsozialisten in ihrem Aufstieg nie sonderlich unterstützt. Dagegen hatten die Nationalsozialisten bereits ein idealisiertes Bild vom Arbeiter zur Hand: in der Tradition des mittelalterlichen Handwerkers arbeitet er fleißig und strebt nach hoher Qualität. Daneben sucht er ideologische Unterstützung durch den Besuch von Abendkursen, die von der Partei veranstaltet werden. Falls er wie Müller (s. Seite 359 ff.) Marxist war, findet er sehr schnell heraus, wie er getäuscht wurde, denn seine arische Anständigkeit und Stärke werden sich gegen die marxistische Taktik auflehnen (von der Hitler, wie er in „Mein Kampf" zugab, eine Menge gelernt hatte). Wie Müller war der deutsche Arbeiter vor allem ein Volksgenosse. Die Realität dagegen sah ganz anders aus. Streiks wurden verboten, und eine Publikation zeigt, wie die Sache des Volkes zur Disziplinierung der Arbeiter benutzt werden konnte, damit sie zufrieden mit ihren Bedingungen und Löhnen blieben.

Wenn auch die Arbeiterschaft nie ganz hinter Hitler stand, so doch die Kleinbürger. War der Ruf nach Beistand für die kleinen Einzelhändler und Werkstätten eines der großen Schlagworte des nationalsozialistischen Wirtschaftsprogrammes, so änderte sich diese Haltung bald nach der Machtübernahme. Die wahre Stellung im Dritten Reich ist an den Tabellen über Steuerverteilung und Lebenshaltungskosten abzulesen sowie an der Übersicht der Versuche, die Zahl der unabhängigen Einzelhändler zu reduzieren. Mußten die Kleinbürger also zwangsläufig von der nationalsozialistischen Politik enttäuscht sein, so war von dieser Enttäuschung jedoch – bis auf wenige Ausnahmen – nichts zu spüren. Sie schienen in den dann vorhandenen kleinen Widerstandsgruppen keine Rolle zu spielen. Es scheint, als habe die nationalsozialistische Ideologie sie bis zum Schluß in ihrem Bann gehalten.

Die nationalsozialistische Machtergreifung 1933 und ihre Wirkung auf die Massen werden im Schlußkapitel behandelt, denn sie wird verständlicher, wenn vorher die gesamte nationalsozialistische Revolution behandelt worden ist. Aus den Dokumenten geht hervor, daß die Revolution nicht schlagartig stattfand, sondern eher unterschwellig und manchmal sogar wie im Film. Es gab keine Schlachten, keine Kämpfe, keinen Sturm auf die Bastille. Männer und Frauen fielen dem Dritten Reich wie reife Früchte in den Schoß. Der bemerkenswerte Bericht der nationalsozialistischen Machtübernahme im Stadtrat von Köln zeigt die relative Leichtigkeit, mit der dieser Regierungswechsel herbeigeführt werden konnte – in einer Stadt im katholischen Rheinland, die in den vorangegangenen 16 Jahren von Oberbürgermeister Konrad Adenauer regiert worden war. Carl Schmitt konnte mit einigem Recht prahlen, daß die nationalsozialistische Revolution ordentlich und diszipliniert vollzogen wurde. Der Grund dafür lag nicht so sehr bei den Nationalsozialisten, sondern am Fehlen einer effektiven Opposition. Für Millionen von Menschen bedeutete die nationalsozialistische Ideologie eine Antwort auf ihre Ängste, eine Befreiung von der Entfremdung; sie gab ihnen Hoffnung auf eine bessere Zukunft. Andere warteten ab, innerlich nicht zum Widerstand bereit. „Laßt sie es mal versuchen", war eine typische Haltung. Hitler sah diese Chance und nutzte sie voll aus.

Das Buch beginnt mit einer Analyse des Wesens der nationalsozialistischen Revolution und endet mit der Darstellung der Machtergreifung. Zwischen diesen Kapiteln haben wir versucht aufzuzeigen, was Hitlers Aufruf, die Weltanschauung neu zu beleben, eigentlich hieß und wie das Leben der gesamten Bevölkerung dadurch beeinflußt wurde. Ein wichtiger Aspekt des Dritten Reiches wurde nur scheinbar vergessen: Der wachsende Terror, der die Hinführung zur totalen Kultur begleitete. Obwohl viele der vorgestellten Texte die Repression wiedergeben, die ausgeübt wurde, um Konformität zu erzwingen (besonders im Kapitel über Christentum), haben wir den Terror als solchen nicht dokumentiert. Richtiger Terror läßt sich nicht beschreiben, er läßt sich nur erfahren. Wie kann man den scheuen Blick über die Schulter, das plötzliche Verstummen in Gegenwart eines Fremden in Worte fassen?

Kein Kapitel wurde den vermeintlichen Feinden des Regimes gewidmet, denen, gegen die die geistige Revolution gerichtet war: den Juden. Es wäre jedoch künstlich, die „jüdische Frage" aus der nationalsozialistischen Ideologie und der kulturellen Bewegung heraus zu trennen, da sie doch ein untrennbarer Bestandteil war. Jedes Kapitel dieses Buches ist von der antisemitischen Zwangsvorstellung der Nationalsozialisten überschattet. Sie waren die Liberalen, die man liquidieren mußte, die Marxisten, die man zerstören mußte – kurz, der alles durchdringende Feind der Rasse. Die bürgerlichen Werte der Familie, der Moral und althergebrachten Tradition existierten für die Juden nicht: man konnte ihre Familie auseinanderreißen, ihren Besitz plündern und konfiszieren, ihre deutschen Wurzeln ausrotten. Was die Nationalsozialisten in das jüdische Stereotyp projizierten, durchdrang bald das gesamte nationalsozialistische Gedankengut.

Das jüdische Problem wurde als ein integrierter Bestandteil der gesamten „Erneuerung des Volkes" vermittelt und nahm in dieser Form – nicht abgelöst und isoliert – seinen Einfluß auf die Massen. Wenn Hitler den Juden als Prinzip[23] verstand, so war er für den Durchschnittsdeutschen ähnlich abstrakt. Vielleicht beobachtete er einmal die Verhaftung eines Juden und fühlte Mitleid, oder er sah die brennenden Synagogen am 10. November 1938 – aber diese persönlichen Berührungen blieben unwesentlich. Es gab Menschen, die zu helfen versuchten, aber das hieß, sich zum Märtyrer zu machen; es bedurfte eines Heldentums, das schon immer in der Geschichte selten war. Dem „Feind" der Rasse zu helfen, war schon wahres Heldentum, allerdings ein anderes, als das von den Nationalsozialisten propagierte. Denn die nationalsozialistischen Helden waren Teil einer Gruppe, des Volkes, das ihnen Kraft verlieh und sie schützte. Den Juden gegen die „Wut des Volkes" zu helfen, war dagegen eine einsame, individuelle Aktion. Es sollte uns nicht überraschen, daß so wenige es versuchten; es ist vielmehr erstaunlich, daß viele Tausende es wagten. In einem Buch über den Einfluß des Dritten Reiches auf die Deutschen wäre es verfehlt, die jüdische Frage gesondert zu behandeln. Und doch handeln zwei der erschütterndsten Dokumente dieses Buches vom Tod des Juden als Bürger und von dem Wandel einer Persönlichkeit zu einer Nummer in den Abgangslisten eines renomierten Gymnasiums – und das gut fünf Jahre vor der Massenvernichtung.

Das Buch zielt nicht auf Vollständigkeit ab. Es versucht vielmehr, ein wenig von dem zu vermitteln, was der Nationalsozialismus wollte, wie er den Schwierigkeiten der Nachkriegsära begegnete und wie er sich auf die deutsche Bevölkerung auswirkte. Aber diese Dokumente vermitteln auch einen Begriff davon, wie „Massenbewußtsein" in einer Nation geschaffen und manipuliert werden konnte. Hitler und seine Gleichgesinnten glaubten fest an ihr Weltbild, aber sie versuchten auch sehr bewußt, die Bevölkerung zum gleichen Glauben zu (ver)führen. Es ist daher kein Zufall, daß das Ministerium für Volksaufklärung und Propaganda so wichtig wurde und daß Goebbels, der geniale Manipulator der Volksmeinung, zu Hitlers engsten Vertrauten gehörte.

Und dennoch wäre alles vergebliche Mühe gewesen, wäre nicht diese Weltanschauung auf bereits in der Bevölkerung vorhandene Vorurteile gestoßen. Die vorherrschenden bürgerlichen Ideale des 19. Jahrhunderts und ein allgegenwärtiger Nationalismus wurden mit der Ideologie von Rasse, Blut und Boden gekoppelt. Für die Millionen, die eine Wiederherstellung von Moral und Familienleben herbeisehnten und die Deutschland auf dem ihm zustehenden Platz in der Weltgeschichte sehen wollten, bot Hitler Hoffnung – selbst dann, wenn sie seine Rassentheorie ablehnten. Wie viele gab es, die behaupteten: „er wird durch sein Amt seriöser werden" und die seinen Rassismus verachteten, den „keine vernünftige Person ernst nehmen konnte". Aber dieser Rassismus und seine Auswirkungen waren keine Auswüchse, sondern integraler Bestandteil der Ideologie. Diejenigen, die etwas anderes erwartet hatten, mußten enttäuscht werden. „Die Rolle des Bürgertums ist ausgespielt"; es wurde, so bezeichnete es Hitler, zu einem „toten Muskel"[24] – obwohl er sich gekonnt der bürgerlichen Moral und des bürgerlichen Nationalismus auf dem Weg zur Macht bediente. Daß er sich ihrer als Hilfsmittel bediente, soll jedoch nicht implizieren, daß dieses Gedankengut nicht auch Teil des Hitlerschen Weltbildes gewesen sei. Wir haben bereits das ständige Zusammenspiel von Theorie und ihrer Anwendung erwähnt; es muß allerdings hinzugefügt werden, daß es ein genauso enges Zusammenspiel zwischen nationalsozialistischem Weltbild und seiner Manipulation gab, um dieses Weltbild zu einer Art nationaler Religion zu erheben.

Ein eher spätes Phänomen des Nationalsozialismus ist hier nicht berücksichtigt, da es außerhalb des gesetzten Zeitraums fällt: die SS. Sie bekam erst nach 1939 eine große Bedeutung. Für sie, die sich als rassische Elite betrachtet, spielten bürgerliche Werte und Nationalismus eine immer geringere Rolle. Während des Krieges setzte sich die SS nicht nur aus reichsdeutschen Ariern zusammen, sondern auch aus Ariern anderer Länder. Bürgerliche Moral und traditionelle Familienbande hatten in den Augen derjenigen, die sich als neue Ordensritter betrachteten, wenig Wert. Für sie zählte nur Rasse und Macht. Diese jedoch erst späte Entwicklung betraf nicht die Gesamtbevölkerung – das wäre erst nach einem siegreichen Ausgang des Krieges der Fall gewesen.

Der Nationalsozialismus gehört der Vergangenheit an. Viele der Grundhaltungen und Vorurteile, die zu dieser Weltanschauung gehörten, sind jedoch geblieben und warten darauf, wieder aktiviert und in ein neues Menschenbewußtsein eingebracht zu werden. Die folgenden Dokumente mögen dem Leser über 30 Jahre später unerhört und nahezu grotesk erscheinen. Wir müssen uns jedoch daran erinnern, daß zu einem bestimmten Zeitpunkt in der Geschichte ein Regime diese Ideen ernst nahm und mit ihm Millionen, die unter ihm lebten. Der Nationalsozialismus wurde schließlich durch einen Krieg von außen besiegt, nicht durch eine Revolution von innen, und ein größerer Widerstand gegen Hitler formierte sich erst, als der Krieg bereits verloren war. Dieser Umstand kann teilweise durch Hitlers Erfolge erklärt werden, sowohl auf dem außenpolitischen Sektor als auch in der Innenpolitik. Während der Jahre, in denen diese Dokumente entstanden und die in ihnen enthaltenen Ideen in die Praxis umgesetzt wurden, war die bedrückende Arbeitslosigkeit nahezu verschwunden (vor 1933 gab es dagegen noch über 6 Millionen Arbeitslose), das deutsche Reich hatte seine Grenzen erweitert, und der von vielen als demütigend empfundene Vertrag von Versailles war beseitigt worden. Die nationalsozialistische Weltanschauung konnte sich vor einem Hintergrund der Erfolge ausbreiten.

Doch ist das Hitlersche Weltbild ein Teil seines Erfolges. Daß einige Grundprinzipien daraus heute noch in uns existieren, sollte uns zu denken geben. Weit davon entfernt, abwegig und fast grotesk zu sein, appelliert diese Ideologie an ein Grundbedürfnis nach einer organischen Gemeinschaft, nach historischer Kontinuität und dem Schutz durch feste, anerkannte moralische Werte. Eine geistige Revolution ist für viele verlockender, als eine ökonomische und soziale, die ins Chaos führen könnte, statt die Ordnung zu stärken. Der Nationalsozialismus macht die Gefahr deutlich, die hinter der Fassade des Konservatismus lauern kann, eines modernen Konservatismus, der höchst anfällig für extreme Anschauung ist, selbst wenn er sie nach außen ablehnt. Es sollte nicht unbedingt von den Lektionen gesprochen werden, die die Geschichte erteilt; aber vielleicht liegt doch in diesen Dokumenten aus der Vergangenheit eine Lektion für die Gegenwart.

G. L. M.

Anmerkungen

1. Adolf Hitler, *Mein Kampf.* München 1935, S. 369.
2. *Kampf*, Lebensdokumente deutscher Jugend. Leipzig 1934, S. 307.
3. Eine gute Beschreibung dieses Vorgangs bietet William Sheridan Allen, *The Nazi Seizure of Power.* The Experience of a Single German Town, 1930–1935. Chicago 1965. Kap. 17.
4. Horia Sima, *Destinée de Nationalisme.* Paris o. J., S. 19.
5. Adolf Hitler, *Mein Kampf*, S. 418.
6. Ebda., S. 116 und S. 536.
7. Gustave Le Bon, *Psychologie der Massen.* 3. verbesserte Aufl., Leipzig 1919, S. 16.
8. Adolf Hitler, *Mein Kampf*, S. 536, s. auch George L. Mosse, *Die Nationalisierung der Massen.* Frankfurt/M. 1976.
9. Adolf Hitler, *Mein Kampf*, S. 372.
10. Hildegard Brenner, *Die Kunstpolitik des Nationalsozialismus.* Hamburg 1963, S. 188.
11. Ernst Deuerlein, „Hitlers Eintritt in die Politik und die Reichswehr", *Vierteljahrshefte für Zeitgeschichte*, Jg. 7, Heft 2, April 1959, S. 219.
12. Joseph Goebbels, *Der Angriff.* Aufsätze aus der Kampfzeit. München 1935, S. 251.
13. Adolf Hitler, *Mein Kampf*, S. 305–308.
14. Vgl. *Danziger Vorposten*, 2. 5. 1938.
15. Rede Adolf Hitlers anläßlich der Eröffnung des „Hauses der Deutschen Kunst" 1937 in München. Abgedruckt in: *Völkischer Beobachter*, 19. 7. 1937.
16. Adolf Hitler, *Mein Kampf*, S. 409.
17. George L. Mosse, „Was die Deutschen wirklich lasen, Marlitt, May, Ganghofer", in: *Popularität und Trivialität*, hrsg. von Reinhold Grimm und Jost Hermand. Frankfurt/M., 1974, S. 101–121.
18. Heinz Ihlert, *Musik im Aufbruch.* Berlin 1938, S. 16.
19. Ebda., S. 10.
20. Ebda., S. 14.
21. „Gegenwärtige Lage in der Physik". Aktenvermerk für den Reichsleiter (Alfred Rosenberg) von J. Wagner, abgedruckt in: Léon Poliakov/Josef Wulf, *Das Dritte Reich und seine Denker.* Dokumente. Berlin 1959, S. 101–103.
22. Adolf Hitler, *Mein Kampf*, S. 379.
23. Hermann Rauschning, *Gespräche mit Hitler.* Zürich, Wien, New York 1940. 4. unveränderter Nachdruck, S. 220.
24. Ebda., S. 44.

Hitler gibt den Ton an

Was hatte Hitler selbst über die nationalsozialistische Kultur zu sagen? In allen Dokumenten dieses Buches sind seine Ideen breit dargelegt, denn Hitler dominierte das Dritte Reich in jeder Phase. Deshalb ist es nur angemessen, zunächst die frühen Quellen heranzuziehen. Was Hitler über Kultur zu sagen hatte, würde dabei Bände füllen. Der Zweck der folgenden Zusammenstellung von Ausschnitten liegt darin, in Hitlers eigenen Worten bereits die Richtung der Gedanken darzustellen, die dann in den folgenden Dokumenten deutlich wird.

Der erste Abschnitt bietet eine Auswahl aus „Mein Kampf". Es gibt zwei Gründe, aus Hitlers einzigem veröffentlichten Buch zu zitieren: zum einen mußte „Mein Kampf" in den Schulen des Dritten Reiches wie auch in allen anderen Organisationen gelesen werden (s. Seite 296). Auch wenn das Buch selbst nicht gelesen wurde, so wurde doch zum anderen sein Inhalt in den Reden der Nationalsozialisten und in einer Vielzahl anderer Bücher und Artikel getreu wiedergegeben. Hitler hat sein Weltbild, das am Beginn seines Weges zur Macht feststand, nie geändert. Entsprechend reflektierte später die nationalsozialistische Kultur Hitlers allumfassende Ideologie. „Mein Kampf" wäre auch dann ein erfolgreiches Buch geworden, wenn es überhaupt niemand gelesen hätte, denn sein Inhalt wurde durch die nationalsozialistische Kultur zum Allgemeingut der ganzen Nation gemacht.

Hitler diktierte das Buch seinem späteren Stellvertreter Rudolf Heß von Juli bis Dezember 1924, als er nach seinem gescheiterten Putsch vom 8./9. November 1923 in der bayerischen Festung Landsberg einsaß. Zunächst hatte Hitler seine Autobiographie schreiben wollen, entschloß sich aber dann, seine Lebensgeschichte mit einem Abriß des nationalsozialistischen Weltbildes und der Parteiorganisation zu verbinden. Es gab einen guten Grund für diesen Entschluß: indem er seine eigene Person mit der nationalsozialistischen Bewegung verknüpfte, konnte er nach seiner Entlassung aus dem Gefängnis die uneingeschränkte Führungsrolle in der Partei beanspruchen und übernehmen. Die Parole des Dritten Reiches „Hitler ist Deutschland und Deutschland ist Hitler" mußte durch die Überzeugung „Hitler ist die Partei" vorbereitet werden. Obwohl es nach Landsberg einige Jahre dauerte, bis der nationalsozialistische Aufstieg gefestigt war, kann kaum daran gezweifelt werden, daß „Mein Kampf" mit zu diesem Aufstieg beigetragen hat.

Neben den politischen Richtlinien enthielt „Mein Kampf" Hitlers Weltbild. Seine Überzeugung beruhte dabei auf der These, daß das Weltbild entscheidend das Leben der Menschen beeinflußt. Für Hitler ist die Kraft des Ideals übermächtig. Er erinnert dabei an die positive Erfahrung des Krieges (s. Seite 26 f.). Dieser Idealismus wird dem Materialismus gegenübergestellt, der, durch marxistische Lehre geprägt, das Bürgertum infiziert habe. Hitler eigenes Weltbild dagegen ist völkisch: die Grundlage bildet das Prinzip der Rasse, das für alles Leben fundamental ist. So ist die Rasse der Grundstein jeglicher Kultur, der Staat lediglich Mittel zum Zweck, die Rasse zu erhalten. Zehn Jahre später schlägt sich dieses Konzept als Gesetz im Dritten Reich nieder (s. Seite 347). Rassische Ideen wurden mit dem Glauben an eine Elite verbunden, die sich aus der Masse der Bevölkerung hervorhebt: Hitler weist auf die „große Persönlichkeit" hin, die Geschichte macht. Er tut dies aber immer auf der Grundlage eines allgemeinen Rassismus, denn eine persönliche Ethik mußte mit diesem grundlegenden Faktor des Lebens verbunden sein. Jegliche Kultur ist das Produkt der Arier. Nur die arische Rasse kann daher wahre Persönlichkeiten vorbringen.

Da Kultur im nationalsozialistischen Verständnis Ausdruck eines Ideals ist, kann der Materialismus niemals Kultur hervorbringen. Der Materialismus, eine Erfindung des Juden, hat das Bürgertum durch den Einfluß des Marxismus fest im Griff (s. Seite 26). Die Juden sind daher die wahren Feinde des germanischen Weltbildes und müssen gnadenlos behandelt werden. Juden können keine Kultur haben, sie haben aber eine Funktion: sie stehen für alles Schlechte, spornen den Arier zu stetigem Kampf gegen das Schlechte an, so daß er sich seiner eigenen Rasse bewußt wird. Daher bezeichnet Hitler den Juden – indem er einen Satz Goethes adaptiert – als eine Kraft, die stets das Böse will und doch das Gute schafft.

Die Revolution des Weltbildes kann sich nur als Massenbewegung durchsetzen. Um das zu erreichen, muß eine gezielte Propaganda eingesetzt werden, die durch eine effektive Parteiorganisation unterstützt wird. Es sollte dabei im Auge behalten werden, daß Hitler die Hälfte von „Mein Kampf" Problemen der Parteiorganisation widmete.

Hitlers Einschätzung der Massen ist aufgrund der Annahme, daß eine Ideologie, ohne in einer Massenbewegung verankert zu sein, unwirksam wird, von größter Wichtigkeit. Er erkennt die Bedeutung der Verleihung von Statussymbolen für die Bevölkerung; aber dies ist zweitrangig gegenüber den Techniken, die notwendig sind, um „ihre Herzen zu öffnen" (s. Seite 29). Die Massen werden von Emotionen und Gefühlen bewegt: sie sind Teil der ursprünglichen Natur selbst und damit nicht die Widerspiegelung eines rationalen Elements in Gottes Werk, sondern eines irrationalen Menschen und Weltbildes. Hitler baut auf die romantische Tradition. Generell wird in der nationalsozialistischen Kultur diese Parallele zwischen Mensch und Natur gezogen. Die Massen der Arier sind so ursprünglich in ihrer „Seele" wie die Natur selbst. Die Aufgabe des Führers ist es, diese „Seele" zu wecken und den Glauben an Rasse und Blut an die Oberfläche zu bringen. Da Menschen ein Teil der Natur sind, sind folglich ihre Gefühle einfach, direkt und ergeben. Einfach und direkt, weil die Natur in der nationalsozialistischen Ideologie so gesehen wird – im Gegensatz zur Künstlichkeit der materialistischen Zivilisation: ergeben, weil im Grunde des Herzens die Stimme der Rasse spricht.

Die nationalsozialistische Auffassung von Kultur ist fest mit dieser Einschätzung der Massen verbunden, um in diesem Sinne die Massen aktivieren zu können. Propaganda, so wie Hitler sie sah und wie sie von den Nationalsozialisten ausgeübt wurde, ist die Einimpfung einer bestimmten Kulturhaltung. Der daraus resultierende Anti-Intellektualismus zieht sich wie ein roter Faden durch dieses Buch. Hitlers eigene Ansicht vom Wesen der Erziehung bildet dabei die Grundlage für den Versuch, die Jugend für sich zu gewinnen. Er befürwortet mehr eine allgemeine als eine speziell ausgerichtete Erziehung und Bildung, denn die Lehre von der nationalsozialistischen Weltanschauung sollte Vorrang haben.

Auf dem Gipfel seiner Macht gab Hitler ein deutliches Beispiel seines Kulturverständnisses, indem er die erste Ausstellung im „Haus der Deutschen Kunst" (18. 7. 1937) in München eröffnete (s. Seite 31 ff.). Diese Ausstellung war keine normale Kunstausstellung. Sie sollte in einem besonders dafür errichteten Gebäude die Generallinie der nationalsozialistischen Kultur in der bildenden Kunst verdeutlichen. Darstellungen der Natur (40% der Bilder), aber auch ländliche und familiäre Motive nahmen einen breiten Raum ein. Kunst sollte klar sein, so hatte Hitler kundgetan, und die idyllischen Bilder symbolisierten sehr gut den Traditionalismus, innerhalb dessen Rahmen der Nationalsozialismus wirkte. Die Ausstellung war sehr erfolgreich, und die Besucherzahlen erreichten außergewöhnliche Höhen.

Der Arier brauchte einen Gegner in seinem Kampf. Wir haben bereits darauf hingewiesen, wie die Juden diese Funktion erfüllten. So war auch bei dieser Gelegenheit ein Feind vertreten, denn fast gleichzeitig fand die Ausstellung für „Entartete Kunst" statt, die ,,‚Kulturdokumente' des Bolschewismus und der jüdischen Zersetzungsarbeit" präsentierte. Die modernen Bilder wurden dabei entsprechend angeprangert: „Deutsche Bauern durch jüdische Augen gesehen", „Herabwürdigung deutscher Weltkriegshelden", „Die Verspottung der deutschen Frau". Was für ein Gegensatz zu den Idealtypen der Bauern, Helden und Frauen, die die „Ausstellung Deutscher Kunst" zierten! Wir werden diese Idealtypen in fast allen unseren Dokumenten antreffen.

Dies sind die Elemente in Hitlers Kulturbegriff, der im gesamten Dritten Reich Geltung hatte. Als Hitler in München sprach, war die „Revolution des Weltbildes" gerade viereinhalb Jahre alt.

G. L. M.

Kultur als Glauben an ein ideales Reich und die Verankerung dieses Glaubens bei den Massen

Die Kraft der Ideale

Man hüte sich, die Kraft eines Ideals zu niedrig einzuschätzen. Wer in dieser Hinsicht heute kleinmütig wird, den möchte ich, falls er einst Soldat war, zurückerinnern an eine Zeit, deren Heldentum das überwältigendste Bekenntnis zur Kraft idealer Motive darstellte. Denn, was die Menschen damals sterben ließ, war nicht die Sorge um das tägliche Brot, sondern die Liebe zum Vaterland, der Glaube an die Größe desselben, das allgemeine Gefühl für die Ehre der Nation. Und erst als das deutsche Volk sich von diesen Idealen entfernte, um den realen Versprechungen der Revolution zu folgen, und die Waffe mit dem Rucksack vertauschte, kam es, statt in einen irdischen Himmel, ins Fegfeuer der allgemeinen Verachtung und nicht minder der allgemeinen Not.

Deshalb ist es aber erst recht notwendig, den Rechenmeistern der derzeitigen *realen Republik* den Glauben an ein *ideales* Reich gegenüberzustellen.

Adolf Hitler, *Mein Kampf*. München 1935, S. 487.

Der Arier als Hüter der Kultur

So ist die marxistische Lehre der kurzgefaßte geistige Extrakt der heute allgemein gültigen Weltanschauung. Schon aus diesem Grunde ist auch jeder Kampf unserer sogenannten bürgerlichen Welt gegen sie unmöglich, ja lächerlich, da auch diese bürgerliche Welt im wesentlichen von all diesen Giftstoffen durchsetzt ist und einer Weltanschauung huldigt, die sich von der marxistischen im allgemeinen nur mehr durch Grade und Personen unterscheidet. Die bürgerliche Welt ist marxistisch, glaubt aber an die Möglichkeit der Herrschaft bestimmter Menschengruppen (Bürgertum), während der Marxismus selbst die Welt planmäßig in die Hand des Judentums überzuführen trachtet.

Demgegenüber erkennt die völkische Weltanschauung die Bedeutung der Menschheit in deren rassischen Urelementen. Sie sieht im Staat prinzipiell nur ein Mittel zum Zweck und faßt als seinen Zweck die Erhaltung des rassischen Daseins der Menschen auf. Sie glaubt somit keineswegs an eine Gleichheit der Rassen, sondern erkennt mit ihrer Verschiedenheit auch ihren höheren oder minderen Wert und fühlt sich durch diese Erkenntnis verpflichtet, gemäß dem ewigen Wollen, das dieses Universum beherrscht, den Sieg des Besseren, Stärkeren zu fördern, die Unterordnung des Schlechteren und Schwächeren zu verlangen. Sie huldigt damit prinzipiell dem aristokratischen Grundgedanken der Natur und glaubt an die Geltung dieses Gesetzes bis herab zum letzten Einzelwesen. Sie sieht nicht nur den verschiedenen Wert der Rassen, sondern auch den verschiedenen Wert der Einzelmenschen. Aus der Masse schält sich für sie die Bedeutung der Person heraus, dadurch aber wirkt sie gegenüber dem desorganisierenden Marxismus organisatorisch. Sie glaubt an die Notwendigkeit einer Idealisierung des Menschentums, da sie wiederum nur in dieser die Voraussetzung für das Dasein der Menschheit erblickt. Allein sie kann auch einer ethischen Idee das Existenzrecht nicht zubilligen, sofern diese Idee eine Gefahr für das rassische Leben der Träger einer höheren Ethik darstellt; denn in einer verbastardierten und vernegerten Welt wären auch alle Begriffe des menschlich Schönen und Erhabenen sowie alle Vorstellungen einer idealisierten Zukunft unseres Menschentums für immer verloren.

Menschliche Kultur und Zivilisation sind auf diesem Erdteil unzertrennlich gebunden an das Vorhandensein des Ariers. Sein Aussterben oder Untergehen wird auf diesen Erdball wieder die dunklen Schleier einer kulturlosen Zeit senken.

Das Untergraben des Bestandes der menschlichen Kultur durch Vernichtung ihres Trägers aber erscheint in den Augen einer völkischen Weltanschauung als das fluchwürdigste Verbrechen. Wer die Hand an das höchste Ebenbild des Herrn zu legen wagt, frevelt am gütigen Schöpfer dieses Wunders und hilft mit an der Vertreibung aus dem Paradies.

Adolf Hitler, *Mein Kampf*. München 1935, S. 420–421.

Der Staat ist kein Selbstzweck, sondern ein Mittel

Die grundsätzliche Erkenntnis ist dann die, daß der Staat keinen Zweck, sondern ein Mittel darstellt. Er ist wohl die Voraussetzung zur Bildung einer höheren menschlichen Kultur, allein nicht die Ursache derselben. Diese liegt viel mehr ausschließlich im Vorhandensein einer zur Kultur befähigten Rasse. Es könnten sich auf der Erde Hunderte von mustergültigen Staaten befinden, im Falle des Aussterbens des arischen Kulturträgers würde doch keine Kultur vorhanden sein, die der geistigen Höhe der höchsten Völker von heute entspräche. Man kann noch weitergehen und sagen, daß die Tatsache menschlicher Staatenbildung nicht im geringsten die Möglichkeit der Vernichtung des menschlichen Geschlechtes ausschließen würde, sofern überlegene geistige Fähigkeit und Elastizität, infolge des Fehlens des rassischen Trägers derselben, verlorengingen.

Adolf Hitler, *Mein Kampf*. München 1935, S. 431.

Der Jude hat keine Kultur

Daher ist das jüdische Volk bei allen scheinbaren intellektuellen Eigenschaften dennoch ohne jede wahre Kultur, besonders aber ohne jede eigene. Denn was der Jude heute an Scheinkultur besitzt, ist das unter seinen Händen meist schon verdorbene Gut der anderen Völker.

Als wesentliches Merkmal bei der Beurteilung des Judentums in seiner Stellung zur Frage der menschlichen Kultur muß man sich immer vor Augen halten, daß es eine jüdische Kunst niemals gab und demgemäß auch heute nicht gibt, daß vor allem die beiden Königinnen aller Künste, Architektur und Musik, dem Judentum nichts Ursprüngliches zu verdanken haben. Was es auf dem Gebiete der Kunst leistet, ist entweder Verbalhornisierung oder geistiger Diebstahl. Damit aber fehlen dem Juden jene Eigenschaften, die schöpferisch und damit kulturell begnadete Rassen auszeichnen.

Adolf Hitler, *Mein Kampf*. München 1935, S. 331–332.

Die Notwendigkeit der Propaganda

Der durchschlagendste Erfolg einer Weltanschaulichen Revolution wird immer dann erfochten werden, wenn die neue Weltanschauung möglichst allen Menschen gelehrt und, wenn notwendig, später aufgezwungen wird, während die Organisation der Idee, also die Bewegung, nur so viele erfassen soll, als zur Besetzung der Nervenzentren des in Frage kommenden Staates unbedingt erforderlich sind.

Das heißt mit anderen Worten folgendes:

In jeder wirklich großen weltumwälzenden Bewegung wird die Propaganda zunächst die Idee dieser Bewegung zu verbreiten haben. Sie wird also unermüdlich versuchen, die neuen Gedankengänge den andern klarzumachen, diese mithin auf ihren Boden herüberzuziehen oder doch in ihrer eigenen bisherigen Überzeugung unsicher zu machen. Da nun die Verbreitung einer Lehre, also diese Propaganda, ein Rückgrat besitzen muß, so wird die Lehre sich eine feste Organisation geben müssen. Die Organisation erhält ihre Mitglieder aus der von der Propaganda gewonnenen allgemeinen Anhängerschaft. Diese wird um so schneller wachsen, je intensiver die Propaganda betrieben wird, und diese wieder vermag um so besser zu arbeiten, je stärker und kraftvoller die Organisation ist, die hinter ihr steht.

Adolf Hitler, *Mein Kampf*. München 1935, S. 654–655.

Hitlers Bild von den Massen

Die nationale Erziehung der breiten Masse kann nur über den Umweg einer sozialen Hebung stattfinden, da ausschließlich durch sie jene allgemein wirtschaftlichen Voraussetzungen geschaffen werden, die dem einzelnen gestatten, auch an den kulturellen Gütern der Nation teilzunehmen.

Die Nationalisierung der breiten Masse kann niemals erfolgen durch Halbheiten, durch schwaches Betonen eines sogenannten Objektivitätsstandpunkts, sondern durch rücksichtslose und fanatisch einseitige Einstellung auf das nun einmal zu erstrebende Ziel. Das heißt also, man kann ein Volk nicht „national" machen im Sinne unseres heutigen Bürgertums, also mit soundsoviel Einschränkungen, sondern nur nationalistisch mit der ganzen Vehemenz, die dem Extrem innewohnt. Gift wird nur durch Gegengift gebrochen, und nur die Schalheit eines bürgerlichen Gemüts kann die mittlere Linie als den Weg ins Himmelreich betrachten.

Die breite Masse eines Volkes besteht weder aus Professoren noch aus Diplomaten. Das geringe abstrakte Wissen, das sie besitzt, weist ihre Empfindungen mehr in die Welt des Gefühls. Dort ruht ihre entweder positive oder negative Einstellung. Sie ist nur empfänglich für eine Kraftäußerung in einer dieser beiden Richtungen und niemals für eine zwischen beiden schwebende Halbheit. Ihre gefühlsmäßige Einstellung aber bedingt zugleich ihre außerordentliche Stabilität. Der Glaube ist schwerer zu erschüttern als das Wissen, Liebe unterliegt weniger dem Wechsel als Achtung, Haß ist dauerhafter als Abneigung, und die Triebkraft zu den gewaltigsten Umwälzungen auf dieser Erde lag zu allen Zeiten weniger in einer die Masse beherrschenden wissenschaftlichen Erkenntnis als in einem sie beseelenden Fanatismus und manchmal in einer sie vorwärtsjagenden Hysterie.

Wer die breite Masse gewinnen will, muß den Schlüssel kennen, der das Tor zu ihrem Herzen öffnet. Er heißt nicht Objektivität, also Schwäche, sondern Wille und Kraft.

Die Gewinnung der Seele des Volkes kann nur gelingen, wenn man neben der Führung des positiven Kampfes für die eigenen Ziele den Gegner dieser Ziele vernichtet.

Das Volk sieht zu allen Zeiten im rücksichtslosen Angriff auf einen Widersacher den Beweis des eigenen Rechtes, und es empfindet den Verzicht auf die Vernichtung des anderen als Unsicherheit in bezug auf das eigene Recht, wenn nicht als Zeichen des eigenen Unrechtes.

Die breite Masse ist nur ein Stück der Natur, und ihr Empfinden versteht nicht den gegenseitigen Händedruck von Menschen, die behaupten, Gegensätzliches zu wollen. Was sie wünscht, ist der Sieg des Stärkeren und die Vernichtung des Schwachen oder seine bedingungslose Unterwerfung.

Die Nationalisierung unserer Masse wird nur gelingen, wenn bei allem positiven Kampf um die Seele unseres Volkes ihre internationalen Vergifter ausgerottet werden.

Alle großen Fragen der Zeit sind Fragen des Augenblicks und stellen nur Folgeerscheinungen bestimmter Ursachen dar. Ursächliche Bedeutung besitzt aber unter ihnen allen nur eine, die Frage der rassischen Erhaltung des Volkstums. Im Blute allein liegt sowohl die Kraft als auch die Schwäche des Menschen begründet. Völker, welche nicht die Bedeutung ihrer rassischen Grundlage erkennen und beachten, gleichen Menschen, die Möpsen die Eigenschaften von Windhunden anlernen möchten, ohne zu begreifen, daß die Schnelligkeit des Windhundes wie die Gelehrigkeit des Pudels keine angelernten, sondern in der Rasse liegende Eigenschaften sind. Völker, die auf die Erhaltung ihrer rassischen Reinheit verzichten, leisten damit auch Verzicht auf die Einheit ihrer Seele in all ihren Äußerungen.

Die Zerrissenheit ihres Wesens ist die naturnotwendige Folge der Zerrissenheit ihres Blutes, und die Veränderung ihrer geistigen und schöpferischen Kraft ist nur die Wirkung der Änderung ihrer rassischen Grundlagen.

Wer das deutsche Volk von seinen ihm ursprünglich wesensfremden Äußerungen und Untugenden von heute befreien will, wird es erst ablösen müssen vom fremden Erreger dieser Äußerungen und Untugenden.

Ohne klarste Erkenntnis des Rasseproblems, und damit der Judenfrage, wird ein Wiederaufstieg der deutschen Nation nicht mehr erfolgen.

Die Rassenfrage gibt nicht nur den Schlüssel zur Weltgeschichte, sondern auch zur menschlichen Kultur überhaupt.

Adolf Hitler, *Mein Kampf*. München 1935, S. 370–372.

Erziehung muß auf Idealen aufbauen

Es liegt im Zug unserer heutigen materialisierten Zeit, daß unsere wissenschaftliche Ausbildung sich immer mehr den nur realen Fächern zuwendet, also der Mathematik, Physik, Chemie usw. So nötig dies für eine Zeit auch ist, in welcher Technik und Chemie regieren und deren wenigstens äußerlich sichtbarste Merkmale im täglichen Leben sie darstellen, so gefährlich ist es aber auch, wenn die allgemeine Bildung einer Nation immer ausschließlicher darauf eingestellt wird. Diese muß im Gegenteil stets eine ideale sein. Sie soll mehr den humanistischen Fächern entsprechen und nur die Grundlagen für eine spätere fachwissenschaftliche Weiterbildung bieten. Im anderen Fall verzichtet man auf Kräfte, welche für die Erhaltung der Nation immer noch wichtiger sind als alles technische und sonstige Können. Insbesondere soll man im Geschichtsunterricht sich nicht vom Studium der Antike abbringen lassen. Römische Geschichte, in ganz großen Linien richtig aufgefaßt, ist und bleibt die beste Lehrmeisterin nicht nur für heute, sondern wohl für alle Zeiten. Auch das hellenische Kulturideal soll uns in seiner vorbildlichen Schönheit erhalten bleiben. Man darf sich nicht durch Verschiedenheiten der einzelnen Völker die größere Rassegemeinschaft zerreißen lassen. Der Kampf, der heute tobt, geht um ganz große Ziele: eine Kultur kämpft um ihr Dasein, die Jahrtausende in sich verbindet und Griechen- und Germanentum gemeinsam umschließt.

Es soll ein scharfer Unterschied zwischen allgemeiner Bildung und besonderem Fachwissen bestehen. Da letzteres gerade heute immer mehr in den Dienst des reinen Mammons zu sinken droht, muß die allgemeine Bildung, wenigstens in ihrer mehr idealen Einstellung, als Gegengewicht erhalten bleiben. Auch hier muß man unentwegt den Grundsatz einprägen, *daß Industrie und Technik, Handel und Gewerbe immer nur zu blühen vermögen, solange eine idealistisch veranlagte Volksgemeinschaft die notwendigen Voraussetzungen bietet. Diese aber liegen nicht in materiellem Egoismus, sondern in verzichtfreudiger Opferbereitschaft.*

Adolf Hitler, *Mein Kampf*. München 1935, S. 469–470.

Hitler definiert Kultur, indem er Kunst definiert

Die kulturelle Wiedergeburt

„Als vor vier Jahren die feierliche Grundsteinlegung dieses Baues stattfand, waren wir uns alle bewußt, daß nicht nur der Stein für ein neues Heim gesetzt, sondern der Grund gelegt werden mußte für eine neue und wahre deutsche Kunst. Es galt, eine Wende herbeizuführen in der Entwicklung des gesamten deutschen kulturellen Schaffens. Vielen war es schwer gefallen, das Wort „Münchner Glaspalast" zu verlieren und diesem Neubau auch einen neuen Namen zu geben. Trotzdem fanden wir es damals für richtig, das Haus, das in seinen Räumen die Fortsetzung jener einst berühmtesten deutschen Kunstausstellung erfahren sollte, nicht als „Neuen Glaspalast", sondern als das „Haus der Deutschen Kunst" zu proklamieren. Denn gerade dadurch war auch die Frage, ob es denn noch uberhaupt eine deutsche Kunst gebe, zu prüfen und zu beantworten.

Der Zusammenbruch und allgemeine Verfall Deutschlands war – wie wir wissen – nicht nur ein wirtschaftlicher oder politischer, sondern ein in vielleicht noch viel größerem Ausmaß kultureller gewesen. Dabei war auch dieser Vorgang nicht durch die Tatsache des verlorenen Krieges allein zu erklären. Solche Katastrophen haben Völker und Staaten sehr oft heimgesucht, und gerade sie sind dann nicht selten der Ansporn für ihre Läuterung und damit innere Erhebung gewesen. Jene Flut von Schlamm und Unrat, die aber das Jahr 1918 an die Oberfläche unseres Lebens gespieen hatte, war nicht durch den Verlust des Krieges entstanden, sondern durch ihn nur frei geworden. Ein an sich schon durch und durch verdorbener Körper erfuhr erst durch die Niederlage den ganzen Umfang seiner inneren Zersetzung. Nun, nach dem Zusammenbruch der scheinbar noch in Ordnung befindlichen gesellschaftlichen, staatlichen und kulturellen Formen, begann die darunter schon längst vorhanden gewesene Gemeinheit zu triumphieren, und zwar auf allen Gebieten unseres Lebens.

Freilich, der wirtschaftliche Verfall war naturgemäß am fühlbarsten, weil nur er der großen Masse am eindringlichsten zum Bewußtsein kommen konnte. Ihm gegenüber wurde der politische Zusammenbruch von zahlreichen Deutschen entweder glatt abgestritten oder zumindest nicht anerkannt, während der kulturelle von der überwiegenden Mehrheit unseres Volkes weder gesehen noch verstanden wurde.

Es ist bemerkenswert, daß in dieser Zeit des allgemeinen Verfalls und Zusammenbruchs die Schlagworte und Phrasen in eben demselben Ausmaße steigend zu triumphieren begannen. Allein auch hier war es natürlich am schwierigsten, auf die Dauer gegen den allgemein fühlbaren wirtschaftlichen Zusammenbruch mit dem Schwulst blasser Theorien anzukämpfen. Gewiß, es wurde auch dagegen unendlich viel geredet von modernen Errungenschaften sozialistischen oder kommunistischen Inhalts, von liberalen Wirtschaftsauffassungen, von den ewigen Gesetzen nationalökonomischer Tatsachen oder Bedingtheiten. Allein, die allgemeine Not, besonders das durch die Erwerbslosigkeit millionenfach bedingte

Elend, waren damit nicht wegzubringen, noch waren den davon Betroffenen die Folgen auszureden. Daher gelang es auch, den wirtschaftlichen Zusammenbruch der Nation viel schwerer durch Schlagwörter oder Phrasen zu verbergen als den politischen. Viel erfolgreicher und vor allem anhaltender war demgegenüber die durch Schlagworte und Phrasen erreichte Verwirrung der Ansichten über das Wesen der Kultur im allgemeinen und des deutschen Kulturlebens und Kulturverfalls im besonderen.

Zunächst ist
1. der Kreis derer, die sich bewußt mit kulturellen Dingen befassen, natürlich nicht annähernd so groß wie die Zahl jener, die sich mit wirtschaftlichen Aufgaben beschäftigen müssen;
2. hatte sich auf diesem Gebiet mehr wie auf jedem anderen das Judentum jener Mittel und Einrichtungen bemächtigt, die die öffentliche Meinung formen und diese damit letzten Endes regieren. Das Judentum verstand es besonders unter Ausnutzung seiner Stellung in der Presse, mit Hilfe der sogenannten Kunstkritik nicht nur die natürlichen Auffassungen über das Wesen und die Aufgaben der Kunst sowie deren Zweck allmählich zu verwirren, sondern überhaupt das allgemeine gesunde Empfinden auf diesem Gebiete zu zerstören. An Stelle des normalen Menschenverstandes und Instinkts traten bestimmte Schlagworte, die dank ihrer dauernden Wiederholung langsam doch einen großen Teil der sich mit Kunstdingen beschäftigenden oder die Kunstaufgaben beurteilenden Menschen entweder unsicher machten oder zumindest so einschüchterten, daß es diese dann nicht mehr wagten, gegen den dauernden Strom solcher Phrasenflüsse ernstlich und offen anzukämpfen. Angefangen von Behauptungen allgemeiner Art, wie zum Beispiel der, daß die Kunst international sei, bis zu den Analysierungen des Kunstschaffens durch bestimmte, im Grunde genommen aber nichtssagende Ausdrücke, bewegte sich der fortgesetzte Versuch der Verwirrung des gesunden Menschenverstandes und Instinktes. Indem man die Kunst einerseits nur als ein internationales Gemeinschaftserlebnis ausgab und damit überhaupt jedes Verständnis für ihre Volksverbundenheit tötete, verband man sie dafür desto mehr mit der Zeit, das heißt also: es gab nun gar keine Kunst der Völker oder besser der Rassen mehr, sondern nur jeweils eine Kunst der Zeiten.

Nach dieser Theorie haben damit auch nicht die Griechen die griechische Kunst geformt, sondern eine bestimmte Zeit hat sie als deren Ausdruck entstehen lassen. Dasselbe gilt natürlich ebenso von der römischen, die ebenfalls dann nur zufälligerweise mit dem Emporsteigen des römischen Weltreiches zusammenfiel. Ebenso sind auch die späteren Kunstepochen der Menschheit nicht durch Araber, Deutsche, Italiener, Franzosen usw. geschaffen worden, sondern desgleichen nur zeitbedingte Erscheinungen. Daher gibt es auch heute keine deutsche, französische, japanische oder chinesische Kunst, sondern es gibt einfach eine „moderne". Demnach ist also die Kunst als solche nicht vollkommen losgelöst von volklichen Ausgängen, sondern der Ausdruck eines bestimmten Jahrganges, der heute mit dem Wort „modern" gekennzeichnet ist und mithin morgen natürlich unmodern, weil veraltet, sein wird.

Durch eine solche Theorie wird dann allerdings die Kunst und Kunstbetätigung endgültig gleichgesetzt dem Handwerk unserer modernen Schneidereien und Modeateliers.

Und zwar nach dem Grundsatz: Jedes Jahr mal was anderes. Einmal Impressionismus, dann Futurismus, Kubismus, vielleicht aber auch Dadaismus usw. Es ist dann weiter klar, daß man selbst für die verrücktesten Ausgeburten tausend sie kennzeichnende Ausdrücke finden wird – und ja auch gefunden hat. Wenn es auf der einen Seite nicht so traurig wäre, könnte es fast lustig wirken, einmal festzustellen, mit wieviel Schlagwörtern und Phrasen die sogenannten „Kunstbeflissenen" in den letzten Jahren ihre jammervollen Produkte ausgeschrieben und gedeutet haben.

Traurig war es aber auch zu erleben, wie durch diese Schlagwörter und Blödeleien allmählich eben doch nicht nur ein Gefühl der allgemeinen Unsicherheit in der Beurteilung künstlerischer Leistungen oder Bestrebungen aufkam, sondern wie dies mithalf, jene Feigheit und Angst groß zu züchten, die selbst ansonsten verständige Menschen hinderten, gegen diesen Kulturbolschewismus Stellung zu nehmen bzw. sich den niederträchigen Propagandisten dieser kulturlosen Narreteien zu widersetzen. Daß sich die Presse in den Dienst der Propaganda für diese Vergiftung unseres gesunden Kultur- und Kunstempfindens stellte, habe ich schon erwähnt. Daß sie es aber fertigbrachte, die Einsicht ihrer Leser allmählich so zu verderben, daß diese teils aus Unsicherheit, teils aber auch aus Feigheit einfach nicht mehr wagten, dieser Art von Kulturverderben entgegenzutreten, war das Entscheidende. Denn jetzt erst konnte es den geschäftstüchtigen jüdischen Kunsthändlern gelingen, die größten Schmieragen von heute auf morgen einfach als die Schöpfungen ihrer neuen und damit modernen Kunst zu offerieren, und vor allem zu taxieren, während man umgekehrt hochgeschätzte Werke kurzerhand abtat und ihre Meister als unmodern einfach zur Strecke brachte.

Denn in diesem Wort „modern" liegt naturgemäß die Vernichtung all jener, die diesen Unsinn nicht mitmachen wollen, begründet. Und so wie man leider heute die Kleider nicht beurteilt nach ihrer Schönheit, sondern nur nach ihrer Modernität und somit nicht nach ihrem eigentlichen Schönheitswert, so werden denn auch alte Meister einfach abgelegt, weil es nicht mehr modern ist, sie zu tragen bzw. sie zu kaufen. Natürlich wird sich gegen eine solche Auffassung der wirklich große Künstler wenden. Allein wieviel wahre und große Künstler hat es zu allen Zeiten auf der Welt auf einmal gegeben? Die wahrhaft großen Genies, die uns aus der Vergangenheit überliefert sind, waren in ihrer Zeit auch nur einzelne Auserwählte gewesen unter unzähligen Berufenen. Diese wenigen allerdings würden aus dem Gefühl ihres eigenen Wertes heraus immer protestiert haben – so wie sie es auch heute tun – gegen die Begriffe „modern" oder „nicht modern". Denn die wahre Kunst ist und bleibt in ihren Leistungen immer eine ewige d. h. sie unterliegt nicht dem Gesetz der saisonmäßigen Bewertung der Leistungen eines Schneiderateliers. Ihre Würdigung verdient sie sich als eine aus dem tiefsten Wesen eines Volkes entstammende unsterbliche Offenbarung. Es ist aber natürlich verständlich und begreiflich, wenn gegenüber diesen Riesen, die als die wirklichen

Schöpfer und Träger einer höheren menschlichen Kultur anzusehen sind, die kleineren Geister ganz zufrieden aufatmen, wenn man sie von der drückenden Ewigkeit dieser Titanen befreit und ihren Werken wenigstens jene Augenblicksbedeutung schenkt, die von der Gegenwart zugebilligt wird.

Was in seinen Leistungen nun einmal nicht für Ewigkeiten bestimmt ist, redet auch nicht gern von Ewigkeiten. Es wünscht im Gegenteil, diese aus der Vergangenheit in die Zukunft reichenden Riesen der Mitwelt möglichst zu verdunkeln, um selbst, wenn auch als schwaches Flämmchen, von den suchenden Zeitgenossen entdeckt zu werden. Dieses leichte Kunstschmierantentum allerdings ist wirklich im höchsten Falle nur ein Zeiterlebnis. Gestern noch nicht gewesen, heute modern und übermorgen vergessen! Und gerade diese kleinsten Kunstproduzenten waren beglückt von der jüdischen Entdeckung der Zeitgebundenheit der Kunst. Denn wenn sie schon als Ewigkeitserscheinungen mangels jeder Berufung keine Aussicht hatten zu bestehen, dann aber dadurch wenigstens als Gegenwartserlebnis.

Was war dabei nun natürlicher, als daß gerade diese Sorte kleiner Gegenwartskunstfabrikanten sogar noch auf das eifrigste mithalfen, um
1. den Glauben an die völkische Gebundenheit und damit an die zeitliche Unvergänglichkeit eines Kunstwerkes zu beseitigen, um so
2. dem eigenen Kunstwerke den Vergleich mit den Leistungen der Vergangenheit zu ersparen und es als daseinsberechtigt wenigstens der Gegenwart aufoktroyieren zu können.

Die Novemberzeit tat dann noch das übrige, um im Sinne der beabsichtigten Zersetzung diese kleinsten Kunstlibellen an Akademien und Galerien zu berufen, um nun auch dafür zu sorgen, daß der Nachwuchs eines ähnlichen, d. h. kleinsten Formats blieb. Denn so wenig diese Geister selbst sind, so groß aber ist ihre Abneigung nicht nur gegenüber dem Schaffen der Großen der Vergangenheit, sondern auch gegenüber jedem Format der Zukunft. Daher sind auch diese Kunstzwerge, die selbst die größte Toleranz beanspruchen, bei der Beurteilung ihrer eigenen Erzeugnisse, von größter Intoleranz in der Würdigung der Arbeiten anderer, und zwar nicht nur solcher aus der Vergangenheit, sondern auch von Künstlern der Gegenwart. Genau wie in der Politik, gab es auch eine Verschwörung des Unzulänglichen und Minderwertigen gegen das bessere Vergangene und das befürchtet bessere Gegenwärtige oder auch nur geahnt bessere Zukünftige.

So wenig nun diese Kunstmißhandler an positivem Können aufzuweisen haben, so groß ist dafür das gut einstudierte Lexikon von Schlagwörtern und Phrasen. Ja, darin wissen sie Bescheid! Kein Kunstwerk ohne eine genau gedruckte Deutung seines sonst unverständlichen Sinnes. Dabei kam diesen kläglichen Kunstschwadroneuren immer wieder die Feigheit unseres sogenannten besitzenden Bürgertums zugute und nicht minder die Unsicherheit jener, die, weil kurz und schmerzlos reich geworden, zu ungebildet sind, um überhaupt Kunstwerke beurteilen zu können. Und die gerade deshalb am meisten unter der Angst leiden, auf diesem Gebiet einen Fehlgriff zu tun und dadurch in ihrer Ungebildetheit plötzlich entlarvt werden. Es gab daher für diese Art von Kunstproduzenten und Kunstvertreibern gar nichts Besseres, als sich gegenseitig in die Hände zu spielen und von vornherein alle jene als „ungebildete Banausen" zu bezeichnen, die dieses Spiel durchschauten oder sonst nicht mitmachen wollten. Gegenüber dem Emporkömmling aber war es das sicherste Mittel, ein vielleicht doch noch in seinem Instinkt schlummerndes Abwehrgefühl zu töten, indem man erstens gleich von vornherein betonte, daß das in Frage kommende Kunstwerk schwer verständlich, und daß zweitens sein Preis dafür und eben deshalb sehr hoch wäre. Denn von dieser Art reich gewordener Kunstkenner will sich keiner aus begreiflichen Gründen nachweisen lassen, daß er etwa kein Kunstverständnis besitze oder gar nicht das genügende Geld, um sich so etwas zu erwerben. Ja, man kann fast sagen, daß bei dieser Sorte von Käufern die Höhe des geforderten Preises sehr oft als der beste Beweis für die Güte der Ware angesehen wurde. Und wenn Anpreisung eines solchen Unsinns außerdem noch unverständliche Phrasen begleiten, dann ist es um so leichter, das dafür geforderte Geld auszulegen, als man ja dabei immer noch der stillen Hoffnung sein kann, daß das von einem selbst nicht Verstandene von dem im Auge gehabten Nachbarn erst recht nicht begriffen werden dürfte, so daß dem Käufer am Ende auf alle Fälle wenigstens die Genugtuung bleibt, einen ganz klaren Vorsprung auch an modernem Kunstverständnis vor seinem lieben wirtschaftlichen Konkurrenten zu besitzen. Immerhin konnte man selbst jedenfalls nicht in Verdacht kommen, so eine Sache nicht zu verstehen.

Im Gegenteil: Weil die Sache an sich ja unverständlich ist, wie bemerkenswert die Persönlichkeit, die durch eine solche Haltung es beweist, gottlob immer noch zu jenen zu gehören, die selbst mit derartigen schwersten Problemen geistig fertig zu werden vermögen.

Ja, unsere Juden haben ihre bürgerlichen Pappenheimer nur zu gut gekannt, und die mit ihnen marschierenden modernen Kunstdeuter erkannten ebenfalls nur zu schnell, was da los war!

Ich möchte daher an dieser Stelle heute folgende Feststellung treffen:

Bis zum Machtantritt des Nationalsozialismus hat es in Deutschland eine sogenannte „moderne" Kunst gegeben, d. h. also, wie es schon im Wesen dieses Wortes liegt, fast jedes Jahr eine andere. Das nationalsozialistische Deutschland aber will wieder eine „deutsche Kunst", und diese soll und wird, wie alle schöpferischen Werte eines Volkes, eine ewige sein. Entbehrt sie aber eines solchen Ewigkeitswertes für unser Volk, dann ist sie auch heute ohne höheren Wert.

Als daher der Grundstein für dieses Haus gelegt wurde, sollte damit der Bau eines Tempels beginnen, nicht für eine sogenannte moderne – sondern für eine wahre und ewige deutsche Kunst, d. h. noch besser: ein Haus für die Kunst des deutschen Volkes und nicht für irgendeine internationale Kunst der Jahre 1937, 40, 50 oder 60.

Denn in der Zeit liegt keine Kunst begründet, sondern nur in den Völkern.

Es hat daher auch der Künstler nicht so sehr einer Zeit ein Denkmal zu setzen, sondern seinem Volke. Denn die Zeit ist etwas Wandelbares, die Jahre kommen und sie vergehen. Was nur aus einer bestimmten Zeit heraus allein leben würde, müßte mit ihr vergänglich sein. Dieser Vergänglichkeit aber würde nicht nur das verfallen, was vor uns entstanden ist, sondern auch das, was heute entsteht oder erst in der Zukunft seine Gestaltung erhält.

Wir Nationalsozialisten kennen aber nur eine Vergänglichkeit, das ist die Vergänglichkeit des Volkes selbst. Ihre Ursachen sind uns bekannt. Solange aber ein Volk besteht, ist es in der Flucht der Erscheinungen der ruhende Pol. Es ist das Seiende und Bleibende! Und damit ist auch die Kunst als dieses Seienden Wesensausdruck ein ewiges Denkmal, selbst seiend und bleibend und gibt daher auch keinen Maßstab von gestern und heute, von modern und unmodern, sondern es gibt nur einen Maßstab von „wertlos" oder „wertvoll" und damit von „ewig" oder „vergänglich". Und diese Ewigkeit liegt gefaßt im Leben der Völker, solange also diese selbst ewig sind, d. h. bestehen.

Ich will daher, wenn ich von deutscher Kunst rede – wofür dieses Haus gebaut wurde – den Maßstab im deutschen Volke, in seinem Wesen und Leben, seinem Gefühl, seinen Empfindungen, und ihre Entwicklung in seiner Entwicklung sehen.

Es liegt daher in den Maßen seines Daseins auch der Maßstab für den Wert oder Unwert unseres kulturellen Lebens und damit unseres künstlerischen Schaffens.

Aus der Geschichte der Entwicklung unseres Volkes wissen wir, daß es sich aus einer Anzahl mehr oder weniger unterschiedlicher Rassen zusammensetzt, die im Laufe von Jahrtausenden dank dem gestaltenden Einfluß eines bestimmten überragenden Rassenkernes jene Mischung ergaben, die wir heute in unserem Volke vor uns sehen.

Diese einst volksbildende und damit auch heute noch gestaltende Kraft liegt auch hier in demselben arischen Menschentum, das wir nicht nur als den Träger unserer eigenen, sondern auch der vor uns liegenden antiken Kulturen erkennen.

Diese Art der Zusammensetzung unseres Volkstums bedingt die Vielgestaltigkeit unserer eigenen kulturellen Entwicklung, ebensowohl wie die sich daraus ergebende natürliche Verwandtschaft mit den Völkern und Kulturen der gleichgearteten Rassenkerne in der anderen europäischen Völkerfamilie.

Trotzdem aber wollen wir, die wir im deutschen Volk das sich allmählich herausbildende Endresultat dieser geschichtlichen Entwicklung sehen, uns eine Kunst wünschen, die auch in ihr immer mehr der Vereinheitlichung dieses Rassengefüges Rechnung trägt und damit einen einheitlichen geschlossenen Zug annimmt.

Es ist oft die Frage gestellt worden, was denn nun „deutsch sein" eigentlich heiße. Unter allen Definitionen, die in Jahrhunderten und von vielen Männern darüber aufgestellt worden sind, scheint mir jene wohl am würdigsten zu sein, die es überhaupt nicht versucht, in erster Linie eine Erklärung abzugeben als vielmehr ein Gesetz aufzustellen. Das schönste Gesetz aber, das ich mir für mein Volk auf dieser Welt als Aufgabe seines Lebens vorzustellen vermag, hat schon ein großer Deutscher einst ausgesprochen:

Deutsch sein, heißt klar sein! Das aber würde besagen, daß deutsch sein damit logisch und vor allem aber auch wahr sein heißt.

Ein herrliches Gesetz, das allerdings auch jeden einzelnen verpflichtet, ihm zu dienen und es damit zu erfüllen. Aus diesem Gesetz heraus finden wir dann auch einen allgemein gültigen Maßstab für das richtige, weil dem Lebensgesetz unseres Volkes entsprechende Wesen unserer Kunst.

Die tiefinnere Sehnsucht nun nach einer solchen wahren deutschen Kunst, die in sich die Züge dieses Gesetzes der Klarheit trägt, hat in unserem Volke immer gelebt. Sie hat unsere großen Maler, unsere Bildhauer, die Gestalter unserer Architekturen, unsere Denker und Dichter und am allerhöchsten wohl unsere Musiker erfüllt. Als an jenem unglücklichen 6. Juni 1931 der alte Glaspalast in Feuer und Flammen aufging, da verbrannte in ihm ein unsterblicher Schatz einer so wahrhaften deutschen Kunst. Romantiker hießen sie und waren dabei doch nur die schönsten Vertreter jenes deutschen Suchens nach der wirklichen und wahrhaftigen Art unseres Volkes und nach einem aufrichtigen und anständigen Ausdruck dieses innerlich geahnten Lebensgesetzes.

Denn nicht nur die gewählten Stoffe der Darstellung waren dabei für ihre Charakteristik des deutschen Wesens entscheidend, sondern ebensosehr die klare und einfache Art der Wiedergabe dieser Empfindungen.

Und es ist daher auch kein Zufall, daß gerade diese Meister dem deutschesten und damit natürlichsten Teil unseres Volkes am allernächsten standen.

Diese Meister waren und sind unsterblich, selbst heute, da viele ihrer Werke im Original nicht mehr leben, sondern höchstens noch in Kopien oder Reproduktionen erhalten sind. Wie weit entfernt war aber auch das Wirken und Arbeiten dieser Männer gewesen von jenem erbärmlichen Marktbetrieb vieler unserer sogenannten modernen „Kunstschaffenden", d. h. ihren unnatürlichen Schmierereien und Kleckssereien, die nur durch eine ebenso charakter- wie gewissenlose Literatentätigkeit gezüchtet, protegiert oder gutgeheißen werden konnten, dem deutschen Volke aber in seinem gesunden Instinkt ohnehin immer vollkommen fremd geblieben, ja als ein Greuel erschienen waren.

Unsere deutschen Romantiker von einst dachten nicht im geringsten daran, etwa alt oder gar modern zu sein oder sein zu wollen. Sie fühlten und empfanden als Deutsche und rechneten natürlich dementsprechend mit einer dauernden Bewertung ihrer Werke, entsprechend der Lebensdauer des deutschen Volkes.

Welch eine Tragik also, daß gerade ihre Arbeiten verbrennen mußten, während die Erzeugnisse unserer modernen Kunstfabrikanten, die ja ohnehin als in der Zeit liegend ausgegeben werden, uns leider nur zu lange erhalten bleiben. Wir wollen sie nun aber auch selbst pflegen als Dokumente des tiefsten Verfalls unseres Volkes und seiner Kultur. Dem Zwecke soll auch die Ausstellung der Verfallszeit dienen, die wir in diesen Tagen ebenfalls dem Besuch der deutschen Volksgenossen öffnen und empfehlen. Sie wird für viele eine heilsame Lehre sein.

In den langen Jahren der Planung und damit der geistigen Aufrichtung und Gestaltung eines neuen Reiches beschäftigte ich mich oft mit den Aufgaben, die uns die Wiedergeburt der Nation besonders auf dem Gebiete ihrer kulturellen Säuberung auferlegen würde. Denn Deutschland sollte ja nicht nur politisch oder wirtschaftlich, sondern in erster Linie auch kulturell wiedererstehen. Ja, ich war und ich bin überzeugt, daß der letzteren für die Zukunft eine noch viel größere Bedeutung zukommen wird als den beiden ersteren. Ich habe immer die Meinung unserer kleinen Geister der Novemberzeit bekämpft und abgelehnt, die jeden großen kulturellen Plan, ja jede größere Bauaufgabe schon einfach damit abtaten, daß sich nach ihrer Erklärung ein politisch sowie wirtschaftlich ruiniertes Volk mit solchen Projekten überhaupt nicht belasten dürfte.

Ich war im Gegenteil gerade nach unserem Zusammenbruch der Überzeugung, daß Völker, die einmal gestrauchelt sind und nun von ihrer ganzen Umwelt getreten werden, erst recht die Verpflichtung besitzen, ihren Unterdrückern gegenüber den eigenen Wert noch bewußter zu betonen und zu bekunden.

Es gibt aber nun einmal kein stolzeres Dokument für das höchste Lebensrecht eines Volkes als dessen unsterbliche kulturelle Leistungen.

Ich war daher auch immer entschlossen – wenn das Schicksal uns einmal die Macht geben würde –, über diese Dinge mit niemand zu diskutieren, sondern auch hier Entscheidungen zu treffen. Denn das Verständnis für so große Aufgaben ist nicht allen gegeben. Mit kleinen spießerhaften Geistern aber über Probleme zu verhandeln, die sie einfach nicht verstehen, weil sie weit über ihren Horizont hinausragen, ist zwecklos.

Noch falscher aber würde es sein, sich gar von jenen beirren zu lassen, die als grundsätzliche Feinde einer nationalen Wiedergeburt die Bedeutung der kulturellen Erhebung sogar sehr genau erkennen und sie deshalb erst recht mit allen Mitteln zu stören und zu hemmen versuchen.

Unter den vielen und zahlreichen Plänen, die mir im Kriege und in der Zeit nach dem Zusammenbruch vorschwebten, befand sich auch der, in München, der Stadt mit der weitaus größten künstlerischen Ausstellungstradition – angesichts des gänzlich unwürdigen Zustandes des alten Gebäudes – einen neuen großen Ausstellungspalast für die deutsche Kunst zu errichten.

Auch an den nunmehr gewählten Platz dachte ich schon vor vielen Jahren. Als aber plötzlich der alte Glaspalast auf so furchtbare Weise sein Ende fand, drohte zu all dem Schmerz unersetzlichen Verlustes höchster deutscher Kulturwerte auch noch die Gefahr, daß nun durch die Vertreter der schlimmsten Kunstverdrehung in Deutschland am Ende eine Aufgabe vorweggenommen würde, die ich so viele Jahre früher schon als eine der notwendigsten gerade dem neuen Reich zugedacht hatte.

Denn die Machtübernahme durch den Nationalsozialismus lag 1931 noch in so unbestimmter Ferne, daß ja kaum eine Aussicht bestand, diesem Dritten Reich den Bau des neuen Ausstellungspalastes vorzubehalten.

Tatsächlich schien es ja auch eine gewisse Zeit lang so zu kommen, als ob die November-Männer der Münchner Kunstausstellung ein Gebäude bescheren wollten, das mit deutscher Kunst ebenso wenig zu tun hatte wie es umgekehrt den bolschewistischen Um- und Zuständen ihrer Zeit entsprochen haben würde. Manche von ihnen kennen vielleicht noch die Pläne des Hauses, das damals für den jetzt so wunderbar gestalteten alten Botanischen Garten vorgesehen war. Ein sehr schwer zu definierendes Objekt. Ein Gebäude, das ebensogut eine sächsische Zwirnfabrik wie die Markthalle einer mittleren Stadt oder unter Umständen auch ein Bahnhof, ebensogut allerdings auch ein Schwimmbad hätte sein können. Ich brauche Ihnen nicht zu versichern, wie ich damals litt bei dem Gedanken, daß zu dem ersten Unglück nun noch außerdem ein zweites kommen würde. Und daß ich daher gerade in diesem Fall aufrichtig erfreut, ja glücklich war über die kleinmütige Entschlußlosigkeit meiner damaligen politischen Gegner. Lag doch in ihr vielleicht die einzige Aussicht, am Ende den Neubau eines Münchener Kunstausstellungspalastes vielleicht doch noch dem Dritten Reich als erste große Aufgabe retten zu können. Sie werden es nun alle verstehen, wenn mich an diesen Tagen ein wahrhaft schmerzlicher Kummer erfüllt darüber, daß es die Vorsehung nicht gestattet hat, den heutigen Tag mit dem Manne zu erleben, der mir sofort nach der Übernahme der Macht als einer der größten deutschen Baumeister die Pläne auch für dieses Werk entworfen hat. Als ich mich an den bereits die Parteibauten bearbeitenden Professor Ludwig Troost wendete mit der Bitte, ein Kunstausstellungsgebäude auf diesem Platz zu errichten, da hatte dieser seltene Mann eine Anzahl groß gedachter Skizzen bereits ausgeführt für ein solches Gebäude – entsprechend den damaligen Ausschreibungen – auf dem Gelände des alten Botanischen Gartens.

Auch diese Pläne zeigten seine Meisterhand!

Trotzdem hat er sie nicht einmal als Konkurrenzentwürfe der damaligen Jury eingesandt, und zwar nur – wie er mir erbittert erklärte – in der Überzeugung, daß es ja doch ganz aussichtslos gewesen wäre, solche Arbeiten einem Forum zu unterbreiten, dem jede erhabene und anständige Kunst ja nur ein Greuel, und die Bolschewisierung, d. h. chaotische Zersetzung unseres gesamten deutschen und damit auch kulturellen Lebens höchstes Ziel und letzter Zweck waren. So erhielt von diesen Plänen die Öffentlichkeit überhaupt keine Kenntnis. Sie lernte später nur jenen neuen Entwurf kennen, der nunmehr in der Ausführung vor Ihnen steht.

Und dieser neue Baugedanke ist, das werden Sie mir heute wohl alle zugeben, ein wahrhaft großer und künstlerischer Wurf. So einmalig und eigenartig ist dieses Objekt, daß es mit nichts verglichen werden kann.

Es gibt keinen Bau, von dem man behaupten könnte, er sei das Vorbild, und dies hier wäre die Kopie. Wie alle wahrhaft großen Bauschöpfungen ist dieses Haus einmalig und einprägsam und bleibt jedem in seiner Eigenart nicht nur im Gedächtnis haften, sondern es entstand in ihm ein Merkmal, ja ich darf schon sagen, ein wahres Denkmal für diese Stadt und darüber hinaus für die deutsche Kunst.

Dabei ist dieses Meisterwerk ebenso groß in seiner Schönheit wie zweckmäßig in seiner Anlage und in seinen Einrichtungen, ohne daß irgendwie dienende, technische Erfordernisse sich zum Herrn des gesamten Werkes erheben konnten. Es ist ein Tempel der Kunst, keine Fabrik, kein Fernheizwerk, keine Bahnstation oder elektrische Umschaltzentrale!

Der gestellten Aufgabe und der gegebenen Lage entspricht aber nicht nur dieser große einmalige künstlerische Entwurf, sondern auch das verwandte edle Material und die genaue und gewissenhafte Ausführung.

Und zwar jene sorgfältige Ausführung, die auch der großen Schule des dahingegangenen Meisters entspricht, der es nicht wollte, daß dieses Haus eine Markthalle für Kunstwaren, sondern ein Tempel der Kunst sein sollte. Und in seinem Sinne hat sein Nachfolger, Professor Gall, dieses Werk als ein Vermächtnis treu gehütet und genial weitergebaut, beraten und begleitet von einer Frau, die mit stolzem Recht nicht nur den Namen sondern auch den Titel ihres Mannes trägt. Und als Dritter stieß dann später noch hinzu Baumeister Heiger. Was sie planten, hat der Fleiß und die Kunst deutscher Arbeiter und Handwerker nun vollendet.

So ist hier ein Haus entstanden, würdig genug, um den höchsten Leistungen der Kunst eine Gelegenheit zu geben, sich dem deutschen Volk zu zeigen. Und so sollte der Bau dieses Hauses zugleich mit einen Wendepunkt darstellen und das chaotische Baustümpern, das hinter uns lag, beenden. Ein erster Neubau, der sich würdig einreihen soll in die unsterblichen Leistungen unseres deutschen kunstgeschichtlichen Lebens.

Sie werden nun aber auch verstehen, daß es nicht genügen darf, der bildenden deutschen Kunst dieses Haus zu geben, das so anständig, klar und wahrhaftig ist, so daß wir es schon mit Recht als ein Haus der Deutschen Kunst bezeichnen dürfen, sondern daß nunmehr auch die Ausstellung selbst eine Wende bringen muß gegenüber dem erlebten künstlerischen, bildhauerischen und malerischen Verfall.

Wenn ich mir nun anmaße, hier ein Urteil abzugeben, meine Auffassungen zu äußern und entsprechend diesen Erkenntnissen zu handeln, dann nehme ich zunächst das Recht hierzu in Anspruch nicht nur aus meiner Einstellung zur deutschen Kunst überhaupt, sondern vor allem auch aus meinem eigenen Beitrag, den ich für die Wiederherstellung der deutschen Kunst geleistet habe. Denn dieser heutige Staat, den ich mit meinen Kampfgefährten in einem langen und schweren Ringen gegen eine Welt von Widersachern erkämpft und ausgerichtet habe, hat auch der deutschen Kunst allein die großen Voraussetzungen für eine neue und starke Blüte gegeben.

Nicht bolschewistische Kunstsammler oder ihre literarischen Trabanten haben die Grundlagen für den Bestand einer neuen Kunst geschaffen oder auch nur den Fortbestand der Kunst in Deutschland sichergestellt, sondern wir, die wir diesen Staat ins Leben riefen und seitdem gewaltige Mittel der deutschen Kunst zur Verfügung stellten, die sie zu ihrer Existenz und zu ihrem Schaffen benötigt, und vor allem: wir deshalb, weil wir der Kunst selbst neue große Aufgaben zugewiesen haben.

Denn wenn ich nun einmal nicht mehr geleistet hätte in meinem Leben, als nur diesen Bau hier veranlaßt zu haben, dann hätte ich schon dadurch für die deutsche Kunst mehr getan als alle die lächerlichen Skribenten unserer früheren Judenzeitungen oder die kleinen Kunstkleckser, die, ihre eigene Vergänglichkeit vorausahnend, als einzige Empfehlung nur die Modernität ihrer Schöpfungen anzupreisen hatten.

Ich weiß aber, daß, ganz abgesehen von diesem neuen Werk, das neue Deutsche Reich eine unerhörte Blüte der deutschen Kunst veranlassen wird, denn noch niemals sind ihr gewaltigere Aufgaben gestellt worden, als es in diesem Reiche heute der Fall ist und in der Zukunft sein wird. Und noch niemals war dabei die Bemessung der dazu benötigten Mittel großzügiger als im nationalsozialistischen Deutschland.

Allerdings, wenn ich nun heute vor Ihnen spreche, so spreche ich auch als der

Repräsentant dieses Reiches, und so wie ich an die Ewigkeit dieses Reiches glaube, das nichts anderes sein soll als ein lebender Organismus unseres Volkes, so kann ich auch nur glauben und damit arbeiten an und für eine ewige deutsche Kunst. Daher wird die Kunst dieses neuen Reiches nicht mit Maßstäben von alt oder modern zu messen sein, sondern sie wird als eine deutsche Kunst sich ihre Unvergänglichkeit vor unserer Geschichte zu sichern haben.

Denn die Kunst ist nun einmal keine Mode. So wenig wie sich das Wesen und das Blut unseres Volkes ändert, muß auch die Kunst den Charakter des Vergänglichen verlieren, um statt dessen in ihren fortgesetzt sich steigernden Schöpfungen ein bildhaft würdiger Ausdruck des Lebensverlaufs unseres Volkes zu sein. Kubismus, Dadaismus, Futurismus, Impressionismus usw. haben mit unserem deutschen Volk nichts zu tun. Denn alle diese Begriffe sind weder alt noch sind sie modern, sondern sie sind einfach das gekünstelte Gestammel von Menschen, denen Gott die Gnade einer wahrhaft künstlerischen Begabung versagt und dafür die Gabe des Schwätzens oder der Täuschung verliehen hat.

Ich will daher in dieser Stunde bekennen, daß es mein unabänderlicher Entschluß ist, genau so wie auf dem Gebiet der politischen Verwirrung, nunmehr auch hier mit den Phrasen im deutschen Kunstleben aufzuräumen.

„Kunstwerke", die an sich nicht verstanden werden können, sondern als Daseinsberechtigung erst eine schwulstige Gebrauchsanweisung benötigen, um endlich jenen Verschüchterten zu finden, der einen so dummen und frechen Unsinn geduldig aufnimmt, werden von jetzt ab den Weg zum deutschen Volk nicht mehr finden!

Alle diese Schlagworte wie: „Inneres Erleben", „eine starke Gesinnung", „kraftvolles Wollen", „zukunftsträchtige Empfindung", „heroische Haltung", „bedeutsames Einfühlen", „erlebte Zeitordnung", „ursprüngliche Primitivität" usw., alle diese dummen verlogenen Ausreden, Phrasen oder Schwätzereien werden keine Entschuldigung oder gar Empfehlung für an sich wertlose, weil einfach ungekonnte Erzeugnisse mehr abgeben.

Ob jemand ein starkes Wollen hat oder ein inneres Erleben, das mag er durch sein Werk und nicht durch schwatzhafte Worte beweisen.

Überhaupt interessiert uns alle viel weniger das sogenannte Wollen, als das Können.

Es muß daher ein Künstler, der damit rechnet, in diesem Haus zur Ausstellung zu kommen oder überhaupt noch in Zukunft in Deutschland aufzutreten, über ein Können verfügen. Das Wollen ist doch wohl von vornherein selbstverständlich!

Denn es wäre schon das Allerhöchste, wenn ein Mensch seine Mitbürger mit Arbeiten belästigte, in denen er am Ende nicht einmal was wollte. Wenn diese Schwätzer nun aber ihre Werke dadurch schmackhaft zu machen versuchen, daß sie sie eben als den Ausdruck einer neuen Zeit hinstellen, so kann ihnen nur gesagt werden, daß nicht die Kunst neue Zeiten schafft, sondern, daß sich das allgemeine Leben der Völker neu gestaltet und daher oft auch nach einem neuen Ausdruck sucht. Allein, das, was in den letzten Jahrzehnten in Deutschland von neuer Kunst redete, hat die neue deutsche Zeit jedenfalls nicht begriffen. Denn nicht Literaten sind die Gestalter einer neuen Epoche, sondern die Kämpfer, d. h. die wirklich gestaltenden, völkerführenden und damit Geschichte machenden Erscheinungen.

Dazu werden sich aber diese armseligen, verworrenen Künstler oder Skribenten wohl kaum rechnen.

Außerdem ist es entweder eine unverfrorene Frechheit oder eine schwer begreifliche Dummheit, ausgerechnet unserer heutigen Zeit Werke vorzusetzen, die vielleicht vor zehn- oder zwanzigtausend Jahren von einem Steinzeitler hätten gemacht werden können. Sie reden von einer Primitivität der Kunst, und sie vergessen dabei ganz, daß es nicht die Aufgabe der Kunst ist, sich von der Entwicklung eines Volkes nach rückwärts zu entfernen, sondern daß es nur ihre Aufgabe sein kann, diese lebendige Entwicklung zu symbolisieren. Die heutige Zeit arbeitet an einem neuen Menschentyp. Ungeheure Anstrengungen werden auf unzähligen Gebieten des Lebens vollbracht, um das Volk zu heben, um unsere Männer, Knaben und Jünglinge, die Mädchen und Frauen gesünder und damit kraftvoller und schöner zu gestalten. Und aus dieser Kraft und aus dieser Schönheit strömen ein neues Lebensgefühl, eine neue Lebensfreude! Niemals war die Menschheit in Aussehen und in ihrer Empfindung der Antike näher als heute. Sport-, Wett- und Kampfspiele stählen Millionen jugendlicher Körper und zeigen sie uns nun steigend in einer Form und Verfassung, wie sie viele tausend Jahre nicht gesehen, ja kaum geahnt worden sind. Ein leuchtend schöner Menschentyp wächst heran, der nach höchster Arbeitsleistung dem schönen alten Spruch huldigt: Saure Wochen, aber frohe Feste! Diesen Menschentyp, den wir erst im vergangenen Jahre in den Olympischen Spielen in seiner strahlenden, stolzen, körperlichen Kraft und Gesundheit vor der ganzen Welt in Erscheinung treten sahen, dieser Menschentyp, meine Herren prähistorischen Kunststotterer, ist der Typ der neuen Zeit, und was fabrizieren Sie? Mißgestaltete Krüppel und Kretins, Frauen, die nur abscheuerregend wirken können, Männer, die Tieren näher sind als Menschen, Kinder, die, wenn sie so leben würden, geradezu als Fluch Gottes empfunden werden müßten! Und das wagen diese grausamsten Dilettanten unserer heutigen Mitwelt als die Kunst unserer Zeit vorzustellen, d. h. als den Ausdruck dessen, was die heutige Zeit gestaltet und ihr den Stempel aufträgt.

Man sage mir ja nicht, daß diese Künstler das ebenso sehen. Ich habe hier unter den eingeschickten Bildern manche Arbeiten beobachtet, bei denen tatsächlich angenommen werden muß, daß gewissen Menschen das Auge die Dinge anders zeigt als sie sind, d. h. daß es wirklich Männer gibt, die die heutigen Gestalten unseres Volkes nur als verkommene Kretins sehen, die grundsätzlich Wiesen blau, Himmel grün, Wolken schwefelgelb usw. empfinden oder wie sie vielleicht sagen: erleben. Ich will mich nicht in einen Streit darüber einlassen, ob diese Betreffenden das nun wirklich so sehen und empfinden oder nicht, sondern ich möchte im Namen des deutschen Volkes es nur verbieten, daß so bedauerliche Unglückliche, die ersichtlich an Sehstörungen leiden, die Ergebnisse ihrer Fehlbetrachtungen der Mitwelt mit Gewalt als Wirklichkeiten aufzuschwätzen versuchen oder ihr gar als Kunst vorsetzen wollen. Nein, es gibt hier nur zwei Möglichkeiten: Entweder diese sogenannten „Künstler" sehen die Dinge wirklich so und glauben daher an das, was sie darstellen, dann wäre nur zu untersuchen, ob ihre Augenfehler entweder auf mechanische Weise oder durch Vererbung zustande gekommen sind. In einem Falle tief bedauerlich für diese Unglücklichen, im zweiten wichtig für das Reichsinnenministerium, das sich dann mit der Frage zu beschäftigen hätte, wenigstens eine weitere Vererbung derartig grauenhafter Sehstörungen zu unterbinden. Oder aber sie glauben selbst nicht an die Wirklichkeit solcher Eindrücke, sondern sie bemühen sich aus anderen Gründen, die Nation mit diesem Humbug zu belästigen, dann fällt so ein Vorgehen in das Gebiet der Strafrechtspflege.

Dieses Haus ist jedenfalls für die Arbeiten einer solchen Sorte von Nichtskönnern oder Kunstmißhandlern weder geplant noch gebaut worden.

Hier wurde vor allem aber auch nicht 4½ Jahre lang gearbeitet, hier wurden nicht von tausenden Arbeitern Höchstleistungen gefordert, um dann Erzeugnisse von Menschen auszustellen, die zu allem Übermaß auch noch faul genug waren, in fünf Stunden eine Leinwand zu bekleksen in der überzeugten Hoffnung, daß die Kühnheit der Anpreisung als geniale Blitzgeburt eines solchen Genies hier schon den notwendigen Eindruck nicht verfehlen und die Voraussetzung für eine Aufnahme schaffen werde. Nein, dem Fleiß der Erbauer dieses Hauses und dem Fleiß seiner Mitarbeiter hat auch der Fleiß jener zu entsprechen, die sich in diesem Hause repräsentieren wollen. Es interessiert mich dabei auch gar nicht im geringsten, ob sich diese Auch-Künstler die von ihnen gelegten Eier dann gegenseitig begackern und damit begutachten oder nicht!

Denn der Künstler schafft nicht nur für den Künstler, sondern er schafft genau so wie alle anderen für das Volk! Und wir werden dafür Sorge tragen, daß gerade das Volk von jetzt ab wieder zum Richter über seine Kunst aufgerufen wird.

Denn man sage nur ja nicht, daß etwa das Volk für eine wirkliche wertvolle Bereicherung seines kulturellen Lebens kein Verständnis besitze. Längst ehe die Kritiker dem Genius eines Richard Wagner gerecht wurden, hatte er das Volk auf seiner Seite. Das Volk hat aber umgekehrt in diesen letzten Jahren mit der ihm vorgesetzten modernen Kunst überhaupt nichts mehr zu tun gehabt. Es besaß keinerlei Beziehung zu ihr. Die große Masse, sie ging durch unsere Kunstaustellungen gänzlich uninteressiert oder sie blieb ihnen überhaupt fern. Sie sah in ihrem gesunden Empfinden alle diese Schmierereien als das, was sie sind, als Ausgeburt einer frechen, unverschämten Anmaßung oder einer einfach erschreckenden Unzulänglichkeit. Millionen dieses Volkes haben es instinktiv ganz sicher empfunden, daß das Kunstgestammel dieser letzten Jahrzehnte, das den ungefügen Leistungen von etwa 8-10jährigen untalentierten Kindern entsprach, auch unter keinen Umständen etwa als Ausdruck unserer heutigen Zeit oder gar der deutschen Zukunft gewertet werden kann.

Wenn wir heute wissen, daß sich in jedem einzelnen Menschen die Entwicklung von Jahrmillionen in wenige Jahrzehnte zusammengerafft wiederholt, dann sehen wir darin nur den Beweis, daß eine Kunstproduktion, die die Höhe der Leistung von achtjährigen Kindern nicht überschreitet, nicht „modern" oder gar „zukunftsträchtig", sondern im Gegenteil höchst altertümlich ist. Denn sie liegt wahrscheinlich noch zurück hinter der Periode, in der steinzeitliche Menschen auf Höhlenwänden ihre geschaute Umgebung einkratzten. Nicht modern also sind diese Stümper, sondern uralte, bedauerlich Zurückgebliebene, für die in dieser modernen Zeit heute kein Platz mehr ist.

Ich weiß daher auch, daß, wenn das deutsche Volk nun durch diese Räume gehen wird, es mich aber hier als seinen Sprecher und Ratgeber anerkennen wird. Denn es wird feststellen, daß hier zum erstenmal seit vielen Jahrzehnten nicht der künstlerische Betrug, sondern ehrliche, künstlerische Leistung ihre Würdigung erfahren hat.

So wie es schon heute seine Zustimmung gibt zu unseren Bauten, so wird es auch innerlich aufatmend sein freudiges Einverständnis audrücken zu dieser Reinigung der Kunst.

Und das ist entscheidend: Denn eine Kunst, die nicht auf die freudigste und innigste Zustimmung der gesunden, breiten Masse des Volkes rechnen kann, sondern sich nur auf kleine – teils interessierte, teils blasierte – Cliquen stützt, ist unerträglich. Sie versucht das gesunde, instinktsichere Gefühl eines Volkes zu verwirren statt es freudig zu unterstützen. Sie schafft daher nur Ärger und Verdruß, und es mögen sich daher diese kläglichen Wichte ja gar nicht darauf berufen, daß auch die großen Meister der Vergangenheit zu ihrer Zeit ebenfalls nicht verstanden worden seien. Nein, im Gegenteil, es waren höchstens Kritikaster, also auch wieder Literaten, die als Quäler und Peiniger dieses Genies außerhalb ihres Volkes standen.

Wir aber sind jedenfalls der Überzeugung, daß das deutsche Volk seinen kommenden wirklich großen Künstlern einst wieder mit vollem freudigen Verständnis gegenüberstehen wird. Es soll aber vor allem wieder werten die anständige Arbeit und den redlichen Fleiß sowie das Bemühen, aus tiefstem deutschen Herzensgrund unserem Volk und seinem Gemüt entgegenzukommen und ihm zu dienen. Und dies ist auch eine Aufgabe unserer Künstler. Sie können sich nicht abseits von ihrem Volke halten, wenn sie nicht in kurzer Zeit ihr Weg in eine Vereinsamung führen muß.

Uns ist diese Ausstellung heute ein Anfang.

Allein, wie ich überzeugt bin, der notwendige und erfolgversprechende Anfang, um auch auf diesem Gebiet jene segensreiche Wendung herbeizuführen, wie sie uns auf so vielen Gebieten schon gelang.

Denn darüber möge sich niemand täuschen: Der Nationalsozialismus hat es sich nun einmal zur Aufgabe gestellt, das Deutsche Reich und damit unser Volk und sein Leben von all jenen Einflüssen zu befreien, die für unser Dasein verderblich sind. Und wenn auch diese Säuberung nicht an einem Tag erfolgen kann, so soll doch keine Erscheinung, die an dieser Verderbung teilnimmt, darüber täuschen, daß auch für sie früher oder später die Stunde der Beseitigung schlägt.

Mit der Eröffnung dieser Ausstellung aber hat das Ende der deutschen Kunstvernarrung und damit der Kulturvernichtung unseres Volkes begonnen.

Wir werden von jetzt ab einen unerbittlichen Säuberungskrieg führen gegen die letzten Elemente unserer Kulturzersetzung. Sollte sich unter ihnen aber einer befinden, der noch glaubt, zu Höherem bestimmt zu sein, dann hatte er nun ja vier Jahre Zeit, diese Bewährung zu beweisen. Diese vier Jahre aber genügen auch uns, um zu einem endgültigen Urteil zu kommen. Nun aber werden – das will ich Ihnen hier versichern – alle die sich gegenseitig unterstützenden und damit haltenden Cliquen von Schwätzern, Dilettanten und Kunstbetrügern ausgehoben und beseitigt. Diese vorgeschichtlichen, prähistorischen Kultursteinzeitler und Kunststotterer mögen unseretwegen in die Höhlen ihrer Ahnen zurückkehren, um dort ihre primitiven internationalen Kritzeleien anzubringen. Allein das Haus der Deutschen Kunst in München ist gebaut vom deutschen Volke für seine deutsche Kunst.

Ich kann heute zu meiner großen Freude feststellen, daß sich aber schon jetzt neben den vielen anständigen bisher terrorisierten und unterdrückten, aber im tiefsten Grund immer deutschgebliebenen älteren Künstlern auch neue Meister in unserer Jugend ankündigen. Ein Gang durch diese Ausstellung wird Sie vieles finden lassen, was Sie wieder als schön und vor allem als anständig anspricht, und was Sie als gut empfinden werden. Ganz besonders war das Niveau der eingeschickten graphischen Arbeiten von vornherein ein durchschnittlich außerordentlich hohes und damit befriedigendes. Viele unserer jungen Künstler aber werden aus dem Gebotenen nunmehr den Weg, den sie zu gehen haben, erkennen, vielleicht aber auch neue Anregungen aus der Größe der Zeit, in der wir alle leben, empfangen, und vor allem den Mut erhalten zu einer wirklich fleißigen und damit am Ende auch gekonnten Arbeit.

Und wenn einst einmal auch auf diesem Gebiet wieder die heilige Gewissenhaftigkeit zu ihrem Rechte kommt, dann wird, daran zweifle ich nicht, der Allmächtige aus der Masse dieser anständigen Kunstschaffenden wieder einzelne emporheben zum ewigen Sternenhimmel der unvergänglichen, gottbegnadeten Künstler großer Zeiten.

Denn wir glauben nicht, daß mit den großen Männern vergangener Jahrhunderte die Zeit der schöpferischen Kraft begnadeter einzelner beendet und statt dessen in Zukunft eine solche der kollektiven breiigen Masse treten wird! Nein, wir glauben, daß gerade heute, da auf so vielen Gebieten höchste Einzelleistungen sich bewähren, auch auf dem Gebiet der Kunst der höchste Wert der Persönlichkeit wieder sieghaft in Erscheinung treten wird. Ich kann daher auch keinen anderen Wunsch aussprechen in diesem Augenblick, als den, daß es dem neuen Haus vergönnt sein möge, in seinen Hallen in den kommenden Jahrhunderten wieder viele Werke großer Künstler dem deutschen Volke offenbaren zu können, um so nicht nur beizutragen zum Ruhm dieser wahrhaften Kunststadt, sondern zur Ehre und Stellung der ganzen deutschen Nation.

Ich erkläre damit die Große Deutsche Kunstausstellung 1937 zu München für eröffnet!"

Erfüllt von der Weihe des Hauses und der geschichtlichen Größe der Stunde erklingen zum Abschluß der erhebenden Feierstunde die Hymnen der Nation wie ein Gelöbnis des Volkes und seiner Künstlerschaft zu ihrem Führer.

Nach dem festlichen Weiheakt begab sich der Führer mit den Ehrengästen des Diplomatischen Korps, der Reichsregierung und der Reichsleitung der NSDAP in die weiten, lichten Räume des neuen Tempels der deutschen Kunst, um die erste große deutsche Kunstausstellung zu besichtigen.

Rede Adolf Hitlers anläßlich der Eröffnung des „Hauses der Deutschen Kunst" in München. Abgedruckt in : *Völkischer Beobachter,* 19. 7. 1937.

Wie sah die Revolution aus?

Die nationalsozialistische Revolution besaß zwei wesentliche Züge: einmal das dynamische Moment der Bewegung, zum anderen die „Zähmung" dieser Dynamik durch die Betonung von Tradition und Gefühl. Die folgenden Dokumente veranschaulichen diesen Doppelaspekt der Bewegung. Die SA symbolisierte die Gewalt und den Kampfgeist der Nationalsozialisten vor ihrer Machtübernahme. 1921 zum Zweck des Schutzes von Parteiversammlungen gegründet, fand sie sich bald in Saalschlachten verwickelt, die gegen Linke oder Republiktreue ausgetragen wurden. Wenig später begann die SA, solche „Feinde" zu provozieren, indem sie sie bewußt stellte oder mit Triumph- und Haßgesängen grölend durch die Straßen zog. SA-Männer waren jung, rekrutierten sich hauptsächlich aus Arbeitslosen und waren weniger an langfristigen Zielen interessiert als an einem radikalen Umsturz. 1933 gehörten der Organisation fast 300 000 Männer an. Viele ihrer Führer waren ehemalige Soldaten, die sich nicht mit der Demobilisierung abfinden konnten und in ihren braunen Uniformen die unvergessenen Kriegserlebnisse weiterspielten.

Ernst Röhm, der 1930 SA-Chef wurde, war hierfür ein typisches Beispiel. Er glorifizierte seine Kriegserlebnisse und dachte wenig über die langfristigen Ziele nach, die Hitler im Auge hatte. Es nimmt daher kaum Wunder, daß die SA eine ständige Herausforderung für die Partei darstellte. Die Machtergreifung schließlich eliminierte den Feind, gegen den auf Veranstaltungen und auf der Straße gekämpft wurde; die SA war damit überflüssig. Der Kampf um die Macht war eine Sache der Vergangenheit, und am 30. Juni 1934 brachte Hitler diese unruhige Organisation unter Kontrolle. Ernst Röhm und andere Führer wurden in der „Nacht der langen Messer" umgebracht. Es ging dabei nicht nur um die Macht der SA; die nationalsozialistischen Führer nutzten die Gelegenheit, um auch andere (persönliche) Feinde zu beseitigen. Von diesem Zeitpunkt an spielte die SA nur noch eine untergeordnete Rolle im Dritten Reich. Ihr politischer Zenith war damit überschritten, jedoch wurden ihre Kämpfe während der Aufstiegsphase der Nationalsozialistischen Bewegung weiter in der Erinnerung idealisiert. Der harte Kampf, in dem die Nationalsozialisten gesiegt hatten, wurde als notwendiger Mythos für die Existenz des Dritten Reiches dargestellt.

Friedrich Joachim Klaehn beschreibt den erfolgreichen Versuch einer SA-Einheit, ein Treffen gegen den Willen der regulären Polizei und der Hilfspolizei zu organisieren. Diese Schilderung bezieht sich auf die Zeit nach dem kurzen und vergeblichen Versuch der Reichsregierung, die SA zu verbieten (13. April bis 29. Juni 1932). Danach folgte eine neue Welle von SA-Gewalttaten in ganz Deutschland. Die Einschränkungen, die in diesem Auszug beschrieben werden, sind daher lokal begrenzte Maßnahmen, die auf die Einschüchterung der Bevölkerung durch Hitlers Sturmtruppen abzielten. Diese Einschränkungen waren besonders aufgrund der bevorstehenden Novemberwahlen erwünscht, die die SA anspornten, ihre Anstrengungen zu verdoppeln. Hitler verlor in dieser Reichstagswahl an Stimmen, und das Ergebnis trug nur zur Ungeduld der SA über Hitlers Versuch bei, einen legalen Weg zur Macht zu finden. Unzufriedenheit gegenüber legalen Methoden hatte sich in der SA schon viel früher breit gemacht. So ist es nicht verwunderlich, daß Friedrich Klaehn, SA-Propagandist und selbst Sturmführer, diesen Zwischenfall idealisiert.

Der radikale Geist innerhalb der SA ist im weiteren gut durch Kurt Massmanns Bericht über eine Saalschlacht veranschaulicht. Massmann war Führer der hannoverschen und braunschweigischen „Kraft durch Freude"-Bewegung der Arbeitsfront (s. Seite 351). Der SA-Führer, der „Bär", den er beschreibt, repräsentiert den idealen SA-Mann, grobschlächtig und auf seine Weise ein einfacher Mann des Volkes, ehrlich und stark. Diese Idealisierung der „Kampfzeit" wurde in einem Buch dargestellt, in dem die Aktionen der deutschen Jugend gegen die Republik aufgezeigt wurden. Innenminister Wilhelm Frick schrieb das Vorwort dazu. Sowohl Klaehns als auch Massmanns Schilderungen sollten die vergangenen Kämpfe der Nationalsozialisten für den „deutschen Geist" glorifizieren, veranschaulichen aber den vorherrschenden Radikalismus unter den Sturmtruppen.

Es war keine einfache Aufgabe, diesen Radikalismus in den Griff zu bekommen, und Hanns Anderlahn, der häufig über die SA geschrieben hatte, warnte vor der Ausbreitung des revolutionären Geistes. Die Ablehnung aller Familienbindung, die von einigen SA-Leuten bei diesem Treffen vertreten wurde, beleuchtet dieses Problem. Die Ablehnung solcher traditionellen Strukturen bedeutete nämlich eine klare und unmittelbare Gefahr für das Weltbild der Nationalsozialisten. Dieses Weltbild war schließlich in einer Idealisierung der Vergangenheit verankert und schloß die Wertschätzung der bürgerlichen Moral ein. Die Zähmung der SA-Aktivitäten wurde durch eine „Verbürgerlichung" in der Betonung der Familie erreicht – die Frau galt als „Kamerad" des Mannes. Dieser Auszug (s. Seite 58 ff.) zeigt deutlich, wie der Tatendrang der SA bewußt mit harmloser Entspannung kombiniert wurde, an denen Frauen teilnehmen konnten. Vom Marsch und von Straßenschlachten ging die SA zur Laienspielgruppe über, vom Schädeleinschlagen zum häuslichen Beisammensein.

Die Familie war die Keimzelle des Staates. Sie trug nicht nur dazu bei, den Übereifer der SA zu besänftigen, sie war vielmehr ein maßgeblicher Bestandteil des rassistischen Weltbildes. Ludwig Leonhardt, ein Experte der Rassentheorie, macht in seinem Buch deutlich, daß die Familie Teil der gesamten biologischen Vererbung des Individuums ist und als ein solcher Erbteil den entscheidenden Punkt für die Heranbildung einer Rasse darstellt. Jeder mußte genealogische Forschung betreiben, um die Wichtigkeit seiner rassischen Ursprünge zu entdecken.

Darüberhinaus sei eine solche Nachforschung wichtig, um die richtige Partnerwahl zu treffen. Leonhardts Buch „Heirat und Rassenpflege" galt als Wegweiser fürs Eheleben.

Wie weit solche Ratschläge gehen, zeigt ein anderer Experte der Rassenhygiene, der Arzt Hermann Paull. Wenn jemand einen reichen Partner wählte, heirate er gleichzeitig hervorragendes Erbgut, denn Reichtum könne nur dann angehäuft werden, wenn man die biologischen Voraussetzungen der Herrenrasse besitze. Die bürgerlichen Nationalsozialisten konnten kaum ein besseres Beispiel finden, und was Paull über die Vorteile der Ehe zu sagen hat, übertrifft dies noch. Freie Liebe sei gefährlich für die Rassengesundheit. Das puritanische Element der nationalsozialistischen Weltanschauung tritt hier zutage.

Die Wertschätzung von Familie und Ehe zeigt auch, daß Gewalt – wie die der SA – nur akzeptiert wird, wenn sie gegen den Feind gerichtet wird, gegen diejenigen, die sich dem nationalsozialistischen Regime widersetzten. Innerhalb der Bewegung und innerhalb eines „rassisch reinen" Deutschlands mußten die heiligen Bande der Familie gewahrt bleiben.

Das Frauenideal ist ein gutes Beispiel für die konservativen Züge, die den Nationalsozialismus durchdrangen und die ihn so attraktiv für die Mittelschicht machten. Hitlers Anschauung über den Platz der Frau in der Gesellschaft wurde in der Mitte des 19. Jahrhunderts in gleicher Form vertreten. Diese Anschauung wurde dann entsprechend von den Nationalsozialisten übernommen. Der Mann war der Herr und Meister – darüber gab es keinen Zweifel, und er bestimmte die Richtlinien der Politik, der Gesetze, aller öffentlichen Dinge. Die Sphäre der Frau war die Familie; es war ihre Pflicht, diese Zelle, in der die Rasse sich rein darstellte, zu schützen. Die Nationalsozialisten griffen das Ideal der gleichberechtigten Frau scharf an und lehnten die Frauenemanzipation ab. Sie war in den Augen der Nationalsozialisten mit dem von ihnen so verhaßten Liberalismus und Sozialismus verbunden gewesen; in dieser Ablehnung spielte allerdings auch die Vision der idealisierten Vergangenheit eine Rolle. In seinem „Mythus des 20. Jahrhunderts" (1930) begreift Alfred Rosenberg so auch die Frauenemanzipation als einen Angriff auf die wahre Rolle der Frau an, die von ihm als integraler Bestandteil des „historischen Volkes" verstanden wird. Dem im „Völkischen Beobachter" vertretenen Ideal entsprechend hieß dies: zurück zum Spinnrad und zum Webstuhl. Joseph Goebbels malt in seinem Roman „Michael" (1929) das Frauenideal in sogenannter poetischer Form aus (mehr aus diesem Roman s. Seite 140), während der Stellvertreter des Führers, Rudolf Heß, die „Frauen, die wir lieben können" zum Thema hat. Das Stereotyp der idealen Frau ist dabei immer gleich: Hüter der Familie, Mutter ihrer Kinder und gehorsame Helferin ihres Mannes. Magda Goebbels wurde im Dritten Reich als „die ideale Frau Deutschlands" propagiert. Während Goebbels Feinde ihn als einen „nachgedunkelten Schrumpfgermanen" bezeichneten, war seine Frau Magda, blond, groß und Mutter zahlreicher Kinder. Blonde Haare und blaue Augen galten in der Rassentheorie als die entscheidenden Elemente der arischen Frau. So wundert es, wenn ein SS-Führer 1937 das „blonde Biest" verdammen kann, umsomehr, als offensichtlich einige Frauen glaubten, blondes Haar gälte als Beweis arischer Herkunft, ein Beweis, der notwendig war, um einen SS-Mann heiraten zu können. Aber hier kehrte sich das Rassendenken gegen sich selbst, denn die äußere Erscheinung sollte immer als Zeichen der richtigen rassischen Seele gelten (s. Seite 104).

Einfachheit war ein wichtiger Bestandteil arischer Schönheit. In einem der o. a. Dokumente wurde der ideale SA-Mann schwärmerisch als grobschlächtig bezeichnet, einfach und geradeheraus. Diese Art primitiver Einfachheit wurde auch auf das weibliche Geschlecht übertragen. Die Nationalsozialisten verdammten Lippenstift, Puder und anderes Make-up als Relikte eines Zeitalters, in dem Natürlichkeit (die der germanischen Rasse) zugunsten von Künstlichkeit zurückzustehen hatte. Die strikte Gegnerschaft des nationalsozialistischen Weltbildes gegenüber der „künstlichen" Modernität kommt hier zum Vorschein. Für das rassische Gedankengut galt das natürliche Leben als Beweis dafür, daß man sich noch nicht von den Wurzeln der Rasse losgelöst hatte. Der Arbeitsdienst, an dem jeder deutsche Jugendliche teilnehmen mußte, half, diese Verwurzelung zu unterstreichen. Mit dem Spaten auf dem Acker zu arbeiten, hieß, zu den Grundfesten nationalen Lebens zurückzukehren.

Solcher Puritanismus konnte jedoch leicht zu weit gehen, sogar für Goebbels Zeitung, „Der Angriff" (s. Seite 68 f.). „Die Vogelfrau putzt sich für den Mann", wie Goebbels in seinem Roman „Michael" schrieb. Dieser Artikel zeigt jedoch, was sich beim weiblichen Arbeitsdienst eingebürgert hatte.

Das BDM-Werk „Glaube und Schönheit" kommt dem Ideal des Arbeitsdienstes wohl näher als das des „Angriff". Der BDM („Bund deutscher Mädel") war die Jugendorganisation der Partei, der jedes Mädchen im Alter von 14 bis 18 Jahren angehören sollte – das weibliche Gegenstück zur Hitlerjugend. „Glaube" erreichte man durch die ideologische Indoktrination auf den verschiedensten Gebieten, von der „Auslandskunde" bis zur Musik. Unter „Schönheit" wurde Gymnastik, Gesundheitsdienst usw. verstanden und nicht der Schönheitskult, wie wir ihn heute kennen, nämlich Make-up-Anleitungen, Tips zum Haarefärben, und wie man die Figur schlank hält. Das nationalsozialistische Ideal weiblichen Verhaltens wird noch einmal an einem offiziellen Befehl an die Frauen veranschaulicht, die als Verbindungsleute zwischen Geschäft bzw. Fabrik und der Parteiorganisation tätig waren. Die NSBO (Nationalsozialistische Betriebsorganisation) war ein Teil der offiziellen Arbeiterorganisation, der Arbeitsfront (s. Seite 351). Für dieses Amt, das ausschließlich ehrenamtlich war, konnten auch Frauen gewählt werden – aber nicht die, die geschminkt oder gepudert waren oder in der Öffentlichkeit rauchten.

Wenn die Nationalsozialisten die Pflichten der arischen Frau beschrieben, benutzten sie ein ausgesprochen militärisches Vokabular. Ab 1939 wurde jährlich das „Mütter-Ehrenkreuz" verliehen, um den wichtigsten Dienst einer Frau anzuerkennen: nämlich Kinder zu gebären. Schon lange vorher wurden Familien mit vielen Kindern durch Steuererleichterungen begünstigt (s. Seite 365). Es ist nur zu typisch, daß die deutsche Mutter mit dem Frontsoldaten verglichen wurde. Dieser besondere „Einsatz von Leib und Leben für Volk und Vaterland" wurde in der

Ablehnung anderer, darüber hinausgehender Frauenrollen unterstrichen. Studentinnen mochten ihre Nützlichkeit für das Volk noch so sehr unterstreichen, sehr viel Einfluß hatte das nicht, obwohl der „Völkische Beobachter" manche Aussagen von Frauen abdruckte, um die Ausgewogenheit des nationalsozialistischen Frauenbildes herzustellen. Typischer jedoch ist die Zurückweisung der „politischen Frau" in der Partei und die Forderung nach Rückkehr „in den naturgegebenen Kreis der Familie" in einer offiziellen nationalsozialistischen Schrift.

Das nationalsozialistische Ideal von Mutterschaft zeigt sehr gut die konservativen Züge der nationalsozialistischen Bewegung auf. Die Nationalsozialisten glaubten, daß sie das Ideal der germanischen Rasse der Urzeit erstrebten, in Wirklichkeit jedoch waren sie dem bürgerlichen Ideal des 19. Jahrhunderts verhaftet: die einfache und treue Hausfrau und Mutter, die einzig für ihre Familie lebt und sich ihrem Gatten gegenüber gehorsam verhält. Das moderne Schönheitsideal wird zusammen mit der zeitgenössischen Emanzipation der Frau verworfen. Jede Revolution ist puritanisch, denn die Gedanken der Männer sollten sich auf „höhere Dinge" richten als auf das Fleischliche. Hatte nicht schon Robespierre während der Französischen Revolution versichert, daß „Tugend der Frau einziger Schmuck sei"? Hier veranschaulicht dieses Frauenbild jedoch die Verbürgerlichung der nationalsozialistischen Bewegung, die Eindämmung der Aktivitäten, für die die SA typisch war.

Die soziale Realität mußte diesen Idealen angepaßt werden. Die Verdammung des „Nachmittagstees und -tanzes" ist hierfür typisch. Tee und Tanz war ein Bestandteil des sozialen Lebens der bürgerlichen Klasse in Deutschland wie im übrigen Europa. „Tanztee" ist international und „undeutsch". Zu einer Zeit, als Hitler die Ursprünglichkeit der Kunst propagierte, stellten Tee und Tanzen in dieser Weise kosmopolitisches Abenteuertum dar. Und auch der Puritanismus schlägt wieder durch. Die Art der Unterhaltung, die hier gepflegt wird, ist künstlich, dreht sich nicht um die wichtigen Dinge, mit denen sich ein deutscher Kopf befassen sollte. Für das nationalsozialistische Frauenideal war der moderne Tanz abträglich, denn sein Rhythmus wurde als offene Aufforderung zur sexuellen Promiskuität empfunden. Solches Tanzen führe zur amerikanischen Orgie, für die die „Negermusik" des Jazz typisch sei.

Tanztee war ein Synonym für Modernität, war ein Stück Degenerierung wie in der modernen Musik und Kunst. Derartige „moderne Kunst" konnte im gleichen Jahr, als dieser Artikel erschien (1937), in München in der „Ausstellung für Entartete Kunst" besichtigt werden (s. Seite 31). „Tanztee" wurde auch vom Standpunkt der nationalsozialistischen Ideologie betrachtet. Es ist kein Zufall, daß dieser Artikel im Organ der SA veröffentlicht wurde, die sich ja als Gruppe der „einfachen" und nicht-intellektuellen Vertreter der nationalsozialistischen Bewegung sah.

Manchmal entwand sich die Realität den Fängen der Ideologie, besonders wenn die nationalsozialistische Elite Feste feierte. Die „Liebesgötter", die auf der Pfaueninsel (nahe Berlins) tanzten, und das Aufspielen bester Tanzkapellen sind schwer mit der „Fünf-Uhr-Tee-Kritik" ein Jahr später zu vereinbaren. Joseph

Goebbels lud im Jahre 1936 zu diesem Fest ein, und es wurde von fast 3000 Gästen besucht. Dieses Fest wurde veranstaltet, um den vielen anwesenden ausländischen Gästen zu imponieren; der Propagandaminister spielte den Gastgeber für die Teilnehmer und Gäste der Olympischen Spiele. (Doch das Programm hätte schließlich ein bißchen weniger aufwendig sein können. Volkstanzdarbietungen hätten an Stelle der internationalen Musik exzellenter Jazz-Orchester ins Programm gehört. Die „Liebesgötter", so muß man allerdings hinzufügen, waren bekleidet, allerdings nur leicht.) Goebbels versuchte, so wenig Informationen wie möglich über dieses Fest an die Öffentlichkeit gelangen zu lassen. Auf seinem luxuriösen Landsitz auf Schwanenwerder gab er viele ähnliche Feste, für die er keinen internationalen Festakt als Rechtfertigung benötigte.

Auch bei anderen festlichen Ereignissen, wie dem jährlichen Presseball, war nichts von puritanischer Einfachheit zu spüren. Glücksspiele waren weiterhin erlaubt, sogar während des Krieges. Die Anzeige für Croupier-Anwärter wurden im offiziellen Organ der Karlsruher NSDAP veröffentlicht (s. Seite 78). Dies schien kaum die richtige Betätigung für den idealen Arier zu sein, wie er durch den SA-Führer, den „Bären", repräsentiert wurde.

Trotz alledem tendierte die gesamte nationalsozialistische Führung, besonders Adolf Hitler, dazu, bescheiden und entsprechend den Kategorien der gewünschten Moral zu leben. Diese bürgerliche Moral zähmte den Tatendrang und kanalisierte ihn gegen die Feinde des Landes. Die nationalsozialistische Weltanschauung und die Kultur, die aus ihr hervorgegangen war, schafften ein puritanisches, moralisches Ideal. So konnte sich die nationalsozialistische Revolution konservative Züge geben, sich den „guten alten Zeiten" verpflichten und trotzdem ein Ventil für das aktive, dynamische Moment der Bewegung bieten.

G.L.M.

Der gute Kampf

Friedrich Joachim Klaehn

Hier marschiert das „Neue Deutschland"

September 1932! Noch triumphiert das alte System, noch sitzen die Bonzen in Amt und Würden, noch wird die Geißel der Schutzpolizei heftig über uns geschwungen. Aber wir lassen uns nicht unterkriegen und wollen diesen Menschen heute beweisen, auf welchem verlorenen Posten sie stehen und mit welchem heiligen Glauben wir das kommende Reich Adolf Hitlers erhoffen.

Die Standarte soll vereidigt werden.

Sie wird aus diesem Grunde zur Abendstunde in die Festhalle der Landeshauptstadt zusammengerufen.

Verboten ist es, daß die Stürme geschlossen marschieren. Wenn sich hier und dort vier oder fünf Mann gemeinschaftlich zur Festhalle begeben, dann rast ein Überfallwagen herbei und die Schutzpolizisten schwingen ohne Warnung den Gummiknüppel.

Verboten ist es, daß Lieder gesungen werden.

Verboten ist es, daß die Fahnen getragen werden.

Verboten sind die Transporte zu Wagen, Lastwagen, Personenwagen, Fahrrädern oder sonstigen Mitteln.

Verboten ist der Aufenthalt der Stürme außerhalb der Festhalle. Auf den Straßen sammelt sich der Pöbel. Aber er wagt heute nicht, sich durch Geschrei oder durch Bespeien bemerkbar zu machen, denn dann könnte es Senge geben.

Diese Genossen der Finsternis warten auf einzelne SA-Männer in dunklen Haustoren und in einsamen Straßen.

Und die Überfallwagen der Schutzpolizei rasen über das Pflaster. Scheinwerfer tasten die nach der Festhalle strömende Menge ab, ob sich nicht hier und dort Ansammlungen der SA bilden.

Über den dunklen Exerzierplatz hinter der Halle streifen Schupopatrouillen, nicht um uns gegen die Kommune, die dort herumschleicht zu schützen, sondern nach braunen Opfern ihrer Gummiknüppel lüsternd suchend.

Die Festhalle, die 7000 Menschen faßt, ist festlich geschmückt, soweit es die Polizei gestattet hat, denn das Anbringen von Transparenten mit aufreizenden Inschriften gefährdet die Republik.

In der Mitte der breiten Halle ist ein riesiges Viereck freigeblieben. Rechts und links davon sind die Plätze schon lange vor Beginn der Feier von Zivilisten besetzt, von Angehörigen der SA-Männer, von ihren Frauen und Kindern und von Menschen, denen die SA das geworden ist, was sie sein soll: Letzte Hoffnung und letzter Glaube an das Vaterland.

Ausnahmsweise gestattet die Polizei, daß sich die Stürme draußen vor der Festhalle aufstellen. Allerdings ist es wie immer: Der das Kommando der Schutzpolizei führende Oberleutnant (Krauth hieß der Lump) will von dieser Erlaubnis der Polizeibehörde nichts wissen und es bedarf vieler Telephongespräche, ehe die Angelegenheit zu unseren Gunsten geklärt ist.

Aber die Reibungen haben nun einmal ihren Anfang genommen. Die SA ist angetreten in einem Block, 40 Mann nebeneinander und 40 Mann hintereinander, in der vordersten Reihe die Fahnen.

Dieser Block soll nun durch die geöffneten Türen der Festhalle unter den Klängen des Badenweiler Marsches in breiter Front in den freigebliebenen Raum der Halle einrücken.

Die Standartenkapelle schmettert bereits los, aber die SA kommt nicht, weil der Oberleutnant Krauth die Seitentüren nicht öffnen lassen will.

Der Standartenführer streitet sich mit dem Oberleutnant und Reichsbannerhäuptling herum, indes die SA auf der Stelle tritt.

Harte Worte gehen hin und her. Gerade, als die Stimme des Oberleutnants sich schrill überschlägt und er sein Kommando herbeirufen will, um den Standartenführer verhaften zu lassen, da tönt dessen lautes Kommando: „Frei weg!"

Der Block marschiert und die Polizei verzieht sich angesichts der rhythmisch erhobenen SA-Stiefel- und Beine.

Langsam rückt der Block der SA tadellos ausgerichtet auf Nebenmann und Vordermann in die Festhalle.

Die Musik dröhnt und die Zivilisten haben sich und ihre Hände zum Gruß erhoben. Leuchtende Blicke grüßen uns! Manches Auge füllt sich mit Tränen. Hier marschiert das neue Deutschland, hier erwacht das uralte Deutschland. Das sind die Männer, die uns retten, die unsere Zukunft sind.

Dann bricht der Jubel auf und erstickt allen Ärger über die Schikanen der Polizei. Was kümmert uns das, daß diese Menschen noch da sind und verzweifelt und mit vergräzten Gesichtern ihr verrottetes System zu erhalten trachten, bald werden diese Menschen vergessen sein, weggeschwemmt, ausgelöscht! Deutschland wird erwachen!

Kommandos schmettern! Die SA steht!

Der Standartenführer steigt auf das breite Podium. Sein Blick schweift über seine Standarte, über die ruhmreichen Fahnen und über die erwartungsvolle Menschenmenge, die die Halle bis zu den äußersten Winkeln füllt. Da schleicht noch einmal das System in Person eines Kriminalbeamten an ihn heran: „Ich mache Sie darauf aufmerksam, daß ich die Versammlung ohne Ankündigung sofort auflöse, wenn Sie mit irgendeinem Wort die Regierung, ihre Personen oder Einrichtungen beleidigen."

Und an dem bewußten Regierungstisch unten links nehmen die Organe der Aufsicht Platz: Polizei und Kriminalbeamte. Alles uns wohlbekannte Genossen, auch die Stenographen sind dort, um unsere Worte für die Deutsche Geschichte zu verewigen.

Schon dröhnen die ersten Worte des Standartenführers durch die Lautsprecher, da poltert es hinter den Kulissen, die Schutzpolizei rückt mit Karabinern schwer bewaffnet an, um sich, wenn die Republik in Gefahr kommen sollte, sofort auf die Menge stürzen zu können. –

Zwei Fahnen werden geweiht.

Der Standartenführer spricht in seiner herben norddeutschen Art kurz über den Begriff der Fahne, über das Tuch, das durch Symbol und Opfer etwas Lebendiges und Heiliges wird. Erinnert an die Fahne seines Regiments, die im Kriege verloren ging, weil keine Lebenden mehr zu ihrer Verteidigung da waren. Spruch, Blick und Händedruck! Das Unbegreifliche wird hier Ereignis und mit tiefster Ergriffenheit und Opferbereitschaft klingt das Lied: „Ich habe mich ergeben" durch die Halle.

Eisern steht die SA! Die SA-Männer haben zum Teil einen langen Arbeitstag und einen langen Fußmarsch hinter sich. Umfallen oder Schlappmachen gibt es nicht, hat der Standartenführer gesagt. Wem flau wird, der soll sich die Zunge blutig beißen und die Fäuste zerpressen, das hilft.

Dann spricht der Standartenführer über den Sinn der Verpflichtung. Er schildert das kommende Reich und den kommenden Menschen des Dritten Reiches. Bei einer solchen Feier lohnt es sich nicht, das bestehende System zu geißeln. Nur kann sich der Führer es nicht verkneifen, durch eine treffende Bemerkung den anwesenden übereifrigen Polizisten eins auszuwischen. Er sagt, wir Nationalsozialisten können es uns nicht vorstellen, daß diejenigen, die heute da in der grünen Uniform scheinbar für Ordnung und Ruhe sorgen und die heute zwar sich Schutzpolizei nennen, aber diesen Schutz nur auf ihre Gesinnungsgenossen ausdehnen, daß diese Menschen dieselbe Tätigkeit einmal in unserem Reiche ausüben werden. Wenn bald die Hakenkreuzfahnen von allen öffentlichen Gebäuden wehen, dann ist dieser grüne Spuk und Terror verschwunden.

Ehe die Betroffenen diese Worte ganz verstanden haben und ehe der tosende Beifall verrauscht ist, ist der Standartenführer wieder bei seinem Thema und sagt: „Ihr seid nicht nur SA-Männer für diese Kampfjahre, oder während des Dienstes, den Ihr jetzt ausübt, sondern Ihr seid SA-Männer für Euer ganzes Leben, Alles, was Ihr besitzt an geistigen und körperlichen Kräften, an Zeit und Mittel, alles das gehört dem Volke und dem Vaterlande und dem Führer, sei es auch das Leben."

„Zur Vereidigung, stillgestanden."

Die Zivilisten erheben sich von ihren Plätzen.

Wort für Wort der Verpflichtung wird von den SA-Männern laut und klar nachgesprochen, dann schreiten die Sturmfahnen die Reihen ab und jeder SA-Mann legt die Hand auf die Fahne und spricht „Ich gelobe es meinem Führer".

Das „Horst Wessel-Lied" und das „Deutschland-Lied" beenden die Feier, die keiner vergessen wird.

Während der Nacht toben die Überfallwagen durch die Stadt, die Polizei ist in erhöhtem Alarm.

Die SA-Männer schlagen sich einzeln nach ihren Wohnungen durch. Es gibt in der Nacht viele blutige Köpfe, aber nicht alleine bei uns, denn nun ist mit den SA-Männern schlecht Kirschenessen.

Mit dieser Feier nahm der Standartenführer Abschied von seiner Standarte. Aber er sagte es niemanden, denn hier gilt der Einzelne nichts, sondern die Idee alles.

Friedrich Joachim Klaehn, *Sturm 138. Ernstes und Heiteres aus einem SA-Leben.* Leipzig 1934. S. 202-207.

Kurt Massmann

Saalschlacht

Einmal hatten wir eine Versammlung in einer Arbeitervorstadt. Wir nationalsozialistischen Studenten hatten sie einberufen.

Es war nur ein kleiner Saal. Ein SA-Sturm genügte als Saalschutz. Gegen halb zehn sollte ein weiterer Sturm anrücken, daß es nach Schluß der Versammlung nicht etwa zu Überfällen auf Teilnehmer komme.

Als gegen sieben Uhr die SA anrückte, großenteils Studenten, war der Saal schon überfüllt. Lärmen, Johlen und Brüllen! Schon seit vier Uhr nachmittags hatten die Kommunisten den Saal belegt. Dreihundertundfünfzig waren es mindestens.

Um acht Uhr krempelte der riesige Schirmer, der diesen Abend sprechen sollte, die Hemdärmel hoch und spuckte mit freundlichem Lächeln in seine Hände, so groß wie mittlere Reisekoffer. Er war drei Jahre in Rußland gewesen und kannte den Schwindel. Als er nach Deutschland zurückgekommen war, wurde er mit Herz und Seele Nationalsozialist, einer von der Sorte, die einem ängstlichen Bürger immer wieder von neuem einen kalten Schauer über den gefährlichen „Sozialismus" bei den Nationalsozialisten einjagte. Ein Prachtkerl! Ein Mann, dem man ein ganzes Vermögen anvertrauen könnte und der eher vor Hunger verrecken würde, als auch nur einen einzigen Pfennig anzugreifen.

Man erzählte, daß er eines Tages dem Führer vorgestellt werden sollte. Der lange, grobschlächtige Kerl, dem sonst die Worte wirklich nicht fehlten, stand da, schluckte, wischte mit der Pranke über die Augen und stammelte schließlich: „Na, Adolf Hitler...", und schüttelte seinem Führer ungestüm die Hand. Dann besann er sich, bekam – o heiliges Wunder! – einen roten Kopf, nahm Haltung an, salutierte und trat mit einer strammen Kehrtwendung ab. –

Von viertelstündigem Lärm empfangen, zwängte sich die SA durch die tobende Menge und nahm in jämmerlicher Enge vor dem Podium Aufstellung.

Es war eine merkwürdige Situation: eine halbe Stunde Lärm, nichts als ohrenbetäubenden Lärm. Kein tätlicher Angriff. Schirmer, der Bär, stand auf dem Podium, die mächtigen Arme gekreuzt, und lächelte gelassen in den Saal...

Allmählich wirkte dieses Lächeln, der Lärm ließ nach und machte einer gespannten Erwartung Platz.

Um halb neun Uhr griff Schirmer nach der Wasserkaraffe, setzte sie an den Mund, nahm einen tüchtigen Schluck und schenkte dann das dazugehörige Glas voll. Dieses Glas voll Wasser nahm er und goß es in kühnem Bogen über die SA hinweg einem Manne in der ersten Reihe ins Genick, der die ganze Zeit schon lärmend und hetzend in den Saal hineingesprochen hatte. Dazu brüllte Schirmer so unvermittelt und mit einer solchen Stimmstärke: „Ruhe, jetzt rede ich!" daß wirklich im Augenblick Ruhe eintrat.

Dann legte er los. Er sprach in ganz einfachen und schlichten Worten, in der täglichen Sprache dieser Arbeiter. Sie horchten auf.

In der Mitte des Saales, wo schon den ganzen Abend sich das Lärmzentrum befunden hatte, kletterte ein kleiner Jude mit einer Hornbrille auf der dicken Nase auf einen Stuhl und begann mit einer unangenehm schrillen und hohen Kastratenstimme eine Gegenrede zu halten.

Schirmer machte eine verächtliche Handbewegung und sprach mit einer so gewaltigen Stimme weiter, daß der Schall sich dröhnend an den Wänden brach und das Gewinsel des Kleinen einfach darin unterging.

Aber der verfolgte beharrlich sein Ziel, die Versammlung auffliegen zu lassen, und redete unaufhörlich dazwischen mit einem unerhörten Aufwand von Gesten.

Als Schirmer, der gerade von der Schicksalsgemeinschaft des Volkes gesprochen hatte, eine kleine Pause machte, hörte man den Juden kreischen: „...Arbeiter, Proletarier! Eure Front ist das internationale Proletariat! Eure..." Mehr hörte man nicht. Schirmer hatte sich durch die dichte Kette der SA gedrängt und kam ganz allein durch den tobenden Saal auf den kleinen Juden zu, den Wort- und Anführer der Kommunisten. Dem verschlug es die Rede, und obwohl dreihundertundfünfzig Genossen um ihn waren, kletterte er mit affenartiger Behendigkeit von dem Stuhle herunter und zog sich ein paar Reihen zurück. Schirmer zuckte grimmig die Achseln. Dann brüllte er die Leute an: „Arbeiter, seht euch die Kröte an, die ihr euch da mitgebracht habt, und dann seht mich an! Ich bin Arbeiter wie ihr, ich schaffe mit meinen Fäusten wie ihr! Gehört ihr zu dem da oder zu mir!?..."

Der Jude kreischte dazwischen: „Genossen, er will provozieren!..." Schirmer konnte in dem einsetzenden Tumult nicht weitersprechen. Grimmig ging er zurück auf das Podium und sprach von dort weiter.

Aber der kleine Jude war wieder auf seinen Stuhl geklettert. Er mochte wohl befürchten, daß seine Leute durch diesen Redner doch beeinflußt werden könnten, und das gab das Signal zur Versammlungssprengung: „Los!" schrie er, „Moskau! Los!"

Im nächsten Augenblick war im Saal nichts als Krachen und Splittern und Schlagen und Schreien.

Schirmer stand auf dem Podium und brüllte ein paarmal das Wort „Deutschland!" in den Saal, mit einer solchen Stimme, daß es den Lärm übertönte. „Deutschland!" Es klang wie eine Posaune. Ich hatte nicht verstanden, ob dieses Wort gerade in seine Rede gehörte oder ob er es nur wie eine letzte Beschwörung in die Saalschlacht hineinrief. Dann sprang er in gewaltigem Satz in den Saal hinein.

Im selben Augenblick wurde die große Saaltür aufgerissen, und der zweite SA-Sturm drang herein. Der kleine Jude, eben noch wie ein mißglückter Napoleon anzusehen, stand wie erstarrt auf seinem Stuhl. Schirmer, der seine Gegner rechts und links zur Seite fegte, hatte mit ein paar SA-Männern den jüdischen Rädelsführer beinahe schon erreicht. Da sprang er mit einem geradezu artistischen Satze von seinem Stuhl, lief wie ein Wiesel durch den Saal, zwischen den Kämpfenden hindurch und sprang durch das geschlossene Fenster auf den Hof hinaus, daß die zersplitterten Scheiben hinter ihm auf den Boden klirrten!

Für einen Augenblick dröhnte ein Gelächter durch den Saal.

Die meisten Kommunisten, die Hauptschreier voran, waren bereits durch die Nebentür geflüchtet. Nur in einer Ecke verteidigte sich zäh ein kleines Häuflein. Ich sah, daß es gerade die Bestaussehenden unter den Kommunisten waren, ältere Arbeiter zumeist.

Nach einiger Zeit war auch der Widerstand dieser Leute gebrochen. Man ließ sie unbehelligt hinaus, als sie nachgaben.

Der Saal sah wüst genug aus! Viel Blut, kaum ein Stuhl mehr ganz, überall Scherben... Ein Teil der Kommunisten, nicht die aus dem letzten Häuflein, hatte mit Bierflaschen und Gläsern geschlagen!

Ungefähr acht SA-Männer hatten Kopfverletzungen von diesen niederträchtigen und gemeinen Schlagwaffen erlitten. Einigen war das Gesicht so blutverkrustet, daß ihnen die Augen verklebt waren und sie blind umhertappten.

Auch einige Kommunisten waren liegengeblieben. Als sich die SA-Sanitäter auch um sie bemühten, zog ein älterer Arbeiter mit einem recht kühn und gut geschnittenen Gesicht, der sich bis zuletzt, ohne nachzugeben, mit wirklichem Mut verteidigt und tüchtig etwas ausgeteilt und abbekommen hatte, sein kommunistisches Parteibuch aus der Tasche, nahm sein Abzeichen vom Rockaufschlag, übergab beides dem großen Schirmer, nach dem er verlangt hatte, drückte ihm die Hand und meinte: „So, nun bin ich kuriert!"

(...)

Die ewigen Spießbürger nörgelten über die „Verwilderung der politischen Sitten". Dadurch, daß man sich gegenseitig die Schädel blutig schlage, werde es nicht besser in Deutschland, sagten sie.

Sie wußten ja gar nicht, worum es ging! Auch in diesen Versammlungen und Saalschlachten wurde um die Seele des deutschen Menschen, um das neue Deutschland gekämpft!

Wir nationalsozialistischen Studenten gingen doch nicht in die Arbeiterviertel, um uns für nichts und wieder nichts die Köpfe blutig schlagen zu lassen! Wir taten es auch nicht, um etwa für irgendeine Wahl ein Dutzend Stimmen zu gewinnen. Das lohnte den Einsatz nicht! Wir hätten ja akademische Diskussionsabende veranstalten können, das wäre etwas weniger gefährlich gewesen.

Wir kämpfen um den deutschen Arbeiter! Wir wollten dem Arbeiter helfen, seinen Platz in der Nation einzunehmen!

Und es bedurfte oft der Faust und auch des Stuhlbeines, bis zu ihm vorzudringen und die fremdstämmigen „Führer" und ihre Schutzgarde zwischen ihnen und uns herauszudrängen!

Bert Roth (Hrsg.), *Kampf, Lebensdokumente deutscher Jugend von 1914-1934.* Leipzig 1934. S. 228-232.

Die Familie

Hanns Anderlahn

Der Nationalsozialismus hat die Familie wieder in ihre natürlichen Rechte eingesetzt

„Die Familie...", nimmt Wernicke einen verzweifelten Anlauf. Wenn die da vorn doch lachen wollten, dann könnte man sich herausziehen: ich kann darüber nichts sagen! Aber die sehen ihn alle nur an und der Sturmführer ist eiskalt und voll Verachtung und Zorn. Die Minuten werden zu zerrenden, hämmernden, niederschmetternden Ewigkeiten.

„Die Familie geht uns nichts an", kommt ihm endlich eine Stimme zu Hilfe. „Wir sind SA, machen unseren Dienst, sind Nationalsozialisten und alles andere geht uns nichts an..."

Das leuchtet Wernicke im Augenblick sehr ein, und eigentlich ist es vom Sturmführer sehr anständig, ihm beizuspringen. „Alles andere geht uns nichts an!" plappert er nach. Aber das kann doch nicht stimmen, hat ihnen nicht der Sturmführer hundertmal eingehämmert: „Niemals ist der Dienst für den SA-Mann zu Ende..." Wernicke schweigt, er tritt unsicher hin und her und plötzlich ist das blasse, verweinte Gesicht der Frau vor ihm: „Wovon soll ich denn nun die Kinder satt machen?..." Vielleicht sehen die Kameraden das Gesicht jetzt auch und Wernicke spürt, wie ihm das Blut siedend heiß in die Stirn steigt.

„Du kannst also nichts über das Thema sagen? Ich dachte es mir. Hinsetzen!" Sonst sagt der Sturmführer nichts, aber jedes Wort sitzt wie ein Hieb, zeichnet Striemen und hinterläßt ein bohrendes, schmerzendes Gefühl von Scham.

Sturmmann Dietrich freut sich über den Befehl, der an ihn weitergegeben wird: „Die Familie ist die wichtigste Zelle des Staates. Wer die Familie zerstört, handelt gegen den Bestand des Staates. Der Nationalsozialismus hat die Familie wieder in ihre natürlichen Rechte eingesetzt. Wir wollen kein Spießerideal in der Familie mit seelischen Plüschsofas und wandelnden Gipsfiguren, mit Mißachtung und Herabsetzung der Frau und mit Verweichlichung der Kinder. Wir wissen, die Frau hat eine schwere Last zu tragen, der Nationalsozialist steht neben ihr, weil die Frau auch ihn stützt. Die Frau ist Kameradin, Kampfgefährtin..." Alles, was er sagt, ist einfach und klar, jeder kann ihn verstehen, auch Wernicke. „Wovon soll ich denn die Kinder satt machen?" Wie das jetzt bohrt und peinigt, gerade jetzt...

„Wie war es früher?" fragt der Sturmführer, zwischen seinen Augen steht immer noch der Zorn und die Verachtung.

Otto Hennig ist gar nicht gefragt, aber er steht auf und erzählt, weil er das jetzt sagen muß: „In meinem Sturm war damals einer, der heiratete. Die junge Frau kannte uns alle, und wenn es einem mal schlecht ging, er keine Bleibe oder besonders großen Kohldampf hatte, erschien er in der Wohnung, und alles kam in Ordnung. Dann kam eine Zeit, wo ihr Mann wochenlang keinen Abend zu Hause war. Dann fuhren wir nämlich mit Rädern auf die Dörfer, schützten gegenseitig unsere Versammlungen, und wenn uns die anderen mal auflauerten, dann gab es verbundene Köpfe.

Die junge Frau stand jeden Abend am Fenster, bis wir zurückkamen, manchmal dauerte das bis gegen Morgen. Wir sahen immer schon von weitem das Licht brennen, und das war immer wie ein Symbol. Meist saß man dann noch hinterher in der kleinen Küche eine Weile zusammen, entspannte sich, machte noch einen Scherz und dann ging man nach Hause.

Eines Abends warfen sie in der Straße mit Klamotten nach uns. Sie waren in der Überzahl und sehr gut gedeckt. Wir traten in die Pedale, es ging steil bergab, türmen war hier die beste Verteidigung. Ganz unten am Berg stürzte einer von uns, wir merkten es erst, als wir schon ein Stück weiter fort waren. Zurück, und da lag er bewußtlos unter seinem Rad. Er ist dann auf dem Weg zum Krankenhaus gestorben, ohne daß er noch einmal zu sich gekommen wäre. Und nun mußten wir ihr doch Bescheid bringen, der jungen Frau. Es war furchtbar für uns alle, wie sie so leise in sich hineinweinte, weil sie ihn doch sehr, sehr lieb hatte. Aber nicht ein einziges Mal hat sie gefragt: Warum?

Später ist sie wieder zu ihren Eltern gezogen, er hatte niemand mehr außer ihr und uns. Als wir 1933 zum großen Fackelzug antraten, war sie plötzlich wieder da. Sie ging von einem zum andern, und als der Befehl kam: „SA, stillgestanden! Im Gleichschritt... marsch!", da haben wir sie lächeln sehen. Wir sind an ihr vorbei mit Augen rechts, wie wenn er selber dastünde, und ein paar von uns haben hinterher so komische Bewegungen im Gesicht machen müssen. Das war eine junge Familie, und damals habe ich mir geschworen: Keine Spießerehe, kein faules Herumsitzen auf Plüschsofa und kalter Pracht, das Mädel, das ich einmal heirate, muß so sein, wie die damals war. Jawohl... so ist das... Und im nächsten Monat heirate ich nun..."

Mit Weltanschauung und Schulung und mit dem gestellten Thema hat das alles eigentlich nur wenig oder nichts zu tun. Oder doch?

Der Sturmführer nickt Otto Hennig zu: „Danke!" Hat er nun die Geschichte gemeint oder das mit dem Heiraten? Eigentlich wollte er ja hier abbrechen. Für den Wernicke genügt es ja jetzt vorläufig, aber nun ist man einmal dabei: „So war es früher, heute ist es einfacher, das Leben und die Gesundheit stehen nicht mehr auf dem Spiel, nur noch die Bequemlichkeit. Geblieben ist nur noch die innere Verpflichtung, und wer die nicht anerkennt, gehört nicht zu uns. Manchen hat der Verwandtentratsch, das Plüschsofa, die Bequemlichkeit schon schwach gemacht, oder die Frau liegt ihm in den Ohren, weil sie sich abends ängstigt oder weil es ihr zu langweilig ist, sie hat vielleicht keine Aufgabe, und dann fällt einer um, wird schlapp und lässig im Dienst, und zuletzt bleibt er fort..."

„Jeder von uns streckt am Abend gern seine Beine von sich, ruht sich aus in dem Gedanken: so, jetzt bin ich zu Hause! Aber dieses Ausruhen darf nicht Selbstzweck und Weltanschauung werden. Ausruhen ist Kräftespannen für den neuen Kampf und für das Weitermarschieren..."

Ob man denn nicht einmal was unternehmen könnte, wo die Frauen und Mädchen dabei sein würden, damit man sich untereinander kennen lernte, manches würde dann vielleicht ein anderes Gesicht haben? Drei, vier Stimmen brachten den Wunsch vor. Fast alle anderen nickten dazu, und einer entwickelte sofort ein Programm: lebende Bilder, zum Beispiel der sterbende Krieger und so, und dann vielleicht ein Theaterstück: Heimkehr im Morgenrot, dazwischen Kampflieder...

„Fahnenschwenken, patriotische Aussprache und anschließend dreimaliges Ra, ra, ra...", feixte Otto Hallmann. „Junge, Junge, die süße Vereinsbühne ist doch so leicht nicht totzukriegen. Deinen Vorschlag müssen wir schon gleichgeschalteten, fehlzündenden Kegelvereinen überlassen. Wenn wir schon was machen, dann mit Sinn und Verstand. Nachmittags ein Sportfest, gemeinsam mit allen anderen Gliederungen der Partei. Abends im großen Saal eine kulturelle Veranstaltung, für deren Durchführung der Sturmmann Dietrich verantwortlich zeichnet. Da können wir gleich mal sehen, ob das, was uns der Führer in der geistigen Ausrichtung vorgezeichnet hat, auch begriffen worden ist."

„Jawoll, Sturmführer, übermorgen abend lege ich dir das Programm vor!" Das ist wieder eine Aufgabe für Dietrich ...

Hanns Anderlahn, *Gegner erkannt! Kampferlebnisse der SA.* München 1937. S. 60–63.

Ludwig Leonhardt

Das Deutsche Volk ist eine Familie

In tiefer Erkenntnis der Quelle völkischer Erneuerung betrachtet der Nationalsozialismus die Familie als Grundlage des Staates. Um die Bedeutung dieses Satzes voll erkennen und würdigen zu können, müssen wir den Begriff „Familie" näher erläutern. Wir dürfen dabei unter Familie nicht allein Eltern und Kinder verstehen, zur Familie in unserem Sinne gehören auch nicht nur die, die einen Namen tragen, die ein Grundstück oder sonstiges Vermögen besitzen. Auch sind es nicht rechtliche Bindungen allein, die den Begriff Familie umschließen. Vielmehr umfaßt dieser alles das, was in einem bestimmten Personenkreis an geistigem und seelischem Gut lebendig vorhanden war und lebendig bleiben wird. Was wir sind, was wir leisten, ist nicht unser Verdienst, wir verdanken es letztlich unseren Eltern und Großeltern, unserer ganzen Ahnenreihe, deren Erbgut wir in uns tragen. Das also, was durch sie an geistigen Gütern auf uns überkommen ist und was wir an unsere Kinder und Kindeskinder weitergeben sollen, das alles gehört zur Familie, deren Bedeutung für das Volksleben erst der neue Staat voll anzuerkennen bereit ist. Und wir müssen uns immer vor Augen halten, daß wir nicht die letzte Zusammenfassung der vielfachen Anlagen, sondern daß wir dazu bestimmt sind, diese rein und unverdorben weiterzugeben, um das, was Familie heißt, fortzupflanzen, vorwärtszutreiben, damit durch immer wiederholte Verflechtung der Familien ein Deutsches Volk werde.

An dieser Zielsetzung aber erkennen wir, welch ungeheure Verantwortung jeder von uns trägt. Denn, wie wir kostbares Erbgut nicht untergehen lassen dürfen, wie wir es auch nicht durch unsere Schuld schädigen dürfen, so müssen wir danach streben, schlechtes und minderwertiges auszumerzen, zu verbessern oder zu vernichten. Wie aber kann sich der Einzelne darüber klar werden, wie er diese Verantwortung dem Volke gegenüber vertritt? Kann er das ohne genaue Kenntnis seines gesamten Erb- und Erscheinungsbildes, also ohne genaue Kenntnis seines eigenen Wesens und des Wesens seiner Vorfahren? Nein! Wer nur in den Tag hinein lebt, wem es gleichgültig ist, aus welcher Wurzel er entsprungen ist, wer nicht im Tiefsten die Bedeutung der Worte Vor- und Nachfahren erspürt, der kann nicht als verantwortungsbewußtes Glied der Volksgemeinschaft angesprochen werden.

Beginnen wir also mit der Erforschung unseres Familienbildes! Es bedarf dazu einiger Arbeit, die aber jeder leisten muß, in dessen Familie irgendwelche Aufzeichnungen bisher noch nicht gemacht worden sind. Wenn wir nämlich ehrlich sein wollen, so müssen wir gestehen, daß nur in den wenigsten Fällen unsere eigenen Kenntnisse ausreichen, um dieses Bild auch nur einigermaßen deutlich zu machen. Es ist leider so, daß sehr viele kaum die Augenfarbe ihrer Eltern und Geschwister kennen, ganz zu schweigen von der der Großeltern, zu schweigen aber auch von den wichtigeren Eigenschaften des Geistes und Gemütes. So ergibt sich für jeden die Pflicht, sich möglichst eingehend darüber zu unterrichten, wes Art er ist.

Ludwig Leonhardt, *Heirat und Rassenpflege. Ein Berater für Eheanwärter.* München 1934. S. 7-8.

Hermann Paull

Ehe, Moral und Besitz

Ich komme zurück zur Familien- und Ahnenforschung. Dieselbe ist nur möglich, wo die Einehe zur Familienbildung und damit zu deutlich erkennbaren biologischen Erbstämmen geführt hat. Bei der freien Liebe, welche den Menschen zur Ausübung des Geschlechtsverkehrs und zur Menschenzeugung möglichst viel Abwechslungsmöglichkeiten bieten will, entstehen ganz unübersichtliche Ahnenreihen, deren biologische Erforschung viel zu kompliziert und daher gänzlich unmöglich ist. In der freien Liebe, bei welcher der gegenseitige Antrieb zur Vereinigung lediglich in erotischen Gefühlen enthalten ist, bleibt das Zusammenströmen der keimplasmatischen Anlagen beider Eltern lediglich dem Zufall überlassen, während die Einehe durch die Herausbildung erkennbarer biologischer Erbstämme der menschlichen Vernunft die Zusammenführung hochwertiger Erbstämme zur Menschenerzeugung und die Ausmerzung minderwertiger Erbstämme ermöglicht.

In diesem Zusammenhange bedeutet die freie Liebe Zulassung minderwertigen biologischen Erbgutes zur Menschenerzeugung und zwangsläufige Verschleuderung hochwertiger Keimanlagen, während die Einehe mit Familienbildung wenigstens die Möglichkeit biologischer Auswahl und Zusammenhaltung hochwertigen Keimplasmas bietet.

So hat die biologische Forschung eine Reihe von Familien ausgegraben, wo durch den Eintritt einzelner oder auch nur eines einzigen minderwertigen Menschen die ganze nächste Folge der Generationen verdorben worden ist. Die Namen der früher beschriebenen Familien Kallikak in Amerika und Zero in der Schweiz werden jetzt schon allenthalben als Prototypen für die Entartung ganzer Familien durch Eindringen minderwertiger Menschen aufgeführt.

Andererseits sind uns hinreichend genügend Familien bekannt, in denen durch Wahrung einer auf Tüchtigkeit bedachten Familientradition hochwertige Menschen in großer Zahl erzeugt wurden. Ich nenne hier wieder die biologisch vorhin schon eingehend behandelte Sippe Johann Sebastian Bach in Thüringen, die als

Schulbeispiel für die Wahrung und Höherführung eines guten biologischen Erbgutes mit Recht gilt.

So wird die Familie zum wichtigsten Werkzeug der Eugenik. Es wird später noch deutlicher werden, daß der eugenische Begriff „Familie" mit dem christlichen Begriffe „religiös-sittliche Familie", welche auf den beiden Säulen „voreheliche Keuschheit" und „eheliche Treue" ruht, in seinem tiefsten Wesen gleichbedeutend ist.

Der Freidenker: Wo in aller Welt haben denn die Menschen nach solchen biologischen Grundsätzen die Gattenwahl getroffen? Es kann dargelegt werden, daß die Menschen die Lehre vom Keimplasma und der Vererbungslehre ja überhaupt nicht gekannt haben. Und zwischen den Säulen der „vorehelichen Keuschheit" und der „ehelichen Treue" hat sich die Prostitution zu allen Zeiten breit gemacht. Die Menschheit hätte also längst an Keimplasmaverschleuderung zugrunde gehen müssen.

Eros ist ein viel zu neckischer Knabe, als daß er sich um die Vererbungslehre jemals gekümmert hätte oder kümmern würde.

Der Doktor: Dieser Einwand ist in dieser scharfen Form nicht richtig, denn es kann ohne Schwierigkeit gezeigt werden, daß die Bindungen religiöser, ethischer und wirtschaftlicher Art, unter welchen die Menschen der vor der Industrialisierung liegenden Zeit, welche man mit einem großen Rechte die „gute, alte" nennen kann, die Gattenwahl vornahmen, in hohem Maße keimplasmasondernd, keimplasmazüchtend gewirkt haben. Freilich war den Menschen die biologische Kraft dieser Bindungen nicht immer bekannt, das hat aber nicht ihre Wirksamkeit verhindert.

Gehen wir für einen Augenblick auf die Wurzeln der menschlichen Kultur zurück!

Schon die Einführung der Einehe, d. h. die Überwindung der Promiscuität, der allgemeinen Vermischung, des Sichgehörens Aller in geschlechtlicher Beziehung, ist die erste keimplasmasondernde Bindung gewesen. Sie bedeutet ferner die Fesselung, die Zügelung des von Natur aus im Gegensatze zum weiblichen Geschlechte polygamen männlichen Triebes.

Diese Fesselung erhebt den männlichen Eros aus den Niederungen des rein animalisch Triebhaften in die Höhen einer sittlichen Beglückung. Sie befreit das Weib aus der unsittlichen und unwürdigen Stellung als Lustobjekt des Mannes, dem sie damit als gleichberechtigter Ehepartner an die Seite gestellt wird.

Frauenehre, Frauenwürde und Mutterglück verdanken dieser Fesselung des männlichen Eros durch die Einehe ihr Dasein.

Darum steht die Einehe auch am Anfang unserer Kultur. Sie begünstigte eine weitere Bindung, durch welche die Keimplasmazüchtung ungeheuer gefördert wurde, die allgemeine „Sitte". Sitte und Sittlichkeit streben nach Höherem, nach Überwindung schlechter Verhältnisse, Sittlichkeit strebt nach Gesundheit und Schönheit. Diese „gute Sitte" verlangte weitgehende Reinheit im geschlechtlichen Leben und sie hat es auch verhindert, daß die Prostitution in Deutschland einen das Volkswohl schwer schädigenden Charakter angenommen hat, wenigstens in der Zeit, von welcher hier die Rede ist.

Es war gute Sitte, daß eine Frau mehrere Kinder haben mußte. Eine kinderlose Ehefrau wurde als minderwertig angesehen, auch eine solche, welche öfters Fehlgeburten gehabt, welche mißbildete, kranke oder kränkliche Kinder zur Welt gebracht hatte. Solche Erwägungen sprachen bei der Gattenwahl, wenn auch oft unbewußt, ein entscheidendes Wort.

Hiermit hängt aufs Engste zusammen die früher zweifellos größere Sorge der Eltern nicht nur für das sittliche, sondern ganz besonders auch für das materielle Wohl der Kinder, das größere Verantwortungsgefühl vor dem kommenden Geschlecht. Ein Mann, welcher noch nicht in der Lage war, eine Frau und die dazugehörige Kinderschar zu ernähren, mußte entweder einstweilen auf Heirat verzichten oder sehen, daß er in der Mitgift der Frau einen Ausgleich finden konnte.

Man heiratete mit anderen Worten vielfach oder meistens nach Besitz. Besitz aber war in den Zeiten, als es kein Aktienrecht und keine mammonistische Kapitalbildungen gab, an die Tüchtigkeit der betr. Menschen gebunden. Das Kapital arbeitete noch nicht unabhängig von der Tüchtigkeit eines Einzelbesitzers. Wer Vermögen hatte, hatte es entweder selbst d. h. durch eigene Tüchtigkeit erworben, oder von seinen Eltern, die es durch Tüchtigkeit erworben hatten, ererbt. Vermögensvermehrung und -Erhaltung konnte nur durch Tüchtigkeit des Einzelbesitzers geschehen. Vermögende Familien waren daher meistens auch tüchtige Familien. Wer Vermögen heiratete, heiratete hochwertiges biologisches Erbgut.

Der Geschichtsprofessor: Auch das Zunftwesen hat im biologischen Sinne sicher günstig gewirkt. Die Zugehörigkeit zu einer Zunft setzte weitgehende Tüchtigkeit voraus. Das liegt im Wesen der Zunft. Man heiratete mit Vorliebe innerhalb der eigenen Zunft, oder holte sich seinen Lebensgenossen aus einer anderen Zunft. Das gab eine gewisse Garantie für das Lebensglück. Denn auf diese Weise wurde hochwertiges biologisches Erbgut zur Menschenerzeugung zusammengeführt.

Es ist gewiß kein Zufall, daß die über 2 Jahrhunderte ganz besonders durch Zunftheiraten gepflegte musikalische Anlage der Musikerfamilie Bach mit dem Aufhören des Zunftwesens aus dem biologischen Erbgute der Bachs verschwindet.

Der Doktor: Auf die Hilfe anderer angewiesen zu sein, widersprach dem allgemeinen bürgerlichen Ehrbegriffe. Der Bürger richtete sich beim Eingehen einer Ehe im allgemeinen so ein, daß er selbständig als freier Mann dastehen konnte. Er strebte für sich und seine Frau nach Achtung unter seinen Mitbürgern. Daher suchte er seine Ehegattin in geachteten, tüchtigen Familien und heiratete mit solchen Erwägungen auch meistens hochwertiges biologisches Erbgut.

Das ist durch die weitgehende Industrialisierung und ganz besonders durch den marxistischen Geist der Nachkriegszeit ganz anders geworden.

Dank der öffentlichen Fürsorge brauchen sich weite Schichten des Volkes um das Fortkommen ihrer Kinder nicht zu sorgen. Wo das Geld für das Lebensnotwendige nicht selbst aufgebracht werden kann, sorgt die Fürsorge zwangsläufig. Das trifft ganz besonders solche Kinder, deren Erzeuger keinen Grund haben, auf ihr biologisches Erbgut stolz zu sein und die im biologischen Sinne zur Kindererzeugung daher ungeeignet sind. In den minderwertigen Familien herrscht bekanntlich die größte Skrupellosigkeit in der Kindererzeugung.

So ergab sich, daß die Kinder der Hilfsschule in Stuttgart aus Familien mit durchschnittlich 4,6 Kindern stammen. Die durchschnittliche Kinderzahl der Gesamtheit der fruchtbaren Ehen des Mittelstandes betrug dagegen in Stuttgart nur 2,3, die der Gesamtbevölkerung 2,32.

In diesen wenigen Zahlen drückt sich die schwere Lebenskrise aus, in welcher sich das deutsche Volk zur Zeit befindet.

Hermann Paull, *Deutsche Rassenhygiene.*
Ein gemeinverständliches Gespräch über Vererbungslehre, Eugenik, Sippe, Rasse und Volkstum. Teil II: Erbgesundheitspflege (Eugenik), Rassenpflege
Görlitz 1934. S. 17–21.

Die ideale Frau

Adolf Hitler

Die Aufgaben der Frau

Solange wir ein gesundes männliches Geschlecht besitzen – und dafür werden wir Nationalsozialisten sorgen –, wird in Deutschland keine weibliche Handgranatenwerferinnen-Abteilung gebildet und kein weibliches Scharfschützenkorps. Denn das ist nicht Gleichberechtigung, sondern Minderberechtigung der Frau.

Eine unermeßliche Weite von Arbeitsmöglichkeiten ist für die Frau da. Für uns ist die Frau zu allen Zeiten der treueste Arbeits- und Lebensgenosse des Mannes gewesen. Man sagt mir oft: Sie wollen die Frau aus den Berufen drücken. Nein, ich will ihr nur in weitestem Ausmaß die Möglichkeit verschaffen, eine eigene Familie mitgründen und Kinder bekommen zu können, weil sie dann unserem Volke am allermeisten nutzt!

Wenn heute eine weibliche Juristin noch soviel leistet und nebenan eine Mutter wohnt mit fünf, sechs, sieben Kindern, die alle gesund und gut erzogen sind, dann möchte ich sagen: Vom Standpunkt des ewigen Wertes unseres Volkes hat die Frau, die Kinder bekommen und erzogen hat und die unserem Volke damit das Leben in die Zukunft wiedergeschenkt hat, mehr geleistet, mehr getan!

Auszüge aus einer Rede an die NS-Frauenschaft, abgedruckt im *„Völkischen Beobachter"*, 13. 9. 1936. (Ausschnittarchiv der Wiener Library, London).

Die sogenannte „Gleichberechtigung" der Frau, die der Marxismus fordere, sei in Wirklichkeit keine Gleichberechtigung, sondern eine Entrechtung der Frau, denn sie ziehe die Frau auf ein Gebiet, auf dem sie zwangsläufig unterlegen sein werde, weil sie die Frau in Situationen bringe, die nicht ihre Stellung, weder dem Manne noch der Gesellschaft gegenüber, festigen, sondern nur schwächen könnte.

Ich würde mich schämen, ein deutscher Mann zu sein, wenn jemals im Falle eines Krieges auch nur eine Frau an die Front gehen müßte. Die Frau habe auch ihr Schlachtfeld. Mit jedem Kind, daß sie der Nation zur Welt bringe, kämpfe sie ihren Kampf für die Nation. Der Mann trete für das Volk ein, genau so wie die Frau für die Familie eintritt.

Auszug aus einer Rede auf dem NS-Frauenkongreß, veröffentlicht im *„Völkischen Beobachter"*, 15. 9. 1935. (Ausschnittarchiv der Wiener Library, London).

Alfred Rosenberg

Emanzipation von der Emanzipation

Emanzipation der Frau von der Frauenemanzipation ist die erste Forderung einer weiblichen Generation, die Volk und Rasse, das Ewig-Unbewußte, die Grundlage aller Kultur vor dem Untergang retten möchte.

Die Zeiten des Biedermeier und des „verträumten Mädchendaseins" sind natürlich endgültig vorüber. Die Frau gehört hinein in das Gesamtleben des Volkes; ihr haben alle Bildungsmöglichkeiten freizustehen; für ihre körperliche Ertüchtigung ist durch Rhythmik, Turnen, Sport die gleiche Sorgfalt anzuwenden wie für den Mann. Unter heutigen sozialen Verhältnissen dürfen ihr auch im Berufsleben keine Schwierigkeiten bereitet werden (wobei die Mutterschutz-Gesetze noch strenger durchgeführt werden müssen). Wohl aber wird das Streben aller Erneuerer unseres Volkstums dahin gehen, nach Brechung des volksfeindlichen, demokratisch-marxistischen Auslaugesystems einer sozialen Ordnung den Weg zu bahnen, die junge Frauen nicht mehr zwingt (wie es heute der Fall ist), in Scharen auf den wichtigste Frauenkräfte verbrauchenden Arbeitsmarkt des Lebens zu strömen. Der Frau sollen also alle Möglichkeiten zur Entfaltung ihrer Kräfte offenstehen; aber über eines muß Klarheit bestehen: Richter, Soldat und Staatslenker muß der Mann sein und bleiben.

Alfred Rosenberg, *Der Mythus des 20. Jahrhunderts,* München 1930. S. 512.

Hildegard v. Rheden

Bäuerlicher Hausfleiß aus Blut und Boden

Es sieht so aus, als ob es erstaunlich sei, daß Frauen und Mädchen zur Arbeit am Spinnrad und Webstuhl zurückkehren. Das ist aber völlig natürlich. Es war vorauszusehen. – Diese Arbeit mußte von den Frauen und Mädchen des Dritten Reiches aufgenommen werden.

Aus dem *„Völkischen Beobachter",* 2. 2. 1936 (Ausschnittarchiv der Wiener Library, London).

Joseph Goebbels

Die Vogelfrau

Die Frau hat die Aufgabe, schön zu sein und Kinder zur Welt zu bringen. Das ist gar nicht so roh und unmodern, wie sich das anhört. Die Vogelfrau putzt sich für den Mann und brütet für ihn die Eier aus. Dafür sorgt der Mann für die Nahrung. Sonst steht er auf der Wacht und wehrt den Feind ab.

Joseph Goebbels, *Michael. Ein deutsches Schicksal in Tagebuchblättern*. München 1929, S. 41.

Diese Frauen können wir lieben!

Im Anschluß an Vorträge eines Sprechchores nahm sodann der Stellvertreter des Führers, Reichsminister Heß, von den Anwesenden jubelnd begrüßt, das Wort.

Der Stellvertreter des Führers leitete seine Rede mit dem Bemerken ein, daß Deutschland die ehrenvolle Wertung der Frau als Mutter, als Kameradin des Mannes und als gleichwertiges Glied der Volksgemeinschaft selbstverständlich sei. Er setzte sich dann kurz mit den Ansichten auseinander, die im Ausland über die deutsche Frau vertreten würden und stellte den fremden Ansichten über die Frau von heute jenen Frauentyp gegenüber, den das neue Deutschland will: „Wir wünschen uns Frauen, in deren Leben und in deren Wirken frauliche Art erhalten bleibt – Frauen, die wir zu lieben vermögen!

Wir gönnen der übrigen Welt den Idealtyp der Frau, den sie sich wünscht, aber die übrige Welt soll uns gefälligst die Frau gönnen, die uns am gemäßesten ist. Nicht jeder „Gretchentyp", unter dem man sich im Ausland ein etwas beschränktes, ja ungeistiges Wesen vorstellt, sondern eine Frau, die auch geistig befähigt ist, dem Manne in seinen Interessen, in seinem Lebenskampf verständnisvoll zur Seite zu stehen, die ihm das Leben schöner und inhaltsreicher werden läßt, ist das Frauenideal des deutschen Mannes von heute. Es ist eine Frau, die vor allem auch Mutter zu sein vermag."

„Und es gehört wohl zum Größten, was der Nationalsozialismus vollbrachte", so führte der Stellvertreter des Führers weiter aus, „daß er es ermöglichte, daß soviel mehr Frauen als ehedem heute in Deutschland Mütter sein könnten. Sie sind nicht nur Mütter, weil es etwa der Staat will, weil es die Männer wollen, sondern sie sind Mütter, weil sie selbst stolz darauf sind, gesunde Kinder zur Welt zu bringen, sie für die Nation zu erziehen und so bewußt zu wirken für die Erhaltung des Lebens ihres Volkes."

Bericht über die Großkundgebung der Berliner NS-Frauenschaft und des Frauenwerks in der Deutschlandhalle, veröffentlicht im „*Völkischen Beobachter*", 27. 5. 1936. (Ausschnittarchiv der Wiener Library, London).

Frau Goebbels über die deutschen Frauen

Eine Vertreterin der Londoner „Daily Mail" suchte Frau Magda Goebbels, die von ihr als „die ideale Frau Deutschlands" bezeichnet wird, in Heiligendamm auf, um von ihr näheres über den neuen Status der Frauen in Deutschland zu erfahren. Frau Goebbels erklärte der Besucherin, daß die in England verbreiteten Berichte über die Herausdrängung der Frauen aus ihren Stellungen sehr übertrieben seien. Nur aus drei Berufen sei die deutsche Frau jetzt ausgeschlossen: dem militärischen – wie in der ganzen Welt –, aus der Regierung und der Rechtspflege.

Steht das deutsche Mädchen vor der Wahl zwischen Heirat oder Beruf, dann werde sie stets zur Heirat ermutigt werden, da dies zweifellos das beste für eine Frau sei. „Ich versuche", so sagte Frau Goebbels nach dem Bericht der englischen Berichterstatterin, „die deutsche Frau schöner zu machen."

„*Vossische Zeitung*", 6.7. 1933. (Ausschnittarchiv der Wiener Library, London).

Ein Wort an die Frauen

Braunschweig, 31. Mai. In einer Versammlung der NSDAP wandte sich SS-Obergruppenführer Jeckeln gegen den „Blondheitsfimmel". Blonde Haare und blaue Augen seien allerdings noch längst kein zwingender Beweis, daß man der nordischen Rasse angehöre. Ein Mädchen, das heute einen SS-Mann heiraten wolle, müsse in jeder Beziehung einwandfrei sein. Daher werde von ihr der Besitz des Reichssportabzeichens gefordert. Manche könnten vielleicht heute dieses Verlangen noch nicht verstehen. Aber Deutschland brauche keine Frauen, die auf den Fünf-Uhr-Tees schön tanzen könnten, sondern Frauen, die durch sportliche Leistungen ihre Gesundheit bewiesen hätten. Und zum Gesundwerden tauge der Speer oder der Sprungstab besser als der Lippenstift.

„*Frankfurter Zeitung*", 1.6. 1937
(Ausschnittarchiv der Wiener Library, London).

Die glänzende Nase und die deutsche Nation

Die folgenden Randbemerkungen entnehmen wir der neuesten Nummer des „Schwarzen Korps". Sie sind in ihrer erfreulichen Deutlichkeit um so berechtigter, als vor wenigen Tagen erst ein Berliner Blatt die hier glossierten Forderungen nach „spartanischer" Einfachheit im Frauenarbeitsdienst kommentarlos seinen Lesern vorsetzte.

Neulich lasen wir in einem Aufsatz über Mädchenarbeitsdienstlager folgende Sätze, die uns zum Nachdenken anregten:
„Das Lager darf eine gewisse Einfachheit im äußeren Aufbau nie überschreiten, gerade das Mädchen muß im Arbeitsdienst spartanisch erzogen werden; zur Gewohnheit an den Strohsack, an frühes morgenkaltes Aufstehen, an einfache Waschverhältnisse, an Verzicht auf alle Schönheitspflege, an einfache, möglichst gleiche Kleidung..." Was nun mal zuviel ist, ist zuviel. Auch wir rechnen es zu den Tugenden der Frau, wenn sie Frühaufsteherin ist. Aber gewöhnen „an frühes, morgenkaltes Aufstehen?" Geht es nicht auch ohne die Morgenkälte? Und was die „einfachen Waschverhältnisse" anbelangt, so kann man unter ihnen einen Zuber verstehen oder die ländliche Wasserpumpe. Wir wissen nicht, ob der Verfasser verheiratet ist oder nicht. Das ist schließlich seine Privatsache. Aber wer für das Leben schreibt, darf nicht von einem „harten" Geschlecht am Schreibtisch träumen und von den alten Spartanern, die bekanntlich aus wohlüberlegten Gründen zwischen Erziehung von Männern und Frauen wohl zu unterscheiden wußten. Wir wollen deutsche Frauen und keine Rauhbeine als Weggefährten haben. Es gibt kein Weib, das „auf alle Schönheitspflege" verzichtet, unter der man noch lange nicht die ekelhafte Maskenfabrikation verstehen muß, wie sie am Kurfürstendamm gepflogen wird.
Die annehmbare Frau wollen wir noch kennen lernen, die aus hygienischen Gründen auf etwas Puder verzichtet, wenn das Näschen glänzt... und wer dies kategorisch verlangt, müßte folgerichtig mit Orpheus dem Zwoten sagen:
„... erst bis dein Antlitz glänzt wie Speck, erfüllst du deinen deutschen Zweck..."
Weshalb eigentlich immer solche argen Übertreibungen?"

„Der Angriff", 16. 1. 1936
(Ausschnittarchiv der Wiener Library, London).

Glaube und Schönheit

Die Reichsreferentin des BDM, Jutta Rüdiger, äußerte sich bei verschiedenen Gelegenheiten, wie auf einer HJ-Führertagung in Hammersbach am 9. Februar und im Reichsjugendpressedienst, über die Aufgaben des BDM-Werkes „Glaube und Schönheit":
Danach ist das BDM-Werk „Glaube und Schönheit" nichts Neues neben dem BDM, sondern die folgerichtige Fortentwicklung dieser Mädelorganisation. Daher wird auch die gewohnte Tracht des BDM beibehalten und nur durch ein besonderes Abzeichen die Zugehörigkeit zum BDM-Werk „Glaube und Schönheit" kenntlich gemacht. Es sind Arbeitsgemeinschaften für Gymnastik, Werkarbeit, Brauchtumsarbeit, Auslandskunde, Spiel und Musik, Gesundheitsdienst und der-

gleichen geplant. Der Dienst findet wöchentlich einmal statt, in jedem Monat einmal in Form von Heimabenden, deren Themen dem Kulturleben und der persönlichen Lebensgestaltung gewidmet sein sollen.

„*Das Archiv*. Nachschlagewerk für Politik, Wirtschaft, Kultur", Nr. 47, Feb. 1938. Berlin 1938. S. 1393.

Richtiges Benehmen

Die Gaubetriebszellen-Unterabteilung Unterfranken der NSBO (Nationalsozialistischer Betriebsorganisation) veröffentlicht eine Anordnung, in der es heißt, daß in letzter Zeit von der NSBO eine große Zahl von Frauen aufgenommen worden sei. Es sei dies ein Vorzug, worauf die Frau stolz sein könne, und es sei deshalb ihre Pflicht, im nationalsozialistischen Sinne zu handeln. Es wird deshalb erklärt, daß geschminkten und gepuderten Frauen der Zutritt zu allen Veranstaltungen der NSBO verboten sei. Frauen, die in der Öffentlichkeit, in Gasthäusern, Kaffees, auf der Straße undsoweiter rauchen, würden aus der NSBO ausgeschlossen. Die Amtswalter sind angewiesen, eine entsprechende Kontrolle vorzunehmen.

„*Frankfurter Zeitung*", 11. 8. 1933
(Ausschnittarchiv der Wiener Library, London).

Das Ehrenkreuz der deutschen Mutter

Berlin, 24. Dezember.
„Die deutsche kinderreiche Mutter soll den gleichen Ehrenplatz in der deutschen Volksgemeinschaft erhalten wie der Frontsoldat, denn ihr Einsatz von Leib und Leben für Volk und Vaterland war der gleiche wie der des Frontsoldaten im Donner der Schlachten." Mit diesen Worten hat der Hauptdienstleiter für Volksgesundheit in der Reichsleitung der Partei, Reichsärzteführer Dr. Wagner, bereits auf dem Parteitag der Arbeit im Auftrage des Führers die Schaffung eines Ehrenzeichens für die kinderreiche deutsche Mutter angekündigt.

3 Millionen deutscher Mütter werden nunmehr am Tage der deutschen Mutter 1939 erstmalig in feierlicher Weise die neuen Ehrenzeichen durch die Hoheitsträger der Partei verliehen bekommen. Jahr für Jahr werden diese Feiern sich dann am Muttertag, am Ordenstag der kinderreichen Mütter, wiederholen.

Die Jugend vor allem, sie soll zur Ehrfurcht vor den Müttern des Volkes angehalten werden. So wird sich die Ehrung der kinderreichen deutschen Mutter nicht nur auf den Muttertag und auf die Ordensverleihung beschränken. Auch im öffentlichen Leben wird die kinderreiche Mutter in Zukunft den Platz einnehmen, der ihr zukommt.

Durch die Grußpflicht sämtlicher Mitglieder der Jugendformationen der Partei wird der Jungnationalsozialist ihr die Achtung erweisen.

Darüber hinaus aber werden die Trägerinnen des Mütter-Ehrenkreuzes in Zukunft alle jene Bevorzugungen genießen, die uns gegenüber den verdienten Volksgenossen, gegenüber Kriegsbeschädigten und Opfern der nationalsozialistischen Erhebung bereits Selbstverständlichkeit geworden sind, als da sind Ehrenplätze bei Veranstaltungen der Partei und des Staates, Vortrittsrecht an Behördenschaltern, Verpflichtung der Schaffner zu bevorzugter Platzanweisung in Eisen- und Straßenbahn. Dazu kommt eine Altersversorgung, bevorzugte Aufnahme in Altersheimen für alleinstehende Altmütter, eventuell in eigens in Großstädten zu errichtenden Altersheimen oder in besonderen Abteilungen der schon bestehenden Heime.

Doch nicht Dank allein bedeutet diese Ehrung der kinderreichen Mutter, insbesondere der deutschen Altmutter, durch den Führer, sie drückt auch zugleich das Vertrauen aus, das der Führer und damit das deutsche Volk allen deutschen Müttern entgegenbringt, daß sie uns auch weiterhin den Weg unseres Volkes bereiten helfen, daß sie uns die Jugend schenken, die nach schwerer Zeit dereinst den Aufstieg unseres Volkes beendet.

„Völkischer Beobachter", 25.12.1938
(Ausschnittarchiv der Wiener Library, London).

Weibliche Studenten

„Studentin? Ja, was wollt denn ihr noch im Dritten Reich?" „Ihr gehört doch an den Kochtopf!" „Es entspricht gar nicht dem Willen des Führers, daß ihr studiert!" „Geistige Arbeit schadet der Frau!" Solche und ähnliche Redensarten, die zum Teil heute noch nicht ganz verstummt sind, bekamen wir nationalsozialistischen Studentinnen nach der Machtübernahme immer wieder zu hören.

Wie kommt es nur, fragten wir uns, daß man die nationalsozialistische Hochschule ohne die deutsche Frau sehen will?

Die nationalsozialistische Studentin stellt ihr ganzes Leben und Schaffen in den Dienst des deutschen Volkes. Aus dieser Einstellung heraus erwachsen klar die Aufgaben, die sie zu erfüllen hat.

„Völkischer Beobachter", 11.12.1935
(Ausschnittarchiv der Wiener Library, London).

Engelbert Huber

Gegen politische Aktivitäten der Frau

Für die politische Frau ist in der Ideenwelt des Nationalsozialismus kein Platz ...
    Die geistige Einstellung der Bewegung zu diesem Thema geht gegen die politische Frau. Sie weist die Frau in ihren naturgegebenen Kreis der Familie und in ihre Aufgaben als Gattin und Mutter zurück. Die politisierende Frau, diese Nachkriegserscheinung, die in parlamentarischen Wortgefechten nur selten „gute Figur" machte, bedeutet eine Entwürdigung der Frau.
    Die deutsche Erhebung ist ein männliches Ereignis.

Engelbert Huber, *Das ist Nationalsozialismus*. Stuttgart 1933. S. 121-122.

Die gesellschaftliche Realität

Paßt der „Five o'clock" in unsere Zeit?

Noch steht das deutsche Volk und das gesamte kulturinteressierte Ausland unter dem Eindruck der Führerrede anläßlich der Eröffnung der Münchner Kunstfesttage, einer Rede, die zweifellos das bedeutendste kulturpolitische Dokument der neueren Zeit ist. Ihre praktischen Auswirkungen ließen nicht lange auf sich warten. In allen staatlichen und privaten Museen und Kunstsammlungen ist man dabei, zunächst einmal wenigstens die scheußlichsten Erzeugnisse eines entarteten Menschentums und einer pathologischen „Künstler"-Generation zu beseitigen und dafür der wahren, vom deutschen Geiste eingegebenen Kunst zur Geltung zu verhelfen. Auch auf dem Gebiete des Schrifttums ist die Säuberungsaktion von allen Werken dieser selben vorderasiatischen Prägung, die schon kurz nach der Machtergreifung durch die symbolische Verbrennung der übelsten Produkte jüdischer Schmieranten begann, in vollem Gange. Daß dagegen auf einem der wichtigsten Gebiete künstlerischer Gestaltung, der Musik nämlich, der artfremde Geist in Verbindung mit künstlerischer Impotenz hie und da noch üppige Sumpfblumen treibt, daß sich selbst heute noch in den Spalten einer Asphaltpresse anrüchigster Tradition, der die Gleichschaltung musikalisch in den Kopf gestiegen ist, noch eine artistische Kunstdeutung breit macht und Verherrlicher der Negermusik zu Worte kommen, verrät ein Feuilleton (denn dieses Wort allein ist die zupassende Bezeichnung dieser Geisteshaltung) einer Berliner Mittagszeitung vom 19. August d. J. unter dem Titel „Tee und Tanz". Der Verfasser dieses Ergusses scheint entweder 4 Jahre auf dem Monde gelebt zu haben, oder aber die Hundstagehitze ist Schuld an dieser merkwürdigen Protuberanz seines Dadagehirns.

Sitte oder Unsitte?
Tee und Tanz: das ist nicht nur ein ausgezeichneter Stabreim, sondern auch die Verquickung zweier Begriffe, die inhaltlich und dem Wesen nach ebenso innig zusammengehören wie alle Stabreimbildungen, wie etwa Haus und Hof, Kind und Kegel. Sie bedürfen deshalb einer gemeinsamen Behandlung, um die innere Hohlheit und die völkische Gefahr dieser Formen des internationalen, zivilisierten Lebens zu erkennen und zu beseitigen.

Man kann über die Sitte des Nachmittagstees denken, wie man will. Man kann niemand darüber Vorschriften machen, welches Getränk er sich am zweckmäßigsten einverleibt, wenngleich die biedere deutsche Kaffeestunde für Familie und Geselligkeit eine mindestens so ruhmreiche Tradition hat wie die aus den nordischen Ländern übernommene Sitte der Teestunde. Doch das ist eine Frage des Geschmacks, vielleicht auch des Temperaments. Grundsätzlich aber sollten wir die aus England stammende, im Herkunftslande selbst schon entartete Mode des Fünf-Uhr-Tees ablehnen. Wir Deutschen haben niemals einen Five o'clock gekannt. Erst die moderne, von jüdischem Geist bestimmte Lebensführung hat wie auf allen Gebieten den Mangel eigener Gemütswerte und kultureller Gestaltung durch fremde Sitten zu verdecken versucht. Wohl verstanden: es handelt sich nicht um die Art des Getränkes, noch viel weniger um die Tageszeit, zu der man sich seinem Genuß hingibt. Es spielt dabei auch gar keine Rolle, daß man, wie der Verfasser des erwähnten Artikels feststellt, die Teestunde in Berlin von 5 Uhr auf 4 Uhr verlegt, ja, daß man überhaupt keinen Tee, sondern „vorzüglichen Kaffee" trinkt. Es geht vielmehr um eine ganz bestimmte, von fremdem Geist geprägte Form unseres geselligen Lebens.

Das ist jüdisches Vagabundentum ·
Fünf-Uhr-Tee: darunter versteht man, falls er sich im privaten Kreise abspielt, eine schwätzende, Sandwiches essende, Tee trinkende, Zigaretten dampfende Gesellschaft, die um den Omnibus auf Gummirädern herumwogt, die kostbaren Tassen mal hier, mal dort absetzt, wo man gerade einen Augenblick auf seiner Wanderung Rast macht, um sie dann sogleich wieder aufzunehmen. Fünf-Uhr-Tee: das ist jene Gesellschaft, in der man nicht Unterhaltung, sondern „Konversation" pflegt. Man glaubt nämlich, durch diese scheußliche amerikanische Sitte, stehend zu essen und zu trinken, eine besonders gemütliche und zwanglose Unterhaltung zu erzielen, während doch nur das Geschwätz lebendiger wird, nicht aber das Gespräch, wenn man mit Hut, Handschuhen und Kuchen in der Hand im Zimmer auf und abläuft und dabei jeden Augenblick gewärtig sein muß, daß einem ein ungeschickter Bedienter die mit zwei Fingern gehaltene volle Tasse in den Hut stößt, der darunter am dritten Finger schwebt. Man soll nur ja nicht seßhaft werden in feiner Gesellschaft, nicht einmal auf seinem Stuhl. Das ist aber nicht deutsche „Sitte des Hauses", sondern jüdisches Vagabundentum in den Salon verpflanzt. Das sind nicht gemeinschaftsbewußte, gesellige deutsche Menschen, sondern „aufs Parkett verirrte internationale Zigeuner".

Fünf-Uhr-Tee: das ist, im öffentlichen „Betrieb", nach dem Artikelschreiber des „12-Uhr-Blattes", die Domäne des jungen Mannes. Hier führt er seinen neuen Anzug spazieren. Hier übt er sich in der schweren Kunst, das „schöne Geschlecht zu erobern". Und die Konversation? Man falle bei diesen Geistesblitzen bitte nicht in Ohnmacht: „Sind Gnädigste öfters hier?" – „Die Kapelle spielt ja ganz nett, aber in St. Moritz habe ich eine gehört..." – „Augenblicklich bin ich noch im Büro, aber in spätestens einem halben Jahr gehe ich zum Film", und wie die Plattheiten alle heißen, die sich diesem lahmen Gehirn entringen.

Fünf-Uhr-Tee: das heißt aber vor allem die wichtigste und „dritte Voraussetzung: Es wird getanzt!" Und wie wird getanzt! Man „tanzt" vollendet Swing..., kennt alle neuen Schlager und weiß die bekanntesten Tanzkapellen an den Fingern herzuzählen". Dies alles wäre nun wirklich ein harmloser Zeitvertreib eines „netten Jungen", wenn dieses abgehackte, klanglich voraussetzungslose Gequäke nicht wenige Zeilen weiter als „gute Musik" ausgegeben würde. Wir verbitten es uns ganz entschieden, daß eine Zeitung, die im Dritten Reiche noch Daseinsmöglichkeit hat, sich zum Anwalt einer ein für allemal abgetanen Verirrung jüdischer Triebhaftigkeit auf musikalischem Gebiete macht, daß sich im Bereiche des Musikalischen wieder ein Geist einzuschleichen versucht, dem der Führer und mit ihm das ganze gesund empfindende deutsche Volk den Todeskampf angesagt hat.

Alles hat seine Grenzen
Wohl verstanden, wir haben nichts einzuwenden gegen eine leichte Unterhaltungsmusik. Wir stellen sie sogar als Forderung und sind überzeugt, daß die Musikschaffenden gerade auf diesem Gebiete dankbare Aufgaben finden werden. Wir halten es für eine der bedauerlichsten Einbußen auf musikalischem Gebiete, daß eine spezialisierende, intellektualistische Kunstbetrachtung den deutschen Künstlern beigebracht hatte, die Unterhaltungsmusik sei etwas Biederes, Muffiges, Zweitrangiges, eine Anpassung an den geringeren Anspruch des Volkes, er dürfe sich nur ja nicht einfach geben, sondern müsse Letztes und Höchstes in komplizierter Form, mit größtem Aufwand und gesteigerten Mitteln geben.

Diesen gesteigerten Mitteln entsprechen gesteigertes Erleben, während einfache Formung und schlichtes Erlebnis geringeren Wert des Kunstwerkes zur Folge habe. Am Anfang des Kunstwerkes stehe nicht die schlichte, allgemein menschliche Empfindung, sondern der Effekt, das aparte Gefühl. Dieser Auffassung gegenüber sehen wir in der leichten, aber dennoch gehaltvollen Unterhaltungsmusik eine denkbar hohe künstlerische Aufgabe, der sich gerade unsere Größten gern unterzogen haben. Es sei nur an Bruckner erinnert, der sich, unberührt von den internationalen Kunstbestrebungen, schon seiner Zeit gelegentlich der einfachen, anspruchslosen musikalischen Gestaltung gewidmet hat. Das sind nicht Konzessionen an einen modischen Publikumsgeschmack, nicht Leihgaben bei einer landläufigen, faden Literatur oder erklügelte Kontrastmittel, sondern vielmehr Zeugnisse für die Volksverbundenheit eines Schaffenden, der bei der Monumentalität der Gestaltung immer wieder den Weg zu der Schlichtheit volksmäßiger Lied- und Tanztypen findet.

So glauben auch wir, daß die Unterhaltungsmusik weder eine primitive Kunstäußerung noch auch billige Sentimentalität ist, sondern ein Wechselspiel aus Volksliedmelos und Volkstanzrhythmik. Hinter ihnen steht nicht der grüblerische Denker oder weltabgewandte Asket, auch nicht das problematische Genie, sondern vielmehr ein ursprünglicher, sinnenfreudiger, weltzugewandter Musikant, der die Kräfte des vielgestalteten Lebens in seine Kunst ausströmen läßt, schlicht und einfältig in des Wortes schönster Bedeutung. Diese Musik ist nicht Lehngut, sondern ein Ideal, das den Künstler zur Gestaltung drängt.

Sein Verhältnis zur Unterhaltungsmusik erstreckt sich nicht nur darauf, brauchtümliche und volkstümliche Melodietypen zu übernehmen, sondern aus der Stilsphäre des Volksliedes und Volkstanzes heraus neue Formen und Melodien zu finden und zu entwickeln. Und das deutsche Volk braucht diese Unterhaltungsmusik dringend. Man kann nicht zu jeder Tageszeit Beethoven, Bach oder Händel hören. Dazu geht man in den Konzertsaal und nicht ins Kaffeehaus. Aber es besteht doch ein gewaltiger Unterschied zwischen leicht verdaulicher, gesunder Musik und einem Lärm aus Trommeln, Holzbrett, Gitarre, Glockengeläut, Rasseln und anderen Krachinstrumenten, derselbe Unterschied etwa wie zwischen dem prickelnden Lebensrausch des deutschen Walzers und der Rumba oder dem Swing, oder zwischen einer guten Unterhaltungsbeilage und dem Feuilletongeschmiere des 12-Uhr-Blattes.

Ein Erbe, das verpflichtet
Wir wollen die Kestenberger, Schönberg und Strawinsky gern dem zivilisierten und vorgeblich kunstverständigeren Ausland überlassen. Wir, die junge deutsche Generation, sind uns jedenfalls bewußt, daß uns das Erbe einer großen Vergangenheit auf dem Gebiete der Musik eine besondere Verpflichtung aufträgt. Wir, das Volk der Beethoven, Bach, Mozart, Haydn und Händel, können und wollen nicht länger zugeben, daß eine der edelsten Blüten des Kulturlebens immer mehr der Entartung anheimfällt und endlich vollends auf die Ansprüche der großstädtischen Nachtlokale und internationalen Freudenhäuser herabgedrückt wird.

Dazu ist es notwendig, daß wir zunächst einmal die tieferen, weltanschaulichen Wurzeln dieser grauenhaften Entartung beseitigen. Denn es handelt sich hierbei um etwas ganz anderes als um das Ringen um einen neuen Musikstil, um das „Ideal" einer neuen, von der Harmonik losgelösten Linienführung, um den Werdeprozeß eines neuen tonalen Empfindens, oder wie die philosophischen Verbrämungen dieser Verirrungen alle heißen mögen. Sondern diese Musik stellt ganz einfach den Ausbruch des Nihilismus der Nachkriegszeit dar, ist demnach nicht mehr Äußerung, Offenbarung, sondern Schrei, hemmungslose Entladung seelischen Rohstoffs. Die „zeitgemäße" Musik stellt nämlich ganz deutlich die beiden Typen jeder Untergangserscheinung dar.

Musik und „Musik"
Die eine wirkt fast nur auf den Intellekt, die andere beinahe ausschließlich auf die Nerven. Die erste kann man Papiermusik, die zweite Nervenmusik nennen. Auch

hier tritt die übliche Spaltung von Seele und Leib in Erscheinung, die das Kennzeichen der vorderasiatischen Rasse und kulturellen Äußerung ist. Beide Typen stehen mit dem Gefühlsleben nicht in Kontakt und machen aus dieser Not eine Untugend: sie setzen an die Stelle intuitiv erfaßter Ideen verstandesgemäß konstruierte Arbeit.

Der erste Typus entspringt mechanistisch verbildeten Gehirnen. Ihr Ausdrucksmittel ist klanglich voraussetzungslose Musik. Der zweite Typus ist das Produkt zermürbter oder krankhaft entwickelter Nerven. Ihr Hauptausdrucksmittel ist der Effekt: komplizierter, geräuschähnlicher Klang und abgerissener Rhythmus. Mit Vorliebe täuscht sie Temperament vor, ist aber in Wirklichkeit nichts anderes als Trieb. Beide Typen sind einseitig, infolgedessen schwächt sich ihre Wirkung ab. Was lag nun näher als der Versuch, die beiden Richtungen, die den Keim raschen Welkens in sich tragen, miteinander zu verquicken, um ihnen das kurze Leben etwas zu verlängern! Aber umsonst! Eine Verschmelzung erwies sich als unmöglich.

So kam es zum Niedergang der Kunst
Das Resultat war ein Nebeneinander von überreiztem Verstand und pathologischem Trieb. Das einzige Bindeglied ist in einem solchen Falle die Technik. Aber auch sie kann nur zusammenkoppeln, nicht vereinigen, ist nichts als ein äußerlicher Notbehelf. Außerdem führt sich die „zeitgemäße" Musik selber ad absurdum. Sie hat sich übersteigert, ist nicht mehr der Ausdruck des Gefühls, sondern entspricht der Kombinationslust des Verstandes und dem Sensationsdurst der Nerven. Ihr Studium ist zwar mühsam, aber man kann sie erkennen: sie hat ihren Seltenheitswert und damit ihre Eigenart verloren. Eigenartig, apart wollte sie aber doch gerade sein! So sank das Niveau von Stufe zu Stufe. Die Musik wurde zu einer Nachtpflanze, die bei elektrischem Lichte in einer Atmosphäre von schlechter Luft, minderwertigen Parfüms und stickigem Tabaksqualm gedeiht, auch wenn sie sich in einem Rahmen „vornehmer" Gesellschaft produziert.

Zu diesem weltanschaulichen und allgemein menschlichen Niedergang trat noch die Lehre von der sog. Internationalität und Unabhängigkeit der Kunst vom Volksgeist und Zeitgeschehen. Man leugnete das organische Verhältnis zwischen Schaffendem und Volk, die Tatsache, daß Volk und Rasse die Wurzel für jedes künstlerische Schaffen bilden, daß vor allem auch die Musik unter den Bindungen und Gesetzmäßigkeiten biologischer Gegebenheiten steht, daß die Kräfte des Volkes im Schaffenden wirken, so wie beim Baum der Saft von der Wurzel zur Blüte emporsteigt. So wurde der Künstler unfähig, die Elemente der Kunst und damit die Ursymbole seines Volkes zur Gestaltung zu bringen; er entlehnte die Kunstformen fremder Völker und Rassen.

„Der SA-Mann", 18. 9. 1937
(Ausschnittarchiv der Wiener Library, London).

Märchen auf der Pfaueninsel

Am Vorabend des Festtages, an dem die großen Olympischen Spiele ihren Ausklang fanden, hatte der Reichsminister für Volksaufklärung und Propaganda im Namen der deutschen Reichsregierung die Ehrengäste der Wettkämpfe zu einem Sommerfest auf die verträumte Pfaueninsel geladen.

Unter dem Kommando von Major Henke hatten Pioniere die zur Wassertribüne Grünau führende Pontonbrücke abgebrochen und in der Nacht zum Sonnabend vom Ufer Nikolskoe nach der Insel geschlagen. Die Fahnen der Nationen flatterten von Masten, die an den Pontons befestigt waren. Im dunklen Wasser der Havel spiegelten sich die Lichter der Hunderte von Segelbooten und Kähnen, und als die Gäste den Schauplatz erreichten, umfing sie ein Bild zauberhafter Schönheit. Vorbei an einer Kette weißgekleideter Pagen führte der Weg zur großen Wiese. Dort glänzte hundertfach das sanfte Licht der vielen Lampions, dort klangen die Melodien des Landesorchesters Gau Berlin unter der Leitung von Kapellmeister Spieß und Kapellmeister Wicke. Und Lautsprecher trugen den Schall der Töne zu den entferntesten Winkeln des stillen Eilands. Aus Hecken und Büschen strahlte magisches Licht, das sich an dem saftigen Grün der Blätter brach. Riesige Nachtfalter leuchteten aus den hundertjährigen Linden und Eichen. Unter der Gesamtleitung von Oberregierungsrat Gutterer und des Reichsbühnenbildners Benno von Arent, der für den Entwurf der Ausschmückung verantwortlich zeichnete, und der es meisterhaft verstanden hatte, die Schönheit der verträumten Insel in der Havel durch vornehme künstlerische Mittel förmlich ins Märchenhafte zu steigern, erhielt das Fest seine besondere Note. Über dem Bild von Freude und Glanz stand der Abendhimmel einer milden Sommernacht.

Seinen besonderen Rahmen erhielt das Sommerfest der Deutschen Reichsregierung durch die künstlerischen Darbietungen. Namhafte Solisten und das gesamte Ensemble des Deutschen Opernhauses Berlin, unter der Leitung von Ballettmeister Rudolf Kölling, bestritten das bunte Programm, das mit einem Tanz der Olympischen Ringe nach Weisen des Altmeisters Johann Strauß eingeleitet wurde.

Liebesgötter aus dem 18. Jahrhundert in verschiedener Gewandung mit bunten Flügeln flatterten als zierliche Porzellanfigürchen, die nach ältesten Modellen aus der friderizianischen Zeit hergestellt waren, als Damenspenden auf die Tische. Die große Tanzfläche, eingebaut in die herrlichen Baumgruppen, bevölkerte sich mit den Paaren, die zur Musik der Kapellen Oskar Joost von der „Femina", Eugen Wolff vom „Eden" und Emanuel Rambour vom „Kaiserhof" tanzten.

Zu später Stunde fand ein prächtiges Feuerwerk den besonderen Beifall und die Bewunderung der vielen Gäste.

„Der Angriff", 18.8.1936
(Ausschnittarchiv der Wiener Library, London).

Wunderschöne Kleider beim diesjährigen Presseball

Eines der schönsten Kleider bestand aus blaßblauem, zartfädigem Mattkrepp und zeigte eine vorn sattelartig kurze, im Rücken sehr tief reichende Passe, aus lauter perlgestickten Rundfiguren gleicher Farbe derartig zusammengesetzt...
Ähnliche Wirkung ging von einem schneeweißen Tüllkleid aus, nicht so bühnenhaft wolkig, daß es im Zugwinde davonzufliegen droht...
Und zwar hatten die Tüllrüschen hier trotz ihrer unwirklichen Zartheit überraschend viel Haltung dank einer unsichtbaren Steifung ihrer Basis mit Roßhaartüllstreifen... Schwere, gestickte Silberspitze, mit blauem Samt vereinigt, fand ihren Gegenpol in feinmaschiger Webspitze, so spinnwebdünn, daß ihre kunstvolle Musterung... Von starker Plastik war die schwere Rüsche, halbseitig aus der erdbeerfarbenen Glanzseide des Kleides, halbseitig aus schwarzem Samt gearbeitet, als Saumabschluß für den Rock von schwingender Weite... Weinrot und blaugrau schillernder Taft modellierte unter leichter Raffung des Vorderteils...
Schlichtheit und Würde waren auch das Leitmotiv derjenigen Tanzkleider...

„Die Neue Weltbühne", Bd. I, Nr. 7 (1934), S. 215.
(Ausschnittarchiv der Wiener Library, London).

Gesucht: Croupiers

Wir suchen einige Kandidaten für den Beruf des Croupiers, zwischen 25 und 35 Jahre alt. Sprach- und Rechenkenntnisse werden erwartet sowie ein einwandfreies polizeiliches Führungszeugnis. Schriftliche Bewerbungen erbeten an die Geschäftsleitung des Casino, Personalabteilung, Baden-Baden.

„Der Führer", 4. 5. 1940
(Ausschnittarchiv der Wiener Library, London).

Die Ursprünge: Rassismus

Die folgenden Dokumente, die von den wichtigsten Theoretikern der nationalsozialistischen Bewegung geschrieben wurden, geben Aufschluß über die fundamentalen rassistischen Ideen der nationalsozialistischen Kultur. Hans F. K. Gunther (geb. 1891) wurde 1930, noch vor Hitlers Machtübernahme, Professor an der Universität von Jena und hatte den dort eingerichteten Lehrstuhl für „Rassenforschung" inne. Hitler selbst war sehr daran interessiert, daß Günther diesen Ruf an die Universität Jena erhielt, und demzufolge hat die damals in Thüringen regierende NSDAP die notwendigen Schritte unternommen. Obwohl Günthers persönliche Beziehungen zu der Partei mitunter getrübt waren, wurden seine rassistischen Gedanken dennoch akzeptiert und seine Bücher, wie z. B. „Kleine Rassenkunde des Deutschen Volkes" (1929) (eine kurze ethnologische Schrift über das deutsche Volk), in vielen Auflagen überall verkauft und verteilt. Von der „Kleinen Rassenkunde" wurden zwischen 1929 und 1943 rund 270 000 Exemplare verkauft. Der von uns ausgewählte Ausschnitt ist für einen entscheidenden Punkt der „Rassenkunde" besonders wichtig. Auf den ersten Blick liest sich der Text wie eine vernünftige, wissenschaftlich anthropologische Abhandlung, die ihren Schwerpunkt darin hat, auf das Fehlen reiner Rassen hinzuweisen. Aber Günther verbreitet unterschwellig sofort die Auffassung, daß, obwohl eine Rasse nicht völlig rein sei, allen Mitgliedern einer Rasse einige wesentliche Eigenschaften gemeinsam seien, und ebnet mit dieser Theorie den Weg für Stereotypisierungen. Denn es gibt – wie am Schluß der Ausführungen deutlich wird – einen rassischen „Idealtypus". Obwohl nicht alle Arier nordisch sind, fallen sie doch alle zu einem gewissen Grade in die Kategorie des „Idealtypus". Die Juden wurden dagegen als eine Mischung aus verschiedenen Rassen gesehen. Darüberhinaus ist die physische Erscheinung von großer Bedeutung, denn Günther gibt Beispiele anthropologischer Messungen von Schädeln und Beschreibungen von der äußeren Erscheinung einer Rasse. Offensichtlich haben nicht alle nordischen Menschen blonde Haare, aber bei allen sind besondere Eigenschaften zu finden, und demzufolge kann man von Stereotypen sprechen. Hitler hatte nun zwar dunkle Haare, gehörte aber – aufgrund seines Charakters – ebenfalls zur nordischen Rasse.

Wir haben einen längeren Abschnitt aus „Die nordische Seele" (1932) von Ludwig Ferdinand Clauss (geb. 1892) herausgesucht. Clauss lehrte an der Universität von Berlin und war ebenfalls in dem Bereich der „rassistischen Wissenschaften" tätig. Von seinem Buch wurden in den ersten fünf Jahren nach der Veröffentlichung 30 000 Exemplare verkauft, und es hat möglicherweise acht Auflagen erreicht. Aber dieser Auszug zeigt mehr als nur die persönliche Ansicht von Clauss; er gibt grundsätzlich Aufschluß über den Glauben an die Überlegenheit der nordischen Rasse. Die Eigenschaften einer Rasse sind eng mit der „ursprünglichen" Umgebung verbunden, nämlich mit der Landschaft, in der die Rasse schon seit Jahrhunderten gelebt hat. Das Bild eines idealtypisch Nordischen, das hier gezeichnet wird, wird für bare Münze genommen. In ihm sind Machtstreben und eine ebenso starke Sehnsucht nach Bodenständigkeit miteinander verbunden. Die negative Einstellung gegenüber der Stadt, die als Symbol des Fortschritts gilt, ist mit einer Dominanz über natürliche Ressourcen und über andere Rassen verbunden. Nach Günther spielt die physische Erscheinung deshalb eine so wichtige Rolle, weil der Körper der Ausdruck der Seele ist. Die Seele steht aber an erster Stelle: sie ist in einem Zusammenspiel mit der Natur entstanden – den weiten Räumen und den Kräften, welche das Nordische charakterisieren.

Mit dem Abschnitt über das Streben der Nordischen, über sich selbst hinauszuwachsen, und mit der Berücksichtigung von höheren Kräften der Natur, erregte Clauss die Aufmerksamkeit von Alfred Rosenberg. Die Juden besitzen keine dieser Fähigkeiten, sondern sie sind eigentlich das genaue Gegenteil von dem, was einen wertvollen Menschen ausmacht. Rosenberg führte die wesentlichen Argumente von Clauss weiter aus und wandte sie auf die Juden an: er übernahm diese Argumente aber nicht direkt, denn sie waren ganz allgemein bereits in allen rassistischen Gedanken grundsätzlich enthalten. Rosenberg (1893–1946), der durch sein Werk „Der Mythus des 20. Jahrhunderts" bekannt wurde, zählte seit den ersten Tagen der Parteigründung zu Hitlers engsten Vertrauten. 1934 wurde er von dem Führer damit beauftragt, über die weltanschauliche Erziehung und Schulung der eigenen Partei zu wachen. Er schrieb die Einleitung zu einem Erinnerungsband, der Dietrich Eckart (1928) gewidmet wurde. Eckart hatte großen Einfluß auf Hitler und hatte vielleicht mehr als irgend jemand sonst zu dem politischen Erfolg Hitlers beigetragen. Er war von 1919 bis zu seinem frühen Tod 1923 ein Freund des späteren Führers, und er war es auch, der Hitlers Anti-Semitismus vertiefte: er hatte seinen Standpunkt als ein unbedeutender Schreiber und Verleger einer stark anti-jüdischen Zeitung – „Auf Gut Deutsch" – dargelegt. Hitler war ihm sehr verbunden, und sein Buch „Mein Kampf" beendet er mit einer Widmung an seinen ehemaligen Lehrer. Rosenberg hatte einen ähnlichen Grund, dankbar zu sein, denn Eckart hatte ihn nicht nur Hitler vorgestellt, sondern Rosenberg wurde auch Eckarts Nachfolger als Schriftleiter der Parteizeitung, des „Völkischen Beobachters". Es ist daher nicht besonders verwunderlich, daß Rosenberg in der 1934 erschienenen Ausgabe seines Buches triumphierend anmerkt: „Heute ist Eckart wieder mit uns und ist ein Teil unseres Reiches."

Der Lehrer Jakob Graf beginnt in der vorgestellten Auswahl aus seinem Buch über „Familienkunde und Rassenbiologie" mit einer Darstellung der Überlegenheit der arischen Rasse, die diese Überlegenheit schon seit jeher in der Geschichte besessen habe. Sein Ansatz erweitert die Ideen von Clauss in Hinsicht auf rassische

Überlegenheit um die historische Dimension. Er beginnt damit, verschiedene Übungen zu erstellen, nach denen die Schüler befähigt werden sollen, sofort die Rasse einer Person erkennen zu können. In dieser vereinfachten Form nahmen nicht nur Schüler den Rassismus auf.

In allen preußischen und möglicherweise in allen deutschen Schulen wurde nach dem September 1933 der Unterricht in Rassenkunde obligatorisch. In den höheren Schulen mußten sowohl Vererbungslehre, Rassenlehre und Familienkunde als auch Bevölkerungspolitik gelehrt werden. Die wesentlichen Punkte dieser Themen machten einen Großteil des Biologieunterrichts aus. Der Biologe Paul Brohmer verdeutlicht, wie die Umsetzung in die Praxis aussieht und wie, ausgehend von diesen speziellen Themen, der Lehrer den Schülern einen klaren Blick für Menschen vermitteln kann. Der Darwinismus wird rein mechanistisch angewendet: Natur und Mensch müssen als lebende, miteinander verbundene Einheiten betrachtet werden, die einem ewigen, festen Organisationsplan entsprechen. Aber diese Einheit gibt es nur innerhalb des eigenen Lebensraumes und der eigenen Rasse. Wie bereits erwähnt, ist dies eine weitere Ausführung der von Ludwig Ferdinand Clauss begründeten These. Brohmer betont ebenfalls die Bedeutung der Familie, und wir haben in den vorangegangenen Abschnitten bereits gesehen, daß diese Betonung der Tradition von den Nationalsozialisten zu ideologischen Zwecken verwendet wurde. Brohmer integriert in seinem Verständnis der Biologie alle Grundgedanken der Weltanschauung: daß das Leben in der Natur und dem Volk wurzele, daß der deutsche Lebensraum von entscheidender Bedeutung sei und daß die Reinheit der Rasse erhalten werden müsse.

Diese Einsichten in die Rasse fanden ihre Anwendung in den Nürnberger Gesetzen wie auch den übrigen Gesetzen, die den Juden als minderwertig abstempelten. Sie wurden nach der Machtergreifung auch in dem „Gesetz zur Verhütung des erbkranken Nachwuchses" realisiert. Dieses Gesetz sollte sicherstellen, daß die „weniger wertvollen" Mitglieder des Volkes die Gemeinschaft nicht mit krankem Nachwuchs verunreinigen konnten. Ähnliche gesetzgeberische Maßnahmen waren aus gesundheitlichen, nicht rassischen Gründen während der Weimarer Republik bereits diskutiert worden, aber die inhärenten Möglichkeiten des Mißbrauchs hatten es verhindert, daß die Vorlagen zu Gesetzen geworden waren. Hitler erließ dagegen am 14. Juli 1933 ein solches Gesetz. Um die darin enthaltenen Maßnahmen zu rechtfertigen, wurden die Gedanken von Männern wie Günther weiterentwickelt und als Zeugnisse von Experten ausgegeben – mit der Begründung, die Rasse müsse in ihrer Stärke erhalten bleiben. Darüberhinaus wurden von Hitler auch die gesetzlichen Vorschriften zur Sterilisierung geändert. Konnten zur Zeit der Weimarer Republik Sterilisierungen nicht ohne die Zustimmung der betroffenen Frau vorgenommen werden, so war nun ein Einverständnis nicht mehr notwendig. Sowohl ein Klinik- als auch ein Gefängnisdirektor (denn die „Gewohnheitstäter" wurden einbezogen) sowie der rechtmäßige Vormund konnten diesen Prozeß einleiten. Die letzte Entscheidung darüber, ob eine Frau unfruchtbar gemacht werden sollte, lag bei einem Erbgesundheitsgericht. Dieses Gericht setzte sich aus zwei Ärzten und einem Richter zusammen, wobei der Hausarzt von der Beratung ausgeschlossen wurde. Der hier abgedruckte Gesetzesauszug ist aus einem offiziellen Kommentar zum nationalsozialistischen Erbgesundheitsrecht entnommen.

Sobald auch nur der Verdacht aufkam, daß die Nachkommen physisch oder psychisch krank sein könnten, waren fundamentale Eingriffe in den Körper eines Individuums erlaubt, um dadurch die Reinheit der Rasse zu bewahren. Die offiziellen Kommentare[1] der nationalsozialistischen Seite zu den Gesetzen zeigen, daß die nationalsozialistische Einstellung zu den humanitären Gedanken, die noch aus der Französischen Revolution herrührten, diesen nicht nur völlig entgegengesetzt war, sondern ihnen auch ein Ende bereitete. Mit dieser Rechtsauffassung begann der Prozeß, der zur Euthanasie führte und 1939 von Hitler offiziell verordnet wurde. Euthanasie oder das Töten aus Gnade waren das Versuchsfeld für die Realisierung eines bereits entworfenen Massenmordes an den Juden.

Rassistische Gedanken und ihre Konsequenzen gehören fundamental zu der gesamten kulturellen Richtung des Dritten Reiches. Waren diese erst einmal verstanden, dann ergab sich das daraus folgende von selbst.

G. L. M.

Anmerkung:

1 Hans Frank, *Nationalsozialistisches Handbuch für Recht und Gesetzgebung.* München 1934. S. 812–827.

Das Gesetz zur Verhütung erbkranken Nachwuchses

Die im 19. und 20. Jahrhundert durch die Arbeiten von Mendel, Galton, Ploetz, Correns, Tschermak, de Vries, Baur, Fischer, Lenz, Rüdin, Günther und anderen Forschern immer mehr aufkommenden Erkenntnisse auf den Gebieten der Erb- und Rassenkunde, der Erb- und Rassenpflege, haben die Ursachen für den Verfall der Völker erkennengelehrt. Baur sagt in seiner als Sonderdruck der Zeitschrift „Volk und Rasse" Heft 2 1932 erschienen Abhandlung „Der Untergang der Kulturvölker im Lichte der Biologie", S. 7 u. a. folgendes:

„Wenn aber durch viele Generationen hindurch in einem Volke gerade die hervorragenden Menschen keine oder unter Durchschnitt wenig Kinder bekommen, dann wird im Laufe der Generationen dieses Volk auch prozentual immer weniger Talente und Führerpersönlichkeiten hervorbringen und schließlich so wenige, daß nicht mehr genug Träger der Kultur vorhanden sind. Die Kulturhöhe des Volkes muß dann sinken."

Die größere dauernde Vermehrung der weniger wertvollen Bestandteile innerhalb eines Volkes, nämlich der Erbkranken und Asozialen, muß zu einer Verschlechterung der Beschaffenheit des gesamten Volkes führen. Die fortschreitende Zivilisation mit ihrer humanitären Einstellung hat dazu beigetragen, gerade den weniger wertvollen Volksbestandteilen einen beonderen Schutz durch den Staat zuteil werden zu lassen. Insbesondere war das die Folge der Gedanken der Französischen Revolution von der Gleichheit, Freiheit, Brüderlichkeit, die besonders durch Judentum und Freimaurertum in der Vergangenheit starke Förderung erfahren haben. Einzelne rassenhygienische Vorkämpfer haben schon vor Jahrzehnten ihre warnende Stimme gegen die Auswirkungen einer solchen Staatspolitik erhoben und bestimmte gesetzgeberische Maßnahmen in ihren Ländern durchgesetzt.

Für die Entwicklung des Gedankens der Unfruchtbarmachung Erbkranker war die Tatsache wichtig, daß der Chikagoer Arzt Dr. A. J. Ochsner an Stelle der Verschneidung die von ihm in einigen Fällen erfolgreich durchgeführte Durchtrennung der Samenleiter zur Verhütung der Fortpflanzung Minderwertiger in Vorschlag brachte. 1899 wurde dieses Verfahren zuerst von Dr. Harry Sharp, Gefängnisarzt in Jeffersonville, durchgeführt. Erst allmählich befaßte sich die amerikanische Gesetzgebung mit der Frage der menschlichen Unfruchtbarmachung. Im Staate Michigan wurde im Jahre 1897 zwar ein Gesetzentwurf eingebracht, aber er scheiterte an einer kleinen Mehrheit. Ebenso ging es der Gesetzesvorlage des Staates Pennsylvania vom Jahre 1900 (Vorlage betr. die Verhütung von Idiotie), da der Gouverneur des Staates sein Veto einlegte.

Das erste Gesetz zur Verhütung erbkranken Nachwuchses wurde auf Veranlassung von Sharp im Jahre 1907 im Staate Indiana verabschiedet. In ihm wurde vorgesehen, daß eingewurzelte Verbrecher, Idioten, Notzuchtsverbrecher, Imbezile, wenn ihre Fortpflanzung nicht wünschenswert erschiene und eine Besserung ihres geistigen Zustandes unwahrscheinlich wäre, unfruchtbar gemacht werden sollten. Jedoch erklärte im Jahre 1919 der Bezirksgerichtshof das Gesetz für verfassungswidrig.

Im Staate Washington wurde 1909 ein strafrechtliches Sterilisierungsgesetz angenommen, und nun folgt allmählich eine Reihe von Staaten der Vereinigten Staaten, wie sich aus folgender Übersicht ergibt:

Arizona 1929, California 1913 – 1917 – 1923 – 1929, Delaware 1923, Idaho 1923 – 1929, Indiana 1907 – 1927, Iowa 1915 – 1924 – 1929, Kansas 1917, Maine 1925, Michigan 1929, Minnesota 1925, Mississippi 1928, Montana 1923, North Carolina 1929, North Dakota 1913, Oregon 1923, Utah 1925, Virginia 1924, Nebraska 1915, Newada 1912, New Hampshire 1926 – 1929, New Jersey 1929, Washington 1909 – 1921, West-Virginia 1929, Wisconsin 1917 – 1919, Oklahoma 1931, Alabama, Connecticut 1909 – 1918 – 1919, South Dakota 1917 – 1919 – 1925, Vermont.

Außer in den oben angegebenen Staaten der Vereinigten Staaten von Nordamerika ist noch in der Provinz Alberta in Canada ein Gesetz im Jahre 1928 erlassen worden. Ferner im Kanton Waadt in der Schweiz im Jahre 1925, in British Columbia am 7. April 1933, in Norwegen am 9. Mai 1934 und in Schweden am 18. Mai 1934. Dänemark erhielt ein Gesetz betreffs Zulässigkeit der Sterilisation am 1. Juni 1929, in dem jedoch ausdrücklich bestimmt wurde, daß das Gesetz dem Reichstage spätestens zu seiner ordentlichen Tagung 1933/34 vorgelegt werden soll. Das ist inzwischen geschehen, und es ist zur Verabschiedung des Gesetzes vom 16. Mai 1934 gekommen.

Auch in England, Finnland, Japan, Neuseeland, Polen und Tasmania sind Verhandlungen wegen Einführung von Sterilisierungsgesetzen geführt worden. Besonders in England hat man sich sehr eingehend mit dieser Frage beschäftigt, wie der umfangreiche, im Dezember 1933 vom Gesundheitsminister im Parlament vorgelegte Bericht des Sterilisationsausschusses beweist.

Bei der Geschichte des Deutschen Gesetzes zur Verhütung erbkranken Nachwuchses kann man folgende Abschnitte unterscheiden:
Jahre bis 1914
1914–1925
1925–1932
1932 bis zum Erlaß des Reichsgesetzes.

a) Die Jahre bis 1914:
1889 empfahl bereits Medizinalrat Paul Näcke die Unfruchtbarmachung gewisser Klassen von Entarteten. Für ihn war es eine „heilige Pflicht des Staates", auf diesem Gebiete gesetzliche Maßnahmen zu ergreifen. 1903 forderte Rüdin, ein Schüler August Forels, auf dem 9. Internationalen Antialkoholkongreß in Bremen die Sterilisation unheilbarer Trinker. Wenn auch damals die Forderung Rüdins allgemein mit großer Entrüstung abgelehnt wurde, so fand doch bald eine eingehende Erörterung der gesamten Fragen statt. Mit dem Fortschreiten der medizinischen Wissenschaft, insbesondere auf operativem Gebiete, haben sich immer mehr und mehr zahlreiche angesehene Psychiater und Juristen für die Einführung der Sterilisation eingesetzt.

b) 1914–1925:
Am 4. Juli 1914 legte Bethmann-Hollweg dem Reichstag einen Gesetzesentwurf vor, in dem eine Regelung der Unfruchtbarmachung und Schwangerschaftsunterbrechung vorgesehen war. In ihm wurde jedoch nur die Unfruchtbarmachung aus rein medizinischer Indikation gestattet. In der amtlichen Begründung wurde ausdrücklich die soziale, eugenische und sonstige Indikation abgelehnt. Dieser Entwurf ist jedoch wegen des Weltkrieges 1914–1918 niemals beraten worden.

In der Nachkriegszeit hat sich dann Medizinalrat Dr. Boeters-Zwickau sehr stark für die Unfruchtbarmachung eingesetzt, der Sterilisierungen veranlaßte, die nach Lenz in „Menschliche Auslese und Rassenhygiene (Eugenik)", Band 2 des großen Werkes „Menschliche Erblichkeitslehre und Rassenhygiene" von Baur-Fischer-Lenz, München 1932, S. 276 in der Regel in dem staatlichen Krankenhause in Zwickau von dem Chirurgen Braun und seinen Mitarbeitern ausgeführt wurden. Beachtlich ist, daß der Staatsanwalt nicht gegen die Sterilisierungen eingeschritten ist. Immer wieder und wieder hat Boeters in Veröffentlichungen und Vorträgen auf die dringende Notwendigkeit der Unfruchtbarmachung hingewiesen.

c) 1925–1932:
Der Preußische Landtag hat sich mehrfach mit der Angelegenheit befaßt. Der Antrag Körner (Deutsch-völkische Freiheitspartei), Haake (NSDAP.) und Haase (Wirtschaftliche Vereinigung) vom 26. September 1925, die Regierung möge die Forschungen über die Erblichkeit der Verbrecheranlagen weitgehend unterstützen und dem Landtage ein Gutachten über die in Amerika aus eugenischen Gründen gesetzlich geregelte Sterilisierung erblich belasteter Schwerverbrecher vorlegen, wurde in der 88. Sitzung der zweiten Wahlperiode 1925 abgelehnt.

Am 18. Oktober 1925 hat Boeters seine Forderungen in der bekannten Lex Zwickau dem Reichstag vorgelegt. Bei der damaligen Einstellung der Reichstagsmehrheit ist es kein Wunder, daß der Entwurf keine Gegenliebe finden konnte. Boeters ließ sich jedoch in seinem Kampfe für die Unfruchtbarmachung nicht beirren und versuchte, durch Anwendung in der Praxis die Richtigkeit der diesem Gesetz zugrundegelegten Gedanken nachzuweisen. Braun und Boeters berichten, daß sie bereits derartige Operationen (Vasektomie oder Tubektomie) seit 1921 vorgenommen hätten, und zwar auf Grund einer medizinischen Indikation. Hierunter versteht man, daß Regeln und Erwägungen der Heilkunde in diesem Falle die Unfruchtbarmachung als geboten anzeigen, daher Indikation (lateinisch indicare = anzeigen). Boeters stand bereits damals im Gegensatz zu einer großen Anzahl von Rechtsgelehrten auf dem Standpunkt, daß seine Operationen straffrei im Sinne der Entscheidung des Reichsgerichts vom 3. Juli 1908 – RGSt. 41, 392 – und des OLG. Celle vom 10. Juli 1913 (Goltd. Arch. 63, 142) wären. Die Anträge Boeters' haben nicht nur den Reichstag, sondern auch die Landtage der einzelnen Länder beschäftigt, ohne daß es jedoch in irgendeinem Lande zu einem Gesetz gekommen wäre.

Im Jahre 1928 leiteten die sächsischen Ministerien des Innern und der Justiz dem Reichsjustizministerium folgenden Entwurf des sächsischen Landesgesundheitsamtes zu:

„Eine strafbare Körperverletzung liegt nicht vor, wenn durch einen Arzt zeugungsunfähig gemacht worden ist, wer an einer Geisteskrankheit, einer dieser gleich zu erachtenden anderen Geistesstörung oder an einer betätigten schweren verbrecherischen Veranlagung leidet oder gelitten hat, die nach dem Gutachten zweier hierfür amtlich anerkannter Ärzte mit großer Wahrscheinlichkeit schwere Erbschädigungen seiner Nachkommen erwarten läßt. Der Eingriff muß mit seiner Einwilligung oder bei Unmündigen mit Bewilligung des gesetzlichen Vertreters und in beiden Fällen mit Zustimmung des Vormundschaftsgerichts vorgenommen worden sein. Als Gutachter können nur gelten ein Psychiater und ein in Eugenik und Rassenhygiene erfahrener Arzt."

Mit dem Fortschreiten der medizinischen Wissenschaft, insbesondere auf operativem Gebiete, haben sich immer mehr und mehr zahlreiche angesehene Psychiater und Juristen, u.a. auch Gaupp, Baur, Fischer, Lenz, Rüdin, Kankeleit, Fetscher für die Einführung der Sterilisation eingesetzt. Insbesondere war dies auch der

Kriminalist Hans Groß, der im Jahre 1930 die „energielose, weichherzige Sentimentalität" verurteilte, mit der man bisher an die Erörterung dieser Fragen herangegangen wäre. Seine Ausführungen schloß er damals mit den Worten:

„Man schaudere vor dieser Gefahr, nicht aber vor tatkräftigem Vorgehen; eine Reihe von Einwänden und Widersprüchen würde ehrlich ausgedrückt lauten: Wir haben eben die Courage nicht!" – So habe man sie doch endlich einmal!

Von Hentig, der bekannte Kriminalist, prägte damals den Satz:

„Nicht durch Diskussionen über Gesetze, nur durch Experimente werden wir in dieser Frage vorwärtskommen."

d) Von 1932 bis zum Erlaß des Gesetzes:

Von besonderer Bedeutung wurde jedoch der Bericht über die Verhandlungen eines zusammengesetzten Ausschusses des Preußischen Landesgesundheitsrates vom 2. Juli 1932, aus dessen Arbeiten der Entwurf eines Sterilisationsgesetzes hervorging, der in der Öffentlichkeit sehr stark erörtert wurde, und der jedoch auch nur ein Entwurf blieb. Inzwischen hatte Rüdin in seiner Eigenschaft als Direktor des Kaiser-Wilhelm-Instituts für Genealogie und Demographie der staatlichen Forschungsanstalt für Psychiatrie in München seine Forschungen über die Vererbung von Geisteskrankheiten planmäßig fortgesetzt und auf Grund dieser langjährigen Forschungsarbeiten seine empirische Erbprognose aufgestellt. Zahlreiche Veröffentlichungen von ihm liegen vor, insbesondere weise ich auf die Veröffentlichung „Empirische Erbprognose" im „Archiv für Rassen- und Gesellschaftsbiologie" Band 27, S. 271 hin. Rüdin selbst hat sich durch seine exakten Forschungsarbeiten und insbesondere auch durch sein planmäßiges Vorgehen die größten Verdienste um das Zustandekommen des Deutschen Gesetzes zur Verhütung erbkranken Nachwuchses erworben. Ihm ist es zu danken, daß die nationalsozialistische Regierung bald nach dem 30. Januar 1933 die Vorarbeiten für das Gesetz zur Verhütung erbkranken Nachwuchses nach nationalsozialistischer Auffassung in Angriff nehmen konnte. Die Vorbereitungsarbeiten für dieses grundlegende erbbiologische Gesetz wurden vom Reichsministerium des Innern durchgeführt, das bei allen bevölkerungspolitischen Gesetzen federführend ist. Im Mai 1933 wurde der im Jahre 1930 beim Reichsministerium des Innern gebildete Reichsausschuß für Bevölkerungsfragen in den Sachverständigenbeirat für Bevölkerungs- und Rassenpolitik umgewandelt. Bereits am 28. Mai 1933, also vor der Tagung der Kriminalbiologischen Gesellschaft in Hamburg vom 7. bis 10. Juni 1933, auf der auch über dieses Thema gesprochen wurde, wurde bereits der Entwurf des Gesetzes zur Verhütung erbkranken Nachwuchses behandelt. Es ist das Verdienst von Ministerialdirektor Dr. Gütt, dem Leiter der Abteilung 2 – Volksgesundheit – im Reichsministerium des Innern, mit aller Entschiedenheit die Verhandlungen über dieses Gesetz nicht nur in die Wege geleitet, sondern sobald wie möglich zum Abschluß gebracht zu haben, so daß bereits in der Kabinettssitzung am 14. Juli 1933 dieses Gesetz verabschiedet werden konnte. Es ist mehrfach die Behauptung aufgestellt worden, das Reichsgesetz vom 14. Juli 1933 hätte im wesentlichen den gleichen Inhalt – ausgenommen die Bestimmungen über die

Zwangssterilisierung – wie der oben erwähnte preußische Entwurf des Preußischen Landesgesundheitsrats vom 2. Juli 1932. Diese Behauptung entspricht jedoch nicht den Tatsachen. Das Reichsgesetz läßt in aller Deutlichkeit die nationalsozialistische Weltanschauung erkennen und muß sich daher in seinen grundlegenden Bestimmungen von dem preußischen Entwurf unterscheiden. Das zeigt auch folgende Gegenüberstellung:

Preußen (Entwurf)	Reich:
1. Kreis der Erfaßten: (§ 1 Abs. 1): a) erbliche Geisteskrankheiten, erbliche Geistesschwäche, erbliche Epilepsie, sonstige Erbkrankheiten leidet; b) oder Träger krankhafter Erbanlagen ist. Sehr weitgehende Fassung: auch Konduktoren werden erfaßt.	1. Kreis der Erfaßten: nur bestimmte im Gesetz genannte Erbkrankheiten einschließlich schwerem Alkoholismus (§ 1), angeborener Schwachsinn, Schizophrenie, zirkuläres (manisch-depressives) Irresein, erbliche Fallsucht, erblicher Veitstanz (Huntingtonsche Chorea), erbliche Blindheit, erbliche Taubheit, schwere erbliche körperliche Mißbildung, schwerer Alkoholismus. Keine Erfassung der Konduktoren.
2. Einwilligung des Unfruchtbarzumachenden: Einwilligung Voraussetzung für die Durchführung des Verfahrens und der Unfruchtbarmachung (§ 1 Abs. 1).	2. Einwilligung des Unfruchtbarzumachenden: Keine Einwilligung.
3. Kreis der Antragsberechtigten: der Unfruchtbarzumachende, gesetzliche Vertreter, Pfleger, behandelnder Arzt, beamteter Arzt, Leiter der Anstalt bei Pfleglingen einer Kranken- oder Heil- oder Pflegeanstalt und bei Insassen von Krankenanstalten, Leiter des zuständigen Fürsorgeverbandes.	3. Kreis der Antragsberechtigten: der Unfruchtbarzumachende, gesetzlicher Vertreter und Vormundschaftsgericht, Unfruchtbarzumachender und gesetzlicher Vertreter, Pfleger, beamteter Arzt, Anstaltsleiter für die Insassen einer Kranken-, Heil- oder Pflegeanstalt oder einer Strafanstalt. Also kein behandelnder Arzt und kein Leiter des zuständigen Fürsorgeverbandes ist antragsberechtigt. Damit ist jedes auch nur irgendwie in Erscheinung tretende geldliche Interesse ausgeschaltet.
4. Zuständige Instanz: Ausschuß: Vormundschaftsrichter und zwei in Deutschland approbierte Ärzte, davon einer wenigstens in der menschlichen Erblehre erfahren sein muß.	4. Zuständige Instanz: Erbgesundheitsgericht, angegliedert einem Amtsgericht. Amtsrichter als Vorsitzender, beamteter Arzt, für das Deutsche Reich approbierter Arzt, vertraut mit Erbgesundheitslehre. Als Vorsitzender ausgeschlossen, wer über ei-

5. Verfahren:
Nur auf Antrag eines Mitgliedes weitere Ermittlungen anzustellen. Gerichts-, Verwaltungs- und Verwaltungsgerichtsbehörden zur Auskunft auf Ersuchen verpflichtet, soweit ein dienstliches Interesse nicht entgegensteht. Beschluß mit Stimmenmehrheit. Schriftliche Abfassung des Beschlusses und unterschrieben durch die Mitglieder des Ausschusses. Aufnahme der Gründe, aus denen die Genehmigung zur Vornahme der Sterilisierung erteilt oder abgelehnt worden ist.
Keine Verfahrensvorschriften.

6. Rechtsmittel:
Kein Rechtsmittel.

7. Eingriff zur Unfruchtbarmachung:
Operation durch Arzt.

8. Bericht über den Eingriff:
Bericht des ausführenden Arztes an den Ausschuß, der ihn an die von der zuständigen Landesbehörde bestimmte Zentralstelle einreicht.

9. Kostenregelung:
a) keine Gerichtskosten,
b) Operationskosten, bei Hilfsbedürftigkeit des Unfruchtbarzumachenden, Fürsorgeverband.

nen Antrag auf vormundschaftsgerichtliche Genehmigung nach § 2 Abs. 1 entschieden hat. Keine Mitwirkung eines beamteten Arztes, der den Antrag auf Unfruchtbarmachung gestellt hat. Staatseinfluß gesichert.

5. Verfahren:
Festumrissenes Verfahren. Anstellung notwendiger Ermittlungen, Auskunftspflicht von Gerichts- und Verwaltungsbehörden und Krankenanstalten ohne Einschränkung. Beschluß auf Grund mündlicher Beratung mit Stimmenmehrheit. Schriftliche Abfassung des Beschlusses, Unterschriften durch die Mitglieder. Begründung, warum Unfruchtbarmachung beschlossen oder abgelehnt worden ist. Zustellung des Beschlusses dem Antragsteller, dem beamteten Arzt und demjenigen, dessen Unfruchtbarmachung beantragt worden ist, oder, falls dieser nicht antragsberechtigt ist, seinem gesetzlichen Vertreter.

6. Rechtsmittel:
a) Beschwerde beim Erbgesundheitsobergericht, das endgültig entscheidet,
b) Wiederaufnahmeverfahren.

7. Eingriff zur Unfruchtbarmachung:
Operation durch chirurgisch geschulten Arzt in einer zugelassenen Krankenanstalt.

8. Bericht über den Eingriff:
Bericht an den beamteten Arzt.

9. Kostenregelung:
a) keine Gerichtskosten,
b) Operationskosten bei den der Krankenversicherung angehörigen Personen die Krankenkasse, sonst bei

	Hilfsbedürftigkeit der Fürsorgeverband. In allen anderen Fällen bis zur Höhe der Mindestsätze der ärztlichen Gebührenordnung und der durchschnittlichen Pflegesätze in den öffentlichen Krankenanstalten die Staatskasse, darüberhinaus der Unfruchtbargemachte.
10. Schweigepflicht: Schweigepflicht für die bei der Stellung des Antrages und die bei der Genehmigung der Sterilisierung beteiligten Personen und für die Personen der von der zuständigen Landesbehörde bestimmten Zentralstelle.	10. Schweigepflicht: Weitestgehende Schweigepflicht für die an dem Verfahren oder die an der Ausführung des chirurgischen Eingriffs beteiligten Personen.
11. Ahndung der Verletzung der Schweigepflicht: Antragsdelikt: Antragsberechtigt nur derjenige, für den die Genehmigung zur Sterilisierung erteilt worden war.	11. Ahndung der Verletzung der Schweigepflicht: Antragsdelikt: Antragsberechtigung nicht beschränkt. Auch der Vorsitzende des Erbgesundheitsgerichts kann Antrag stellen.
12. Medizinische Indikation:	12. Medizinische Indikation: Zulässigkeit der medizinischen Indikation, wenn ein Arzt sie nach den Regeln der ärztlichen Kunst zur Abwendung einer ernsten Gefahr für das Leben oder die Gesundheit desjenigen, an dem er sie vornimmt und mit dessen Einwilligung vollzieht.

Das Reichsgesetz weicht also in wesentlichen Punkten von dem preußischen Entwurf ab. Zu bemerken ist noch, daß vor Verabschiedung des Gesetzes zur Verhütung erbkranken Nachwuchses vom 14. Juli 1933 im Strafgesetzbuch § 226a durch das Gesetz zur Abänderung strafrechtlicher Vorschriften vom 26. Mai 1933 (RGBl. I S. 295) eingefügt wurde:

„Wer eine Körperverletzung mit Einwilligung des Verletzten vornimmt, handelt nur dann rechtswidrig, wenn die Tat trotz der Einwilligung gegen die guten Sitten verstößt."

Die Bedeutung dieser gesetzlichen Bestimmung lag darin, daß sie die Unfruchtbarmachung mit Einwilligung des Unfruchtbarzumachenden nach nationalsozialistischer Auffassung insoweit freigab, sofern es sich um Verhütung erbkranken Nachwuchses handelte; denn nach nationalsozialistischer Auffassung verstößt es gegen die guten Sitten, krankes Erbgut weiterzugeben. Der Zweck des Gesetzes vom 14. Juli 1933 liegt, wie in der Überschrift auch zum Ausdruck gebracht wird, in der Verhütung erbkranken Nachwuchses. Die nationalsozialistische Regierung hat damit bewiesen, daß sie gewillt ist, aufbauend auf den Grundsätzen der wissenschaftlichen Erkenntnisse, die Belange des erbkranken Einzelwesens dem Gesamtwohle des erbgesunden deutschen Volkes unterzuordnen. Das Gesetz geht dabei von der Voraussetzung aus, daß es heute möglich ist, in bestimmten Fällen, z. B. bei gewissen Anlagen, Zuständen und Mißbildungen, die zukünftige Beschaffenheit des Nachwuchses vorauszusagen, abgesehen von der Feststellung der Gesetzmäßigkeit selbst. Auf Angabe von Einzelheiten muß hier verzichtet werden. In dem Erläuterungswerk von Gütt-Rüdin-Ruttke „Zur Verhütung erbkranken Nachwuchses", München 1934, sind in der Einführung hierüber umfangreiche Angaben gemacht worden. Ausgehend von den wissenschaftlichen Erkenntnissen der Erkrankungswahrscheinlichkeit der Nachkommen ist die Frage zu beantworten, warum ein Staat mit gesetzlichen Bestimmungen eingreifen muß, um den Nachwuchs erbkranker Personen zu verhüten. Mit der Beantwortung dieser Frage ist die Beantwortung des Zweckes des Gesetzes gegeben. Der Liberalismus hat immer wieder und wieder das Einzelwesen in den Vordergrund aller gesetzgeberischen Maßnahmen gestellt. Der Nationalsozialismus sieht es dagegen als seine Aufgabe an, die erbgesunde, kinderreiche Familie und damit die erbgesunden Volksbestandteile überhaupt zu schützen und zu fördern. Damit ist jedoch nicht gesagt, daß dem schon geborenen kranken Einzelwesen der notwendige Schutz und die notwendige Versorgung versagt werden sollen. Liberalistische und nationalsozialistische Auffassung unterscheiden sich jedoch grundlegend voneinander durch die Blickrichtung. Der heutige Staat betrachtet es als seine Pflicht, nicht nur für das jetzt lebende Geschlecht Sorge zu tragen, sondern insbesondere auch vorausschauend die Voraussetzungen zu schaffen für erbgesunde, rassisch wertvolle, kinderreiche Familien. Während früher die natürliche Auslese die stärkere Fortpflanzung der Wertvollen mit sich brachte, führte die Zivilisation, die ihren besonderen Schutz den Schwachen und Erbkranken angedeihen ließ, zur Gegenauslese. Die Wirkung dieser Gegenauslese wurde durch die geringe Kinderzahl der wertvollen Schichten des Volkes gegenüber den weniger Wertvollen allmählich wesentlich verstärkt. Der Geburtenrückgang hat also nicht nur mengenmäßige Bedeutung, sondern er wirkt auch bezüglich der Beschaffenheit eines Volkes im Sinne der Gegenauslese. Die Lage des deutschen Volkes war bei der Machtübernahme durch den Nationalsozialismus so, daß ständig fortschreitender Geburtenrückgang und ständig fortschreitende Beschaffenheitsänderung des Volkes zugunsten der Minderwertigen alle verantwortlichen Stellen mit ernster Sorge erfüllen mußte. Aus diesen schwerwiegenden Gründen mußte also sobald wie möglich nach der Machtübernahme ein Gesetz geschaffen werden, das zunächst einmal der übermäßigen Vermehrung der Erbkranken Einhalt gebot. Das konnte nur dadurch geschehen, daß bestimmte Erbkrankheiten, die bereits genügend durchforscht waren, im Gesetz verankert wurden, und daß die zwangsweise Unfruchtbarmachung vorgesehen wurde. In der amtlichen Begründung wird mit Recht folgendes gesagt:

„... So soll die Unfruchtbarmachung eine allmähliche Reinigung des Volkskörpers und die Ausmerzung von krankhaften Erbanlagen bewirken.

Da die Sterilisierung das einzig sichere Mittel ist, um die weitere Vererbung von Geisteskrankheiten und schweren Erbleiden zu verhüten, muß sie demnach als eine Tat der Nächstenliebe und Vorsorge für die kommende Generation angesehen werden. So ist das Gesetz zur Verhütung erbkranken Nachwuchses eine wahrhaft soziale Tat für die betroffenen erbkranken Familien."

Der Zweck des Gesetzes zur Verhütung erbkranken Nachwuchses ist also im Grunde genommen nicht nur ein ausmerzender, d. h. Verhinderung der Fortpflanzung bestimmter Erbkranker, sondern darüberhinaus hat das deutsche Gesetz auch erzieherisch in der Richtung zu wirken, daß es die deutsche Jugend vor dem wichtigen Schritt der Eheschließung anregt, sich über die Erbgesundheit der eigenen Familie und der des zukünftigen Lebensgefährten zu unterrichten.

Wer erbkrank ist, kann durch chirurgischen Eingriff unfruchtbar gemacht (sterilisiert) werden, wenn nach den Erfahrungen der ärztlichen Wissenschaft mit großer Wahrscheinlichkeit zu erwarten ist, daß seine Nachkommen an schweren körperlichen oder geistigen Erbschäden leiden werden (§ 1 Abs. 1).

Erbkrank im Sinne des Gesetzes ist, wer an einer der folgenden Krankheiten leidet:
1. angeborenem Schwachsinn,
2. Schizophrenie,
3. zirkulärem (manisch-depressivem) Irresein,
4. erblicher Fallsucht,
5. erblichem Veitstanz (Huntingtonsche Chorea),
6. erblicher Blindheit,
7. erblicher Taubheit,
8. schwerer erblicher körperlicher Mißbildung (§ 1 Abs. 2).

Ferner kann unfruchtbar gemacht werden, wer an schwerem Alkoholismus leidet (§ 1 Abs. 3).

Unter Nachkommen sind in erster Linie die leiblichen Kinder gemeint. Da diese infolge Erbschaft besonders starker krankhafter Erbanlagen von seiten der Eltern durchschnittlich in einem besonders starken Prozentsatz wieder von der gleichen Erbkrankheit wie der unfruchtbar zu machende Elternteil sowie von anderen geistigen und körperlichen Leiden und Abwegigkeiten betroffen werden, so liegt die Notwendigkeit der Unfruchtbarmachung besonders deutlich auf der Hand.

Die Unfruchtbarmachung setzt voraus, daß die Krankheit durch einen für das Deutsche Reich approbierten Arzt einwandfrei festgestellt ist, mag sie auch nur vorübergehend aus einer verborgenen Anlage sichtbar geworden sein. Nur das Vorhandensein einer verborgenen (verdeckten) Veranlagung zu einem Leiden, und mag dieses auch noch so verhängnisvoll für die einzelnen Glieder einer Familie sein, genügt nach dem Wortlaut des Gesetzes nicht zur Vornahme einer Unfruchtbarmachung. Nicht-Kranke können nach dem vorliegenden Gesetz nicht unfruchtbar gemacht werden, auch wenn in ihrer Verwandtschaft zahlreiche Erbkrankheiten vorgekommen sein sollten. Das Verbot der Unfruchtbarmachung gilt heute noch für alle Erbkrankheiten, die den Bestimmungen dieses Gesetzes nicht unterliegen. Es wird Aufgabe der dazu berufenen Stellen sein, durch Aufklärung und Eheberatung die Wirksamkeit dieses Gesetzes zu vervollständigen, d.h. die von dem Gesetz nicht erfaßten Erbkranken und vor allem die gesunden Träger von Erbkrankheiten von der Fortpflanzung abzuhalten.

Das Wörtchen „leidet" im § 1 Abs. 2 ist sinngemäß zu ergänzen durch die Worte „oder gelitten hat".

Bei der Antragsberechtigung sind nach § 2 folgende Fälle zu unterscheiden:

1. Ist der Unfruchtbarzumachende voll geschäftsfähig, so kann er den Antrag selbst und allein stellen.

2. Ist der Unfruchtbarzumachende geschäftsunfähig (§ 104 BGB), oder wegen Geistesschwäche entmündigt, oder hat er das 18. Lebensjahr noch nicht vollendet, so kann für ihn nur ein gesetzlicher Vertreter den Antrag stellen. Er bedarf dazu der Genehmigung des Vormundschaftsgerichts.

3. Ist der Unfruchtbarzumachende sonst beschränkt geschäftsfähig, so kann er den Antrag zwar selbst und allein stellen, bedarf aber dazu der Zustimmung seines gesetzlichen Vertreters; hierfür ist eine Mitwirkung des Vormundschaftsgerichts nicht erforderlich. Sonst beschränkt geschäftsfähig ist, wer:

a) wegen Verschwendung oder Trunksucht entmündigt ist oder deswegen nach § 1906 BGB einen vorläufigen Vormund erhalten hat (§ 114 BGB);

b) zwar das 18., aber noch nicht das 21. Lebensjahr vollendet hat, also noch nicht volljährig ist (§ 106 BGB), es sei denn, daß er für volljährig erklärt worden ist (§ 3 BGB).

Außerdem können nach § 3 die Unfruchtbarmachung auch beantragen:

1. der beamtete Arzt,

2. für die Insassen einer Kranken-, Heil- oder Pflegeanstalt oder einer Strafanstalt der Anstaltsleiter.

Für die Antragsberechtigten des § 2 hat das Gesetz ausdrücklich bestimmt, daß eine Rücknahme ihres Antrages jederzeit zulässig ist, und zwar ohne daß hierbei, wie bei der Antragsstellung durch beschränkt Geschäftsfähige, der gesetzliche Vertreter oder Pfleger zuzustimmen hat. Hat der Unfruchtbarzumachende den Antrag allein gestellt, so kann er ihn sogar noch nach rechtskräftig abgeschlossenem Verfahren und endgültigem Beschluß der Unfruchtbarmachung zurücknehmen; wie sich aus § 12 Abs. 1, Satz 1 des Gesetzes ergibt. Danach kann die Unfruchtbarmachung gegen den Willen des Unfruchtbarzumachenden nicht erfolgen, wenn er allein den Antrag gestellt hatte. Verweigert er also in solchem Falle nach endgültigem Beschluß die Unfruchtbarmachung, so liegt darin eine Rücknahme des Antrags. Es wird dann Sache eines anderen Antragsberechtigten, etwa des beamteten Arztes (nach § 3 des Gesetzes), sein, ein neues Unfruchtbarmachungsverfahren gegen den widerspenstigen Erbkranken von sich aus zu beantragen, falls er dies von vornherein noch nicht getan hat.

Die Antragsberechtigten des § 3 können ihren Antrag nicht zurücknehmen.

Wird einem approbierten Arzt in seiner Berufstätigkeit eine Person bekannt, die an einer Erbkrankheit (§ 1 Abs. 1, 2) oder an schwerem Alkoholismus leidet, so hat er dem zuständigen Amtsarzt hierüber nach Vordruck Anlage 3 unverzüglich Anzeige zu erstatten. Die gleiche Verpflichtung haben sonstige Personen, die sich mit der Heilbehandlung, Untersuchung oder Beratung von Kranken befassen. Bei Insassen von Anstalten trifft den Anstaltsleiter die Anzeigepflicht (Art. 3 der 1. AV. Abs. 4).

Hält der beamtete Arzt die Unfruchtbarmachung für geboten, so soll er dahin wirken, daß der Unfruchtbarzumachende selbst oder sein gesetzlicher Vertreter den Antrag stellt. Unterbleibt dies, so hat er selbst den Antrag zu stellen (Art. 3 der 1. AV. Abs. 5).

Der Antrag ist schriftlich oder zur Niederschrift der Geschäftsstelle des Erbgesundheitsgerichts zu stellen. Die dem Antrag zugrundeliegenden Tatsachen sind durch ein ärztliches Gutachten oder auf andere Weise glaubhaft zu machen. Die Geschäftsstelle hat dem beamteten Arzt von dem Antrag Kenntnis zu geben (§ 4).

Für die Stellung des Antrages ist durch Art. 3 Abs. 6 die Benutzung eines besonderen Vordrucks vorgeschrieben.

Für die Glaubhaftmachung in anderer Weise als durch ärztliches Gutachten stehen dem Antragsteller alle Beweismittel (Augenschein, Zeugen- oder Sachverständigenbenennung, Vorlegen von Urkunden) zur Verfügung; auch zur Versicherung an Eides Statt kann der Antragsteller nach freiem Ermessen des Gerichtes zugelassen werden (§ 294 Abs. 1 ZPO, § 15 Abs. 2 FGG).

Zuständig für die Entscheidung über den gestellten Antrag ist das Erbgesundheitsgericht, in dessen Bezirk der Unfruchtbarzumachende seinen allgemeinen Gerichtsstand hat (§ 5).

Für die Insassen einer Kranken-, Heil- oder Pflegeanstalt oder einer Strafanstalt sind auch das Erbgesundheitsgericht und der Amtsarzt zuständig, in deren Bezirk die Anstalt liegt (Art. 1 Abs. 2, 2. AV.) (RGBl. I S. 475).

Das Gesetz gibt also als Richtschnur den allgemeinen Gerichtsstand. Da sich jedoch gewisse Schwierigkeiten herausgestellt hatten, ist durch Erlaß der Zweiten Ausführungsverordnung vom 29. Mai 1934 deshalb eine Erweiterung des allgemeinen Gerichtsstandes für die Zwecke dieses Gesetzes eingetreten, weil der Gesetzgeber auf eine möglichst beschleunigte Durchführung des Verfahrens und insbesondere auch auf eine persönliche Beurteilung des Unfruchtbarzumachenden durch das Gericht selbst Wert legt.

Das Erbgesundheitsgericht ist einem Amtsgericht anzugliedern. Es besteht aus einem Amtsrichter als Vorsitzendem, einem beamteten Arzt und einem weiteren für das Deutsche Reich approbierten Arzt, der mit der Erbgesundheitslehre besonders vertraut ist. Für jedes Mitglied ist ein Vertreter zu bestellen. Als Vorsitzender ist ausgeschlossen, wer über einen Antrag auf vormundschaftsgerichtliche Genehmigung nach § 2 Abs. 1 entschieden hat. Hat ein beamteter Arzt den Antrag gestellt, so kann er bei der Entscheidung nicht mitwirken.

Insgesamt sind 205 Erbgesundheitsgerichte und 31 Erbgesundheitsobergerichte errichtet worden. Da nach § 16 der Vollzug des Gesetzes den Landesregierungen obliegt, und die obersten Landesbehörden vorbehaltlich der Vorschriften des § 6 Abs. 1 Satz 1 und des § 10 Abs. 1 Satz 1 Sitz und Bezirk der entscheidenden Gerichte bestimmen, entfällt in den einzelnen Ländern auf die einzelnen Erbgesundheitsgerichte eine verschiedene Bevölkerungszahl. Zweifellos wird hier im Laufe der Zeit eine Änderung eintreten müssen, da der Gesetzgeber eine möglichst beschleunigte Durchführung des Gesetzes im Interesse der Erbgesundheit des Volkes verlangen muß.

Das Erbgesundheitsgericht hat die notwendigen Ermittlungen anzustellen; es kann Zeugen und Sachverständige vernehmen sowie das persönliche Erscheinen und die ärztliche Untersuchung des Unfruchtbarzumachenden anordnen und ihn bei unentschuldigtem Ausbleiben vorführen lassen. Auf die Vernehmung und Beeidigung der Zeugen und Sachverständigen sowie auf die Ausschließung und Ablehnung der Gerichtspersonen finden die Vorschriften der Zivilprozeßordnung sinngemäße Anwendung. Ärzte, die als Zeugen oder Sachverständige vernommen werden, sind ohne Rücksicht auf das Berufsgeheimnis zur Aussage verpflichtet. Gerichts- und Verwaltungsbehörden sowie Krankenanstalten haben dem Erbgesundheitsgericht auf Ersuchen Auskunft zu erteilen.

Grundsätzlich finden nach Art. 4 Abs. 2 der 1. AV. auf das Verfahren vor den Erbgesundheitsgerichten oder Erbgesundheitsobergerichten die Vorschriften des Reichsgesetzes über die Angelegenheiten der freiwilligen Gerichtsbarkeit vom 17. Mai 1898 (FGG) entsprechende Anwendung. Es gelten also folgende Verfahrensgrundsätze:

a) Klärung des Tatbestandes von Amts wegen,
b) mündliche Verhandlung,
c) Nichtöffentlichkeit.

Nur in den Fällen, in denen ausdrücklich auf bestimmte Paragraphen der ZPO verwiesen ist, findet die ZPO Anwendung.

Das Gericht hat unter Berücksichtigung des gesamten Ergebnisses der Verhandlung und Beweisaufnahme nach freier Überzeugung zu entscheiden. Die Beschlußfassung erfolgt auf Grund mündlicher Beratung mit Stimmenmehrheit. Der Beschluß ist schriftlich abzufassen und von den an der Beschlußfassung beteiligten Mitgliedern zu unterschreiben. Er muß die Gründe angeben, aus denen die Unfruchtbarmachung beschlossen oder abgelehnt worden ist. Der Beschluß ist dem Antragsteller, dem beamteten Arzt sowie demjenigen zuzustellen, dessen Unfruchtbarmachung beantragt worden ist, oder, falls dieser nicht antragsberechtigt ist, seinem gesetzlichen Vertreter.

Der Grundsatz der freien Beweiswürdigung nach dem pflichtgemäßen Ermessen des Gerichtes gilt ohne jede Ausnahme, da es in der freiwilligen Gerichtsbarkeit keine gesetzliche Beweisregel gibt.

Es müssen stets von den das Erbgesundheitsgericht bildenden Personen zwei für die Unfruchtbarmachung stimmen. Im Einzelfalle besitzen demnach die beiden ärztlichen Vertreter des Gerichts die absolute Mehrheit, andererseits wieder Richter und beamteter Arzt gegenüber dem staatlich nicht angestellten Arzt.

Die Zustellung der Beschlüsse des Erbgesundheitsgerichts erfolgt von Amts wegen. Für ihre Bewirkung hat die Geschäftsstelle Sorge zu tragen (§ 209 ZPO).

Das einzige zulässige Rechtsmittel gegen den die Unfruchtbarmachung anord-

nenden oder ablehnenden Beschluß ist die Beschwerde. Sie kann eingelegt werden vom:
1. Antragsteller (§ 2 Abs. 1),
2. beamteten Arzt (§ 3 Ziff. 1 und § 8),
3. Anstaltsleiter (§ 3 Ziff. 2),
4. Unfruchtbarzumachenden, und wenn dieser nicht antragsberechtigt (§ 2 Abs. 1 Satz 2 des Gesetzes ist,
5. gesetzlichen Vertreter.

Die Einlegung der Beschwerde muß binnen einer Notfrist von einem Monat erfolgen (§ 223 Abs. 2 und 3 ZPO, § 224 Abs. 1 ZPO, § 222 Abs. 2 und 3 ZPO, § 187 Abs. 1 BGB, § 188 Abs. 2 BGB und § 188 Abs. 3 BGB).

Nach Art. 3 der Zweiten Verordnung zur Ausführung des Gesetzes vom 29. Mai 1934 (RGBl. I S. 476) kann auf die Beschwerde verzichtet werden. Der Verzicht ist schriftlich oder zur Niederschrift des Gerichts oder der Geschäftsstelle zu erklären. Die Vollzugsorgane haben darauf zu achten, daß Geisteskranke und Geistesschwache oder sonst unzuverlässige Personen wie Landstreicher, Dirnen usw. auf andere Weise nach Möglichkeit daran gehindert werden, sich während des Laufes der Beschwerdefrist fortzupflanzen. Sie werden aus einer Anstalt vor Ausführung des Eingriffes nicht zu entlassen sein, während bei sonst unzuverlässigen Personen oft allgemeine polizeiliche Sicherheitsmaßnahmen ergriffen werden können, desgleichen in den Fällen, die dem Gesetz über Maßregeln der Sicherung und Besserung vom 24. November 1933 unterliegen. Jedoch ist im Abs. 2 Art. 4 der Zweiten Ausführungsverordnung vom 29. Mai 1934 vorgesehen, daß ein Erbkranker oder schwerer Alkoholiker, der in einer geschlossenen Anstalt verwahrt wird, auch wenn seine Unfruchtbarmachung noch nicht beantragt oder angeordnet ist, aus besonderen Gründen mit Zustimmung des für die Anstalt örtlich zuständigen Amtsarztes ausnahmsweise aus der Anstalt entlassen werden kann. Hier handelt es sich nur um eine Ausnahmevorschrift. Auf jeden Fall muß auch bei Anwendung dieser Bestimmung unbedingt dafür Sorge getragen werden, daß der Erbkranke oder schwere Alkoholiker keine Gelegenheit erhält, sich fortzupflanzen. Die Erfüllung des Zweckes des Gesetzes: Verhütung erbkranken Nachwuchses muß auf jeden Fall gewährleistet bleiben.

Anträge auf Unfruchtbarmachung jugendlicher Personen zwischen dem zehnten und vierzehnten Lebensjahr sind so rechtzeitig zu stellen, daß der Eingriff bei Freiwilligkeit der Antragstellung rechtzeitig während der Schulzeit erfolgt, im Falle des Zwanges jedoch unmittelbar nach der Schulentlassung vorgenommen werden kann.

Das Erbgesundheitsobergericht, das über die Beschwerde entscheidet, wird einem Oberlandesgericht angegliedert und umfaßt dessen Bezirk. Es besteht aus einem Mitglied des Oberlandesgerichts, einem beamteten Arzt und einem weiteren für das Deutsche Reich approbierten Arzt, der mit der Erbgesundheitslehre besonders vertraut ist. Für jedes Mitglied ist ein Vertreter zu bestellen. Das Beschwerdegericht hat die Sache in tatsächlicher und rechtlicher Beziehung erneut zu prüfen. Die Bestimmungen für das Verfahren vor dem Erbgesundheitsgericht gelten entsprechend auch für das Verfahren vor dem Erbgesundheitsobergericht, das endgültig entscheidet.

Hat das Gericht die Unfruchtbarmachung endgültig beschlossen, so hat der beamtete Arzt den Unfruchtbarzumachenden schriftlich aufzufordern, den Eingriff binnen zwei Wochen vornehmen zu lassen; die in Betracht kommenden Anstalten sind ihm dabei zu benennen.

Hat der Unfruchtbarzumachende nicht allein den Antrag gestellt, so ist ihm ferner mitzuteilen, daß der Eingriff auch gegen seinen Willen vorgenommen werden kann.

Das Gericht hat anzuordnen, daß die Vornahme des Eingriffes ausgesetzt wird, wenn durch ein Zeugnis des zuständigen Amtsarztes nachgewiesen wird, daß die Unfruchtbarmachung mit Lebensgefahr für den Erbkranken verbunden wäre.

Hat sich der Unfruchtbarzumachende auf seine Kosten in eine geschlossene Anstalt aufnehmen lassen, die volle Gewähr dafür bietet, daß die Fortpflanzung unterbleibt, so ordnet das Gericht auf seinen Antrag an, daß die Vornahme des Eingriffes solange ausgesetzt wird, als er sich in dieser oder in einer gleichartigen Anstalt befindet. Ist der Unfruchtbarzumachende geschäftsunfähig, oder hat er das 18. Lebensjahr noch nicht vollendet, so ist sein gesetzlicher Vertreter antragsberechtigt. Ist die Aussetzung vor Vollendung des 18. Lebensjahres erfolgt, so kann der Unfruchtbarzumachende nach diesem Zeitpunkt die Wiederaufhebung der Aussetzung beantragen.

Ist bei Ablauf der Frist (Abs. 1) der Eingriff noch nicht erfolgt, und hat sich der Unfruchtbarzumachende auch nicht in eine geschlossene Anstalt begeben, oder ist er daraus wieder entwichen, so ist der Eingriff mit Hilfe der Polizeibehörde nötigenfalls unter Anwendung unmittelbaren Zwanges in der von dem beamteten Arzt bezeichneten Anstalt auszuführen. Bei Jugendlichen darf der Eingriff unter Anwendung unmittelbaren Zwanges nicht vor Vollendung des 14. Lebensjahres ausgeführt werden. Die Polizeibehörde hat den beamteten Arzt über die getroffenen Maßnahmen zu unterrichten.

Der Leiter einer Anstalt, die eine Person aufnimmt, deren Unfruchtbarmachung endgültig beschlossen ist, hat dem für das Verfahren zuständigen beamteten Arzt die Aufnahme unverzüglich mitzuteilen. Entweicht der Unfruchtbarzumachende, so ist der beamtete Arzt unverzüglich zu benachrichtigen. Der Unfruchtbarzumachende darf nur dann aus der Anstalt entlassen oder beurlaubt werden, wenn er unfruchtbar gemacht oder die Entscheidung über die Unfruchtbarmachung wieder aufgehoben worden ist.

Die Unfruchtbarmachung erfolgt in der Weise, daß ohne Entfernung der Hoden oder Eierstöcke die Samenleiter oder Eileiter verlegt, undurchgängig gemacht oder durchgetrennt werden. Eine Unfruchtbarmachung, die nicht nach den Vorschriften dieses Gesetzes erfolgt, ist grundsätzlich verboten. Dazu gehört auch die Unfruchtbarmachung mittels Röntgen- oder Radiumbestrahlung.

Der ausführende Arzt hat dem beamteten Arzt einen schriftlichen Bericht über die Ausführung der Unfruchtbarmachung unter Angabe des angewendeten Verfahrens einzureichen.

Um eine zuverlässige und sachgemäße Ausübung zu sichern, darf der Eingriff nur von chirurgisch geschulten Ärzten in staatlichen oder kommunalen Kranken-, Heil- und Pflegeanstalten ausgeführt werden, in anderen Anstalten nur, wenn sie sich dazu bereiterklären. Um jeden Verdacht eines nicht ganz unparteiischen Verhaltens von vornherein auszuschließen, sind nur solche Ärzte zugelassen, die in dem Verfahren weder als Antragsteller aufgetreten sind, noch als Beisitzer mitgewirkt haben. Über den ausgeführten Eingriff ist unter Benutzung eines vom Gesetzgeber vorgeschriebenen Vordruckes dem beamteten Arzt schriftlich Bericht zu erstatten.

Ergeben sich Umstände, die eine nochmalige Prüfung des Sachverhalts erfordern, so hat das Erbgesundheitsgericht das Verfahren wieder aufzunehmen und die Ausführung der Unfruchtbarmachung vorläufig zu untersagen. War der Antrag abgelehnt worden, so ist die Wiederaufnahme nur zulässig, wenn neue Tatsachen eingetreten sind, welche die Unfruchtbarmachung rechtfertigen.

Wenn die Unfruchtbarmachung endgültig beschlossen worden ist, so kann auf die Ausführung auch dann nicht verzichtet werden, wenn die freiwillige Duldung des chirurgischen Eingriffes nicht zu erreichen ist. Da es dem Gesetzgeber darauf ankam, eine Bereinigung des Volkskörpers von bestimmten Erbkrankheiten zu erreichen, so mußte in dem Gesetz auch die zwangsweise Durchführung der Sterilisierung vorgesehen werden. Auf der anderen Seite sollte jedoch die größtmögliche Sicherheit gegen einen Mißbrauch des Gesetzes gegeben werden. Daher ist die Wiederaufnahme des Verfahrens nicht wie in der ZPO an bestimmte Voraussetzungen gebunden worden, vielmehr hat der Gesetzgeber eine Art Generalklausel geschaffen. Für Anwendung und Handhabung dieser Generalklausel durch den Richter sind aber die Grundsätze des Nationalsozialismus unmittelbar und ausschließlich maßgebend. Erbbiologisches Denken im Sinne einer völkischen Erb- und Rassenpflege (vgl. „Rassenhygiene und Recht") muß hier unbedingt das Erbgesundheitsgericht beherrschen.

Die Kosten des gerichtlichen Verfahrens trägt die Staatskasse.

Die Kosten des ärztlichen Eingriffs trägt bei den der Krankenversicherung angehörenden Personen die Krankenkasse, bei anderen Personen im Falle der Hilfsbedürftigkeit der Fürsorgeverband. In allen anderen Fällen trägt die Kosten bis zur Höhe der Mindestsätze der ärztlichen Gebührenordnung und der durchschnittlichen Pflegesätze in den öffentlichen Krankenanstalten die Staatskasse. Darüber hinaus der Unfruchtbargemachte.

Nach § 13 des Gesetzes sind hinsichtlich der Kosten des ärztlichen Eingriffes (gleichbedeutend mit dem von dem Gesetz und der Verordnung gebrauchten „chirurgischer Eingriff") drei Gruppen von Personen zu unterscheiden:

1. Die der Krankenversicherung angehörenden Personen. Hier trägt die Krankenkasse die Kosten.

2. Die nicht der Krankenversicherung angehörenden Personen, die an und für sich die Kosten selbst tragen könnten.

Hier fallen die Kosten in dem im § 13 Abs. 2 Satz 2 des Gesetzes bezeichneten Umgange der Staatskasse zur Last.

3. Die übrigen Personen, die weder zu der Gruppe 1 noch zu der Gruppe 2 gehören.

Hinsichtlich der Gruppe 3 spricht § 13 Abs. 2 Satz 1 des Gesetzes selbst von Hilfsbedürftigkeit und bestimmt, daß der Fürsorgeverband einzutreten hat.

Die an dem Verfahren oder an der Ausführung des chirurgischen Eingriffes beteiligten Personen sind zur Verschwiegenheit verpflichtet. Wer der Schweigepflicht unbefugt zuwiderhandelt, wird mit Gefängnis bis zu einem Jahre oder mit Geldstrafe bestraft. Die Verfolgung tritt nur auf Antrag ein. Den Antrag kann auch der Vorsitzende stellen. Die notwendige Wahrung schutzwürdiger Privatgeheimnisse gebietet, den Kreis der Beteiligten im Sinne des § 15 Abs. 1 des Gesetzes so weit wie möglich zu fassen.

Da der Gesetzgeber allmählich die krankhaften Erblinien innerhalb des Volkes kennenlernen will, um danach weitere gesetzgeberische Maßnahmen durchführen zu können, war eine zentrale Zusammenfassung der Entscheidungen der Erbgesundheitsgerichte notwendig. Daher wird im Art. 10 der Ersten Ausführungsverordnung vom 5. Dezember 1933 (RGBl. I S. 1021) bestimmt:

„Die Gerichtsakten und die Berichte über die Ausführung des Eingriffs sind nach Abschluß des Verfahrens einer durch den Reichsminister des Innern zu bestimmenden Dienststelle zur Aufbewahrung zu übersenden."

Durch Erlaß des Reichsministers des Innern vom 12. Mai 1934 ist als diese Dienststelle das Reichsgesundheitsamt bestimmt worden. Diese Sammlung kann bereits als ein wertvoller Schritt zur erbbiologischen Bestandsaufnahme des gesamten Volkes angesehen werden.

Eine Unfruchtbarmachung, die nicht aus Gründen der Erbgesundheit und nach den Vorschriften dieses Gesetzes erfolgt, ist nach wie vor grundsätzlich verboten. Wird dagegen die medizinische Indikation (vgl. S. 814) unter Beachtung der Bestimmungen des § 14 des Gesetzes vorgenommen, dann ist dies ein Rechtfertigungsgrund im Sinne von § 54 RStGB. Eine Unfruchtbarmachung, die nicht nach den Vorschriften dieses Gesetzes erfolgt, sowie eine Entfernung der Keimdrüsen sind also nur dann zulässig, wenn ein Arzt sie nach den Regeln der ärztlichen Kunst zur Abwendung einer ernsten Gefahr für das Leben oder die Gesundheit desjenigen, an dem er sie vornimmt und mit dessen Einwilligung vollzieht.

Nimmt ein Arzt eine Unfruchtbarmachung oder eine Entfernung der Keimdrüsen zur Abwendung einer ernsten Gefahr für das Leben oder die Gesundheit vor, so hat er dem zuständigen Amtsarzt binnen drei Tagen nach Vornahme des Eingriffes einen schriftlichen Bericht nach einem vom Gesetzgeber vorgeschriebenen Vordruck zu erstatten. Wegen der Sonderregelung im § 14 des Gesetzes kommt eine Anwendung des durch das Gesetz zur Abänderung strafrechtlicher Vorschriften vom 26. Mai 1933 (RGBl. I S. 295) eingefügten § 226a:

„Wer eine Körperverletzung mit Einwilligung des Verletzten vornimmt, handelt nur dann rechtswidrig, wenn die Tat trotz der Einwilligung gegen die guten Sitten verstößt,"

für die Unfruchtbarmachung nicht in Frage.

Die für das Deutsche Gesetz zur Verhütung erbkranken Nachwuchses verantwortlichen Stellen haben sich, wie ich das aus eigener Mitarbeit am Gesetz selbst weiß, eingehend mit den im Auslande gemachten Erfahrungen beschäftigt, um ein

Gesetz schaffen zu können, das alle Anforderungen, die an ein solches grundlegendes Gesetz gestellt werden müssen, auch tatsächlich erfüllt. Es kam darauf an, den größtmöglichen Erfolg für das Gesetz sicherzustellen. Das deutsche Gesetz unterscheidet sich von den Gesetzen ähnlicher Art in anderen Staaten der Welt im wesentlichen durch folgende Gesichtspunkte:
1. keine Verknüpfung mit strafrechtlichen Gesichtspunkten,
2. Beschränkung auf eine bestimmte Anzahl von im Gesetz genannten Erbkrankheiten einschließlich schwerem Alkoholismus,
3. Verankerung der Möglichkeit der Zwangssterilisierung,
4. Einbau von Sicherungsmaßnahmen, um einen Mißbrauch des Gesetzes zu verhüten,
5. keine Beschränkung der Unfruchtbarmachung auf bestimmte Personenkreise, etwa auf Insassen von Irrenanstalten.

Wenn der deutsche Gesetzgeber Verständnis für das erste große erbbiologische Gesetz in seinem Volke finden wollte, dann mußte alles vermieden werden, was etwa dazu beigetragen hätte, einen Erbkranken grundsätzlich einem Verbrecher gleichzustellen. Erbkrank zu sein bedeutet keine Schande. Dagegen verstößt es gegen unsere Sittenauffassung, krankes Erbgut an künftige Geschlechter weiterzugeben. Zu dieser Auffassung mußte das deutsche Volk erzogen werden. Daher haben wir es vermieden, in dem Gesetz zur Verhütung erbkranken Nachwuchses etwas über die Unfruchtbarmachung von Verbrechern zu sagen. Daß wir mit diesen Gedankengängen auf dem richtigen Wege sind, das haben die Erfahrungen gezeigt, die wir seit dem Zeitpunkt des Inkrafttretens des Gesetzes, also seit dem 1. Januar 1934, sammeln konnten. Aus der großen Anzahl der freiwillig gestellten Anträge auf Unfruchtbarmachung ist zu ersehen, daß die Erkenntnis der Bedeutung dieses Gesetzes im steten Wachsen begriffen ist. Da es dem Nationalsozialismus darauf ankam, ein Gesetz zu schaffen, das wirklich durchgeführt werden kann, war weise Beschränkung auf gewisse Erbkrankheiten notwendig, wenn man andererseits die Zwangssterilisierung vorsehen wollte. Die Erfahrungen, die nach unserer Auffassung in den verschiedensten Staaten der Welt mit der freiwilligen Sterilisierung gemacht worden sind, haben uns gezeigt, daß, wenn eine planmäßige Vereinigung des gesamten Volkskörpers vorgenommen werden soll, dann lieber eine Beschränkung auf bestimmte Erbkrankheiten mit in Kauf genommen werden muß. Die Durchführung des Gesetzes hat die Richtigkeit unserer Gedankengänge bewiesen. Bereits zahlreiche Unfruchtbarmachungen sind vorgenommen worden. Etwa 7 v. H. der gestellten Anträge auf Unfruchtbarmachung sind der Ablehnung verfallen.

Der Gesetzgeber ist zunächst von dem Gedanken der freiwilligen Sterilisierung ausgegangen. Daher ist auch die Möglichkeit vorgesehen, daß der Unfruchtbarzumachende selbst den Antrag stellen kann. Im übrigen ist noch zu beachten, daß es dem Gesetzgeber nur darauf ankommt, den Zweck des Gesetzes: Verhütung erbkranken Nachwuchses, zu erreichen. Daher kann nach der Ersten Durchführungsverordnung auf Antrag die Unfruchtbarmachung ausgesetzt werden, wenn sich der Unfruchtbarzumachende auf seine Kosten in eine geschlossene Anstalt aufnehmen läßt, die volle Gewähr dafür bietet, daß die Fortpflanzung unterbleibt.

Zur Beurteilung der Notwendigkeit der Zwangssterilisierung gilt noch immer das, was im Urteil des Obersten Gerichtshofes der Vereinigten Staaten von Nordamerika im Oktober 1916 wie folgt ausgeführt worden ist:

„Wir haben mehr als einmal gesehen, daß das Gemeinwohl von den besten Bürgern das Opfer ihres Lebens fordert. Es wäre seltsam, wenn es nicht von denen, die ohnehin die Kraft des Staates beanspruchen, diese geringen Opfer, die von den Betroffenen oft nicht als solche empfunden werden, fordern könnte zwecks Abwehr unserer Überflutung durch Minderwertigkeit. Es ist besser für alle Welt, wenn die Gesellschaft, statt abzuwarten, bis sie entartete Nachkommenschaft für die Verbrechen hinzurichten hat oder statt sie wegen ihres Schwachsinns hungern zu lassen, verhüten kann, daß offensichtlich Minderwertige ihre Wesensart fortpflanzen. Der Grundsatz, der die Zwangsimpfung rechtfertigt, ist breit genug, die Durchschneidung der Eileiter zu decken."

Wenn der Gesetzgeber sich zur Zwangssterilisierung entschloß, dann mußte durch ein in bestimmten Grenzen durchzuführendes Verfahren die Gewähr geboten werden, daß ein Mißbrauch des Gesetzes – soweit das menschenmöglich ist – von vornherein ausgeschaltet wurde. Daher:

a) Einführung eines bestimmten Verfahrens vor Erbgesundheitsgerichten.

b) Besetzung der Erbgesundheitsgerichte mit einem Richter als Vorsitzendem und zwei Ärzten, und zwar einem beamteten Arzt und einem weiteren für das Deutsche Reich approbierten Arzt, der mit der Erbgesundheitslehre besonders vertraut ist.

c) Einführung der Möglichkeit einer Beschwerde vor dem Erbgesundheitsobergericht, die aufschiebende Wirkung hat.

d) Vorsehen der Möglichkeit der Wiederaufnahme des Verfahrens, sofern Umstände sich ergeben, die eine nochmalige Prüfung des Sachverhalts erfordern bzw. neue Tatsachen eingetreten sind, die die Unfruchtbarmachung rechtfertigen. Also keine Bindung des Wiederaufnahmeverfahrens an bestimmte Gründe, etwa wie in der deutschen Zivilprozeßordnung oder Strafprozeßordnung. Vielmehr ist gewissermaßen eine Generalklausel für die Wiederaufnahme des Verfahrens im Gesetz eingebaut worden.

e) Die Kosten des gerichtlichen Verfahrens trägt die Staatskasse. Dadurch soll verhindert werden, daß etwa nur bei Begüterten das Verfahren durchgeführt wird.

f) Die an dem Verfahren oder an der Ausführung des chirurgischen Eingriffes beteiligten Personen sind zur Verschwiegenheit verpflichtet. Es soll also eine gesellschaftliche Schädigung des Unfruchtbargemachten vermieden werden.

Während in einer Reihe von Gesetzen, insbesondere in einigen Staaten der Vereinigten Staaten von Nordamerika, die Gesetze beschränkt worden sind auf Insassen von staatlichen Instituten für Geisteskranke und Geistesschwache, kennt das deutsche Gesetz ein solches Vorgehen nicht. Es kam dem Gesetzgeber auf die Vereinigung des gesamten Volkskörpers von bestimmten Erbkrankheiten an und daher auch die Beschränkung auf bestimmte Erbkrankheiten einschließlich schwerem Alkoholismus, aber keine Beschränkung auf einen bestimmten Personenkreis.

Das Gesetz zur Verhütung erbkranken Nachwuchses zeigt deutlich, wie der Nationalsozialismus nur das Wohl des Volkes als Ganzheit im Auge hat, und wie er bestrebt ist, nicht Gesetze vom grünen Tisch zu erlassen, sondern eine Gesetzgebung herbeizuführen, die vom Volke auch verstanden wird. Daher kam es gerade bei diesem Gesetz darauf an, die Volksverbundenheit herbeizuführen, wenn das Volk für den Gedanken der Zwangssterilisierung gewonnen werden sollte. Das deutsche Gesetz durfte auf keinen Fall, wie dies bei einigen ausländischen Gesetzen der Fall gewesen ist, nur eine Arbeit besonderer Vorkämpfer des Sterilisierungsgedankens bleiben. Das Gesetz mußte, um erfolgreich wirken zu können, im Volksbewußtsein verankert werden, zumal die Vereinigung des Volkskörpers von Erbkrankheiten zweifellos noch andere gesetzgeberische Maßnahmen, abgesehen von der bereits erwähnten erbbiologischen Bestandsaufnahme, notwendig machen wird.

Das Gesetz erfährt jedoch eine notwendige Ergänzung durch die rassenhygienische Erziehung des gesamten Volkes, so daß in Zukunft die deutsche Jugend bei der Eheschließung von sich aus schon erbgesundheitlich denken und danach ihre Entschließungen einrichten wird. Auch wird der Staat den größten Wert auf die Durchführung fördernder und vorbeugender rassenhygienischer Maßnahmen legen, denn jede ausmerzende Rassenhygiene muß nur ein Notbehelf sein. Unser Volk muß so erzogen sein, daß jeder Volksgenosse von sich aus stets rassenhygienisch handelt.

Hans Frank, *Nationalsozialistisches Handbuch für Recht und Gesetzgebung*. München 1934. S. 812–827.

Hans F. K. Günther

Der Idealtyp der nordischen Rasse

Über die Rasse beim Menschen, über einzelne Menschenrassen oder was man dafür hielt, über die „Rassenfrage" und die Rassenzusammensetzung der Völker ist schon viel geschrieben worden, was – da es eben um die Rasse beim Menschen ging – vielen und langwierigen Zwist hervorgerufen hat. Daß in der „Rassenfrage" so lange und verhältnismäßig unfruchtbar gestritten werden konnte, hatte seinen Grund zumeist darin, daß man sich auf beiden Seiten noch gar nicht klargeworden war, wie der Begriff „Rasse" zu fassen sei. Der Zwist ging ja meistens gar nicht um Rassen, sondern um rassengemischte Stämme, Völker oder sprachlich zusammengehörige Völkergruppen. Man stritt sich um die Anerkennung oder Bedeutung einer „germanischen Rasse", welche man einer „romanischen Rasse" oder einer „slawischen Rasse" gegenüberstellte, – man stellte eine „jüdische Rasse" auf oder eine „semitische Rasse". Dabei muß man ganz vergessen haben, daß man doch nur eine solche Menschengruppe als „Rasse" bezeichnen darf, welche bei allen ihren Vertretern ein in der Hauptsache gleiches leiblich-seelisches Bild zeigt. Durfte man von einer „jüdischen Rasse" reden, wo es doch große und kleine, schlanke und untersetzte, helle und dunkle, schmalgesichtige und breitgesichtige Juden gibt, Juden mit „Judennase" und ohne „Judennase", um von den Verschiedenheiten im seelischen Verhalten der einzelnen Juden ganz zu schweigen?

Man stellte eine „germanische Rasse" auf und beschrieb sie gerne als hochgewachsen, blond und blauäugig, dazu gelegentlich auch als langköpfig und schmalgesichtig; man umgrenzte ungefähr auch ihr seelisches Wesen. Nun hätte aber das häufige Vorkommen leiblich und seelisch sehr „ungermanischer" Menschen unter den Völkern germanischer Sprache, etwa unter Engländern, Holländern, Deutschen oder Dänen, doch ebenso vor Aufstellung einer „germanischen Rasse" warnen müssen wie das nicht seltene Vorkommen sehr „germanisch" aussehender und sich verhaltender Menschen unter Bevölkerungen slawischer oder romanischer Sprache, ja sogar unter Kaukasusstämmen und Kurden. Wie konnte man auch gegenüber der Vielheit der verschiedenen Menschenschläge innerhalb der Völker semitischer Sprache von einer „semitischen Rasse" sprechen? –

Man hatte, kurz gesagt, die Begriffe „Rasse" und „Volk" oder „Völkergruppe" nicht geschieden, hatte sprachliche Zugehörigkeit mit rassischer verwechselt, hatte Rassengrenzen erblicken wollen, wo Sprach- und Volkstumsgrenzen waren. Erst mit der strengen Fassung des Begriffes „Rasse" und der allmählichen Gewöhnung wenigstens mancher Gebildeten an eine solche strenge Begriffsbestimmung wurde eine stichhaltige und fruchtbare Erörterung auch der „Rassenfrage" oder der verschiedenen „Rassenfragen" möglich. Wer fernerhin von einer „deutschen Rasse" oder einer „englischen Rasse", von „romanischer Rasse" oder „jüdischer Rasse" sprach, verriet hierdurch eine Unkenntnis der Grundbegriffe dessen, worüber er etwas aussagen wollte.

„Rasse" ist ein Begriff der Menschenkunde (Anthropologie), der ganz in der Weise gefaßt worden ist, wie die Tierkunde und Pflanzenkunde von Familien (familiae), Gattungen (genera), Varietäten (varietates) und Arten (species) spricht. Eugen Fischer,[*] der Leiter des Kaiser-Wilhelm-Instituts für Anthropologie, menschliche Erblehre und Eugenik zu Berlin-Dahlem, hat folgenden Satz von Grosse als die beste Bestimmung des Begriffs „Rasse" bezeichnet:

„Unter einer Rasse versteht die Anthropologie eine größere Gruppe von Menschen, welche durch den hereditären Gemeinbesitz eines bestimmten angeborenen körperlichen und geistigen Habitus untereinander verbunden und von anderen derartigen Gruppen getrennt sind."

Eine Rasse muß demnach eine Übereinstimmung der leiblichen und seelischen Züge bei allen ihren Vertretern aufweisen und muß aus sich heraus immer wieder Menschen mit den gleichen leiblich-seelischen Zügen hervorbringen. Wo in einer Menschengruppe wesentliche Verschiedenheiten der leiblichen und seelischen Veranlagung vorkommen, wo Kinder von ihren Eltern oder einem ihrer Eltern wesentlich verschieden sind, kann es sich nicht um eine Rasse oder ein in seinen Erbanlagen gleiches Elternpaar handeln. Ich habe folgende Bestimmung des Begriffs „Rasse" für zweckmäßig gehalten:

Eine Rasse stellt sich dar in einer Menschengruppe, welche sich durch die ihr eigneIne Vereinigung leiblicher Merkmale und seelischer Eigenschaften von jeder

---

[*] Hier zitiert ein sogenannter ‚anerkannter' Rassist den anderen. Eugen Fischer (1874) war ein weltberühmter Anthropologe, der sich zum Advokat der ‚ewigen Rasse' aufschwang und von den Nazis hoch geachtet wurde. G. L. M.

anderen (in solcher Weise zusammengefaßten) Menschengruppe unterscheidet und immer wieder nur ihresgleichen zeugt.

Eine Rasse ist also eine in sich erbgleiche Menschengruppe. – Wer sich in solcher Weise das Wesen der Rasse vergegenwärtigt hat, der muß gleich einsehen, daß es kaum möglich sein wird, eine Rasse irgendwo auf der Erde als geschlossene Menschengruppe aufzufinden. Die zu einem Volke durch gleiche Sprache, durch gleiche Sitten oder gleichen Glauben verbundenen Menschengruppen der Erde stellen mit kaum einer Ausnahme Rassengemische dar, nicht Rassen. Alle abendländischen Völker sind Rassengemische, in welchen in bestimmtem Mengenverhältnis rein und miteinander vermischt alle Rassen Europas oder doch mehrere der Rassen Europas vertreten sind.

Was von Volk zu Volk verschieden ist, das ist – rassenkundlich betrachtet – nicht etwa die Rasse, sondern das Mischungsverhältnis der Rassen. Im Rassengemische des einen Volkes ist die eine Rasse oder sind mehrere Rassen stärker vertreten als im Rassengemisch des anderen Volkes. Wer die rassisch-zusammengehörigen oder (da Erbbild und Erscheinungsbild, wie noch auszuführen sein wird, nicht miteinander übereinstimmen müssen) die als rassisch-zusammengehörig erscheinenden Menschen Europas zu einheitlichen, als erbgleich erscheinenden Menschengruppen zusammenstellen wollte, der müßte diese Menschen aus allen europäischen Völkern heraussuchen. Er würde zugleich diese einheitlichen Menschengruppen gegenüber der Hauptmasse der Bevölkerung Europas als kleine Minderheiten entdecken, da die Mehrheit der Menschen des Abendlandes wie der ganzen Erde aus Mischlingen zweier oder mehrerer Rassen besteht.

Die Juden, die im folgenden wegen ihrer außereuropäischen Rassenherkunft nicht zum Rassengemisch Europas gezählt, sondern später für sich betrachtet werden, können nach den obigen Ausführungen auch nicht als Rasse angesehen werden, sondern stellen ein rassengemischtes Volk dar. Wenn der außerwissenschaftliche Sprachgebrauch gerade im Falle der Juden die Bezeichnung „Rasse" nicht aufgeben will, so rührt das daher, daß im Rassengemische des jüdischen Volkes leibliche und seelische Erbanlagen außereuropäischer Rassen vorwiegen, welche innerhalb der anders zusammengesetzten Rassengemische europäischer und vor allem nordwesteuropäischer Bevölkerungen auffallen. Der Durchschnittseuropäer wird in Europa gemeinhin gar nicht als Träger von Rassenmerkmalen betrachtet, wohl aber der Durchschnittsjude; darum wird der außerwissenschaftliche Sprachgebrauch noch lange von einer jüdischen „Rasse" reden, wenn die Gebildeten auch längst eingesehen haben, daß die Juden wie andere Völker ein Rassengemisch darstellen.

Zur Erforschung der Menschenrassen nach ihrer leiblichen Erscheinung, zur Aufstellung verschiedener Menschenrassen in einem bestimmten Erdgebiete, in welchem sie bestimmte Rassengemische (Stämme, Völker, Völkergruppen) vorfindet, dienen der Rassenforschung (Anthropologie) bestimmte Verfahren der Messung und Beschreibung von leiblichen Merkmalen, die hier nicht näher angegeben werden können.

Sie ist hochgewachsen, hochbeinig, schlank, mit einer durchschnittlichen Körperhöhe des Mannes von etwa 1,74 Meter. Kräftig-schlank erscheinen die Gliedmaßen, der Hals, die Umrisse der Hände und Füße. Die nordische Rasse ist langköpfig-schmalgesichtig mit einem Längen-Breiten-Index des Kopfes um 75, einem Gesichtsindex über 90. Wie bei allen Rassen, wenigstens den mittel- und langköpfigen, scheint der weibliche Kopf gegenüber dem männlichen zu einem höheren Längen-Breiten-Index und niedrigeren Gesichtsindex zu neigen. Für den nordischen Kopf ist kennzeichnend das weit über den Nacken ausladende Hinterhaupt. Der ausladende Teil des Hinterhauptes ist aber verhältnismäßig niedrig gebaut, so daß man bei nordischen Menschen noch ein höheres Stück des Halses über dem Rockkragen sieht, über welchem dann das Hinterhaupt nach hinten ausschwingt. Das Gesicht ist schmal mit ziemlich schmaler Stirn, schmaler, hochgebauter Nase und schmalem Unterkiefer mit betontem Kinn.

Der Gesichtsschnitt der nordischen Rasse wirkt – wenigstens beim Manne – eigentümlich kühn durch ein dreimaliges Anspringen der Linie des Gesichtsschnitts: erst in der flächig zurückgeneigten Stirn, dann in der aus hoher Nasenwurzel entspringenden geraden oder nach außen gebogenen Nase, endlich in dem betonten Kinn. Die Weichteile unterstützen den Ausdruck eines klar gezeichneten Gesichts. Beim weiblichen Geschlecht ist die Stirn meist mehr zurückgewölbt als zurückgeneigt, die Nase minder scharf gezeichnet, das Kinn minder betont.

Die Haut der nordischen Rasse ist rosig-hell und läßt das Blut durchschimmern, so daß sie besonders belebt, dabei meist etwas kühl oder frisch aussieht. Die Gesichtshaut wirkt wenigstens in der Jugend und beim weiblichen Geschlecht öfters noch bis in mittleres Alter „wie Milch und Blut".

Die Haare fallen schlicht-glatt oder wellig, im Kindesalter auch lockig; das einzelne Haar ist weich und dünn. Die Haarfarbe ist ein Blond, das bei meist vorhandenem rötlichem Unterton vom Lichtblonden über das Goldblond bis ins Dunkelblonde reichen kann. Nordische Kinder sind oft weißblond. Menschen, die in der Jugend hellblond sind, werden später oft dunkelblond, öfters auch dunkelhaarig: eine Erscheinung, die man Nachdunkeln nennt und auch bei sonst unnordischen Menschen als Anzeichen eines nordischen (oder auch fälischen oder ostbaltischen) Einschlags auffaßt.

Will ein Zeichner, Maler oder Bildhauer den kühnen, zielbewußten, entschlossenen oder den edlen, vornehmen oder heldischen Menschen, Mann oder Weib, darstellen, so wird er zumeist ein Menschenbild schaffen, das dem Bilde der nordischen Rasse mehr oder weniger nahekommt. Auch einem Menschen, der als bezeichnender Vertreter der oberen Stände angesehen werden soll, werden z. B. die Zeichner der Witzblätter viel eher Züge der nordischen Rasse verleihen als Züge der nicht-nordischen Rassen Europas.

Tatsächlich möchte man vordenkliche Willenskraft, bestimmtes Urteilsvermögen bei kühl abwägendem Wirklichkeitssinn, Drang zur Wahrhaftigkeit von Mensch zu Menschen, eine Neigung zu ritterlicher Gerechtigkeit als die bei nordischen Menschen immer wieder auffallenden seelischen Züge bezeichnen. Solche Züge können sich bei einzelnen innerhalb der nordischen Rasse steigern bis zu ausgesprochen heldischer Gesinnung, bis zu weitblickendem Führertum im Staate oder Schöpfertum in Technik, Wissenschaft und Kunst. Die verhältnismäßig große Anzahl vorwiegend nordischer und nordischer Menschen unter den bedeutenden und überragenden Männern und Frauen aller abendländischen Völker ist aufgefallen, ebenso wie die verhältnismäßig sehr geringe Anzahl bedeutender Männer und Frauen ohne merklichen nordischen Einschlag.

Hans F. K. Günther, *Kleine Rassenkunde des deutschen Volkes*. München 1933. S. 9–13, 21–25, 59.

Ludwig Ferdinand Clauss

Seele, Landschaft und die Beherrschung der Welt

Die Gebärde der Seele, mit der sie in ihre Welt greift, gestaltet das Gelände dieser Welt zur „Landschaft". Landschaft ist nicht etwas, das die Seele vorfindet, etwas Fertiges, sondern etwas, das sie bildet kraft der artbestimmten Gebärde ihres Schauens. Freilich kann sie nicht willkürlich aus jedem beliebigen Gelände jede beliebige Landschaft bilden. Das Gelände ist der Stoff, in das die Seele ihren Stil hineinwirkt und es so zur Landschaft macht; aber nicht aus jedem Stoffe läßt sich das Gleiche gestalten. Das Gelände bietet der Seele Möglichkeiten für die schauende Gestaltung; aber nicht jedes Gelände bietet die gleichen Möglichkeiten. Ein Gelände, das dem Ausgriffsmenschen, dem Leistungsmenschen zur stilgemäßen, zur „eigenen" Landschaft werden kann, muß anders beschaffen sein als ein Gelände, das sich für andere Rassen zur Landschaftsbildung eignet. Der Erdraum, der das geeignete Gelände zur Landschaftsbildung im Leistungsstile birgt, ist der „nordische" Erdraum: Er stellt den stilgemäßen Hintergrund für den Leistungsmenschen. Daher nennen wir dessen Stil den nordischen Stil und ihn selbst den nordischen Menschen.

Wir heben nun die nordische Landschaft des nordischen Menschen ab gegen eine Landschaft anderen Stiles, die den Hintergrund, das stilgemäße Lebensfeld einer anderen Rasse bildet: der mittelländischen Rasse, die nach ihrer stilgemäßen Landschaft, der Mittelmeerlandschaft, benannt ist. Die stilgemäße Landschaft einer Rasse zeichnen heißt zugleich: den Stil dieser Rasse deuten. Die mittelländische Rasse ist ihrem Stile nach deutlich zu scheiden von der nordischen wie von der ostischen.

Wer jemals bei schwerer See um Skagens Horn gefahren ist, der hat es erlebt, wie da zwei Meere ineinanderbrausen, von denen jedes eine andere Farbe und jedes ein anderes Schrittmaß seines Wellenganges hat: Die graugrüne Nordsee geht mit tief ausholendem Atem in meilenlanger Dünung, während das blauere Kattegat mit kurzen Wellen poltert. Alles scheint hier näher und enger zu werden, überall sehen wir oder ahnen wir rings die Ufer, und auch jenseits des Öresunds in der „offenen" Ostsee gewinnen wir nie wieder voll jenes Bewußtsein der freien Weite, der schrankenlosen Ferne, nie wieder ganz jenes drängende Machtgefühl, das die Landschaft der Nordsee verleiht. Und dennoch rückt der landschaftliche Stil der beiden Meere ganz nah zusammen für den, der sie mit der Landschaft des Mittelmeeres vergleicht. Zwar die Adria ist – scheinbar – noch der Ostsee ein wenig verwandt; wer aber durch den schmalen Arm zwischen dem albanischen Festland und dem griechischen Kerkyra südwärts fährt, der erlebt es deutlich, wie sich hier die Meere scheiden: im Norden die Adria, die erst hellblau war und immer dunkler wurde, je weiter wir gen Süden fuhren, und nun ein anderes Meer, das hier das jonische heißt und mit welchem nun ein anderes Bild emporwächst. „Das purpurne Meer", sagt die Odyssee, und manch einer von uns hatte wohl als Schüler geglaubt, das sei eine gar merkwürdige und wohl unsinnige Bezeichnung. Aber das griechische Meer, ein Teil des Mittelmeeres, vermag es, wirklich „purpurn" zu sein: Wenn der Himmel weiß gestreift ist, und der Südsturm in den Wogen wühlt, dann glüht die See in sattem, dunklem Rotblau bis hinab. Und es scheint auch, daß die Wogen dort in anderem Gange gehen als im Norden: Wenn das Nordmeer rast und tobt in ungeheurem Aufruhr, mit einem Atem, der von Ferne zu Ferne verbraust, dann geht das griechische Meer in mäßig hohen, immer gleichen Wogen: stark und doch maßvoll gebändigt in aller seiner Bewegung.

Wer das Nordmeer kennt und seinem Stile vertraut ist, mehr noch: Wer seinen Wogengang in der eigenen Seele spürt, dem scheint es, als sei das griechische Meer gar kein Meer, und als müßten wir zu seiner Bezeichnung ein anderes Wort erfinden. Das Nordmeer atmet überall Unendlichkeit, und diese macht sein eigentliches Wesen aus: Alles ist auf die Ferne gestimmt, alles weist und drängt in die Ferne, die kein Ende hat. Auf dem Meere des Südens, dem Mittelmeer, ist alles immer nahe, und wo man kein Ufer mehr sieht, da ahnt man doch das Ufer, mehr noch: Man spürt seinen Duft oder glaubt ihn doch zu spüren. Hier ist alles umgrenzt mit Nähe und mit immer maßvoller Schönheit. Und wenn über die nordische Landschaft die Wolken rastlos ziehen, weit oben und immer weiter ins ewig Ferne hin, und wenn die Sterne hoch sind und der Himmel blaß und fern, dann wölbt sich der südliche Himmel fast zum Greifen nahe, und seine Wolken lungern ohne Bewegung oder sie tummeln sich wie in neckendem Spiel. Der Norden erzieht seine Menschen zu immer neuem Aufbruch: Ihr Blick greift immer ins Ferne und befriedet sich darum nie. Der Süden aber, das Mittelmeer und seine Ufer, laden ein zu immerwährendem Verweilen: Hier ist alles Nähe, ist alles Gegenwart.

Wir haben die Landschaft des Nordens als das Nordmeerland, die Landschaft des Südens als das Mittelmeerland begriffen und fassen somit diese Länder als die Ufer der Meere auf, von deren Stil sie bestimmt sind. Das Nordmeerland ist gezeichnet durch Ferne und Bewegung, es gliedert sich in weiten Zügen in die Tiefe des Raumes hinein. Das Nahe hebt sich scharf vom Fernen ab und das Ferne vom Ferneren und so immer weiter. Ein Baum im Vordergrund ist da, um in die Weite zu weisen, die sich dahinter dehnt. Wo immer der Blick hineintaucht in die Landschaft, da wird er ins Ferne gezogen, an die Grenze des Blickfeldes und über dieses hinaus. Die nordische Landschaft ruft auf, immer weiter zu gehen; ob sie als Heide sich dehnt, als Hochwald oder als Düne, immer zeigt sie sich durchzogen von einem endlosen Undsoweiter, so daß sie niemals fertig erscheint, sondern immer im Werden begriffen. Und in tausend Gestalten, immer werdend und wechselnd, segeln darüber die hohen Wolken hin, wer weiß woher, in unendliche Fernen fort. Bald ragen sie, heiter besonnt, als schwimmende Türme von Licht, bald lauern sie, dumpf geballt, und brüllen einher wie verwunschene Ungeheuer. Hier gibt es nicht satte Ruhe, hier gibt es kein tändelndes Spiel, hier gibt es ein freudiges, aber unendliches Ringen, einen rastlosen Gang auf immer neuen Wegen, einen allmorgendlichen Aufbruch. Weil hier nichts fertig ist, ruft alles immer zur Gestaltung.

Raumwille erwacht in der Seele, die aus dieser Landschaft geboren ist und wahrhaft in ihr lebt. Der nordische Raum reißt in die Ferne und will überwunden werden. Überwindung des Raumes bedeutet Geschwindigkeit, Raumwille drängt dazu, den Raum zu durchrasen. Die nordische Landschaft will durchzogen sein von Schienensträngen, auf denen der Schnellzug tost. Zu allem nordischen Fahrzeug gehört es, daß es seine Schnelligkeit vermehre. Die Gleise haben es in sich: die Gleise, mit denen für nordisches Welterleben alle Welt durchzogen ist; die Gleise, die schon da sind, und jene, die immerfort noch müssen geschaffen werden für immer neues, immer schnelleres Fahrzeug, auf dem nordisch erlebende Menschen zu immer neuen Zielen streben. Als ein Gebilde aus unzähligen Wegen – fertigen Wegen und möglichen, künftigen Wegen: Land , Wasser , Luft und Stratosphärenwegen – erlebt die nordische Seele ihre Welt. Wie ein Fieber ging und geht es oft durch alle Zweige nordischer Gemeinschaft: ein Schnellbewegungsfieber, das ansteckend weit über die Welt des Nordens hinausgreift und mit der Macht einer Mode auch solche Seelen befällt, die nicht nordisch sind und für die solches Gebaren im Grunde stilwidrig und sinnlos ist.

In der nordischen Landschaft weist alles über sich hinaus und lockt die Seele, die aus ihr geboren ist, die Grenze dieser Landschaft zu überschreiten. Es ist der nordischen Seele eingeboren, daß sie fernwärts – und das bedeutet meist: südwärts – drängt. Wer jemals die südliche Schranke des nordischen Erdraums überschritten hat, etwa auf dem Gotthard, der weiß, was sich da vollzieht. Der Nordraum liegt vielleicht in schwerem, hüllendem Nebel da, so daß wir vom Wagen aus nur die Stümpfe der Berge sehen; dann tauchen wir in die Nacht des Tunnels, und dann – urplötzlich! – fällt uns ein strahlend blauer Tag in das geblendete Auge. Und alle wir Fahrenden, die wir einander fremd sind, brechen wie mit einer Stimme aus in einen Freudenschrei. Besäligend ist das Licht des Südens für die nordische Seele, besäligend und verderblich zugleich, wie das Kerzenlicht für die Motte. Erst fühlen wir uns wunderbar befreit von der rufenden Ferne, der immer drängenden Bewegung des Nordens; denn hier ist alles einfach da und ist prächtig schön und ist fertig. Dann aber legt sich uns die ewige Nähe dieser Landschaft um die Seele und schnürt ihr den Atem ab. Wir dürfen nicht sagen, daß diese Landschaft „eng" sei, sie ist nicht ohne Abstand von der Seele, all solche Worte kommen ihrem Wesen nicht recht bei; und wir finden in unserer Sprache wohl kaum das Wort, das ihr Wesen ausdrückt, denn all unsere Worte sind aus nordischem Schauen gemacht. Zu sagen vermögen wir nur, was diese Landschaft, von der unseren aus gesehen, nicht ist: Sie ist ohne Ferne, ist ohne tiefe Bewegung, ist prächtige Oberfläche ohne etwas dahinter – sie ist ohne Rätsel, ist ohne alles Geheimnis. Was sie aber ihrem Wesen nach ist, vermag vielleicht ein Fremdwort zu sagen: Sie ist „imposant".

Wo der Blick hin schweift – er vermag hier nicht recht zu schweifen – da stößt er an Berge an, die ringsum lagern, hoch und schön geschwungen, und die alle zu wissen und zu sagen scheinen, wie schön sie sind. Es ist, als wiesen sie mit imposanter Gebärde auf sich selbst und forderten: Schaut mich an! Wenn das Land sich einmal weitet, dann nur in umschlossenem Kreise: Das Auge greift hinab, greift hinüber, ringsum die Höhen entlang, und wird zuletzt zurückgeleitet dorthin, von wo es ausging. Niemals, auch am Meere nicht, schaut man wahrhaft hinaus. Alles geht hin und her und im Kreise. Auch die Wolken, so scheint es, haben weder Weg noch Richtung, sondern gehen spazieren im Kreise. Zeus herrscht hier, der „Wolkensammler", nicht Wode, der wilde Jäger, der mit seinem Heere hinbraust, hoch droben, kein Mensch weiß, woher und wohin.

Es ist wahr, es gibt da und dort auch Ebenen im Mittelmeerlande; aber so weit ich schaue, scheint mir, sie bestimmen die Landschaft nicht. Die Po-Ebene, dem Norden zunächst gelagert, nimmt noch ein wenig teil am Wesen des Nordens. Das Gelände aber, das den Stoff zur vollen Mittelmeerlandschaft abgibt, ist vielzackiges Bergland, das – gleichviel, ob es „hoch" ist oder nicht, ob seine Messung eine große Meterzahl ergibt oder eine geringe – ringsher das Sichtfeld und den Lebensraum umschränkt. Wenn die nordische Landschaft Weite und Richtung hat, so hat die Mittelmeerlandschaft Spannung. Alle Farben – auch der blaueste Himmel, so scheint es – haben hier etwas von Rot oder Gelb geschmeckt und mehren die Nähe und Spannung. Die Weite des Nordens ruft zur Überwindung des Raumes auf, die Spannung des Südens löst sich in einer Entladung. Sinnbild dafür sind die in den Kreis hinein gesammelten Wolken, die sich drängen, sich stoßen und sich dann plötzlich entladen. Es regnet nach Winterende fast nie im Mittelmeerlande, wenn aber, dann so heftig, daß alle Wege sogleich in Flüsse verwandelt sind. Nach einer Viertelstunde scheint die Sonne wie zuvor, und sehr bald herrscht wieder unendlicher Staub auf der Straße.

Die Berge des Südens sind kahl. Eine grelle Sonne liegt darüber, taucht alles in Grell und leuchtet in jede Spalte. Das Licht drängt sich auf, drängt sich ein, wohin wir schauen; gar manchmal entfuhr es mir dort: „Diese schamlose Sonne!" Da ist kein dämmernder Hochwald, der das Märchen birgt, da ist keine Nacht mit fließenden Nebelgebilden, mit „tausend Ungeheuern", da ist keine Burg mit raunender Sage umwoben, da ist alles klar, da ist alles nichts als Klarheit. Herrlich ragt die Akropolis über dem Lande, ein Wunder in Weiß auf Blau; sie erzählt uns ergreifende Dinge aus einer Zeit, von der hier nichts mehr hereinreicht in die Gegenwart: Sie erzählt uns manches, aber sie raunt uns nichts. Auch der Wind weiß kein Geheimnis, er schmeichelt. Selbst der Sturmwind schmeichelt noch, auch wenn er am Haare zerrt.

Wir sagten: Das Mittelmeerland lädt ein zu immerwährendem Verweilen; wir müssen weiter fragen: Wen lädt es ein? Den, der geboren ist aus dieser Landschaft und ihren Stil als seinen Stil in der Seele spürt: der sie in sich hat als seine innere Landschaft. Denn der nur vermag, im echten Sinne, zu „verweilen". Wenn aber Menschen, deren innere Landschaft der Norden ist, der Lockung des Südens folgen und dort verbleiben und siedeln, wie es in der Frühzeit nordischer Völker stammweise geschah, dann werden die ersten Geschlechter in einem, wenn auch unbewußten Gegensatz zu der artfremden Landschaft leben; allmählich wandelt sich dann der Stil der Seelen ab. Sie werden dadurch nicht ihre Rasse wechseln, sie werden nicht zu mittelländischen Menschen dadurch – in dem hier gebrauchten strengen Sinne des Wortes –; aber ihr nordischer Stil wird, innerhalb der Grenzen der Nordheit, eine Wandlung erfahren, die sie schließlich zu einer südlichen Spielart des nordischen Menschen macht. Die südliche Landschaft wird in ihren Augen nicht die gleiche sein wie in den Augen derer, welche die Kinder dieser Landschaft sind: Die Landschaft gewinnt in ihrem nordischen Schauen eine neue, nordeigene Gestalt. Die Landschaft bildet an der Seele, aber auch die Seele an der Landschaft. Und wenn dann beide, der Mittelländer und der südgesiedelte Norde, in dasselbe Gelände schauen, dann steht vor jedem eine andere Landschaft da. Bis schließlich die Blutsvermischung die Schranken einreißt und denen den Sieg, d. h. die Dauer, gibt, die diesem Boden entstammen.

Hier liegt das Schicksal der frühen Griechen, der Römer und aller südgesiedelten Völker nordischer Herkunft.

(...)

Bei Menschen nichtnordischer Rasse gilt der nordische Mensch oft als kalt und leidenschaftslos. Diese Begriffsverbindung – „kalt und leidenschaftslos" – verkennt in der Wurzel das Wesen der nordischen Seele. Dies eben ist kennzeichnend nordisch: äußere Kälte mit tiefster Leidenschaft zu verbinden oder doch verbinden zu können. Alle „Kälte" des nordischen Menschen strömt aus dem Abstand, der ihn trennt von seiner Umwelt und den er nicht verletzen kann, ohne seinen Stil, sein Artgesetz zu verletzen. Die Erlebensweise der nordischen Seele beschreiben, heißt also zunächst: die Möglichkeiten des Erlebens zeigen, die diesem Abstand entspringen. Eine Beschreibung der nordischen Seele hat zu beginnen mit einer Formenlehre des Ausgriffs im Abstand.

Wir gehen von Beispielen des Alltags aus. Treten nordische Menschen in einen Eisenbahnzug, so suchen sie sich mit großer Gründlichkeit den leersten Wagen aus und setzen sich dort womöglich auf eine Bank, wo sie keine Nachbarn finden. Geraten sie aber dennoch in die Enge und sind mit Nachbarn dichtgedrängt umgeben, so nehmen sie doch seelisch keine Fühlung mit ihnen außer durch äußere Höflichkeiten. „Sie erlauben, daß ich das Fenster öffne?", damit ist das Gespräch erschöpft für Stunden. Vielleicht verspüren sie gar wohl einen Drang zur Unterhaltung. Vielleicht finden sie großen Gefallen an ihrem Gegenüber, aber zwischen jedem Einzelnen und seinem Nachbarn liegt unüberwunden der Abstand, und so finden sie nicht den Rank zur Rede. Alles in der Welt überwindet der Norde eher als den Abstand von Mensch zu Mensch. Eigentlich überwinden kann er ihn überhaupt niemals: Der Abstand verbleibt bis zuletzt, auch in der innigsten Gemeinschaft.

Kommt ein Norde in eine Gastwirtschaft, so sucht er sich dort den letzten leeren Tisch. Findet er keinen, so kann es geschehen, daß er – seinem Hunger zum Trotz – die Wirtschaft verläßt und eine andere aufsucht, die er leer zu finden hofft. Wenn er vornehm ist, dann ist er empfindlich bei Tische: Die „gute" Gesellschaft nordischen Stiles hat sich besondere Regeln des Anstandes, eine strenge Tischzucht ausgebildet, die alles Sich-Gehen-Lassen ausschließt und so jeden Einzelnen vor Vertraulichkeiten in der Gebärde schützt. Verletzung dieser Tischzucht wirkt als Abstandsverletzung: Der Anstand verbürgt den Abstand. Der Gebrauch des Zahnstochers in Gesellschaft setzt erst im deutschen Süden und Osten ein, nimmt dann immer mehr zu und blüht in jenen Ländern, in denen auch andere Bedürfnisse öffentlich befriedigt werden; Verrichtungen, zu welchen sich der Norde von seinen Mitmenschen zurückzieht.

Der Norde trachtet danach, allein zu wohnen: allein mit seiner Sippe, in weitem Abstand vom Nachbarn. Selbst in der Sommerfrische trennt er sich ab, so gut er kann. Ich wohnte eine Zeitlang in einer alten Burg auf z. Zt. italienischem Boden, die – wie so viele ihrer Schwestern – heute als Sommergasthof betrieben wird. Da gab es weit verstreute Zimmer im alten Bau und eine Anzahl kleiner Türme in der Umgebung; und außerdem gab es einen Neubau, in dem die Zimmer dicht beieinander lagen. Die Türme und weit auseinanderliegenden Zimmer waren von Deutschen und Amerikanern besetzt, der Neubau von Italienern. In Miethäusern, wo die Mietsparteien schichtweise übereinander hausen und alle vertraulichsten Geräusche herüber und hinüber dringen, fühlt sich der Norde niemals wohl; am wenigsten gar in der Mietskaserne, wo manchmal zehn Menschen in eine Stube gedrängt sind. Da sind es die Nordischen, die zuerst verkümmern, die seelisch und schließlich auch leiblich zugrundegehen: Sie siechen hin am Verluste der Ferne und sterben am Mangel des Abstands. Der Norde kann so wenig ohne den äußeren und den inneren Abstand leben, wie der Fisch ohne Wasser. Zwischen den steinernen Wänden der Straßenzüge, die alle Ferne rauben, also in der Großstadt, können nordische Menschen nicht gedeihen. Sind sie nicht reich genug, ihr Heim hinaus zu verlegen, dann sind sie der seelischen Verkümmerung verfallen. Sie wissen es vielleicht nicht, der unbewußte Widerstand wird überwunden – dennoch erstickt die nordische Seele nach und nach: Was die Eltern gegen den Stil ihrer Seele gesündigt haben, das rächt sich an den Kindern. Keiner lebt ungestraft wider das Gesetz seiner Artung.

Der Stil des Abstandes bedingt es, daß der Norde ungestraft nicht leben kann in Räumen, die – von seinem Stilgesetze aus gesehen – eng sind. Beispiel dafür ist nicht allein die Großstadt, sondern auch das Hochgebirgstal und die hochwandige Meeresbucht. Im Schwarzwald zum Beispiel sind die geräumigen Täler, wie das Wiesental, und die Hochflächen alemannisch, also germanisch, besiedelt worden, während die engen Täler da und dort in den Händen der überwiegend ostischen Urbevölkerung verblieben sind. Der Unterschied der beiden Menschenarten fällt dort so stark ins Auge, daß ich schon als Knabe, eh ich von Rassen wußte, mich manchmal wunderte, daß auch diese Leute alemannische Mundart reden. Sie waren mir damals so fremd, daß ich aus ihrem Munde eine völlig fremde Sprache erwartete.

Nun kann es aber sein, daß Nordleute dennoch in engen Räumen wohnen. Dann hat dieses Wohnen seinen besonderen Sinn. Wir denken an die Anwohner der tiefeingeschnittenen Förden der norwegischen Küste. Dort wächst zu beiden Seiten die Bergwand ohne Übergang ganz jäh aus der See empor, so daß an den engsten Stellen die Sonne niemals hinabdringt. Siedlungen finden sich weit verstreut und selten, ganz nur dort, wo die Förde sich einmal weitet, sonst an der Bergwand, in irgend eine Stufe geschmiegt. Die Menschen fühlen sich da eingeschlossen und hingebannt und sehnen sich hinauf zur Höhe des Fjells und hinüber und hinaus, wo die engende Schranke fällt. Die Söhne, soweit sie noch echt sind,

gehen zur See oder wandern aus, und selbst die jungen Mädchen sind manchmal nicht zu halten.
(...)
Aber es gibt noch eine andere Enge für die nordische Seele, einen anderen Mangel an Ferne im Raume, der nicht so deutlich als solcher erfühlt wird wie die Enge nahgerückter Wände, der aber tiefer in die Seele wirkt. Ihn birgt der nordfremde Raum der südlichen Landschaft, jene „Nähe", von der wir im letzten Abschnitt sprachen: jene sonnige Nähe, die auf den Nordgewohnten erst so beseligend wirkt und ihm dann mehr und mehr – unmerklich vielleicht – den Atem abschnürt und ihm ein Heimweh nach der Weite schafft. Darum fanden die südgefahrenen Germanen nicht das in der Mittelmeerlandschaft, was diese – ihren eigenen Kindern! – zu geben vermag: das Glück des sonnigen Verweilens. Es trieb sie immer weiter und drängte sie hierhin und dorthin. Gerade vom Südland aus wurde von nordischen Menschen zum erstenmal die ganze Erde umgriffen. Wir denken an Marco Polo, den Venezianer, und an Columbus, den Genuesen: beides Männer mit nordischem Antlitz und mit nordischem Stil der Seele. Und nachdem erst das Beispiel gegeben war, ging es wie ein Sturm durch die Söhne des nordentstammten Adels, daß sie ausfuhren – von Portugal, von Spanien – einer nach dem andern, um die fernsten Teile der Welt den Blicken Europas und den Handelskontoren ihrer Völker zu erschließen. Sie waren die Enkel der Fernstgefahrenen unter den Germanen, die Enkel der Sueven und Goten, die vor Jahrhunderten sich die iberische Halbinsel unterworfen hatten. Mochte das Blut der Ahnen in den Enkeln nicht mehr rein, nicht ohne Einschlag südlichen Blutes sein, so war der nordische Stil des Erlebens in ihnen doch offenbar stärker als in vielen, deren Vorfahren den Norden niemals verlassen hatten.* Sie waren die Enkel der Ausfahrtfrohesten und also Ausgriffsmächtigsten unter den Germanen, die Enkel der Nordischsten unter den Nordischen. Es gibt ein Mehr und ein Weniger an Artvollkommenheit der Seele, und das bedeutet, auf die nordische Art gewendet: ein Mehr und ein Weniger der Ausgriffsmacht. Die höchste Steigerung eines artlichen Stiles wird durch Blutmischung nicht notwendig schon in den ersten Gliedern gebrochen oder geschwächt; ja, der nordische Stil des Ausgriffs kann sogar eine Verschroffung erfahren in der artgemischten Seele, weil er immerfort zum Streit genötigt ist wider das Fremde in der Seele und darum bewußter wird und sich gedrängt fühlt, seinen Bestand immer wieder vor sich selber zu bestätigen. Was die reinblütigen Väter aus dunklem Drange taten, das tun die Söhne und Enkel aus bewußterem Drange, und sie pflegen und steigern den Drang, um der Väter würdig zu bleiben. Freilich, je mehr von fremdem Blut eindringt in die Adern und Seelen der Spätgeborenen, desto mehr hängt das Vorbild der Väter gleichsam in der Luft, und desto mehr läßt auch die Spannung nach zwischen dem nordischen Stil der Seele und dem Stile der nordfremden Landschaft: jene Spannung, die gerade die Südgefahrenen mit gesteigerter Stoßkraft ins Weite trieb. Dennoch, das nordische Blut ist noch nicht völlig versiegt in den Völkern des Südens, und noch immer treibt es diese späten

* Es gibt nicht den geringsten Beweis, daß die Vorfahren von Männern wie Marco Polo und Kolumbus im Norden gelebt haben. Dies ist typisch für die Argumentation, rassische Vorurteile als Tatsachen zu präsentieren. G. L. M.

Nachfahren hinaus auf See. Unter den Seeleuten Italiens z. B. findet man noch heute gar manchmal Gestalten, die eigentlich an die Waterkant gehören.

Der nordische Stil des Ausgriffs in seiner letzten und kühnsten Steigerung zwingt dazu, den Begriff der nordischen Landschaft in einem eigentümlichen Sinne zu erweitern: in einem Sinne, den z. B. der Begriff der Mittelmeer-Landschaft nicht erträgt. Zur nordischen Landschaft in diesem weiteren Sinne wird der nordischen Seele zuletzt die ganze Erde, ja das gesamte Weltall; denn alles, schlechthin alles, strebt sie ja mit ihrem Ausgriff zu durchwirken und somit ihrem Stile einzuordnen, ihrem Gesetze zu unterwerfen. Alles, was von ihr noch nicht ergriffen und geprägt ist, liegt vor ihr als ein Neuland da – ihr Neuland – und muß entdeckt, erforscht, urbar gemacht und so erobert werden. Nur die Grenze des Möglichen läßt sie letzten Endes als ihre Grenze gelten. Ja, es kann geschehen, daß sie an dieser Grenze krank wird und sie zu überfliegen trachtet: eine kennzeichnend nordische Erkrankung.

Als die Oberfläche des Erdballs ringsum so weit beschritten war, daß auf der Erdkarte nur noch wenige kleine helle Flecken standen, also für die Entdeckung kaum mehr ein Stück Neuland blieb, da schlug der nordische Ferndrang andere Wege ein. War da kein neuer Raum mehr aufzufinden, so nahm er jetzt den Raum, den ganzen Erdraum, fester in seinen Griff. An die Stelle der Entdeckung trat die Erdumfassung. Hier gewinnt jener Schnelligkeitsdrang, von dem wir im vorigen Abschnitt sprachen, seinen fachlichen Sinn: Es ist der Drang, die gesamte Welt wie mit einem Griffe zu umfassen. Die dem nordischen Menschen stilgemäße seelische Heimat wird dennoch nur der Norden bleiben können; der nordische Mensch trägt ihn mit sich als seine innere Landschaft, wo immer er fahren oder siedeln mag. Wird er ihm innerlich untreu, so verliert er sich selbst, wird steuer- und ankerlos: vom Unternehmer zum rechnenden Raubtier, vom Helden zum Ungeheuer. Aber der Norden der Erde gibt ihm seit langem nicht mehr wirklichen Raum genug, sein leibliches Dasein stilgemäß zu entfalten: Aller Boden ist da besetzt und aufgeteilt, jeder kleinste Fleck ist auf ein Grundbuch bezogen. Es blieb der nordischen Seele, der raumbedürftigen, keine Wahl: Sie mußte die ganze Welt umschaffen nach ihrem Bilde und nach ihrer inneren Landschaft. Wenn heute der Zug auf Schienensträngen durch die Wüste rast, das Luftschiff von Erdteil zu Erdteil eine rasche Brücke schlägt und der Draht oder Funken in wenigen Augenblicken ein Geschehnis von Peking nach London meldet, so bedeutet dies, daß der Raumwille des nordischen Menschen über die natürliche Grenze seiner Landschaft hinausgegriffen hat und in den ganzen Erdball den Stempel seines Stiles schlägt. Denn all die anderen, die nichtnordischen Bewohner der Erde, die Mittelländer, die Morgenländer und weiterhin die Ostasiaten und selbst die Neger, sie alle müssen mittun, sie alle müssen nun auf nordisch ihre Räume beschreiten, und das bedeutet: Sie müssen ihre Eigenräume selbst aufgeben und mit dem Raume, dem Erdraum vertauschen, der jetzt ein nordisch gepflügter Acker ist. Sie müssen ihren Raum aufgeben und können es doch nicht, ohne sich selber aufzugeben, weil jede echte Art an den Stil ihres Raumes gebunden ist. Ein Chinese, der im Kraftwagen durchs Gelände rast, ist ein Unding wie ein Fasan, der sich den Flug und Griff des Adlers anmaßt, und ist dennoch eine Wirklichkeit. Mehr und mehr empfängt die Welt ein germanisches Außengepräge und zerstört damit das Eigengepräge ihrer nichtnordischen Arten. Fast die ganze Welt geht heute in germanischer Tracht. (Ich meine damit nicht allein die Kleidung, obschon auch der Sieg des germanischen Kleiderschnittes – die Langhose war schon zur Römerzeit die kennzeichnend germanische Kleidung – weit mehr bedeutet, als der oberflächliche Beschauer meint. Die Kleidung ist Ausdruck und bestimmt die Erscheinung des Leibes, der doch der erste und wichtigste Schauplatz der Seele ist: Es macht einen Unterschied, ob einer sich im Smoking bewegt oder im Kaftan.) Im Wesen der nordischen Seele liegt es beschlossen, daß sie die ganze Welt durchdringen muß mit ihrem Stile, daß sie vernorden und also verfälschen muß, was jenseits liegt von der natürlichen Grenze der Nordheit. Keine Nordbegeisterung darf darüber täuschen, daß die nordische Weltumspannung zwar notwendig ist aus dem nordischen Artgesetze, daß sie aber Verfälschung ist und Zerstörung, von dem Gesetz der Anderen aus betrachtet. Was auch der Norde bringt, es wird den Andern zu einem Kleide, das nicht für sie geschnitten ist und sie entstellt. Sie müssen ihren Gang verändern, um es zu tragen. Manche vermögen es, den nordischen Gang ganz täuschend nachzuahmen, aber sie werden nicht zu nordischen Menschen dadurch. Die Welt wird nordisch, das bedeutet: Unzählige verborgene Werte werden erschlossen und nutzbar gemacht – Erzlager, Ölquellen, Wasserkräfte, auch Tier- und Menschenkräfte – sie werden nutzbar gemacht im nordischen Sinne, sie werden Stoff in nordischer Hand, Stoff zu nordischer Gestaltung. Aber eben dadurch verlieren diese Menschenkräfte ihren eigenen Artwert; der nordische Stempel entwertet ihr inneres Wesen. Der Norde zieht hinaus als Kulturbringer und glaubt die Welt zu beschenken, und er hat gar oft sich selbst in dieser Rolle gefeiert, besonders in jüngster Zeit. Man hat ihn als einen Heiland gepriesen, der sich selber hinopfert für die Welt.

Ludwig Ferdinand Clauss. *Die nordische Seele. Eine Einführung in die Rassenseelenkunde.* München 1936[5]. S. 19–32.

Alfred Rosenberg

Der diesseitig orientierte Jude hat keine Seele.

Um noch einmal und immer wieder das bis jetzt Wichtigste zu wiederholen: In der Judenreligion fehlt der Glaube an ein übersinnliches Jenseits vollständig. Man hat sogar den fast sicheren Eindruck, als ob aus ihr im Laufe der Zeiten alles, was nur im geringsten an eine körperlose Fortdauer nach dem Tode hätte mahnen können, zielbewußt entfernt worden sei. Und einzig da in der Welt stehen die Juden mit dieser ihrer rein irdisch gerichteten Religion!! Nicht einen Augenblick vergesse man das; es ist ebenso bedeutungsvoll. Denn in dieser Ausnahmestellung liegt der Grund dafür, daß „eine solche Winkelnation", wie die Juden, die größten und glorreichsten Völker überlebte, aber auch weiterhin überleben wird, und zwar bis ans Ende aller Tage, bis die Erlösungsstunde der Menschheit schlägt. Eher wird das jüdische Volk nicht zugrundegehen. Die Welt erhält sich, wie wir sehen werden, nur durch Weltbejahung. Im jüdischen Volk stellt sich diese total rein, ohne jede Beimischung von Weltverneinung dar. Alle übrigen Völker, die es je gegeben hat und heutzutage gibt, hatten bzw. haben diese Beimischung, gekennzeichnet durch den Jenseitsgedanken, und sei es nur durch eine Spur davon. Schon diese bloße Spur hätte genügt oder würde genügen, der im Judenvolk verkörperten unvermengten Weltbejahung das nötige Gegengewicht zu verleihen. Denn das innere Licht – und der Glaube an die Unsterblichkeit ist das innere Licht – braucht, um zu wirken, durchaus nicht immer in hellster Glut zu strahlen; nur da muß es sein, nur nicht ausgelöscht darf es werden, sonst wäre die Menschheit auf ewig an die Erdenwelt verloren. Alles muß aber seine Zeit haben, was nur zu oft übersehen wird. Die Weltverneinung bedarf noch einer langen, um so zu wachsen, daß sie das dauernde Übergewicht über die Weltbejahung bekommt. Gegenwärtig scheint sie wieder auf den Nullpunkt zurückgesunken zu sein: Ihr Gegensatz, versinnbildlicht im Judenvolk, triumphiert wie noch nie; es sieht aus, als wäre auf Erden das innere Licht ganz verschwunden. Aber, um schon etwas vorzugreifen, es sieht nur so aus. Die Weltverneinung kann nicht untergehen, weil sie zum Wesen der Menschheitsseele gehört, diese aber unsterblich ist. Wo Unsterbliches wohnt, muß auch immer wieder die Sehnsucht nach dem Ewigen bzw. die Abkehr von der Zeitlichkeit auftauchen, also immer wieder die Weltverneinung in Erscheinung treten. Und das ist der Sinn der nichtjüdischen Völker: Sie sind die Bewahrer der Weltverneinung, des Jenseitsgedankens, auch wenn sie ihn noch so kümmerlich bewahren. Deshalb kann das eine oder das andere von ihnen ruhig zugrundegehen; das, worauf es ankommt, lebt in den Erben weiter. Wenn aber das Judenvolk unterginge, gäbe es keine Nation mehr, welche die Weltbejahung hochhielte: Das Ende aller Zeiten wäre gekommen.

Das wäre aber auch der Fall, schon wenn sich die zionistische Idee verwirklichte, d. h. wenn die gesamte Judenschaft sich zu einer staatlichen Einheit zusammenschlösse, sei es in Palästina oder anderswo. Eine solche Einheit der Juden hat es noch niemals gegeben; was hier doppelt und dreifach betont werden muß, sintemal es wenig bekannt ist. Längst vor der Zerstörung des Jerusalemer Tempels lebte ein gut Teil Juden in der Diaspora, d. h. zerstreut unter die „heidnischen" Völker; wie denn auch jedes Schulkind weiß, daß sie gleich zu Anfang ihrer Geschichte mitten unter den Ägyptern die „Gäste" spielten. Was nachher in Palästina entstand, war alles, nur kein Staatsgebilde, höchstens der Versuch zu einem solchen, wo nicht gar nur die Vorschule zur Ausbeutung bzw. Vernichtung der fremden Völker. Wie ein von jeher vorhandenes, über die weite Erde ausgebreitetes, unsichtbar zusammenhängendes Gewebe von Schleimpilzen (Plasmodium) kommt dem Juden Weininger[*] seine eigene Nation vor; und gerade diese Ausbreitung, bemerkt er sehr richtig (ohne es freilich zu begründen), läge in der Idee, im Wesen des Judentums. Das wird sofort klar, wenn wir wieder das Judenvolk als die Verkörperung der Weltbejahung ins Auge fassen. Ohne diese ist nichts Irdisches

---

[*] Otto Weininger (1880–1903) schrieb ‚Geschlecht und Charakter' (1903), das zu einem Klassiker wurde, nicht nur wegen des darin enthaltenen jüdischen Selbsthasses, sondern auch als rassistisches Buch. G. L. M.

denkbar, also auch kein Volk; und deshalb muß der Jude, der allein konsequente und demzufolge allein tragfähige Weltbejaher, überall, wo der übrige Mensch auch nur den geringsten Drang zur Weltüberwindung in sich trägt, als dessen noch immer notwendiges Gegengewicht zu finden sein, weil sonst jener Drang sofort zur Erfüllung gelangte und damit zwar nicht die Welt erlöste (denn das Judenvolk bliebe noch immer übrig), aber sie auf andere Weise vernichtete, durch das Ausscheiden der seelischen Kraft, ohne die sie ebensowenig bestehen kann. Dies freilich vermag ich erst später zu erläutern. Hier kam es nur darauf an, darzutun, daß die Welt nicht bestehen könnte, wenn die Juden für sich allein lebten, weshalb eine alte Prophezeiung den Untergang der Welt für den Tag verkündet, an dem die Juden den Palästinastaat gegründet haben würden.

Aus allem geht hervor, daß das Judentum zum Organismus der Menschheit gehört wie, sagen wir schon, bestimmte Bakterien zum menschlichen Leib, und zwar ebenso notwendigerweise wie diese. Unser Körper enthält, wie wir wissen, eine Menge kleiner Lebewesen, ohne die er, trotzdem sie an ihm zehren, zugrunde gehen müßte; und ähnlich bedarf auch die Menschheit des jüdischen Einschlages, um sich bis zur Erfüllung ihrer irdischen Mission lebenskräftig zu erhalten. Mit anderen Worten: Die an sich unheilvolle Weltbejahung, die sich im Judentum wie in der Reinkultur darstellt, ist, solange es Menschen gibt, die Bedingung ihres diesseitigen Daseins und von ihnen, als solchen, gar nicht wegzudenken; erst mit der Erlösung der gesamten Menschheit fällt sie in sich zusammen.

Wir müssen also die Juden unter uns schon als notwendiges Übel hinnehmen, wer weiß, wie viele Jahrtausende noch. Aber wie unser Leib verkümmerte, wenn jene Bakterien sich über das zuträgliche Maß in ihm entwickelten, so würde auch, um einen kleineren Kreis zu beschreiben, unser Volk allmählich dem geistigen Siechtum verfallen, wenn ihm der Jude über den Kopf wüchse. Daß dieser, was der Zionismus will oder wenigstens zu wollen vorgibt, uns ganz verließe, wäre ebenso verhängnisvoll, wie daß er uns beherrschte. Die Sendung des deutschen Volkes endigt, das ist meine feste Überzeugung, mit der letzten Stunde der Menschheit, wohin wir aber nie gelangen könnten, wenn uns vorher die Weltbejahung, der Jude unter uns, abhanden käme; weil ohne Weltbejahung kein Dasein möglich ist. Anderseits wieder, wenn uns der Jude dauernd überwucherte, würden wir nie in die Lage kommen, unsere Bestimmung, die in der Erlösung der Welt besteht, zu erfüllen, sondern würden, rund herausgesagt, dem Irrsinn verfallen; denn reine Weltbejahung, als der hemmungslose Wille zum nichtigen Dasein, führt zu keinem anderen Ziel. Buchstäblich auf das Nichts liefe sie hinaus, auf die Vernichtung nicht bloß des irdischen Scheines, sondern auch des wahrhaft Seienden, des Seelischen. An sich betrachtet, stellt der Jude gar nichts anderes dar als diesen blinden Willen zur Vernichtung, den Wahnsinn der Menschheit. Es ist bekannt, daß gerade das jüdische Volk besonders stark unter der Geisteskrankheit zu leiden hat; warum, haben wir wohl jetzt herausgefühlt. „Durch Wahn beherrscht", sagt Schopenhauer von ihm.
(...)

Um die Entseelung der Welt, um nichts anderes, ist es diesem zu tun, sie aber wäre gleichbedeutend mit ihrer Vernichtung.

Darauf läuft schon jetzt, während die Juden noch unter uns wohnen, alles hinaus, was sie unternehmen, und muß es. Die Entseelung der Menschheit ist ihr Ziel. Deshalb suchen sie jede Form zu zerbrechen, hinter der die lebendige Seele wirkt; weil sie als Erzmaterialisten der irrsinnigen Meinung sind, das von ihnen nur dunkel Geahnte, eben das Seelische, sei auf Tod und Leben mit der Form verknüpft und müßte zugleich mit ihr untergehen. Deshalb sind sie auch samt und sonders Anarchisten, bewußt oder unbewußt; ja, sie können gar nichts anderes sein als Widersacher der Ordnung und des Rechts, weil diese beiden in unvergleichlicher Weise das strahlende Gepräge einer reineren Welt an sich tragen. Himmelstochter nennt Schiller die Ordnung, und auch für die göttliche Herkunft des Rechtes finden sich bei ihm, namentlich aber bei Goethe, ungezählte Belege.

Ohne Ordnung und Recht läßt sich aber kein Staatsgedanke verwirklichen; sie sind die unerläßliche Grundlage dazu. Schon deshalb kann der Jude, ihr Todfeind, einen lebensfähigen Palästinastaat niemals schaffen. Was daraus würde, wäre wiederum das Chaos, denn dieses Wort heißt, richtig übersetzt, die unendliche Leere, auf Deutsch, das Nichts.

Alfred Rosenberg (Hrsg.), *Dietrich Eckart. Ein Vermächtnis.* München 1935³. S. 214–219.

Jakob Graf

Familienkunde und Rassenbiologie für Schüler
– Der Arier: Kreative Kraft in der Geschichte der Menschheit –

Schon im zweiten Jahrtausend v. Chr. drangen die Arier (nordische Rasse) in Indien ein und begründeten dort die arische Kultur. Ein verwandter Zweig der Arier schuf die Grundlage zur Macht und Blüte des alten Perserreichs. Ebenso geht die althellenische Kultur auf das Blut nordischer Einwanderer zurück. Überlieferte Bildwerke sowie die Schilderungen aus jener Zeit legen Zeugnis dafür ab, daß die Hellenen, solange sie ihre Rasse rein erhalten hatten, hochwüchsige, hellhäutige, helläugige und blonde Menschen waren. Das römische Weltreich wurde von den mit den Kelten verwandten Italikern begründet. Mit der Entnordung, d. h. mit dem Dahinschwinden des nordischen Blutes war auch das Schicksal dieser stolzen Reiche besiegelt. Auch die Goten, Franken, Vandalen und Normannen waren Völker nordischen Blutes. Nicht im oströmischen, sondern nur im weströmischen Reich gab es eine Wiederbelebungszeit (Renaissance), weil hier in Gestalt der Langobarden nordisches Blut seine Schöpferkraft entfaltete. Überreste der Westgoten waren es, die ein spanisches Weltreich schufen. Die Ausbreitung des Christentums in Nord- und Osteuropa wurde in der Hauptsache von nordischen Menschen getragen, und in der Reformation fand nordische Sehnsucht nach Freiheit des Geistes einen machtvollen Ausdruck. Nordische Tatkraft und Kühnheit verschafften kleinen Staaten wie den Niederlanden und Schweden Macht und Ansehen. Nachkommen von den nordischen Franken, Goten und Germanen schufen die Macht und Größe Frankreichs in den verflossenen Jahrhunderten, und auch das russische Reich wurde von Normannen begründet. Die Erschließung von Nordamerika, Südafrika und Australien wurde von den Angelsachsen, den Nachkommen der Sachsen und Normannen, mit beispiellosem Erfolge durchgeführt. Überall hat nordische Schöpferkraft mächtige Reiche mit hoher Gesittung erstehen lassen, und über einen großen Teil der Erde sind heute noch arische Sprachen und Kulturgüter verbreitet, obwohl das schöpferische nordische Blut an vielen Stellen längst wieder dahingeschwunden ist. Die rassenkundliche Geschichtsforschung hat bewiesen, daß die nordische Rasse viel mehr hochbegabte Menschen stellt als jede andere Rasse.

Nordische Kühnheit bedingt nicht nur die kriegerischen Leistungen nordisch bestimmter Völker, sondern sie ist auch die Voraussetzung der mutigen Bekenntnisse zu neuen großen Gedanken.

Anleitung zu rassenseelenkundlichen Beobachtungen

Aufgaben: 1. Stelle auch die seelischen Merkmale der einzelnen Rassen übersichtlich zusammen.

2. Sammle aus Erzählungen, Beschreibungen und Gedichten Abschriften von rassenseelenkundlichen Schilderungen. Unterstreiche diejenigen Ausdrücke, durch welche die Art und Weise des seelischen Ausdrucks dargestellt wird.

Aus welchen Mienen, Gebärden und Bewegungen kann man auf eine ganz bestimmte rassenseelische Haltung schließen?

3. Stelle auch fest, welche körperlichen Merkmale mit ganz bestimmten seelischen Wesenszügen bei den einzelnen Gestalten Hand in Hand gehen.

4. Versuche an der inneren Haltung der in Erzählungen und Dichtungen geschilderten Gestalten den eigentlichen rassenseelischen Wesenskern zu ergründen.

5. Übertrage diese Beobachtungsweise auch auf die Personen deiner Umgebung.

6. Sammle für deine Rassenmappe Werbebilder und Karikaturen. Ordne diese nach rassischen Gesichtspunkten. Welches Schönheitsbild wird vom Zeichner unbewußt hervorgehoben a) bei Werbebildern für Sport und Reisen? b) bei Werbebildern für Schönheitsmittel? Wie werden Jäger, Bergsteiger und Hirten der Alpen gezeichnet?

7. Sammle aus bebilderten Zeitschriften, Zeitungen usw. die Bilder von Erfindern, großen Gelehrten, Staatsmännern, Künstlern und von solchen Personen, die sich durch besondere Leistungen (z. B. im Wirtschaftsleben, in Politik, Sport usw.) ausgezeichnet haben. – Stelle nach den leiblichen Merkmalen die vorwiegende Rasse und den Einschlag fest. Wiederhole diese Übung an den Bildern großer Männer aller Völker und aller Zeiten.

8. Achte beim Betrachten von Denkmälern, Büsten usw. auch auf die Rasse des Dargestellten in Gestalt, Haltung und körperlicher Beschaffenheit. Versuche diese Feststellungen mit dem Rassenseelischen in Einklang zu bringen.

9. Beobachte die Menschen, an denen dir besondere Rassenmerkmale auffallen, auch in ihrer Haltung, im Gang, beim Sprechen, ferner ihre Mienen und Gesten.

10. Beobachte am Juden: Gang, Haltung, Gebärden und Bewegungen beim Sprechen.

11. Was fällt dir im Sprechen und Singen des Juden auf?

12. Welche Berufe üben die dir bekannten Juden aus?

13. In welchen Berufen sind die Juden nicht vertreten? Erkläre diese Erscheinung aus dem seelischen Wesen des Juden.

14. In welchen Erzählungen, Beschreibungen und Dichtungen wird das seelische Wesen des Juden zutreffend geschildert? (Der Jude im Dorn, Grimms Märchen; Soll und Haben, von Gustav Freytag; Ut mine Stromtid, von Fritz Reuter; Der Hungerpastor, von Wilhelm Raabe; Der Kaufmann von Venedig, von Shakespeare.) Nenne weitere Beispiele.

Jakob Graf, *Familienkunde und Rassenbiologie für Schüler*. München 1935². S. 107, 114–115.

Paul Brohmer

Die Neue Biologie: Einübung in Rassenbürgerschaft

Wie kam es eigentlich, daß Darwins Lehre seine Zeitgenossen so gewaltig aufrüttelte, daß leidenschaftliche Kämpfe um das Für und Wider der neuen Theorie entbrannten? Die Fachgenossen haben sich sehr bald der einen oder anderen Schattierung der Abstammungslehre angeschlossen. (...) Dabei war der Erfolg davon abhängig, daß das ganze Naturgeschehen auf eine einzige Formel gebracht wurde, durch die alles erklärt wurde. (...) Dazu kam der Wille zu mechanistischen Erklärungen alles Geschehens, wie er sich auch in der positivistischen Philosophie ausdrückt. Darwins Lehre ist aber rein mechanistisch; (...).

Von dem pädagogischen Standpunkt aus, der in der Erziehung zu volklichem Denken und Wollen die Aufgabe der Schule sieht, kann man gegen die Übertragung der Gedankenwelt des Darwinismus in den Biologieunterricht der Schule einwenden, daß derartige Belehrungen kaum erziehlich wirken. Sie sind gewissermaßen international, denn sie suchen die Erscheinungen, an denen die Gesetze der Abstammungslehre bewiesen werden sollen, in aller Herren Ländern. So kommt es, daß die Schulbücher fast mehr ausländische Tiere und Pflanzen behandeln als einheimische; die Auswahl wird unter dem Gesichtswinkel getroffen, wo die betreffenden Erscheinungen, z. B. Mimikry, Schutzfärbung, Anpassung, am besten erkannt werden können, und so lernt der Schüler wohl den indischen Blattschmetterling, die Stabheuschrecken und das wandelnde Blatt kennen, aber nicht die Schädlinge, die im eigenen Obstgarten die Ernte vernichten oder auf den Feldern der deutschen Landwirtschaft ungeheure Verluste zufügen, er weiß vielleicht Bescheid über die australischen Kloaken- und Beuteltiere, kennt aber kaum die häufigsten Tiere und Pflanzen der Heimatnatur.

Ein solches Wissen taugt allenfalls für den Spezialforscher, aber nicht für den deutschen Menschen, der auf dem Gebiete der Biologie nicht Fachmann ist. Es ist nicht zuviel behauptet, wenn man sagt, daß sehr viele Lehrstoffe der Biologie lebens-, heimat- und volksfremd sind. Und die Ursache für diese Fehlentwicklung des Biologieunterrichts liegt zum großen Teil darin begründet, daß man aus der Zeitströmung heraus die darwinistischen Gedankengänge zum Hauptinhalt des Schulunterrichts gemacht hat.

(...)

Die Hineinnahme von physiologischen Gesichtspunkten in den biologischen Unterricht führt, wie gesagt, zu einem facheigenen Verfahren, zu einer arbeitsunterrichtlichen Ausgestaltung der Biologie als Schulfach. In diesem Sinne ist in den letzten Jahren schon viel gebessert worden. Hier liegt aber gar nicht das Wesentliche. Es kommt doch nicht nur auf eine Verbesserung des Unterrichtsverfahrens an, sondern vielmehr auf eine *Umgestaltung des Inhaltes unseres Faches*, auf das Hinführen des Schülers zu einer neuen Naturauffassung! In diesem Sinne müssen auch die Belehrungen aus der Physiologie angesetzt werden. Es ist uns also nicht damit gedient, daß eine Anzahl physiologischer Versuche sozusagen anhangsweise ausgeführt und ausgewertet wird, sondern auch hier muß der Schüler von Anfang an zur *Ganzheitsschau* – nicht etwa zu einem Enzyklopädismus – geführt werden. Er muß erkennen und fühlen, daß hinter der Einzelleistung ein sinnvoller Plan, der ganze Organismus steht. Nehmen wir z. B. einen Versuch über die Umwandlung der Stärke in Zucker durch den Mundspeichel. Das ist ja nicht eine beliebige interessante Tatsache, sondern hier liegt eine Leistung vor, die im Dienste der Gesamterhaltung des Organismus steht. Oder betrachten wir den Sehvorgang: das Auge allein kann keine Gesichtsbilder erzeugen, eine Fülle von Organen muß dabei mitwirken, wie wir es früher dargelegt haben. Das Sehen ist also eine Leistung, die vom Gesamtorganismus bewirkt wird.

Zwei *Wege der physiologischen Ganzheitsbetrachtung* zeigen uns diese Beispiele: einmal daß die Leistung im Dienste des Ganzen steht, dann daß sie vom Ganzen getätigt wird. Es verflechten sich also zwei ganzheitliche Betrachtungsweisen: die Auffassung jedes Geschehens als eines planmäßigen, als Teil der Ganzheitsleistung, und der Auffassung des Lebewesens als einer Ganzheit, eines Organismus, in dem jedes Geschehen durch eine sinnvolle Planung bedingt und geregelt wird. Führen wir den Schüler immer wieder an konkreten Beispielen zu dieser ganzheitlichen Naturauffassung, so haben wir ihm wenigstens auf diesem Teilgebiete der Biologie eine neuzeitliche Betrachtungsweise vermittelt und die Grundlage für ein volksorganisches Denken gewonnen. Selbstverständlich muß dies auch in den anderen Zweigen unseres Faches geschehen; (...).

Eine große Bedeutung der Betonung physiologischer Gedankengänge im pflanzen- und tierkundlichen Unterricht ist ferner darin zu erblicken, daß durch sie die neuzugestaltende *Menschenkunde* vorbereitet wird. Die physiologischen Vorgänge, die der Schüler an Pflanzen und Tieren kennenlernt, schaffen eine Grundlage für das Verständnis der entsprechenden Vorgänge beim Menschen. Im eigentlichen menschenkundlichen Unterricht ist aber eine starke Berücksichtigung der

Physiologie notwendig, weil durch derartige Erkenntnisse der Boden für hygienische Belehrungen bereitet wird, und eine Aufgabe dieses Zweiges des Biologieunterrichts ist ja eine Anleitung zu vernünftiger Lebensführung. Die *Individualhygiene* ist aber wiederum die Voraussetzung für die so wichtige *Rassenhygiene*. So hängt die Berücksichtigung der Physiologie ebenfalls mit dieser Frage zusammen. Ihre erfolgreiche Behandlung ist aber nur möglich von einer Ganzheitsschau aus, die in allen Teilen des Biologieunterrichts zum Ausdruck kommen muß. (. . .).

Weit stärker als in jedem anderen Zweige des Biologieunterrichts wird der Ganzheitsgedanke bei der unterrichtlichen Behandlung der *Lebensgemeinschaften* klar. (. . .) Leider ist er von vielen Methodikern ganz äußerlich als Prinzip der Stoffanordnung aufgefaßt worden. Er ist mehr; hinter ihm steht die Abkehr von einer veralteten Forschungsrichtung, steht das Streben nach einer Ganzheitsschau und nach facheigenen Unterrichtswegen, nach einer heimatlichen Gestaltung des Biologieunterrichts und nach dem Aufdecken innerer Zusammenhänge im Geschehen des Lebens; er führt zu einer überindividualistischen Natur- und Lebensauffassung und läßt den Schüler den Volksorganismus als eine den Lebensgesetzen unterworfene Ganzheit erkennen. Der Stoffkreislauf in der geschlossenen Lebensgemeinschaft zeigt eine sinnvolle Planung im großen Naturgeschehen, und wenn wir zu der Erkenntnis gelangen, daß die ganze Erde ein Lebensraum mit einer Lebensgemeinschaft ist, dann ahnen wir letzte Zusammenhänge, dann gelangen wir zu einer Naturauffassung, die dem religiösen Erleben nicht widerspricht.

Wir haben bereits in dem Abschnitt über die Lehre von den Lebensgemeinschaften darauf hingewiesen, daß die Einführung in diese Betrachtungsweise im Sinne einer völkischen Erziehung liegt. Wir wenden uns von der Erarbeitung biozönotischer Erkenntnisse aus an das Gemütsleben des Schülers: er muß Deutschland als seinen Lebensraum, sich als Glied der deutschen Lebens- und Schicksalsgemeinschaft erfassen und alle deutschen Menschen als Blutsverwandte, als seine Brüder betrachten. Erreichen wir dieses Ziel, dann versinken die früheren Partei- und Standestrennungen in ein Nichts, dann ist mehr für die nationalpolitische Erziehung getan als mit der Kenntnis der Verfassung und der Verwaltungseinrichtungen.

Weil gerade die Lehre von den Lebensgemeinschaften für die biologische Erkenntnisbildung und für die Erziehung zu volksorganischem Denken so bedeutungsvoll ist, ist es zweckmäßig, den *Lehrplan* auf diesem Gedanken aufzubauen. Wenn wir hinausgehen ins Freie, treten uns die Tiere und Pflanzen ständig in ihrem Lebensraum entgegen, in dem sie Lebensgemeinschaften bilden. Nicht das System gibt die natürliche Anordnung der Lebewesen, sondern der Lebensraum. Er stellt aber nicht nur eine äußere Zusammengehörigkeit her, sondern verknüpft seine Insassen mit unlösbaren Banden. Wer im Unterricht den Lebensgemeinschaftsgedanken nur als Grundsatz der Stoffanordnung benutzt, der hat den tieferen Sinn der Biozönotik nicht erfaßt, der steht an einem tiefen Brunnen mit köstlichem Wasser und schöpft nicht aus ihm, obwohl seine Begleiter von Durst gepeinigt werden. Es gilt also, den Schülern die Werte zu erschließen, die wir in unseren früheren Ausführungen aufgezeigt haben.

Daneben ergeben sich Wirkungen, die vom didaktischen Standpunkte aus gesehen nicht zu verachten sind. Einmal zwingt der im Sinne des Lebensgemeinschaftsgedankens erteilte Unterricht den Lehrer, mit seinen Schülern oft *ins Freie* zu gehen und Beobachtungen für die späteren Auswertungen zu sammeln. Es wird also eine wirkliche Lehre vom Leben angestrebt und nicht eine Anhäufung von Wissen, das an »Tiergeripp und Totenbein« erworben wird. Museumsbiologie hat wenig Berechtigung in dem von uns angestrebten Unterricht. Auch das *Bild*, das noch immer einen Naturersatz in vielen Unterrichtsstunden abgeben muß, wird in den meisten Fällen entbehrlich; es dient wohl noch zur Ergänzung des Geschauten, ist aber nicht mehr die Quelle für die Bildung von Anschauungen.

Es genügt nicht, daß eine Lebensgemeinschaft, z. B. der Buchenwald, einmal durchwandert wird, vielmehr muß man ihn in jeder Jahreszeit wenigstens einmal besuchen. Wie anders wirkt er im Vorfrühling auf uns ein, wenn ein Teppich von Anemonen seinen Boden bedeckt, als im Hochsommer, wenn in ihm ein geheimnisvolles Dunkel herrscht, wenn er uns als Dom mit hohen, schlanken Säulen erscheint! Wer die Stimmung der Landschaft, ihre Seele, in sich aufnimmt, der gewinnt seine Heimat lieb, und *Heimatliebe* wollen und können wir gerade mit Hilfe des Lebensgemeinschaftsgedankens erwecken. Daß wir uns nicht mit der Erziehung zur Heimatliebe begnügen, sondern unser Ziel in der Liebe zum Volk und in der Bereitschaft zum Dienst am Volk sehen, ist bei unserer Einstellung selbstverständlich.

Die mehrmalige Durchwanderung einer Lebensgemeinschaft ist notwendig, wenn wir den Kreislauf der Stoffe, der in ihr abläuft, voll erfassen wollen. In diesem Kreislauf spielen ja die jahreszeitlichen Veränderungen der Welt der Lebewesen eine wichtige Rolle. Daraus ergibt sich eine methodische Folgerung von großer Tragweite. Es ist für die meisten Schulen nicht angängig, daß im Laufe eines Schuljahres nur eine einzige Lebensgemeinschaft behandelt wird. Einer solchen Maßnahme, die zwar eine sehr gründliche Untersuchung eines Lebensraumes mit seinen Bewohnern bedeuten würde, stehen die Forderungen des Lebens gegenüber, die eine gewisse Vielseitigkeit verlangen. Nach meinen Erfahrungen ist es sehr gut möglich, in *einem Schuljahre drei* bis *vier Lebensgemeinschaften* zu behandeln, wobei man die eine mehr als die andere betonen kann. Will man jede dieser Lebensgemeinschaften in jeder Jahreszeit wenigstens einmal besuchen, dann ist es unmöglich, die einzelnen Lebensgemeinschaften als abgeschlossene Lehrgebiete zu behandeln, also etwa die eine im ersten Vierteljahr, die zweite im nächsten usf. Vielmehr läuft die Behandlung der drei oder vier Lebensgemeinschaften, die der Lehrplan für das Schuljahr nennt, parallel nebeneinander. Diese Maßnahme gestattet zugleich, daß im Sommer vorwiegend Beobachtungen gesammelt werden, während der Winter mehr der Auswertung dient.

(...)

Eine andere Umstellung des Biologieunterrichts, die er vollziehen muß, wenn er seinen Bildungswert erhöhen will, betrifft die *Stellung des Menschen* in unserm Fache. Schlagen wir eins der üblichen Schulbücher auf, so bildet dort die Menschenkunde einen Anhang an die Biologie, der Mensch wird etwas ausführlicher als ein beliebiges Säugetier, aber nach den gleichen Gesichtspunkten behandelt. Nur werden auf die Erkenntnisse über Bau und Leistungen der Organe einige Gesundheitsregeln aufgebaut, und man hat den Ausdruck geprägt, der Sinn des menschenkundlichen Unterrichts sei eine Anleitung zu vernünftiger Lebensweise. Zwar muß die Menschenkunde in der Schule auch diese Aufgabe erfüllen, aber sie fördert damit nur ein individuelles Leistungswissen, bringt jedoch keinen Zuwachs an Bildungswissen und an religiöser Bildung. (...) Außerdem muß das individuelle Leistungswissen durch ein überindividuelles ergänzt werden, denn der deutsche Mensch darf nicht nur an sich denken, sondern muß seine Aufgabe im Dienst am Volk sehen.

Wir wollen, daß der Mensch nicht nur Objekt der Naturbetrachtung ist, sondern daß er als Subjekt in die biologische Naturbetrachtung gestellt wird. Gewiß braucht jeder Mensch eine Summe von Kenntnissen über den Bau und die Leistungen seiner Körperwerkzeuge, und er muß auch wissen, wie er sich gesund hält. So ist die methodische Forderung zu begrüßen, daß der menschenkundliche Unterricht ständig durch den biologischen vorbereitet werde. Man kann also, wie wir oben ausführen, z. B. das Wesen der Verdauung, der Atmung usw. schon in der Tierkunde erarbeiten lassen und dann in der Menschenkunde darauf zurückgreifen. Auch die Pflanzenkunde bietet vielfach Gelegenheiten zur Vorbereitung menschenkundlicher Erkenntnisse. (...)

Darüber hinaus muß die *Stellung des Menschen zur Natur* ständig im biologischen Unterricht erörtert werden. Gerade wenn wir das Lehrgut nach lebensgemeinschaftlichen Gesichtspunkten anordnen, ist das leicht möglich. An den Anfang werden wir – wir fassen ja den Begriff Lebensgemeinschaft sehr weit – das Gebiet „Haus und Hof" stellen. In ihm ist der Mensch der Herr; er hat die Tiere und Pflanzen, die er zu seinem Nutzen oder zu seiner Freude hält, in sein Heim gebracht, er gibt ihnen Obdach, Nahrung und Pflege, er hat sie durch Züchtung geändert und gebietet über ihr Leben und ihren Tod. Ohne ihn müssen die meisten Lebewesen, die er als Haustiere oder Zimmerpflanzen hält, zugrunde gehen. Hier können wir schon auf eine Einstellung des Menschen zur lebendigen Natur in elementarer Weise eingehen. In dieser Lebensgemeinschaft tritt uns vor allem der Wille zur Beherrschung der Natur entgegen, der Nützlichkeitsstandpunkt, daneben aber auch die Freude an der Schönheit der Naturdinge und die Naturliebe; ich lehne also auch eine ästhetische und ethische Naturbetrachtung nicht rundweg ab, Endziel muß aber die völkische Erziehung sein.

Man könnte meinen, daß wir mit dem „menschenkundlichen Gedanken", wie ich die Betonung der Menschenkunde im Biologieunterricht kurz bezeichnen möchte, zu dem mit Recht bekämpften *anthropozentrischen Standpunkt* zurückkehren wollen, oder daß wir einer *Nützlichkeitspädagogik* das Wort reden, indem wir die Haustiere, die Nutzpflanzen und ihre Schädlinge, in der Menschenkunde die Individual- und Rassenhygiene eingehender behandeln, als es sonst üblich war. Anthropozentrisch ist es, wenn man annimmt, die Natur sei nur für den Menschen geschaffen. Diese Einstellung lehnen wir entschieden ab; nach unserer Naturauffassung ist der Mensch ein Glied der lebendigen Natur wie jedes andere Lebewesen

auch. Andererseits ist es eine Tatsache, daß sich der Mensch zum Herrn der Natur gemacht hat, und daß er immer mehr bestrebt sein wird, sein Reich auszubauen. Dazu muß auch der naturwissenschaftliche Unterricht beitragen. Er hat also nicht nur die Aufgabe, theoretische Erkenntnisse zu vermitteln, die Freude an der Natur zu pflegen, Heimat- und Vaterlandsliebe zu wecken, sondern er hat daneben praktische Ziele. Wenn man dies als Nützlichkeitspädagogik bezeichnen will, mag man es tun. Wir halten einen Biologieunterricht für verfehlt, der nicht die Fragen der Land-, Forst- und Gartenwirtschaft sowie der Fischerei berücksichtigt, der also dem praktischen Leben unseres Volkes fremd gegenübersteht. Die Schule ist kein Forschungsinstitut, sondern eine Einrichtung, die deutsche Menschen erziehen will, und diese sollen im deutschen Volksleben ihren Mann stehen. So fern uns ein einseitiger Nützlichkeitsstandpunkt liegt, so fern liegt uns eine lebensfremde Erziehungswissenschaft.
(...)

Noch wichtiger erscheint mir die oben kurz angedeutete Aufgabe des biologischen Unterrichts, die sich durch die Einstellung auf den Lebensgemeinschaftsgedanken lösen läßt. Sie soll hier noch einmal von anderem Gedankengange aus angefaßt werden. Wir sagten, der Schüler müsse zu der Auffassung geführt werden, daß Deutschland sein Lebensraum ist, an den er durch die Bande des Blutes geknüpft ist. Wir haben ausführlich dargelegt, daß die biozönotische Betrachtungsweise lehrt, daß die Lebewesen eines Lebensraumes voneinander und vom Ganzen abhängig sind, und daß jedes Glied eine unentbehrliche Teilarbeit im Geschehen des Ganzen zu leisten hat. Wird diese Erkenntnis auf das menschliche Gemeinschaftsleben übertragen, fühlt sich der werdende Volksgenosse als Glied der deutschen Lebensgemeinschaft, ist er dabei erfüllt von der Idee der Blutsverwandtschaft aller Deutschen, so kann der Klassengegensatz und der Klassenhaß nicht die schroffen Formen annehmen, wie es vielfach infolge Verkennung der tatsächlichen Verbundenheit aller Stände der Fall war. Faßt jeder Deutsche erst einmal Deutschland als seinen Lebensraum auf, fühlt er sich als Glied der deutschen Lebensgemeinschaft, dann muß er mit dem Bewußtsein erfüllt werden, daß jeder einzelne im Kreislauf der Stoffe der Lebensgemeinschaft, in die er hineingeboren ist, seine notwendige Aufgabe zu erfüllen hat. Dadurch wird eine *überindividualistische Gesinnung* geschaffen, die die beste Grundlage für die nationalpolitische Erziehung abgibt, ja, man kann sagen, daß sie ihre tiefste Erfüllung gefunden hat, wenn sich diese Haltung in Handeln umsetzt.

In gleicher Richtung an der nationalen Erziehung des Schülers arbeitet die *Rassenhygiene*. Wenn sie auch die Krönung des Biologieunterrichts darstellt, so sollten doch ihre Gedanken von Anfang an den Biologieunterricht aller Schularten durchdringen und nicht erst in der Menschenkunde, die den Abschluß der Biologie bildet, zur Erörterung gelangen. Immer wieder muß im Unterricht betont werden, daß die biologischen Gesetze, die man an Tieren und Pflanzen ermittelt hat, auch für den Menschen gelten, daß man also die Erkenntnisse, die man z. B. über die Vererbungserscheinungen bei diesen Lebewesen erarbeitet hat, in allgemeiner Weise auf den Menschen übertragen kann. Wenn der Unterricht also auf Tier- und

Pflanzenzüchtung eingeht, kann er wirksam rassenbiologische Anschauungen vorbereiten. Eine abschließende Erörterung dieser Fragen wird allerdings erst die Menschenkunde bringen.

Es kommt dabei gar nicht so sehr darauf an, daß der Schüler über alle Fragen der Eugenik Bescheid weiß, sondern daß Motive für sein Handeln gebildet werden. Die Rassenhygiene ist für die Schule ganz besonders wertvoll wegen ihrer erziehlichen Bedeutung. Schafft die Betonung des Lebensgemeinschaftsgedankens ein Fühlen der Zugehörigkeit zu unserem Volk und Staat, so die Rassenhygiene das *Wollen*, sich mit Leib und Seele für das Gedeihen und die Gesundung dieser Lebensgemeinschaft einzusetzen.

Hier ist auch der Ort, vom biologischen Standpunkt aus auf den *Wert der Familie* einzugehen und den durch manche neueren Pädagogen arg vernachlässigten Familiensinn zu heben. Ist doch die Familie die kleinste Lebensgemeinschaft, bildet sie doch die Keimzelle des Staates. Gehen wir auf diese Fragen ein, so vereinigen sich Gesichtspunkte der Individual- und Rassenhygiene, der Vererbungslehre und der Sexualerziehung zu einem sinnvollen Ganzen, wie überhaupt der Biologieunterricht, der bisher in eine zusammenhangslose Fülle von Einzelgebieten zerfiel, bei Durchführung unserer Bestrebungen zu einer Einheit zusammengeschweißt wird. Es kommt uns bei diesen Darlegungen über die Familie jedoch weniger darauf an, daß der Schüler eine Vermehrung seiner Erkenntnisse erhält, als daß er mit einem Verantwortungsgefühl erfüllt wird, daß er ahnt, daß der tiefste Sinn des menschlichen Lebens darin liegt, in seinen Kindern über sich selbst hinauszuleben, und daß er seinen Kindern nichts Besseres mitgeben kann als das von seinen Ahnen empfangene deutsche Erbgut, daß er aber seine Nachkommen durch eine Rassenmischung sehr ungünstig belasten kann. Wir bauen also eine *biologische Familienurkunde* auf.

Diese Gedankengänge führen zu einer *Rassenkunde des deutschen Volkes*, über die wir bereits früher einige pädagogische Bemerkungen gemacht haben. Zu erörtern wäre nur noch, wo sie ihren Platz finden soll. Wie wir ausgeführt haben, wird sie bereits in der Tier- und Pflanzenkunde vorbereitet. Der Abschluß erfolgt im menschenkundlichen Unterricht. Und nun noch ein Wort über das Ziel der Rassenkunde: wenig Wert haben die Kenntnisse über die körperlichen und seelischen Merkmale der einzelnen Rassen, wenn sie nicht zu dem festen Wollen führen, der rassischen Verschlechterung des deutschen Volkes entgegenzuarbeiten, und wenn sie nicht den Schüler mit dem Bewußtsein erfüllen, daß Rassenzugehörigkeit Verantwortung auferlegt.

(...)

Auch die *praktische Durchführung* der rassenhygienischen Belehrungen muß naturgemäß in den einzelnen Schularten sehr verschieden sein. Die Dorfschule kann auf dem Erfahrungskreis der Kinder über Tier- und Pflanzenzüchtung aufbauen. Daraus können einige einfache Vererbungsregeln abgeleitet werden, die sich fernhalten von der Zellforschung und der Chromosomentheorie. Die Kinder kennen Entartungserscheinungen bei Tieren und Pflanzen, und es bedarf kaum eines Anstoßes, um solche Zeichen des Niederganges auch beim Menschen aufzufinden. Damit ist der Ansatzpunkt gewonnen, um bereits in der Tier- und Pflanzenkunde die Rassenhygiene vorzubereiten. Bei passenden Gelegenheiten – solche gibt es auch im Erdkunde- und Geschichtsunterricht – wird man diese Gedankengänge weiterspinnen, bis sie in der Menschenkunde ihren Abschluß finden. (...) Kein Volksschüler darf die Schule verlassen, der nicht das eherne Gebot in sich trägt, daß er am Schicksal des Vaterlandes mitverantwortlich ist, daß er nur ein Glied in der Kette seiner Vorfahren und Nachkommen ist, und daß er der Träger des zukünftigen Geschlechts ist. – Die höhere Schule kann die Rassenhygiene längere Zeit betreiben, und sie hat schließlich in ihren letzten Jahrgängen reifere Schüler als Volks- und Mittelschule. Sie wird ebenfalls in der Tier- und Pflanzenkunde vorbereiten, und sie kann den Geschichtsunterricht durch rassenhygienische Gedankengänge wesentlich vertiefen, sehen doch neuere Historiker die Ursache für den Untergang der antiken Welt in rassenhygienischen Verhältnissen (...).

Methodisch wichtig bei den Belehrungen über Familien- und Rassenkunde sowie Eugenik ist es, die *Selbsttätigkeit des Schülers* dabei soweit wie möglich in Anspruch zu nehmen. Man kann, wie wir bereits darlegten, anregen, daß der Schüler einen Familienstammbaum aufstellt. Ferner werden ihm Fragen vorgelegt über körperliche Eigentümlichkeiten der Eltern und sonstiger Vorfahren, soweit es in Erfahrung zu bringen ist (Körpergröße, Gestalt, Kopf- und Gesichtsform, Haar- und Augenfarbe, Nasenform usw.), über ihre geistigen und charakterlichen Eigenschaften, besondere Leistungen (z. B. während des Krieges, Lebensrettungen, wissenschaftliche oder dichterische Veröffentlichungen, Kompositionen), ihre Lebensdauer und Todesursache, gegebenenfalls ist über Mißbildungen und vererbbare Krankheiten zu berichten. Auch die Kinderzahl der Vorfahren ist festzustellen. Dadurch ergibt sich ein Material, das das unmittelbare Interesse des Schülers besitzt. Vorsichtig muß der Lehrer sein bezüglich der Belehrungen über vererbbare Krankheiten, damit er nicht bei Schülern, die aus belasteten Familien stammen, ein Minderwertigkeitsgefühl oder eine Furcht vor solchen Krankheiten erzeugt. Auch muß er den anderen Schülern gegenüber gewisse Angaben vertraulich behandeln, was sich eigentlich von selbst versteht. In jeder Klasse ergibt sich dann genügend benutzbares Material, das als Grundlage für die Belehrungen aus den genannten Gebieten dienen kann.

Paul Brohmer, *Biologieunterricht und völkische Erziehung*. Frankfurt a. M. 1933. S. 8–10, 68–72, 74–80.

Erich Ristow

Für die Arterhaltung der Rasse: Zwangsweise Sterilisierung

Es besteht Einigkeit darüber, daß die Entscheidung über den Antrag auf Unfruchtbarmachung nicht deshalb auszusetzen ist, weil die vom Verfahren Betroffene schwanger ist. Das Verfahren ist daher durchzuführen und der Beschluß vom

EG. (Erbgesundheitsgericht. Dieses Gericht setzte sich aus zwei Ärzten und einem Richter zusammen.) zu erlassen.

Bei erbkranken Frauen zeigt sich ein Zug der Rechtsprechung dahin, nicht nur bei Fortpflanzungsunfähigkeit den Antrag auf Unfruchtbarmachung abzulehnen, sondern bereits dann, wenn ein großer Grad von Wahrscheinlichkeit unter Berücksichtigung der bisherigen Lebensführung und des Alters gegen die Möglichkeit einer Schwängerung spricht. Dabei wird zu beachten sein, daß die Krankheit die Gefahr erhöhen kann, daß es bei einem Ausbruch doch zum Geschlechtsverkehr kommen kann ...

Die Vollstreckung der EG-Beschlüsse erfolgt bei dem Manne durch eine Durchschneidung des Samenstranges, bei der Frau durch eine Durchtrennung oder ein Abbinden des Eileiters. Rücksicht ist darauf zu nehmen, daß eine Rückgängigmachung dieser Maßnahmen durch ärztlichen Eingriff möglichst erschwert oder unmöglich gemacht, und daß eine Wiedervereinigung der durchtrennten Stellen vermieden wird ...

Es muß mit möglichster Sicherheit verhütet werden, daß sich die Unfruchtbargemachten ins Ausland begeben und von dortigen Ärzten die Wirkung des Eingriffs wieder beseitigen lassen ...

§ 10 a².

(1) Hat ein Erbgesundheitsgericht rechtmäßig auf Unfruchtbarmachung einer Frau erkannt, die zur Zeit der Durchführung der Unfruchtbarmachung schwanger ist, so kann die Schwangerschaft mit Einwilligung der Schwangeren unterbrochen werden, es sei dann, daß die Frucht schon lebensfähig ist oder die Unterbrechung der Schwangerschaft eine ernste Gefahr für das Leben oder die Gesundheit der Frau mit sich bringen würde.

Erich Ristow, *Erbgesundheitsrecht*. Stuttgart und Berlin 1935. S. 127, 159, 226, 256.

Das neue Eherecht für Großdeutschland

A. Die Ehefähigkeit.
1. Die Ehemündigkeit.
I. Die Ehemündigkeit, d.h. die Fähigkeit zur Eheschließung, tritt ein, § 1¹:
1. Bei dem Manne mit der Vollendung des 21. Lebensjahres. Die Volljährigkeitserklärung macht – entgegen dem bisherigen Recht – nicht ehemündig. Vgl. unten II 1.
2. Bei der Frau mit der Vollendung des 16. Lebensjahres.
II. Ein Verlobter, der noch nicht ehemündig ist, kann unter gewissen Voraussetzungen auf seinen Antrag durch das Vormundschaftsgericht für ehemündig erklärt werden.
§ 1² EheG., § 1 DVO.
Bei der Befreiung von der Erfordernis der Ehemündigkeit handelt es sich um einen reinen Gnadenerweis, den das Vormundschaftsgericht nicht als Gericht

der freiwilligen Gerichtsbarkeit, sondern als Organ der Justizverwaltung erteilt. Dementsprechend ist gegen den ablehnenden Bescheid des Vormundschaftsgerichts die Verwaltungsbeschwerde an den Oberlandesgerichtspräsidenten gegeben.

Im einzelnen gilt für die Eheschließung vor Eintritt der Ehemündigkeit folgendes:

1. Ein Mann unter 21 Jahren kann die Ehe schließen:
    a) Wenn er mindestens 18 Jahre alt ist.
    b) Wenn er für volljährig erklärt ist.
    c) Und wenn er durch das Vormundschaftsgericht für ehemündig erklärt ist. Grund dieser Regelung: Ehen von Männern unter 21 Jahren müssen verhindert werden, wenn sie die besonderen Anforderungen beeinträchtigen, welche die Volksgemeinschaft im Arbeits- und Wehrdienst gerade an junge Männer zwischen 18 und 21 Jahren stellt. Sie müssen ferner verhindert werden, wenn die Verlobten, die zur Begründung und Erhaltung einer Familie erforderliche geistige und sittliche Reife noch nicht besitzen oder wenn die notwendige Existenzgrundlage noch fehlt. Alle diese Umstände können bei der Volljährigerklärung, die von anderen Voraussetzungen abhängt, nicht berücksichtigt werden. Deshalb verlangt das Gesetz zur Eheschließung eines Mannes zwischen 18 und 21 Jahren neben der Volljährigerklärung eine besondere Ehemündigerklärung. Sie ist namentlich dann zu versagen, wenn der Verlobte seiner Arbeitsdienst- oder Wehrpflicht noch nicht genügt hat, und die zuständige Stelle aus diesem Grunde Bedenken gegen die beabsichtigte Eheschließung erhebt (§ 2 DVO).
2. Eine Frau unter 16 Jahren kann die Ehe schließen:
    a) Wenn sie durch das Vormundschaftsgericht für ehemündig erklärt ist.
    b) Und wenn der gesetzliche Vertreter und der Sorgeberechtigte in die Eheschließung eingewilligt hat (vgl. unten 2 II).
III. Eine von einem Eheunmündigen geschlossene Ehe ist an sich gültig (aufschiebendes Ehehindernis). Vielfach wird aber eine solche Ehe aus einem anderen Grunde nichtig oder aufhebbar sein.

z. B. heiratet eine Frau unter 16 Jahren ohne Ehemündigerklärung, so ist die Ehe aufhebbar, wenn sie ohne Einwilligung des gesetzlichen Vertreters geschlossen ist.

2. Geschäftsfähigkeit.
 I. Ein Geschäftsunfähiger kann keine Ehe eingehen (§ 2).
    1. Geschäftsunfähig sind (außer Kinder unter 7 Jahren):
        a) Im Altreich: Geisteskranke und Geistesschwache, wenn die krankhafte Störung eine dauernde ist und die freie Willensbestimmung ausschließt, und wegen Geisteskrankheit Entmündigte (§ 104 BGB).
        b) Im Lande Österreich: Vollentmündigte und Personen, die wegen Geisteskrankheit oder aus einem anderen Grunde der Vernunft beraubt sind (§ 102^1).
    2. Die von einem Geschäftsunfähigen geschlossene Ehe ist nichtig (trennendes Ehehindernis).

II. Ein Geschäftsbeschränkter bedarf zur Eheschließung der Einwilligung des Gewalthabers.
1. Geschäftsbeschränkt sind:
a) Im Altreich: Minderjährige (mit Ausnahme der für volljährig Erklärten), wegen Geistesschwäche, Verschwendung oder Trunksucht Entmündigte und unter vorläufige Vormundschaft Gestellte (§§ 106, 114 BGB).
Praktische Bedeutung hat das Erfordernis der Einwilligung des Gewalthabers im Altreich nur für die wegen Minderjährigkeit geschäftsbeschränkten Frauen, da Männer erst heiraten sollen, wenn sie (durch Erreichung des 21. Lebensjahres oder Volljährigerklärung) voll geschäftsfähig geworden sind, und da Entmündigte überhaupt nicht heiraten sollen.
b) Im Lande Österreich: Minderjährige (mit Ausnahme der für volljährig Erklärten), Personen, die unter verlängerter väterlicher Gewalt oder Vormundschaft stehen, beschränkt Entmündigte und Personen, für die ein vorläufiger Beistand bestellt ist (§ 102²).
2. Die Einwilligung muß erteilt werden:
a) Durch den gesetzlichen Vertreter (Vater, Vormund, Pfleger) (§ 3¹).
b) Bei Minderjährigen außerdem auch durch den Sorgeberechtigten, wenn ein anderer neben dem gesetzlichen Vertreter oder ausschließlich sorgeberechtigt ist. Für die Heirat eines minderjährigen ehelichen Kindes ist also (außer wenn der Mutter das Personensorgerecht entzogen ist) die Einwilligung von Vater und Mutter erforderlich. Für die Heirat eines minderjährigen unehelichen Kindes ist außer der Einwilligung des Vormunds die Einwilligung der Mutter erforderlich (§§ 3², 103).
Zu beachten ist, daß für volljährig erklärte Minderjährige keiner Einwilligung bedürfen, da sie voll geschäftsfähig sind und mithin weder einem gesetzlichen Vertreter noch einem Sorgeberechtigten unterstehen. Das Erfordernis der „elterlichen Einwilligung", das nach dem BGB auch für volljährig erklärte Minderjährige galt, ist beseitigt.
3. Wird die Einwilligung durch den gesetzlichen Vertreter oder durch den Sorgeberechtigten ohne triftigen Grund verweigert, so kann sie auf Antrag durch das Vormundschaftsgericht ersetzt werden. Antragsberechtigt ist nur der geschäftsbeschränkte Verlobte (§ 3³).
z. B. die 17jährige Tochter der Eheleute A will den B heiraten. Der Vater ist mit der Heirat einverstanden, die Mutter dagegen nicht. § 1634 S. 2 BGB, nach welchem die Meinung des Vaters vorgeht, greift nicht ein, da das Ehegesetz die Einwilligung beider Eltern verlangt. Die fehlende Einwilligung der Mutter kann aber durch das Vormundschaftsgericht ersetzt werden. Den Antrag auf Entscheidung des Vormundschaftsgerichts kann weder der B noch der Vater, sondern nur die minderjährige Tochter stellen.
4. Die ohne die erforderliche Einwilligung des gesetzlichen Vertreters geschlossene Ehe ist aufhebbar (trennendes Eheverbot).
Ist die Einwilligung des gesetzlichen Vertreters erteilt, fehlt dagegen die da-

neben erforderliche Einwilligung des Sorgeberechtigten, so ist die Ehe voll wirksam.

B. Eheverbote.

Die Eheverbote des Ehegesetzes entsprechen im wesentlichen dem bisher im Altreich geltenden Recht, das durch die Rassen- und Erbpflegegesetzgebung des Dritten Reiches bereits grundlegend umgestaltet worden war. Dagegen bedeuten die Eheverbote für das Land Österreich eine umwälzende Neuregelung. Denn die dort bisher geltenden Ehehindernisse des ABGB. beruhten auf ganz anderen Grundgedanken, insbesondere auf dem kanonischen Recht.

1. Blutsverschiedenheit.

Das Eheverbot der Blutsverschiedenheit bestimmt sich nach dem Gesetz zum Schutze des deutschen Blutes und der deutschen Ehre (Blutschutzgesetz) vom 15. IX. 1935 und nach der 1. Ausführungsverordnung zu diesem Gesetz (1. ABO.) vom 14. XI. 1935 (§ 4).

a) Allgemeines.

I. Das Eheverbot der Blutsverschiedenheit dient der Reinerhaltung des deutschen Blutes. Es unterbindet namentlich die Vermischung von deutschem und jüdischem Blut.

1. Deutschblütig ist, wer deutschen oder artverwandten Blutes ist.

a) Artverwandten Blutes sind die Völker, die von denselben Rassen abstammen wie das deutsche Volk, z. B. Engländer, Franzosen, Polen usw.

b) Artfremden Blutes sind die Völker, die von anderen Rassen oder Rassenmischungen abstammen als das deutsche Volk, z. B. Juden, Zigeuner, Neger.

2. Jude ist (§ 1^3 d. 1. AVO., § 5 d. 1. VO. zum Reichsbürgergesetz vom 14. XI. 1935):

a) Wer von mindestens drei der Rasse nach volljüdischen Großeltern abstammt.

Ein Großelternteil gilt ohne weiteres als volljüdisch, wenn er der jüdischen Religionsgemeinschaft angehört hat (§ 2^2 S. 2 d. 1. VO. zum Reichsbürgergesetz.

b) Wer von zwei volljüdischen Großeltern abstammt und deutscher Staatsangehöriger ist, in folgenden Ausnahmefällen:

α) Wenn er am 15. IX. 1935 der jüdischen Religionsgemeinschaft angehört hat oder ihr später beitritt.

β) Wenn er am 15. IX. 1935 mit einem Juden verheiratet ist oder später einen solchen heiratet.

γ) Wenn er aus einer nach dem 15. IX. 1935 mit einem Juden im Sinne von a) abgeschlossenen Ehe abstammt.

δ) Wenn er aus dem außerehelichen Verkehr mit einem Juden im Sinne von a) stammt und nach dem 31. VII. 1936 geboren ist.

3. Jüdischer Mischling ist (§ 1^2 d. 1. AVO., § 2^2 d. 1. VO. zum Reichsbürgergesetz):

a) Wer nur zwei volljüdische Großeltern hat und deutscher Staatsangehöriger ist, wenn er gemäß 2b als Jude gilt (Mischling 1. Grades).

b) Wer nur einen volljüdischen Großelternteil hat und deutscher Staatsangehöriger ist (Mischling 2. Grades).

II. Die Grenzen des Eheverbotes sind nach rassenpolitischen Gesichtspunkten gezogen.
1. Ehen zwischen staatsangehörigen Deutschblütigen und Juden sind schlechthin verboten, weil sie mit dem Gebot der Reinerhaltung des deutschen Blutes immer unvereinbar sind.
2. Ehen zwischen staatsangehörigen Deutschblütigen und staatsangehörigen Mischlingen sind nur in bestimmten Fällen erlaubt, nämlich nur dann, wenn zu erwarten ist, daß in der Geschlechterfolge der deutsche Blutsanteil den jüdischen Blutsanteil verdrängen wird.

III. Die Rechtsfolgen der Übertretung des Eheverbotes sind in den einzelnen Fällen verschieden.

Wichtige Sondervorschriften gelten aber:
I. Zugunsten der Kinder.

Bei der Regelung der Rechtstellung der Kinder aus nichtigen Ehen geht das Gesetz davon aus, daß es grundsätzlich verfehlt wäre, die Kinder unter den Fehlern ihrer Eltern leiden zu lassen. Nur wenn die Ehe der Eltern gegen wichtigste völkische Belange, z. B. gegen das Erfordernis des Blutschutzes, verstößt, wirkt sich die Nichtigkeit der Ehe auch auf die Rechtstellung der Kinder aus.

1. Grundsätzlich sind die Kinder aus einer nichtigen Ehe ehelich (§ 30^1).

Für die elterliche Gewalt gelten folgende Besonderheiten:

a) Die Personensorge bestimmt sich nach den für die Ehescheidung geltenden Vorschriften. Dabei steht ein bösgläubiger Ehegatte, der die Ehenichtigkeit bei der Eheschließung gekannt hat, einem für schuldig erklärten Ehegatten gleich (§ 30^2).

b) Die Verwaltung und Nutznießung des Kindesvermögens und die Vertretung des Kindes in vermögensrechtlichen Angelegenheiten steht einem bösgläubigen Ehegatten nicht zu (§ 30^3).

z. B. hat der Vater bei der Eheschließung die Ehenichtigkeit gekannt, so hat das Vormundschaftsgericht nach Nichtigerklärung der Ehe, soweit dies erforderlich ist, dem Kinde für die vermögensrechtlichen Angelegenheiten einen Pfleger zu bestellen (§ 1909 BGB).

2. Ausnahmsweise sind unehelich die Kinder aus Ehen, die mit Rücksicht auf die Eheverbote der Blutsfremdheit und der mangelnden Ehegesundheit oder als Formehen nichtig sind (§ 29^1).

a) Die Unehelichkeit kann nur geltendgemacht werden, wenn entweder die Ehe für nichtig erklärt oder die Unehelichkeit des Kindes auf Klage des Staatsanwalts festgestellt ist. Vgl. oben 1 III 2.

b) Das uneheliche Kind hat gegen seinen Vater, solange dieser lebt, den gleichen Unterhaltsanspruch wie ein eheliches Kind (§ 29^4).

Grund: Es soll vermieden werden, daß ein Mann, der in rassenschänderischem oder den Gesetzen der Erbgesundheit zuwiderlaufendem Geschlechtsverkehr ein Kind erzeugt hat, sich der Sorge für dieses Kind zu Lasten der öffentlichen Fürsorge entzieht.

Nach nationalsozialistischer Auffassung muß die Ehescheidung – entsprechend der Aufgabe der Ehe – von einem objektiven Maßstab, nämlich von dem Wert der in Frage stehenden Ehe für die Volksgemeinschaft abhängig gemacht werden.

1. Die einverständliche Scheidung von Ehen, die ihren Wert für die Volksgemeinschaft nicht verloren haben, darf nicht zugelassen werden. Denn die Ehe dient in erster Linie nicht dem persönlichen Glück des einzelnen, sondern der Erfüllung einer gegenüber der Volksgemeinschaft bestehenden Pflicht. Die Zulassung der einverständlichen Ehescheidung würde bei den Volksgenossen das Gefühl für die Pflicht, aus ihrer Ehe das Beste zu machen und sich mit Unzuträglichkeiten abzufinden, zerstören oder doch stark abschwächen.
2. Das Scheidungsrecht darf nicht vom Verschuldensgrundsatz, sondern muß vom Zerrüttungsgrundsatz getragen sein. Denn die Aufrechterhaltung unheilbar zerrütteter Ehen widerspricht auch dann dem Gemeinwohl, wenn ein Verschulden an der Ehezerrüttung nicht festzustellen ist. Auch in diesen Fällen macht der Fortfall der ehelichen Lebensgemeinschaft die Ehe für die Volksgemeinschaft wertlos.

R. Bechert/S. Wiefels (Hrsg.), *Das neue Eherecht für Großdeutschland*. Leipzig 1938. S. 11–14, 29, 38.

Der Aufbau von Mythen und Helden

Mythen und Helden gehörten zu den wichtigsten Elementen dessen, was Hitler den „magischen Einfluß" der Massensuggestion nannte. Ein Mythos ist ein Leitbild, das zwar einige Elemente von Wahrheit enthalten muß, aber auch eine Vision miteinschließt, die mit einem angestrebten Ideal übereinstimmt. Der Philosoph Alfred Baeumler (geb. 1887) wandelte Nietzsches Gedanken zu einem Mythos um und stellte den berühmten Philosophen damit in den Dienst der nationalsozialistischen Weltanschauung (s. Seite 135 ff.). Baeumler betonte Nietzsches Philosophie des Heroismus sowie dessen Gedanken über die Willenskraft und die Verteidigung einer adligen Lebensgemeinschaft. Solche Gedanken können bei Nietzsche als einem einzelgängerischen und unsystematischen Philosophen gefunden werden, und es besteht auch kein Zweifel an Nietzsches Feindschaft gegenüber Christentum und demokratischer Staatsform. Die Abneigung des Philosophen gegen nationalistisches Denken sowie seine Verachtung für die Deutschen ließ Baeumler jedoch unerwähnt. Der „Philosoph des Heroismus" wurde zu einem festen Bestandteil des nationalsozialistischen Weltbildes gemacht. Baeumler selbst gehörte zu den führenden akademischen Philosophen des Dritten Reiches. Als Professor an der Universität Berlin wurde er der führende Verbindungsmann zwischen den einzelnen Universitäten und der Dienststelle Alfred Rosenbergs, der mit der „geistigen und weltanschaulichen Schulung und Erziehung" der Nationalsozialistischen Partei beauftragt worden war.

Baeumler verband Nietzsches Gedanken mit nordischen und kriegerischen Werten, und tatsächlich hatten die Kriegserfahrungen eine wichtige Erneuerung der vermeintlichen heroischen Werte bewirkt. Ernst Röhm (1887–1934) hat sie folgendermaßen charakterisiert: klare und deutliche Sprache, rücksichtslose Offenheit, Leidenschaft und Haß – ein Soldat ist rauh und direkt (s. Seite 138 ff.). Diese Werte sind genau mit jenen „ursprünglichen" Volksqualitäten identisch, welche die Nationalsozialisten stark hervorhoben: sie sind natürlich – im Gegensatz zu künstlichen und aufgesetzten Qualitäten. Röhm selbst hatte im ersten Weltkrieg und danach gegen die Putschisten in Nord- und Süddeutschland gekämpft. Sein ganzes Leben war soldatisch gewesen, und dies änderte sich auch nicht zu dem Zeitpunkt, als er Führer der SA wurde. Röhms Autobiographie mit dem Titel „Geschichte eines Hochverräters" beschrieb die nationalsozialistische Position in der Nachkriegszeit. Als Hitler ihn 1934 ermorden ließ, wurde er auch als Verräter betrachtet. Tatsächlich mußte er jedoch beseitigt werden, weil die Unabhängigkeit, die Macht und der revolutionäre Eifer der SA unter Kontrolle gebracht werden mußten.

Die idealisierte Kriegserfahrung diente der nationalsozialistischen Weltanschauung und zwar nach dem gleichen Prinzip, wie Baeumler aus Nietzsche einen Propheten des Dritten Reiches gemacht hatte. Der von Joseph Goebbels geschaffene „Michael" ist der Held, der sich für sein Volk opfert (s. Seite 140ff.). Goebbels hatte zwar schon immer literarische Ambitionen, aber „Michael" (1929) blieb sein einziger Roman, der jedoch 1942 bereits zum 17. Mal aufgelegt wurde. Michael hatte sein Studium aufgegeben, um mit dem Volk zu arbeiten und einen neuen Krieg ohne Waffen zu führen. Die Erfahrungen in den Schützengräben wurden dabei hochstilisiert: dort waren alle Deutschen durch den Dienst am Vaterland vereint gewesen, ohne die Klassenunterschiede zu beachten; und genau diese Einigkeit mußte wiederhergestellt werden. Goebbels Vorurteil gegenüber dem Bürgertum wurde in diesem Roman deutlich sichtbar. Nicht das Bürgertum, sondern Soldaten, Studenten und Arbeiter würden das neue Reich aufbauen. Sowohl für Goebbels als auch für Hitler war „bourgeois" keine Klassenbezeichnung, sondern eher ein Etikett für die ältere Generation, die noch in den Gedanken des Liberalismus gefangen war und noch immer im Banne des Mammons stand.

Michael hat keinen Erfolg, denn am Schluß des Romans kommt er bei einem Grubenunglück ums Leben. Ein wohlbegründeter Heldentod ist jedoch ein wichtiger Faktor bei dem Aufbau von Helden. Albert Leo Schlageter (1894–1923) wurde zu einem der gefeiertsten Helden des Dritten Reiches. Er hatte gegen die Franzosen gekämpft, als diese das Ruhrgebiet besetzt hatten, um Reparationen für die Kriegsverluste zu erhalten. Die Franzosen nahmen Schlageter gefangen – möglicherweise während er einen Sabotageakt vorbereitete. Er wurde dann vor ein Militärgericht gestellt, zum Tode verurteilt und erschossen. Genau wie Michael war er auf der Suche nach seinem Volk, und ganz genau wie dieser starb er für seine Sache. Aber er war auch ein Soldat (er hatte nach dem Krieg in den Freikorps gekämpft), und das dünne Buch mit seinen Briefen betont sowohl seine Einfachheit als auch seine Aktivitäten – ein „Werk", das der Autobiographie von Röhm und Baeumlers Essay über Nietzsche sehr ähnlich ist (s. Seite 147ff.).

Hanns Johsts Theaterstück „Schlageter" hatte am 20. April 1933, Hitlers Geburtstag, Premiere und wurde in der Anwesenheit des Führers aufgeführt. Das Stück wurde überall im Reich von fahrenden Theatergruppen gespielt. Johst (geb. 1890) war der einzige Dramatiker, der sich selbst völlig in den Dienst der Nationalsozialisten stellte. Er wurde Präsident der Reichsschrifttumskammer. Eine Passage aus dem Stück betont deutlich die Unterschiede zwischen den Generationen. Der Sohn möchte seinem Helden – Schlageter – nacheifern, während der Vater ihn zurückhält. Es wird darin deutlich, daß in der jungen Generation der „neue Menschentyp" zu suchen war, der der nun endgültig erledigten Bourgeoisie – so hofften die Nationalsozialisten – gegenüberstand.

Fritz Todt (1891–1942), von 1940 bis 1942 Rüstungsminister, starb in dem Glanze seiner großen Aufgabe: dem Bau der Autobahnen. Todt war der zeitgenössische Held, für den die Autobahnen Geschwindigkeit und Aktivismus symbolisierten – wobei auch hier alles im Dienste des Führers stand. Darüberhinaus wurde seine Arbeit mit der lebendigen Wahrnehmung von Geschichte und einer Bewunderung der „Ursprünglichkeit" der Natur verbunden. Aber was geschah mit den Helden aus der Vergangenheit? Der Kult um Friedrich den Großen hatte bereits in den ersten Jahren der Parteigründung begonnen und wurde während des Krieges ausgeweitet. Der ehemalige Journalist Wilhelm Ihde, SS-Obersturmführer und später Präsident der Reichsschrifttumskammer, war für die nationalsozialistische Version des Preußenkönigs verantwortlich. Dabei wurde dessen Willensstärke in den Vordergrund gedrängt und dessen künstlerische Interessen sowie seine philosophischen Vorlieben zur völligen Bedeutungslosigkeit herabgemindert. Da Friedrich der Große trotz allem ein Anhänger des von den Nationalsozialisten verhaßten Zeitalters der Aufklärung gewesen war, mußte sein Bild entsprechend in der Öffentlichkeit zurechtgerückt werden (s. Seite 154 ff.).

Die Schaffung von Helden und die Entstehung von Mythen ist aufs engste miteinander verbunden. Für die junge SA-Mann's Braut war Hermann Göring ein Held, umgeben von der Mythologie der Sonnenwendfeier (s. Seite 157 ff.). Aufmärsche, Fackeln und Feuer – das war die „Zauberkraft", die den Enthusiasmus unter der Jugend hervorrief. Diese Überlegungen waren schon vier Jahre, bevor Hitler an die Macht kam, angestellt worden, und zwar zu einer Zeit, als die Stärke der Nationalsozialisten noch keinen Einfluß auf das Wählerverhalten der Eltern dieser Kinder hatte.

Der Mythos wurde institutionalisiert und zu einem Teil der offiziellen Politik des Dritten Reiches gemacht. Wie aus den Anweisungen für Schulfeiern zu entnehmen ist, kämpft der Lehrer an der kulturpolitischen Front für die menschliche Seele. Hier sind Feiern deshalb besonders wichtig, weil sie dazu beitragen, den Mythos der Bewegung in der Seele zu verfestigen: in einer Art „Glaubensbekenntnis". Wie alle nationalsozialistischen Feiern wurden sie auch in Form von Rezitationen, Erwiderungen und Gruppengesängen abgehalten; der Rahmen christlicher Liturgien wurde adaptiert und neu mit den nationalsozialistischen Inhalten gefüllt.

Die Schaffung von Mythen und Helden war ein fester Bestandteil der nationalsozialistischen Kultur. Dieses Thema ist in allen angesprochenen Bereichen dieses Buches wieder zu finden. Rassisches Denken schuf starke Mythen. Die Flucht vor der Vernunft mußte zwangsläufig zu einer Suche nach Mythen und Helden werden, und der Nationalsozialismus war nur allzu glücklich darüber, beides in vollem Ausmaß vorweisen zu können.

G. L. M.

Alfred Baeumler

Nietzsche und der Sozialismus

Jenseits der Überlieferungen des deutschen Bürgertums also stehen Nietzsche und der Nationalsozialismus – was bedeutet das? Die geistigen Mächte, die das deutsche Bürgertum in den letzten Jahrhunderten geformt haben, sind der Pietismus, die Aufklärung und die Romantik. Der Pietismus war die letzte wahrhaft umgestaltende religiöse Bewegung auf lutherischem Boden. Aus einer hoffnungslosen politischen Wirklichkeit führte er die Menschen in sich selber hinein und schloß sie zu kleinen privaten Zirkeln zusammen.

Es war ein religiöser Individualismus, der den Hang zur Beschäftigung mit sich zur psychologischen Zergliederung und biographischen Betrachtung stärkte. Jede staatsfremde, unpolitische Tendenz mußte im pietistischen Deutschland Rückhalt und Nahrung finden. – In derselben Richtung wirkte der ganz andere Individualismus der Aufklärung. Dieser Individualismus war nicht religiös-sentimental, sondern vernunftgläubig, rational; „politisch" lediglich in der Verneinung des feudalen Systems, aber unfähig, ein eigenes politisches System von Dauer aufzubauen, lediglich befähigt, dem Wirtschaftssystem des Kapitalismus den Weg zu bereiten. Der Mensch wurde hier vorgestellt als der völlig Einzelne, losgelöst von allen ursprünglichen Ordnungen und Bindungen, als ein fiktives Subjekt, das lediglich sich selber verantwortlich erschien. – Im Gegensatz dazu sah die Romantik den Menschen wieder in seinen natürlichen und geschichtlichen Bindungen. Die Romantik hat uns den Blick für die Nacht, die Vergangenheit und die Ahnen, für den Mythos und das Volk wieder erschlossen. Die Bewegung, die von Herder zu Görres, den Brüdern Grimm, Eichendorff, Arnim und Savigny führt, ist die einzige noch lebendige geistige Bewegung. Sie ist auch die einzige, mit der Nietzsche noch gerungen hat.

Wenn wir den Nationalsozialismus eine Weltanschauung nennen, so bedeutet das: Es sind nicht nur die bürgerlichen Parteien vernichtet worden, vernichtet ist auch die Ideologie dieser Parteien. Nur Böswillige könnten dem unterstellen, daß nun alles, was die Vergangenheit hervorgebracht hat, verneint werden müsse. Vielmehr ist damit gesagt, daß wir in ein neues Verhältnis zur Vergangenheit getreten sind, daß wir den Blick freibekommen haben für jenes Gewaltige in dieser Vergangenheit, das von der bürgerlichen Ideologie verdeckt wurde, daß wir, mit einem Wort, neue Möglichkeiten gefunden haben, deutsches Wesen zu verstehen. Eben hierin ist Nietzsche uns vorangegangen. Wir stehen anders als er zur Romantik. Aber das, was sein eigenster und einsamster Besitz war, die Absage an die bürgerliche Ideologie im ganzen, das ist heute der Besitz einer Generation.

Die Grundlagen der christlichen Moral: religiöser Individualismus, Sündenbewußtsein, Demut, Bekümmerung um das ewige Heil der Seele sind Nietzsche völlig fremd. Er lehnt sich auf gegen die Vorstellung der Reue: „Ich liebe diese Art Feigheit gegen die eigene Tat nicht; man soll sich selbst nicht im Stich lassen unter dem Ansturm unerwarteter Schande und Bedrängnis. Ein extremer Stolz ist da eher am Platz. Zuletzt, was hilft es! Keine Tat wird dadurch, daß sie bereut wird, ungetan . . ." Hier ist nicht eine Abschwächung der Verantwortung, sondern eine Steigerung gemeint. Es spricht der Mensch, der weiß, wieviel Mut, wieviel Stolz dazu gehört, sich gegenüber dem Schicksal zu behaupten. Verächtlich spricht Nietzsche aus seinem amor fati heraus vom Christentum „mit seiner Perspektive auf Seligkeit". Er hat als nordischer Mensch nie verstanden, wozu er „erlöst" werden soll. Die mittelländische Erlösungsreligion ist seiner nordischen Haltung fremd und fern. Er kann den Menschen nur als Kämpfer gegen das Schicksal verstehen; unzugänglich ist ihm eine Denkweise, die den Kampf und die Arbeit nur als Strafe begreift. „Unser wirkliches Leben ist ein falsches, abgefallenes, sündhaftes Dasein, eine Strafexistenz . . ." Das Leiden, der Kampf, die Arbeit, der Tod werden als Einwände gegen das Leben genommen. „Der Mensch unschuldig, müßig, unsterblich, glücklich – diese Konzeption der ‚höchsten Wünschbarkeit' ist vor allem zu kritisieren." Mit Heftigkeit wendet sich Nietzsche gegen die vita contemplativa des Mönchs, gegen die Vorstellung des „Sabbaths der Sabbathe" von Augustinus. Er rühmt es Luther nach, daß er der vita contemplativa ein Ende gemacht habe. Stark und deutlich erklingt die nordische Tonart des Kampfes und der Arbeit. Den Ton, mit dem wir diese Worte heute aussprechen, hören wir bei Nietzsche zuerst.

Wir nennen Nietzsche den Philosophen des Heroismus. Das ist nur eine halb verstandene Wahrheit, wenn man ihn nicht zugleich als den Philosophen des Aktivismus begreift. Er hat sich als den welthistorischen Gegenspieler Platons gefühlt. Nicht aus der Schau, der Anerkennung von jenseitigen Werten gehen die „Werke" hervor, sondern aus der Übung, aus dem immer wiederholten Tun. Um das zu verdeutlichen, bedient sich Nietzsche einer berühmten Antithese. „Vor allem und zuerst die Werke! Das heißt Übung, Übung, Übung! Der dazugehörige Glaube wird sich schon einstellen, – dessen seid versichert!" Gegen die christliche Verfemung der politischen Sphäre, der Sphäre des Handelns überhaupt, setzt Nietzsche seinen den Gegensatz von Katholizismus und Protestantismus (Werke – Glaube) überwindenden Satz: „Man muß sich üben nicht in der Verstärkung von Wertgefühlen, sondern im Tun; man muß erst etwas können." Damit stellt er die Reinheit der Sphäre des Handelns, der politischen Sphäre wieder her.

Die „Werte" Nietzsches sind nichts Jenseitiges und können daher auch nicht zu Dogmen verfestigt werden. In uns, durch uns kämpfen sie sich empor, und sie sind nur, solange wir für sie einstehen. Wenn Nietzsche mahnt: Bleibt der Erde treu!, dann erinnert er uns an die Idee, die in unserer Kraft wurzelt, nicht aber in einem fernen Jenseits der „Verwirklichung" harrt. Es genügt nicht, auf die „Diesseitigkeit" der Werte Nietzsches hinzuweisen, wenn man nicht zugleich die Vorstellung, Werte würden handelnd „verwirklicht", widerlegt. Der „Verwirklichung" gegebener Werte haftet immer etwas Subalternes an, handle es sich nun um diesseitige oder jenseitige Werte.

Nietzsches nordische, kriegerische Wertsetzung steht gegen die mittelländische, priesterliche. Seine Kritik der Religion ist eine Kritik des Priesters, und sie erfolgt vom Standort des Kriegers aus, indem Nietzsche nachweist, daß auch der Ursprung der Religion im Bezirk der Macht liegt. Daher rührt auch der verhängnisvolle Widerspruch, der auf die christliche Religion gegründeten Moral. „Damit moralische Werte zur Herrschaft kommen, müssen lauter unmoralische Kräfte und Affekte helfen. Die Entstehung moralischer Werte ist das Werk unmoralischer Affekte und Rücksichten." Die Moral ist also das Werk der Unmoralität. „Wie man die Tugend zur Herrschaft bringt: Dieser Traktat handelt von der großen Politik der Tugend." Es soll darin zum ersten Male gelehrt werden: „daß man die Herrschaft der Tugend schlechterdings nur durch dieselben Mittel erreichen kann, mit denen man überhaupt eine Herrschaft erreicht, jedenfalls nicht durch die Tugend." – „Man muß sehr unmoralisch sein, um durch die Tat Moral zu machen . . ." An die Stelle der bürgerlichen Moralphilosophie setzt Nietzsche die Philosophie des Willens zur Macht, d. h. die Philosophie der Politik. Wenn er dabei zum Lobredner des „Unbewußten" wird, so ist dieses Unbewußte nicht im Sinne der Tiefenpsychologie zu verstehen. Nicht um das Triebunbewußte des einzelnen handelt es sich, vielmehr bedeutet „unbewußt" so viel wie „vollkommen", „gekonnt". Darüberhinaus bedeutet das Unbewußte das Leben überhaupt, den Organismus, die „große Vernunft" des Leibes.

Das Bewußtsein ist nur ein Werkzeug, eine Einzelheit im Gesamtleben. Gegen die Philosophie des Bewußtseins spielt Nietzsche den Aristokratismus der Natur aus. Seit Jahrtausenden aber arbeitet eine lebensfeindliche Moral dem Aristokratismus der Starken und Gesunden entgegen. Wie der Nationalsozialismus, so sieht Nietzsche den Staat, die Gesellschaft als den „Großmandatar des Lebens", der jedes verfehlte Leben vor dem Leben selber zu verantworten hat. „Die Gattung braucht den Untergang der Mißratenen, Schwachen, Degenerierten: Aber gerade an sie wendet sich das Christentum, als konservierende Gewalt . . ." Wir stoßen hier auf den Grundgegensatz: Ob man von einem natürlichen Lebenszusammenhang ausgeht, oder von der Gleichheit einzelner Seelen vor Gott. Auf der letzteren Annahme beruht zuletzt das demokratische Gleichheitsideal; die erstere enthält die Grundlagen einer neuen Politik. Es liegt eine unerhörte Kühnheit in dem Unterfangen, den Staat auf die Rasse zu gründen. Eine neue Ordnung der Dinge muß sich daraus ergeben. Es ist jene Ordnung, die Nietzsche gegenüber der bestehenden wieder hat herstellen wollen.

Wo bleibt angesichts der Übermacht der Gattung der einzelne? Er kommt wieder – als einzelner einer Gemeinschaft. Der Herdeninstinkt ist etwas Grundverschiedenes vom Instinkt einer „aristokratischen Sozietät". Es kommen wieder starke, natürliche Menschen, die ihre Grundtriebe nicht verkümmern lassen zugunsten einer nützlichen Durchschnittlichkeit, Menschen, die ihre Leidenschaften, statt zu schwächen oder zu vernichten, in Zucht nehmen. Das darf wiederum nicht vom Individuum her verstanden werden. Lange Zeit hindurch müssen die Affekte „tyrannisiert" werden. Das vermag nur eine Gemeinde, eine Rasse, ein Volk.

Gibt es ein deutsches Wort, dann ist es dieses: Man muß es nötig haben, stark zu sein, sonst wird mans nie. Wir Deutschen wissen, was es heißt, sich gegenüber Widerständen zu behaupten. Wir verstehen den „Willen zur Macht" – wenn auch in ganz anderer Weise, als unsere Gegner wähnen. Auch hierüber hat Nietzsche das Tiefste gesagt: „Wir Deutschen wollen etwas von uns, das man von uns noch nicht wollte – wir wollen etwas mehr!"

Wenn wir heute die deutsche Jugend unter dem Zeichen des Hakenkreuzes marschieren sehen, dann erinnern wir uns der „Unzeitgemäßen Betrachtungen" Nietzsches, in denen diese Jugend zum erstenmal angerufen worden ist. Es ist unsere größte Hoffnung, daß dieser Jugend heute der Staat offensteht. Und wenn wir dieser Jugend zurufen: Heil Hitler! – so grüßen wir mit diesem Rufe zugleich Friedrich Nietzsche.

Alfred Baeumler, *Studien zur deutschen Geistesgeschichte.* Berlin 1937. S. 283–285, 288–294.

Ernst Röhm

Der Soldat versteht eine rauhe Sprache

Das Buch meines Lebens und Erlebens habe ich offen vor dem verstehenden Freunde und dem nörgelnden Philister aufgeschlagen.

Der Spießer wird dies für unklug halten; aber das erschüttert mich nicht.

Es sind viele Bücher geschrieben worden, nur wenige aber wohl mit rücksichtsloserer Offenheit.

Auch meinen politischen Freunden wird manches vielleicht nicht gefallen; mein soldatisches Gefühl hat mir bei aller Einseitigkeit des Denkens und Fühlens den Zwang auferlegt, Vorzüge des Feindes nicht minder anzuerkennen, wie Fehler des Freundes zu geißeln.

Ich bin ein Freund der deutlichen Aussprache und habe aus meinem Herzen keine Mördergrube gemacht.

Unbekümmert, leidenschaftlich und trotzig, so wie es mir von der Seele kam, mußte ich schreiben.

Und doch lag es mir ferne, jemanden zu beleidigen oder zu kränken.

Der Soldatenton ist rauh und hart; aber wir Soldaten sprechen alle die gleiche Sprache und verstehen uns.

Der Kaiser der Soldaten, Napoleon, hat einmal in seiner Verbannungszeit den Ausspruch getan: „Soldaten werden mich nie hassen können, auch wenn sie mir als Feinde gegenübergestanden sind."

Die Frau eines Soldaten meiner Kompanie, der meinem politischen Lager fernesteht, hat einmal zu mir gesagt: „Im Herzen meines Mannes steht an erster Stelle sein Hauptmann, über den ihm nichts geht; dann erst kommen seine Mutter und ich."

Und ein anderer, ein Kommunist, ist in der Rätezeit in einer Versammlung, in der gegen die Offiziere gehetzt wurde, aufgesprungen und hat gerufen: „Ich weiß nicht, ob es wahr ist, was ihr über eure Offiziere sagt, aber eines weiß ich, daß es bei meinem Hauptmann nicht wahr ist."

So reicht sich der Soldat über alle Standes- und Klassenunterschiede und über alle politischen Anschauungen hinweg die Hand. Die Kameradschaft des Soldaten, durch Blut zusammengekittet, kann vorübergehend eingeschläfert; aus dem Herzen gerissen, ausgetilgt werden kann sie nie.

Noch ist das ganze Deutschland, trotz des Nationalsozialismus, nicht erwacht. Ein Weckruf an diejenigen, die noch schlafen, sollen meine Worte sein!

Nicht an den hastenden und schleichenden Händler, der das verfluchte Gold zu seinem Gott erhoben hat, wende ich mich, sondern an den im Lebenskampf ringenden Kämpfer, der die Freiheit und in und mit ihr das Himmelreich gewinnen will.

Was dem Ziele der deutschen Freiheit frommt, billige ich; was ihm zuwiderläuft, bekämpfe ich. Europa, die ganze Welt mag in Flammen versinken; was kümmert es uns? Deutschland muß leben und frei sein.

Mag man mich einen Banausen schelten, ich kann nicht helfen: Den Sport in seiner heutigen Form und Auswirkung lehne ich ab. Noch mehr, ich halte ihn geradezu für eine nationale Gefahr. Mit Champions und künstlich gezüchteten Sportkanonen werden wir das Vaterland nicht emporreißen; nur eine sorgfältige Ausbildung, die der Gesamtheit körperliche Kraft und Leistungsfähigkeit, damit geistige Spannkraft und sittlichen Rückhalt gibt, kann dem Volksganzen nutzen. Es paßt ja so ganz in diese Zeit des Scheins und der Reklame: Kitsch, Sinnesverwirrung und Sensation, kein innerer Gehalt von Dauer. Den Sportfimmel überlasse ich Ullstein und Mosse; ich bleibe bei Jahn.

Die Deutschen haben das Hassen verlernt.

An die Stelle des männlichen Hasses ist die weibische Klage getreten.

Wer aber nicht hassen kann, kann auch nicht lieben.

Fanatischer Haß und leidenschaftliche Liebe – aus diesem Feuer erglüht die Flamme der Freiheit.

Leidenschaftslosigkeit, Sachlichkeit, Objektivität ist Unpersönlichkeit, ist Afterweisheit.

Nur die Leidenschaft gibt Erkenntnis, schafft Weisheit.

„Ruhe und Ordnung" ist der Schlachtruf der Pensionisten. Schließlich kann man aber den Staat nicht nach den Bedürfnissen der Pensionisten und Pensionistinnen führen.

„Besonnen ist", so schrieb 1927 die „Münchner Zeitung" anläßlich von Übergriffen der Franzosen im besetzten Gebiet, „wenn man sich eine Ohrfeige geben läßt und sie ruhig einsteckt."

In die deutsche Sprache übersetzt heißt „Ruhe und Ordnung" also einfach Knochenerweichung.

Zum Teufel noch einmal mit dieser Ruhe und Besonnenheit, mit den Lauen, den Halben, den Feigen!

„Unbesonnene" kämpften vierundeinhalb Jahre an der Front!
Die „Besonnenen" blieben zu Hause!
„Unreife Elemente" kämpften in Oberschlesien für die Erhaltung des Reiches.
„Die Reifen" sperrten sie dafür ein.
„Verantwortungslose Phantasten" haben Jahre um Jahre das Volk zum Widerstand gegen Versklavung und Unterdrückung aufgerufen. Die „verantwortungsbewußten Politiker" Neudeutschlands haben in den gleichen Jahren Deutschland in Grund und Boden gewirtschaftet.

Vor lauter „Besonnenheit" und „Reife" geht unser Volk und Vaterland langsam, aber sicher zugrunde.

Zur „Diplomatie" und zur „Politik" war Deutschland von alten Zeiten her nicht geeignet; die Größe seiner Geschichte hat stets das Schwert bestimmt.

„Ich bitte alleruntertänigst, die Diplomaten dahin anzuweisen, daß sie nicht wieder das verlieren, was der Soldat mit seinem Blute errungen hat." So mußte schon Blücher nach der Schlacht von Belle-Alliance seinem König. Friedrich Wilhelm III., zurufen.

Aus Not und Schmach Volk und Vaterland zu Freiheit und Ehre zu führen, vermag nur der Soldat.

Ernst Röhm, *Die Geschichte eines Hochverräters.* München 1937[7]. S. 365–367.

Joseph Goebbels

Michael – Ein Deutsches Schicksal

3. Juni.
Das Geistige wird mir zum Überdruß. Mich ekelt jedes gedruckte Wort. Ich finde nichts darin, was mich erlösen kann.
Richard will mir mit kleinen Mitteln helfen.
Ich kann ihm so schlecht Grobheiten sagen.
Ich sitze manchmal stundenlang in träger Unentschlossenheit, tue nichts und denke nichts. Dann wieder werde ich von tausend Teufeln gehetzt, schmiede Pläne über Pläne.
Aber keinen beginne ich auszuführen. Ich lese jeden Abend die Bergpredigt. Ich finde nicht Trost darin, sondern Verzweiflung und Scham. Es stimmt da etwas nicht.
In Deutschlands hohen Schulen wird viel gearbeitet, aber wenig für die Zukunft getan. Das sind alles nur Handlangerdienste.
Niemals kann uns Kathederweisheit erlösen!

7. Juni.
Stellte man Christus wieder her, so, wie er war, vielleicht wäre er unsere Erlösung.

10. Juni.
Vor mir ersteht ein neues Vaterland.
Dieses Vaterland lerne ich wieder lieben. Und je schmachvoller seine Schmach ist, desto glühender wird meine Glut zu ihm.
Wenn ich den neuen Menschen suche, so suche ich zuerst den deutschen Menschen.
In die Scholle dieses Vaterlandes will ich mich verwurzeln. Es ist die Mutter meiner Gedanken und Sehnsüchte.
Wir wollen nicht blind sein gegen seine Fehler und Mängel. Aber lieben wollen wir auch die, weil sie unsere Fehler und Mängel sind.
Der neue Nationalismus will Deutschlands Zukunft, nicht die Restaurierung einer einmal zerbrochenen Vergangenheit.
Was heißt das, Nationalismus: Wir stehen zu Deutschland, weil wir Deutsche sind, weil Deutschland unser Vaterland, die deutsche Seele unsere Seele ist, weil wir alle ein Stück der Seele Deutschlands sind.
Ich hasse die Maulhelden, die die Worte Vaterland und Patriotismus immer so breit im Munde führen.
Vaterland: Das muß für uns wieder etwas Selbstverständliches werden.
Unsere ganze deutsche Geschichte ist nichts anderes als eine fortlaufende Kette des Kampfes der deutschen Seele gegen ihre Widersacher.
Faustisch ist die deutsche Seele! In ihr liegt der triebhafte Zug zur Arbeit und ihren Möglichkeiten und die ewige Sehnsucht nach Erlösung vom Geiste.
Es gibt eine deutsche Idee, so wie es eine russische gibt. Diese beiden werden sich einmal messen um die Zukunft.
(...)
Der Kampf, der heute Europa durchtobt, ist ein Kampf zwischen sich neubildenden aristokratischen Schichten.
Jedes Zeitalter wird, wenn es historischen Rang hat, von Aristokratien gestaltet.
Aristokratie = die Besten herrschen.
Niemals regieren die Völker sich selbst. Diesen Wahnsinn hat der Liberalismus erfunden. Hinter seiner Volkssouveränität verstecken sich nur die gerissensten Schelme, die nicht erkannt sein wollen.
Wie man sieht, ein billiger Schwindel, auf den nur ein Strohkopf hereinfallen kann.
Die Masse siegt: Welch ein Wahnsinn! Genau so, als wenn ich sagen wollte: Der Marmor macht das plastische Werk. Kein Kunstwerk ohne Schöpfer! Kein Volk ohne Staatsmann! Keine Welt ohne Gott!
Die Geschichte ist ein Ablauf von männlichen Entscheidungen. Nicht Armeen siegen, sondern Männer mit Armeen.
Europa wird neu gestaltet von den Völkern, die am ehesten den Massenwahn überwinden und zurückfinden zum Persönlichkeitsprinzip.
Die neue Schichtung der Aristokratie geschieht allerdings auch auf Grund neuer Gesetze. Tradition wird abgelöst durch Leistung. Der Beste! Dieser Titel wird nicht ererbt, sondern erworben.

Genies sind immer nur höchste Ausdrucksformen des Volkswillens. Sie stellen gewissermaßen die Inkarnation eines schöpferischen Volkstums dar.

Keine Eiche wächst ohne Boden, Wurzel und Kraft. Kein Mann kommt aus dem Wesenlosen. Das Volk ist sein Boden, die Geschichte seine Wurzel, das Blut seine Kraft.

Große Ideen werden immer von Minderheiten durchgefochten. Am Ende aber begründen sie einen Zustand, dem ganze Völker ihre Existenz verdanken.

Kunstwerke, Erfindungen, Ideen, Schlachten, Gesetze und Staaten – an ihrem Anfang und Ende steht immer der Mann.

Die Rasse ist der Nährboden aller schöpferischen Kräfte. Die Menschheit, das ist eine Annahme. Wirklichkeit ist nur das Volk. Die Menschheit ist nichts anderes als die Vielheit von Völkern. Das Volk ist organisch. Die Menschheit ist nur organisch geworden.

Organisch sein, daß heißt die Fähigkeit in sich bergen, organisches Leben zu erzeugen.

Der Wald ist nur eine Vielheit von Bäumen.

Ich kann nicht die Völker vernichten und die Menschheit erhalten, ebensowenig wie ich die Bäume ausrotten kann, um den Wald zu schonen.

Bäume, das heißt in der Gesamtheit Wald.

Völker, das heißt in der Gesamtheit Menschheit.

Je mächtiger die Eiche wächst, um so schöner wird sie den Wald zieren.

Je umfassender ein Volk Volk ist, um so lebendiger dient es der Menschheit . . .

Alles andere ist erdacht, nicht gewachsen. Deshalb hält es vor der Geschichte nicht stand.

Eine Minderheit wird dann, wenn sie die Besten umschließt, das deutsche Schicksal wenden.

Wir müssen also mutiger, klüger, radikaler und charaktervoller sein als die Mehreren; dann werden wir mit automatischer Sicherheit siegen.

Daß in anderen Völkern der Abschaum regiert, das soll uns kein Kopfzerbrechen machen. Um so eher haben wir Aussicht, uns durchzusetzen.

Haben die Kühnsten das Heft in der Hand, so sollen sie offen heraus sagen: Wir üben die Diktatur aus: Wir übernehmen dafür die Verantwortung vor der Geschichte – wer wirft den ersten Stein auf uns?

Haben die Feiglinge das Heft in der Hand, so sagen sie: Das Volk regiert; drücken sich vor der Verantwortung und steinigen den, der gegen diese Heuchelei Front macht.

Herrschen wird immer eine Minderheit. Das Volk hat nur die Wahl, ob es unter offener Diktatur der Kühnen leben oder unter heuchlerischer Demokratie der Feigen sterben will.

Eine Rechnung, die so einfach wie logisch ist.

2. Juli.

„Ich werde arbeiten müssen, Agnes Stahl, das ist meine letzte Rettung."
„Sie haben immer gearbeitet."

„Nein, ich war ein Phantast, ein Ästhet, ein Schönredner. Ich wollte die Welt mit Phrasen erlösen. Ich habe mich selbst geschont.
Jetzt will ich eingreifen in den Gang der Dinge. Man kann nicht neutral bleiben, wenn zwei Gegner, bis an die Zähne bewaffnet, um die Zukunft ringen."
„Zwei Gegner? Wo und wann?"
„Ja, Ihr seht das nicht, wollt es nicht sehen. Trotzdem ist's so. Das Geld hat uns versklavt, die Arbeit wird uns freimachen. Mit dem politischen Bürgertum taumelten wir in den Abgrund, mit dem politischen Arbeitertum werden wir neu auferstehen."
„Sie sind Gegner des Klassenkampfes und predigen doch die Herrschaft einer Klasse?"
„Das Arbeitertum ist keine Klasse. Klasse kommt aus dem Wirtschaftlichen. Das Arbeitertum hat seine Wurzeln im Politischen. Es ist ein geschichtlicher Stand. Völker bedeuten nur etwas, wenn ihr herrschender Stand etwas ist. Das politische Bürgertum ist nichts und will auch nichts sein. Es will nur leben, ganz primitiv leben. Deshalb geht es zugrunde.
Das Leben kann man nur erhalten, wenn man bereit ist, dafür zu sterben!
Das Arbeitertum hingegen hat eine Mission zu erfüllen, vor allem an Deutschland. Es hat das deutsche Volk freizumachen nach innen und nach außen. Das ist eine Weltmission. Wenn Deutschland untergeht, dann geht das Licht der Welt aus."
„Sie sind nicht sehr bescheiden."
„Nur die Lumpen sind bescheiden. Je weniger ich für mich selbst verlange, um so leidenschaftlicher kämpfe ich für die Rechte meines Volkes. Und da ich die vom Bürgertum verkauft und verhandelt sehe, mache ich einen Strich unter die Vergangenheit und fange mit der Arbeit von vorne an."
„Machen Sie Revolution soviel Sie wollen. Fett schwimmt immer oben."
„Allerdings, die Dicken werden immer das große Wort führen; sie werden Villen besitzen und Festreden halten. Masse Mensch beherrscht heute und morgen den Tag. Aber unseren Namen einkratzen in die Geschichte, das werden wir. Wir allein!
Die andern leben heute. Darum werden sie für die Zukunft tot sein. Aber die heute auf das Leben verzichten, die werden morgen lebendig werden."
„Warum verzichten? Wer wird es Ihnen danken?"
„Danken? Das Wort kenne ich nicht. Ich will keinen Dank. Wir alle wollen das nicht. Wir wollen Geschichte machen. Was spielt da das bißchen Leben für eine Rolle?"
„Sie selbst kommen ja aus dem Bürgertum."
„Um so inbrünstiger habe ich es hassengelernt. Man muß wohl durch etwas hindurchgegangen sein, um es ganz lieben und hassen zu lernen.
Ich hasse den Bürger, weil er feige ist und nicht mehr kämpfen will. Er ist nur noch ein zoologisches Lebewesen, mehr nicht.
Soldaten, Studenten und Arbeiter werden das neue Reich bauen. Soldat war ich, Student bin ich, Arbeiter will ich sein. Durch alle drei Stufen muß ich hindurchge-

hen, um den Weg zu zeigen. Mir ward das Wort versagt, darum will ich zu handeln beginnen. Jeder an seiner Stelle."

„Sie lieben das Opfern?"

„Ja, opfern muß man. Ich liebe es nicht, aber ich muß es. In die tiefste Tiefe muß ich steigen. Wir müssen von unten anfangen.

Wir waren Erben bisher. Wir haben Übermitteltes dankbar angenommen.

Wir müssen noch einmal von vorn anfangen.

Ich will jetzt rücksichtsloser sein und mich ganz einsetzen."

„Sie haben sich immer ganz eingesetzt; Sie sind nur Inbrunst und Hingabe gewesen."

„Aber in falschen Dingen. Der neue deutsche Mensch wird in den Werkstätten geboren und nicht in den Büchern.

Wir haben genug geschrieben, gefaselt und geschwärmt; wir müssen nun arbeiten."

„Sie werden dabei zugrundegehen."

„Nein, ich werde leben.

Ich werde den Anfang machen."

„Die Arbeit wird Sie zum Knecht entadeln."

„Nein, ich adele sie.

Die Arbeit ist kein Ding an sich, sie ist nur eine Stufe."

„Sie beschämen uns alle."

„Ich habe kein Verdienst, ich muß so sein und so handeln."

Wir schweigen lange; es ist schon spät, und der Tag verglimmt.

(...)

15. September.

Dann erst ist mir wohl, wenn es kracht und donnert da unten. Wenn die Balken fliegen und die Steine splittern. Wenn der Lärm der Arbeit brüllt, daß man sein eigenes Wort nicht mehr verstehen kann.

Symphonie der Arbeit!

Gesättigtes, volles Leben!

Schaffen! Schöpfen! Mit Hand anlegen!

Herr sein! Überwinder! König des Lebens!

Und dann sehne ich mich wieder nach der göttlichen Einsamkeit der Berge und nach unberührtem weißem Schnee.

18. September.

Nicht der Geist macht uns frei und nicht die Arbeit. Sie sind beide nur Formen einer höheren Macht.

Der Kampf steht am Anfang und am Ende. Ich habe ihn mit mir selbst aufgenommen. Wir müssen zuerst den Schweinehund in uns selbst zu Boden zwingen. Dann ist alles andere leicht wie ein Kinderspiel.

Aus Geist, Arbeit und Kampf formen wir den Motor, der unser Zeitalter in Bewegung setzen wird.

Es wird ein Zeitalter der neugebildeten Aristokratie der Leistung sein.

20. September.
Das Geld ist der Fluch der Menschheit. Es erstickt das Große und Gute im Keim. An jedem Pfennig klebt Schweiß und Blut.
Ich hasse den Mammon.
Er erzieht zur Tätigkeit und zu sattem Ausruhen. Er vergiftet den Wert in uns, macht uns niederen, gemeinen Instinkten dienstbar.
Der schlimmste Tag in der Woche ist für mich der Lohntag. Man wirft uns das Geld hin wie Hunden den Knochen.
Diese Welt ist hart und grausam. So hart wie Geld in den dünnen Händen des Geizigen.
Die Sparsamkeit ist eine klebrige Tugend.
Sammelt Schätze und Gold.
Ich aber will mich aus dem Überfluß meiner Seele verschwenden.
Das Geld ist der Wertmesser des Liberalismus. So wesenlos ist diese Lehre, daß sie den Schein zum Sein erheben konnte. Daran geht sie dann auch letzthin zugrunde. Das Geld ist der Fluch der Arbeit.
Man kann das Geld nicht über das Leben setzen. Wo das geschieht, da müssen alle edlen Kräfte versiegen.
Geld ist Mittel zum Zweck, nicht Selbstzweck. Wird es zum Selbstzweck, dann muß es notwendigerweise die Arbeit zum Mittel am Zweck entwerten.
Wird in einem Volk alles nach dem Gelde eingeschätzt, dann steht dieses Volk vor seinem letzten grauen Ende. Dann wird es langsam aufgefressen von den zersetzenden Mächten des Goldes, die seit jeher Völker und Kulturen zugrundegerichtet haben.
Während die Soldaten des großen Krieges ihre Leiber hinhielten zum Schutz der Heimat und zwei Millionen verbluteten, haben die Schieber aus dem roten Edelsaft Gold gemünzt. Dieses Gold hat ihnen dann später dazu gedient, die heimkehrenden Soldaten um Haus und Hof zu prellen.
Der Krieg ist also vom Geld gewonnen und von der Arbeit verloren worden. Nicht die Völker sind seine Gewinner oder Verlierer. Sie haben nur Handlangerdienste am Gelde getan oder gegen diese Handlangerdienste die Arbeit verteidigt.
Deutschland focht für die Arbeit. Frankreich focht für das Geld. Die Arbeit hat verloren. Das Geld hat gewonnen.
Geld regiert die Welt! Ein furchtbares Wort, wenn es wahr wird. Heute gehen wir an seiner Tatsächlichkeit zugrunde. Geld – Jude, das ist Sache und Person, die zusammengehören.
Das Geld ist wurzellos. Es steht über den Rassen. Langsam frißt es sich in den gesunden Organismus der Völker hinein und vergiftet allmählich ihre schöpferische Kraft.
Wir müssen uns durch Kampf und Arbeit vom Geld befreien. In uns selber den Wahn zertrümmern. Dann stürzt auch einmal das goldene Kalb.
Der Liberalismus ist in seinem tiefsten Sinn die Lehre vom Geld.
Liberalismus, das heißt, ich glaube an den Mammon.
Sozialismus, das heißt, ich glaube an die Arbeit.

(. . .)

28. September.
Ich beginne unter meinen Kameraden Ansehen zu gewinnen.
Man spricht hier und da ein Wort mit mir. Einzelne weihen mich sogar in ihre Sorgen und Nöte ein.
Das Mißtrauen schwindet langsam.
Auch meine Wirtsleute werden freundlicher zu mir.
Heute nachmittag finde ich auf meinem Tisch ein paar kleine, bescheidene Blumen.
Wie habe ich mich darüber gefreut!
Die Kinder rufen laut meinen Namen, wenn sie mich sehen, und gleich hängen sie an meiner Hand.

3. Oktober.
„Du reibst Dich auf dabei, Michael, Du hältst das nicht aus. Du gehst zugrunde."
„Der Mensch hält mehr aus, als man denkt. Man darf sich nur nicht schonen. Man muß soviel im Leben auf sich nehmen.
Und im Kriege haben wir doch noch mehr unserem Körper und unserem Trotz abgerungen und sind nicht dabei zugrundegegangen."
„Aber wir haben doch schwer gelitten, an der Seele und am Leibe."
„Da hast Du recht, Matthias, das verwinden wir nicht so leicht. Aber siehst Du, da haben wir's auch gemeinsam getragen, Arbeiter und Herr.
Draußen in den Schützengräben lagen wir nebeneinander, der aus dem Palast und der aus der Bergmannshütte.
Wir haben uns aneinandergeschlossen, sind Freunde geworden, haben den anderen erst kennengelernt.
Und als der Krieg aus war, da tat sich diese unselige Kluft wieder auf.
Die Arbeit ist ein Krieg ohne Kanonen. Da müssen wir auch zueinander halten, Faust und Kopf. Wir müssen uns doch einmal verstehen, je eher, desto besser.
Das Leben ist schwer. Wir haben keine Zeit, uns feind zu sein. Wir müssen Brot beischaffen für die Millionen, die geboren und für die Millionen, die noch nicht geboren sind. Sonst gehen wir früher oder später zu Bruch."
„Ja, aber wie Du denkt keiner von denen da oben; da gilt nur Geld und Macht."
„Diese Kreaturen muß man dann zwingen. Es gibt Menschen, denen imponiert nur die Faust unter der Nase. Da darf man keine Rücksicht kennen. Wir Jungen haben vor der Geschichte das größere Recht.
Die Alten wollen noch nicht verstehen, daß wir Jungen überhaupt da sind. Sie verteidigen ihre Macht bis zum letzten Augenblick.
Aber einmal werden sie doch unterliegen. Die Jugend muß zuletzt siegen.
Wir Jungen, wir greifen an. Der Angreifer ist immer stärker als der Verteidiger. Machen wir uns selbst frei, dann können wir auch das Arbeitertum befreien. Und ein befreites Arbeitertum wird das Vaterland von den Ketten lösen."
„Das mit der Arbeit und dem Krieg, das hast Du richtig gesagt; und das Schönste daran ist, daß Du selbst Deine Worte zur Wahrheit machst.

Du drischst keine Phrasen wie die anderen. Du handelst.

Gleich als Du hier ankamst, als ich Dich zum erstenmal sah, da wußte ich, daß Du ein Pionier der Idee der Arbeit seiest.

Ach, wir sehen soviel jetzt hier von den hohen Schulen. Alle sind sie fleißig und tun ihre Pflicht hier unten bei der Arbeit.

Aber die meisten verstehen uns Bergleute doch nicht. Sie steigen zu uns herunter. Mehr noch, sie lassen sich zu uns herab. Da bleibt immer etwas zwischen uns offen. Daher dieser brütende Haß zwischen uns und den Weißhänden.

Du wirst hier viel Feindschaft gegen die Studenten sehen. Aber ich weiß, Du willst das besser machen. Du willst nicht zu uns herunterkommen, Du willst uns zu Dir heraufholen.

Du verstehst das richtig anzufassen, weil Du in uns den Genossen siehst. Darum findest Du auch das Wort, das unsere Herzen öffnet."

Ich knie neben Matthias Grützer unten im Stollen während der Frühstückspause. Wir reden in langen Zwischenräumen und müssen schreien, daß wir uns verstehen.

Joseph Goebbels, *Michael. Ein deutsches Schicksal in Tagebuchblättern.* München 1934. S. 112–115, 118–120, 137–142.

Friedrich Bubendey

Deutschland muß leben

Waffenspruch Albert Leo Schlageters

Wenn wir zunächst auch nur wenige sind,
Ihr vielleicht, wir, noch ein paar,
Der Weg ist weit – das Ziel ist klar;
Vorwärts geht es, Schritt für Schritt!
Habt Ihr Mut, kommt mit!
Wenn wir zunächst auch nur wenige sind,
Aber wir werden es schaffen!

Seltsam zerrissen, matt, gelb, untermischt mit dem süßlich-herben Duft fallender Herbstblätter geht der Novembertag des Jahres neunzehnhundertundachtzehn, an dem Deutschland zerbrach, zu Ende.

Totenstille plötzlich über einem Meer von Schlachtfeldern. Totenstille über Millionen toter Leiber.

An den Wegekreuzungen, auf leeren Feldern, auf nebelverhangenen Bergrücken, am nassen Strand, auf dem die Welle träge aufläuft, verwunderte, erschrokkene, vom Kampf noch erhitzte Soldatengesichter, stockender Atem, ratloses Achselzucken, führerlose Verlassenheit, tiefbanges Fragen: – Aus?

Ja – aus!

Ein Krieg ist zu Ende. Ein Weltkrieg mit einem allerletzten Knall beendet. Grinsend hockt ein Gerippe und kichert lautlos über Sieger und Besiegte.
Wer ist Sieger?
In diesem kurzen Augenblick, in dem selbst die Erde stillsteht, weiß es keiner. Auch nachher weiß es keiner.

Dann setzt sich uralten, urewigen Gesetzen gemäß die Erdkugel wieder in Bewegung, dreht sich weiter. Die Erstarrung löst sich. Einer holt Atem, ein anderer holt Atem. Hände streichen verloren über die Stirn. Immer schneller wird das Drehen der Erdkugel, schon geht es im gewohnten Takt, schon haben die Klugen verstanden. Das Blut pulst wieder durch ihre Adern.

Noch zeigen die rauchlosen Schornsteine der Wendelgruben an der lothringischen Grenze wie steile Finger in die Luft, und schon steht lächelnd ein Leutnant mit geschwindem roten Bändchen im Knopfloch in der Haustür seines Quartiers.

Auf dem Kölner Hauptbahnhof türmen sich fortgeworfene Gewehre, einsam liegt auf ihnen, hingeschmissen, ein lästiger Degen, und schon rollt, rollt, rollt Zug auf Zug auf blanken Schienen ostwärts. Und nun strömt es von allen Seiten der Fronten ins Herz der Heimat.

Zurückgeblieben, noch immer festgewurzelt, noch immer verständnislos, noch immer fassungslos steht ein Häuflein Helden im vergessenen Kriegsgelände. Sie wissen noch nicht, daß die Erde sich schon wieder dreht.

Unter ihnen steht Albert Leo Schlageter.

Feige tritt der Soldatenrat vor blitzenden, zornigen Augen, noch mehr vor geballten Fäusten einen Schritt zurück und läßt sie passieren.

Aber in der Heimat behalten die Roten recht! Taumel, Brunst, Lebensgier hat lähmenden Schrecken abgelöst. Likörgläser klirren. Und wie langsam und nach und nach Magazine und Speicher sich füllen, ist vergessen, daß die Erdrinde barst. Hei! Das jubelt schon wieder! Das handelt schon wieder! Das geht mit allem Arm in Arm, was Ruhe verspricht und zusagt.

Ruhelos aber sitzt einer da. Unter studierenden Studenten. Schaut immer nach Führung aus. Sie kommt nicht. Soll Deutschland leben oder wer? Unter bunten Mützen in Freiburg stöhnt einer auf: Albert Leo Schlageter.

Plötzlich ist er verschwunden. Riga, das deutsche Riga ruft! Flammende Blitze sprüht die Batterie auf enger Brücke. Riga wird erlöst.[1] Unter den Tiefaufatmenden, Glücklichen, Bejubelten ist Albert Leo Schlageter, der Führer jener Batterie. Schlageter, der Landsknecht. Der Landsknecht?

Höher gehen die Wogen in der Heimat. Gierige Hände greifen nach Gold, das in Papier zerflattert. Macht nichts! Nur nichts hören! Freut auch des Lebens! Es ist ja Frieden. Der von Versailles!

Nur einer hört: Albert Leo Schlageter! Hört das unterirdische Grollen der Berge an der Ruhr. Aufgescheuchter, aufgestachelter, aufgewühlter, verführter roter Mob steht auf! Der Spießbürger schaudert nur. Er sieht nicht einmal die freche, gelbe, moskowitische Maske. Albert Leo Schlageter treibt von neuem, ungestüm seine Batterie abfeuernd, das rote Gesindel auseinander.

Der anpassungsfähige Bürger lächelt: Es war also gar nicht so schlimm.

Wo bleibt die Führung?
Hier! ruft Albert Leo Schlageter! Freikorpsoffizier in Schlesien.
Der Annaberg sieht deutsche Helden. Der Pole knirscht, weicht zurück. Deutsches Land ist gerettet. Aber wieviel deutsches Land ging überhaupt verloren? Rufen die Händler und Schacherer: Fort mit den Freikorps, die uns gerettet! Der Krieg ist aus! Nun aber Ruhe! Werdet Bürger!
Im Hintergrund lächeln Marxisten, lächeln Kommunisten, lächeln die Juden, lächelt zufrieden eine Reichsregierung.
Nur einer lächelt nicht! Kommt er denn nicht zur Ruhe? Ruft Deutschland denn immer noch? Es ruft! Aber nur die, die es hören! Und die es hören, müssen ausweichen. Müssen immer wieder Quartiere wechseln. Müssen sich versteckt halten. Vor der Polizei der Bürger. Ruhelos ziehen sie dahin. Unter ihnen wieder: Er! Da hört er jenen rufen, jenen ungenannten, unbekannten Soldaten, den wenige erst kennen. Der, ohne zur Führung gerufen, auch sein „Hier!" rief. Unter der Erde, nahe des Reiches Hauptstadt, aber dennoch unter der Erde, weiht Albert Leo Schlageter sich der neuen Fahne dieses Mannes.
Aber das Schicksal des deutschen Bodens ruft Albert Leo Schlageter nach einer anderen Seite. Zwischen Rhein und Ruhr brennt es von neuem auf! Laut „Vertrag und Abkommen" darf der welsche Feind[2] einrücken und Deutschlands Söhne und Töchter fesseln, einkerkern, schänden; darf stehlen und rauben. Stummer, stiller Krieg im Ruhrgebiet.
Albert Leo Schlageter macht sich auf, als Deutschland abermals ruft. Er weiß nicht, daß es das letztemal in seinem Leben ist, daß Deutschland ihn ruft. Immer versteckter, immer geheimer wird der Krieg. Vom offenen Kampf in offener Feldschlacht geht's in geheime, nächtliche, fast ohnmächtige Abwehr. Aber die Zähne zusammengebissen, in nur scheinbarer Ohnmacht kämpft der nur geduckte Feuergeist.
Dumpfes Bersten und Krachen. Zersplittern von Schienen und Eisenstäben! Brücken fliegen in die Luft. Dem „Sieger" sitzt der Schrecken Tag und Nacht in den zitternden Knochen.
Neben ungebändigtem Heldentum aber steht dann mit einem Male gemeiner Verrat. Unfaßbar dieses Untergehen des heiligen Lichtes in das Dunkel der Finsternis! Immer und immer wieder muß es einer auf dieser Welt erleben, mit dem Tode zu beenden: Herr, vergib ihnen, denn sie wissen nicht, was sie tun!
Das Kreuz von Golgatha ersteht von neuem auf in dem einsamen Pfahl der Sandgrube von Golzheim. Ein ganz Großer muß wieder – wie oft in der Weltgeschichte! – leblos in die Knie sinken, weil die ganz Kleinen ihn hassen, ihn hassen müssen.
Eine Salve im fahlen Grau des sechsundzwanzigsten Mai neunzehnhundertdreiundzwanzig blitzt auf, kracht.
Albert Leo Schlageter ist tot.
Ist er tot? Seltsam! Nun, wo er tot ist, nun wird es um ihn und sein Heldentum lebendig!

In Bataillonen deutscher Helden hat er nach dem Kriege weitergekämpft. Neben ihm, mit ihm, vor ihm, hinter ihm kämpften Kameraden um denselben Preis: um Deutschland. Wer war Albert Leo Schlageter, ehe ihn die mörderischen Kugeln eines barbarischen Standgerichtes trafen? Fragen wir nicht, denn er wollte selbst nicht um einen Zoll größer sein als alle andern. Und wuchs doch riesengroß über sie hinaus! Ach, ihm kam es ja gar nicht auf ihn selbst an! Er suchte nicht sich und seinen Ruhm, er suchte – für uns alle – sein deutsches Volk!

Als die Schüsse in der Golzheimer Heide verhallt waren, ging ein Grauen – so schrieb man, so schreibt man – durch das deutsche Vaterland. War es wirklich so? Stand wirklich die deutsche Welt starr, stumm, atemlos? Millionen über Millionen, zehn Millionen, zwanzig Millionen, dreißig Millionen, vierzig, fünfzig, fünfundfünfzig Millionen und mehr, sie alle gingen ihrer Tagesarbeit in gewohntem Lauf nach, scherzten, lachten, tranken, tanzten, lebten und wußten nichts, nichts vom Sterben Albert Leo Schlageters!

Trotzdem aber stieg erst langsam, dann immer stärker aus den toten Gebeinen dieses nun Überirdischen etwas herauf, das nicht Ruhe fand: das Gewissen. Scheu fühlte man auf einmal, daß hier ein ganz Großer sich opferte für das heilige Deutschland. Das ruhelose, aufgepeitschte Gewissen wuchs und wuchs und – entlud sich in einem Höllenhaß, in teuflischer Schmährede.

Nur zu wahr: Dieses ruhelose Gewissen konnte nur beschwichtigt werden, indem es das Große unendlich klein machte.

Und, statt daß Deutschland auf die Knie sank und in tiefer Inbrunst ihm, Albert Leo Schlageter, dankte und in ihm allen andern, die mit ihm die Fackel des Lichtes weitergetragen hatten, statt dessen – bespie man ihn! Eine Springflut des Hasses, der Wut, der Ohnmacht sieg auf. Wer war denn Albert Leo Schlageter? Ein Bandenführer! Ein Freischärler! Ein Landsknecht! Ein Abenteurer! Ein Marodeur! Ein Saboteur! Ein bezahlter Spion! Ein Verräter! Gar ein – Nationalsozialist!

Hoch häuften sich die Schmähworte!

Aber wiederum seltsam! Nun er tot war, lebte er dennoch weiter!

Schlimm genug, daß es ihn gegeben hatte! Er hätte sich doch einfügen müssen! Verstand er denn, verstanden denn die andern nicht, daß die Zeit des Helden vorbei war? Daß der Krieg doch Jahre zurücklag? Daß nun die Zeit des Verhandelns, des Paktierens war? Daß man mit Verträgen, mit Sich-Vertragen, mit Kompromissen viel, viel weiterkommt?

Dieser Albert Leo Schlageter, der im Leben ruhelos war, weil er Deutschland suchte, machte nun, wo er tot war, plötzlich immer mehr, immer neue Tausende ruhelos.

Wer war Albert Leo Schlageter?

Wer diese schmucklosen Briefe liest und sie besinnlich aus der Hand legt, weiß es. Einfacher konnte wohl keiner schreiben! War er ein Blender? Ein geistreicher Plauderer? Ein Freiheitssänger? Ein Herold des Wortes, ein Mächtiger der Sprache? Ein Dichter?

Dieses schmale Bändchen Briefe sagt: nein!

War er aber, dieser Albert Leo Schlageter, und ist er nicht viel, viel mehr? Er war nichts anderes, wollte nichts anderes sein, konnte als ein echter Sohn seines Volkes und seiner Heimat nichts anderes sein als: lebendige Tat!

Er predigte nicht die Tat, er war sie selbst!

Weil er aber ein Mann der Tat und nicht des Wortes war, weil er den bitteren Kelch annahm um seines Glaubens an Deutschland willen und ihn bis zur letzten Neige austrank, stehend, aufrecht, war und ist er: das deutsche Gewissen!

Diesem deutschen Gewissen galt der Kampf, solange er lebte. Diesem deutschen Gewissen gilt noch heute der stumme, verzweifelte Kampf der Lichtlosen unter uns!

Immer, immer, immer wird es diesen Kampf zwischen Gott und Teufel, zwischen Licht und Finsternis geben. Er wird erst enden mit der endlichen Erlösung der Welt.

Bis dahin aber müssen wir, die wir uns Deutsche nennen und in unserm Blut uns als Deutsche fühlen, in diesem Kampfe ausharren, und gingen wir auch an unserm Leib zugrunde! Wir müssen es tun wie Albert Leo Schlageter um Deutschlands willen.

Verläßt uns aber der Mut und die Kraft und droht unser die Gefahr, hinabzusinken in unkämpferische Beschaulichkeit – dann soll uns das hinterlassene Vermächtnis dieser schlichten Briefe wieder hinaufreißen auf den Weg zum Heroismus. Dann soll uns in diesen Blättern schlagen das deutsche Gewissen.

Anmerkungen:

1 Hier wurde der ‚bolschewistische' Vormarsch gestoppt. 1920 mußte die Unabhängigkeit Lettlands mit Riga als Hauptstadt anerkannt werden.
2 Frankreich und Belgien.

Aus dem Nachwort zu: *Deutschland muß leben. Gesammelte Briefe Albert Leo Schlageters.* Herausgegeben von Friedrich Bubendey. Berlin 1934. S. 70–75, 77–78.

Hanns Johst

Die Kluft zwischen den Generationen

August

Du wirst es nicht glauben, Papa, aber es ist so: In der Jugend gelten diese alten Schlagworte nicht mehr... die sterben aus... Klassenkampf stirbt aus.

Schneider

So... und was lebt denn da auf?

August

Volksgemeinschaft!

Schneider
Und das ist kein Schlagwort...?
August
Nein!! Das ist ein Erlebnis!
Schneider
Ach du große Zeit!... Unser Klassenkampf, unsere Streiks... unsere ganze Arbeiterorganisation, das war wohl kein Erlebnis, was...? Der Sozialismus, die Internationale, das waren wohl Phantasien...?
August
Die waren notwendig, aber sie waren... sind gewesen... Für die Zukunft sind sie historisches Ereignis.
Schneider
So... und die Zukunft hat also deine Volksgemeinschaft?

Ja, was stellst du dir denn da eigentlich darunter vor? Arm, reich, gesund, krank, oben, unten, das hört bei euch alles auf, was? Ein soziales Schlaraffenland, wie...?
August
Siehst du, Papa... oben, unten, arm, reich, das gibt es immer. Nur wie man diese Frage rangiert, das ist entscheidend.

Wir sehen das Leben nicht in Arbeitszeiten zerhackt und mit Preistafeln versehen, sondern wir glauben an das Dasein als ein Ganzes. Wir wollen alle nicht mehr in erster Linie verdienen, sondern: dienen. Der einzelne ein Blutkörperchen in der Blutbahn seines Volkes.
Schneider
Das ist Pubertätsromantik! Volkserlösung durch Minderjährige. Steckt die Nase erst mal rein in die Wirklichkeit!

Aber Weltanschauung hin und Weltanschauung her... sprechen wir von etwas ganz Konkretem: Wie steht dein Korps und deine „Volksgemeinschaft" zum passiven Widerstand?
August
Den werden wir zur nationalen Erhebung aufputschen!
Schneider
... aufputschen...?
August
Du, als alter Revolutionär, betonst das Wort: Putsch so seltsam. Die Regierung wird mit uns marschieren, oder sie wird verschwinden!
Schneider
Du sprichst mit einem Regierungspräsidenten und der sagt dir: Die Regierung wird den Teufel tun!
August
Ich rede ganz gemütlich mit meinem alten Herrn...
Schneider
Dein alter Herr ist Beamter des Staates, der den passiven Widerstand für richtighält!

August
Und dein Sohn ist Revolutionär!!
Schneider
Mein Sohn ist ein Lausejunge, der hiermit eins hinter die Löffel bekommt ... und nun pariert!!
August
(der heiter lachend ausweicht) Du haust als Regierungspräsident noch wie als Werkmeister. Soweit geht die Kinderstube richtig! Aber ...
Schneider
... aber ... aber ... Wir Alten sind gar nicht so dämlich, wie ihr Grünschnäbel euch das vorstellt. Schlageter und Konsorten sind für euch Nationalhelden ... für uns hier sind sie ein Akt!

Schlageter ist ein toter Mann, wenn er nicht auch Order pariert! Die Regierungen Europas sind sich darin alle einig, die letzten Abenteurer und Fanatiker und Brandstifter und Banditen des Weltkriegs müssen ausgerottet werden mit Feuer und Schwert!

Wir wollen den Frieden! Das sage ich dir, mein Junge, und ich stand vier Jahre im Feuer für das Deutschland, wie es heute ist und wie es bleibt, solange ich atme!
August
Nein!!
Und das sage ich dir, der ich keine Ahnung habe von einer Materialschlacht und Trommelfeuer und Flammenwerfern und Tanks.

Wir Jungen, die wir zu Schlageter stehen, wir stehen nicht zu ihm, weil er der letzte Soldat des Weltkrieges ist, sondern weil er der erste Soldat des Dritten Reiches ist!!

Hanns Johst, *Schlageter*, München 1933. S. 82–85.

Eduard Schönleben

Fritz Todt: Ein Held unserer Tage

Symbolisch für die Auffassung seiner Tätigkeit müssen die Sätze sein, die er bei der Eröffnung der kurzen, zur Umgehung der Stadt Opladen gebauten Autobahn zu Beginn seiner Arbeit am 27. September 1933 sprach: „Unserem nationalsozialistischen Wesen entspricht die neue Straße Adolf Hitlers, die Autobahn. Wir wollen unser Ziel weit vor uns sehen, wir wollen gerade und zügig dem Ziel zustreben; Durchkreuzungen überwinden wir, unnötige Bindungen sind uns fremd. Ausweichen wollen wir nicht, wir schaffen uns genügend Bahn zum Vorwärtskommen und wir brauchen eine Bahn, die uns gestattet, ein zu uns passendes Tempo einzuhalten.

So bauen wir im Dritten Reich die Straßen, so erziehen wir die Menschen, so errichten wir das ganze nationalsozialistische Reich."

Das zweite Geheimnis der Leistungsfähigkeit Dr. Todts ist unbedingt die H ä r t e gegen sich selbst, die ihn nie etwas fordern ließ, was er nicht selbst erfüllte. „Wer in der Zeit Adolf Hitlers lebt, für den scheiden alle Wünsche nach persönlicher Bequemlichkeit aus gegenüber der heiligen Verpflichtung, die Aufgabe zu erfüllen, die der Führer stellt." Einige Sätze, die für Dr. Todts künstlerische Auffassung bezeichnend sind, seien auch hier wiederholt:

„Der Baumeister, der im Steinmeer der Großstadt baut, sieht sein Werk inmitten menschlicher Ausdrucksformen irgendeiner früheren Zeitepoche. Hier tritt das Verlangen auf, daß die Größe unserer Zeit sich mit ihren Bauwerken im Verhältnis zu den menschlichen Werken früherer Zeiten äußert. Ganz anders muß die Einstellung des Baumeisters sein, der im weiten Raum der großdeutschen Landschaft zu schaffen hat. Sein Bauplatz ist der weite Raum der Natur. Ein Versuch, gegenüber der Natur noch monumentaler zu wirken, noch größer zu werden, muß vermessen erscheinen. Im lieblichen Wiesental, durch das eine Straße gezogen werden muß, wäre jeder Versuch monumental zu wirken, brutal.

Eduard Schönleben, *Fritz Todt – Der Mensch, der Ingenieur, der Nationalsozialist*. Oldenburg 1943. S. 13, 72.

Wilhelm Ihde

Friedrich der Große: Ein preußischer Held

Wer es weiß, was die lebensklugen Griechen mit ihrer klassischen Gestalt des Prometheus andeuten wollten, mag erwägen, ob nicht Friedrich als des jungen preußischen Staates Prometheus in der Geschichte dasteht. Freilich, seine leibliche Erscheinung gleicht nicht jenem kraftstrotzenden, an den Felsen geschmiedeten Halbgott, und wir bemerken, daß es nicht immer jene quantitativen Heldengestalten sind, die vom Schicksal dazu ausersehen sind, durch ihren eigenen Willen die unheimlichen Willenskräfte eines Volkes wecken. Wenn also jubilierend der Hohenfriedberger Marsch erklingt, wenn stolze Fahnen vor dem preußisch-deutschen Morgenrot flattern, wenn die Einwohner Berlins in stummer Ehrfurcht ihre Häupter entblößen, wenn ganz Europa mehr als die schuldige Referenz erweist, wenn im Mittelmeer Korsaren preußische Schiffe freigeben, wenn fern in China bewunderndes Geraune sich um die preußischen Wimpel erhebt, wenn gar die sich stets erhaben dünkende Nachwelt uneingeschränkte Bewunderung bekundet, – wenn das alles geschieht, dann gilt das nicht alleine dem Könige in Preußen, sondern viel mehr dem Menschen Friedrich, dessen preußischer Wille die Schwächen des Leibes besiegte und in den 46 Jahren seiner Regierung mehr als seine Schuldigkeit tat.

Wie ist es nun um diesen preußischen Willen Friedrichs beschaffen, um diesen seinen unbeugsamen Willen zum Leben? Wohl dem, dessen Wollen offene Türen und günstige Umstände bei Menschen und Dingen antrifft; er vermag ungestört die Fülle seines Wesens zu entfalten. Aber erst dann entzünden sich sprühende Funken, wenn der Genius eines Großen in verzweifelten Kampf mit dem widerstrebenden Schicksal gerät, wenn die harmonische-geruhsame Planung seines Wollens zum stürmisch daherbrausenden Unwetter seines Willens wurde. Dann erst leuchtet Menschenwille als herrliches Himmelsfeuer auf, das über alle Zeit und Irdischkeit hinweg die wahre Menschengröße erhellt. Dann erst, wenn eines Menschen eherner Wille Brust an Brust mit dem Schicksal ringt, wenn er knirschend und keuchend jener furchtbaren Macht die Tarnkappe herunterreißt, und mit der Keule seines Willens dreinschlägt, – dann erst löst Menschengeist sich von aller Materie und schwingt sich hoch hinauf; die Erde lassend, und kühn fordernd in den Bereich der Gottheit eintretend. Dann erst versinkt der Wirklichkeit Tagewerk vor uns und jäh erschreckt vernehmen wir, wie des ringenden Menschen Wille Blitze schleudert, die die regenbogendurchfurchte Bahn zwischen Erde und All aufreißen und den erhabenen Segen der Gottheit herbeizwingen. Es stößt sein Wille die Götter von „goldenen Stühlen" und zwingt sie zur Gerechtigkeit für das Menschengeschlecht.

Friedrich hat nie Gunst und Glück erfahren. Von Jugend an war er gezwungen, Rede und Gegenrede zu stehen, Schläge hinzunehmen und harte Schläge zurückzugeben. Von Jahr zu Jahr ist er in dieser dauernden Zwiesprache innerlich gewachsen; das Schicksal hat sich seinen Gegner erzogen. Er mühte sich nicht um die kleinen Freuden des Daseins, opferte sein Herz beizeiten und wuchs über den Alltag hinaus zu jener Größe, während des härtesten Kampfes, im Siebenjährigen Kriege.

Viereinhalb Millionen preußischer Einwohner stehen in Abwehr gegen eine europäische Koalition von 96 Millionen. Aber nur 150000 Soldaten hat Friedrich vielen Hunderttausenden gegenüberzustellen. Er marschierte kreuz und quer durch das Land, nimmt Schlachten an, wo die Feinde sich stellen, und hält durch klug bedachte Manöver die überlegene Meute der Feinde vor der Klinge. Sein Wille ersetzt ihm die fehlenden Truppen, sein Kopf die Verbündeten.

So ist der große Preußenkönig wohl Philosoph? Manch einer, der einsah, daß er Friedrich nicht als eiskalten General, gefühllosen Diplomaten oder persönlich ehrgeizigen Staatsmann schildern könnte, meinte aber, ihm diese Attribute zudenken zu können, wenn er ihn als einen Philosophen hinstellte, in dem das wirkliche Leben, die Leiden seiner Untertanen und die Wünsche der Umwelt keine Empfindungen hätten auslösen können. Nichts falscher als solche Erfindungen! Wohl nenne man ihn den Philosophen von Sanssouci, aber dieser Philosoph ist ein Mensch, der mit allen Fasern seines Fühlens im Dasein verflochten ist.

Wer so sehr wie er in die Schwächen und Nichtswürdigkeiten des menschlichen Charakters hat hineinsehen müssen und täglich gezwungen war, sie in Rechnung zu stellen, der hat keine Muße, wirklichkeitsfremde Hypothesen zu suchen. Und es gibt wohl kaum einen Menschen seiner von sogenannten philosophischen Phantastereien erfüllten Zeit, der seinen Spott und seinen Unwillen darüber so heftig ausgelassen hätte wie Friedrich. War er zwar in gewissen Situationen Fatalist, so stand er jedoch im gesamten fest auf dieser Erde und mied jene philosophischen Spekulationen, die selten die Neigung tätiger Menschen erwecken vermögen, ja sie waren ihm in tiefster Seele verhaßt. Und er selbst bekennt: „Ein wenig Ruhe, ein wenig Schlaf, ein wenig Gesundheit machen meine ganze Philosophie aus." Sein sogenanntes Philosophentum, nun es war nichts weiter als ein in Leid und Schmerz, in Sieg und Ruhm erhärtetes prächtiges Menschentum, dem nichts Menschliches fremd war.

Das ist der goldene Schlüssel zu Friedrich II. König von Preußen: Er ist nichts anderes als Mensch!

Sein Bedürfnis an menschlichen Freuden und Glückseligkeiten ist nicht minder als bei andern vorhanden gewesen, ja er hätte dank seiner künstlerischen Empfindsamkeit ein größeres Anrecht zu behaupten vermocht. Und wer möchte leugnen, daß ihn die herben Enttäuschungen seiner Jugend, der erzwungenen Ehe eines ausgleichenden und nur menschlichen Glückes würdig gemacht hätten? Ein Mann von den Fähigkeiten Friedrichs wußte wohl, welche Liebenswürdigkeiten, welche entzückenden Freundlichkeiten und künstlerischen Genüsse das Leben dem Wissenden zu bieten hat, und seine eigene Erlebnisfähigkeit war von Hause aus durchaus zum Geben und Nehmen bereit. Nicht gering waren die Verlockungen für diesen und einnehmenden Fürsten. Für einen geringen Preis nationaler Würde wäre Europa bereit gewesen, ihn ein Leben führen zu lassen, das seinen persönlichen Neigungen größte Möglichkeit geboten hätte. Und angesichts der realen Machtverhältnisse hätte die Nachwelt wahrscheinlich nicht einmal Grund gefunden, ihn darum zu tadeln. Dieser Friedrich war nicht gezwungen, ein Held zu sein. Eine Entwicklung in dieser Richtung wäre gewiß Äußerung des Lebenswillens des entzückendsten und geistreichsten Fürsten in Europa gewesen, aber vergeblich hätten wir den preußischen Lebenswillen gesucht.

Dieser Mensch Friedrich, begabt und begnadet zu irdischem Glück, stellte aber sich selbst vor die Entscheidung. An dem Tage, da die Zukunft seines Volkes ihm alleine in der Welt und vor Gott überantwortet wurde, da ging es wie ein glühender Strom durch sein Herz, er riß sich los vom persönlichen Geschick und bekannte: „Es ist nicht nötig, daß ich lebe, wohl aber, daß ich meine Pflicht tue." Von nun ab ist er Friedrich von Preußen, erster Diener seines Volkes, und sonst nichts. Fern liegt das Idyll von Rheinsberg, verloren sind Freunde und Fröhlichkeit, und vor ihm erhebt sich das Grauen des Schlachtfeldes und für alle Zukunft bis in die Todesstunde des Dienstes die ewig gleichgestellte Uhr. Nun, da ihm das Schicksal den Kampf angesagt hat, wird er zum Helden. Er weiß vor Sorgen und Not nichts von jener Ruhmhaftigkeit des Helden, aber wenn er seine Augen zu den Generalen erhebt, wenn sein Blick die Grenadiere trifft, wenn er vom Schreibtisch her die Minister anfeuert, wenn er ausländische Gesandte unterweist und den geringsten Preußen väterlich ansieht, dann steht vor ihnen allen der Held Friedrich.

Als er in Sanssouci in den Armen seines Kammerdieners entschläft, und mühevolle vierundsiebzig Jahre beschließt, hinterläßt er an persönlichem Eigentum nicht mehr als einen einzigen abgetragenen Uniformrock seines Leibregiments, ein alter-müdes Windspiel, den alten Schimmel Condé und einige Tabaksdosen. Jeder General oder Minister besitzt mehr.

Aber der große König hinterläßt ein Preußen, das er mit Willen und Macht in die Welt gestellt hat, damit es seiner deutschen Bestimmung entgegensehe.

Ernst Adolf Dreyer/Heinz W. Siska (Hrsg.), *Kämpfer, Künder, Tatzeugen: Gestalten deutscher Größe. Bd. I: Kämpfer.* München, Wien, Leipzig 1942. S. 182–184, 203–205.

Gudrun Streiter

Aus dem Tagebuch einer SA-Mann's Braut

Trotzdem ich sehr müde bin, kann ich einfach nicht einschlafen. Die Ereignisse der beiden letzten Tage haben mich mit solch großer Begeisterung erfüllt, daß ich mein liebes Tagebuch trotz vorgerückter Stunde in die Hand nehme und nieder schreibe, was mich so tief bewegt. Es war ein trüber Tag, als ich gestern mit meinen Hitlerkameraden und -Kameradinnen an den Rhein fuhr. Doch wir merkten nichts von der ungünstigen Witterung. In unsern Herzen loderte helle Begeisterung und große Freude. Die Lauten klangen und die sangesfrohen Lippen ruhten nicht. Fast auf jeder Bahnstation stiegen Parteigenossen und Parteigenossinnen zu und brachten immer mehr Sonne in den fröhlichen Kreis. Mit Sing und Sang, mit Kling und Klang vergeht die Zeit so rasch, und ehe wir uns versahen, grüßte uns schon vom Niederwald die Germania. Als wir Bingen erreicht hatten, waren wir uns noch unschlüssig, ob wir uns mit dem Trajekt übersetzen lassen sollten, um mit der Eisenbahn auf der anderen Rheinseite weiter zu fahren oder ob wir mit dem Dampfer auf dem deutschen Rheinstrom unserm Ziel entgegensteuern sollten. Das Wetter entschied. Am Himmel hatte sich ein undurchdringlich schwarzes Gewölk zusammengeballt. Die Wolkenmassen hielten wie an eisernen Ketten gefesselt zusammen. Während wir noch erwägend zum Himmel hinaufschauten, begann ein mächtiger Sturm zu brausen und peitschte mit seiner furchtbaren Wucht des Rheines Wellen. Da packte uns alle die Sehnsucht nach wilden Wogen, Sturm und Wetter. Wir stiegen auf den Dampfer, hinauf auf's Deck, ließen uns tüchtig vom Sturm durchbrausen und boten den Elementen die Stirne. Wie schlugen die Herzen hoch, wie stolz wehten unsere Hakenkreuzfahnen und -Wimpel im Sturme. Sagenumwobene Burgen grüßten kühn und trutzig von beiden Seiten. Und immer wieder Begeisterung über Begeisterung. Zu schnell verging die schöne Fahrt und bald sehen wir von weitem das Rheinstädtchen, unser Ziel, grüßen. Ein reges Leben herrschte an den Rheinufern. Ungezählte Scharen von Braunhemden marschierten mit ihren blutroten Fahnen an des Rheines Strand auf. Brausende Heilrufe schallten uns zu und hinüber. Als wir ins Städtchen kamen, bot sich uns ein herrliches Bild. Die Straßen glichen einem Flaggenwald. Aus allen Häusern wehten die ruhmreichen deutschen Fahnen. Girlanden und üppige Blütenpracht schmückten die Straßen. Ein reges Leben herrschte überall. S.A.-Männer eilten an uns vorüber, die Befehle ihrer Führer ausführend. Von allen Seiten klangen die preußischen Militärmärsche. Dann sah ich etwas, was ich zuvor nie gesehen. Es waren Frauen und Mädchen im braunen Hitlergewand. Sie verkauften uns Abzeichen für die Sonnwendfeier. Der Anblick berührte mich so wunderbar. Ein einziger Wunsch wachte brennend in mir auf, auch so, wie diese Frauen und Mädchen an dem großen Werk unseres Führers Adolf Hitler mithelfen zu dürfen. Die Brandfackel war in mein Herz hineingeworfen, sie flammte und loderte. Kein anderer Gedanke fand mehr Platz in meinem Innern. Ganz unbewußt folgte ich meinen Kameradinnen ins Quartier. Ich sah und hörte nichts mehr von dem, was um mich vorging, setzte mich auf mein Lager und grübelte, wie ich es erreichen könnte, am Aufbau des Vaterlandes mitzuhelfen. So in meine Gedanken vertieft, fand mich eine meiner Kameradinnen und holte mich ab zum Platzkonzert der S.A. Es verstimmte mich im Innern, daß ich in meinen Gedanken gestört wurde. Äußerlich ließ ich natürlich nichts merken, ich tat froh und munter. Aber trotz des eifrigen Gesprächs meiner Kameradinnen versenkte ich mich bald wieder in meine Gedanken und ahnte nicht, daß ich auf dem besten Wege zum Anfang meines Wirkens für die Hitlerbewegung war. Als wir uns der Musik näherten, hörten wir noch das Ende des Petersburger Marsches, dann ruhte die Musik für eine Weile. Meine Kameradin verlor ich im Gedränge. Ich ging ein Stück die Rheinallee entlang und stand plötzlich vor dem Denkmal unseres großen Blüchers. Also war ich an der Stelle, an der das preußische Heer, von Blücher geführt, in der Neujahrsnacht 1814 über den Rhein zog. Meine Gedanken eilten in diese denkwürdige Nacht zurück und so ganz im Nachdenken an die große Tat der tapferen Preußen versunken, blieb ich stehen. Aus meinen Gedanken fuhr ich empor, als ich neben mir eine Männerstimme vernahm und einen S.A.-Mann erblickte, der mich anredete: „Verzeihen Sie, sind Sie Parteigenossin?" „Jawohl", antwortete ich. „Heil zum Gruß". Ich schaute auf und sah in ein braun verbranntes, männliches Antlitz und in ein paar auffallend große, sonnige Augen. Fragend sah ich ihn an. „Möchten Sie nicht ein wenig helfen, für die Bewegung Karten verkaufen?" „Ja, sehr gerne", erwiderte ich. Ich nahm aus seinen Händen einen Stoß Karten in Empfang und voller Freude eilte ich auf die Menschenmasse zu, die sich um die Musik gruppierte. Schon nach einer Viertelstunde hatte ich die Opferkarten restlos verkauft und lieferte voller Freude das eingenommene Geld dem S.A.-Mann für die Bewegung ab. Er freute sich sehr und reichte mir dankend die Hand. Er nannte mir seinen Namen. Wolfgang Jensen heißt er. Ich sagte ihm dann auch, wie ich heiße. Wir wechselten noch ein paar Worte, dann eilte ich zu meinen Kameradinnen und erzählte ihnen voller Freude von meinem Kartenverkauf.

Abends um zehn Uhr war großes Sammeln beim Blücherdenkmal. Vorher hatten wir uns Fackeln bei S.A.-Männern gekauft; dann reihten wir uns in das Heer der Hitlertreuen ein. Ungezählte Menschen hatten Aufstellung genommen. S.S.- und S.A.-Männer, Hitlerjugend, nationalsozialistische Frauen- und Mädchengruppen, Stahlhelmer, Pfadfinder, Wandervögel und tausende anderer Menschen bildeten die nicht endenwollenden Reihen der Sonnwendteilnehmer. An der Spitze standen die Fahnenträger mit ihren blutroten Hakenkreuzfahnen und zwischen den Reihen wehten ungezählte Wimpel im Abendwinde. Über zwei Stunden standen wir so in Reih und Glied. Um 12 $^{1}/_{4}$ Uhr war dann der große Augenblick gekommen. Der Befehl zum Abmarschieren wurde gegeben und die Fackeln entzündet. Langsam setzte sich der Zug in Bewegung. Durch die Straßen des Städtchens ging's mit frohem Sang und Lautenklang. Nach kurzer Zeit waren wir im besten Marschtempo. Als wir zum Marktplatz kamen, hallte es von brausenden Heilrufen. Dort stand Fliegerhauptmann Goering, die Hand zum Hitlergruß erhoben und ließ unter stürmischen Heilrufen den großen Zug an sich vorüberziehen. Nachdem wir das Städtchen verlassen hatten, ging's bergauf dem Sonnwendfeuer zu. Nun bot sich ein herrlicher Anblick. Die Wege führten in Schlangenlinien zum Berge hinauf. Nun konnte man den Zug ganz übersehen. Dieses Glühen und Leuchten der Fackeln in der tiefdunklen Nacht war so herrlich. Der Anblick des Bildes war so gewaltig. Meine Worte sind zu arm, um dieses Erleben zu schildern. Lange nahmen wir dieses Bild dürstend in die tiefste Tiefe unserer Seele auf, bis unser Blick von einem flammenden, mächtigen Brand gebannt wurde. Es war unser Sonnwendfeuer. Mit den Klängen preußischer Militärmärsche wurden wir empfangen. Dann begann die erhebende Feier mit dem Niederländischen Dankgebet. Die Häupter entblößten sich. Mit gefalteten Händen hörten wir andächtig den feierlichen Klängen zu: Wir treten zum Beten vor Gott den Gerechten (...) Fliegerhauptmann Goering ergriff das Wort nochmals zum Schluß zu einer flammenden Rede. In seinem Aufruf zum Kampf für Deutschlands Freiheit klang das Rauschen des Rheines wie ein Gebet nach Erlösung von fremder Gewaltherrschaft. In die tiefdunkle Nacht schollen kraftvoll und donnernd die eisernen Worte Ernst Moritz Arndts aus des Fliegerhauptmanns Munde: „Der Rhein, Deutschlands Strom, aber nicht Deutschlands Grenze."

Nach dem Gesang des Deutschlandliedes setzten wir uns alle um das Sonnwendfeuer und sangen unsere Lieder. Goering trat in den Kreis und blieb stolz aufgerichtet stehen. Es war ein herrlicher Anblick wie der große Luftheld so vom Sonnwendfeuer umleuchtet dastand. Nur blieb sein Gesicht etwas umdunkelt, da der Schein der niederbrennenden Flammen nicht mehr so weit emporreichte. Ich hatte nun das Glück, gleich hinter ihm zu sitzen. Kurz entschlossen sprang ich auf und hielt meine Fackel über seine Schulter. So strahlte nun auch sein Gesicht im hellen Glanze. Dann kam ein großer ereignisreicher Augenblick für mich. Er drehte sich um und nickte mir dankend zu. Wer war wohl glücklicher als ich? Dann sangen wir das Lönslied von den roten Husaren. Darauf sprach der Hauptredner nochmals in mahnenden, flammenden Worten zu uns und schritt aus unserer Mitte von brausenden Heilrufen begleitet. Wir sahen ihm lange nach, bis er im Dunkel der Nacht verschwunden war. Ich glaubte, ihn das letztemal für lange Zeit gesehen zu haben. Ich hatte gar nicht bemerkt, daß unterdessen ein S.A.-Mann an meine Seite getreten war. Erst als ich bei meinem Namen genannt wurde, wandte ich mich um und sah in das männliche Antlitz von S.A.-Mann Jensen. Er reichte mir die Hand und fragte mich, über meine Eindrücke von der Sonnwendfeier. Ich begann, stürmisch und begeistert wie ich war, zu erzählen. Er sah mich an mit frohen, strahlenden Augen und teilte Begeisterung und Freude mit mir. Nachdem ich nun all mein Erleben am Sonnwendfeuer zum Ausdruck gebracht hatte, schwiegen wir beide. Ich bemerkte, daß seine Gesichtszüge sich veränderten. Todesernst lag auf seinem Antlitz. Er sah mich lange schweigsam an und dann fragte er mich, wie lange ich Anhängerin Hitlers sei und was mich dazu bewog, Nationalsozialist zu werden. Dabei wandte er keinen Blick von mir, sah mich prüfend und fest an. Ich werde die Stunden niemals vergessen. Diese Augen sahen bis auf den tiefsten Grund meiner Seele. Sein Blick war so forsch und gewaltig, dabei ohne jegliche Aufdringlichkeit. Ich fühle diese Augen im letzten Winkel meines Herzens suchen, und es wäre mir unmöglich gewesen, ihm etwas zu verheimlichen, worüber er Aufschluß von mir forderte. Ich antwortete ihm auf seine Frage und führte klar und deutlich aus, wann und warum ich Nationalsozialist geworden bin. Er schwieg eine Weile, wandte den Kopf zur Seite und sah nachdenklich in die Flammen des Sonnwendfeuers. Langsam drehte er mir sein Antlitz wieder zu, sah mir fest und tief in die Augen und sagte ernst, indem er mir die Hand reichte: „Sie haben den Nationalsozialismus erfaßt!" Unterdessen war das Feuer immer tiefer gebrannt. Man warf die Fackeln hinein. Wolfgang Jensen und ich folgten dem Beispiel der Anderen und nun loderten die Flammen noch einmal hell empor. Wir sahen still und ernst in das Feuer. Dann sagte Wolfgang Jensen mahnend, fast feierlich zu mir: „Vergessen Sie das Sonnwendfeuer nicht. Lassen Sie es weiter in Ihrem Herzen flammen und ausstrahlen auf Ihre Volksgenossen. Dann werden Sie am großen Werk Adolf Hitlers mithelfen."

Gudrun Streiter, *Dem Tod so nah . . . Tagebuchblätter einer SA-Mann's Braut.* (Eigenveröffentlichung) o. J., S. 8–11.

Hermann Klauß

Über Schulfeiern

Die Deutsche Schule ist keine Anstalt zur einseitigen Wissensvermittlung, sie ist nicht tote Organisationsform, sie ist Lebensform. Der Lehrer ist nicht nur Wissensvermittler, Unterrichter. Er ist mehr. Auch er ist Soldat in der kulturpolitischen Front des Nationalsozialismus. Wohl ist der Kampf an dieser Front anders als sonst, wohl wird er mit anderen Waffen geführt, aber er ist nicht minder hart und nicht minder wichtig, denn der Kampf geht um die Seele des Volkes. Es hätte wahrlich keinen Sinn, den politischen Kampf zu gewinnen und den kulturpolitischen zu verlieren.

Die Aufgabe des deutschen Erziehers ist seelische Menschenformung. Feierstunden in der Schule sind Stunden mit höchsten Führungsaufgaben, Stunden, in denen die Aufgabe seelischer Menschenformung am eindringlichsten erstehen muß.

Die Feier kann also niemals etwas Nebensächliches sein, etwas, das abseitig liegt, das von der eigentlichen Aufgabe ablenkt.

Die tägliche Schularbeit führt allzuleicht dahin, daß sich die Schulklasse in ihre Eigenarbeit zurückzieht, daß sie sich vor der Schulgemeinschaft und der Außenwelt abschließt. Bei der Feier stehen Lehrer und Schüler in der Gemeinschaft, ob es sich dabei um eine kurze Flaggenhissung oder um eine große Feier der ganzen Schulgemeinschaft handelt.

Nirgends erkennen wir den Geist, der in einer Gemeinschaft herrscht, so klar wie in der Art des Feierns. Das gilt ebenso für die Feiern der Schulklasse wie der Schulgemeinschaft. Man könnte ein Sprichwort so abwandeln:
>Zeige mir, wie du feierst,
>und ich will dir sagen,
>wer du bist.

Jede Feierstunde ist Bekenntnis.

Die Schulverwaltung hat die große Bedeutung der Schulfeier klar erkannt. Das geht aus den Bestimmungen der Lehrpläne für die einzelnen Schularten deutlich hervor.

Die Richtlinien für Erziehung und Unterricht in der Volksschule bestimmen auf Seite 7:

In der Schulfeier tritt die Eingliederung der Schule in die große Volksgemeinschaft am sinnfälligsten in die Erscheinung. Sie bildet den Höhepunkt im Gemeinschaftsleben der Schule und ist deshalb mit besonderer Liebe und Sorgfalt zu gestalten.

Die entsprechenden Bestimmungen über Erziehung und Unterricht in der Mittelschule lauten:

Seine höchste Ausdrucksform findet das Gemeinschaftsleben der Schule in ihren Feiern. Sie dürfen veranstaltet werden, wenn sie aus dem Leben der Schule und seiner Verbundenheit mit den großen völkischen Ereignissen erwachsen. Sie sollen Höhepunkte darstellen und darum selten auftreten.

(Erziehung und Unterricht in der Mittelschule, S. 4)

Auch in den Bestimmungen über Erziehung und Unterricht in den Höheren Schulen ist verschiedentlich bei den einzelnen Fächern darauf hingewiesen, wie diese in den Dienst der Schulfeier gestellt werden können.

Das Feierjahr der Schule

Im einzelnen zeigen die Schulfeiern eine große Vielfalt, angefangen beim einfachen Morgenspruch und -lied über Flaggenhissung, Morgenfeier, Gedenkstunde, Feierspiel bis zum Erleben der großen Feiertage des Volkes in seiner jugendgemäßen Form.

Die großen Feiern der Schulgemeinschaft treten selten auf, sie müssen Höhepunkte im Schulleben darstellen. Folgen diese Feiern zu rasch aufeinander, so verfehlen sie ihre Wirkung. Wir feiern jedoch mit der Jugend auch in kleineren Gemeinschaften, um sie reif zu machen für das Erlebnis der großen Feiern des Volkes.

Die Feiern der Schule lassen sich nach folgenden Gesichtspunkten gruppieren: Die Feiern unter der Fahne:

Kurze Flaggenhissungen und -einholungen am ersten und letzten Tag eines Abschnittes im Schuljahr und bei besonderen Gelegenheiten.
Feiern unter der Fahne.
Die „schuleigenen" Feiern:
  Schuleintritt – Der Weg in die Schule.
  Schulentlassung – Der Weg ins Leben.
Die Feiern des Reiches:
  Der Tag des Reiches – 30. Januar.
  Der Tag des Führers – 20. April.
  Der Tag der Arbeit – 1. Mai.
  Der Tag des Bauern – Erntedankfest.
  Heldengedenken – Tag von Langemarck und Heldengedenktag.
  Der 9. November.
Die Feiern im Jahreslauf der Schularbeit:
  Der Tag der deutschen Mutter.
  Der Tag des deutschen Volkstums.
  Die vorweihnachtliche Feierstunde – Lichtfeier.
Die allgemeinen Morgenfeiern:
  Die Wochenfeier.
Die Feierstunden aus Anlaß besonderer Ereignisse:
  Geschichtliche Gedenktage.
  Ereignisse aus dem Zeitgeschehen.

Vom Aufbau einer Feierstunde

Handlung, Wort und Musik sind die Pfeiler, auf denen die großen Feiern des Volkes ruhen.
    Die Musik wirkt die Bereitschaft. Das Wort schlägt Brücken zu den Herzen der Feiernden. Die Handlung schafft sinnenfälliges Brauchtum.

Die Fahne befiehlt unseren Tag

Das Gesetz der Fahne steht über unserem Leben. Es steht auch über unserer Schularbeit.
    Wir beginnen die einzelnen Abschnitte der Jahresarbeit mit der gemeinsamen Flaggenhissung. Wir beschließen sie mit der gemeinsamen Flaggeneinholung. Das erste Erlebnis für den Schulneuling ist die feierliche Flaggenhissung. Mit der Flaggeneinholung am letzten Schultag schließt die Schulzeit ab. An den Feiertagen der Schule und der Volksgemeinschaft hißt die Schule die Fahnen des Reiches und seiner Jugend.
    Flaggenhissung ist Ehrung, Aufrüttelung, Mahnung und Bekenntnis. Das äußere Bild derselben – Anmarsch, Spruch, Lied, Gruß und Abmarsch – ist ein untrügliches Zeichen für den Geist, der in der Gemeinschaft herrscht.

In der Regel ist die Flaggenhissung sehr kurz und beschränkt sich auf Flaggenspruch und -lied. In manchen Fällen wird sie musisch erweitert und ausgestaltet werden, so daß sie Aufruf, Besinnung und Bekenntnis in Spruch, Lied und Ansprache umfaßt. Das wird sein bei der Flaggenhissung zu Beginn des neuen Schuljahres, am ersten Tag im Schullandheim, an völkischen Gedenktagen und bei ähnlichen Gelegenheiten.

Das Fahnenlied ist immer ein „Wir"-Lied, ein Lied der Gemeinschaft. Eine reiche Auswahl solcher Lieder ist in allen Sammlungen enthalten, so daß sich eine Aufzählung erübrigt.

„Die Fahne ist unser Glaube"

Wir singen gemeinsam:
„Unter der Fahne schreiten wir."

Dichtung: Max Barthel. Weise: Georg Blumensaat (Unser Liederbuch. Lied über Deutschland. Junge Gefolgschaft II)

Ein Schüler spricht:
Die Fahne ist unser Glaube an Gott und Volk und Land. Wer sie rauben will, der raube uns eher Leben und Hand!

E. W. Möller

Ein Erzieher spricht:
So mahnt der Führer:
„Alles, was wir von Deutschland in Zukunft fordern, das, Jungens und Mädchen, verlangen wir von euch.
Das müßt ihr üben, und das müßt ihr dann der Zukunft geben; denn, was immer wir auch heute schaffen und was wir tun, wir werden vergehen, aber in euch wird Deutschland weiterleben, und wenn von uns nichts mehr übrig sein wird, dann werdet ihr die Fahne, die wir einst aus dem Nichts hochgezogen haben, in euren Fäusten halten müssen.
Und ihr müßt daher feststehen auf dem Boden eurer Erde und müßt hart sein, auf daß euch diese Fahne nicht entfällt, und dann mag nach euch wieder Generation um Generation kommen, und ihr könnt von ihnen dasselbe fordern und verlangen, daß sie so sind, wie ihr gewesen seid. Und dann blickt auf euch auch Deutschland mit Stolz."

HJ-Kundgebung, Nürnberg 1934

Oder: Kurze Ansprache.
Leitgedanke: Die Fahne ist uns Sinnbild und Verpflichtung.
Ein Schüler spricht:
Wir Jungen tragen die Fahne zum Sturme
der Jugend vor.

Sie stehe und steige und lohe wie Feuer
    zum Himmel empor!
Wir sind auf die Fahne vereidigt
für immer und allezeit;
wer die Fahne, die Fahne beleidigt,
der sei vermaledeit!
Die Fahne ist unser Glaube
an Gott und Volk und Land.
Wer sie rauben will, der raube
uns eher Leben und Hand!
Für die Fahne wollen wir sorgen
wie für unsere Mutter gut;
denn die Fahne ist unser Morgen
und die Ehre und der Mut!

Wir singen gemeinsam:
„Wir Jungen tragen die Fahne."

>Dichtung: Eberhard Wolfgang Möller. Weise: Georg Blumensaat (Unser Liederbuch. Wir Mädel singen. Junge Gefolgschaft II, Lied über Deutschland)

Hermann Klauß, *Feierstunden der deutschen Schule*. Stuttgart 1941. S. 7, 8, 11, 12.

‚Einer wie der andere' – Eine Schulklasse in Uniform (Aus dem Standarten-Kalender, 1939)

Gemälde des idealen deutschen ‚Mädels' von Paul Keck, 1939 bei der Ausstellung Deutscher Kunst vertreten

Hermann Otto Hoyers Gemälde ‚Am Anfang war das Wort' war Exponat der Ausstellung Deutscher Kunst 1937

Jürgen Wegener ‚Deutsche Jugend'. Wandbild im Kreishaus in Weimar

Freilichtbühnen als neue Thingstätten waren sehr beliebt. Hier das Dietrich Eckart-Theater, benannt nach Hitlers Mentor

Arno Breker ‚Partei'

Werner Krauss, der bekannte Schauspieler, hier in der Rolle des Jud Süß in Veit Harlans gleichnamigem Film (1940).

Arno Breker ‚Der Wächter'

Werbeplakat für den ‚Eintopfsonntag', der Fleisch sparen helfen sollte.

Das Ehrenkreuz der deutschen Mutter, das ähnlich dem Eisernen Kreuz gestaltet war.

Zeitgenössisches Filmplakat

Novemberwahlen 1933

Wahlplakat 1936

Plakat gegen die ‚Dunkelmänner', 1935

Autobahnbauarbeiter, 23. 9. 1933 in Frankfurt

Gedenkstein zum Beginn des Autobahnbaus, 23. 9. 1933

Hitlerjugend 1933

Festwagen zum Handwerkertag in Frankfurt, 2. 7. 1933

Jungvolk

Plakat zur Tagung des Reichsnährstandes in Frankfurt, 6. 4. 1936

Mustersiedlung für nationalsozialistischen Wohnungsbau in Frankfurt 1938

Auf dem Weg zu einer totalen Kultur

Zu den zentralen kulturellen Aufgaben im Dritten Reich gehörte die Verbreitung der nationalsozialistischen Weltanschauung. An welcher Stelle stand nun in dieser Kultur der Intellekt? Die nationalsozialistische Kultur basierte auf der Ablehnung der Vernunft, und jeder Appell an die menschliche Vernunft wurde als „entzweiend" interpretiert, weil er die Einheit der im emotionalen Bereich angesiedelten Ideologie, die auch das gesamte Volk verstand, zerstören wollte. Die Kreativität des Menschen trat in den Vordergrund menschlichen Strebens, und diese Kreativität war sowohl durch Kunst, Literatur als auch durch politische Prinzipien definiert. Diese Totalität der Weltanschauung umfaßte die einzelnen Teile als ein miteinander verbundenes kulturelles Ganzes.

Der Künstler hatte die ständige Aufgabe, die Energien des deutschen Volkes auf das deutsche Wesen zu lenken – so die Intention in Hermann Burtes Rede an die versammelten Schriftsteller des großdeutschen Reiches 1940. Die emotionale Basis dieser Verpflichtung wurde sehr deutlich aufgezeigt: Hitler sei der Dichter, der zum Staatsmann wurde – ein Dichter, weil er die Einsicht in das tiefste und innerste deutsche Wesen gehabt habe, und ein Staatsmann, weil er, ausgehend von dieser Einsicht, ein neues Volk geschaffen habe. Die Unterschiede zwischen Dichtung und Staatskunst tauchen in einer solchen Analyse nicht mehr auf. Hitler und Mussolini waren „Poeten der Revolution", wie sie der belgische Faschistenführer Léon Degrelle nannte.

Hermann Burte hatte sich schon zu Beginn des Jahrhunderts mit einem Roman einen Namen gemacht. „Wiltfeber, der ewige Deutsche" (1912) handelt von einem Helden auf der Suche nach seinem Volk. Burte wurde ein treuer Anhänger des Führers und glaubte, daß der neue Führer selbst dem großen Goethe überlegen sei, da es ihm gelungen sei, das eigentliche Wesen des deutschen Volkes zu begreifen. Die Intellektuellen gehörten zum Volk, und er unterstrich damit den Primat des ursprünglichen Leitbildes, des Deutschtums. Damit erklärte er es der Vernunft überlegen. Die Wilna-Zeitung beschreibt den Intellektuellen als jemanden, der glaubt, daß alles mit Hilfe der Vernunft erreicht werden könne. Arbeitsdienst, die Verbundenheit mit der Erde, könne ein gutes Korrektiv einer solchen Haltung sein. Das Wort „intellektuell" bekam damit eine anti-intellektuelle Bedeutung: Julius Streicher fühlte sich beleidigt, weil diejenigen, die aus dem Dritten Reich geflohen waren, seine rassistische Hetze nicht als einen Teil des „intellektuellen"

Kampfes zwischen sich und der nationalsozialistischen Diktatur sahen. In einer Nation, die den Akademikern einstmal ein großes Prestige gewährt hatte, war es für viele unmöglich zuzulassen, daß die anti-intellektuelle Haltung zu einem der Meilensteine der nationalsozialistischen Ideologie wurde.

Heidelberger Studenten wollten nicht länger geistige Arbeit leisten, sondern in erster Linie den Charakter heranbilden – das heißt die richtige ideologische Haltung und Lebensweise. Vielleicht ist es bezeichnend, daß drei Jahre später das „Militärische Wochenblatt" gegen eine solche Einstellung protestierte. Ein Gleichgewicht zwischen Charakter und Verstand müsse zwar gewahrt bleiben, aber nun sei Krieg, und die Armee brauche kluge Köpfe und könne einzig allein mit der richtigen Weltanschauung keine Schlachten gewinnen.

Die anti-intellektuelle Grundhaltung gründete sich auf ein organisches Verständnis vom deutschen Volk. Der Reichsbauernführer und Landwirtschaftsminister, R. Walther Darré (1895–1953), macht dieses in einer Rede über mittelalterliche Bauernaufstände deutlich. Der deutsche Bauer sei das Symbol des Volkes, er sei die treibende Kraft und der Reiniger der deutschen Geschichte. Hier liege die Substanz des Deutschtums, die sich unabhängig von politischen Grenzen, Prinzen oder Bischöfen entwickeln würde. Die deutsche Rasse, die deutsche Einheit, ja, die ganze deutsche Geschichte – alles stehe unter seiner Obhut. Das könnte vielleicht als eine besondere Einstellung des Reichsbauernführers angesehen werden, wenn diese Gedanken nicht durch die gesamte nationalsozialistische Kultur zu verfolgen wären. Wir werden sie noch häufig in diesem und anderen Kapiteln finden. Der Bauer war der Held der Kultur in dieser Bewegung, obwohl gleichzeitig Parteihelden Seite an Seite mit ihm existierten.

Das Verhältnis Organisation zu dem nationalsozialistischen Konzept künstlerischer Freiheit wurde von Joseph Goebbels, dessen Aufgabe darin lag, die offizielle Parteimeinung zu verstärken, in seiner Rede vor der Reichskulturkammer 1937 dargestellt. Diese Organisation war am 22. September 1933 gesetzlich verankert worden und damit beauftragt, alle Formen künstlerischen Schaffens, die an die Öffentlichkeit gelangten, zu unterstützen. Die Reichskulturkammer wurde ein Instrument der kulturellen Kontrolle und war – nicht nur durch die Präsidentschaft Goebbels, – eng mit dem Ministerium für Volksaufklärung und Propaganda verbunden. Die Reichskulturkammer war in sieben untergeordnete Kammern eingeteilt, die jeweils für Schrifttum, Musik, Filme, Rundfunk, Theater, die bildenden Künste und die Presse zuständig waren. Jede dieser Kammern hatte ihren eigenen Präsidenten und Verwaltungsapparat und war immer mit den in Frage kommenden Abteilungen von Goebbels Ministerium verbunden. Diese kooperative Struktur sollte den Eindruck der Eigenständigkeit der einzelnen künstlerischen Sektionen hervorrufen, obwohl die Kammern in Wirklichkeit ein integrierter Bestandteil des umfangreichen Apparates zur kulturellen Kontrolle waren, der von einer einzigen Stelle aus dirigiert wurde. Die Mitgliedschaft in einer der Kammern war die Bedingung, um überhaupt irgendeinen Beruf im kulturellen Bereich ausüben zu können. Die Verweigerung der Mitgliedschaft bedeutete demzufolge, daß jede unerwünschte schöpferische Stimme im Volk mundtot gemacht werden konnte.

Die Reichsschrifttumskammer ist für unseren Zweck von besonderer Bedeutung: sie umfaßte nicht nur alle deutschen Autoren, sondern auch die Verleger und Büchereien. Ihr erster Präsident von 1934–35 war Hans Friedrich Blunck (1888–1961). Er war ein Autor, dessen Spezialgebiet alte deutsche Geschichten und Legenden waren. Seine Themenbereiche grenzen eng an die von Josefa Berens-Totenohl (s. Seite 201 ff.). Es stellte sich jedoch heraus, daß Blunck zu altmodisch war, und er wurde deshalb durch den Dramatiker Hanns Johst ersetzt (s. Seite 151 ff.). Der Sekretär der Kammer wurde Wilhelm Ihde, der Geschichte mit nationalsozialistischer Tendenz beschrieb (s. Seite 154 ff.). Trotz allem war diese elaborierte Struktur niemals ohne Gegner aus den eigenen Reihen. Alfred Rosenberg und seine Dienststelle für die „Überwachung der gesamten geistigen und weltanschaulichen Schulung und Erziehung der NSDAP" behielt eine eigene Abteilung bei, um deutsche Literatur zu überwachen. Darüber hinaus publizierte Philipp Bouhler auf der Basis seines Parteiauftrags „zum Schutze der nationalsozialistischen Literatur" eigenständig Listen von anerkannten Büchern. Es bestanden zwar Spannungen zwischen diesen Stellen, aber es war Goebbels Ministerium, das alle publizierten Bücher zensierte, während die Reichskulturkammer Listen verbotener Bücher druckte und diejenigen Autoren und Künstler zum Schweigen brachte, die eine Anpassung verweigerten. Goebbels Rede macht die Prinzipien kultureller Tätigkeit deutlich. Bei deren Umsetzung in die Praxis war das Verlagswesen ein wichtiges Rädchen in der Kulturmaschinerie. In der deutschen Tradition war Verlegen in hohem Maße an Personen gebunden, d. h., die Verlage waren für ihre spezifischen Richtungen bekannt. Adolf Spemann, der Besitzer des mittelgroßen Engelhorn Verlages, hatte in der Vergangenheit sowohl Bücher jüdischer Autoren als auch Übersetzungen von Romain Rolland veröffentlicht. Spemann war einer der Männer, die, obwohl bis 1933 politisch indifferent, von dem Elan des Dritten Reiches gefangen genommen wurden. Trotzdem wurde er niemals Parteimitglied, und für ein paar Jahre bestand seine einzige politische Aktivität darin, die „Vereinigung schöngeistiger Verleger"[1] des Börsenvereins der Deutschen Buchhändler, eine Unterabteilung der Reichsschrifttumskammer, zu leiten.

Spemann definierte die neue Rolle des Verlegers im Dritten Reich und nennt einige Gründe, warum die Verleger an der Verantwortung für die kulturelle Richtung teilhaben sollten (s. Seite 194 ff.). Bouhler konnte in der „Nationalsozialistischen Bibliographie" empfohlenen Schrifttums „gern und freudig" Spemanns Worte unterstreichen.[2] Eine kürzlich erschienene Studie[3] hat ergeben, daß 1937 ca. 50–75% aller verkauften Bücher zu den von den Nationalsozialisten „akzeptierten" Büchern gehörten. Bauernromane, historische Romane und solche, die in der einheimischen Umgebung spielten, wurden am meisten verkauft. 1939 wurde ihr Platz von den Romanen eingenommen, die die ersten Kämpfe der nationalsozialistischen Partei glorifizierten, und gleichzeitig kamen sowohl Kriegsliteratur, als auch von Deutschen im Ausland geschriebene Bücher hinzu.

Es war diese Art von Büchern, die in erster Linie verlegt wurde, aber sie wurden von der Öffentlichkeit auch gekauft. Eine kulturelle Kontrolle dieser Art war eine Gegnerschaft gegenüber jeder Art von sinnvoller Literatur- und Kunstkritik. Goebbels sagt in seiner Rede genug dazu (s. Seite 187 ff.), und er hatte einige seiner Vorstellungen auch schon realisiert, nachdem bereits 1936 die „Abschaffung der Kunstkritik" proklamiert worden war. Der Platz der Kunstkritiker müsse von der „Kunstbetrachtung" eingenommen werden. Die Öffentlichkeit müsse der Richter sein. Da die nationalsozialistischen Kunstkriterien mit einem – vom Niveau her – niedrigen gemeinsamen Nenner des öffentlichen Geschmacks übereinstimmten, war diese Definition die sicherste Methode. Goebbels faßt diese Ansicht zusammen (und „abstrahiert von seiner eigenen Person"), wenn er den unwandelbaren Geschmack der Massen als das einzig stete Element in dem Prozeß der künstlerischen Entwicklung hervorhebt.

Für Hitler waren die bildenden Künste der wichtigste und effektivste Teil der Kultur. Der Kunsthistoriker und Literaturkritiker Kurt Karl Eberlein faßt die offizielle Richtung zusammen. Er gibt eine sehr weitschweifende Darstellung jenes Punktes, den Goebbels sowohl in seiner Rede als auch in seinem Verbot der Kunstkritik erwähnt. Die ländliche Familie (und der Bauer verkörpert das wesentliche Leitbild des Volkes) „beurteilt" die Kunst nicht, sondern akzeptiert und lebt sie – falls diese Kunst tatsächlich reine deutsche Kunst ist. Wichtig sind hier sowohl Klarheit und Einfachheit als auch die Idealisierung der Familie und traditioneller Themen.

Aber weil diese Faktoren entscheidend waren, wurden die Verbindungen zur Geschichte und Tradition gleichzeitig wieder lebendig. Heinrich Zillich (geb. 1898) war ein Romanschreiber, dessen Werke von den Deutschen in Rumänien handelten. Bereits im 12. Jahrhundert hatte eine große bäuerliche Ansiedlung von Deutschen in den rumänischen Karpaten existiert. Zillichs Ahnen hatten schon seit Jahrhunderten in diesem ländlichen und hügeligen Gebiet gelebt, und es ist daher nicht verwunderlich, daß er für die Aufhebung der engen politischen und territorialen Grenzen eintrat. Das Volk und seine Mission müsse im Zentrum des Werkes eines Autors stehen, und die Geschichte sein Bewußtsein stärken. Zillich wiederholt den Punkt, den bereits Darré in seiner Rede erwähnt hatte: die Geschichte werde nicht von den Dynastien gemacht, sondern sie werde von den Evolutionen und Ambitionen eines Volkes selbst bestimmt. Der Autor wurde so im Dienste der Rasse zu einem Historiker.

Zillich sprach wie ein Deutscher, der von seiner Heimat getrennt worden war, aber seine Ideale entsprachen durchaus den „offiziellen". Er führte seine Gedanken in einer der Hauptreden des Großdeutschen Dichter-Treffens 1938 in Weimar aus (s. Seite 199 ff.). Die Nationalsozialisten unterstützten diese Versammlungen an diesem historischen Schrein der deutschen Kultur. Burte hielt seine Rede 1940 bei einer ähnlichen Zusammenkunft dieser Art (s. Seite 179 ff.). Die nationalsozialistische Kultur und die des Zeitalters von Goethe und Schiller schienen sich auf diese Weise über die Jahrhunderte hinweg die Hand zu reichen.

Welche Konsequenzen hatten nun diese Auffassungen von Kultur? Wir müssen uns hier auf einige wenige Beispiele beschränken. Josefa Berens-Totenohl (geb.

1891) schrieb in einer älteren Tradition des romantischen Bauernromans (s. Seite 201 ff.). Sie gehörte zu den berühmtesten und am meisten gelesenen Autoren während des Dritten Reiches. Sie produzierte eine Art von Eskapismusliteratur, die deshalb toleriert werden konnte, weil darin die ländlichen Werte – Stärke und Verwurzelung – gepriesen wurden. Rein sentimentale Romane, wie die sehr populären Geschichten von Hedwig Courths-Mahler (1867–1952), wurden dagegen von den Nationalsozialisten nicht so gerne gesehen. Ihre mehr als 200 Romane (27 Millionen Bücher sind bis 1950 verkauft worden) waren Liebesgeschichten, die für die unteren Schichten geschrieben und ohne ideologische Untertöne waren. Die „richtige" Weltanschauung war jedoch in den Werken von Berens-Totenohl enthalten, wenn auch in versteckter Form, da sie niemals Mitglied der NSDAP war und auch in den nationalsozialistischen Kulturorganisationen keine Funktion ausübte; sie erhielt dennoch 1936 den Westfälischen Literaturpreis.

„Der Femhof" (1935) war ihr erstes Buch und machte sie sofort berühmt. 1944 waren davon bereits 226 000 Exemplare verkauft worden. Dieses Buch kann als typisches Beispiel für einen ländlichen Roman angesehen werden, der seinen Gegenstand idealisierte und das bäuerliche Leben, weitab von der Welt, mythologisierte.

Tüdel Wellers Arbeiten können zwar nur bis zu einem gewissen Grade zur typischen Literatur im Nationalsozialismus gezählt werden, aber der häßliche Unterton und die Glorifizierung der vor allen Dingen anti-jüdischen Brutalität gehörten auch zur Totalität nationalsozialistischer Kultur. Sogar das Buch „Rabauken" (1938) war bis 1943 bereits sieben Mal aufgelegt worden (s. Seite 208 ff.). Es ist nur ein Beispiel des gesamten literarischen Genres. Jedoch schienen die Nationalsozialisten selbst mit solchen Produkten nicht ganz zufrieden zu sein, und 1941 gab es einige öffentliche Reaktionen, damit „der ‚gute Rasse- und Blutsroman'"[4] stärker gefördert werden sollte.

Das Theater ist eines der Glanzstücke der deutschen Republik gewesen, und die Nationalsozialisten verwandelten es zum Forum, um darin ihre eigenen kulturellen Ideen zu propagieren. Eckart von Naso, damals ein junger Dramatiker, beschreibt den Effekt der nationalsozialistischen Machtausübung auf das Staatlich Preußische Theater in Berlin. Obwohl ein einflußreicher Intendant mit Görings Unterstützung das Theater eine zeitlang vor nationalsozialistischen Übergriffen bewahren konnte, ging in den Provinzen der Verfall des Niveaus schnell und unaufhaltsam vor sich.

Die Spielpläne der Stadt Herne im Ruhrgebiet sind dazu sehr informativ (s. Seite 217 ff.). Johst ist darin vertreten und ebenso alle klassischen Dichter, wie z. B. Goethe und Schiller. Die Mehrzahl machen jedoch leichtere Opern aus – einige waren von den besseren Komponisten, wie Franz Lehár und Johann Strauß, in erster Linie handelte es sich aber um Werke aus zweitklassigen „Tonschmieden", die zu Recht inzwischen in Vergessenheit geraten sind. Außerdem bemühte man sich darum, das Volkstheater zu fördern. Konrad Dreher hatte das Tegernseer Bauerntheater 1892 gegründet, um eine Kunstform wiederzubeleben, die ihre Ursprünge sowohl in den Jesuitendramen des 16. und 17. Jahrhunderts als auch in den Passionsspielen hatte. Aber als die Truppe in Herne erschien, bestand sie schon seit langem nur aus professionellen Schauspielern, die moderne Stücke mit ländlichen Themen spielten und ländliche Dialekte sprachen – zwei der Stücke wurden in Herne gespielt, eines ist von Dreher selbst geschrieben, das andere von August Hinrichs. Ausländische Autoren sind kaum repräsentiert und wenn, dann nur mit leichteren „Unterhaltungsstücken". Calderons Komödien fallen in diese Kategorie, ebenso wie die Opern von Rossini und Shakespeares „Wie es euch gefällt". Die einzige Ausnahme ist das realistische Kriegsstück von dem Engländer R. C. Sheriff: „Das Ende der Reise", in dem das brutale Leben in den Schützengräben dargestellt wird. Das Dritte Reich brauchte die Bühne für leichte Unterhaltung (das Ergebnis von Goebbels Versicherung, daß „die Leute sich freuen wollen") oder für patriotische Propaganda. Gerhard Menzels „Scharnhorst" würde, ebenso wie die Zyklen von Kleist und Grabbe im nahen Bochum, zu der zweiten Klassifikation gehören. Entweder sollte das Publikum auf harmlose Weise amüsiert und unterhalten oder aufgerichtet werden.

Auch die Musik wurde nicht vernachlässigt. Im Gegenteil wurde sie als wesentlich für die „innere geistige Einheit", die der Nationalsozialismus verlangte, angesehen. Darüberhinaus war durch die vielen Gesangsvereine die musikalische „Kultur" tief in das Bewußtsein der Bevölkerung eingedrungen. Freude am Singen und an der Musik war stärker verbreitet als die Freude am Lesen populärer Literatur. Die Reichsmusikkammer schaltete alle Bereiche der Musik gleich und machte diese für das Regime nutzbar. Es besteht kein Zweifel daran, daß diese Kammer die Arbeitslosigkeit unter den Musikern verminderte, wie ständig stolz hervorgehoben wurde, aber sie bestimmte durch die Kontrolle über die Konzertagenturen, wer auftreten durfte und wer die sogenannten Standards nicht erreichte – unter denen sich die „Stümper" und „Unberufenen"[5] befanden – und sie schloß alle Nicht-Arier aus. Da die Aufführungen von dieser Kammer kontrolliert und subventioniert wurden, konnte sie Einfluß darauf nehmen, was die Deutschen hören konnten und sollten. Der Geschäftsführer sagte es einmal frei heraus: „Heute ist die äußere Einheit in der Reichsmusikkammer hergestellt, nun gilt es, die innere geistige Einheit zu erwirken!"[6] Die Auszüge sollen ein Bild davon geben, wie das erreicht wurde.

Wie immer kombinierte der Nationalsozialismus den Mythos des vorindustriellen und ursprünglichen Volkes mit der Anwendung moderner Technologie. Goebbels war von der Macht des Rundfunks besessen, und tatsächlich nutzten die Nationalsozialisten häufig und gründlich dieses Kommunikationsmedium für ihre Zwecke. Sie übernahmen ein System der zentralisierten Kontrolle, denn seit 1928 verfügte die Post über die Reichsrundfunkgesellschaft und beeinflußte ebenso die ländlichen Rundfunkgesellschaften. Nach der Machtergreifung erwarb der Propagandaminister alle Anteile an der Reichsrundfunkgesellschaft und kontrollierte durch die Reichsrundfunkkammer nicht nur die Rundfunksender selbst, sondern auch die Hersteller von Rundfunkgeräten. Die Reichsrundfunkgesellschaft verlor ihre Bedeutung und wurde zu einem reinen Exekutivorgan täglich auszuführender Verordnungen. Durch Druck auf die Hersteller wurden billige Radios produziert, so daß sich jeder Deutsche einen eigenen Apparat leisten konnte. Diese Apparate waren aber so konstruiert, daß keine ausländischen Sendungen empfangen werden konnten. Von 1933 bis 1934 stieg die Zahl der Deutschen, die einen eigenen Radioapparat besaßen um über eine Million an und 1936 konnten an die 30 Millionen Leute über das Radio erreicht werden. Hinzu kommt noch, gerade was den letzten Punkt betrifft, daß ein großer Teil der Bevölkerung über öffentliche Lautsprecher auf den Straßen oder in Restaurants und Fabriken, Rundfunksendungen hören konnten.

Der Rundfunk war eine mächtige Waffe in Goebbels Hand, und das Rundfunkprogramm vom Winter 1936 vermittelt einen Eindruck davon, wie diese Waffe gebraucht wurde (s. Seite 226f.). Die Rede des Direktors der Reichsrundfunkgesellschaft legt die Prinzipien dar, nach denen alle Sender arbeiteten. Es durfte keine Kritik an der nationalsozialistischen Bewegung geübt werden und selbst humorvolle Sketche waren ausdrücklich verboten worden.

Die Reichsfilmkammer kontrollierte die deutsche Filmindustrie, während eine Filmkredit-Bank (ebenso unter Goebbels Kontrolle) die finanziellen Aspekte der Filmproduktion zentralisierte. Die größte unabhängige deutsche Filmgesellschaft, die UFA, wurde 1937 vom Propagandaministerium aufgekauft. Die Titel der Filme, die offiziell zu einem halbjährlich stattfindenden internationalen Film-Festival in Venedig zugelassen waren, zeigen die Art von Stimmungsbildern, welche die Nationalsozialisten als ihre „internationale Visitenkarte" glaubten zeigen zu müssen; deutsche Filmschauspieler wurden darin bestärkt, das Deutschtum zu vertreten.

G. L. M.

Anmerkungen:

1 Adolf Spemann, *Menschen und Werke*. Erinnerungen eines Verlegers. München 1959, S. 251 und 309.
2 *Nationalsozialistische Bibliographie*, Heft II (November 1938), S. XVIII.
3 Vgl. Dietrich Strothmann, *Nationalsozialistische Literaturpolitik*, Bonn 1960. S. 384 ff.
4 Ebda. S. 406.
5 Heinz Ihlert, *Die Reichsmusikkammer. Ziele, Leistungen und Organisation*. Berlin 1935. S. 8.
6 Ebda. S. 12.

Hermann Burte

Der Dichter muß dem Volk verbunden sein

Neben den ragenden Gestalten der Vergangenheit braucht die deutsche Dichtung der Gegenwart die Augen nicht niederzuschlagen. „Im Krieg und in der Revolution geschieht keine Kunst", sagt Balzac; aber das ringende Deutschland scheint in seinen Dichtern auch diesen Satz zu überwinden: wie die Lerchen im Kugelregen, singen seine Dichter auch im Kriege. In der großen Sehnsucht und Leidenschaft, das eigene Wesen zu finden und zu fassen, ihm Gestalt, Wort und Wert, Geist und Geschmack zu geben, vor der schweren Aufgabe, ein volkliches Erlebnis ohnegleichen in Harmonie zu setzen, dem außerordentlichen Geschehen einen verständlichen Sinn zu verleihen, den Schrei des Leidens in das Lied der Freude zu verwandeln und endlich auch durch den Geist als Volk zu bestehen und zu dauern – kann die deutsche Dichtung der Gegenwart kühn neben jede andere in der Welt treten! Sie sucht vor allen Dingen das Herz des eigenen Volkes; sie will Eins sein mit dem Fühlen Aller, und ihr allereigentlichster Beruf ist der: Art zu schaffen!

Sie muß alle Lebenskraft des deutschen Volkes auf die Findung, Festigung und Verewigung des deutschen Wesens wenden: denn was hülfe es ihr, die Welt zu gewinnen, aber die Seele zu verlieren?

Der deutsche Dichter ist besser als sein Ruf. Namen nennen wir nicht; wen heute der Schatten des Schweigens deckt, den kann morgen Licht und Schall treffen. Allen diesen gilt des Denkers unter den Dichtern, Hebbels, wunderbares Gedicht: „Perlen hast du gesät, auf einmal beginnt es zu schneien, Und man erblickt sie nicht mehr; Hoff' auf die Sonne, sie kommt!"

So wie Schiller einst vor die Nation, so tritt auch die gegenwärtige deutsche Dichtung getrost vor das Volk und die Welt und erwartet ihr Urteil: Sie achtet es, doch fürchtet sie es nicht.

Original schalt und schilt man die Deutschen, sie sind es auch darin, daß sie wissend und willig die Vorzüge anderer erkennen und ihr Wesen mit Liebe zu ergründen suchen.

Shakespeare ist der Unsere so gut wie der seiner Engländer, ja, wir kennen und spielen ihn besser als jene und behaupten kühn, daß wir als Deutsche von 1940 dem Geist der elisabethanischen Engländer und ihrem Genius William in Wahrheit näherstehen als die Englischen von heute, hinter deren Thron jener Shylock steckt und herrscht, den Shakespeare erkannte und – verwarf!

Weil Goethe von so vollendeter und in sich sicherer Natur war, konnte er alles Fremde unbedenklich einsaugen, konnte er den Begriff der Weltliteratur schaffen und jenen Glauben hegen, daß die großen Dichtungen der Völker in den Wurzeln freilich getrennt sind, daß aber ihre Wipfel in den Bereich der Atmosphäre ragen, die allen gehört, wie der Raum bis zu den Sternen! –

Diese Schicht zu erreichen ist ein hoher Ruhm für einen Dichter!

Sobald das magische Wort Ruhm ertönt, gilt es, nicht nur auf die Dinge hin, sondern durch die Dinge hindurch zu schauen!

Ein Ruhm, von den Fremden einem Manne erschallend, den man gegen sein Volk und Vaterland ausspielt, oder den man preist, weil er sein Volk und Vaterland verleugnet und im Geiste verrät, ist ein elendes Gespenst, eine herostratische Sache, Blendung, nicht Sendung!

Der Ruhm eines Dichters muß ebenso seinem Volke, Lande und Reiche gelten wie ihm selbst, sonst muß er ihn zurückweisen wie ein vergiftetes Hemd! Für einen

Deutschen unserer kämpferischen Zeit scheint der schönste Ruhm zu sein, wenn er als Anklagender vor die Welt tritt, sie für eine Schmach, ein Unrecht, eine grundsätzlich verbrecherische Haltung geißelt, einen blitzenden, brennenden Gedanken in den dumpfen Raum wirft und durch die Wucht seiner Gründe, den Ton der Wahrheit, die Kraft der Anklage den Gegner zwingt, von der Sache zu reden und zu schreiben, wider Willen, und in Qual sich schuldig zu bekennen!

Der sterbende deutsche Chamberlain* fühlte: Ein Neues ist in die Welt gekommen, neu auch in der Art, in der es kam! – Ein Buch wurde geschrieben, keine Dichtung im niederen gemeinen Sinne, und doch ein Gedicht, ein Gesicht von einem neuen Volke in einem neuen Staate! Der es schrieb, hieß Adolf Hitler! Endlich hat der rührend edle Hölderlin, der sein Deutschland durchirrte mit der Frage: Leben die Bücher bald? eine Antwort bekommen, eine unverhoffte: Ja, die Bücher leben, und nicht sie allein, es treten auch Männer ihres Gesichts in das Leben und ändern es! Hier ist das Ur- und Vorbild des künftigen deutschen Wesens! Der Geist fährt vor der Tat einher wie der Morgenwind vor der Sonne! Der große Staatsmann der Deutschen ist, ehe er an das Werk tritt, eine Art Dichter und Denker, sein Geist macht sich klar, was in der Welt der Dinge werden soll! Es entsteht eine Prosa von eigener Wogung, marschmäßigem Gang, mit Spannungen und Würfen von jener Haltung, die Nietzsche meinte, als er sagte: „Ich liebe den, der große Worte seiner Tat vorauswirft, denn er will seinen Untergang!" Aber seitdem der Geist Hitlers in Deutschland lebt, sucht man nicht mehr den tragischen, im letzten Kern süßen Untergang, sondern den harten, helltäglichen, ausdauernden Emporgang. Weder der einzelne noch alle sollen untergehen! Alles ist in Deutschland möglich, nur nicht die Tragödie des Ganzen! Diese auszuschließen, als den Fluch der Flüche, ist geradezu der Sinn des Seins und also der Sinn der Dichtung! Dichtung und Richtung sind eins! Die europäische Sendung der deutschen Dichtung ist eins und eben mit der europäischen Sendung des Deutschen Reiches. Das Reich der Dichter liegt in der deutschen Welt, und in Weimar steht ihr Heiligtum!

Es ist ein neuer Mann gekommen, tief aus dem Volke, er hat neue Thesen angeschlagen und neue Tafeln aufgestellt, und er hat ein neues Volk geschaffen, aus derselben Tiefe emporgeholt, woher die großen Gedichte stiegen: Von den Müttern her, von Blut und Boden her.

Die europäische Sendung der deutschen Dichtung ist in ihrem tiefsten Wesen, im Kern und Stern ihres Daseins eins und gleicht mit der europäischen Sendung des deutschen Volkes und seines Führers.

Es muß uns wenig kümmern, ob diese neue Art und neu gewonnene Gestalt, geschöpft auf dem Wege Fausts zu den gebärenden Mächten des Volkes, zu den blutmäßigen Quellen, die rücksichtslose Heimkehr zu uns selbst, die andere zunächst lieblich anspricht oder nicht: denn so wie wir es erlebt haben, daß die neue Fassung und Gestaltung von Volk und Staat in der Welt zunächst unbegriffen

---

* Houston Stewart Chamberlain (1855-1927) sah Hitler bereits 1923 als künftigen Führer.

blieb, sich im entscheidenden Augenblick, im Kriege, als überlegen und überwältigend erwies, so glauben und fühlen wir, daß auch die seelische und geistige Gestaltung in der Dichtung, da sie aus denselben Quellen schöpft wie die staatliche und heerliche, ebenso überraschende, ungeglaubte, aber wahre und wahrhaftige, erzlebendige Werke entstehen läßt.

In „Dichtung und Wahrheit" sagt Goethe, der höhere Lebensgehalt sei in die deutsche Dichtung durch Friedrich den Großen gekommen.

Nun, liebe Kameraden, um wieviel größer und mächtiger ist der Lebensgehalt und die Lebensgewalt, die Adolf Hitler durch seinen Weg und sein Werk in das deutsche Volk und damit in die deutsche Dichtung gebracht hat!

Wenn schon Friedrich der Große, der Freund und Schüler des Rationalisten Voltaire, der übersichtige Monarch, durch seine Taten die Dichtung befruchten konnte, um wieviel mehr Adolf Hitler, der Sohn des Volkes, emporgestiegen aus seiner kraftvollen Tiefe, durch Leiden und Entbehren gestählt, mit allem Menschlichen vertraut, ein freiwilliger Soldat des Weltkrieges, dem Tode und der ewigen Nacht nahe, errettet und bewahrt, von den Nornen gezeichnet als auserlesen, mit einem Ernst und Willen, einer Tatkraft und Menschenkenntnis, Einsicht und Umschau ausgestattet, groß als Redner, größer als Handelnder – alle fühlen, welchen ungeheuren Gehalt, welche artgemäße Gestalt er unserm Volk geschenkt hat, und erst den Geistigen! Denn die Geistigen sind Volk oder sie sind nichts!

Hat uns das Schicksal den großen Führer geschenkt, wird es uns den großen Dichter nicht versagen!

Aus der Tiefe des Herzens danken wir dem Führer, aus der Fülle unseres Glaubens erhoffen wir den künftigen großen Dichter!

Er wird zu Adolf Hitler stehen wie Goethe zu Friedrich dem Großen. Wohl wissen wir, daß der Genius nicht dann kommt, wenn man ihn ruft, die Geister wollen nicht beschrien sein! Aber so wie aus dem Siege über die spanische Armada die großartige Dichtung der Elisabethaner emporstieg, so wird, wir sehen es im Auge unseres Geistes, aus unserm Siege eine neue Dichtung erstehen. Aus dem allseitig entwickelten, überall zum Höchsten erzogenen und ertüchtigten, dem Wettbewerb in allen Sparten holden Volk, dem Geiste treu, der Seele ergeben, wird der große Dichter emporwachsen wie der Kristall aus der Mutterlauge!

Dieser kommende Dichter wird eines haben, was die Großen von Weimar nicht besitzen konnten, in ihrer Zeit, an ihrer Stelle, das Volk als Gestalt! An die Stelle einer gesellschaftlichen Schicht tritt als Element das vielfache Ich, das Volk als Ganzes.

Und wir, was sollen dabei wir? – Alle dienen wir dem kommenden Besten, alles was wir leisten, wird er in die Summe seiner Leistung einschließen, ohne Namen zu nennen! Denn er wird eine Art von König des Geistes sein, dem alles gehört, was über den Scheiteln schwebt. Wer da hat, dem wird gegeben! Ein unbekümmerter Siegfried, der Drachen schlägt, nach Raben mit Edelsteinen wirft und mit den Waldvögeln um die Wette singt, ein ewig junger Deutscher, wie Goethe!

Er wird im angeborenen Drange nach Vollendung an sich selber so arbeiten, wie

Goethe es tat, und auf einer neuen Höhe sein Wesen in Ruhe gestalten und darstellen. Dann werden wieder die Besten der anderen Völker in der Gestalt dieses Deutschen ihren Besten erkennen und ihm huldigen wie dem Dichter des Faust.

Dann ist wieder die europäische Sendung der deutschen Dichtung in einer neuen Zeit, in einem neuen Raume, erfüllt!

Aber ehe er kommt, dieser Augenblick, was haben wir jetzt zu geben und zu senden?

„Wir grüßen den Führer!" so heißt die schöne, innige Wendung, wenn das Volk aufsteht, um seinem Retter zu danken, seiner in Liebe zu gedenken, sich in ihm zu finden und zu fühlen! Nach ihm, liebe Kameraden, grüßen wir hier den Dichter, den unbekannten, den kommenden, künftigen, der uns erstehen wird und – wir wiederholen uns bewußt! – muß, ebenso zu höherem Lebensgehalt und stärkerer Dichtergewalt gefördert durch den ungeheuren Weg und das außerordentliche Werk Adolf Hitlers, wie Goethe einst durch die Taten Friedrichs des Großen. Er wird kein Hamlet sein, der sich selber flucht, weil er der Zeit das ausgekugelte Gelenk einrenken soll.

Er wird in seine Welt taugen wie die Kugel in die Gelenkpfanne. Er wird nicht als Werther an der Seuche seiner Zeit leiden, nicht als Hyperion an den allzu unzulänglichen Deutschen, nicht als Wiltfeber* am Hofe, welcher unterging: denn durch die Tat des Führers wird das Volk im Vaterlande so geworden sein, daß weder der Herrscher noch der Dichter tragische Gestalten sind! Sie werden frei und freudig ihr Sein erfüllen, gesund, ungebrochen sich vollenden und der Welt ihr Wesen weisen!

Aber bis der Dichter kommt, der uns alle aufnimmt und also erhält, grüßen wir in dieser Stunde an diesem Orte den Meister und alle Großen von Weimar!

* Wiltfeber, der ewige Deutsche (1912) war Burtes Lieblingsbuch.

Auszug aus einer Rede, die 1940 bei einem Dichtertreffen des Großdeutschen Reiches gehalten wurde. Abgedruckt in: *Sieben Reden von Burte.* Straßburg 1943. S. 19-21, 27-32.

Gegen die Überschätzung des Intellektes

Die Leistungen, zu denen der Geist fähig ist, führen von der Wertschätzung zur Überschätzung und das verführt dann zu dem Aberglauben, allem in der Welt allein mit dem Verstand beikommen zu können.

So entsteht das Menschenwesen, das wir als Intellektuellen bezeichnen. Gegen diese Gefahr des Intellektualismus ist der Arbeitsdienst eine vorzügliche Abwehr. Die Arbeit dort stellt ihre Anforderungen nicht nur an die Körperkraft, sondern auch an den Charakter und zwingt ihn zu einer Umwandlung des Geistigen.

„Wilnaer Zeitung", 21.8. 1942
(Ausschnittarchiv der Wiener Library, London).

Streicher, der Intellektuelle

Das Judentum hat es verstanden, den echten Begriff des geistigen Kampfes zu fälschen. Sonst hätte man zum Beispiel den großartigen Kampf des Gauleiters Julius Streicher nicht in der Emigrantenpresse als „ungeistig" abtun können.

Carl Schmitt, „Streichers geistiger Kampf. Das Judentum in der Rechtswissenschaft." In: „*Fränkische Tageszeitung*", 3. 10. 1936. (Ausschnittarchiv der Wiener Library, London).

Geist und Charakter

Wir lesen in einer Buchbesprechung aus dem Jahre 1937 in der „Heidelberger Studentenzeitung" folgende Sätze: „Hier wird der Geist abgehandelt, d. h. aber die intellektuelle Veranlagung. Wir stellen nur fest, daß wir heute nicht mehr diesen Geist, sondern den Charakter erziehen wollen." Hier zeigt sich eine bedenkliche und – man muß das schon ganz offen sagen – für einen Studenten bedauerliche Verkennung der Lage. Man kann ja doch Geist und Charakter nicht gegeneinander ausspielen. Sicherlich macht der Verstand allein den Menschen nicht aus, aber ohne Verstand geht es doch nun einmal nicht, sofern es sich um eine Leistung von irgendwelcher Bedeutung handeln soll.

„*Militär. Wochenblatt*" (Die unabhängige Zeitung der deutschen Armee), 12. 1. 1940. (Ausschnittarchiv der Wiener Library, London).

R. Walther Darré

Die Rolle der deutschen Bauern in der deutschen Geschichte

Während eine deutsche Geschichtsschreibung eifrigst bemüht ist, das, was man eine „deutsche Geschichte" nennt, als Auswirkung kaiserlicher, kirchenfürstlicher oder territorialfürstlicher Interessen und Interessengegensätze hinzustellen, ist diese gleiche Geschichtsschreibung merkwürdig schweigsam über das, was man die deutsche Bauerngeschichte nennen könnte. Das ist um so auffälliger, da fast im umgekehrten Verhältnis zu dem Eifer, mit dem die Geschichtsschreiber landesherrliche Angelegenheiten schildern, das deutsche Volk als solches in seinem Unterbewußtsein die Erinnerung an große Bauernkatastrophen seiner Geschichte viel eindringlicher bewahrt hat, als die Sorgen und Nöte seiner regierenden Herren.

Die Richtigkeit dieser Behauptung wird besonders handgreiflich, wenn man sich z. B. vergegenwärtigt, daß die Niederschlachtung Tausender sächsischer

Bauern durch Karl den Sachsenschlächter in Verden a. d. Aller vor über 1000 Jahren sich nicht nur durch das ganze letzte Jahrtausend in der Erinnerung der Niedersachsen erhielt, sondern sich sogar erhielt trotz einer diesbezüglichen bewußten Geschichtsfälschung, welche diese Tat aus dem Gedächtnis des deutschen Volkes auszulöschen suchte. Oder nehmen wir ein anderes Beispiel: Der Freiheitskampf der Schweizer Freibauern gegen die Anmaßung der Habsburger, welchen Vorgang Friedrich von Schiller in seinem „Wilhelm Tell" dramatisch zu gestalten wußte, hat viel mehr dazu beigetragen, das deutsche Volk gegen seine Territorialfürsten in Wallung zu bringen als irgendein sonstiges Tendenzstück jener Zeit. Beiläufig gesagt, hält sich in wissenden Kreisen zäh und hartnäckig das Gerücht, das Friedrich von Schiller nach der Veröffentlichung des „Wilhelm Tell" seine erste Verwarnung durch die Freimaurerloge erhielt, der die Verherrlichung von Freibauerntum nicht paßte. Ein Vorgang, welchen objektiv, auf Grund der Akten, zu untersuchen für unsere Historiker im Interesse des deutschen Volkes nutzbringender wäre, als Kraft und Zeit darauf zu verschwenden, das deutsche Volk in seinem Wissen über die Kulturhöhe seiner germanischen Vorfahren dumm oder im unklaren zu erhalten.

In Wirklichkeit ist aber doch das, was wir Volkstum nennen, niemals das Ergebnis des Wirkens deutscher Kaiser, deutscher Kirchen- und Territorialfürsten, sondern ist in seiner Voraussetzung ausschließlich an das Vorhandensein deutschen Bauerntums gebunden. Erst war deutsch-germanisches Bauerntum in Deutschland, ehe sich aus ihm – und leider vielfach auf seinem Rücken – das entwickeln konnte, was uns heute als deutsche Geschichte serviert wird. Weder Fürsten, noch die Kirche, noch die Städte haben den deutschen Menschen als solchen geschaffen, sondern dieser ist in seiner Grundlage und Voraussetzung germanisch-deutsches Bauerntum. Gewiß haben Fürsten, Kirche und Städte, jedes für sich, eine besondere Art des deutschen Menschen prägen können, doch war und blieb durch die Jahrhunderte hindurch der germanisch-deutsche Bauer ihr Rohstoff und damit Voraussetzung, Grundlage und Rahmen ihrer Wirkungsmöglichkeit. Gerade wir Nationalsozialisten, die die alte Wahrheit wieder hervorgeholt haben, daß das Blut eines Volkes der Gestalter seiner Kultur ist, sehen diese Dinge mit kristallklarer Erkenntnis. Allemal ergänzte sich das Blut unserer Städte vom Bauerntum her, und damit bestimmte das Blut dieses Bauerntums auch immer wieder den deutschen Gehalt unserer städtischen Kultur.

Wenn man durch die deutschen Lande fährt, so findet man unter unseren Bauern noch überall ein Brauchtum, welches ein Jahrtausend überdauert hat. In dieser Tatsache haben wir einen sehr viel eindeutigeren Beweis dafür, wo der Grund eines Volkstums zu suchen ist, als in blutleeren Abstraktionen am Gelehrtentisch. Und wenn wir dann die Aktenquellen nachschlagen, die Geschichtsquellen aufsuchen, dann stellen wir zu unserem Erstaunen fest, daß dieser jahrtausendalte Brauch in unserem Bauerntum sich nicht etwa entwickelt hat durch das wohlwollende Verständnis der Kirchen- und Territorialfürsten, sondern genau umgekehrt das Bauerntum mit erbitterter Zähigkeit sein Brauchtum gerade gegen diese Kirchen- und Territorialfürsten zu verteidigen verstand. Es spielt gar keine Rolle, ob man zur

Feststellung dieser Tatsache in das alte Bauerngebiet Niedersachsen kommt, oder ob man nach Hessen oder Thüringen fährt, oder ob man Oberbayern oder Franken aufsucht: überall findet man ein weit in die Jahrhunderte zurückreichendes uraltes bäuerliches Brauchtum wieder. Überall zeigen die Verhältnisse, daß in unerhörter Zähigkeit deutsches Bauerntum gegen jeden Versuch, es zu unterdrücken, auch gegen die Versuche der Kirche, seine Art und sein Wesen zu bewahren wußte und vielfach lieber unterging, als sich dem fremden Gesetz ihm aufgezwungener Herren zu beugen.

Obwohl der deutschbewußte Teil unserer Wissenschaftler inzwischen längst von den obengeschilderten Methoden abgerückt ist und sich zur wahren Bedeutung des Bauerntums zu bekennen beginnt, beharrt ein Teil der Wissenschaft noch darauf, daß das Gegenteil richtig sei, und versucht, uns zu beweisen, daß die Germanen Nomaden gewesen wären, die erst mühsam durch das, was man eine deutsche Geschichte nennt, d. h. durch die väterlichen Bemühungen seiner Kaiser, Kirchen- und Territorialfürsten zur Kultur gebracht wurden. Dieser Sorte von Gelehrten will ich einmal ganz kalt und nüchtern folgendes entgegenhalten: Ehe es eine deutsche Wissenschaft in Deutschland gab, war der deutsch-germanische Bauer schon da und bewahrte sich sein Wesen und seine Art. Trotz jahrhundertelanger Bemühungen, den deutschen Bauern von seinem Wesen zu entfremden, hat der gesunde Menschenverstand und das tiefe Blutsgefühl des deutschen Bauern seine deutsche Art zu erhalten gewußt, und zwar trotz einer Wissenschaft, die ihm mit wissenschaftlichen Methoden genau das Gegenteil beweisen wollte. Wenn der deutsche Bauer über ein Jahrtausend hindurch über soviel Menschenverstand verfügte, um diese Form von Gelehrsamkeit zu überstehen, dann wollen sich die eben genannten Gelehrten darüber klar werden, daß davon auch heute noch soviel vorhanden ist, um sie und ihr Geschreibsel zu überstehen und zu überleben. Was ein Jahrtausend nicht zu zerstören vermochte, wird die eilfertige Betriebsamkeit gewisser Gelehrter auch in den nächsten Jahren nicht zu zerstören vermögen.

Ganz im Gegenteil: Wenn wir heute von deutschen Stämmen sprechen, von deutscher Eigenart, dann ist es zwar gebräuchlich, diese Stammeseigenarten in Verbindung zu bringen mit den Grenzen der Territorialfürstentümer, wie sie als deutsche Länder heute noch bestehen. Das ist sogar so weit gegangen, daß man z. B. die Grenzen süddeutscher Staaten für so wichtig hielt, daß man dem unter dem Nationalsozialismus erwachenden Deutschland vorreden wollte, diese Grenzen der süddeutschen Länder seien gottgewollt, und sie irgendwie antasten, bedeute, den Stammeseigenarten ihrer Bevölkerung nicht mehr Rechnung tragen zu wollen. Dabei tritt insbesondere für Bayern, Württemberg, Baden der Unsinn dieser Behauptung besonders handgreiflich zutage, weil die Grenzen dieser Länder weder Grenzen der Stammesart sind, noch auch irgendwelcher Stammesherzogtümer. Sondern die Grenzen dieser Länder sind willkürlich von Napoleon I. gezogen worden, der gar nicht daran dachte, sich um Stammesart und Geschichte oder sonstige Überlieferungen zu kümmern. Gerade diese süddeutschen Grenzbeziehungen beweisen, daß unabhängig von der Grenzziehung die einzelnen Landschaften dieser Länder trotzdem ihre uralte Eigenart bewahrt haben. Wenn sie dies aber tun konnten, dann taten sie es trotz ihrer Ländergrenzen, und das heißt, sie taten es auf Grund von Gesetzen, die gar nichts mit diesen Ländergrenzen zu tun haben.

Denn das, was die Eigenart dieser einzelnen Landschaften erhielt und ihnen ihr Gepräge gab, war das in ihnen sich erhaltende Bauerntum. Was z. B. einer Stadt wie München das typisch bayerische Gepräge gegeben hat, sind niemals seine Kunstdenkmäler oder sonstige Münchener Eigenarten gewesen, die auch ein anderer deutscher Stamm vielleicht in einer seiner Städte hätte entwickeln können, sondern das, was uns in München als typisch bayerisch entgegentritt – wie es vor hundert Jahren und darüber hinaus schon war –, das sind die bayerischen Bauern, die auf ihren Höfen heute noch leben, wie vor Jahrhunderten ihre Vorfahren dort gelebt haben, und ihre Söhne immer wieder nach München hineinsenden. Und was ich hier von den bayerischen Bauern sage, gilt für das Bauerntum jedes deutschen Stammes. Auf den alten Bauernhöfen, deren Wirtschaftsstruktur sich oftmals über ein halbes Jahrtausend nachweisbar unverändert erhielt, erhielt sich die Stammessonderheit des deutschen Menschen. Wo das Geschlecht, welches auf solchen alten Bauerhöfen sitzt, an den Sitten der Väter festhält, da wächst die einzelne deutsche Stammeseigenart, die heute noch die Vielfältigkeit und Mannigfaltigkeit des deutschen Volkslebens verkörpert und darstellt. Niemals kann eine deutsche Stadt das gleiche für sich beanspruchen. Denn keine Stadt Deutschlands kann den Nachweis erbringen, daß die heute noch in ihren Mauern lebenden Menschen die echte Blutsnachkommen jener Menschen waren, die vor Jahrhunderten der Stadt ihr Gepräge gegeben haben. Unzweifelhaft sitzt aber auf unseren deutschen Bauernhöfen, wenn auch nicht immer unmittelbar, so doch mindestens mittelbar, die Nachkommenschaft derjenigen, die bereits vor Jahrhunderten auf ihnen die Scholle bebauten. Hier ist die Ewigkeit einer Stammeseigenart verankert. Und es ist schon richtig, wenn in Süddeutschland vor wenigen Wochen jemand sagte, daß das Reichserbhofgesetz mehr die Erhaltung der Stammeseigenart garantiere, als es irgendein Länderpartikularismus je gekonnt hätte. Man kann sagen, daß das Blut eines Volkes in seinen Bauernhöfen seine Wurzeln in die Heimaterde eindringen läßt, von hier immer wieder jene lebenspendende Kraft zu erhalten, die seine Eigenart ausmacht.

R. Walther Darré, *Um Blut und Boden. Reden und Aufsätze.* München 1941.[3] S. 229-234.

Joseph Goebbels

Freiheit und Organisation

Mein Führer! Euere Exzellenzen!
Meine Volksgenossen und Volksgenossinnen!
Im Leben der Völker spielt die Organisation eine ausschlaggebende Rolle. Sie hat die Aufgabe, Menschengruppen zu Einheiten zu formen, um sie damit um so ziel-

bewußter und erfolgreicher zum Ansatz bringen zu können. Die Organisation ist somit in allen Fällen ein Mittel zum Zweck und im Hinblick auf das zu erstrebende Ziel gewissermaßen ein notwendiges Übel. Wie die Organisation in ihrer richtigen Anlage und Form den Weg zum Erfolg kürzen und vereinfachen, ja manchmal überhaupt allein ermöglichen kann, so ist sie andererseits auch geeignet, natürliche und fällige Entwicklungen zu hemmen und aufzuhalten, dann nämlich, wenn sie ihre eigentliche Aufgabe vergißt und zum bloßen Selbstzweck erstarrt.

Diese Möglichkeit aber, die mehr oder weniger für jede Organisation gegeben ist, darf nicht dazu verleiten, die Organisation selbst in ihrer Notwendigkeit und Zweckmäßigkeit überhaupt zu leugnen. Die Führung bedarf ihrer zur Lenkung von Menschen und zur Anbahnung von Entwicklungen auf den verschiedensten Lebensgebieten der Politik, der Wirtschaft, der sozialen Funktionen und auch der Kultur. Hier allerdings ist die Organisation am schwierigsten durchzuführen und deshalb auch den meisten Gefahren ausgesetzt.

Denn jede Organisation muß von ihren Teilnehmern die Aufgabe gewisser individueller Privatrechte verlangen zugunsten eines größeren und umfassenderen Lebensgesetzes und damit eines zielbewußteren Ansatzes von Kräften, die vereinzelt ohnmächtig, zusammengefaßt aber von durchschlagender Wirkung sind.

Man soll deshalb bei jeder Organisation auf das peinlichste darauf achten, daß sie ihren eigentlichen Zweck nicht verliert und den Verzicht auf individuelle Rechte immer nur soweit fordern, wie er im Hinblick auf den Erfolg notwendig erscheint. Man darf also, um es kurz auszudrücken, nur organisieren, was man organisieren muß, nicht, was man organisieren kann.

So allein wird durch den Gesamteinsatz eine große und totale Wirkung erzielt werden. Es liegt selbstverständlich in der Natur der Sache, daß man in der Funktion dieses Gesamteinsatzes oft und leicht geneigt ist, den Verzicht des einzelnen auf individuelle Rechte allzu hoch zu veranschlagen dem Zweck und Ziel gegenüber, das durch den Gesamteinsatz erreicht werden soll.

So gibt es auch eine Unmenge von alten, lieb gewordenen Gewohnheiten und Vorurteilen, die durch die Organisation der deutschen Kunstschaffenden in der Reichskulturkammer bzw. in ihren Einzelkammern überwunden werden mußten. Sie spielen aber trotzdem in den Vorstellungen bestimmter Menschen, die zur neuen Zeit und ihren Erfordernissen keinen richtigen Eingang gefunden haben, noch eine gewisse Rolle. Diese Kritiker nehmen zwar die durch die Organisation in der Hauptsache herbeigeführten Vorteile und Erfolge ohne besondere Dankesbezeigung gerne und fast wie selbstverständlich für sich in Anspruch, wollen andererseits aber nicht wahrhaben, daß das eine das andere bedingt und Vorteil und Erfolg für die Gesamtheit nur möglich gemacht werden konnten durch Verzicht des einzelnen gegenüber den Forderungen der Zeit.

Es ist dabei unser stetes Bestreben gewesen, die innere Regeneration des deutschen Künstlerstandes nicht so sehr durch eine Unzahl von Gesetzen als vielmehr durch eine fortdauernde Aktion der Selbsthilfe durchzuführen. Das, was man in den ersten Monaten des Jahres 1933 noch für unmöglich hielt, ist so auf eine fast selbstverständlich wirkende Art Tatsache geworden. Die Schwierigkeiten, die mit der Lösung der dabei fällig gewordenen ungezählten Einzelprobleme verbunden waren, sind unterdes längst vergessen. Die Wirklichkeit ist da, und sie schafft ununterbrochen neue Tatbestände.

Noch klingt uns in den Ohren das Geschrei unserer Gegner, es sei unmöglich, die Juden aus dem deutschen Kulturleben zu entfernen, da sie nicht ersetzt werden könnten. Wir haben es getan, und es geht besser als zuvor! Auf diesem Gebiet ist die Forderung des Nationalsozialismus restlos durchgeführt worden, und die Welt hat den Beweis vor Augen, daß das Kulturleben eines Volkes auch, und zwar sinn- und zweckmäßig, ausschließlich von seinen eigenen Söhnen verwaltet, geführt und repräsentiert werden kann.

Wie tief der jüdische Ungeist in das deutsche Kulturleben eingedrungen war, das zeigte in erschreckenden und geradezu grauenerregenden Formen die in München als warnendes Beispiel durchgeführte Ausstellung der „Entarteten Kunst". Wir sind ihretwegen vielfach in der sogenannten Weltpresse angegriffen worden, aber es hat sich bis heute kein ausländischer Enthusiast gefunden, der zur Wiedergutmachung dieser Kulturbarbarei etwa bereit gewesen wäre, die in München ausgestellten „Kunstschätze" zu kaufen und sie damit für die Ewigkeit zu retten. Sie mögen sie nicht, aber sie verteidigen sie. Und sie verteidigen sie nicht aus kulturellen, sondern lediglich aus politischen Gründen. Es bedarf kaum einer wegwerfenden Handbewegung, um sich mit ihren Argumenten auseinanderzusetzen. Man meinte, man solle diese Entwicklung sich selbst auswirken lassen, sie werde sich so am ehesten totlaufen. Man hätte dasselbe in der Innenpolitik über den Marxismus oder über den Parlamentarismus, in der Wirtschaft über den Klassenkampf oder über den Standesdünkel, in der Außenpolitik über den Versailler Vertrag oder über den Raub der deutschen Souveränitätsrechte sagen können. So etwas läuft sich nicht selbst tot; das muß beseitigt werden. Je gründlicher, schneller und radikaler das geschieht, um so besser!

Das hat gar nichts mit Unterdrückung künstlerischer Freiheit und jugendlichen Fortschritts zu tun. Im Gegenteil, die Machwerke, die hier ausgestellt waren, und ihre Schöpfer sind von gestern und vorgestern. Es handelt sich bei ihnen um die vergreisten, gar nicht mehr ernst zu nehmenden Vertreter einer Zeitepoche, die wir geistig und politisch längst überwunden haben und deren scheußliche Abarten nur noch auf dem Gebiet der bildenden Künste in unsere Zeit hineingeisterten.

Wie gesund eine solche Reinigungskur war, das zeigt die Reaktion beim Publikum und vor allem bei den Käuferschichten der Großen Deutschen Kunstausstellung im Haus der Deutschen Kunst in München. Noch niemals sind so viele Bilder, und zwar in der Hauptsache wahre Kunstwerke schöpferischer Gestaltung, verkauft worden wie bei dieser Gelegenheit. Noch niemals hat das breite Publikum an den Fragen der bildenden Kunst einen so lebendigen und inneren Anteil genommen wie hier. Es wurde geradezu wie eine Erlösung begrüßt, daß der Anbruch eines neuen künstlerischen Schaffens verbunden wurde mit der Beendigung einer Zeitpsychose, die wie ein drückender Alp noch auf unserer Seele gelegen hatte.

Bedeutet das nun eine Einengung der so viel beredeten künstlerischen Freiheit?

Doch nur dann, wenn der Künstler das Recht hätte, sich der Zeit und ihren Forderungen zu entziehen und außerhalb der Gemeinschaft seines Volkes ein eigenbrötlerisches Sonderleben zu führen. Das aber kann und darf nicht der Fall sein. Der Künstler steht mitten in seiner Nation; die Kunst ist nicht ein Lebensbezirk für sich, in den einzudringen dem Volke verwehrt sein müßte.

Sie ist eine Funktion des Volkslebens und der Künstler ihr begnadeter Sinngeber.

Und wie die Staatsleitung für alle anderen Gebiete des Volkslebens die politische Führung für sich beansprucht, so auch für dieses. Das soll nicht heißen, daß die Politik in die innere Funktion der Kunst eingreifen müsse oder auch nur wolle. Das bedeutet nur, daß sie ihren großen An- und Einsatz regelt und ordnet. Das Recht dazu ist ein souveränes. Es entspringt der politischen Macht und Verantwortung.

Auf unserer letztjährigen Tagung wurde die Abschaffung der Kunstkritik proklamiert. Dieser Akt stand in ursächlichem Zusammenhang mit der zielbewußten Reinigung und Ausrichtung unseres Kulturlebens. Die Entartungserscheinungen in der Kunst waren zum großen Teil auf das Schuldkonto der Kunstkritik zu schreiben. Die Kunstkritik hatte in der Hauptsache die Richtungen und Ismen gemacht. Sie beurteilte die künstlerische Entwicklung nicht mehr aus einem gesunden, volksgebundenen Instinkt heraus, sondern nur noch aus der Leere ihrer intellektuellen Abstraktheit. Das Volk hat daran niemals teilgenommen. Es hat sich nur mit Abscheu von einer Kunstrichtung abgewandt, die mit seinem gesunden Empfinden gar nicht mehr in Übereinstimmung gebracht werden und nur noch als die Ausgeburt einer snobistischen Dekadenz gewertet werden konnte. Die Abschaffung der Kunstkritik und die Einführung der Kunstbetrachtung, vor einem Jahr noch von großen Teilen der Auslandsmeinung als barbarisch und undurchführbar verschrieen, hat sich mittlerweile überall bei uns durchgesetzt. Wir haben deshalb nicht weniger, sondern eher mehr Talente kennengelernt. Als Kritiker fungiert jetzt das Publikum selbst, das durch seine Teilnahme bzw. seine Teilnahmslosigkeit ein unmißverständliches Urteil über seine Dichter, Maler, Musiker und Schauspieler abgibt.

Die Durchführung der Reinigungsaktion auf dem Kulturgebiet ist mit einem Mindestmaß von Gesetzen vollzogen worden. Der Stand der Kunstschaffenden hat diese Säuberungsaktion selbst in seine Hand genommen. Nirgendwo sind dabei ernsthafte Stockungen aufgetreten. Heute können wir wieder mit Freude und Befriedigung feststellen, daß die große Entwicklung aufs neue in Fluß geraten ist. Überall wird gemalt, gebaut, gedichtet, gesungen und gespielt. Der deutsche Künstler fußt auf einem festen Lebensboden. Die Kunst, aus dem engen und isolierten Bezirk ihres Eigenlebens herausgenommen, steht wieder mitten im Volke und übt von da ihre starken Wirkungen auf die ganze Nation aus.

Allerdings hat die politische Führung dabei eingegriffen, und sie greift heute noch täglich und unmittelbar ein; aber das geschieht in einer Weise, die der deutschen Kunst und dem deutschen Künstler nur zum Segen gereichen kann: durch Subvention, Auftragserteilung und ein Mäzenatentum, das in dieser Großzügigkeit heute in der ganzen Welt einzig dastehend ist. Theater und Film, Schrifttum und Dichtung, Malerei und Baukunst haben damit eine Befruchtung erfahren, die vordem ganz unvorstellbar war.

Der Rundfunk ist ein wahres Volksinstitut geworden. Er konnte seit der nationalsozialistischen Revolution seine Hörerziffern von 4 auf nahezu 9 Millionen steigern. Die deutsche Presse übt täglich in seltener Disziplin ihre erzieherische Mission am deutschen Volke aus. Der Weg zur Nation ist für alle Kulturbestrebungen frei gemacht worden. Wir haben nicht nur Talente gesucht, wir haben auch Talente gefunden. Ihnen sind im neuen Staat wie niemals zuvor Erfolgschancen geboten. Sie brauchen sie nur zu ergreifen und sich ihrer zu bemächtigen.

Es ist wahr, daß jede große Kunst auf die Dauer nur von ihrem gesunden Nachwuchs leben kann. Und deshalb hat unsere Hauptsorge gerade diesem Problem gegolten. Es kann nicht bezweifelt werden, daß in einer geschichtlich so hochgespannten Zeit wie der unseren das politische Leben eine Unmenge von Begabungen aufsaugt, die normalerweise zum Teil auch für das kulturelle Leben zur Verfügung ständen. Dazu kommt noch, daß die großen weltanschaulichen Ideen, die durch die nationalsozialistische Revolution zum Zuge gebracht worden sind, vorläufig so spontan und eruptiv wirken, daß sie für die künstlerische Gestaltung noch nicht reif sind. Die Probleme sind zu frisch und zu neu, um künstlerisch, dramatisch oder dichterisch geformt zu werden. Der Nachwuchs, der diese Aufgabe einmal zu lösen hat, ist noch im Kommen. Wir können, um ihn durchzusetzen, nichts anderes tun, als ihm alle Möglichkeiten bieten, sich geistige und technische Fähigkeiten und Fertigkeiten in ausgedehntestem Umfange anzueignen.

Das, was damit zunächst für die Bühnenschaffenden erreicht worden ist, soll keineswegs ein Abschluß sein. Es ist der Grundstein, auf dem nunmehr die Altersversorgung aller Kulturschaffenden errichtet werden muß. Die zur Erreichung dieses Zieles notwendigen Vorarbeiten sind bereits in Gang gesetzt. Es gilt, die auf diesem Neuland für jeden Beruf organisatorisch und wirtschaftlich zweckmäßigste Form zu finden.

Daneben haben wir der Gründung und Förderung von Alters- und Erholungsheimen auch in diesem Jahr besondere Aufmerksamkeit zugewandt. Durch die Hochherzigkeit des Preußischen Ministerpräsidenten wurde nicht nur ein neues Altersheim in Weimar den deutschen Bühnenveteranen geschenkt, sondern auch das seit langen Jahren bestehende Marie-Seebach-Stift finanziell sichergestellt. Daneben schufen wir ein neues Alters- und Erholungsheim in Oberwiesenthal und zwei neue schöne Erholungsheime in Arendsee an der Ostsee. Sie sollen im kommenden Frühjahr eröffnet werden und ständig 70 bis 80 erholungssuchenden deutschen Künstlern Unterkunft gewähren.

Die hier und auf allen anderen Kunstgebieten zur Durchführung gelangenden Projekte sind Kulturtaten ersten Ranges und damit der nationalsozialistischen deutschen Nation wahrhaft würdig. Ähnliches ist niemals und nirgendwo in der Welt auch nur versucht worden. Wir haben auf diesem Gebiet keine hochtönenden Programme aufgestellt, wir haben gehandelt. Wir haben diese Fragen mutig angefaßt, und auch hier hat es sich erwiesen, daß Probleme gelöst werden können, wenn man sie lösen will. Deutschland schreitet damit nicht nur in der Kunst, sondern auch in der Sorge für den Künstler allen anderen Ländern mit leuchtendem Vorbild voran.

Wir sind dazu um so mehr verpflichtet, als die deutsche Kunst heute wieder die ganze Nation umfaßt. Das Volk hat sie durch seine millionenfache Anteilnahme zu seiner Sache gemacht.

Man spricht so oft in wegwerfender Weise vom Massengeschmack und sucht ihn in Gegensatz zu stellen zum Geschmack der Besitzenden, der Gebildeten oder der oberen Zehntausend. Nichts aber ist ungerechter als das. Während der Geschmack der sogenannten Gebildeten, eben weil sie gebildet sind und so schrecklich viel gelesen haben, den mannigfachsten Anfeindungen und damit auch Schwankungen ausgesetzt war, ist der Geschmack der breiten Massen immer derselbe geblieben. Sie haben nicht soviel Vergleichsmöglichkeiten, um am Ende nicht mehr zu wissen, ob das Gute gut und das Minderwertige minderwertig sei. Sie sind auch nicht so überfüttert, als daß sie vor lauter Mangel an geistigem Hunger am Ende auf die tollsten Verirrungen und Entartungen des primitiven und damit klaren und reinen künstlerischen Empfindens verfielen. Ihre Freude am Gesunden und Starken ist noch naiv, unbeschwert und sinnlich bewegt. Sie fühlen noch mit dem Herzen, und dieses Herz steht nicht im Schatten eines alles wissenden, alles kennenden und damit am Ende auch alles zersetzenden und anzweifelnden Verstandes. Ihr gleichbleibender Geschmack ist das einzig Stabile in großen künstlerischen Entwicklungsprozessen.

Das Volk hat ein gesundes Gefühl für echte Leistung, aber auch für Worte, die zwar von Leistungen sprechen, hinter denen aber keine Leistungen stehen. Sein Geschmack leitet sich von festen Anlagen ab, aber er muß richtig und planmäßig gelenkt werden. In seinen manchmal primitiven Äußerungen ist er doch immer gerade und unverbogen. Die wahre Bildung ist durchaus nicht an den Besitz gebunden, im Gegenteil: der Besitz macht oft blasiert und dekadent. Er ist häufig die Ursache geistiger und geschmacklicher Unsicherheit. Nur so sind die furchtbaren Verheerungen deutscher Kunstentartung aus der Vergangenheit zu erklären. Hätten die Vertreter des Verfalls sich an das große Volk gewandt, sie wären dort auf eisige Verachtung und kalten Hohn gestoßen. Denn das Volk hat keine Angst davor, von wildgewordenen jüdischen Literaten als unzeitgemäß und reaktionär angepöbelt zu werden. Diese Angst hat nur der Reichtum, wenn sich mit ihm geschmackliche Unsicherheit verbindet. Er verführt allzuleicht zu jener Art von Halbbildung, die sich mit geistigem Hochmut und dünkelhafter Arroganz paart. Wir kennen diese Defekte unter dem Schlagwort Snobismus: Der Snob ist ein leerer und hohler Bildungslakai, der von den Früchten nur die Schalen ißt und sie dann nicht verdauen kann. Er geht in Frack und Claque ins Theater, um Armeleuteduft zu atmen. Er muß Elend sehen, an dem er sich schauernd und fröstelnd vergnügt. Das ist die letzte Entartung eines pöbelhaften Amüsierbetriebes. Die Reichen wollen im Theater zuschauen, wie es bei den armen Leuten zugeht. Welch eine Verrohung der Gesinnung! Aber auch welche Verwilderung des Geschmacks und des ganzen Kunstempfindens!

Das Volk besucht aus anderen Motiven die Theater, Konzerte, Museen und Galerien, es will das Schöne und Erhabene sehen und genießen. Das, was ihm das Leben so oft und hartnäckig vorenthält, eine Welt des Wunders und des holden Scheins, soll sich hier vor seinen staunenden Augen auftun. Mit naiver und ungebrochener Spielfreudigkeit tritt es an die Illusionen der Kunst heran und träumt sich dabei in eine verzauberte Welt des Ideals, die das Leben uns alle nur ahnen, aber selten begreifen und nie gewinnen läßt. Hier liegen die Ursprünge und ewig wirkenden Antriebskräfte jeder großen Kunst. Der Snobismus ist krank und wurmstichig. Sein Geschmack kann für eine Zeit nicht maßgebend und formbildend sein. Wir haben den Mut gehabt, die Produkte seiner frechen Anmaßung zurückzuweisen. Sie stehen heute in der Ausstellung „Entartete Kunst" versammelt, und das Volk geht millionenfach an diesem blühenden Unsinn vorbei, ingrimmig den Kopf schüttelnd, vor allem darüber, daß dieser Snobismus sich unterstand, in seiner Arroganz und Frechheit sich eben auf dieses Volk zu berufen. Der Führer hat in der Tat in Erfüllung einer nationalen Pflicht gehandelt, wenn er hier eingriff und wieder Ordnung und sicheren Halt in diesem Chaos aufrichtete. Das Volk kannte das alles kaum. Wo es damit zusammentraf, da strafte es durch Hohn und Verachtung. Diese Art von Kunst hatte schon recht, das helle, klare Auge des Volkes zu scheuen und sich vor ihm in ihre Salons zurückzuziehen. Der primitive und gesunde Volksgeschmack verlangt eine entsprechende geistige Kost. Mit snobistischen Überfeinerungen zieht man keine starken Menschen auf. Man wende hier noch ein, das Volk wolle sich nur amüsieren. Das Volk sucht Freude. Es hat ein Anrecht darauf. Wir haben die Pflicht, sie ihm zu geben. Man macht sich meistens kaum eine Vorstellung davon, wie freudlos im allgemeinen das Leben des Volkes verläuft und wie wichtig es deshalb ist, hier Abhilfe zu schaffen.

„Also Brot und Spiele!", unken die Besserwisser. Nein, „Kraft durch Freude!" geben wir ihnen zur Antwort.

Darum haben wir die Bewegung zur Organisation des Optimismus so genannt. Millionenfach hat sie das Volk in all seinen Schichten an die Schönheiten unseres Landes, an die Schätze unserer Kultur, unserer Kunst und unseres Lebens herangeführt. Gewiß, auch die Unterhaltung ist dabei ausgiebig zu Worte gekommen. Sie ist meistens die Vorstufe zum reinen künstlerischen Genuß. Hier hat fast immer die wahre Kunst ihren Ursprung.

Deutschfeindliche Kreise des Auslandes versuchen oft, das Bild des zeitgenössischen deutschen Künstlers dahin zu verzeichnen, daß sie ihn als ein getretenes und gedrücktes Wesen darstellen, das, umgeben von Gesetzen und Paragraphen, unter der tyrannischen Diktatur eines kulturlosen, barbarischen Regimes schmachtet und seufzt. Welch eine Verzerrung des wahren Zustandes!

Der deutsche Künstler von heute fühlt sich freier und ungebundener denn je. Er dient mit Freuden Volk und Staat, die sich seiner und auch seiner Sache in so warmherziger und verständnisvoller Weise angenommen haben. Der Nationalsozialismus hat die deutschen Kunstschaffenden ganz gewonnen. Sie gehören zu uns wie wir zu ihnen.

Nicht durch hohle Programme und leere Redensarten haben wir sie auf unsere

Seite gebracht, sondern durch die Tat. Uralte Künstlerträume sind durch uns in Erfüllung gegangen, andere sind in der Verwirklichung begriffen. Wie sollte der deutsche Künstler sich in diesem Staate nicht geborgen fühlen! Sozial gesichert, wirtschaftlich gehoben, gesellschaftlich geachtet, kann er nun in Ruhe und ohne bitterste Existenzsorgen seinen großen Plänen dienen. Er hat wieder ein Volk, das auf seinen Anruf wartet. Er spricht nicht mehr vor leeren Räumen und zu toten Wänden. Ein edler Wettstreit um die Palme des Sieges hat auf allen Gebieten unseres Kunstlebens begonnen. Der Nationalsozialismus hat auch den deutschen Künstler in seinen Bann gezogen. Er ist die Grundlage seines Schaffens, das feste Fundament, auf dem er mit uns allen steht. Als treuer Diener seines Volkes erfüllt er die Aufgaben, die eine große Zeit ihm stellt.

Voll Verehrung blicken wir alle in dieser Stunde auf Sie, mein Führer, der Sie in der Kunst nicht eine lästige Repräsentationspflicht sehen, sondern eine heilige Mission und hehre Verpflichtung, die letzte und gewaltigste Dokumentation des menschlichen Lebens.

Sie kennen und lieben die Kunst und den Künstler. Sie stammen auch als Staatsmann aus ihrem Bezirk. Mit heißem Herzen verfolgen Sie den Weg der deutschen Kunst in unserer Zeit. Sie weisen ihr Richtung und Ziel als ihr begnadeter Sinngeber.

Das danken wir Ihnen alle. Halten Sie auch in Zukunft Ihre schirmende Hand über deutsche Kunst und deutsche Art. Leistung und Tat sollen Antwort und Gelöbnis des deutschen Künstlers darauf sein.

Unser Volk aber steht heute um uns und bei uns. Für ungezählte Stunden der Freude, Erholung und Erbauung, befreienden Lachens und aufwühlender Erschütterung stattet es seinen Künstlern seinen Dank ab. Ein Jahr der Arbeit liegt hinter uns. Ein Jahr der Arbeit wartet auf uns. Die errungenen Erfolge rufen zu neuer Tat. Auf ihnen aufbauend, wollen wir uns mit heißem Herzen und glühendem Idealismus unseren Aufgaben hingeben im Dienste an der Kunst, der großen Trösterin unseres Lebens.

Auszug aus einer Rede Joseph Goebbels' anläßlich der Jahrestagung der Reichskulturkammer und der Organisation „Kraft durch Freude" am 26.11.1937. In: Hans Volz (Hrsg.): *Von der Großmacht zur Weltmacht.* Berlin 1938. S.416-426.

Adolf Spemann

Über die nationale Verantwortung von Verlegern

(...) Es hat immer Verleger gegeben – und es waren nicht die schlechtesten – welche die Auffassung vertraten, sie hätten sich dem geistigen Schöpfer der Schriftwerke rein dienend unterzuordnen, die Schriftsteller selbst trügen allein die volle Verantwortung für ihre Werke und Aufgabe des Verlegers sei es nur, ein möglichst vollkommener Spiegel aller Kulturäußerungen der Gegenwart zu sein, wobei man sich sozusagen seine private persönliche Stellungnahme vorbehielt – um jene beliebte Redewendung zu gebrauchen, die sich immer dann einzustellen pflegt, wenn einer keine Stellung nehmen will oder keinen Standpunkt hat. Oft war das gar nicht rein händlerisch gedacht, sondern eine Art von Wolkenkuckucksidealismus, dem die Freiheit des Diskutierens wichtiger erschien als irgendeine bestimmte Idee; gerade dies aber ist die häufigste Erscheinungsform des Liberalismus, aus dem ja schließlich eine politische, moralische und künstlerische Relativitätstheorie geworden ist.

Stark beeinflußt war diese Haltung des Verlegers von den in der Kunstwissenschaft, Musikwissenschaft und Literaturkritik herrschenden Anschauungen, wo sich immer deutlicher der Grundsatz herausbildete, alle Kunst-, Musik- und Schrifttumsdenkmale aus ihren Voraussetzungen heraus geschichtlich zu begreifen und zu verstehen; hieraus war sehr rasch der zweite Grundsatz geworden: Alles verstehen heißt alles verzeihen – und in dem emsigen Bemühen, alles, auch das uns völlig Wesensfremde zu verstehen, verlor man selber jeden Halt und Standort. So ist es traurig, aber nicht zu bestreiten, daß gerade das zunehmende Wissen um das Werden das gesunde Urteil über das Wesen zu zerstören begann. Diese durch die ganze Kunstauffassung der Entartung vor dem Machtantritt des Nationalsozialismus hindurchgehende Haltung, die sich in zahllosen Druckschriften spiegelte, mußte naturgemäß auch die Verleger dieser Bücher und Zeitschriften beeinflussen, eben weil sie diesem Verfall keine eigene klare Weltanschauung und kein klares kulturpolitisches Ziel entgegenzusetzen vermochten. Und damit schloß sich der Ring: diese Verleger brachten dann im guten Glauben Werke heraus, welche die Auflösung aller festen Formen beförderten.

(...)

Der große grundlegende Umschwung ist aber erst durch die Machtergreifung des Nationalsozialismus gekommen; der große Meister der Erziehung seines Volkes, Adolf Hitler, hat in wenigen Jahren unsere Seelen verwandelt und auch im gesamten Verlagsbuchhandel das Gefühl dafür geschärft, daß er eine ungeheure Verantwortung zu tragen hat. Die erste entscheidende Tat in dieser Richtung war die Aufrichtung der persönlichen Verantwortung, denn aus ihr ergibt sich sofort auch die unbeschränkte Haftung; der Verleger haftet dadurch, daß er eine Niederschrift vervielfältigt und verbreitet, genau so für den Inhalt des betreffenden Buches wie dessen Verfasser. Er ist also dadurch gezwungen, sich um den Inhalt dieses Buches sehr genau zu kümmern, so genau, wie dies von rechtswegen von jeher zu geschehen hatte. Damit ist aber deutlich geworden, welcher große Abstand die heutige Berufsauffassung des Verlegers von der früheren trennt: an Stelle eines innerlich unbeteiligten Kulturspiegels ist ein von seiner Aufgabe erfüllter Kulturpolitiker getreten. Der Bediente des Schriftstellers hat sich zum Beauftragten des Staates gewandelt. Aus dem selbstgenügsam beiseitestehenden Geschmäckler ist ein im ersten Glied fechtender Kämpfer geworden. Es genügt heute also für den Verleger nicht, sein Handwerk zu beherrschen und eine möglichst umfassende Geistesbildung zu haben, sondern er muß sich zutiefst von der Idee der Staatsführung Adolf Hitlers erfüllen lassen und hieraus für seine eigene Arbeit die Folgerungen ziehen und Richtlinien ableiten. Niemand soll sagen, er sei dazu nicht imstande; die zahllosen großen Reden des Führers geben im Verein mit seinem Buch eine erschöpfende Darstellung der von ihm geschaffenen und

vertretenen Staatsidee bis in die feinsten Verästelungen des persönlichen Lebens hinein. Wer diese immer wieder verschwenderisch über uns ausgegossene Fülle eines genialen Geistes und dies Beispiel eines wahrhaft großen Lebens völlig in sich aufnimmt, der weiß, was er zu tun hat.
(...)
Ebenso wird sich aber der Verleger immer bewußt sein, daß das ganze übrige Schrifttum von der Politik, die ja letzten Endes Menschenführung und daher Erziehung ist, nicht zu trennen ist. Es kommt alles auf die Beantwortung der Frage an: beeinflussen oder verändern Bücher den Menschen oder tun sie dies nicht? Nun, eines der Kennzeichen der hinter uns liegenden Verfallszeit war es, daß man immer wieder lesen konnte, es sei ein Aberglaube ängstlicher oder machthungriger Oberlehrer, daß Bücher die Seele verderben könnten. Mit diesem geschickt ausgeklügelten Dreh verschaffte sich der echte Literat den Freibrief, seine schmutzige Wäsche vor allem Volk zu waschen und dieses hierfür auch noch zahlen zu lassen. Ob man sich dafür entscheidet, daß die verderblichen Bücher eine Folgeerscheinung des Verfalls oder eine seiner Ursachen sind, ist belanglos und Geschmackssache. Im täglichen Leben ist es oft so, daß sich Ursache und Wirkung zu einem unentwirrbaren Knäuel verschlungen haben. Was tut man aber, wenn man einen Knäuel nicht aufzuknoten vermag? Man schneidet ihn heraus und beseitigt ihn! Dies hat der Nationalsozialismus getan, und gegenüber diesem unvergänglichen Verdienst hat die Tatsache, daß zunächst vielleicht zu Unrecht mancher wirkliche Wert mit hat dran glauben müssen, wenig Gewicht. Bei jedem großen Hausputz wird bekanntlich das eine oder andere Stück Porzellan angestoßen.
(...)
Die entscheidende Überlegung, die der Verleger heute bei seiner Erzeugung anzustellen hat, lautet also nicht: „Wird dies Buch eine Sensation geben? Wird es ein Schlager? Kann ich hiermit ein Bedürfnis schaffen, um es zugleich zu befriedigen? Kann ich hier neue Rätsel zu den bereits vorhandenen hinzufügen? Kann ich eine Diskussion entfesseln, von der meine Zeitschrift monatelang lebt? Kann ich diesen oder jenen berühmten Namen für mein Haus ergattern? Wie mache ich Umsatz um jeden Preis?"
Nein! Der Verleger muß sich fragen: „Wird dieses Buch, das ich hier verlege, auch später noch, wenn ich längst abgeschieden bin, meine Kinder mit Stolz auf die Leistung ihres Vaters erfüllen? Macht dieses Buch die Menschen stärker, ohne sie zu verdummen? Ist es ein Mittel, die Seele der Leser mit Kraft und Freudigkeit zu erfüllen, oder hinterläßt es einen schalen Geschmack und laugt es Herz und Nerven aus? Gibt es dem Einzelnen jene Kraft, die zum Ganzen strebt und Gemeinschaft bildet, oder entquillt ihm nur jener trügerische Scheintrost der selbstgenügsamen Einsamkeit und der Flucht aus Diesseits und Gegenwart? Weitet es den Gesichtskreis des Lesers aus, ohne ihn den Wurzeln seines eigenen Volkstums zu entfremden? Zeigt es ihm die Größe deutscher Gegenwart und Vergangenheit, ohne die unvergänglichen Kulturleistungen anderer Völker und Zeiten, soweit diese uns bereichern und kräftigen, zu verdunkeln oder gar verächtlich zu machen? Lenkt es seinen Blick auf das Große in allen Zusammenhängen, ohne ihn der Treue zum Kleinen, zur Einzelheit zu entfremden? Wird

dies Buch ein Beitrag sein zu dem Bemühen, das Ohr des Volkes zu schärfen, daß es den echten Ton vom falschen unterscheiden lernt, daß es nicht den funkelnden Glanz oder das rauschhafte Halbdunkel einer ausgekochten Sprachkunst ohne innere Schau und sittliche Haltung für wahre Dichtung nimmt, daß es nicht handliche Begriffspräparate, billige Schlagworte oder spitzfindige Dialektik mit wissenschaftlich wertvoller Forschung verwechselt, daß es nicht nebelhafte Verschwommenheit für philosophische Tiefe hält? Vermehrt es den deutschen Kulturbesitz auf irgendeine Weise oder ist es für diesen gänzlich belanglos? Ist es würdig der in der 2000jährigen Geschichte unseres Volkes vielleicht einzigartigen Spanne Zeit, die wir heute erleben? Dient es, wenn auch nur zu einem winzigen Teil, dem großen Ziel des Führers, den neuen deutschen Menschen zu schaffen, jenen unentbehrlichen, unersetzbaren Baustoff für das nächste Jahrtausend deutscher Geschichte, dessen Schwelle wir soeben klopfenden Herzens überschritten haben?"

Adolf Spemann, „Über die Verantwortung des Verlegers", *Einsamkeit und Gemeinschaft.* Zehn Vorträge der 5. Arbeitstagung des Amtes Schrifttumspflege beim Beauftragten des Führers für die gesamte geistige und weltanschauliche Erziehung der NSDAP. Hrsg. von Hans Hagemeyer. Stuttgart 1939. S. 142–147.

Goebbels verbietet die Kunstkritik

Wortlaut der Verfügung des Reichsministers für Volksaufklärung und Propaganda abgedruckt in: Der deutsche Schriftsteller. Zeitschrift für die in der Reichsschrifttumskammer eingegliederten Schriftsteller. Jg. 1, 1936, Heft 12, S. 280 f. „Da auch das Jahr 1936 keine befriedigende Besserung der Kunstkritik gebracht hat, untersage ich mit dem heutigen Tage (27. 11. 36) endgültig die Weiterführung der Kunstkritik in der bisherigen Form. An die Stelle der bisherigen Kunstkritik, die in völliger Verdrehung des Begriffs „Kritik" in der Zeit jüdischer Kunstüberfremdung zum Kunstrichtertum gemacht worden war, wird ab heute der Kunstbericht gestellt; an die Stelle des Kritikers tritt der Kunstschriftleiter. Der Kunstbericht soll weniger Wertung, als vielmehr Darstellung und damit Würdigung sein. Er soll dem Publikum die Möglichkeit geben, sich selbst ein Urteil zu bilden, ihm Ansporn zu sein, aus seiner eigenen Einstellung und Empfindung sich über künstlerische Leistungen eine Meinung zu bilden."

Aus: *Der deutsche Schriftsteller,* Jg. 1, Heft 12 (1936), S. 280. Nachgedruckt in: Rolf Geissler, *Dekadenz und Heroismus.* Stuttgart 1964. S. 30.

Kurt Karl Eberlein

Was ist deutsch in der deutschen Kunst?

Kunst ist niemals sachlich. Es ist eine Majestätsbeleidigung der Romantik, den Naturalismus unserer geschleckten „Matrosenmalerei" Romantik zu nennen. „Der Geist, aus dem wir handeln, ist das Höchste." Und dieser Kunstgeist ist ebenso lieblos wie eine ärztliche Diagnose, eine Filmphotographie oder eine Statistik. Die Freilichtzivilisation der Moderne, die mit dem französischen Impressionismus beginnt, gehört weder der Seele, noch der Seelensprache. Sie schaut nicht, aber sie sieht an. Ihre Kunst ist gesehen, mit reizbaren Zeitnerven, Zeitaugen, Zeitungen gesehen, und genau so ist diese Kunst zu sehen, zu genießen, aber nicht zu erleben. Kunst ist Schau. Das innere Auge entscheidet hier. Künstler haben die Landschaft in ihrem Herzen, weil sie geschaut, weil ihre Seele Landschaft, ihre Landschaft Seele wurde. Deutsche Kunst ist Heimat und Heimweh und deshalb immer Landschaft auch noch im Bildnis, Land der Seele, gewordene, gewachsene Seele, Sprache der Heimat auch noch in der Fremde, in der Fremde des Auslandes, wie in der Fremde der Tiere, Blumen, Dinge. Entweder man spricht deutsch und dann spricht die Seele oder man spricht fremd, allerweltwelsch, modisch, esperanto, und dann spricht die Seele nicht mehr. Das Gehäus dieser Heimat ist das Haus, das der Deutsche so liebt, das Zimmer, das Spiegelbild seines Wesens, der Heimgedanke, den der Deutsche noch im Schützengraben in Not und Tod vertrat. Wer das deutsche Zimmerbild kennt, weiß, was ich meine, diese zimmergewordene Seele, die Zimmerseele, die heute kaum noch lebt, weil die dekorative Mode das deutsche Zimmer tötet, wie sie das deutsche Kleid getötet hat, weil die Schablone alles gleich, ähnlich und seelenarm macht. Aus solchen Zimmern lebt das neue Deutschland in die Welt, denn der magische Kreis, aus dem sich alles entwickelt, was Volkheit heißt, die Familie, schließt hier im Familienzimmer ihr wachsendes Gesetz, dessen heiliges, staatbildendes Wesen Pestalozzi so herrlich umschrieb. Die Hauptaufgabe der Architekten heißt heute: das Familienwohnzimmer schaffen, in dem der Familiengeist wohnen und wirken kann. Hier liegen die wahren Wurzeln unserer Kraft. Alle, denen das Deutschtum wesentlich war, sahen in der Familie Heil, Rettung und Zukunft des Staates, sahen am Familientisch den schützenden Kreis des Seelentums. (...) In der Familie verkörpert sich die Heimat, die Landschaft, der Lebensraum der Sprachgemeinschaft, die über die Grenzen hinaus wandert und wächst. In ihr lebt das Kind mit Sitte und Brauch, der Dialekt des Spiels, der Feier, in ihr lebt das Lied, das Märchen, der Spruch, Tracht und Gerät. In ihr ruhen die letzten Kräfte uralter Volkskunst, der Heimarbeit, des Handwerks, der Überlieferung, in ihr beruht auch jene heilsame und gemüttiefe Familienkunst, die zu unterschätzen gewagt wäre, denn sie ist Brot und Freude des Hauses. Hier hat die Arbeitsmusik, die Tanz-, Familien-Hausmusik eine letzte Stätte und eine heilkräftige Magie. Hier pulst der Lebensrhythmus des Jahres mitten durch Haus und Feld, nah und lebendig dem Boden verwachsen. Wie fern ist diesem ehrwürdigen Lebenskreise alles das, was die Großstadt bewegt, die Wechselmode des Tages, welche, wie die Erde die Sonne, die dauernde Sitte umkreist. Wie lächerlich, puppenhaft und filmmäßig erscheinen hier die Kunstgruppen der Weltstadt, die Kunstmoden, die nur hinter Scheibe und Gitter der Großstadt den fremden Tieren des zoologischen Gartens entsprechen. Man mag einwenden, daß die Familie, und gar die des Landes, doch niemals ein Kunstkenner oder Kunstrichter war oder sein könne. Gewiß nicht! Gottlob nicht, denn hier wird doch gar nicht gerichtet, hier geht es gar nicht um Kritik, sondern um etwas viel wesentlicheres, um das Leben selbst, nicht um die Blüte, aber um den Baum. Es ist Errungenschaft und Folge der Renaissance, daß Kunst nur die Fläche der ästhetischen Werte, der Erscheinungs- und Formwerte ist, daß man sie ästhetisch genießt wie einen Wandschmuck, eine Zimmerdekoration, ein Konzert oder eine Ausstellung.

Unser Museum ist auch deshalb kein Volksmuseum und kann es auch nicht sein, schon als Bau nicht, es hat den Schloßcharakter, den Dekorationsstil, den Reiz eines vornehmen, unheimlichen Bildungspalastes noch nicht verloren. Sein Besuch erinnert an Weltausstellung, Panoptikum, Schloß. „Kunst" ist deshalb für die meisten Volksgenossen – wir wollen das doch endlich ehrlich sagen! – kein Lebensbrot, kein Lebenswert, keine Seelennahrung, sondern sie ist immer noch das unbezahlbare Unnötige, das Konditortörtchen im Ladenfenster, Wohnungskomfort der Besitzenden, Spekulationsaktie der Reichen, Sammelbesitz des Staates. Das Leben des arbeitenden Volkes spielt sich jenseits dieser Kunst ab. Brot und Arbeit sind wichtiger. Das ist so, trotz aller „Kunst für Alle, die Kunst dem Volke, die Kunst ohne Eintrittspreis, die Kunst mit Abendbeleuchtung". Diese Kunst ist immer noch „Bildung", also unheimlich, volkfern, ersehnenswert. Die Schuld hat weder der Staat noch der Einzelne, sondern diejenige Kunst, die von Blut und Boden getrennt als Luxusartikel mit falscher Preisbildung nichts mit dem Volke zu tun zu haben schien.

Kurt Karl Eberlein, *Was ist deutsch in der deutschen Kunst?* Leipzig 1934. S. 56–60.

Heinrich Zillich

Die Geschichte ruft den Dichter

Nein, ich meine Dichter, die geschichtsentflammt zu sprechen gezwungen sind, weil sie, von heißer Verwandtschaft mit einem großen Geschehnis überwältigt, diesen leuchtenden Punkt in der Not ihrer geistigen Existenz rastlos umkreisen müssen, bis sie ihm, sich erlösend, jene Form geben, durch die das Volk früherer Lebensräume und der einstigen Gestalt teilhaft werden kann, weil deren Sinn ihm nun entschleiert wurde.

Eine tiefe Verwandtschaft muß es sein, die den Dichter anrührt, aufruft, quält und begnadet. Sie wird ihm nur dann bewußt, wenn er den Weg zu ihr aus seinem eigensten blutigen Erlebnis findet, das stellvertretend das notwendige und gleiche Erlebnis des Volkes vorwegnimmt und es durch das Werk später tatsächlich herbeiführt.

Das größte Erlebnis, das den Deutschen im letzten Krieg und in den darauf folgenden Notjahren bitter, dann aber im Aufstieg strahlend erwuchs, ist die Selbstentdeckung des eigenen Volksleibs mit allen Gliedern, die Sprengung der knappen staatlichen Haut, die aus stammlicher Zerklüftung und kleindeutscher Enge, das Volksbewußtsein lächerlich einschränkend, zurückgeblieben war und erst eines Weltuntergangs bedurfte, um abgestreift zu werden und den Blick auf alle von Gott geschaffenen Deutschen freizugeben. Die Wirklichkeit des Reichs und des

Volkes wurde damit in neuer Form lebendig, in natürlicher Vermählung wie nie zuvor. Dieser Weite sich zu entziehen, hieße für den Dichter den Boden unter den Füßen zu verlieren. Seine Stellung zur Geschichte und auch deren Bewertung durch die Wissenschaft können heute nur im neuen Bewußtsein der Nation beruhen, dessen Kraft und Zeitgültigkeit, dessen edle Bescheidung und dessen zugleich weltverflochtene Verantworungsklarheit sich in diesem Jahre, wo zehn Millionen Deutsche ins Reich zurückkehren konnten, ohne daß ein Schwertstreich fiel, wahrhaft überwältigend bewährten.

Von diesem Bewußtsein her, vom Gefühl der Gemeinbürgschaft aller Deutschen für alle Deutschen, können wir jetzt endlich auch an eine Geschichtsschreibung herangehen, die ihr Urteil fällt nach dem völkischen Maß, danach, ob Ereignisse dem Volksganzen und seiner Sendung, weder dem einen noch der anderen allein, nein beiden: dem Volk und seiner Sendung genügten. Dies bedeutet nicht, daß wir unsere Handlungszwecke und Ideen in die der Ahnen hineinfälschen sollen, um uns eine äußerliche Bestätigung aus der Geschichte zu holen. Die Geschichte bestätigt uns, die Geschichtsreichen, mit den Räumen, die sie uns in die Zukunft öffnet. Wohl aber bedeutet es, daß wir bei vollem Verständnis für die Wesenhaftigkeit und Eigenart vergangener Zeiten das Deutsche überall in seiner Gesamtheit suchen, die durch die Geschichtsschreibung der Hausmacht- und Landschaftsbelange bisher nicht wahrgenommen wurde.

Manche Tat, deren Größe unbestreitbar ist, wird, unter dem Gesichtspunkt des ganzen Volkes betrachtet, tragische neben fruchtbaren Folgen erst jetzt sichtbar werden lassen. Um ein Beispiel zu nennen: wir werden uns, wenn wir die friderizianischen Kriege erwägen, fragen müssen, ob jene langen Jahre deutscher Bruderkämpfe nicht eine Ursache dafür abgaben, daß die weiten, damals noch seit den Türkenkriegen menschenarmen und der Macht Wiens unterstellten Gebiete des Südostens von Deutschen nur ungenügend besiedelt wurden, fragen, ob wir damals nicht endgültig einen riesigen Lebensraum verloren haben, den uns die Vorsehung als Herrschaftsraum und Siegeslohn für die Errettung Europas vor der tödlichen islamitischen Bedrohung schon überantwortet hatte und den wir in späterer Zeit vielleicht auch nur infolge der Auswirkungen binnendeutscher Kämpfe völlig abtreten mußten. So wird der Forscher fragen müssen, natürlich ohne den Handelnden jener Zeit eine Schuld anzukreiden, die sie nach ihrem Wertbewußtsein gar nicht hätten empfinden können.

So wird auch der Dichter, von der Geschichte aufgerufen, Volksweite und -einheit in die Mitte seiner Schau stellen. Er soll dabei ebensowenig in den Fehler verfallen, seinen Zeitgeist in die Vergangenheit zu verlegen, wohl aber soll er die Volksgesamtheit darin suchen und deren Los gestalten. Denn auch damals lebte das ganze deutsche Volk. Auch damals – um ein anderes Beispiel zu beschwören – erklangen die Äxte der schwäbischen Roder im Banat, einsam, verlassen oft, am Bau einer neuen Provinz, während sich die Mächtigen des Volkes darum stritten, ob eine alte Provinz, deren Deutschheit unbedroht war, aus der einen in die andere deutsche Hand übergehen dürfe. Welch ein Stoff für ein herzverzehrendes Epos, wenn man bedenkt, daß die neue Provinz unvollendet blieb!

Die Weite und Einheit des Volkes – das ist die Verwandtschaft, die der Dichter heute aus der Geschichte erspüren muß, und damit erspürt er auch die Beziehungen zwischen Volk und Reich, zwischen Volk, Reich und Europa, jene unlösbaren, die menschliche Weltordnung mitbestimmenden Beziehungen uralter Schicksalsverbundenheit, die eine besondere Ehre der Deutschen sind.

Das Reich griff oft über den Raum des deutschen Volkes hinaus, verengte sich später, bis es nach 1918 nicht mehr als nur zwei Drittel des Volkes umschloß. Wieder ein Stoff, die Seelen zu versengen! Und tatsächlich, die Tragik der Volkszerteiltheit in der jüngsten Vergangenheit ließ innerhalb weniger Jahre, die wir an den Fingern einer Hand nachzählen können, jählings, wie durch ein Wunder, eine Zahl von Dichtern hintereinander auftreten mit Werken kämpferischer, leidenschaftlicher, aus eigenstem Erleben geschöpfter Wahrheitskraft. Sie schreien das Notlied der Deutschen hinaus, das nicht nur uns, sondern – wir erlebten es vor wenigen Wochen in der beispiellosen Wiedergutmachung eines Teils des Elends! – ganz Europa bis in den Lebensnerv berührt, denn wir gehören nun einmal zu den verantwortlichen Baumeistern dieses Erdteils, dessen Daseinsformen die Welt unterwarfen. Darum haftet der Dichtung vom deutschen Schicksal jenseits des Reichs in ihren wichtigsten Werken nichts von der landschaftlichen und geistigen Beengtheit an, die oft als Heimatdichtung ein fragwürdiges Lob erfährt; nein, sie reißt mit der Darstellung des heimatlichen Loses die größten Zusammenhänge auf und wurde zur Sinnschrift deutschen und europäischen Schicksals. In ihr keimte auch die Dichtung vom Gesetz der östlichen Räume und deren Verbindung mit Sendung und Tragik unseres Volkes; eine Dichtung, die – wenn nicht alles trügt – in kurzen Jahren das von der bisherigen Geschichtsschreibung verzerrte Bild des Ostens, vor allem des Südostens, nach seiner deutschen Bezogenheit richtigstellen wird.

Heinrich Zillich, Die deutsche Dichtung und die Welt der Geschichte. In: *Weimarer Reden des Großdeutschen Dichter-Treffens.* Hamburg 1938. S. 43-45.

Josefa Berens-Totenohl

Der Wulfe-Hof: Zwei Episoden im Leben eines Bauern

Mehrere Wegstunden abwärts, wo die Lenne ihren Lauf umbiegt nach Nordwest, lag ein freier Hof, der Wulfshof genannt. Hier hauste das Geschlecht der Wulfe, herrisch, frei, abgeschlossen. Als das Gebirge noch von wildem Raubzeug beherrscht war, hatte der Stammvater des Geschlechtes den Hof gegründet. Starkes, mutig-wildes Blut war durch viele Glieder der Familie gebraust. Alle hatten gemehrt und gewehrt, unbeschadet der erlauchten Herren, des von Arnsberg, des von der Mark, des von Köln, die alle drei in dieser Gegend ihre Grenzen hatten und sich ansengten, einer den anderen, wo nur eine Gelegenheit zu finden war.

Durch alle Fährnisse hindurch hatten die Wulfe ihr Besitztum frei erhalten und zu einer Macht emporgebracht, die unangetastet stand an der ewigbrennenden Grenze zwischen den drei Fürsten.

Der Lennefluß umspannte den einsamen, auf einem Hügel aufgetürmten Hof mit einer rauschenden, in Gefahrzeiten unheimlich drohenden Klammer. An der Bergseite war das Wasser durch ein Wehr gestaut, an dessen Fuße tief die Mühle des Hofes ging. Dann umfloß die Lenne den ganzen Hügel, der, selber fast ein Bergvorsprung, quer ins Tal vorstieß.

Um bei Hochflut nicht abgeschnitten zu werden, hatte man am Wehr einen festen Damm zum Berg hin gebaut, denn die Wasser der Lenne wachsen zum Meere, wenn sie von den steilen Abstürzen der Berge eilends ins Tal rasen. Und das kommt alljährlich im November. Katharinenflut ist diese Drangsal geheißen.

Einsam und dunkel, aus den Steinen der Berge aufgeschichtet, lag der Hof, mit grauem Strohdach überhangen. Zuflucht und Abwehr zugleich, boten die Mauern eher das Bild einer Wohnburg als eines Hauses. Der Hofplatz war eng. Viehhäuser, Kornspeicher, Scheuern, Werkstätten schlossen ihn ab. Dieser Kranz von Gebäuden lag notwendig tiefer am Hügel. Ein Wall schloß auch diese gegen die offene Lenne ab. Ein schweres Tor war die Sperre gegen die Außenwelt.

In diesen Zeitläufen hielten die Wulfe den Hof nachts bewacht. Der Bauer sammelte Mannschaft, soweit der Besitz es trug, sammelte sie zu Wehr und Ehr'.

Not und Notstand waren im Lande. Die großen und kleinen Herren rissen sich um Macht und Besitz und achteten es nicht, daß sie beides zerrissen. Es roch nach Brand überall im Lande. An den Herdstätten saß die Not. Das Vaterunser betete man häufiger als sonst, der einen guten Bitte vom Brot wegen; aber bis zu Ende betete es nicht ein jeder, der auf dem letzten Bette lag und veratmete. In solchen Zeitläuften haßt es sich leicht, es gibt viel Schuld und Schuldigwerden, mehr als Verzeihen, weiß Gott! Wie die wilden Raubtiere in den Bergen, so zerrissen die gegnerischen Söldnerhorden die Beute, vergessend, daß sie doch ihretwillen sich angesprungen. Nur der Wulfshof wehrte sich, Beute zu sein.

Der jetzige Bauer, ein rüstiger Fünfziger, saß im Lehnstuhl, vor dem ein braunes Bärenfell gebreitet lag. Sein Großvater hatte diesen König der Wälder erlegt. Der Lehnstuhl war reich beschnitzt. Die Armlehnen waren zwei Wölfe, die Wappentiere der Wulfe. Die Rückenlehne zeigte zwei Uhuköpfe, die ein späterer Ahn den Wölfen im Wappen hinzugesellt hatte. In dem Ahn war der alte Heidentrotz noch einmal aufgesprungen, und er hatte das Bild der Gesellin dieses Gottes, die Eule, die Wisserin unter den Vögeln, in das Schmuckband der Wulfischen Kirchenbank in Wormbeeke heimlich schnitzen lassen. Der Priester, ein fanatischer Verfolger heidnischer Greuel, hatte sich aufgelehnt gegen den Spuk. Der Ahn, trotzig und fest, unbekümmert um Scheiterhaufen und schweres Gericht, hatte gesagt: „Mich nicht ohne ihn!"

So war der Uhu im Wulfswappen in der Kirche und daheim. Denn nicht hat der Priester den Wulf missen wollen aus seinem Anhang und nicht aus dem Zehnt. Die Uhuköpfe schauten unentwegt den Wulfen in die Gedanken und in die Gebete, wenn sie unter ihnen saßen. An den beiden springenden Wölfen der Armlehne, die kaum noch zu erkennen waren, hatten die jungen Wulfe mehrerer Geschlechter das Beißen gelernt und ihnen Hieb und Schnitt beigebracht bis zur Vernichtung.

Der Bauer war der letzte Wulf. Seine Frau Margret hatte ihm nur eine Tochter geschenkt, dann war sie einer unheilbaren Lähmung anheimgefallen und saß seit Jahr und Tag in ihrem Lehnstuhl am andern Fenster der großen Stube. Ihre Füße lagen auf einem schönen Wildkatzenfell, das ihr der Bauer am Hochzeitstage verehrte, nicht ahnend, daß ihre toten Füße ein ganzes Leben darauf lasten würden. Greisenstille umschwebte längst diesen Lehnstuhl, und einer mußte schon tief sehen können, wollte er erkennen, daß auch hier ein Leben gelebt worden, fern, unsagbar fern von dem Leben des Bauern und seinen Notwendigkeiten.

Eben kam die Tochter Magdalene mit dem abendlichen Warmbier für den Vater.

„Draußen wird's schlimm, heute Nacht!" sagte sie.

„Nicht schlimmer als sonst", entschied der Bauer.

„Es könnte doch sein. Ich hab's in den Gliedern wie nimmer!" mahnte die Frau. Die Tochter half alsdann der Mutter in die Schlafkammer. (...)

Der Bauer saß noch lange in der großen Stube. Magdlene ging in die Webkammer, schickte die Mägde fort und arbeitete selber noch. Ihr Webstuhl taktierte um die Wette mit den Sturmschlägen draußen, die sich an den Mauerkanten zerrieben und dann in einer Atempause neue Kraft holten.

Plötzlich fiel ein Blitz ein, Donnerkrachen folgte. Die Wulfstochter eilte zum Vater.

„Ein Gewitter, jetzt!"

Als hätte er's nicht gehört, blieb der Wulf, schweigsam, ernst. Er war mit seinen Gedanken auf einem andern Felde.

(...)

Und daß heute gerade der Händler dazukommen mußte! Wie er den haßte! Ihn, der doch nur ein Nichts war!

Diesem Nichts hatte er sich einmal in die Hand gegeben. Es war freilich lange her. Seitdem haßte er ihn. Eigentlich haßte er jene Stunde, die er als die niedrigste seines Lebens ansah, und in dieser Stunde stand Robbe. Keinem Fürsten hatte sich der Wulf gebeugt, und ihm, den er einen Hund nannte, ihm hatte er einmal Macht über sich gegeben.

Es war die einzige Sünde, die der Wulf in seinem Leben anerkannte. Jedesmal, wenn Robbe kam, dachte er, der Wulf, an diese Schmach, und er hätte ihm gewiß den Hof verboten, wenn das damals nicht gewesen wäre. Immer las der Bauer im Blick des andern diesen Sieg, an den der kluge Händler selber niemals rührte. Aber es blieb ein Abgrund, der fortwährend Gift ausspie.

„Satan!" fluchte der Wulf zur Scheuer hinüber.

Jung war der Wulf, stark und froh, wie kein Bursche im Tal. Einen Wolf hatte er lebendig gefangen und zu den Eltern heimgebracht. Er war der einzige Sohn und Erbe des alten Hofes. Die Wulfe waren in ihren letzten Gliedern nicht mehr recht fruchtbar! Und er war sich seiner Einzigkeit wohl bewußt.

Seit Jahren war ihm Margret, eine reiche Bauerntochter aus dem Kölnischen, zur Frau bestimmt. Da warf ihm das Schicksal eine wilde, schwarzhaarige Zigeunerhexe in die Arme, ein Mädchen mit Glutaugen und Feuersbrünsten, also, daß er im Augenblicke seiner blonden und stillen Margret vergaß und das fremde Weib in seine brausenden Nächte hineinriß.

Seine Jungenkammer lag im Anbau, über dem ewigrauschenden Wehr; demselben, welches nun von der Flut hinweggerissen worden. Hei! Wie es in ihm loderte, wenn drunten unterm Fenster im Nachtdunkel die schwarze Hexe kauerte und hinaufgirrte zu ihm! Wenn er die Fensterflügel aufriß und sie zu sich zog! Wenn er ihr in das wilde Gelock griff, und dem wilden Herzschlag des Weibes den eigenen wilderen entgegenjagte, wenn er sein Blut in den rasenden Wirbel ihrer Feuer hineinstürzte und sich mit ihr im Rausch verlor! Nächtelang, wochenlang! Dann schrien die Eulen draußen ihr „Huhuhhh!" umsonst, die Wasser brausten vergebens ihren Warnungsgesang, ihren Sang von Flut und Not und Vergängnis.

Es war ein wilder Herbst damals, wild und glühend wie keiner. Noch heute funkeln die Augen des Wulf, wenn ihm zuweilen, wie eben in dieser Nacht, der Gedanke daran kommt. Noch heute möcht er sich ergötzen an dieser wildjauchzenden Zeit seines Lebens, das sonst nur Härte kennt. Aber dann schleicht allemal ein gebückter, grauer Schatten heran, Robbe, und das Jauchzen stirbt.

Eines Tages aber kam die Wende. Es kam der Augenblick, in welchem das Schicksal allemal die Frage stellt. Schon suchte er heimlich längst die Flucht vor ihr. Schon trieb es ihn in manchen Nächten hinauf ins Gebirge, statt in ihre verführerischen Arme, trieb ihn auf die Spur von Luchs und Wolf, in Gefahr und Not und Tod, statt in die eigene übersättigte Gier seiner Sinne. Es schrie in ihm nach Freiheit, nach der stolzen Freiheit seines Wesens, die er verraten.

Im Gebirge droben, an den Felswänden wollte er sie, die verlorene, wieder erjagen und erstreiten.

Droben im Gebirge sprang auch der Funke in ihm auf, der immer die übertrunkene Sinnenraserei und gesättigte Gier ablöst: der Haß. Der gerechte Instinkt seines Bauernblutes erhob dieses furchtbare Schwert zur Rache für die Sünde an seinem Wesen.

Freilich, wenn er zum Hofe hinunterstieg und das Weib drunten wartend fand, dann überschrie die Lust noch laut den rettenden Funken. Aber er kehrte doch zögernder heim und blieb in einer wilden Herbstnacht ganz fort. Die Berge hallten wider von den machtvollen Kampfschreien der Hirsche, der Boden erzitterte unter ihren Hufschlägen. Da fand ihn das Weib auf dem Uhufelsen, wo er dem stürmenden Zorne der Kämpfer gelauscht hatte. So hatte er das Nahen von Schritten überhört.

Heute noch schüttelte es den Wulf, wenn er dieses Augenblicks gedachte, wie der Zottelkopf der Hexe überm Felsrand auftauchte und sich mit lauerndem Blick hoch und höher schob. Er hatte seinen Wurfspeer gegriffen, fertig zum Stoß, denn er hatte an eine Wölfin gedacht. Da erkannte er die Augen.

„Du – hier?"

„Ja! Ich! – Du lässest mich lange warten!"

„Du hättest mir nicht folgen sollen, sieh!" und er zeigte ihr den Speer, „bald hätte ich geworfen!"

Die aber hatte unbeweglich gestanden, hatte ihn angefunkelt, daß er fast verwirrt geworden. Er aber zwang sein Blut, oder der Haß zwang ihn. Er warf die Waffe zu Boden.

„Geh, geh zu den Deinen, Weib!"

„Die Meinen sind fort, Bauer, und das weißt du! Zu dir will ich, und ich will dich fragen: wann willst du mich zu deiner Bäuerin machen, vor den Leuten?"

„Weib, bist du toll?"

„Toll? – Hast du's nicht beschworen? Tausendmal?"

„Was sind Schwüre in *den* Nächten, Weib?"

„Was Schwüre sind, du Lump?" und wie eine Katze hing sie an seinem Halse, biß und kratzte, „was Schwüre sind? Da frag meinen Leib, du – –"

Hätte er sie nicht blitzschnell zurückgerissen, sie hätte ihm wie eine Wölfin die Gurgel durchgebissen. Als zürne der Himmel mit, so flog ein Lichtschein um das lodernde Weib, das mit sprühenden Augen vor ihm stand, die Fäuste gereckt.

„Du Verräter! Warte auf die Meinen! Sie werden dich finden! Heilig ist die Rache!"

Dann hatte er allein gestanden; ehe er den Arm hatte zum Stoß erheben können, war sie am Felsen herabgeglitten, halsbrecherisch. Kein anderer Mensch wäre unten lebendig angekommen. Ob sie ihr Leben rettete? Als ob die Wasser der Lenne sie verschlungen und fortgetragen hätten, so war sie verschwunden. Nur ihr Wort von der Rache hatte sie ihm zurückgelassen, und er hatte es mit heimgetragen.

So war sie nicht fort aus seinem Leben.

„Hätte ich's getan!" wünschte er sich tausendmal, und allemal reute es ihn, daß er den Speer nicht geworfen. Denn einen schwarzen Zigeunerbalg haben sie ihm später vorgeführt, und um dieses Wurmes willen zahlte er dann Korn um Korn, Geld um Geld. Niemand sollte darum wissen, nicht die alten Eltern, nicht die stille Braut.

Robbe spielte den Vermittler. Der Schurke! Der Hund! Noch heute schüttelte allemal Grimm den Bauern, wenn der Händler kam. Aber ihn vom Hofe zu weisen, war zu spät. Man müßte ihn erschlagen, das war immerdar der Gedanke des Bauern, aber er erschlug ihn nicht.

So war Robbe auch heute wieder Gast auf dem Wulfshofe, und auch heute hatte man ihn bei der Abendmahlzeit über das Gesinde gesetzt. Und beide, der Wulf und der Stadeler, hatten sein Wort gelten lassen.

(...)

„Ist es mit dem Vater wirklich vorbei?" fragte Felix, mehr um zu fragen, denn das Schweigen drückte.

„Darein müßt ihr Euch schon fügen! Es ist ja noch ein wenig früh. Wie alt ist er?"

„Kaum fünfzig."

Der Wulf schwieg.

„Er hat schon lange nichts mehr tun können", sagte Job. Felix, den Wulf heimlich betrachtend, fügte hinzu: „Es ist auch nicht mehr viel zu wirken – bei uns!"

Da war der Wulf auf seinem Platze, auf dem er das richtige Wort finden konnte.

„Daß der Ödhof verbröckelt, weiß jedermann. Es ist aber um so schlimmer, weil da junge Kräfte sind, von denen man fordern müßte, daß sie dem gänzlichen Verfall Einhalt täten."

Er hatte abermals den Teufel rufen wollen, aber da meinte er das Röcheln aus der Kammer durch die Stubendecke zu hören, und er rief ihn nicht.

„Was sollen wir tun? Wir wissen doch nicht einmal, wieweit der Vater den Hof schon an den Arnsberger verpflichtet hat." Felix machte den Sprecher.

„Der Vater ist ja schon lange abgetreten von dem Werk, er konnte nicht mehr. Ich glaube, wenn seine Söhne in gutem Sinne den Hof gestützt und geführt hätten, dann wäre er nicht in die Verlegenheit gekommen, beim Grafen Hilfe zu suchen, die keine Hilfe ist. Wo solch junge Kräfte da sind, darf es keinen Verfall geben. Das ist gegen alles Bauerngesetz."

Die Söhne saßen und schwiegen. Der Wulf fuhr fort.

„Euer Vater wird nicht wieder aufkommen. Wenn ein Baum morsch ist, fällt er, und kein Stützen hilft. Das Land aber bleibt. Das welkt nicht. Es baut neue Bäume. Das Land ist Euer Hof. Die neuen Bäume seid Ihr. Das solltet Ihr wissen."

Sie wußten es auch. Wenigstens taten sie so. Aber ihr Wort schien dem Wulf wenig zu gelten.

„Wenn man über den Hof den Tod kommen läßt, dann verrät man die unsterbliche Seele in der Schöpfung, und die rächt Gott ohne Barmherzigkeit. Es tut nichts, ob ihr den Ödhof führt oder ein anderer. Ein jeder Hof aber verlangt auf die Dauer den starken Schützer; den Verräter wirft er ab."

Wie zerschmettert saßen die beiden Söhne vor dem Wulf. Sie wußten, was der galt im ganzen Berglande und nahmen sein Wort für ein Urteil und Gericht. Besonders Felix war gedrückt. Er hatte noch immer eine heimliche Hoffnung auf die Wulfstochter genährt; heute sah er klar, daß es keinen Weg für ihn zum Wulfshofe und seinen Menschen gab. Nach dem Tode des Vaters würde es sich zeigen, ob sie nicht allesamt mit dem weißen Stock vom Hofe ins Nichts wandern müßten. Und ein solcher würde beim Wulfbauern niemals Gnade finden.

Nach einer Weile erhob sich Job und verließ die Stube. Felix sprach mit dem Wulf über die Arbeiten auf dem Hofe und in den Wäldern.

„Ums Arbeiten geht es nicht einmal zuerst bei einem Hofe. Das tut jeder Knecht, weil er sonst sein Brot verliert. Aufs Ziel der Arbeit kommt es an. Oder auf den Sinn, wie du sagst, daß er auf dem Ödhofe nicht mehr sei. Ich sage, daß er auf jedem Hofe zu finden ist, und immer nur auf dem eigenen, niemals auf dem fremden. Auch das Glück liegt immer auf dem eigenen Hofe. Man muß nur den Mut haben und es sehen und erobern wollen."

„So dürft Ihr reden, Wulfbauer. Auf dem Ödhofe dürftet Ihr's vergeblich suchen."

Scharf schaute der Wulf den jungen Mann an. War es schon soweit, daß man ihn nicht einmal mehr begriff? Oder lag das Sterben droben in der Kammer so schwer auf den Menschen, daß es alles verdüsterte? Dem Wulf kam ein bitterer Geschmack auf die Zunge. Was wollte man denn noch von ihm? Wenn die Freiheit des Ödhofes schon verloren war, was blieb dann noch zu tun? Und seine Gedanken erhoben sich drohend gegen den in der Kammer, den jetzt der Tod holte.

In diese Gedanken hinein stürzte sich Ceciliens Ruf: „Schnell, kommt schnell! Er stirbt!" Wie von Sinnen war sie.

Droben in der Kammer hatte sich in der einen Stunde viel verändert. Der Sterbende hatte ein ganz anderes Gesicht bekommen. Die Wangen waren völlig eingefallen, die Schläfen hatten ein tiefes Hohl, das blau und kalt schimmerte. Das ganze Gesicht war wächsern, das Herz brachte keinen Tropfen Blut mehr bis dahin. Von der Stirne perlte kalter Schweiß. Die Augen schauten, als seien sie schon in einer fernen Welt. Hart und ruckweise ging der Atem. Man meinte, jeder Zug müsse der letzte sein. Immer aber hob sich die Brust noch einmal.

Der Wulf blieb an der Türe stehen. Er sah, wie Cecilie auch die Schwestern hereinbrachte. Sie verkrochen sich verängstigt bei der Mutter und wußten nicht, wohin mit ihrem Weinen. Die Brüder hielten sich im Dunkel, bis Felix herantrat und den Vater, der sich aufrichten wollte, stützte.

Der Ödhofer aber mußte noch etwas im Sinne haben, denn er suchte mit schon erloschenen Augen umher. Er mußte seine Gedanken noch einmal klar bekommen haben. Dann hatte er den Wulf gefunden.

Gleich trat der herzu. Er nahm die erkaltenden Hände in seine starken Klammern, die einst einen Wolf würgten. Und milde neigte sich der Wulf nun doch zum Ödhofer und suchte ihm den Wunsch abzulesen vom Mund, der aber nicht mehr sprechen konnte. Die Zunge gehorchte nicht mehr. Ein Würgen war in dem Sterbenden, man sah, er suchte trotz allem sich verständlich zu machen. Es war schwer anzusehn. Nach einer kleinen Weile aber war es vorbei. Unerlöst, ohne das Wort und den Gedanken geben zu können, mußte er aus dem Leben.

Der Wulf ließ den Toten zurücksinken aufs Lager und ging aus der Kammer. Er mußte die Angehörigen mit ihm allein lassen. Seine Art taugte nicht zum Trösten, so trat er in der Nacht einen Gang über den Hof an. Es war die Zeit, daß bald der Morgen dämmern mußte. Das Hausdach hob sich schon etwas ab vom grauen Himmel. Er stand und betrachtete, wie sich die Balken hinausschoben. Sie standen steil auf. Es war ein Herr gewesen, der sie so gesetzt, das dachte der Wulfbauer, während er zugleich den Kopf schüttelte, daß der Ödhof nun zum Fall kommen sollte.

Während er aber vor dem Hause stand und seine Gedanken hatte, sah er, daß der schöne Giebel nicht einmal mehr ganz war, und eine tödliche Verlorenheit hing wie eine Wolke um die ragenden Sparren.

Im Garten war der Schnee zertrampelt vom Wild und von den eigenen Tieren. Der Zaun war zerbrochen und nicht erneuert. Die Ställe waren schlecht gegen die Kälte verwahrt. Mit jedem Schritt, den der Wulf machte, stieg seine Empörung.

Drüben hinterm Stall heulte ein Hund. Da kam dem Wulf selbst ein Grausen an. Er wußte um die Meinung, daß die treuen Hunde sehr oft ihrem Herrn nachstürben. Wie er aber diese arme Kreatur sah, die halb verhungert und vergessen in der Winterkälte draußen angebunden war, da konnte er dem Toten droben zuschwören, daß er nicht lange zu warten habe, dann werde auch das Tier seinen Weg gegangen sein.

Weiter mochte der Wulf nicht gehen. Die Verkommenheit des Hofes packte ihn so sehr, daß er beschloß, seinen Hengst zu nehmen und heimzureiten. Er empfand keine Trauer um den Toten im Hause, er sah nur mehr den Tod des Hofes, und das war gleich einem Mord.

Das sagte er den beiden Söhnen, die er bald still und stumm in der Stube traf, weil sie auch nicht Hand anzulegen verstanden wie die Frauen, die überall mit den Dingen des Lebens besser umzugehen wußten. Als er von dem Hunde draußen hinter den Ställen sprach, fragte der älteste: „Welcher Hund?" worauf ihm der Wulf die Antwort versagte.

„Meine Tochter sprach es aus, daß der Ödhof keine Ehre mehr habe. Sie hatte mehr recht, als ich wußte."

Das Wort hörte noch die Ödhoferin, die eben hereinkam. Sie trug ein Stück Leinen in der Hand, das der Tote bekommen sollte.

„Wenn Ihr einmal mit dem Arnsberger sprechen wolltet, Wulfbauer, daß er uns nicht einen Fremden auf – den – –" Sie konnte nicht weiter. Es übernahm sie. Die kleineren Kinder drängten sich her. Ein einziger Jammer war vor dem Wulf. Dem brannte es in den Knochen, als hätte er Fieber.

„Ich werde mit ihm sprechen", versprach er und ritt ab.

Zum Begräbnis schickte er die Tochter. Er konnte keinen Fuß mehr in das Elend dieses Hofes setzen.

Es erwies sich, daß der Handel mit dem Grafen wirklich abgeschlossen war, denn bald nach dem Begräbnis kam von Arnsberg ein Bevollmächtigter, die Bestkuh und das Bestpferd für den Lehnsherrn zu zeichnen. Die Ödhofer erkannten, daß sie ihre Freiheit verloren hatten; früher noch als der verelendete Hund seinem Herrn nachfolgte, war es geschehen.

Josefa Berens-Totenohl, *Der Femhof.* Jena 1935. S. 14–17, 39–43, 208–213.

Tüdel Weller

Ein Schläger als Held – Aus einem anti-jüdischen Roman

Jedenfalls – schlauer als wir selbst müssen sie schon sein, denn eins ist sicher: Sie sitzen heute oben im lieben Vaterland, und wir hocken unten. Und bezahlen zwölf Prozent Zinsen ... und das letzte bringt ihn wieder in die Wirklichkeit zurück.

„Zunächst werde ich mich jetzt einmal darum kümmern", sagt er. „Schlimm genug schon, daß ich erst heute davon höre. Vielleicht ist eine Ermäßigung herauszuschlagen!"
„Du willst zu Löwenstein gehen?" wundert sich seine Mutter.
„Warum denn nicht? Er wird mich nicht gleich auffressen."
„Aber erreichen wirst du nichts, Peter. Wir waren ja in unserer Notlage mit allem einverstanden, haben alles unterschrieben."
„Wirst du auch jetzt noch fortgehen?" wirft seine Schwester ein.
„Natürlich – aber erst, wenn alles geregelt ist. Ich will doch" – er holte ein wenig Atem – „studieren, wenn es eben geht. Wie ich das längst schon vorhatte."
Das Gesicht der alten Dame leuchtet auf. „Das wäre herrlich, wenn du das könntest, Peter. Aber – wovon willst du leben? Du weißt doch jetzt, wie es um uns steht!"
„Nun ich werde mich wie zahllose andere auch als Werkstudent durchzuschlagen versuchen. Ich habe von jungen Männern gehört, die Nacht für Nacht ihre Schichten abmachen und tagsüber in den Hörsälen zu finden sind. Soll ich das etwa nicht können?" Er blickte seine Angehörigen ein wenig siegessicher an; seine Mutter – sah er – war ja schon einverstanden. Wann ist eine Mutter das nicht, wenn es sich um Wohl und Fortkommen eines geliebten Sohnes handelt?
„Und wir" – meint sie, auf die Tochter deutend – „wir werden uns kleiner setzen, werden einige Zimmer an Fremde abgeben. So können wir dann unserem Studenten hin und wieder ein wenig unter die Arme greifen." Doch davon will er nichts wissen: „Ich schlage mich schon durch, Mutter, und zuerst knöpfe ich mir diesen zwölfprozentigen Juden vor."

Leicht gesagt das. Er kommt in die Poststraße, zu einem palaisartigen Gebäude, rechts vom hochherrschaftlichen Eingang prangt eine Marmortafel, auf der in Goldbuchstaben zu lesen ist: Sigfried Löwenstein, Immobilien, Hypotheken, An- und Verkauf von Grundstücken, Beleihungen. Großartiger Bau, sagt sich der junge Mann. Kunststück: soll er etwa in einer Mietskaserne wohnen? Oder vielleicht gar in einer Scheune, bei zwölf Prozent?
Und schon ist ein nicht geringer Zorn in ihm.
Er mochte sie nie leiden, die auserwählten Kinder Israels. Er weiß selbst kaum, warum, es muß im Blute liegen. Außerdem gab es schon in seiner Kindheit Tagen ein wegweisendes Erlebnis, er denkt nicht gern daran, es ist eine schmutzige Judengeschichte. Löwenstein jedenfalls wohnt in einem Palast, das ist sicher. Und vor dessen großartiger Eingangspforte steht jetzt ein junger Kerl mit Namen Peter Mönkemann, und wenn der es sich recht überlegt, so kommt er – nüchtern und bei Licht betrachtet – als kleiner und bescheidener Bittsteller. Und sein leise glimmender Zorn ist sinnlos, ist wohl nur der inneren Ohnmacht, nicht anders auftreten zu können, entsprungen. Denn auch zum Bittsteller taugt er wenig . . .
Der Herr Bürovorsteher, der im Hinterhaus über ein halbes Dutzend tief über ihre Pulte gebeugter Schreiber gebietet, empfängt ihn. Wie ist das . . .? Herrn Löwenstein sprechen? Persönlich sprechen etwa? Kann jeder sagen!

„Was wollense denn von ihm? Hypothekensache jedenfalls, wie?"

„Ja – eine Hypothekensache."

„Nu schön – wie heißt? Könnense dreist mit mir erledigen, immerzu, mein Gutester. Glaubense, der Chef hat für so was Zeit?"

„Erstens", sagt Peter Mönkemann – „ich bin nicht Ihr Gutester, verstanden? Und zweitens – ich will zu Sigfried Löwenstein persönlich, verstanden? Und das möglichst sofort!" Und nun kann kaum noch ein Zweifel bestehen, daß dieser junge Mann sein Ziel erreichen wird, aber vorher kommt doch wieder ein Neues. Dieser Bürovorsteher wird dienstlich, strafft den krummen Buckel, sagt von oben herab: „Sie kommen ja wohl kaum in eigener Sache, kommen doch sicher im Auftrag Ihrer Eltern. Und da müssen Sie uns zuerst eine Bescheinigung bringen, daß Sie Verhandlungsvollmacht haben."

„Aber ich spreche ja nur wegen einer Zinsermäßigung vor, und ich komme im Auftrag meiner Mutter!" begehrt der andere auf.

„Eben!" nickt der Bürovorsteher. „Das müssen wir schriftlich haben, denn das könnte schließlich jeder behaupten!"

Und so kehrt er wieder ohne Resultat zurück, aber es ist sicher: er wird hier nicht nachgeben, er nicht – und als er mit der gewünschten Vollmacht wieder erscheint und man nun noch die polizeiliche Beglaubigung der Unterschrift seiner Mutter verlangt, da besorgt er auch das, obgleich sein Zorn hellauf lodert. Obgleich er sich stark beherrschen muß, um nicht nach alter Weise loszufahren.

Schließlich steht er aber doch vor Sigfried Löwenstein, das wenigstens ließ sich nicht verhüten.

Der sitzt breit und massig in einem großen Sessel hinter einem mit Stößen von Akten und Papieren überladenen Schreibtisch. Sein schwammiges Gesicht weist förmliche Backentaschen auf, unter seinen ovalen, tintenfarben glänzenden Kugelaugen hängen Tränensäcke gleich prallen Kissen. Ein Hals ist bei ihm nicht wahrzunehmen, der Schädel scheint unmittelbar zwischen den hochgezogenen Schultern auf dem feisten Rumpf zu sitzen.

Er rührt sich nicht, als Peter Mönkemann eintritt. Er hebt kaum den Kopf.

Der sagt sein Sprüchlein auf: zwölf Prozent seien zuviel, ob nicht die Hälfte auch genügte. Es klingt nicht gerade unterwürfig.

„Wie bitte?" fragt der Dicke. Scheint gar nicht verstanden zu haben, hat vielleicht nicht zugehört.

Der junge Mann wiederholt.

„Wer hat Sie zu mir hereingelassen?" fragt der Feiste und hebt den Kopf.

„Keiner! Ich bin zu Ihnen gekommen, weil Sie ja doch selber darüber bestimmen werden, ob eine Ermäßigung eintreten soll."

„Ermäßigung...?" klingt es zurück in tiefstem Erstaunen. „Stimmt das? Ich höre egalweg Ermäßigung!"

„Ja, gewiß stimmt das! Sie müssen doch auch zugeben: zwölf Prozent bedeuten..." Halsabschneiderei... will er sagen. Aber er beherrscht sich, vielleicht läßt sich bei einiger Vorsicht doch etwas erreichen... „zwölf Prozent bedeuten auf die Dauer für uns eine Unmöglichkeit, denn mein Vater ist vor nicht langer Zeit gestorben, wir haben zu Hause so gut wie kein Einkommen!" schließt er.

Der andere hat sich schon wieder über die Schreibtischplatte gebeugt. „Gehen Sie zu meinem Bürovorsteher", sagt er.

„Von ihm komme ich ja gerade", begehrt der Jüngere auf. „Er kann ja gar nicht darüber entscheiden, ich möchte von Ihnen selbst hören, was nun wird. Da unten hat man mich lange genug hingehalten, ich bin es einfach leid, hin- und hergeschickt zu werden, verstehen Sie?"

Nein – den Ton versteht Löwenstein auf keinen Fall. Ganz und gar nicht ... Er hebt vielmehr ungläubig und maßlos überrascht das Gesicht zu dem Sprechenden empor, er sieht dessen Blick auf sich gerichtet, in dem Haß und Hohn deutlich zum Ausdruck kommen, denn gerade jetzt muß der junge Mann denken: Sein Gesicht sieht aus wie ein Schweinsrüssel, jawohl – wie ein Schweinsrüssel!

Nein – Sigfried Löwenstein versteht kein Wort von alledem: Wer hieß den Burschen da bis hierher, bis in sein Privatkabinett vordringen? Das allein bedeutet schon Unverschämtheit ... und so nimmt er zuerst einmal die längst erkaltete Zigarre aus dem breiten Fischmaul, und dann richtet er sich ein wenig im Sessel auf, soweit das bei seiner außerordentlichen Plumpheit möglich ist. Und nun erst sagt er: „Junger Mann, wenn Sie in dem Ton mit mir weiterreden, dann lasse ich Sie durch meinen Hausdiener 'rauswerfen, verstehense? Im übrigen: Wer sindse, und was wollense überhaupt von mir? Glaubense etwa, ich habe nichts anderes zu tun, als Ihre Kinkerlitzchen anzuhören?"

Peter Mönkemann steht und starrt ihn an, und würgt die Wut in sich hinein. Kommt er nicht als Bittsteller? Wenn er jetzt seinem inneren Drang nachgibt, wenn er diesem feisten Sack vor den Bauch tritt, ihm die Faust vor den Schweinsrüssel setzt, dann ist der Kladderadatsch erst richtig fertig. Dann wird die Hypothek – das ist sicher – gekündigt, dann kommt womöglich noch die Polizei mit Gummiknüppel und Handschellen, und dann ist es vorbei mit Studium und Fortkommen.

So steht er dort und schluckt und zittert ein wenig ... was meinte das Judenschwein soeben? Hausdiener holen? 'rauswerfen lassen ...?

„Vorsicht, Herr", sagt Peter Mönkemann mühsam, „zum 'rauswerfen gehören zwei, soviel ich weiß. Und es dürfte nicht ganz ungefährlich sein, aber" – und nun bezwingt er sich, starr und eisern – „außerdem ist das wohl unnötig. Ich verschwinde nämlich ohne weiteres, sobald Sie mit der Ermäßigung einverstanden sind."

Sigfried Löwenstein ist von einem unerklärlichen Gefühl bewegt. Der Instinkt seiner Rasse sagt ihm, daß hier wirklich eine verborgene Gefahr mit im Spiel ist, und körperlichen Gefahren geht er – auch das lehrt ihn sein Instinkt – stets aus dem Weg, wie alle Angehörigen seiner Rasse seit Jahrtausenden vor ihm.

So biegt er die ganze Angelegenheit zu einer dummen und dreisten Redensart um, ihr so die etwas bedrohliche Aufmachung nehmend. So wiederholt er, breit grinsend und mit der fleischigen, ringgezierten Hand auf die Platte des Schreibtisches schlagend: „Gott der Gerechte straf' mich, wenn ich bin im Unrecht, aber ich höre immer noch egalweg Ermäßigung. Wie stellen Sie sich das bloß vor? Glaubense etwa, das geht so ohne weiteres? Ich hab' meinen Zaster auch nicht auf der Straße gefunden! Ich handele doch nicht mit Zinsen, junger Mann . . ., was Sie da nur denken!"

„Aber Sie leben doch eigentlich nur vom Handel", brüllt nun der Jüngere fast, „und zwölf Prozent Zinsen sind Wucher. Halsabschneiderei ist das, sonst nichts!"

Nun hat er das Kind doch beim richtigen Namen genannt, und nun ist wohl alles verspielt.

Sigfried Löwenstein nimmt die Arme von der Platte. Steckt die Zigarre ins breite Fischmaul, lehnt sich zurück und hakt die Daumen beider Hände hinter den Ausschnitt seiner Weste. Sigfried Löwenstein sagt, bedächtig, ruhig und ganz und gar der Herr dieser Situation:

„Ich will Sie was sagen, junger Mann, wegen der Halsabschneiderei könnte ich Sie anzeigen. Aber ich tu's nicht, ich bin Geschäftsmann, verstehnse? Damit Sie aber 'nen kleinen Denkzettel kriegen: die Hypothek wird gekündigt, verstehnse? Und wenn Ihre Mutter die Masumen nich beibringt – und sie bringt se nich bei – wenn das Geld also nich pünktlich da ist, dann wird versteigert, verstehnse! Dann laß ich die Bude versteigern . . . is mein gutes Recht!"

Peter Mönkemann ist einen Schritt vorgetreten. Er blickt den Dicken drohend an, mitten in das häßliche, fette Gesicht hinein.

„Das werden Sie nicht tun", sagt er tonlos, und seine Fäuste öffnen und schließen sich krampfartig, doch er weiß es selber nicht. „Das werden Sie nicht tun", wiederholt er, und nun steht er dicht vor dem Schreibtisch.

Löwenstein ist fahl im Gesicht. Es hat plötzlich eine schlammgraue Färbung. Es drückt unsägliche Angst aus. Die Augen kugeln fast aus ihren Höhlungen hervor, an den Schläfen ist deutlich das Pochen der prallen Blutadern wahrzunehmen, auf der faltigen Stirn reiht sich ein Schweißperlchen an das andere, bis hoch hinein in die lederfarbene Wölbung des Schädels. Der Herr dieser Situation fiel kläglich zusammen, stellt trotz seines Leibesumfanges jetzt nur noch eine armselige Portion Mensch dar. Er erhob sich aus seinem tiefen Sessel, wich ein wenig nach rückwärts, indes die ausgestreckte Hand die Fläche des Schreibtisches nach dem Knopf der Klingel abtastet. „Lassen Sie die Flosse von der Klingel!" sagt sein Besucher, und hinter der erzwungenen Ruhe steht lodernde Gier, doch der andere drückte schon mehrmals heftig den Knopf und nun kreischt er jäh: „Das ist Bedrohung . . . Erpressung . . . jawohl . . . Erpressung . . .!"

Seine Stimme überschlägt sich. Das Wort hallt durch den Raum, und der Mensch wiederholt es, sinnlos, wie irr vor Angst, er schreit es noch, als sich die Türe öffnet und sein Hausdiener auf der Schwelle steht. Peter Mönkemann ist zurückgetreten. Seine Wut fiel plötzlich zusammen wie ein Kartenhaus angesichts dieser aberwitzigen Furcht, dieser jämmerlichen Elendsgestalt. Nun ist er der Herr der Situation, dieser lächerliche, durch nichts begründete Auftritt bringt ihn schlagartig zur vollen Vernunft zurück.

Der Makler rafft sich zusammen, und es geht so überraschend schnell mit der Wiedergewinnung seiner Haltung, daß den anderen tiefes Erstaunen befällt. Er deutet auf ihn: „Führen Sie den Herrn hinaus", sagt er, aber seine Stimme ist doch noch nicht ganz frei. Es klingt etwas mit, das dem Röcheln eines Tieres ähnlich ist. „Nicht nötig", antwortet Peter Mönkemann, „ich finde den Weg schon allein zurück", und sein Blick bewirkt wohl, daß der dienstbare Geist – derselbe, dem er hier am Schabbestag begegnete – ihm nicht nähertritt. „Sie werden sich die Sache wohl noch überlegen", fährt er fort, im Begriff, den Raum zu verlassen, doch als er die Tür schließt, hört er's von drinnen her, frech und aufreizend wie zu Anfang der Auseinandersetzung: „Gar nichts überlege ich, gekündigt wird ... sofort! Und dann – – Zwangsvollstreckung!"

Der junge Mann zögert unmerklich ... soll er ... soll er nicht? Dieser Lumpenhund – Minuten vorher noch ein winselndes Fleischpaket – zeigt doch wahrhaftig schon wieder die Zähne. Und er selbst hat den Türgriff noch in der Hand, buchstäblich – unbegreiflich: Wo nimmt der Kerl soviel Frechheit her? Aber natürlich – jetzt ist ein Zeuge dabei, sein Hausknecht, sein Beschützer.

„Bestellen Sie Ihrem Sigfried einen schönen Gruß", sagt er auf der Treppe zu diesem. „Tun Sie das sofort und sagen Sie ihm, daß er Peter Mönkemann noch richtig kennenlernen wird, wenn er wirklich sein Vorhaben wahrmacht."

Aber das bedeutet nicht allzu viel, er weiß das zu gut. Als er in der Bahn sitzt und wieder nach Hause fährt, überlegt er sich den Fall: erreicht hat er gar nichts, da gibt es keinen Zweifel. Im Gegenteil – er wäre wohl besser daheimgeblieben, nun ist es schlimmer als zuvor. Dieser Manichäer wird kurzen Prozeß machen, wird es zur Zwangsversteigerung treiben, denn diese Aasgeier haben ja mehr Ahnung von den Verhältnissen auf dem Geldmarkt als irgendein anderer. Geld ist eben in diesen Notzeiten knapp und rar, nirgendwo wird ein Mensch zu finden sein, der zu diesem Zeitpunkt eine solche Hypothek abzulösen bereit wäre.

Es ist traurig im deutschen Vaterland, sagt er sich, mutlos geworden. Es ist – mit einem Wort gesagt – zum Kotzen! Woran mag es bloß liegen, grübelt er: die Schlachten im Krieg haben wir gewonnen, aber den Krieg selbst verloren. Und mit den Freikorps* war es nicht anders: das rote Pack haben wir zu Paaren getrieben, aber gesiegt haben wir doch nicht. Im Gegenteil – nachher, als die Arbeit getan war, gab es den Eselstritt, den von oben her ...

Gesiegt haben andere Leute, blick dich nur um! Du siehst sie überall ... wo sie sitzen, meinst du? Dumme Frage! Sag lieber, wo sitzen sie nicht? Denn es gibt doch keine gehobene Stellung, kein Amt, keine Behörde, keine Gewerkschaft, keine Kanzlei, keine Direktion, keinen Aufsichtsrat und keine Regierung, darin sie sich nicht breitmachen. Dieselben, denen ihr mal das Genick brechen wolltet, allerdings nur im harmlosen Lied, ihr tumben Anfänger.

---

* Freikorps waren bewaffnete Einheiten, die sich nach dem Ende des 1. Weltkrieges weigerten, ihre Waffen abzugeben. Sie kämpften im Baltikum und Schlesien, danach gegen kommunistische Regierungen in Bayern und Sachsen und gegen die französische Besatzung im Ruhrgebiet. G. L. M.

Gegen den roten Terror, gegen das Mordgesindel von Moskaus Prägung ginget ihr vor, ihr Freischärler von Ost bis West, ihr aus dem Baltikum und dem Ruhrgebiet, aber den Juden vergaßet ihr. Und heute bricht er euch das Genick, und manchmal sind es zwölf Perzent. Heute liegt ihr unten, und er sitzt oben, und wer weiß – vielleicht wäre es besser gewesen, ihr hättet Spartakus hereingelassen: treibt man nicht oft den Teufel mit Beelzebub aus?

„Nein", murmelt der junge Mann. „Denn es ist ja ein und dieselbe Gesellschaft, ist Holz vom gleichen Stamm, weißt du denn nicht mehr, wie sie aussahen, die Herren Stadtkommandanten vom März 1920?" Oh – es ist eine verfluchte Welt!

Der nächste Zug geht erst in zwei Stunden, und das ist für jemand, der so in sich selbst gestellt ist wie dieser Reisende, eine lange Zeit. Denn er will nicht wieder in seine Grübeleien verfallen, er will vielmehr wach sein und aufgeschlossen allem Neuen gegenüber. Will alle Schiffe hinter sich verbrennen, die Zelte abbrechen, das Vergangene soll tot sein, er wird mit leichtem Gepäck marschieren. Mit Sturmgepäck sozusagen, denn sonst kommt er nicht schnell genug vorwärts, und das muß sein.

Was also anfangen in diesen zwei Stunden?

Natürlich – das einzig Richtige. Selbstverständlich, nichts anderes: zu Sigfried Löwenstein gehen, ihm sagen – „damit Sie Bescheid wissen –, das Geld für die Hypothek liegt bereit. Sie wird gelöscht, dann sind wir gottlob geschiedene Leute. Nun können Sie andere mit Ihren zwölf Prozent begaunern, Sie Halsabschneider. Und zur Zwangsvollstreckung kommt es also nicht, dafür habe ich gesorgt, Sie Jude!"

Den Triumph kann er sich nicht gut versagen, außerdem: es ist auch sonst gut. Dieser feiste Bursche würde wohl noch ohne eindeutige Erklärungen bei den Frauen neue Winkelzüge versuchen.

Peter Mönkemann kommt vor, bis in das Privatkabinett. Der Jude erschrickt nicht wenig: „Sind Sie schon wieder da?"

„Das bin ich, Herr Sigfried Löwenstein. Zu Ihrem Leidwesen muß ich Ihnen erklären: Das Geld für die Ablösung der Hypothek liegt bereit für Sie. Es ist aus mit dem Zinswucher, es hat sich ausgegaunert, wenigstens bei uns, Herr Sigfried."

Der lächelt. Fett und hämisch. „Nu schön", sagt er langsam, fast genießerisch, „habense eben doch 'nen Dummen gefunden. Hab' ich mich getäuscht... kann auch vorkommen... soviel Geld – soviel Geld – aber wen habense denn nu beseibelt – wenn's nur wahr ist!"

Er kommt nicht weiter. Peter Mönkemann beugt sich über den Schreibtisch, greift ihm mit einer Hand hinter den Halskragen, schüttelt ihn hin und her, stößt ihn zurück und wieder vorwärts, und schleudert ihm dann in jäh aufflammender, in ungezügelter Wut das eine Wort entgegen, das immer Schimpfwort bleiben wird, solange die Welt sich dreht: „Sie Jude – Sie Jude – Sie Drecksjude!"

Löwenstein röchelt. Aber er schreit nicht, er schreit nicht einmal, als der wütende Stier ihn losgelassen hat.

Er hockt nur – aschfahl und zusammengesunken – im großen Sessel, und dann nimmt er mit müder Bewegung zwei abgesprungene, auf dem Tisch liegende Hemdknöpfchen auf. Als der andere das Zimmer verlassen will, bemerkt er noch, wie die ringbesetzte Hand des Juden den Hörer des Fernsprechers abhebt.

Nun wird's aber Zeit, denkt der Junge.

Sigfried Löwenstein überlegt... was ist geschehen? Ein Kerl, ein Gojim, schrie ihm ein Wort zu, das ihn immer wieder trifft, schmerzhafter als ein Peitschenschlag. So wahr es auch ist... und dieser Kerl griff ihm dabei an den Hals, nicht gerade sanft, o nein, und nur, weil er den Ausdruck „beseibeln" brauchte? Allerhand, allerhand, aber – Polizei? Deshalb? Lächerlich!

Sigfried Löwenstein hat andere Methoden. Solche, die sein Gelüst kühlen und die zudem noch Geld einbringen.

Tüdel Weller, *Rabauken! Peter Mönkemann haut sich durch.* München 1938. S. 14-15, 17-23, 29-31.

Eckart von Naso

Im preußischen Staatstheater

Presse und Publikum, obzwar meist schon „gleichgeschaltet" und „arisiert", hatten nichts von der spontanen Treffsicherheit ihres Urteils verloren, und als es wieder Winter wurde, mußten sie mit – vorsichtigem – Bedauern feststellen, daß die viel umkämpfte, immerhin interessante Staatsbühne Gefahr lief, ein biederes Provinztheater zu werden. Damals durften sie noch feststellen, später nicht mehr.

Goebbels erfand nämlich die „Kunstbetrachtung", statt der Kritik. Man hatte zwar das Recht zu „betrachten" – ein Urteil war untersagt. Damit entfiel jeder Sinn der Kritik. Die „Kunstschaffenden", wie man Darsteller, Musiker, bildende Künstler und Schriftsteller nannte, sahen sich nicht mehr. Der Spiegel fehlte. Sie wußten nicht, ob sie Gutes oder Schlechtes geleistet hatten. „Daß" sie geleistet hatten, war alles, was man erfuhr, wenn auch die Meister des journalistischen Fachs die Wahrheit, behutsam getarnt, zwischen die Zeilen schmuggelten. Merkwürdigerweise durfte gelobt werden. Das war offenbar kein Urteil, sondern Betrachtung. Und die ganze Erfindung lief darauf hinaus, daß die zum Teil kläglichen Propagandastücke in brauner Uniform dem Tadel entzogen wurden.

Es gab überhaupt viele komische Dinge in jener Zeit. So war anfangs Karl der Große als dramatische Figur verboten, dem Vernehmen nach, weil er sich als „Sachsenschlächter" artfremd erwiesen und mit christlichem Chauvinismus geschlachtet hätte. Dann überzeugte man sich, daß er doch wohl einiges für die deutschen Belange geleistet habe: Carolus Magnus war wieder erwünscht. Unverfänglich hingegen und als „Führerparole" ausgegeben war Cromwell. Wahre Pilz-Kulturen von „Cromwells" schossen aus der Erde. Auch Julius Caesar schien sehr gefragt, obwohl er doch ein bedenkliches Ende genommen hatte. Aber, dachte man wohl, wenn man es erst so weit gebracht hätte, wie er, spielten die

Iden des März keine Rolle mehr. Es war gar nicht so leicht, sich durch diesen Irrgarten von Verbotenem und Erwünschtem durchzufinden, denn oft genug wurde dem zunächst Erwünschten aus unerfindlichen Gründen wieder die Verbotstafel angehängt.

Die Tragödie war mit Satyrspielen durchsetzt. Unter den 2400 Manuskripten, die 1933 in der Dramaturgie eingingen, an die 500 Arminiusse und Thusnelden unter ihnen, befand sich auch ein blutrünstiges Anti-Juda-Stück indiskutabler Art. „Seien Sie vorsichtig", sagte Johst, „den Autor kenne ich." Ich diktierte einen höflich ablehnenden Brief. Johst unterschrieb – keine angenehme Funktion, die mir bald genug bevorstehen sollte. Zurück kam ein wütender Brief etwa folgenden Inhalts: „Geehrter Parteigenosse Johst! Sie wagen es, mir mein Stück zurückzuschicken? Wissen Sie nicht, daß ich eine zweistellige Parteinummer habe – und was haben Sie? Eine sechs- oder siebenstellige Parteinummer! Ich werde mich beim Führer beschweren. Heil Hitler!" Wir mußten beide lachen. „So sind sie", sagte Johst. „Die Parteinummer entscheidet." Ja, das waren die Satyrspiele einer tragischen Zeit.

Hatte der Chef der Intendanz die Lehrlings-, Gesellen- und Meisterprüfung auf einmal abgelegt, so brauchte der Schauspielleiter nur seine motorischen Kräfte spielen lassen, um die Maschine auf hohe Touren zu bringen. Sein Geheimnis blieb, daß er nicht von der Literatur, sondern vom Komödiantentum ausging. Er hatte und hat noch heute den Mut zum Theater, sogar zur Primitivität des Theaters, wenn es wirksam ist und zündet. Ein Mann, der Shakespeare hieß, tat desgleichen. Er glaubte an Geister nicht, er hat es im großen Hamlet-Monolog selber gesagt: „... aus dess' Bezirk kein Wanderer wiederkehrt..." Trotzdem beginnt er das Drama mit einer Geisterszene, weil er sich auf Theater versteht und weiß, daß ein Geist auf der Bühne seiner Wirkung sicher ist.

Der Schauspielleiter Gründgens wollte dionysisches, nicht literarisches – schon gar nicht das philosophierende Theater der Tief-Schürfenden, die er mit einem sehr komischen Namen belegte, in dem nur die Silbe „Tief" sich wiederholte. Er wußte auch, daß die Tragödie einstmals aus dem Rausch und der Verzauberung des Weingottes heraufgestiegen war, um Spieltrieb und Dichtung zu paaren. Deshalb war sein Entschluß, Scribes *Glas Wasser* zu spielen, viel entscheidender, als damals selbst seine Freunde annehmen konnten, die ihm dringend von einer so alten, verbrauchten „Theaterklamotte" abrieten.

Gründgens ließ sich nicht beirren. Theater brauchte zunächst einmal Publikum, und das Publikum, des „Blut und Bodens" müde, hatte sich bereits wieder unseres Theaters entwöhnt. Es mußte zurückgewonnen werden. Das aber konnte nur geschehen, indem man den Spielplan elektrisch lud. Waren die Spannungen fühlbar, würden die Funken weiterspringen. Ich erwähnte schon früher, daß dieses immerhin gewagte Experiment gelang. Kleists *Hermannsschlacht*, sonst kein Publikumsstück, doch drei Tage nach dem *Glas Wasser* angesetzt, wurde in den Erfolg der witzigen Scribeschen Dialektik hineingerissen. Mit diesem Doppelschlag, der in der Tat die kühne Verbindung von Spieltrieb und Dichtung hergestellt hatte, war das Schauspielhaus wieder interessant. Man sprach von ihm, man spürte die

Vibration. Die an der Kasse wartende Schlange, ehedem einer Blindschleiche ähnlich, wuchs sich aus, um schließlich der sagenhaften Midgardschlange* zu gleichen, die sich um den Gendarmenmarkt ringelte, wie ihre Vorgängerin um die Welt.

Auch die ersten Uraufführungen schlugen ein. Ich hatte dabei das dramaturgische Vergnügen, zwei Dramatikern Geburtshilfe zu leisten, die aus anderen Landschaften zum Theater gestoßen waren: dem Epiker Hans Friedrich Blunck und dem Lyriker Hans Schwarz. Freilich hatte auch Blunck Lyrik von großer Form geschrieben, wie seine *Balladen* beweisen, und Schwarz war der Herausgeber des Gesamtwerkes Moeller van den Brucks, den der NS-Staat zunächst in den Himmel hob – wo er sich nach seinem selbstgewählten Tode leider schon befand –, ihn dann aber fallen ließ, weil er es gewesen war, und nicht Hitler, der den Begriff des „Dritten Reiches" lange vor dem neuen Regime als Titel eines seiner Bücher benutzt hatte. Geprägt hatte ihn Ibsen in *Kaiser und Galiläer*, wenn er nach dem Reich des Fleisches und dem Reich des Geistes das mystische „Dritte Reich" verkündete, in dem Christentum und Heidentum sich verschmelzen. Das aber wußten die Machthaber kaum.

Wie dem auch sei: Bluncks *Land in der Dämmerung* mit dem Ehepaar Kayssler – Helene Fehdmer und der *Rebell in England* von Hans Schwarz mit Hermine Körner als Elisabeth und Paul Hartmann als Essex waren Visitenkarten von Format. Das große repräsentative Drama hatte das bäuerliche Stück wieder abgelöst.

* Die Schlange, die sich der germanischen Sage nach um den Erdball windet.

Eckart von Naso, *Ich liebe das Leben. Erinnerungen aus fünf Jahrzehnten.* Hamburg 1953. S. 617-618, 648-649.

Spielplan des Herner Stadttheaters 1936-1940

Das Programm 1936/37 wickelte sich wie folgt ab:
1936 29. 10. „Maria Stuart" von Schiller (sehr gut besucht)
        2. 12. „Franz-Kraus"-Abend
     15./16. 12. Marionettentheater

1937 28. 1. „Scharnhorst" von Menzel[1] (gut besucht)
       18. 2. „Barbier von Sevilla" von Rossini
       30. 3. Tanzabend der Günther-Tanzgruppe
       22. 4. „Zigeunerbaron" von Strauß
       29. 4. „Emilia Galotti" von Lessing

Im Juli 1937 wurde die NS-Kulturgemeinde zentral auf die KdF übertragen, die örtliche Leitung kündigte zwar noch ein neues Winterprogramm an, konnte dieses aber nicht mehr durchführen, so daß nunmehr alle Veranstaltungen von der „NS-

Gemeinschaft KdF" ausgingen. Das führte, soweit das noch möglich war, zu einer weiteren Verflachung des Programms, das 1937/38 wie folgt abgewickelt wurde:

1937	27.	10.	„Die andere Seite" von Sheriff[2]
	28.	10.	„Spitzentuch der Königin" von J. Strauß
1938	13.	1.	„Wie es euch gefällt" von Shakespeare
	6.	3.	„Petermann fährt nach Madeira" von Hinrichs[3]
	17.	3.	„Der Waffenschmied" von Lortzing
	24.	3.	„Graf von Luxemburg" von Léhar
	26.	3.	„Frau ohne Kuß", Operette von Keßler/Kollo
	8.	4.	„Dorothee", Operette von Vetterling

Für die neue Theatersaison schaltete sich nun auch die Stadt erstmals wieder ein und gewährte der KdF Zuschüsse, ohne daß damit das Programm besser wurde.

Winterprogramm 1938/3:

1938	14.	10.	„Thomas Paine" von Hanns Johst
	23.	11.	„Schneider Wibbel", Komödie von Müller-Schlösser[4]
	20.	12.	„Lotte an Bord", Volksstück
1939	9.	2.	„Straßenmusik", Lustspiel von Schuth
	15.	2.	„Das sündige Dorf", Tegernseer Bauerntheater[5]
	13.	4.	„Land des Lächelns" von Léhar
	28.	4.	„Afrikanische Hochzeit"
			„Der Manöversepp" von Konrad Dreher[6]

Das Programm 1939/40:

1939	15.	10.	„Dame Kobold" von Calderon
	29.	11.	„Scampolo" von Dario Niccodemi,[7] Lustspiel
1940	7.	1.	„Das blaurote Strumpfband", Tegernseer Bauernbühne
	11.	1.	„Fledermaus" von J. Strauß
	1.	2.	„Der Vogelhändler" von Zeller
	23.	2.	Die 6 von der deutschen Tanzbühne
	29.	2.	Kammertanzgruppe der Staatsoper Berlin
	27.	3.	„Parkstraße 13", Kriminalstück

Das Niveau war also immer mehr abgesunken, das Programm enthielt fast nur noch Tendenzstücke, Lustspiele und Operetten, rechnet man hierzu noch die Fülle von kabarettistischen Veranstaltungen, so war ein kultureller Tiefstand erreicht, der nicht mehr zu unterschreiten war. Dies ist erstaunlich, da sonst die Nationalsozialisten in anderen Städten ein echtes kulturelles Leben förderten oder doch gewähren ließen. So erreichte das Bochumer Stadttheater unter seinem Intendanten Saladin Schmitt in diesen Jahren mit seinen Kleist-, Grabbe-[8] usw. Zyklen einen neuen kulturellen Höchststand. Man muß annehmen, daß der Geschmack der in Herne für das Kulturleben verantwortlichen Männer so flach und schlecht war, daß sie der Bevölkerung nichts Besonderes zu bieten vermochten. In den Kriegsjahren wurde zunächst noch versucht, ein Programm durchzuführen, bis mit Verkündigung des totalen Krieges die Schauspieler und Musiker in die Kriegswirtschaft eingegliedert wurden.

Programm 1940/41:
1940   31. 10.   „Der Zarewitsch", Operette
1941   2. 1.   „Eine Nacht in Venedig" von J. Strauß
        10. 4.   „Kabale und Liebe" von Schiller

Anmerkungen

1 Gerhard Menzel (*1894) schrieb „Scharnhorst" 1935. Scharnhorst (1755-1813), preußischer General, reformierte die Armee und führte die allgemeine Wehrpflicht ein. Hitler führte 1935 wieder den allgemeinen Militärdienst ein.
2 Ein realistisches Kriegsstück (1929) von C. R. Sheriff.
3 August Hinrichs (*1879) schrieb Bücher und Stücke in Mundart.
4 1913 geschrieben, auf einem Thema Mörikes basierend.
5 Konrad Dreher gründete diese Gruppe 1892.
6 Konrad Dreher führte sein „Volkstheater" nach dem 1. Weltkrieg weiter.
7 Dario Niccodemi (1874-1934) schrieb Komödien. Diese, seine berühmteste, entstand 1915.
8 Kleist und Grabbe galten beide als patriotische Dichter des 19. Jahrhunderts. Kleist war für die Nationalsozialisten eine Art „Gewissen der Nation". Christian Dietrich Grabbe (1801-1836) schrieb historische Dramen, die den Nazis als „heroisch" galten. 1936 wurde eine offizielle „Grabbe-Woche" veranstaltet.

Hermann Meyerhoff (Hrsg.): *Herne 1933-1945. Die Zeit des Nationalsozialismus.* Herne 1963. S. 63.

Helmut Majewski

Neugestaltung deutscher Blasmusik

In den neuen Lebensraum, den sich unser im Umbruch der Anschauungen befindendes Volk zu formen begann, wurde von Anfang an die Blasmusik einbezogen. Man könnte von einer „Renaissance" der Blasmusik sprechen, wenn nicht ihre Lebensgrundlagen in einem Zusammenwirken verschiedener Umstände wurzelten, die in dieser Einmaligkeit noch nie in der Musikgeschichte unseres Volkes gegeben waren. Gleichzeitig deutet die auffallende Freude am Blasinstrument auf ein neues Klangbild hin, das sich im Gegensatz zum Streicherideal des vergangenen Jahrhunderts langsam zu bilden scheint. Die allzu starke Betonung des „individualistischen" Musizierens im weichen gefühlsbetonten Streicherklang beginnt mehr und mehr einer neuen Form des Gemeinschaftsspiels zu weichen, für das sich die chorische Besetzung des „objektiven" Holz- oder Blechinstrumentes besonders eignet. Wenn sich damit eine Annäherung an ähnliche frühere Klangbilder, die sich jeweils im Orgelklang z. B. der Barockorgel widerspiegeln, vollzieht, dann bedeutet das für unsere Zeit nicht ein rückwärtsgewandtes Historisieren, sondern ein Suchen nach einer gemäßen Klangform.

Tatsächlich wird durch die statistischen Unterlagen des Privatmusikunterrichtes erkennbar, daß das Blasinstrument sich den ihm gebührenden Platz neben Streichinstrument und Klavier langsam zurückzuerobern im Begriffe ist. Selbst wenn man die zu allen Zeiten vorhandene Bevorzugung des Blasinstrumentes durch die männliche Jugend berücksichtigt, so muß doch die seit einiger Zeit beginnende Wandlung des Klangideals zugunsten der Bläsermusik auf wesentlichere Gründe zurückgeführt werden.

Unser Leben spielt sich heute wieder mehr als früher unter freiem Himmel ab. Außer den sportlichen Ereignissen sind es vor allem die politischen Versammlungen und Kundgebungen, die allein schon aus Raumnot eine Verlagerung auf freie Plätze verlangen. Im freien Raum aber ist die Blasmusik erst im eigentlichen Element; hier findet sie den weiten Nachhall, der ihr den eigentümlichen strahlenden Klang verleiht. Sind es beim Sportfest die fröhlichen Klänge von Holz- und Blechbläsern, die unterstützt vom rhythmischen Element der verschiedensten Schlaginstrumente Reigen und Tänze begleiten, so verleihen die schmetternden Fanfaren oder die wuchtigen Akkorde feierlicher Blasmusik dem gerufenen Wort des Sprechers in der politischen Kundgebung oder Feier musikalischen Ausdruck. Besonders die Blechbläsermusik, die im geschlossenen Raum oft roh und überlaut wirkt, gewinnt im freien Raum einen natürlichen Klang, der sie zur eigentlichen Freiluftmusik stempelt. Hinzukommt, daß Blasinstrumente den Einflüssen der Witterung eher Widerstand zu leisten vermögen als Holz- oder gar Streichinstrumente. Das technische Hilfsmittel einer Lautsprecherverstärkung wird auch im besten Falle dem menschlichen Ohr den natürlichen Klang nicht ersetzen können. Die mechanische Verstärkung wird dann besonders unbefriedigend wirken, wenn der Hörer nicht auch gleichzeitig durch das Auge das musikalische Geschehen aufnehmen und ergänzen kann. Zum hellen Klang der Fanfaren oder der Trompeten und Hörner gehört als sichtbarer Ausdruck das Auffliegen der gestickten Fanfarentücher und das Aufblitzen blinkender Instrumente. Das Zusammenwirken von Klang und Bild gibt erst dem Geschehen den festlich strahlenden Rahmen, den wir in einer festfrohen Zeit wieder brauchen.

Durch eine soldatische Erziehung des gesamten Volkes ist das Bedürfnis nach „heroischer" Musik stärker geworden. Es ist nun ein Irrtum, zu glauben, daß Musik, von Soldaten ausgeführt, schon „soldatische" Musik ist oder daß heroische Musik dort beginnt, wo sich blitzende Blechinstrumente erheben. Für eine im Wehrgedanken erzogene Jugend darf soldatische Musik nicht ein Ornament, sondern muß ein erzieherischer Faktor sein. Diese erzieherische Kraft fürchtete der alte Systemstaat immerhin so sehr, daß er daran ging, das Spielen preußischer Armeemärsche in der damaligen Reichswehr zu unterdrücken. Um wieviel mehr sollten wir sie erkennen und zum Einsatz bringen, indem wir die echte Soldatenmusik vom üppig wuchernden Unkraut sogenannter Hurra- und Sieg-Heil-Märsche reinigen, die schon im äußeren Klangbild nicht Ausdruck eines straffen Soldatentums, sondern einer saloppen tänzerischen Haltung sind.

Helmut Majewski, „Neugestaltung deutscher Blasmusik". In: *Musik im Volk. Grundfragen der Musikerziehung.* Hrsg. von Wolfgang Stumme. Berlin 1939. S. 31-33.

Karl Riebe

Musikerziehung des Arbeiters

Die Frage nach den Möglichkeiten einer musikalischen Aufbauarbeit im deutschen Arbeitertum läßt notwendig die Entscheidung fordern: Wo fangen wir an, und wie weit dürfen wir das Ziel stecken?

Dabei wollen wir uns erinnern, daß in der früheren Arbeitersängerbewegung Hunderttausende von deutschen Arbeitern in ernsthafter Arbeit sich die großen Werke der deutschen Tonkunst zu eigen gemacht haben, daß sie aus innerstem Drang nach der Körper und Geist ermüdenden Tageslast noch die Begeisterung aufbrachten, die regelmäßigen Proben zu besuchen und wirklich großartige Leistungen zustandezubringen. Wir sollen heute in unserer Musikarbeit – wir mögen stehen, wo wir wollen – nicht vergessen, daß allein im Beethovenjahr die IX. Sinfonie im Reich 26mal von Arbeitersängern erklungen war. Die Erinnerung daran wird uns stets vor grundsätzlich falschen, zu tief angelegten Maßstäben schützen.

Die Arbeitersängerbewegung war die Äußerung eines kulturellen Anliegens im Arbeitertum, deren Inhalt jedoch weitgehend durch die sozialistische Lehre, deren Erscheinungsform durch Anleihen beim Bürgertum und durch die politische Beschaffenheit des Zweiten Reiches sowie des Nachkriegsdeutschlands bestimmt wurde. Sie erfaßte naturgemäß nur einen Teil der Arbeiterschaft.

Als wertvollste Erkenntnis bleibt die Tatsache: Der Arbeiter will singen, will hören, will lernen. Die Frage für uns lautet nun: Welche Lehren haben wir als Nationalsozialisten daraus zu ziehen, welche Wege müssen wir einschlagen, um im Zuge einer organischen Entwicklung auf Grund der gewonnenen Einsichten am neuen Arbeitertyp musisch bilden zu helfen? Das bedeutet: Wie ist es möglich, den deutschen Arbeiter in seiner Gesamtheit singen zu machen und durch die Macht des Liedes ihn an die Entwicklung der großen deutschen Musik heranzuführen und das Ziel zu erreichen, daß gerade der Volksgenosse lebendig an deutscher Kultur teilhat, der infolge seiner schweren körperlichen Tätigkeit diesen Ausgleich am nötigsten hat? Wir sind uns darüber klar, daß für jeden, der an diesem Punkte ansetzen und mit dem Arbeiter arbeiten will, sich Voraussetzungen ergeben, mit denen er in seiner sonstigen musikalischen Tätigkeit nicht zu rechnen hat. Daher ist die Frage einer Beschäftigung mit dem Arbeiter – wollen wir eine folgerichtige Erziehung beschreiben, die aber nicht als Erziehung empfunden wird – in erster Hinsicht eine Frage nach den besonderen psychologischen und umweltgebundenen Voraussetzungen, denen der Arbeiter verhaftet ist.

Das politische und weltanschauliche Gebot, die sozialistische Betriebsgemeinschaft zu schaffen (hier wird der Unterschied unserer Aufgabe gegenüber der früheren Arbeitersängerbewegung klar!), fordert in der musikalischen Arbeit zweierlei: 1. Die Arbeit dort anzusetzen, wo sich der Arbeiter dem Arbeitskameraden nahe fühlt, in der Werkstätte;
2. von unten her aufzubauen, um niemand von vornherein auszuschließen, dafür aber jeden einzelnen zu beteiligen.

Die mannigfachen Ergebnisse bei Betriebssingen ergaben,
1. daß man sich als Singleiter nicht trocken lehrhaft, sondern frisch lebendig geben muß, möglichst angeglichen an die Art des Arbeiters;
2. daß ein Vorsingechor gar nicht unbedingt notwendig ist, sondern daß ein Singleiter ganz allein auch Hunderte von Arbeitern zum Singen bringen kann, wenn er unbefangen an die Sache herangeht. Es wird bei vielbeschäftigten Singleitern gar nicht möglich sein, ständig Vorsingechöre zur Verfügung zu haben;
3. daß die beste Form das Werksingen in den Betriebspausen darstellt, weil so der ganze Segen in der gesteigerten Arbeitsfreudigkeit bei der Fortsetzung der Arbeit am stärksten spürbar wird. (An dieser Forderung ist allen Betriebsführern gegenüber festzuhalten, denn die Erfahrung hat gezeigt, daß bei guten Singleitern der Arbeiter seine Stulle ganz von selbst weglegt und dies erst merkt, wenn das Singen schon vorbei ist);
4. daß das Liedgut nach den natürlichsten Bezogenheiten des Arbeiters ausgerichtet sein muß. Das nationalsozialistische Kampflied an vorderster Stelle, aus selbstverständlichen Gründen. Aber – bitte – nicht zuviel! Denn das Kampflied büßt dann seinen Wert und seine Wirkung ein, wenn es durch ein Zuviel profaniert wird. Wir leben nicht ständig im Zeichen kämpferischer Hochspannung. Das Kampflied sollte eigentlich jede Woche einmal beim Appell erklingen. Dieser soll knapp, soldatisch sein. Der Betriebsappell – das möchte ich hier erwähnen – sollte bringen: einen in sich geschlossenen, umfassenden Gedanken, einfach und doch tief, knapp und verpflichtend politisch! Und das dazu gehörende Lied!

Unser Werksingen soll sein eine Befreiung, eine Lösung, eine Erhöhung des Alltags. Daher fröhliche Lieder, Kanons, Lieder des Tageskreislaufs. Unser Werksingen soll allmählich, aber gewiß (doch klar werden muß diese Absicht schon im Anfang) eine Schau vermitteln der Werte deutschen Volkstums, daher Ständelieder, Arbeitslieder, historische Kampf- und Soldatenlieder. Hierher gehört natürlich auch das Marschlied der Bewegung.

Der Arbeiter soll die Symbolik der Arbeit spüren in den alten Liedern, und es werden dann auch die neuen Arbeitslieder entstehen aus dem Arbeitertum selbst, wie die Dichtung der Lersch und Bröger und Wieprecht. Die Lieder, die wir bisher haben, tragen noch vielfach den Stempel des Unechten.

Zuweilen führten wir neben dem Werksingen noch Abendsingwochen durch, so daß jeder Arbeiter, der im Werk unser Singen kennengelernt hatte, abends noch länger mit uns zusammen sein konnte. Von Abend zu Abend wurde unser Kreis größer. Hier war der Ansatzpunkt, auf dem im Betriebssingen gewonnenen Boden aufzubauen.

Da brachte manch einer seine Geige oder Klampfe oder sein Akkordeon mit. Wir musizierten nun unsere Lieder mit diesen Instrumenten, ich schrieb besondere Stimmen dazu. Den Gefallen am Kunstwerk weckte ich am Klavier etwa mit Mozarts „Ah, vous dirai-je, Maman". Sie staunten, was „der Mann alles aus dem Liede gemacht habe" und verloren alle Scheu vor dem – „schweren Klassiker". Ich habe ihnen beispielsweise dann noch die A-Dur-Sonate von Mozart in ähnlicher Weise innerlich nahezubringen versucht, habe ihnen einige Lieder vorgesungen, oder habe ihnen etwa den Haydn-Kanon „Tod ist ein langer Schlaf" oder den Bach-Choral „Der Tag ist hin" erarbeitet. Dabei habe ich viel Zeit auf die gefühlsmäßige Erkenntnis, auf das Erspüren des entspannten und ohne Krampf gesummten und gesungenen Tones gelegt, ein Unterfangen, das gerade unter den gegebenen Verhältnissen überaus schwierig war. Ich habe die Erfahrung gemacht, daß es bei derart – sagen wir es – primitiven Klangvorstellungen nichts Besseres gibt als das Erlebnis des einfach tonsummenden Chores. Jeden dann dem Gesamtklang einzuordnen, ist Aufgabe der ausgleichenden Hand des Leiters und wird allmählich selbstverständliche Pflicht des eigenen Ohres. So bekommt auch der Arbeiter am schnellsten eine Vorstellung von der Urgewalt der gesungenen Musik. So wird er von selbst nicht mehr brüllen, sondern versuchen, auch das Edelste aus sich herauszuholen.

Mit diesen Fragen einer tieferen Umgestaltung des Arbeiters zu beginnen, ist aber erst möglich, wenn eine regelmäßige Beeinflußung gewährleistet ist. Dies ist die Kernfrage der Gegenwart.

An vielen Orten haben die Werksingen den Anlaß zum Aufbau von Werkchören gegeben, ein schöner Beweis dafür, wie durch unmittelbares Ansprechen des Musiksinnes im Arbeiter der eigene Betätigungsdrang geweckt wird. Es hat oft nur einzigen Werksingens bedurft, um den Wunsch nach einem eigenen Werkchor lebendig werden zu lassen. In allen diesen Fällen kommt es darauf an, den guten Ansatz durch Finden geeigneter Leiter und – fast noch wichtiger – des geeigneten Materials zur größten Erziehungsleistung zu steigern. Es bleibt vornehmlich das Ziel der Werkscharen, die Werkchöre aus ihren Reihen zu stellen. Dann wird vor allem auch zu vermeiden sein, daß das junge Feuer der Bewegung in diesen Werkchören durch eine Einflußnahme außenstehender chorischer Dachorganisationen eingedämmt wird. Diese Chöre haben ihre eigenen Gesetze und müssen neue Wege gehen, die sich nur aus der Bewegung und ihrer jungen Musikarbeit ableiten lassen.

Karl Riebe, Musikerziehung am Arbeiter. In: *Völkische Musikerziehung.* Monatsschrift für das gesamte deutsche Musikerziehungswesen. Fachblatt für die Musikerzieher im NS-Lehrerbund. Jg. 3, Heft 10, Okt. 1937, S. 433-437.

H. S. Ziegler

Entartete Musik

Keine Nation der Erde hat so unerhörte dichterische wie musikalische Höhepunkte erreicht wie die deutsche, und wir haben allen Anlaß, stolz zu sein und ehrfürchtig genug, um dieses Erbe nicht leichtfertig zu verprassen. Stellen wir uns mit geistiger Wehr und Waffe schützend vor die Großen unseres Volkes, wenn irgendein notorisch steriler Musikliterat oder sogenannter Komponist, der aus Mangel an schöpferischer Tonphantasie keine Einfälle hat, über die Theorien der Meister hinweggehen und deren ganz natürliche Klangforderungen sprengen will. Haben wir nicht in Adolf Hitler das größte erzieherische Beispiel dafür, daß man Politik nicht aus konstruktiven Doktrinen und unter Ableugnung des historisch Gewordenen treiben kann, vielmehr dafür, daß gesunde Politik stets das organische Weben und Wachsen im Volkstum belauscht und die natürlichen Lebenslinien aufspürt, nach denen sich ein Volkskörper entwickeln muß?

Keine anderen Gesetze bestehen für die Kunst eines Volkes, deren Entwicklung sich organisch vollziehen muß. Es mag allzu einfach klingen, aber das Geheimnis aller Erkenntnis liegt ja schließlich in der Einfachheit: wenn die größten Meister der Musik in der Tonalität und aus dem ganz offenbar germanischen Element des Dreiklangs empfunden und geschaffen haben, dann haben wir ein Recht, diejenigen als Dilettanten und Scharlatane zu brandmarken, die diese Klanggrundgesetze über den Haufen schmeißen und durch irgendwelche Klangkombinationen verbessern oder erweitern, in Wirklichkeit entwerten wollen.

Mir erscheint es frivol, ausgerechnet dem deutschen Volke, dessen Ohr durch unsere Meister die allerhöchste Kultivierung erfahren hat, ein neues Hörenkönnen beibringen zu wollen. Es wäre in der deutschen Musikerziehung noch sehr viel zu tun, um dem jungen Menschen das Anhören Bachs, Händels, Haydns, Mozarts, Beethovens und aller Meister des 19. Jahrhunderts so beizubringen, daß er diese Musik als täglich Brot seiner Seele ansähe. Aber Atonalität predigen, wo das tonale Musikgut im ganzen Umfang und in aller Breite seines ungeheuren Kulturbereiches im Volke noch lange nicht Allgemeingut geworden ist, hieße verbrecherische Unterschlagung der deutschen Geschichte und wertvollsten Kunstbesitzes und außerdem Falschmünzerei treiben.

Ich bekenne mich mit einer Reihe führender musikalischer Fachmänner und Kulturpolitiker zu der Anschauung, daß die Atonalität als Ergebnis der Zerstörung der Tonalität Entartung und Kunstbolschewismus bedeutet. Da die Atonalität zudem ihre Grundlage in der Harmonielehre des Juden Arnold Schönberg hat, so erkläre ich sie für das Produkt jüdischen Geistes. Wer von ihm ißt, stirbt daran. Wer in die Schule Beethovens geht, kann unmöglich über die Schwelle der Werkstatt Schönbergs finden, wer sich aber länger in dieser Werkstatt Schönbergs aufgehalten hat, verliert notwendigerweise das Gefühl für die Reinheit des deutschen Genies Beethoven. Wer in dieser Beziehung nicht kompromißlos denkt, tut es auf eigene Gefahr und muß eines Tages seelisch-geistig und schöpferisch zugrundegehen. Die Menschen, die dem „Fortschritt um jeden Preis" und der sogenannten „Moderne" huldigen, um vor Literaten als modern zu gelten, anstatt beim Volke Gehör zu finden, sollten endlich erkennen, daß der wahre Fortschritt niemals vom sogenannten „Zeitgeist", dieser jüdischen Erfindung, ausgegangen ist, sondern allein von den starken schöpferischen Persönlichkeiten. Sie allein sind die Schrittmacher der Entwicklung der Völker. Was uns der jüdische Demokratismus und Marxismus als „Fortschritt" und „Zeitgeist" aufgeschwindelt haben, war entweder die Lehre der Primitivität und der Rückkehr zum animalischen und nacktesten Triebleben, also die Abkehr von jeglicher Kultur, oder ein geistreich sein sollendes Jonglieren mit Schlagworten, mit einer bestimmten Wirkung auf den Tagesgeschmack.

Es könnte nun jemand kommen, der zwar den vom Judentum geförderten Kunstbolschewismus in der Dichtung und in den Libretti gewisser Opern, Operetten und Lieder zugibt, ihn aber in der Musik selbst als nicht vorhanden oder als nicht nachweisbar erklärt. Hier steht zunächst einwandfrei fest, daß die jüdische Sprache, auch die sogenannte „dichterische" eine ganz spezifisch-jüdische Wortmelodie und Versmelodie hat, die sich dann bei der Komposition auch als eine besondere Tonmelodie widerspiegeln muß. Ein gemauschelter Text läßt sich auch von einem deutschblütigen Komponisten, erst recht von einem dünnblütigen Komponisten nicht durch die Musik ins geliebte Deutsch übertragen. Mit dem albernen Text und Textdichter gleitet auch der Komponist abwärts, in eine fremde Welt, auf eine tiefere Ebene. Derartige feinere Untersuchungen mögen der Sprach- und der Musikwissenschaft überlassen bleiben.

Noch deutlicher wird die Entartung nach dem Einbruch des brutalen Jazz-Rhythmus und Jazz-Klanges in die germanische Musikwelt. Ich möchte von vornherein ein häufig anzutreffendes Mißverständnis ausschalten. Ich denke nicht im entferntesten daran, im Kampf gegen die atonale Musik etwa gegen Dissonanzen oder meinetwegen auch gegen eine Häufung von Dissonanzen anzugehen. Jedem Kunstästheten ist das Gesetz der Gegensätzlichkeit selbstverständlich geläufig. Ebenso wenig wird von uns gegen eine Bereicherung im Rhythmischen angegangen, wobei man allerdings einschränkend mit Fug und Recht vermuten darf, daß die Meister des 19. Jahrhunderts höchstwahrscheinlich alle rhythmischen Möglichkeiten längst erschöpft, jedenfalls aber instinktiv und auch bewußt auf die Einbeziehung fremdrassiger Rhythmen verzichtet haben. Sollten wir nun nicht mit der gefühlsmäßigen Entscheidung über tonal oder atonal auskommen, so können wir ja auch mit dem logischen Denken an das Problem herangehen, wozu uns dann die Philosophie die Möglichkeiten bietet. Indem sich die Philosophie mit dem Mittel des reinen Denkens der Kunst bemächtigt, schafft sie das Gebiet der Philosophie der Kunst oder der Ästhetik.

H. .S. Ziegler, *Entartete Musik. Eine Abrechnung.* Düsseldorf o. J. S. 22, 24, 26.

Adolf Hitler

Über die Aufgaben der Baukunst

Niemals wurden in der deutschen Geschichte größere und edlere Bauwerke geplant, begonnen und ausgeführt als in unserer Zeit. Und dies ist das Wichtigste. Denn die Architektur bestimmt auch Plastik und Malerei. Sie ist neben der Musik die urgewaltigste Kunst, die der Mensch erfunden hat. Auch sie wurde jahrzehntelang entehrt. Unter dem Motto der „Sachlichkeit" erfolgte ihre Degradierung zum künstlerischen Unsinn, ja zum Betrug. Während der schöpferischen Armut eines bürgerlichen, liberalen Zeitalters schrumpften die Bauten der Gemeinschaft immer mehr zusammen gegenüber den Industriewerken, Banken, Börsen, Warenhäusern und Hotels usw. bürgerlicher Kapitals- und Interessengemeinschaften. So wie der Nationalsozialismus aber über diese Interessengemeinschaften die größere Gemeinschaft der Nation, des Volkes stellt, wird er auch den Werken dieser Gemeinschaft den Vorrang in der Repräsentation gegenüber den Privaten geben. Dies ist entscheidend. Je größer die Anforderungen des heutigen Staates an seine Bürger sind, um so gewaltiger muß der Staat auch seinen Bürgern erscheinen.

Auszug aus einer Rede anläßlich des 5. Jahrestages der Machtergreifung, abgedruckt in: *Deutsche Bauzeitung*, 72. Jg., Heft 4, 26. 1. 1938. S. 1.

Das Winterprogramm des deutschen Rundfunks 1936

München, 28. Oktober.
Reichssendeleiter Hadamovsky verkündete im Auftrag von Reichsminister Dr. Goebbels im großen Senderaum des Reichssenders München vor dem Intendanten und den Mitarbeitern des Rundfunks und vor Vertretern von Partei und Behörden das Winterprogramm des Deutschen Rundfunks.

Die Leitidee der kommenden Arbeit sei, so sagte der Reichssendeleiter, Freude zu schaffen und die Gemeinschaft zu festigen. Deshalb heiße das neue Programm: „Freude und Gemeinschaft." Die Deutsche Arbeitsfront und die Organisation der NS-Gemeinschaft „Kraft durch Freude" würden durch einheitliche Regelung der Werkpausen, durch eine nachdrückliche Werbung unter der Arbeiterschaft und durch ihre Feierabendgestaltung für das Programm eintreten.

In diesem Jahre werde zum ersten Male ein geschlossenes Vorprogramm mit allen wichtigen Sendungen des Winterhalbjahres an die deutsche Öffentlichkeit und an die Rundfunkhörer im Ausland gegeben.

Das Programm enthält die politischen Übertragungen der Reichssendeleitung, die großen Sendefolgen und Sendungen der Reichssender und des deutschen Kurzwellensenders. In dem Abschnitt „Die Partei hat das Wort" finde man die großen politischen Übertragungen des Winterhalbjahres. Unter dem Motto „Freude im Betrieb und zu Hause" erfolgten die Sendungen für die Werkpausen der deutschen Arbeiter. Die Werkpausensendungen im Reichsbahnausbesserungswerk München-Freimann beginnen mit einer Feierstunde, die unter der Parole stehe: „Musik und Tanz im Betrieb." Die Werkpausenkonzerte finden statt: von 6 bis 8 Uhr morgens, von 8.30 bis 9.30 morgens, von 12 bis 13 Uhr. Durch entsprechende Verlegung der Betriebspausen in diese Zeit sollen die Betriebsführer helfen, dieses Programm zu verwirklichen.

Im Winterhalbjahr wird der deutsche Rundfunk Feierabendstunden veranstalten, in denen erste Dirigenten und Solisten bedeutende musikalische Werke interpretieren. Diese Sendungen werden in die Betriebe übermittelt werden. Unter dem Titel „Bauerntum und Landschaft" sind neben den landwirtschaftlichen Nachrichten allgemeine Sendungen über das deutsche Bauerntum vorgesehen. Die Hitler-Jugend und der Nationalsozialistische Lehrerbund veranstalten gemeinsam die „Stunde der jungen Nation" am Mittwoch und die „Morgenfeiern" am Sonntag.

Der Reichssendeleiter gab im einzelnen das Musikprogramm des Rundfunks bekannt. Seit der Machtübernahme durch den Nationalsozialismus, sagte er, sei das Musikprogramm des Rundfunks beständig erweitert worden, von 25000 Sendestunden im Jahre 1934 auf über 40000 Sendestunden im Jahre 1935. Vorspiele, Hörfolgen und die großen dramatischen Werke der Weltliteratur sollen in Zukunft stärker als bisher den Vortrag und die bloße Vorlesung ersetzen.

Der Deutschlandsender soll die Reichsautobahn, die Flugplätze der Lufthansa, die deutschen Kohlereviere und die Hochöfen, die Porzellanmanufakturen und Bernsteinwäschereien, die Tuch- und Leinenweber, die Heringsdampfer und Heringsfangplätze, die Fischereihäfen und Kühlhäuser, den Hilfszug Bayern und den Reichsautozug Deutschland der NSDAP besuchen und außerdem eine Reihe von Funkberichten über die NSDAP und ihre Organisationen geben. In dem Abschnitt „Deutschland ruft die Welt" sind die wichtigen Sendungen des deutschen Kurzwellensenders für das Winterhalbjahr zusammengefaßt. Der deutsche Kurzwellensender sendet täglich in 40 Sendestunden sechs besondere, nach den verschiedenen Erdteilen gegliederte Programme und zwar nach Südasien und Australien, Ostasien, Afrika, Süd-, Mittel- und Nord-Amerika.

Der Rundfunk erfaßt heute in Deutschland etwa 8 Millionen Funkapparatebesitzer und rechnet mit ungefähr 30 Millionen Hörern. Es gibt rund 70000 Sendestunden und über eine Viertelmillion Einzelsendungen. In den letzten Jahren hat seine Hörerzahl jährlich um etwa eine Million zugenommen.

Frankfurter Zeitung, 29. 10. 1936. (Ausschnittarchiv der Wiener Library, London.)

Pläne für das Rundfunkprogramm der Jahre 1938/39

Berlin, 9. August.
(Drahtb.) Alljährlich versammeln sich in den Tagen der großen Rundfunkausstellung in Berlin die deutschen Rundfunkschaffenden aus allen Gauen des Reiches zur Jahresversammlung des deutschen Rundfunks. Die diesjährige Jahresver-

sammlung des deutschen Rundfunks, die am Dienstag im Sitzungssaal der Krolloper stattfand, hat ihre besondere Parole von Dr. Goebbels erhalten mit seinem Wort „Deutschland muß das stärkste Rundfunkland der Welt werden".

Zunächst nahm Reichsintendant Glasmeier (Heinrich Glasmeier war Generaldirektor der Reichsrundfunkgesellschaft. Vor 1933 war er Archivar.) das Wort zu seinem Referat über die Grundzüge der Programmgestaltung des deutschen Rundfunks. Es kommt darauf an, daß die Grundhaltung des Rundfunks nationalsozialistisch ist. Weiter muß sich der Rundfunk aus dieser Grundhaltung heraus bemühen, das ganze öffentliche Leben von heute einzufangen, es zu unterstützen, wo es notwendig ist, namentlich das gigantische Werk von „Kraft durch Freude", das große Werk der Winterhilfe, die Arbeiten der einzelnen Gliederungen der Bewegung.

Zu dem in allen Hörerkreisen so viel erörterten Problem der Bevorzugung leichter Unterhaltungsmusik oder aber großer künstlerischer Darbietungen erklärte Reichsintendant Glasmeier, daß der Rundfunk hier eine gesunde Mittellinie eingehalten hat und auch in Zukunft einhalten wird.

Mit besonderer Schärfe wandte sich Reichsintendant Glasmeier dagegen, daß etwa der jüdische zersetzende Geist auf dem Umwege einer „witzigen" Conférence wieder in den Rundfunk eindringt. Es gehe nicht an, daß führende Männer der Bewegung über die Heiligkeit der Ehe oder aber über das Ethos des deutschen Soldaten sprechen, der mit seinem eigenen Leib und Blut für das Vaterland einzutreten hat, und dann am Abend in einer bunten Unterhaltung diese Dinge mit ätzender Lauge einer sogenannten „Conférence" beschimpft werden. (Lebhafter Beifall.)

An seine musikalischen Mitarbeiter richtete Intendant Glasmeier den dringenden Appell, nicht vor den Schreibtischen, vor den Karteien und Notenschränken einzuschlafen, sondern immer wieder auf Erkundungsfahrten in das Gebiet der deutschen Musikliteratur auszugehen, unbekannte köstliche Perlen zu finden, die dem deutschen Volk übermittelt werden können, Werke der Vergangenheit, Werke aber auch des heutigen zeitgenössischen Schaffens.

Zum Schluß dieser Ausführungen grenzte dann Intendant Dr. Glasmeier die Aufgaben der Reichssender gegenüber dem Deutschlandsender ab. Die Reichssender, die aus separatistischen Gründen aus der Kleinstaaterei heraus geboren wurden, haben im neuen Reich einerseits die Aufgabe, ihre Landschaft zu erfassen, andererseits müßten sie sich stets bewußt sein, daß sie Reichssender heißen, daß sie Herolde des Reichsgedanken sind und zu ihrem Teil dazu beitragen müssen, daß Stammes- und Landesgrenzen auch immer mehr verschwinden, und daß es in allen deutschen Gauen der deutsche Mensch ist, der die deutsche Scholle bewohnt.

Ein ganz anderes Gesicht muß der Deutschlandsender zeigen. Er ist der Repräsentant der deutschen Reichsregierung, der nationalsozialistischen Bewegung, Repräsentant der deutschen Kultur schlechthin. Er hat nicht die einzelne Landschaft als solche zu pflegen; er muß das Gesicht des gesamten deutschen Landes schildern.

Im Anschluß an die mit lebhaftem Beifall aufgenommenen Ausführungen des Reichsintendanten Dr. Glasmeier nahm der Präsident der Reichsrundfunkkammer, Kriegler, das Wort. In seiner Rede stellte er fest, daß eine Rundfunkausstellung noch nie eine solche Resonanz in der breiten Öffentlichkeit gefunden habe wie diesmal. Die allergrößte Bedeutung komme selbstverständlich dem neuen „Deutschen Kleinempfänger 1938" zu, der eine wahrhaft sozialistische Gemeinschaftsleistung der Rundfunkführung und Rundfunkwirtschaft verkörpere.

Heute seien im Reichsdurchschnitt etwa 54 Prozent der Haushaltungen am Rundfunknetz angeschlossen. Von dem verbleibenden Rest werde ein verhältnismäßig kleiner Teil aus Uninteressiertheit dem Rundfunkempfang fernbleiben. Die Mehrzahl der Bevölkerung aber sei aus materiellen Gründen bisher nicht in der Lage gewesen, den Volksempfänger für 65 RM und daneben noch die Rundfunkgebühr von 2 RM im Monat zu bezahlen. Diesen Volksgenossen gelte die besondere Anteilnahme und Förderung.

National Zeitung, 10. 8. 1938. (Ausschnittarchiv der Wiener Library, London.)

Die deutschen Filme für Venedig

Auf der diesjährigen Biennale in Venedig wird Deutschland in starkem Maße vertreten sein. Zur Aufführung sind folgende Filme vorgesehen: „Olympia-Film" (Fest der Völker, Fest der Schönheit), „Heimat", „Der Mustergatte", „Urlaub auf Ehrenwort", „Fahrendes Volk", „Jugend".

Weiter werden die Kulturfilme „Bienenstaat", „Gefiederte Strandgäste an der Ostsee", „Riemenschneider, der Meister von Würzburg", „Deutsche Rennwagen in Front", „Flieger, Funker, Kanoniere", „Schwarzwaldmelodie", „Farbenpracht auf dem Meeresgrund", „Schnelle Straßen", „Lotsen der Luft", „Natur in der Technik", „Tintenfische", „Heide", „Jugend im Tanz" gezeigt.

Der Mittag, 20. 7. 1938. (Ausschnittarchiv der Wiener Library, London.)

Das Filmpublikum ist nicht so dumm

Im Berliner Gloria-Palast kann man zur Zeit etwas sehr Merkwürdiges erleben; dort läuft ein Film, dessen Hauptdarstellerin nichts weniger als eine Filmschönheit ist. Und stets, wenn diese Hauptdarstellerin, der alle Reize von Hollywood mangeln, erscheint, gerät das Publikum in Begeisterung und applaudiert zum Abschluß jeder Szene. Man könnte allen Filmproduzenten nur raten, einmal zu einer der gewöhnlichen Abendvorstellungen zu erscheinen. Sie würden dort sehen können, daß die übliche Antwort, das Filmpublikum verlange die platinblonden Mädchen mit den Fliegenbeinen um die Augen und dem Blick vom Vamp bis zum

Zahnpasta-Plakat, eine schlechte Antwort ist. – Es handelt sich hier um den ausgezeichneten Film „Maskerade" und um Paula Wessely, die weitaus hervorragendste Schauspielerin des weiblichen Bühnennachwuchses, die hier zum erstenmal auf der Leinwand erscheint, und die ganz schlicht und unmittelbar mit einer erstaunlichen Kraft der Menschendarstellung ein einfaches junges Mädchen zeigt. Es geht eine Bewegung durch den Zuschauerraum, – so sind die Menschen von ihrem Spiel gepackt.

Warum? Weil sie in einem guten Film eine große Schauspielerin sehen. – Es ist nicht das erste Mal, daß man so etwas erleben kann. Aber es ist zum mindesten ein sehr seltener Fall, auch in deutschen Filmen, daß man sich nicht auf die mehr oder weniger reizvolle Chargenspielerin stützt, sondern auf die große Darstellerin. Der Erfolg gab der Wiener Filmgesellschaft recht. Das Publikum ist keineswegs so töricht, wie man uns immer glauben machen will. Es hat zuweilen einen recht guten Instinkt, wenn es etwa die todernsten Stellen eines neuen Kinodramas, das auf Maschinenrummel gestellt war und dessen Banalität im gesprochenen Wort einen erschütternden Ausdruck fand, durch lautes Gelächter unterbrach. Oder wenn es hier die Leistung einer wirklichen Schauspielerin beklatscht und zum Schluß sichtlich innerlich angerührt das Theater verläßt. Wir sollten uns heute in Deutschland darauf besinnen, und statt der sensationellen Effekte die wirkliche künstlerische Leistung zu Wort kommen lassen, wie es leider doch recht selten ist. Das kann ernst geschehen, aber auch – und das ist für den Film besonders wichtig – mit Heiterkeit. Dann würden wir uns auch bei den anspruchsvollen Menschen in der Welt wieder den führenden Platz erringen, der uns zukommt.

Düsseldorfer Allgemeine Zeitung, 26. 8. 1934. (Ausschnittarchiv der Wiener Library, London.)

Wissenschaft und Nationalsozialismus

Zwei Nobelpreisträger trugen entscheidend dazu bei, eine Brücke zwischen Wissenschaft und nationalsozialistischer Weltanschauung zu schlagen. Philipp Lenard (1862–1947), der 1905 den Nobelpreis für seine Forschungsarbeiten über die Kathodenstrahlen erhielt, hatte den Lehrstuhl für theoretische Physik an der Heidelberger Universität inne. Zusammen mit seinem Freund, dem Nobelpreisträger Johannes Stark, erklärte er bereits 1924, Anhänger Hitlers zu sein. Lenards „Deutsche Physik" (1936) wurde von der offiziellen „Nationalsozialistischen Bibliographie" gerühmt, die Wissenschaft für den politischen Kampf[1] brauchbar gemacht zu haben, und dieses war auch tatsächlich das Ziel des Werkes gewesen. Lenard teilte alles Wissen in Natur- und Geisteswissenschaften. Innerhalb dieses Schemas ist jede lebende Substanz in dem Bereich des Geistes angesiedelt und wird von den rassischen Ursprüngen im Organismus selbst bestimmt. Aber tote Materie wird ebenso in die „Mysterien der Natur" einbezogen, indem nämlich die Beziehung zwischen allen natürlichen Phänomenen – lebendig oder unbelebt – hervorgehoben wird.

Die Betonung des „Organischen" und der fundamentalen Einheit der gesamten Natur – gemäß einem göttlichen Plan – ist die Basis der nationalsozialistischen Naturwissenschaften und der gesamten Betrachtung der Natur. Mit dieser Hypothese gelingt es Lenard, den „Materialismus" zu vermeiden, und er kann statt dessen die Wissenschaft dem „größten Mysterium" unterordnen, das geistiger Art ist. Aus sich selbst heraus ist die Materie ein reiner Mechanismus, welcher die geistige Dimension, als wichtigstes Element der wissenschaftlichen Forschung, nicht mit einschließt. Wir haben bereits gesehen, wie die „geistige Dimension" mit der Rasse verbunden war, und Lenard legte somit den Grundstein für die Absorbierung der Wissenschaften durch die Weltanschauung.

Johannes Stark (1874–1951) entwickelte diese Ideen weiter. Nachdem er den Nobelpreis für sein Werk über Elektromagnetismus erhalten hatte, mußte er sich von seinem Lehrstuhl an der Universität Würzburg zurückziehen, weil er sich 1922 polemisch gegen Albert Einstein und die Relativitätstheorie geäußert hatte. Er beschäftigte sich später wissenschaftlich mit der Kultivierung von Obstbäumen und der Forstwirtschaft. Unter den Nationalsozialisten wurde er Präsident der Deutschen Forschungsgemeinschaft, der staatlichen Organisation für die Förderung wissenschaftlicher Forschung. Stark stellte eine direkte und einfache Beziehung zwischen Wissenschaft und Volk her. Was von der Wissenschaft übrig bleibt, ist die Betonung der genauen und unvoreingenommenen Betrachtung der Naturphänomene, aber diese Fähigkeit wird sofort wieder nur der nordischen Rasse zugesprochen. Mit der Betonung der Rasse umschloß die nationalsozialistische Weltanschauung alle wissenschaftlichen Aktivitäten. Stark gab der Wahrheit ihr eigentliches Gesicht zurück: Deutsche Wissenschaft ist – nach seiner Definition – objektiv und tatsachenbezogen, während die Juden die subjektive Meinung verteidigen – und der Beweis für die „Richtigkeit" seiner These ist wohl in der wenig objektiven Lehre von den Rassen zu sehen. Wissenschaftliche Ernsthaftigkeit ist vom Wesen der Rasse abhängig.

Lenard erwähnt Newton als einen echten Wissenschaftler, und in der Tat betrachten sich die nationalsozialistischen Wissenschaftler als Nachfolger der „Kollegen" aus dem 17. Jahrhundert. Denn diese Männer glaubten an die organische Natur des Universums; sie waren an Religion und an der Wissenschaft gleichermaßen interessiert und glaubten, in ihre Theorie das gesamte Universum einschließen zu können. Die Wissenschaft hatte im 19. Jahrhundert eine Veränderung erfahren: die „Neuen Physiker" hatten die organische Natur des Newtonschen Universums abgelehnt, und die Relativitätstheorie bedeutete das Ende dieser Auffassung.

Aus diesem Grunde ist Bruno Thürings Polemik gegen Einstein auch von solcher Bedeutung. Thüring (geb. 1905) war ein junger Astronom und Mathematiker und aktives Mitglied in der Heidelberger Studentenverbindung – einem Zweig der nationalsozialistischen Studentenorganisation. Vor dieser Studentenverbindung sprach er am 4. 9. 1936, und seine Rede ist im offiziellen Fachorgan „Deutsche Mathematik" abgedruckt worden; dieser Zeitschrift ist auch unser Auszug entnommen. Ein Jahr nach seiner Rede wurde Bruno Thüring Dozent an der Universität München, an deren Observatorium er arbeitete. Wie andere vor ihm, betont Thüring die sogenannten geistigen Faktoren in der Wissenschaft und gibt gleichzeitig ein gutes Beispiel nationalsozialistischer Wissenschaftsgeschichte. Seine Opposition gegen moderne Wissenschaftstheorien ist offensichtlich, denn Modernität war – in der nationalsozialistischen Version – mit den Juden eng verbunden. Der Materialismus von Einsteins Relativitätstheorie und das angenommene Fehlen von „Energie" in seinem System, werden dem nordischen instinktiven Erfassen der Wichtigkeit von Energie kontrastiv gegenübergestellt. Der Einfluß Nietzsches wird in diesem Abschnitt deutlich erkennbar.

Wenn dem wissenschaftlichen Ansatz von Thüring ein bestimmtes Bild der menschlichen Natur zugrunde liegt, wie z. B. bei Lenard und Stark, wie stand es dann um die Psychoanalyse? Von Kurt Gauger erfahren wir die offizielle nationalsozialistische Version dieser Wissenschaft. Er war zwar promovierter Mediziner, arbeitete jedoch nicht auf diesem Gebiet. Er war für Erziehungsfilme zuständig und gab zahlreiche Pamphlete heraus. Nebenher schrieb er Romane über das Leben auf See. Gauger war ein Mensch, der Propaganda machte, und damit trug er dazu bei, die Richtlinien der deutschen Psychotherapie festzulegen: An erster Stelle mußte die Weltanschauung stehen. Es ist daher nicht verwunderlich, daß er

1934 auf dem internationalen Medizinischen Kongreß für Psychotherapie eher als politischer Führer erschien und weniger als praktizierender Psychoanalytiker. Denn auf diesen Titel konnte er kaum Anspruch erheben – zumindest nicht vor einem internationalen Publikum.

Gaugers Angriffe gegen Freud waren denen Thürings gegen Einstein sehr ähnlich (s. Seite 246 ff.). Der Materialismus der Anhänger Freuds steht in deutlichem Gegensatz zu den „positiven Werten", welche der Nationalsozialismus den Wissenschaften unterlegt. Wenn er die tatsächlichen Ursachen der Geisteskrankheiten zu erklären versucht, nähert er sich der Theorie von C. G. Jung, aber nicht um Freud und Jung einander gegenüberzustellen; er argumentiert vielmehr auf einer grundsätzlicheren Ebene. Die Betonung des „kollektiven Unbewußten", welches sich in einer Gemeinschaft ausdrückt, deren Mitglieder durch einen allen gemeinsamen Archetypus (oder die Seele) miteinander verbunden sind, ist von Jung übernommen, ebenso die Ablehnung der These, daß Ego und Über-Ich, – definiert als Seele und Geist – einander entgegengesetzt sind. An einem Punkt nimmt Gauger Freuds berühmte Metapher – daß das Verhältnis vom Ego zum Über-Ich wie das eines Reiters zu seinem Pferd sei – und verwandelt dieses wilde Pferd Freuds in ein Tier, das mit seinem Reiter vollkommen harmoniert. Wieder wird hier das Organische, die unmittelbare Einheit mit der Natur hervorgehoben. Jung hatte – daran soll hier noch einmal erinnert werden – 1933 die Präsidentschaft der Deutschen Gesellschaft für Psychotherapie übernommen. Er begann, seine Konzeption des kollektiven Unbewußten zu präzisieren und zu veröffentlichen – in der Verbandszeitschrift schrieb er über die Unterschiede zwischen dem jüdischen und dem arischen Archetypus und betonte die Notwendigkeit, die deutsche Seele zu begreifen.

Ein Arzt des neuen Reiches mußte ein „biologischer Soldat" sein. Hanns Löhr (geb. 1891) – er war medizinischer Direktor der Universitätsklinik in Kiel – definierte die Aufgabe der Medizin im nationalsozialistischen Staat. Er plädierte für eine grundlegende Revision des Medizinstudiums; Charakter und Persönlichkeit sollen im Mittelpunkt stehen, und nicht die Aneignung bloßen Wissens. Diese Auffassung des Medizinstudiums findet ihre Parallelen in den allgemeinen Erziehungstheorien des Dritten Reiches. Empirisches Wissen ist in die umfassende biologische Weltsicht integriert, und der Primat liegt hier auf der geistigen Erfahrungstatsache völkischer Zusammengehörigkeit. Wenn Volk und Rasse die wesentliche Realität sind, dann ist eine medizinische Wissenschaft, die davon getrennt ist, rein mechanisch. Andererseits bedeutet die Betonung der Rasse nicht Anti-Intellektualismus, sondern führt eher zu intuitiven Einsichten. Löhrs Buch „Aberglaube und Medizin" (1940) betont die immanenten Naturgesetze, die nur ein nordischer Mensch mit seiner Beobachtungsfähigkeit verstehen kann – ein Punkt, den bereits Lenard betont hatte. Aberglaube ist der Glaube, daß Heilung nicht von der Natur komme, sondern von übernatürlichen Kräften.

In den folgenden Dokumenten wird die nationalsozialistische Weltanschauung mit der organischen Natur gleichgesetzt. Volk und Rasse sind Teile einer miteinander verbundenen Totalität, von der die Natur nur eine Facette darstellt – und der Zusammenhalt wird von den geistigen Prinzipien der nationalsozialistischen Kultur gewährleistet. Der „biologische Soldat" muß sich dieser Totalität bewußt sein, damit er der Wahrheit und somit seinem Volke dienen kann. Für Löhr bedeutete dies den Appell, zur Vermehrung und Stärkung der Rasse gesunde Kinder zur Welt zu bringen, wie auch die Zustimmung zu den Sterilisationsgesetzen.

Die Wissenschaft wurde also völlig von der nationalsozialistischen Ideologie absorbiert und gab ihrerseits dieser den Anschein von intellektueller Respektabilität. Die Bedeutung von empirischen Fakten wurde niemals geleugnet; sie wurden statt dessen in die Weltanschauung integriert. Es kann kaum Zweifel darüber bestehen, daß die nationalsozialistische Wissenschaft, indem sie von der berühmten Tradition der hochentwickelten deutschen Wissenschaft abging, schließlich zum Versagen des Dritten Reiches im Krieg beigetragen hat. Es war kein Zufall, daß die Alliierten, und nicht die Deutschen, die Atombombe entwickelten, jene „Wunderwaffe", auf die Hitler vergeblich gewartet hatte.

G. L. M.

Anmerkung:

1 *Nationalsozialistische Bibliographie*, Jg. 1, Heft III, März 1936, S. 4, Nr. 25a.

Philipp Lenard

Die Grenzen der Wissenschaft

Naturwissenschaft und Geisteswissenschaften. – Physik bedeutete ursprünglich und bedeutet im wesentlichen auch heute noch, ganz besonders in unserer Auffassung, Naturwissenschaft überhaupt und ganz allgemein.

Es ist das der eine Teil des menschlichen Wissens; den anderen Teil bilden die Geisteswissenschaften.

Die Naturwissenschaft, die Physik, behandelt die gesamte Natur oder Welt soweit sie unseren Sinnen zugänglich ist: Alles was ist und was beobachtbar ist, ist ihr Gegenstand. Es ist das viel – reicht bis zu den entferntesten Gestirnen –, aber offenbar ist es doch nicht alles, nicht die ganze Welt. Es gibt, wie unser Inneres uns lehrt, auch einen unseren Sinnen nicht zugänglichen Teil der Welt.

Wir nennen den den Sinnen zugänglichen Teil der Welt die materielle Welt oder Stoffwelt; den anderen Teil, von dem unser Inneres uns Kunde gibt, dessen Bestehen aber auch der Gebrauch der Sinne uns anzeigt, wenn wir die Lebewesen betrachten, nennen wir die Geisterwelt.

Unser Gegenstand ist somit die materielle Welt und alles, was in ihr geschieht;

die Geisteswissenschaften dagegen bewegen sich in der Geisterwelt. Zu den Geisteswissenschaften zählen z. B. die historischen Wissenschaften, die Theologie, die sog. Philosophie, die Jurisprudenz.

Sehr verschieden ist die Tätigkeit des Naturforschers, der Naturwissenschaft aufbaut, von der eines Vertreters der Geisteswissenschaften. Der Naturforscher baut gänzlich auf den Gebrauch seiner Sinne; er benutzt diese dazu, täglich immer weitere, neue Kunde aus der materiellen Welt zu erhalten. Er wendet dabei seine Sinne meist dem unbelebten Teil der materiellen Welt zu, da dieser Teil ihm am leichtesten die einfachen Gesetzmäßigkeiten des Verhaltens der gesamten materiellen Welt gezeigt hat und noch zeigt. Der belebte Teil ist sehr auffallend verschieden vom unbelebten; er ist von viel verwickelterem Verhalten, und dieser, der Sinneswahrnehmung zugängliche Unterschied ist es, der auch von der Seite der Sinne her das Bestehen einer außermateriellen Welt anzeigt, offenbar derselben „Geisterwelt", an deren Wirken unser eigenes Inneres uns mahnt. Der belebte Teil der materiellen Welt wird von der Geisterwelt beeinflußt, was beim unbelebten Teil nicht merklich der Fall ist. Die belebten Wesen bieten Erscheinungen, in welchen Geisterwelt und materielle Welt zusammenwirken. Eben in diesem Zusammenwirken besteht das Leben; Materie, die Geist (Seele) hat, nennen wir lebend.

Bei den Geisteswissenschaften kommt das Wesentliche nicht von außen her, durch die Eingangstore der Sinne, zum Forscher, sondern von innen heraus, aus seinem eigenen Geist. Von der Außenwelt beschäftigt den Vertreter der Geisteswissenschaften am meisten die belebte, beseelte Natur, und er benutzt seine Sinne im wesentlichen nur zum Verkehr mit anderen an Materie gebundenen Geistern, zu allermeist mit anderen Menschen.

Ergebnis der Tätigkeit in den Geisteswissenschaften sollte jeweils neue Kunde aus der Geisterwelt sein. Doch kommt solche Kunde uns in Wirklichkeit nur selten zu, und sie kommt nicht von den fachmäßigen Vertretern der Geisteswissenschaften. Die großen Religionsstifter, deren kaum einer alle 1000 Jahre auf Erden erscheint, sind Bringer solcher Kunde; auch wahre Künstler, Bildner und Dichter in Wort und in Tönen, wahre Staatslenker, deren vielleicht je einer alle 100 Jahre uns gegeben wird, wirken dahin. Die Vertreter der Geisteswissenschaften an den Universitäten sollten diese Kunde wenigstens verwalten, aber nicht so, daß das Vorhandene oder aus der Vergangenheit wieder Auszugrabende bloß mit Gelehrtheit hin und her geworfen wird, wobei das Beste meist unbemerkt bleibt, sondern so, daß damit der Geist des Volkes gespeist, genährt, das Volk also erzogen wird. Dies ist offenbar schon in langen, geschichtlichen Zeiträumen vollkommen verfehlt worden, wie es im Erfolg der so oft wiedergekehrte Tiefstand deutschen Geistes zeigte. Man hat es nicht verstanden, dem deutschen Geist für ihn taugliche Nahrung zu bieten, weil man noch nicht einmal der grundlegendsten Unterscheidungen in der Geisterwelt genügend sich bewußt geworden ist, wie: daß jedes Lebewesen seinen eigenen, besonderen Geist hat – den Teil der Gesamt-Geisterwelt, den sein Körper festzuhalten vermag –, daß die größten Verschiedenheiten unter den Geistern gruppenweise sich finden je nach Körperbeschaffenheit, wie sie durch die körperliche Abstammung gegeben ist. Man hat nicht genügend klar erfaßt, daß, sowie Flöhe eine andere Geistesbeschaffenheit haben als Elephanten, auch die Geister der verschiedenen Menschenrassen und Völkergruppen voneinander verschieden sind. Man hat den Geist des deutschen Volkes durch Jahrhunderte mit „Menschengeist" überhaupt zu speisen versucht, als ließen sich Geister beliebig zusammenstoppeln, wie wenn Flöhe von Elephanten – oder umgekehrt – tauglich unterrichtet werden könnten. So konnten die Geisteswissenschaften den Geist des deutschen Volkes nicht mehren, ja nicht einmal bei der Vollwertigkeit halten, die ohne diese Wissenschaften im Schoße der Natur schon erreicht war.

Wahrheitswert der Naturforschung. – Die der Beobachtung der Naturvorgänge entnommenen, ihnen angepaßten und an ihnen fortdauernd nachgeprüften Begriffe und Gesetze – die Hauptergebnisse der Naturforschung – sind Erkenntnisse von Wirklichkeiten, von Dingen und Beschaffenheiten, die unabhängig von uns und unserem Denken bestehen und die außer uns längst vorgegeben waren. Diese Ergebnisse haben Wahrheitswert. Wahr ist, was in unserem Geist übereinstimmt mit jener, von den Willkürlichkeiten unseres Geistes unabhängigen Wirklichkeit. Wahr ist nicht was hier oder da sich „bewährt", sondern was immer sich bewähren muß, weil es der allzusammenhängenden Wirklichkeit entnommen ist.

Die Erkenntnis des Allzusammenhangs in der Natur ist eine der hervorragendsten Errungenschaften der Naturforschung. Es hat sich bei allem Fortschreiten der Naturwissenschaft immer nur deutlicher und umfassender gezeigt, daß alle Vorgänge in der beobachtbaren Welt mit allen anderen Vorgängen in derselben verknüpft sind; jedes der gefundenen Naturgesetze hängt ersichtlich immer mit mehreren anderen zusammen derart, daß sie alle einander stützen und keines ohne die anderen richtig sein könnte.

Man kann danach wohl sagen, daß das Verständlichmachen noch unverstandener Dinge auch darin besteht, ihren ohne Zweifel vorhandenen Zusammenhang mit schon Bekannten und dadurch mit allem in der Natur aufzudecken und im einzelnen ersichtlich zu machen. Eben die Sehnsucht des nordischen Menschen nach Erforschung geahnter Allzusammenhänge war der Ursprung der Naturforschung. Die Ahnung war richtig; aber ihre Erfüllung auf oft unerwartet mühsamen Wegen zeigte meist die Wirklichkeit ganz anders beschaffen als es zuerst gedacht war. Die Wunder der Wirklichkeit waren nicht in unserem eigenen Geist zu finden; sie mußten erst in der Außenwelt entdeckt werden (vgl. 6 und 13). Damit waren sie dann dem zunächst überraschten Geist einverleibt; er ist damit wahrer geworden, reicher an bewußter Übereinstimmung mit dem Naturganzen.

Daß die Ahnung großer Naturzusammenhänge – der Antrieb der großen Forscher – auch mit Einbeziehung unseres eigenen Geistes in diese Zusammenhänge richtig war, dies zeigte im Erfolg die Einfachheit der Ergebnisse; denn einfach erscheint uns, was unserem Geist angemessen, was für sein Begreifen wie von vornherein eingerichtet ist.

Grenzen des Begreifens. – Manche der Gesetze, die das Begreifen der Natur vermitteln, haben Gültigkeitsgrenzen gezeigt, was bedeutet, daß für ihre Anwendbarkeit gewisse Bedingungen erfüllt sein müssen. Fortschreitende Erkenntnis hat dann oft auch gezeigt, was außerhalb dieser Grenzen gilt und hat dadurch allgemeinere Gesetze kennen gelehrt, die das Beschränktere in sich fassen, und in dieser Weise sind auch noch weitere Fortschritte zu erwarten.

Das vollständige Begreifen irgendeines Naturvorganges muß aber für unmöglich erachtet werden; es fiele solches Begreifen wegen des Allzusammenhangs in der Natur mit dem Begreifen der gesamten unendlichen Welt zusammen, und davon müssen wir im wahren Sinne des Wortes stets unendlich weit entfernt bleiben allein schon wegen der Endlichkeit unseres Körpers, an welchen unser begreifender Geist gebunden ist. Es ist uns erfahrungsgemäß nicht möglich, allzuvieles auf einmal zu erfassen, und selbst abwechselndes Erfassen unendlich vieler Dinge von endlichem Ausmaß würde unendlich lange Zeit erfordern. So kommt es, daß wir hinter jedem enthüllten Geheimnis der Natur immer noch ein größeres Geheimnis gefunden haben.

Es hat sich beim Fortschreiten der Naturforschung aber außerdem gezeigt, daß es auch in der materiellen Welt – beim Absehen also von der Geisterwelt – Dinge verschieden schwerer Begreifbarkeit gibt. Betrachtet man nur die Materie, so hat man es mit Mechanismen zu tun, von denen der Geist sich Bilder machen kann gleich Modellen, die nach den Gesetzen der Mechanik sich verhalten und mit denen verhältnismäßig leicht zu arbeiten ist. Schon die Erscheinungen der Wärme bieten schwierigere Fälle von Bewegungen der Materie. Noch anders ist es aber, wenn der Äther zu betrachten ist, wozu Licht und Elektrizität allen Anlaß geben. Die Begriffe sind zwar gefunden, welche den Vorstellungen vom Äther festen Anhalt geben; aber Mechanismen im Äther hat man vergeblich gesucht; alles in dieser Richtung probeweise Erdachte stimmt schlecht mit der Wirklichkeit. Der Äther ist offenbar schwerer zu begreifen als die Materie; er scheint schon die Grenzen des Begreiflichen zu zeigen. Daß diese Grenzen beim Versuch, die Welt der Geister zu begreifen, vollständig überschritten sind, ist offensichtlich; kein Menschengeist kann auch nur seinen eigenen Geist begreifen.

Stoffwahn, Materialismus. – Diese sonderbare Geistesrichtung, die Geist nicht haben will, nur Materie, ist zu erwähnen, weil sie als Auswuchs von Naturwissenschaft sich dargeboten hat. Die großen Errungenschaften der Naturforschung im Begreifen vorher unzugänglich erschienener Teile des Weltganzen haben zu übermütigem Hinweggehen über Unbegriffenes geführt. Die größten Forscher haben daran niemals teilgenommen; ihnen waren die Grenzen des Begreifens stets gegenwärtig; hatten sie die vorgefundenen Grenzen überschritten, so sahen sie doch sogleich neue Grenzen vor sich, an denen sie Halt machen mußten. Wohl aber haben die kleinen Geister, denen die großen in ihrem Gefolge leichte Arbeit gaben, den Übermut vom Alleswissen gezüchtet. So war es nach Newton und dann wieder nach Darwin.

In neuester Zeit haben die Erfolge der Technik eine besondere Art von übermütigem Stoffwahn gebracht. Mit der Ausnutzung der praktischen Möglichkeiten, die das Verstehen der Natur gab, kam der Gedanke des „Beherrschens" der Natur auf: „Der Mensch war langsam Herr der Natur geworden." Solche Äußerungen im Sinne geistesarmer Großtechniker haben durch den Prunk, welchen deren Mittel ermöglichen, viel Einfluß gewonnen, und die Wirkung des allzersetzenden, in

Physik und Mathematik eingedrungenen Fremdgeistes hat ihn verstärkt. Die Geisteswissenschaften haben demgegenüber – der Naturerkenntnis zunehmend fernstehend und auch nicht in deutscher Art gepflegt – sehr versagt.

Philipp Lenard, *Deutsche Physik. Bd. I: Einleitung und Mechanik.* München 1936. S. 1-2, 11-13.

Johannes Stark

Die nordische Rasse zeichnet sich durch besondere Fähigkeiten aus

Es ist das Schlagwort geprägt und besonders von jüdischer Seite verbreitet worden, die Wissenschaft sei international. Man meint mit ihm weniger die Wissenschaft selbst als vielmehr die wissenschaftlichen Forscher und fordert für diese eine Sonderstellung in der Nation; sie sollen nicht unter nationalen Gesichtspunkten betrachtet werden, sondern sollen ohne Rücksicht auf ihre völkische Zugehörigkeit rein nur nach dem Erfolg ihrer wissenschaftlichen Tätigkeit bewertet werden. Nach dieser Auffassung dürften allerdings jüdische Wissenschaftler auch im nationalsozialistischen Staat nicht angetastet werden und könnten unbehindert weiter maßgebenden Einfluß ausüben. Demgegenüber muß von nationalsozialistischer Seite mit allem Nachdruck betont werden, daß im nationalsozialistischen Staat auch für den Wissenschaftler die Verpflichtung gegenüber der Nation über allen anderen Verpflichtungen steht; auch der wissenschaftliche Forscher hat sich als Glied und Diener der Nation zu fühlen; er ist nicht um seiner selbst oder um der Wissenschaft willen da, sondern hat mit seiner Arbeit in erster Linie der Nation zu dienen. Darum können im nationalsozialistischen Staate an den führenden wissenschaftlichen Stellen nicht volksfremde, sondern nur nationalbewußte deutsche Männer stehen.

Aber auch abgesehen von dieser grundsätzlichen nationalsozialistischen Forderung beruht das Schlagwort von der Internationalität der Wissenschaft auf einer Unwahrheit, insoweit mit ihm behauptet wird, daß die Art und der Erfolg der wissenschaftlichen Tätigkeit unabhängig von der nationalen Zugehörigkeit sei. Niemand wird ernstlich behaupten wollen, daß die Kunst international sei. Ähnlich steht es mit der Wissenschaft. Soweit die wissenschaftliche Tätigkeit nicht bloß Nachahmung, sondern Schöpfung ist, wird sie wie jede schöpferische Tätigkeit in ihrer Art und ihrem Erfolg bedingt durch die geistige und charakterliche Veranlagung der sie ausübenden Menschen und da die einzelnen Angehörigen eines Volkes eine gemeinsame Veranlagung haben, so bekommt die schöpferische Tätigkeit der Wissenschaftler eines Volkes ebenso wie diejenige seiner Künstler und Dichter das Gepräge einer völkischen Eigenart. Nein, die Wissenschaft ist nicht international, sondern ebenfalls national wie die Kunst. Dies sei an dem Beispiel des Germanen und des Juden in der Naturwissenschaft gezeigt.

Wissenschaft ist die Erkenntnis des gesetzmäßigen Zusammenhanges von

Tatsachen; die Aufgabe der Naturwissenschaft insonderheit ist die Erforschung der Körper und Vorgänge außerhalb des menschlichen Geistes durch Beobachtung und, soweit möglich, durch Anstellung von planmäßigen Versuchen. Der Geist des Germanen vermag die Dinge außerhalb von sich so, wie sie sind, ohne Einschaltung eigener Vorstellungen und Wünsche zu beobachten und sein Körper scheut nicht die Anstrengung, welche die Erkundung der Natur von ihm verlangt. In dieser Veranlagung des Germanen ist sowohl seine Naturliebe wie seine Befähigung zur Naturforschung begründet. So ist zu verstehen, daß die Naturwissenschaft überwiegend eine Schöpfung des nordisch-germanischen Blutanteils der arischen Völker ist. Wer in Lenards klassischem Werk „Große Naturforscher" die Köpfe der großen naturwissenschaftlichen Entdecker miteinander vergleicht, findet fast an ihnen allen den gemeinsamen nordisch-germanischen Zug. Die Fähigkeit, Tatsachen zu beobachten und zu achten unter Zurückstellung des Ichs, ist der am meisten charakteristische Zug an der wissenschaftlichen Tätigkeit des Germanen. Dazu gesellt sich seine Freude und Befriedigung an der Gewinnung einer wissenschaftlichen Erkenntnis; da es ihm in der Hauptsache nur um diese zu tun ist, entschließt er sich nur unter einem gewissen Zwang, seine Erkenntnis auch bekannt zu machen, und die Propaganda für sie oder ihre geschäftliche Ausnützung dünkt ihn gar wie eine Entwürdigung seiner wissenschaftlichen Tätigkeit.

Ganz anders ist der jüdische Geist veranlagt; er ist vor allem auf das eigene Ich, die eigene Vorstellung und das eigene Interesse eingestellt und hinter seiner ichbestimmten Vorstellung steht sein starker Wille, sich und seinem Interesse Geltung zu verschaffen. Gemäß dieser Veranlagung ist der jüdische Geist bestrebt, Tatsachen nur soweit zu beachten, als sie seiner Meinung und Absicht nicht hinderlich sind, und sie in einen solchen Zusammenhang untereinander zu bringen, wie es zur Durchsetzung seiner Meinung und Absicht zweckmäßig ist. Der Jude ist darum der geborene Advokat, der, unbeschwert von Rücksicht auf die Wahrheit, die Tatsachen durcheinander wirft und mit Unterstellungen vermischt zu dem Zweck, ein von ihm gewünschtes Urteil zu erreichen. Für die schöpferische Tätigkeit in der Wissenschaft ist dagegen der jüdische Geist vermöge seiner Eigenart wenig befähigt; denn diese macht das eigene Denken und Wollen zum Maß der Dinge, jene verlangt Beobachtung und Achtung der Tatsachen. Zwar ist der jüdische Geist dank der Beweglichkeit seines Intellekts befähigt, in der Nachahmung der germanischen Vorbilder beachtenswerte Leistungen hervorzubringen; aber zu eigentlich schöpferischer Leistungen, zu großen Entdeckungen in der Naturwissenschaft vermag er sich nicht zu erheben. Die Juden führen in neuerer Zeit häufig Heinrich Hertz gegen diese Feststellung als Gegenbeweis ins Feld. Gewiß hat Heinrich Hertz die große Entdeckung der elektromagnetischen Wellen gemacht; indes war er kein reinblütiger Jude, sondern hatte eine germanische Mutter, von deren Seite seine geistige Veranlagung bestimmt sein mochte. Da, wo der Jude in der Naturwissenschaft das germanische Vorbild verläßt und gemäß seiner geistigen Eigenart wissenschaftlich sich betätigt, wendet er sich der Theorie zu; nicht die Beobachtung von Tatsachen und ihre wirklichkeitstreue Darstellung ist ihm dann mehr die Hauptsache, sondern die Ansicht, die er sich über sie bildet, und die formale Darstellung, welche er ihnen auferlegt. Im Interesse seiner Theorie verschweigt er Tatsachen, welche ungünstig für sie sind, und ebenfalls im Interesse seiner Theorie geht er zur Propaganda für sie über. Er läßt nur sie gelten und Zweifeln gegenüber verlangt er Glauben an sie wie an ein Dogma. Der dogmatische Eifer und der propagandistische Trieb führt den jüdischen Wissenschaftler dazu, über seine Leistungen nicht bloß in wissenschaftlichen Zeitschriften, sondern auch in der Tagespresse und auf Vortragsreisen zu berichten; den gleichen Grund hatte die Erscheinung, daß auf wissenschaftlichen Tagungen, so auf der Versammlung der deutschen Naturforscher und Ärzte, die jüdischen Teilnehmer stark in den Vordergrund traten.

Johannes Stark, *Nationalsozialismus und Wissenschaft*. München 1934. S. 10-12.

Bruno Thüring

Die Natur prägt die geistigen Voraussetzungen

Nur als Gegenstück und Antithese zu der Geistesrichtung eines Kepler und Newton ist das Werk Einsteins zu verstehen.

Während nämlich die Nachfolger und geistigen Erben dieser beiden Großen, berauscht durch deren gewaltige Erfolge, sich teils immer weniger bewußt wurden, daß die schöpferische Kraft Keplers und Newtons nicht so sehr in ihrem logischen Intellekt als in ihrer weltumspannenden, den Bereich des Materiellen wie des Geistigen und Nichtmateriellen gleicherweise in Betracht ziehenden Lebensrichtung, also in Eigenschaften der Seele und des Gemütes, verankert lag, teils sich bewußt einer anderen, wesentlich rein materiellen Geistes- und Naturauffassung zuwandten, in der Hoffnung, schließlich die ganze Natur in einer mathematischen Formel zusammenfassen zu können, unterließen Kepler und Newton es nicht, ausführlich und deutlich ihre antimaterialistische Denkweise kundzutun. Ihnen war das instinktive Wissen darum, daß die Natur und Schöpfung nicht von ihrem Schöpfer zu trennen sei und daß die Welt unserer fünf armseligen Sinne, die Welt der Materie also, nicht die gesamte Welt schlechthin sein könne, so wertvoll und wesentlich bei jeder Naturforschung, daß sie diesem Wissen nicht nur in zahlreichen Privatbriefen, sondern auch in ihren berühmten Abhandlungen selbst Ausdruck gaben. Ihre wissenschaftliche Sehnsucht, ihr Drang nach Erkenntnis und die Fragestellung an die Natur ist überhaupt nur geboren aus einem tief religiösen Gefühl, dieses Wort in seiner wahren Bedeutung genommen, und dort, wo sie auf die Frage nach Sinn und Zweck der Forschung zu sprechen kommen, da geben sie nie etwas anderes zur Antwort als das Streben, das Dasein und Wirken Gottes in der Erforschung seines Weltplanes und seiner Werke zu erkennen und zu verfolgen. Die uralte, von der Erde und allem äußeren Schein weggerichtete Seelenverfassung des germanischen Menschen stellte die erste weltumspannende Frage an die Natur und wurde so die Mutter der Naturwissenschaft. Wäre das Geschlecht, dem ein Kepler und Newton entsprossen sind, ebenso dem Materialismus hingegeben gewesen, hätte es nicht den inneren Blick weit über alles bloß sinnlich Erfaßbare hinauszuheben vermocht, es wäre auch das Keplersche Suchen nach der göttlichen Harmonie der Welt und damit sein Erfolg unmöglich gewesen. Dabei ist ihm dieser nichts weniger als leicht zuteil geworden. Nicht jahre-, nein jahrzehntelang bot er seine ganze geniale Rechen- und Kombinationskunst auf, die er an dem Festhalten an dem Primat exaktester Beobachtung zu zügeln wußte, und kein Mißerfolg, keine Enttäuschung konnte ihn in der felsenfesten Überzeugung wankend machen, daß die Harmonie der Welt existieren müsse, da sie ja die Vollkommenheit und Schönheit selbst zum Vater habe. „Mit Gottes Hilfe will ich dies Werk auch wirklich zu Ende führen, und zwar auf militärische Weise, indem ich trotzig, kühn und übermütig heute meine Befehle erteile, die Sorge für mein Begräbnis aber dem morgigen Tag überlasse", schreibt er einmal in einem Briefe. In einem anderen: „Mein ganzer Sinn trachtet danach, auf Form und Leben einzugehen, auf Gott selber, den Baumeister der Schöpfung, und da winkt mir allenthalben Freude." Und ferner: „Hier werfe ich die Würfel und schreibe ein Buch, für die Mitwelt oder die Nachwelt, gleichviel. Jahrhunderte wird es auf seinen Leser warten, wenn Gott selbst Jahrtausende auf den gewartet hat, der sein Werk beschrieb", so schreibt Kepler in loderndem Feuer überirdischer Begeisterung über das endlich gelungene Werk. In einer Wissenschaftshaltung solcher Art, nämlich Drang nach Erkenntnis des sinnlich Erfaßbaren aus der Überzeugung und dem Glauben an das sinnlich nicht Erfaßbare heraus, dann beharrliches und bescheidenes Sichhingeben an die exakte Beobachtung der Natur, in solcher Geisteshaltung stellt Kepler den Typus und das Vorbild des germanischen Naturwissenschaftlers dar. Seine wissenschaftlichen Ergebnisse sind und bleiben deshalb trotz ihrer internationalen Geltung Erzeugnisse einer durchaus deutschen und national bedingten Naturauffassung. An Kepler zerbricht das Märchen von der internationalen, absoluten, von Volk, Geschichte und Rasse unabhängigen Naturwissenschaft. Umgekehrt konnte eine liberale Wissenschaftslehre auch nur in einer Zeitepoche geboren werden, die, beeinflußt durch blutsfremdes Wesen, mehr und mehr dem Materialismus anheimfiel und in Kepler und Newton nichts anderes mehr zu sehen vermochte als große Intellektualisten und Rechenmeister.

Wie kann aber eine solche Auffassung einem Manne gerecht werden wie Newton, der es für nötig hält, in seinem Hauptwerke „Principia mathematica" auf die Frage nach der Gottheit ausführlich einzugehen, uns sie somit vermöge seiner weltumspannenden Naturauffassung als naturwissenschaftliches Problem gewertet wissen will? „Durchaus sich selbst ähnlich", nennt er die Gottheit, „ganz Ohr, Auge, Gehirn, Arm, Gefühl, Einsicht, Wirksamkeit, auf eine keineswegs menschliche und noch weniger körperliche, sondern durchaus unbekannte Weise. Wir sehen nur die Gestalt und Farbe der Körper, wir hören ihre Töne, wir fühlen ihre äußere Oberfläche, wir riechen und schmecken sie; was aber die inneren Substanzen betrifft, so erkennen wir sie weder durch irgendeinen Sinn noch durch Nachdenken, und noch weniger haben wir eine Vorstellung von der Substanz Gottes." Und er schließt diesen Teil seiner Betrachtungen mit den Worten: „Dies hatte ich von Gott zu sagen, dessen Werke zu untersuchen die Aufgabe der Naturwissenschaft ist." Ist solches Denken und Wissen von den Fäden, die das Reich der Materie mit dem Reich des Geistes verbinden, ist dieses Bewußtsein, mit der beschränkten Anzahl der Sinne auch nur einen beschränkten Teil der Welt erfassen zu können, ist es nicht weltenfern dem Materialismus, weltenfern jener relativistischen Auffassung, daß in jeder Naturbeschreibung nur die Beziehung von Materie zu Materie eingehen dürfe, daß sogar Raum und Zeit nur Attribute der Materie sein können, da es eben außer der Materie nichts gebe? Die Formulierung der allgemeinen Relativität als Naturprinzip, wie dies in der Einsteinschen Theorie geschieht, kann nichts anderes als der Ausdruck einer durch und durch materialistischen Geistes- und Seelenhaltung sein. Dem Naturgefühl und der rassisch festgelegten Naturauffassung des nordischen Menschen, der die Natur nicht nur mit den Mitteln des logischen Verstandes, sondern mit Herz und Seele und mit den Mitteln der Vorstellung zu erfassen bestrebt ist, steht hier eine Naturauffassung gegenüber, die allein den Intellekt als erkennendes Prinzip der Naturforschung gewertet wissen will, die bewußt auf die Möglichkeit anschaulicher, unserem Geist angemessener Vorstellungen Verzicht leistet zugunsten einer rein symbolischen, mathematischen, formalistischen und unanschaulichen Naturdarstellung.

Denn allein von den durch Beobachtung und Experiment gegebenen Tatsachen ausgehend, kann man eine „Entscheidung" über die „Richtigkeit" der beiden Auffassungen nicht gewinnen. Vielmehr ist der Tatsachenkomplex in beiden Fällen der gleiche. Der Unterschied beider Auffassungen liegt tiefer, er liegt in einer anderen Ebene, dort, wo die Naturwissenschaft als Tätigkeit erst ihren Ausgang nimmt. Die Behauptung der populären Bücher über Relat.-Theorie, daß sie eine auf Erfahrung gegründete Naturauffassung sei, ist deshalb durchaus unwahr. Denn diese oder jene Messung, dieses oder jenes Experiment, die exakte Ablesung irgendeines Zeigers macht nicht den Untergrund und das Wesen der Naturwissenschaft aus, sondern ist ihre äußere Ausdrucksform, ist Ergebnis und als solches etwas Objektives, Naturgegebenes. Wesentlich für das, was uns heute bewegt, ist aber das, was dem Forschen zugrunde liegt, das, woraus es entspringt, das, wozu es dem Forscher dient und wozu es nutzbar gemacht wird. Nicht das Was ist das Entscheidende, sondern das Wie, Woraus, Wozu. Denn wäre dem nicht so, so fände die Tatsache keine Erklärung, daß die Naturwissenschaften in den wertvollen Völkern und Rassen Europas und da wiederum in überwiegendem Maße in dem germanischen Teile entstanden und zur Blüte gebracht worden sind. An dieser Tatsache kann man nicht vorübergehen, sie beweist die Gemeinsamkeit einer und derselben Grundhaltung des Geistes und der Seele, welche mit der Gemeinsamkeit rassischer und völkischer Eigenschaften zusammenfällt. Kepler, Newton nicht nur, sondern auch Galilei, Guericke, Faraday, Gauß, Maxwell, Robert Mayer und viele andere sind des Zeugen.

Noch ein Wort zur Frage Raum und Zeit. Raum- und Zeitvorstellungen sind die uns von Natur gegebenen Denkgerüste, in die wir alle physikalischen und chemischen Vorgänge, aber auch alle Erscheinungen des Lebens, des Geistes und der

Seele einordnen. Sie sind Denkformen unseres eigenen Inneren, mit denen gewissermaßen „bewaffnet" wir an die Außenwelt herantreten. Newton als der Typus des germanischen Naturforschers ist sich dessen bewußt gewesen und hat die Begriffe Raum und Zeit nicht als rein logische geschaffen, sondern fest in der Anschauung verankert. Ganz anders der Jude Einstein. Dem durchaus und einseitig auf die Materie gerichteten Geist der Relat.-Theorie entspricht der Versuch, Raum und Zeit als Attribute der Materie allein anzusehen und allein von der Existenz der Materie aus lösen zu wollen, dergestalt, daß auf dem Boden dieser Geisteshaltung die Forderung zwangsläufig wurde, daß eine Bewegung der Materie nur in bezug auf eine andere Materie sinnvoll sei. Dem Relativisten ist diese Auffassung eine Selbstverständlichkeit, und er nimmt dafür alle Vergewaltigungen der Anschauung willig hin. Anschauung und Gefühl wird der Anbetung der Materie und der reinen Logik geopfert.

Noch ein anderer, damit zusammenhängender Wesensunterschied relativistisch-jüdischer Naturauffassung und darstellung im Gegensatz zu germanisch-deutscher liegt in der Stellungnahme zu dem Begriffe der Kraft. Kraft ist dem nordischen Menschen etwas unmittelbar Deutliches, das er nicht nur selbst besitzt, sondern das ihm von Urbeginn seiner Geschichte an und von Anbeginn seines persönlichen Lebens in der Arbeit des Handwerkers, in der Anstrengung körperlicher Betätigung entgegentritt. Er weiß aus Erfahrung, daß man durch Kraftaufwand Körper in Bewegung setzen oder bewegte in Ruhe bringen kann. Demgemäß lag es Kepler und Newton als germanischen Menschen unmittelbar nahe, dort, wo sie in der Natur auf solche Bewegungsänderungen stießen, von dem Wirken von Kräften zu sprechen. Kepler sprach zuerst den Gedanken aus, daß die Sonne der Sitz einer Kraft sei, welche die Bahn der Planeten erzeuge. Newton begründete die allgemeine Mechanik auf der genauen, für Zwecke der Messung geeigneten Definition der Kraft.

Es ist nun kein Zufall, daß der Halbjude Heinrich Hertz[1] sowohl wie der Volljude Einstein ein Gebäude der Mechanik aufzubauen versucht haben, aus dem der Begriff der Kraft vollständig verschwunden ist. Auch der jüdische Philosoph Spinoza kennt übrigens den Kraftbegriff nicht. Er scheint dem Weltgefühle des Juden eben fremd zu sein, und dieser bemüht sich deshalb, dieses Fremde aus der Naturbetrachtung auszuschließen. Hertz kleidete dieses Streben in die Forderung, man müsse möglichst Anthropomorphismen wie die Kraft aus der Naturwissenschaft ausmerzen. Er übersah dabei, daß prinzipiell jede wissenschaftliche Begriffsbildung aus der menschlichen Erfahrung ersteht, d. h. einem Erkenntnisvorgang, an dem die spezifische Natur des erkennenden Subjekts ebenso wesentlich beteiligt ist wie die spezifische Natur des erkannten Objekts. Schließlich ist auch der Hertzsche Versuch anthropomorph, wenn er an Stelle der Kraft Kopplungen der mechanischen Systeme untereinander postuliert, die dann ihre Bewegung zu einer Art unfreien machen.

Einsteins Relat.-Theorie aber beseitigt den Begriff der Kraft durch radikalsten Umbruch der Raum- und Zeitvorstellungen. Er postuliert rein mathematisch-formalistisch eine in der Umgebung jeder Materie mit dieser notwendig verbundene

Krümmung des Raumes. In diesem gekrümmten Raum laufen dann die Planeten in Bahnen, welche den kürzesten Verbindungen zweier Punkte auf gekrümmten Flächen, den sog. geodätischen Linien, analog sind. Die Dynamik wird so nach Ausschaltung des Kraftbegriffes bei Hertz sowohl wie bei Einstein zu einer Art von Kinematik.

Wir sehen an diesem Beispiel, um was es sich handelt. Nicht um neue Erkenntnisse von Naturvorgängen, nicht um neue Forschungsergebnisse, sondern um Innermenschliches, um Seelisches, um Weltgefühle, Haltungen, und Rassisches.

In Vorträgen und Büchern ist immer wieder versucht worden, die Relat.-Theorie als grandiosen Schlußstein einer jahrhundertelangen Wissenschaftsentwicklung hinzustellen, welche mit Kopernikus und Galilei begann und über Kepler und Newton zu Einstein führt. Nein! Kopernikus, Galilei, Kepler und Newton sind nicht Einsteins Vorläufer und Wegbereiter, sondern seine Antipoden. Einstein ist nicht der Schüler dieser Männer, sondern ihr absoluter Gegner, seine Theorie ist nicht Schlußstein einer Entwicklung, sondern radikale Kampfansage mit dem Ziele der Vernichtung dessen, was dieser Entwicklung zugrunde liegt, nämlich der Weltauffassung des germanischen Menschen. Sie konnte deshalb auch nur von einer Generation so freudig begrüßt und enthusiastisch gefeiert werden, die bereits in materialistischen Gedankengängen groß geworden war. Sie hätte deshalb auch nirgends so blühen und gedeihen können wie auf dem Nährboden des Marxismus, dessen wissenschaftlicher Ausdruck sie ebenso ist, wie dies vom Kubismus in der bildenden Kunst und der melodie- und harmonielosen, rein rhythmischen Atonalität der Musik der vergangenen Jahre gilt. Die Relat.-Theorie in ihren Konsequenzen erscheint somit nicht so sehr als naturwissenschaftliches, als vielmehr als politisches Problem.

Die Überschwemmung des Büchermarktes mit populären und halbpopulären Darstellungen der Relat.-Theorie bald nach dem Kriege konnte ja natürlich auch gar nicht den Zweck haben, die Massen der naturwissenschaftlich Interessierten mit dem überaus schwierigen logischen und mathematischen Gedankengehalt der Theorie bekannt und vertraut zu machen. Denn das läßt sich auf diesem Wege nicht erreichen. Vielmehr konnte die Wirkung solcher Bücher in der Hauptsache nur auf der Ebene der inneren Seele und der Weltanschauung liegen. Man verstieg sich dazu, und hatte im Grunde genommen gar nicht so unrecht, die Relat.-Theorie als den typischen Ausdruck unserer, d. h. der damaligen Zeit zu betrachten. So schreibt ein Colin Roß[2] in seinem Buche „Die Welt auf der Waage", daß die Relat.-Theorie Einsteins wohl nur in unserer Zeit gefunden werden konnte, und daß das Relativitätsprinzip unserer Zeit die Note gebe und nichts verschont lasse, nicht das Sittengesetz und nicht den kategorischen Imperativ von Kant.

So wuchs sich die rein wissenschaftliche Theorie mit Hilfe der Reklame in Zeitungen und auf Lehrstühlen zum physikalischen Weltbild aus, dessen Hauptbestandteil das Relativitätspostulat war, und da es nie mehrere Weltbilder gleichzeitig geben kann, also wie etwa ein Weltbild der Physik, eins der Philosophie, eins der Astronomie, eins der Religion usw., ohne daß diese sich gegenseitig beeinflussen, so drohte damit die Relat.-Theorie schließlich die Dominante des Weltbildes schlechthin und in jeder Beziehung zu werden. Möglich ist dieser Vorgang nur gewesen infolge der allgemeinen Anerkennung der Naturwissenschaften als einer Disziplin, welcher höchste Objektivität zukommt, da sie sich nur mit einwandfrei festzulegenden Tatsachen abgebe, deren Bestehen keinerlei Bedingungen des erkennenden Subjekts unterworfen sei. Daß die Beschäftigung mit der Natur an sich schon eine entsprechende Seelenhaltung voraussetzt und daß erst recht Art und Weise und Gehalt der Vorstellungen und Methoden dem erkennenden Subjekt zukommen und somit von ihm und seinen Veranlagungen abhängen müssen, wurde geflissentlich übersehen, und die wenigen, die anderer Meinung waren, wurden nicht beachtet. Es bleibt aber trotzdem ewig wahr, daß der Naturforscher ebenso in seiner Arbeit Sohn seines Volkes und Zumausdruckbringer seines Fühlens und Sehnens bleibt, wie dies vom Künstler und Politiker gilt. Verkannt konnte diese Sachlage nur werden, weil man nicht tief genug hinunterstieg zu den Quellen naturwissenschaftlicher Forschung, sondern dort hängen blieb, wo Tatsachen beobachtet, Experimente vollführt, Ergebnisse gezeitigt werden. Um deshalb die Artgebundenheit der Naturwissenschaft nachzuweisen, bedarf es weniger des Studiums der Ergebnisse in Handbüchern als vielmehr des Studiums der Originalwerke sowie des Studiums der ganzen Forscherpersönlichkeit. Kepler und Newton als nordische Menschen, auf der anderen Seite Einstein als typischer Jude sind vielleicht die einleuchtendsten Beispiele, erstere vor allen Dingen, weil sie sich nicht scheuten, den Leser Einblick in ihr eigenes Seelenleben tun zu lassen, letzterer infolge des Gegensatzes zu jenen.

Möchte also die junge Generation der Naturwissenschaftler und Naturphilosophen erkennen, was mit dem Begriff einer deutschen Naturwissenschaft gemeint ist! Wenn aber jemand fragt: Wie kommen wir denn zu einer deutschen Naturwissenschaft?, so müssen wir antworten: Nicht willkürlich dilettantische Weltsysteme und Vorstellungen hervorzuzaubern kann der Inhalt einer neuen, nationalsozialistischen Wissenschaft sein – daraus könnte nur unendlicher Schaden erwachsen –, sondern ehrfurchtsvolles Sichhineinversenken in die Natur selbst und ihre großen nordischen Forscher und Sinndeuter, um dort deutsches Wesen in herrlicher Fülle zu finden. Im übrigen: Halten wir alles, was aus der Hand des Juden kommt, von uns ferne und seien wir Deutsche und Nationalsozialisten in all unserem Tun und Denken! Dann wird alles gut gehen.

Denn – um mit einem sinngemäß abgewandelten Wort R. Eichenauers[3] zu schließen –: Die Naturwissenschaft ist nicht Wurzel, sondern Blüte. Pflegen wir die Wurzel! Die Blüte entfaltet sich von selbst.

Anmerkungen

1 Heinrich Hertz (1857-1894), Physiker und Entdecker der elektrischen Frequenzen. Johannes Stark (s. S. 238) hebt gegenüber Thüring hervor, daß bei Hertz das arische Erbgut durchgeschlagen habe.
2 Schriftsteller, hauptsächlich berühmt durch sein „Unser Amerika. Der deutsche Anteil an

den Vereinigten Staaten" (1936), in dem die These vertreten wird, daß das deutsche Einwanderungspotential in den USA allen anderen Rassen dort überlegen sei.
3 Richard Eichenhauer, Rassentheoretiker, wurde Direktor der Bauernhochschule in Goslar. Er schrieb u. a. „Die Rasse als Lebensgesetz für Geschichte und Gesittung" (1938).

Bruno Thüring, „Kepler – Newton – Einstein – Ein Vergleich". In: Theodor Vahlen (Hrsg.), *Deutsche Mathematik*. Leipzig 1936. S. 706–711.

Kurt Gauger

Psychotherapie und politische Weltanschauung

Ich habe als Gegenstand meines Referates das Thema:
   „Psychotherapie und politisches Weltbild"
gewählt.

Es ist also klar angegeben, daß der Sinn meiner Ausführungen ein politischer ist, wie ich ja auch in der Uniform des Soldaten der Politik, des SA-Mannes, vor Ihnen stehe.

Die Verbindung von Psychotherapie und Politik wird manchem unter Ihnen, insbesondere unseren ausländischen Kongreßteilnehmern, befremdlich erscheinen.

Sie werden die Inbeziehungsetzung von Psychotherapie und Politik für eine taktische Angelegenheit halten.

Sie werden also meinen, daß ein politisches Referat auf einem internationalen wissenschaftlichen Kongreß den ausländischen Teilnehmern gegenüber die Bedeutung habe, gewissermaßen um Verständnis für unseren neuen Staat zu werben. – Und unsere deutschen Teilnehmer werden meinen, daß ein solches politisches Referat für sie die Anweisung zu der Aktion bedeute, die wir als Gleichschaltung hinlänglich kennen.

Es würde mich allerdings freuen, wenn es mir gelingen sollte, bei unseren ausländischen Kongreßteilnehmern durch meine Ausführungen das Verständnis für die Vorgänge in Deutschland zu vertiefen.

Meine Ausführungen sind aber nicht in diesem Sinne an unsere ausländischen Teilnehmer gerichtet. – Sie sind nicht ad hoc gemacht. Ich will nicht überreden.

Auch die einseitigsten Vertreter der naturwissenschaftlichen Forschungsrichtung in der Medizin haben nun nicht zu behaupten gewagt, daß es so etwas wie ein menschliches Seelenleben nicht gäbe.

Sie wichen aber entweder der Stellungnahme zu diesem Phänomen aus, indem sie sich für uninteressiert erklärten: es paßte nicht zu ihren Retorten, Hebeln und Schrauben. Oder sie erklärten, daß das Seelenleben nur scheinbar von körperlichen Prozessen dem Wesen nach verschieden sei. Sie meinten: So wie es bestimmte chemische Umsetzungen gibt, die subjektiv als Farbveränderungen wahrgenommen werden können, so gibt es eben höchst komplizierte chemisch-physikalische Prozesse, die relativ bequem als Seelenleben zu beobachten sind. Nur die vorläufige Unzulänglichkeit unserer chemisch-physikalischen Untersuchungsmethoden soll die Schuld daran tragen, daß wir ein Gefühl noch nicht unmittelbar als chemische Formel ausdrücken können.

Für uns dagegen ist es evident, d. h. nicht weiter eines Beweises bedürftig, daß diese Auffassung des Seelenlebens nicht voraussetzungslos, nicht exakt-naturwissenschaftlich ist, sondern daß sie Ausdruck einer weltanschaulichen Entscheidung im Sinne des Materialismus ist.

Für uns ist es gewiß, daß auch schlechthin vollkommene chemisch-physikalische Untersuchungsmethoden sogar lebender Gehirne immer nur chemisch-physikalische Vorgänge registrieren, aber niemals auch nur die Spur eines Gedankens oder eines Gefühls verraten würden.

Genau ebenso lehnen wir freilich den Zwillingsbruder des Materialismus ab, jenen „Idealismus", der umgekehrt allein das Nichtkörperliche für essentiell hält, aber ebensowenig in der gründlichsten Analyse von Gedanken und Gefühlen eine Spur von körperlichem Substrat finden wird.

Die unausgesprochene Entscheidung für die materialistische Weltanschauung führte zur Überwertung der exakten Naturwissenschaft, zur Umbiegung auch der Medizin zur exakten Naturwissenschaft.

Am Ausgang des 19. Jahrhunderts entstand die Psychotherapie. Man sollte annehmen, daß die Psychotherapie sich von vornherein im weltanschaulichen Gegensatz zum mechanistisch-materialistischen Mediziner befunden hätte. Den materialistischen Mediziner beschäftigte ja, genau gesehen, das Seelenleben gar nicht, weil er sich auf die körperlichen Substrate seelischer Prozesse beschränkte. – Die Psychotherapie bedeutete aber bei ihrer Entstehung keineswegs eine Kriegserklärung an das materialistisch-mechanistische Denken in der Medizin.

Die Psychotherapie war vielmehr von Anfang an damit belastet, daß ihr entscheidender Exponent Freud, der jede weltanschauliche Bindung, jede Beziehung der Wissenschaft vom menschlichen Seelenleben zur Weltanschauung – ablehnte, in erstaunlicher Naivität seine Lehre und Forschung weltanschaulich festlegte.

Freud suchte zwar nicht nach den chemischen Vorgängen bei seelischen Erkrankungen. Er beschränkte sich bei der Untersuchung seelischer Erkrankungen durchaus auf psychologische Methoden. Aber nur darum, weil er den Weg der Chemie für noch nicht gangbar hielt. Er spricht an einer Stelle deutlich aus, daß er alle psychologischen Ergebnisse für Vorläufigkeiten hält, die einmal durch chemische Formeln ersetzt werden sollten.

Damit ist eindeutig für die materialistische Weltanschauung Stellung genommen, ist eindeutig der Bereich des Seelischen seines Eigenwertes beraubt. Nach dieser Meinung sind wir zwar noch nicht soweit, aber einmal werden wir uns alle seelischen Kämpfe und Erschütterungen durch eine gut gemischte intravenöse Spritze ersparen können.

Diese weltanschaulichen Prämisse im Sinne des wissenschaftlichen Materialismus, von der Freud selbst offenbar nichts weiß, brachte es zuwege, daß die Psychotherapie sich zuerst ausschließlich als exakte Naturwissenschaft gebärdete. Die Freudsche Psychoanalyse ist der Versuch der Anwendung chemisch-physikalischer Methoden auf das menschliche Seelenleben.

Ich wende mich ganz und gar nicht dagegen, daß es eine spezielle Pathologie und Therapie der Neurosen gibt und geben soll. – Wir bestreiten nicht den Wert der Physik und Chemie. Wir bestreiten daher auch nicht den Wert einiger Thesen der Freudschen Psychoanalyse, die auf Grund solcher quasi naturwissenschaftlichen Beobachtung des menschlichen Seelenlebens formuliert wurden.

Weltanschauliche Feindschaft besteht erst in der Sinngebung solcher Forschungsergebnisse! Anders ausgedrückt: Wir bekämpfen nicht die Astronomie. Aber wir würden jedem Astronomen das Handwerk legen, der etwa die astronomische Wissenschaft als Waffe für kommunistische antireligiöse Organisationen verwenden wollte.

Oder nehmen wir ein medizinisches Beispiel: Ein genialer Mensch und ein Schwachsinniger können gleicherweise von einem schweren Schnupfen befallen sein. Wir werden sie trotz des gleichen Krankheitsbildes nicht verwechseln.

Wir legen also Maßstäbe an, die unmittelbar mit dem Schnupfen nichts zu tun haben. Anders ausgedrückt: Wir vermissen bei der Freudschen Psychoanalyse ein Wertsystem.

Wenn wir das Beispiel des Schnupfens wieder verwenden: es kann kasuistisch, auf den Schnupfen bezogen, alles richtig sein, was die Psychoanalyse ätiologisch zusammenträgt; es fehlt aber das sichere Kriterium für die Beurteilung des Menschen, der den Schnupfen hat.

Der wissenschaftliche Materialismus der Freudschen Psychoanalyse ist aufs engste verwandt mit dem ökonomischen Materialismus der Marxisten.

Der nationalsozialistische spezifische Begriff der Gesinnung ist beiden gleicherweise fremd. Ebenso ist der nationalsozialistische spezifische Begriff der Gemeinschaft beider gleicherweise fremd.

Materialismus hängt wiederum mit Individualismus auf das engste zusammen.

Der politische Ausdruck für Individualismus ist Egoismus. Der Materialismus ist die Weltanschauung des Egoismus. Zwar lehrt auch der Materialismus nicht den schrankenlosen Egoismus. Er macht immerhin darauf aufmerksam, daß neben dem einen Individuum noch beliebig viel andere Individuen vorhanden sind. Er lehrt also den „wohlverstandenen Egoismus", d. h. Egoismus, gemildert durch die Rücksicht auf den Egoismus der anderen.

Das illegitime politische Kind der Freudschen Psychoanalyse, die Adlersche Individualpsychologie, bewegte sich in dieser Richtung. Die Adlersche Individualpsychologie gab daher den platten Religionsersatz für die ehemalige deutsche Sozialdemokratie ab, wenn auch hinzugefügt werden muß, daß schon vor 1933 in der deutschen Individualpsychologie Widerstände gegen die Festlegung auf den Marxismus bestanden.

Die Treue, die Ehre, die Liebe, die Kameradschaft, – Heldentum, Volkstum, Heimat als Worte von weltanschaulichem Gewicht, als politische Faktoren also, haben keinen Raum im Weltbild des Materialismus.

Für den Materialisten, den egoistischen Individualisten, ist ein Mensch, der sich für eine Idee aufopfert, notwendigerweise ein Narr, ein pathologisches Individuum.

Wenn wir aber den Egoisten aus Überzeugung – daraufhin angesehen, ob er sein weltanschauliches Ziel, das subjektive Wohlergehen, die Befriedigung des Egoismus erreicht, so ist das traurige Fiasko evident. Es bedarf nicht einmal scharfsinniger Schopenhauerscher Spekulationen, um zu wissen, daß alles Mögliche auf dieser Welt befriedigt werden kann, nur nicht das egoistische Streben selber.

Freud spricht zwar von der Überwindung des Lustprinzips. Aber er weiß nicht das Wertsystem zu nennen, das nur außerhalb jeglicher egoistischen Wertung erlebt werden kann. Ein solches Wertsystem ist nur als Ausdruck einer Weltanschauung möglich, die das Individuum und das Wohlergehen des Individuums nicht zum ausschließlichen Zielpunkt macht.

Die bisherige Psychotherapie war weitgehend individualistisch eingestellt, auch – und gerade da, wo man von der Beziehung des Individuums zur Gemeinschaft sprach. Für uns ist bereits der Begriff Individuum falsch, ist Ausdruck der Haltung, die wir liberalistisch nennen.

Für uns ist keineswegs der Begriff Persönlichkeit, wohl aber der Begriff des Individuums als eines ens existens per se bereits die Verneinung und Verfälschung einer biologischen Gegebenheit, nämlich der nicht bloß „metaphysischen", sondern eben biologischen Realität: Deutsches Volk.

Wir wissen als Erben der individualistischen Zeit schon sehr viel über die individuellen Bedingungen der seelischen Erkrankungen. Worüber wir aber vor Adolf Hitler noch nicht viel gehört haben, das sind die generellen Bedingungen der seelischen Gesundheit.

Wenn Sie mich nach dem Zusammenhang von Psychotherapie und Nationalsozialismus fragen, so ist zu antworten, daß die Frage der seelischen Gesundheit unseres Volkes die entscheidende Frage des Nationalsozialismus ist. Nicht von ökonomischen Erwägungen ist Adolf Hitler ausgegangen.

Nicht „mehr Verdienst und weniger Arbeit" hat er seinen ersten Getreuen und später dem ganzen deutschen Volk versprochen, wie es die marxistischen Demagogen früher taten. Er hat uns nichts versprochen. Er hat seelisch Unerhörtes dadurch zuwege gebracht, daß er forderte.

Er hat von jedem einzelnen das Äußerste an Einsatz, an tatbereiter Gesinnung gefordert. Und gerade dadurch hat er die Quellen der seelischen Gesundheit unseres Volkes wieder erschlossen, die am Versiegen waren. Seit Adolf Hitler sind die Worte Volkstum und Heimat, Zucht, Treue und Ehre in Deutschland wieder Worte von biologischem Wert!

Der Ausdruck „seelische Erkrankung" bedarf erfahrungsgemäß genauerer Erklärung. Was geisteskrank ist, wissen die meisten Menschen oder glauben es zu wissen: Ein Geisteskranker ist ein Mensch, der entweder dauernd sinnlose, unlogische Aussagen macht und entsprechend unvernünftige, unlogische Handlungen begeht, oder ein Mensch, der zwar gewissermaßen logisch denkt und handelt, aber auf Grund von gefühlsmäßigen oder logischen Voraussetzungen, die außer ihm niemand für richtig hält. Zu den Geisteskranken pflegt der Laie weiter diejenigen Menschen zu rechnen, die zwar logisch denken und handeln, aber auf der geistigen Ebene von unmündigen Kindern, während sie körperlich und den Jahren nach erwachsene Menschen sind. Es mag hier dahingestellt bleiben, ob die traditionelle Bezeichnung „Geisteskrankheit" für diese Zustände sinnvoll ist. Keinesfalls können aber die Kranken, mit denen sich die Psychotherapie befaßt, als Geisteskranke oder als Geisteskranke schwächeren Grades bezeichnet werden. Die verstandesmäßige Begabung pflegt im Gegenteil bei diesen Kranken – gemessen an Gesunden des gleichen Lebensraumes – sogar häufig überdurchschnittlich zu sein.

Seele ist eine Bezeichnung, die den Gesamtbezirk des individuellen menschlichen Daseins umfaßt, soweit er nicht körperlicher Natur ist. Seelische Erkrankung bezeichnet daher stets den Gesamtbezirk. Die Trennungslinie zwischen Psychosen (Geisteskrankheiten) und Psychoneurosen (seelischen Erkrankungen) ist nur bei der Anschauung des Gesamtmenschlichen erkennbar.

Seelische Gesundheit, seelische Erkrankung und „Geisteskrankheit" sind Gradbezeichnungen der seelischen Beziehungsfähigkeit.

Der Krankheitsbegriff der deutschen Psychotherapie orientiert sich also an der Urgegebenheit, daß der Mensch ein gemeinschaftsbildendes Wesen sei. Gemeinschaftsbildung ist dabei in dem spezifisch nationalsozialistischen oder deutschen Sinne eines wesentlich seelischen Vorganges zu verstehen. Eine Vereinigung von Börsianern ist für uns keineswegs eine Gemeinschaft.

Der Krankheitsbegriff der deutschen Psychotherapie ist also „politisch" bestimmt, und zwar politisch in dem bezeichneten Sinne einer bestimmten weltanschaulichen Entscheidung.

Das Wort „Beziehung" enthält bereits den Hinweis auf die Bindung des Einzelnen an ein Außerpersönliches, Überpersönliches.

Wie jede Erkrankung, so ist auch die seelische Erkrankung unmittelbar an der Beeinträchtigung der vitalen Möglichkeiten zu erkennen. Wie bei jeder Krankheit gibt es auch bei der seelischen Erkrankung Erbkranke und nur Erkrankte, und bei beiden Formen alle Schweregrade, wie bei jeder Krankheit im rein körperlichen Sinne auch. Als seelisch Erbkranke sind die Schwachsinnigen, die im Erbgange Geisteskranken und die konstitutionell Psychopathischen zu nennen.

Man pflegt bei diesen Kranken bisher nicht das Vermögen zur seelischen Beziehung als Maß des Krankheitsgrades anzuwenden; und doch kommt es allein darauf an.

Es liegt ganz ähnlich wie bei der Rassenforschung: die Frage nach blond oder schwarz, schlank oder gedrungen, kurzschädig oder langschädig ist von bloß „wissenschaftlichem" Interesse, wenn die Rassenmerkmale nicht als Ausdruck gewertet werden; nur wenn rassische Verschiedenheit seelische Verschiedenheit bedeutet, ist sie von vitaler Bedeutung für uns.

Und worin anders soll die Gefahr bestimmter Rassenmischungen bestehen, wenn nicht in seelischer Verderbnis. Körperlich sind Vereinigungen von Negern und Weißen möglich. Körperlich sind Bastarde gesund, wenn die Erzeuger gesund waren. Worin soll die Unverträglichkeit der Vereinigung liegen, wenn nicht im Seelischen?

Ganz ebenso liegt es bei dem seelisch Erbkranken. Körperlich sind z. B. Schwachsinnige oft bedauerlich gesund. Sie sind, möchte man sagen, häufig von einer nicht tierhaften, aber tierischen Gesundheit. Die oft außerordentliche körperliche Kraft schwachsinniger Berufsverbrecher ist bekannt. Ebenso bekannt ist die volksbiologisch so gefährliche tierische Zeugungsfähigkeit des Schwachsinnigen.

Läßt sich aber der Ausdruck „seelisch krank", d. h. seelisch beziehungslos, überhaupt auf diese menschenähnlichen Wesen anwenden? Darauf ist zu antworten, daß sie nur im Hinblick auf ihre seelischen Möglichkeiten, nur im Hinblick auf ihre „Weltanschauung" im volksbiologischen Sinne gefährlich krank sind; d. h. sie sind nicht darum gefährlich, weil sie nicht rechnen und nicht schreiben können, sondern weil sie seelisch mehr oder minder beziehungslos sind.

Die Weltanschauung des Schwachsinnigen umfaßt die eigene Person, und andere Personen nur insoweit, als sie der Befriedigung primitivster Triebregungen dienen. Gutartige Schwachsinnige hängen dem an, der ihnen Essen, Trinken und ein Bett gibt. Die Beziehung auf andere Menschen ist also wesentlich egoistischer Natur, also keine Beziehung im echten Sinne.

Noch deutlicher wird die seelische Beziehungslosigkeit als entscheidendes Zeichen schwerster Erkrankung bei den Schizophrenen. Es gibt leichtere Grade von angeborenem Schwachsinn, die deswegen als leichtere Grade bezeichnet werden können, nicht weil diese Kranken bis 20 statt nur bis 5 rechnen können, sondern weil noch Ansätze zu wirklicher seelischer Beziehung vorhanden sind, d. h. weil diese Kranken noch in gewissem Sinne erziehbar, statt bloß dressurfähig sind. Der Schizophrene dagegen ist charakterisiert durch völlige seelische Beziehungslosigkeit. Die Welt, die er anschaut und wahrnimmt, ist ausschließlich eine Traumwelt. In dieser Traumwelt können andere Personen redend und handelnd auftreten, wie im normalen Traum eines gesunden Menschen auch. Damit ist aber noch keine wirkliche seelische Beziehung zu wirklichen Menschen gegeben. Der Schizophrene spricht z. B. nicht mit dem Menschen, der ihn besucht; er spricht mit einem Traumbild unbekannter Herkunft, das der Besuch vielleicht in ihm anregt, das vielleicht aber auch nur zufällig, d. h. unabhängig vom Besuch in ihm entsteht. Der Schizophrene spricht nur scheinbar mit seinem Besucher, wenn er es einmal tut. Er spricht ganz ebenso gleichzeitig zu gar nicht Anwesenden, längst Verstorbenen, Fabelwesen usw., die er aber sieht.

Von gleicher Art, wenn auch nicht von gleichem Grade, ist der Krankheitszustand des konstitutionell Psychopathischen. Psychopathen sind im Gegensatz zu den Schizophrenen und Schwachsinnigen oft sehr gut imstande, die reale Welt – Personen und Situationen – wahrzunehmen. Am Intellekt fehlt es bei Psychopathischen häufig nicht. Auch der körperliche Befund ist nicht entscheidend. Es gibt körperlich kräftige und körperlich kümmerliche Psychopathen.

Entscheidend und soziologisch allein bedeutungsvoll ist wiederum die seelische Beziehungslosigkeit als Krankheitszeichen. Der Psychopath ist der geborene Egoist. Er steht daher trotz aller intellektuellen Begabung dem Schweregrad der Krankheit nach dem Schizophrenen näher als etwa ein gutartiger Schwachsinniger. Der Psychopath ist nur in sehr unzulänglichem Maße einer wirklichen Liebesbeziehung, einer echten Leidenschaft, einer echten Hingabe fähig. Der begabte Psychopath ist, volksbiologisch betrachtet, unendlich gefährlicher als der offensichtlich seelisch Schwerkranke, der Schwachsinnige oder Psychotiker. Der begabte Psychopath ist einer echten Bindung an ein Symbol, eines vitalen Vorganges also, nicht fähig. Seine Begabung kann ihn aber veranlassen, anderen eine solche Bindung vorzutäuschen.

Wenn es sich um einen unbegabten Psychopathen handelt, einen Lügner, der an seine eigenen Lügen glaubt, so wird er auch selbst an eine echte Verbundenheit glauben, während er nicht dient, sondern nur seinem Egoismus folgt, seinem Ehrgeiz und seinem Machtbedürfnis.

Ehrgeiz und Machtstreben sollen damit nicht grundsätzlich als psychopathisch bezeichnet werden. Es können durchaus männliche Tugenden sein. Es kommt auf die Frage des Akzentes an, auf das Wort „nur" Ehrgeiz – „nur" Machtstreben, das kennzeichnend ist für den Psychopathen.

Für einen gesunden Menschen wird diese Unterscheidung, wenn er erst einmal ihre Bedeutung erkannt hat, nicht schwer sein, weil sie keine abstrakt wissenschaftliche Angelegenheit ist, sondern eine gefühlssichere, spontane Äußerung seines ethischen Vermögens. Es kann dabei für einen unsentimentalen und gesunden Menschen keinen Zweifel geben, daß die Erfolge des pathologischen Egoismus, durch den der Psychopath gekennzeichnet ist (ebenso wie sit venia verbo die Erfolge psychopathischer Völker), nur scheinbare sind. Es gibt keine Ungerechtigkeit in der Welt. Die Schlußabrechnung geht immer glatt auf, wenn man den Blick unbeirrt auf das Reich der Seele richtet. Im Leben des einzelnen wie im Leben der Völker ist das endgültige Schicksal der unmittelbare Ausdruck des seelischen Einsatzes, selbst wenn, materialistisch betrachtet, die Schlußabrechnung nicht aufgeht. Auch hier scheiden sich wieder weltanschaulich politisch die Geister; nämlich in jene, die es vermögen, den Untergang eines Helden als Sieg zu erleben, und jene, die dazu nicht imstande sind. Oder anders ausgedrückt: Es gibt eine Erfüllung des Lebens, aber niemals eine Befriedigung des Egoismus. Glück auf der Ebene egoistischer Befriedigung ist notwendig unerreichbar, weil alles mögliche befriedigt werden kann, nur nicht der Egoismus selber.

Daher endete notwendigerweise – als Ausdruck unerbittlicher innerweltlicher Gerechtigkeit – die liberalistisch-materialistische Weltanschauung mit ihrer politischen Zielsetzung „größtmögliches Glück der größtmöglichen Menge" in tiefster Unbefriedigtheit, im Inferno schwerster seelischer Erkrankungen unseres Volkes.

Das Dritte Reich hat nicht das Glück auf seine Fahnen geschrieben, sondern die Tugend.

Da ich mir vorgesetzt habe, nach meinem Vermögen einiges Grundsätzliche über eine Deutsche Psychotherapie zu sagen, so wird es auch nötig sein, einiges über den Vorgang der Heilung solcher Kranken, die Methodik der seelischen Krankenbehandlung mitzuteilen.

Um eine Krankheit behandeln, den Heilungsweg untersuchen zu können, ist es notwendig, die Ätiologie, die Ursache der Krankheit, zu kennen. Das ist weitgehend gleichbedeutend mit der genauen Kenntnis der Genese, der zeitlichen Entwicklung der Erkrankung.

Man kann zwar viele Krankheiten heilen ohne genaue Kenntnis der Ätiologie. Schmerzen im Oberbauch verschwinden z. B. sehr häufig dadurch, daß man die Kranken ins Bett steckt, Schonkost verordnet und Packungen machen läßt. Diese Behandlung ist auf alle Fälle nützlich, ganz gleich, welches der Organe des Oberbauches eine leicht entzündliche oder sonstige Störung erlitten hat. Bei Erkrankungen ernsterer Art wird es unerläßlich sein, nicht nur das erkrankte Organ zu diagnostizieren, sondern auch die Art seiner Erkrankung.

Ebenso liegt es bei psychischen Erkrankungen. Ein großer Teil der sogenannten psychischen Erkrankungen kann durch suggestives Zureden des Arztes verschwinden. Oft braucht der Psychotherapeut nur zu sagen, was der Kranke sich selbst schon oft genug gesagt hat; aber die Tatsache, daß es der Arzt sagt, bedeutet eine Ermutigung, die zum Erfolge führt.

Es kommt auf den Vorgang der Erkenntnis an, dem heilende Kraft innewohnt.

Erkenntnis ist ein Gesamtvorgang und nur entfernt verwandt mit Wissen, so wie es etwas Unvergleichliches ist, ob eine junge Hebammenschwester Hunderte von Geburten leitet, oder ob sie einmal selber Mutter wird.

Dieser Weg des Rückschauens ist methodisch der Weg Freuds. Man wird sich auf diesem Wege auch und gerade mit den Vorgängen beschäftigen müssen, die einem ganzen Lebensabschnitt in der Entwicklung jedes Menschen, dem Pubertätsalter, den Namen gegeben haben, auf die Gefahr hin, für einen „Freudianer" gehalten zu werden. Methodisch und für sich genommen, sind wesentliche Befunde Freuds richtig, aber ihre Sinngebung und Einordnung in das Gesamtmenschliche ist für uns unerträglich falsch.

Der Weg Jungs ist der vorausschauende. Freud fragt: Woher? Jung fragt: Wozu? Freud ist der Wissenschaftler, nur Wissenschaftler, Jung der Ethiker. Man könnte ihn auch Wahrsager nennen, dieses Wort im tiefsten Sinne genommen und mit Ehrerbietung ausgesprochen. Jung ist der Dichter unter den Psychologen. Sein Unbewußtes ist voller lebendiger Gestalten, mit denen man spricht und verkehrt wie mit lebendigen Wesen, von denen man sich beraten und warnen läßt, mit denen man sich gut stellen muß, weil sie sonst „böse" werden. Jungs Psychologie ist eine Dämonenlehre. Das Wesen eines Dämons ist inbegriffen in seinem Namen. Es ist uralte Weisheit, daß man einen Dämon ungefährlich, ja dienstbar machen kann dadurch, daß man seinen Namen erfährt.

Das ist nichts anderes als der Vorgang der Erkenntnis, die heilend ist wie jede Erkenntnis.

Während aber der wirkliche Magier weiß, daß seine Gestalten immer seine Gestalten sind, selbst wenn sie ihn bisweilen überwältigen, kann es dem Zauberlehrling geschehen, daß er im Ernst meint, man müßte die deutsche Jugend zu TAO* führen, während uns das Glockenspiel der Potsdamer Garnisonskirche genügt: „Üb' immer Treu und Redlichkeit!"

* TAO ist für Jung das vereinheitlichte Symbol der Chinesischen Philosophie, eine irrationale Einheit von Gegensätzen. S. „Psychologische Typen". Zürich 1930. S. 303ff.

Der Freudschen Psychologie sind alle Vorzüge und alle Gefahren des jüdischen Geistes eigen, der Jungschen Psychologie alle Vorzüge und Gefährdungen der germanischen Seele.

Freud ist atheistisch, Jung ist nicht der Lehre, aber der Haltung nach von katholischer Frömmigkeit.

Erkenntnis ist die tapfere, tatfrohe und helläugige Selbstverantwortlichkeit, eine Haltung, die auch noch das selbst verantwortet, woran der Mensch im individuellen Sinne nicht schuld ist, sei es das, was mit dem Bibelwort gemeint ist: „Der Mensch ist böse von Jugend auf", sei es das, was als persönliches, unverschuldetes Unglück bezeichnet werden kann. In diesem Zustand sind das Ich und das Unbewußte nicht zweierlei; sie sind eins, wie Pferd und Reiter eins sind, wenn der Reiter sein Pferd wirklich kennt und versteht, ihm zu sagen, was er will, und wenn das Pferd verstanden hat, daß es einen guten Reiter trägt.

Es erübrigt sich nach diesem darauf einzugehen, daß Geist und Seele nicht einander feindlich sein müssen, oder daß die Bestimmung des Menschen die Geistigkeit sei, die fortschreitende „Zerebration". Wer zum Sterben verurteilt ist, unterliegt einem Trugschluß, wenn er annimmt, daß die Welt untergeht.

Wenn wir vorhin Persönlichkeit als ausgereifte Gestaltung der fruchtbaren gegebenen Möglichkeiten zu beschreiben versuchten und von Gleichwertigkeit sprachen, so kann nun hinzugefügt werden, daß es als primus inter pares denjenigen geben kann, der nicht nur des runden, reifen Lebens, sondern auch der Erkenntnis teilhaftig geworden ist; das sind jene Männer, die wir die wahren Führer des Volkes nennen, die Denker, Dichter und Politiker.

Ein Grundriß ist der wesentliche Teil eines Bauplans, wenn er der Gestaltung der inneren und äußeren Architektur des Baues auch noch viel Spielraum läßt. Als Grundriß sollen auch die folgenden, abschließenden Bemerkungen über den Beruf des Psychotherapeuten gelten.

Die Psychotherapie hat enge Beziehungen zur Pädagogik. Sie gibt die eigentliche Begründung der Bedeutung einer richtigen Erziehung dadurch, daß sie nachweist, daß eine falsche Erziehung auch bei gesundem Material in der Regel nicht bloß zum Zustand des Schlechterzogenseins, sondern zu den oben beschriebenen Zuständen seelischer Erkrankung führt (um Mißverständnissen vorzubeugen, sei hinzugefügt, daß die besonders „gute" Erziehung psychotherapeutisch betrachtet recht häufig die besonders „schlechte" ist).

Als Ziel einer gesunden Erziehung würde psychotherapeutisch die Einbildung der artgemäßen Tugenden zu nennen sein. Die Erziehung zur Persönlichkeit ist kein Erziehungsideal, sondern die Erziehung zu deutschen Jungen und Mädchen oder zu jungen Deutschen. Persönlichkeit in dem oben beschriebenen Sinne ist eine Frucht, also das organische Ergebnis der individuellen Reifung artmäßiger Gegebenheiten.

Es darf dabei nicht vergessen werden, daß das Wort Tugend im Deutschen keine asketische Bedeutung hat, wie ja auch die verbindliche nationalsozialistische Forderung lautet: „Gemeinnutz geht vor Eigennutz", eine Forderung, die wie alle

Forderungen des Nationalsozialismus vom Biologischen ausgeht. Biologisch ist die Selbstbehauptung eine Lebensnotwendigkeit und nur jener Eigennutz verwerflich und verderblich, der dem Gemeinnutz schadet. Auch diese Unterscheidung ist rein seelischer Natur und für einen seelisch Gesunden keineswegs schwieriger als die ebenso wichtige Unterscheidung: Zucht und Dressur; – Härte und Grausamkeit; Weichheit und Weichlichkeit; – Leidenschaft und Fanatismus; – Unbeirrbarkeit und Prinzipienreiterei; – Begeisterung und Gefühlstaumel; – Liebe und Geschlechtsbefriedigung; – Gefühlstiefe und Sentimentalität.

Die Psychotherapie kann also einmal als kritische Instanz Beziehung zur Pädagogik haben, sie kann aber auch als unmittelbare, praktische Tätigkeit insofern mit der Pädagogik in Beziehung gebracht werden, als die Behandlung von Neurosen in vielen Fällen mit der Beseitigung von Erziehungsfehlern gleichbedeutend sein wird, wobei allerdings bei erwachsenen Patienten der Arzt niemals zum Erzieher wird und werden darf, sondern nur die Funktion zu übernehmen hat, den Prozeß der Selbsterziehung einzuleiten, die der biologischen Situation des Erwachsenen, im Gegensatz zur Situation des Kindes, gemäß ist.

Die Psychotherapie hat auch durchaus Beziehungen zur Seelsorge, aber nur im Gegenstand. Die häufig verkannte, wesentliche Verschiedenheit läßt sich am besten an dem ebenso üblichen wie falschen Vergleich einer psychotherapeutischen Sprechstunde mit der katholischen Ohrenbeichte klarmachen. Zur Beichte gehört einmal ein fixiertes Moralsystem und ein klares Wissen um dieses System, und zweitens der Begriff der Sünde als Verletzung dieses Moralsystems, und endlich ein Beichtiger mit der Bevollmächtigung zur Absolution.

Von all dem enthält die Situation der psychotherapeutischen Sprechstunde gar nichts. Eine gewisse Beziehung besteht vielleicht zwischen dem Schuldgefühl des Neurotikers und dem religiösen Gefühl der Versündigung. Aber eigentlich ist es eine Blasphemie, beide unmittelbar in Zusammenhang zu bringen. Wenn ein Kranker mit Waschzwang z. B. völlig verzweifelt ist, weil er irgend jemand einmal die Hand gab, ohne daß er sich vorher die Hand hätte waschen können, so leuchtet wohl ein, daß das Moralsystem des Waschzwanges kein religiöses, sondern ein höchst privates ist. Ebenso leuchtet wohl ein, daß der Arzt in solcher Situation nur eine scheinbare Verwandtschaft zum Beichtiger hat. Der Kranke empfindet es vielleicht anfangs so, aber ein wesentlicher Fortschritt der psychotherapeutischen Arbeit ist bereits erzielt, wenn der Kranke auf den Wunsch nach Absolution verzichtet, weil er zu verstehen beginnt, daß das Befreiende die Erkenntnis ist. Man kann vielleicht sagen, daß im tiefsten Grunde jeder Neurose ein religiöser Konflikt verborgen liegt. Deswegen ist aber die Neurose noch kein religiöser Konflikt. Der eigentliche religiöse Konflikt kann vielmehr erst ausgetragen werden, wenn sich beispielsweise der Kranke nicht mehr mit der Sauberkeit seiner Hände beschäftigt, sondern mit dem Mute zur Verantwortung über die Reinheit des Herzens nachsinnt.

Die psychotherapeutische Tätigkeit kann also nur in einem anderen als dem gebräuchlichen Sinne als Seelsorge bezeichnet werden.

Die Psychotherapie in dem hier vorgetragenen Sinne hat zweierlei Aufgaben: eine allgemeine und eine besondere.

Die Psychotherapie ist einmal das weltanschaulich politische Fundament allen ärztlichen Handelns und sollte daher einen wesentlichen Raum im medizinischen Studium einnehmen.

So ist bekannt, daß bisher kaum Ansätze dazu vorhanden sind. Die hier und da üblichen Vorlesungen über Psychologie im allgemeinen und ärztliche Psychologie im besonderen sind gewiß natürlich; aber sie sind wissenschaftlich im Sinne des 19. Jahrhunderts; eine Beziehung zu den hier kurz beleuchteten Problemen ist kaum spürbar.

Die Aufgabe der Psychotherapie im engeren Sinne ist es, Ärzte mit einer besonderen Eignung zur Behandlung wirklicher seelischer Erkrankungen heranzubilden. Praktisch heißt das, daß diese Ärzte fast ein eigenes Studium noch außer ihrem medizinischen absolvieren müssen. Sie müssen die Geistesgeschichte, besonders ihres Volkes, kennen und innerlich verarbeitet haben; sie müssen in bezug auf philosophische, insbesondere metaphysische Fragestellungen ein sicheres, eigenes Urteil erarbeitet haben; sie müssen mit den Ausdruckswissenschaften und in diesem Sinne mit der Rassenkunde besonders vertraut sein, um nur die wichtigsten, nicht „medizinischen" Gebiete zu nennen.

Es kann sogar die Frage aufgeworfen werden, ob nicht der umgekehrte Weg ebenso möglich ist, nämlich der, vom Geisteswissenschaftlichen auszugehen und die unbedingt erforderlichen ärztlichen und biologischen Kenntnisse dazu zu erwerben. Es ist bekannt, daß die Führer der bisherigen psychotherapeutischen Schulen, die selber Ärzte waren, diese Möglichkeit praktisch bejaht und Nichtärzte zu Schülern ausgebildet haben.

Auszug aus einer Rede beim ärztlichen Kongreß für Psychotherapie, Bad Nauheim 1934. Veröffentlicht in: *Politische Medizin. Grundriß einer deutschen Psychotherapie.* Hamburg 1934. S. 7, 12-14, 16-17, 23-27, 49, 52-54, 61-63.

Hanns Löhr

Der Arzt muß sich auch mit dem Irrationalen auseinandersetzen

Wir Nationalsozialisten meinen, daß fernab vom hohen Kothurn der Universitätsklinik sich der Arzt erst einmal in enger Volksverbundenheit mit dem „Irrationellen" auseinanderzusetzen hat, das die Brücke zwischen Art und Mensch schließt, wenn der Kranke nicht nur der „Fall" oder das „Material" sein soll.

Es kommt dem nationalsozialistischen Staate also gar nicht darauf an, den Studenten der Medizin mit einer Unmasse von Einzeltatsachen, z. T. doch recht blutleeren Wissensstoffen, vollzupfropfen, die er ad hoc, d. h. nur zum Examen auswendig lernt und nach vier Wochen wieder vergessen hat, sondern ihm aus der

Kenntnis der großen biologischen Zusammenhänge heraus Ehrfurcht vor dem Leben beizubringen ...

Wir wenden uns also keineswegs gegen die Wissenschaft, sondern verlangen vielmehr vom kommenden Arzte ein hohes Maß wissenschaftlichen Denkens, das aber nur in einer Verlebendigung des Unterrichts durch eine wesentlich stärkere Beziehung zur menschlichen Biologie zu erreichen ist, als dieses bisher vielfach durch Vermittlung rein abstrakten und toten Lehrstoffes geschieht. Hier hat eine wirklich rationelle Studienreform einzusetzen.

Mit Recht macht *Johs. Stein*[1] geltend, daß der Mediziner viel zu spät mit dem lebenden Menschen, also mit dem Kranken, in Berührung kommt. Wenn er erst nach dem Physikum an das Krankenbett tritt, so steht häufig zwischen ihm und dem Kranken eine Fülle von Regeln und vorgefaßten Meinungen. Man mißverstehe uns nicht, wir wollen weder Medizinschulen, noch die französische Erziehungsmethodik der Medizinstudierenden nachahmen, die sofort von Anbeginn an den Studenten an das Krankenbett bringt und ihm entscheidend nur ärztliche Technik und Methodik beibringt und das theoretische Wissen für den Durchschnittsmediziner nicht so sehr in den Vordergrund stellt.

Wir glauben aber, daß es allerdings zweckmäßig ist, sofort vor dem Studium
Dienst als Krankenpfleger
zu verlangen. Beim selbstlosen Dienen am Nächsten wird dem jungen Studenten es schon aufgehen, ob er den richtigen Beruf gewählt hat.

„Man muß der Stimme des Leides und der Not auf Schritt und Tritt begegnet sein, um zu erfahren, ob man dazu taugt, dem Leidenden zu helfen und der Not zu steuern" (Johs. Stein).

Dieser praktische Krankenpflegerdienst, der von dem einzelnen Opferbereitschaft und Selbstverleugnung verlangt, gibt uns auch anderseits die Möglichkeit einer strengen Auslese. Ein Ausleseprinzip, das am Ende der Schulausbildung von den Lehrern nur auf Grund intellektueller Fähigkeiten getätigt wird, ist unbedingt falsch und ganz und gar abzulehnen. Wieviel hochbedeutenden Männern ist von ihren Gymnasiallehrern aber auch jede Befähigung abgesprochen worden. Die Auslese darf auch mit der einmal ausgestellten Qualifikation zum Hochschulstudium für den Beruf als Arzt nicht beendet sein. Das Arbeitsdienstjahr und das weitere Halbjahr in praktischer Krankenpflege erlauben ein weit sicheres Urteil über die charakterlichen Veranlagungen eines jungen Mannes. Aber auch noch während des Studiums, das von Grund auf für das Fach der Medizin umgeändert werden wird, wobei das Schwergewicht von der „Schau" der Krankheiten aus dem Hörsaal hinweg an das Krankenbett selbst verlegt werden muß, soll am Semesterschluß anstatt der üblichen „Erlangung des Praktikantenscheins" der Medizinbeflissene immer wieder beurteilt werden. Es ist selbstverständlich, daß dieses bei Massenbetrieben unmöglich erscheint. Hier hat aber jeder Dozent und jeder Stationsarzt von Kliniken und Krankenhäusern eine überaus wichtige Aufgabe, von der nicht zuletzt seine Eignung zum Hochschullehrer abhängt.

„Auf die Hochschule gehört nur, wer sich mit seinem ganzen Wesen dem Volke verpflichtet und nichts für sich selber und seinen Nutzen sucht. Wer zum Studium und zu akademischer

Tätigkeit berufen ist, wird nicht aus großen Worten, sondern aus Tat und Leistung im Dienste der Volksgemeinschaft erkannt. Der nationalsozialistische Wissensbegriff und die neu bestimmte Aufgabe der Hochschule haben den strengen geistigen Anspruch der Hochschule nicht gemindert, sondern so erhöht, daß ihm nur in schärfster geistiger Zucht genügt werden kann.

Wenn der deutsche Student aus der tiefsten Hingabe an den Nationalsozialismus seine Kräfte zieht, wird er seine Pflicht so tun, wie das Volk es von ihm erwarten kann" *(Frick:* „Student im Volk", 1934).

Durch die geradezu inflationsartig steigende Zahl der Medizinstudierenden, insbesondere aber auch durch den Zugang von solchen Individuen, die weder rassisch noch ethisch, noch weltanschaulich für den Arztberuf geeignet waren *(Reiter)*, sank immer mehr eine früher vorhanden gewesene Auslese. So mußte auch jedes persönliche Verhältnis zwischen Lehrer und Schüler verlorengehen und damit naturgemäß auch das lebende Vorbild des Führertums. Je größer der Massenandrang wurde, desto geringer die Einzelleistung. Hinzu kam, daß jüdische Dozenten die Lehrstühle der Medizin beherrschten und die Heilkunst durchseelten. „Sie haben Generation um Generation der jüngeren Ärzte mit mechanistischem Geiste durchtränkt." (Reichsärzteführer *Wagner* im „Aufruf an die Deutsche Ärzteschaft", 1933).

In der jetzt endgültig überwundenen liberalistischen Zeit herrschte nur das Bildungsideal. Man verzichtete vollkommen auf die charakterliche Erziehung des einzelnen.

Es muß daher wieder die charakterlich-menschliche Schulung durch unsere Lehrer im Vordergrunde stehen, neben der wissenschaftlichen Ausbildung ist dieses dem akademischen Lehrer als Hauptaufgabe anvertraut. Nur so werden wir zu der Ethik und dem sittlichen Hochstande der alten Ärztegeneration zurückkehren (man lese einmal den „Hippokratischen Eid"), die weltanschaulich feststeht und fachlich nicht zu schlagen ist...

Feinde der nationalsozialistischen Bewegung haben seit Jahren verbreitet, die nationalsozialistische Bewegung sei somit geistesfeindlich und amusisch. Man wolle der Wissenschaft ihre überlieferte Wertschätzung rauben und derart alles wissenschaftliche Denken einschränken, daß die „stolzen Höhenzüge ehemaliger deutscher Kultur sich in Niederungen umwandeln, die eine Zufluchtsstätte bilden würden für geistige Kastraten" (zitiert nach *Heinrich Hasse*[2]).

Besonders stellen dieses die literarischen Emigranten so dar, als ob in Deutschland heute alle Zivilisation und Kultur bedroht würde, als ob eine Horde losgelassener Wilder die Ideale der Menschheit bedrohe.

Der im liberalistischen Zeitalter entstandene Begriff einer „voraussetzungslosen" und „objektiven" Wissenschaft mit dem Ziele der „absoluten Wahrheit", die auf einer reinen Vernunft begründet war, hat heute ihre Daseinsberechtigung völlig verloren, nachdem man erkennen lernte, daß eine Wirklichkeitswissenschaft stets an persönliche zeitgeschichtliche Voraussetzung gebunden ist. Nur aus dem Strome der jeweiligen Gegenwart heraus kann die Wissenschaft in die Wirklichkeit eingreifen. Volksgemeinschaft und Wissenschaft stehen nicht zueinander im Gegensatz. Der Begriff Volksgemeinschaft, bisher nur als politischer Begriff betrachtet, wird nunmehr auch zum wissenschaftlichen Grundprinzip *(R. Höhn).*

Da, wie oben eingehend dargelegt, die letzten Vorgänge des Lebens durch kausal-mechanische Analysen nur wenig zu klären sind, so ergibt sich die Frage, ob neben der auf naturwissenschaftlicher Methodik beruhenden Diagnostik dem Arzte noch andere Erkenntnismittel zu Gebote stehen. Sofort werden einem jedem Begriffe wie Erfahrungswissen, Ganzheitsbetrachtung und Intuition lebendig.

Ganz fraglos kann der Arzt sein Erfahrungswissen nicht entbehren, doch Erfahrung ist, wie *Hippokrates* sagt, trügerisch. Manche nur auf Erfahrung beruhende Kenntnisse, auch wenn sie wer weiß wie lange Zeit hindurch als sicher galten, erscheinen eines Tages als grundlegende Irrtümer.

Eine weitere Frage ist es, ob die Intuition wirklich eine neue Art der Erkenntnis ist, daß zwischen dem genialen, rein gefühlsmäßigen Erfassen und dem gewöhnlichen Denken doch ein Unterschied besteht. Intuition ohne wissenschaftliche Grundlagen, ohne eingehende Kenntnisse der großen biologischen Zusammenhänge, dürfte es in der Heilkunde wohl kaum geben. Dadurch unterscheidet sich aber der wirklich geniale und intuitiv denkende Forscher von seinem Durchschnittskollegen, daß er ganz plötzlich bahnbrechende Einfälle hat, auf die der andere niemals kommen würde. Nach *Bumke*[3] ist Intuition eine sehr große Konzentration, ist der Blick „für das Wesentliche, der nicht bloß sehr viele Einzelbeobachtungen und zahlreiche Erinnerungen in ein Bild, sondern zugleich sehr große Zusammenhänge in einen Gedanken zu fassen vermag".

Es ist selbstverständlich, daß wir unsere Schüler nicht zur Genialität erziehen können, sondern daß nach wie vor eine grundlegende Durchbildung in der Zusammenschau großer biologischer Zusammenhänge gefordert werden muß, denn wer da glaubt, jeder wissenschaftlichen Kenntnis und ärztlichen Bildung zu entraten und nur aus Intuition heraus Krankheiten diagnostizieren will, der würde sehr bald in seiner ärztlichen Diagnostik und Therapie Schiffbruch erleiden.

Wir wollen gerne zugeben, daß es von jeher auch unter den „Heilpraktikern" Leute mit großem ärztlichen Blick, also mit Intuition gegeben hat. Aber auch diese Laienbehandler stellen niemals ganz blitzartig aus sich heraus Diagnosen, sondern letzten Endes verfügen sie auch über einen Erfahrungsschatz empirischen Könnens. Denn unwillkürlich beschäftigt sich jeder Mensch schon aus Liebhaberei oder Leidenschaft mit dem Gebiete, für das er besonders begabt ist. Wie häufig habe ich beispielsweise unter den allereinfachsten ganz ungebildeten Schichten Männer angetroffen, die eine geradezu souveräne Beherrschung in züchterischen Fragen (Vogelliebhaber, Hundezüchter, Schmetterlingssammler usw.) aufweisen, ohne daß sie dieses studiert hatten. Selbstredend befassen sich solche Männer mit diesen ihren Lieblingsbeschäftigungen. Es wird aber jeder zugeben müssen, daß man auch dort Intuition sieht.

Ein weiterer Grund zur Verzerrung des Arztbegriffes in neuester Zeit war ganz fraglos, wie oben erwähnt, die starke Verjudung unseres Standes. Jüdische Kollegen wurden sehr bald die Leiter der Standesvereine und Ärztekammern. „Sie verfälschten den ärztlichen Ehrbegriff und untergruben arteigne Ethik und Moral" (*Gerhard* Wagner im „Aufruf an die Deutsche Ärzteschaft" 1933). Wer einmal aufmerksam die Zahlen über die Überfremdung des ärztlichen Berufes durch Juden, wobei sogar nur nach religiösen und nicht nach rassischen Grundsätzen verfahren wurde, in unseren Großstädten nachliest, der wird die nationalsozialistische Gegenreaktion durchaus würdigen. Der Reichsärzteführer *Gerhard Wagner* gab in seinem groß angelegten Vortrag auf dem Reichsparteitag 1934 über „Rasse und Volksgesundheit" davon Kenntnis, daß im Februar 1934, also ein Jahr nach der nationalsozialistischen Revolution unter den Berliner Kassenärzten noch 46,8% zugelassener Juden gezählt wurden. In den Großstädten verhält es sich nicht wesentlich anders. Ich glaube, daß man da von brutaler Verfolgung und Vernichtung des Judentums innerhalb des Ärztestandes kaum mehr sprechen kann.

Der starke Zugang jüdischer Ärzte brachte aber einen Einstrom marxistisch-liberalistischer Gedanken mit sich, wodurch der Arztbegriff an sich immer mehr verzerrt wurde. Der Arzt wird zum Geschäftsmann; obendrein endlich als Sklave der Sozialversicherungen leistete er, wenn er nicht hungern wollte, einfach Ramscharbeit. Die ärztliche Kunst wurde hier nur noch bewertet nach Ziffern und Gebührenordnungen!

Gleichzeitig läßt sich der praktische Arzt durch Kassenbonzen und Vertrauensärzte marxistischer Prägung den Rest seines Berufsstolzes nehmen. Er muß sich vorschreiben lassen, was er überhaupt noch seinen Kranken an Arzneien und Verordnungen geben darf.

Was war die Folge? Das Ansehen des Ärztestandes sank immer mehr beim Volk. Durch die starre dogmatische Ablehnung aller laienmedizinischen Gedanken wurde die wissenschaftliche Medizin volksfremd, weil sie wirklichkeitsfremd war. Viel richtiger wäre es gewesen, um das Vertrauen des Volkes wieder zu gewinnen, wenn man die Ansichten und Anregungen der Volksmedizin objektiv nachgeprüft hätte, anstatt sie von vornherein zu verwerfen.

Der Umbruch der heutigen Zeit wird dazu beitragen, daß der Blick von einzelnen Symptomen und Organen wieder zur „Ganzheitsbetrachtung" wird, mehr wieder zu wirklich medizinisch-biologischem Denken. Die zahlreichen Aufsätze führender Ärzte aus allen Fachgebieten der Medizin in den Medizinischen Wochenschriften der allerletzten Zeit zeigen schon diese Blickwendung.

Kaum ein anderer Stand hat soviel Möglichkeiten, hier wirkliche „Seelsorge" zu treiben, wie der ärztliche. Denn der Geburtenrückgang liegt nicht nur in wirtschaftlichen Dingen, sondern entscheidend in der inneren Haltung des Volkes bedingt.

Es ist aber jeder Appell an die sittliche Verantwortung sinnlos, wenn nicht gleichzeitig gezeigt wird, unter welchen wirtschaftlichen Bedingungen sich der Wille zum Kinde regen kann. Der nationalsozialistische Staat zeigt aber in seiner Steuergesetzgebung[4] und anderen wesentlichen Erlassen über wirtschaftliche Erleichterung für Familiengründungen und der Kinderaufzucht diese Bedingungen. Aber umgekehrt ist der Appell an rein wirtschaftliche Vorteile völlig sinnlos, wenn nicht eine Erneuerung der inneren Haltung des einzelnen einsetzt. Und hier hat die zielbewußte Arbeit des Arztes zu beginnen. Sein ärztliches Handeln und Wirken soll nicht allein an der jetzigen Generation haften, sondern er soll darüber hinaus um die Gesunderhaltung des ewigen Volkes *(Kurtzahn)* bemüht sein.

Das Sterilisationsgesetz stellt ebenfalls einen Grundpfeiler des nationalsozialistischen Staates dar.[5] Wenn der Erbgesunde seine Kinderzahl künstlich beschränkt, aber der hemmungslose Erbkranke sich doppelt so rasch fortpflanzt, so sind nach den bekannten Berechnungen von *Lenz*[6] nach 100 Jahren nur noch 11% der erbgesunden Nachkommen, aber 88,9% erbkranke Nachkommen (bei einer Generationsdauer von 33 Jahren und vorher gleicher Kinderzahl) vorhanden. Es sinkt also die Wertigkeit des Volkes immer mehr. Was hilft da jeder Versuch einer Umstellung der geistigen Haltung eines Volkes, wenn es überwiegend aus Minderwertigen besteht? . . .

Adolf Hitler und seine Mitarbeiter haben der deutschen Ärzteschaft diesen Weg gezeigt.

Für uns Hochschullehrer enthält dieses aber die Verpflichtung, dem Studenten als letztes Ziel der ärztlichen Kunst die Volksgesundheit als der Gesundheit des Einzelindividuums übergeordnet zu lehren, also über jeder Wissenschaft dem Volke Arzt zu sein!

Wir müssen der medizinischen Jugend lebensnahe Erkenntnis aus dem unmittelbaren Kampfe und Auseinandersetzungen mit dem Alltag vermitteln. Dies geschieht aber nicht durch eine einfache neue Zuschneidung (oder „Gleichschaltung") des Studienplanes, unter Einfügung von jetzt mehr modern gewordenen Fächern, wie Bevölkerungspolitik, Rassenhygiene usw., wir tragen vielmehr die Verantwortung in uns, daß nicht nur Erkenntnisse und Ergebnisse der Wissenschaft wachsen, sondern die Träger der völkischen Berufe, Ärzte, Richter und Lehrer, auf denen letzten Endes gemeinsam der Wiederaufbau des Reiches ruht, müssen von Grund auf zusammengefaßt werden, alle gemeinsam unter dem großen Gedanken der nationalsozialistischen biologischen Staatsauffassung. Schon deshalb fordern wir an den Universitätsinstituten auch den völkischen Hochschullehrer, den völkischen Studenten und den völkischen Arzt. Der völkische Akademiker, einerlei ob Forscher oder Schüler, kommt auf Grund seiner biologischen Auffassung von Wissenschaft und Staat nicht in Gefahr, sich in abstrakte Formulierungen oder Paragraphen zu verlieren (s. a.*Frick*).

Alle Arbeit hat für ihn nur den einen großen Sinn: das Volk. Hier aber bekommt der Arzt wieder sein Priestertum und die Heiligkeit seines Berufes, die er vor Jahrtausenden im Leben aller großen Völker besessen hat, zurück.

Meine Ausführungen möchte ich beendigen mit dem Schluß aus der letzten großen Rede *Gerhard Wagners* auf dem Reichsparteikongreß 1934:

„Getreu dem Willen und den Weisungen des Führers wollen wir auch in Zukunft unsere Aufgaben lösen: den neuen deutschen Menschen, das neue deutsche Volk heranzubilden, das seinen Platz in der Welt in Kraft, in Ehre und in Freiheit behauptet!"

Anmerkungen
1 Johannes Stein war Professor für Innere Medizin (von 1934 an) und Direktor der Universitätsklinik Heidelberg.

2 Autor von „Schopenhauers Religionsphilosophie" (1932) und anderer Werke über die Aufgaben des Lernens im Dritten Reich.
3 Oswald Bumke, Autor von „Das Unterbewußtsein" (1926).
4 s. auch Seite 367
5 s. auch Seite 125
6 Lenz beschäftigte sich viel mit Rassenhygiene. Hans F. K. Günther (s. S. 100) beruft sich in seiner Theorie teilweise auf Lenz' Berechnungen.

Hanns Löhr, *Über die Stellung und Bedeutung der Heilkunde im nationalsozialistischen Staate*. Berlin 1935. S. 19-23, 26-29, 32-35.

Das Christentum

Die nationalsozialistische Ablehnung des Christentums drückte sich darin aus, daß das nationalsozialistische Weltbild selbst unmittelbar religiöse Formen annahm. Das Kindergebet auf S. 268 ist ein extremes Beispiel für diese Zielsetzung. Es wurde den Kindern von der „Nationalsozialistischen Volkswohlfahrt" (NSV) in einem Kölner Vorort beigebracht und mußte vor und nach dem kostenlosen Essen gebetet werden. Obwohl die Nationalsozialisten das Christentum durch ihre Weltanschauung ersetzen wollten, achteten sie doch darauf, daß die traditionellen Formen erhalten blieben. Sie verwendeten die bekannte christliche Bildersprache sogar in ihren Reden. Hitler und Goebbels sprachen von dem „Glaubenswunder" (sie meinten aber damit den nationalsozialistischen Glauben), riefen die „göttliche Vorsehung" an und hatten keine Skrupel, Hitlers Buch „Mein Kampf" das „heilige Buch des Nationalsozialismus" zu nennen. In der Tat wurden die engsten Vertrauten des Führers seine „Apostel" genannt, während von ihm als dem „Retter" gesprochen wurde.[1]

Der Versuch, den traditionellen Rahmen mit ihren eigenen Inhalten zu füllen, bedeutete, daß das Christentum selbst in Übereinstimmung mit der nationalsozialistischen Weltanschauung und Kultur gebracht werden mußte. Die „Deutschen Christen", eine Gruppe innerhalb der protestantischen Kirche, versuchte, dies zu erreichen. Ihre Glaubensartikel (1933) heben die Person Jesu und die Heilige Schrift hervor, integrieren aber beides in die Blutsverwandtschaft, durch welche jene ihren einzigen Ausdruck finden können. Die „Deutschen Christen" wurden 1932 von der nationalsozialistischen Partei gegründet, um die im gleichen Jahr stattfindenden Wahlen zur *preußischen Staatskirche* zu beeinflussen. Der Versuch schlug fehl, und die Nationalsozialisten zogen daraus ihre Konsequenzen.

Hitler versuchte nun, auf einem weniger direkten Weg die erwünschte Umformung des Christentums zu erreichen. In ihrem Programm hatte die nationalsozialistische Partei ihre Neutralität in religiösen Dingen betont, und Hitler versicherte 1932 den Kirchen wiederholt, daß er an diesem Grundsatz festhalten wolle. In Wirklichkeit waren die Vorstellungen von „Deutschen Christen" bereits vorbereitet, und man wartete nur auf einen günstigen Zeitpunkt, um sie realisieren zu können. Daß die Bewegung der „Deutschen Christen" nach der Machtergreifung viele Spaltungen erfuhr, war dabei von untergeordneter Bedeutung.

Die Ernennung von Hans Kerrl zum Reichskirchenminister im Jahre 1935 hätte für alle ein deutliches Zeichen sein sollen, denn er war ein Anhänger des Gedankens vom „Deutschen Christentum". Seine Stunde kam 1938, als Hitler die Entscheidung über das Schicksal der Deutschen in der Tschechoslowakei zu treffen hatte. Zu diesem Zeitpunkt schrieb Karl Barth, der berühmte Theologe und *geistige Führer des Widerstandes* gegen das germanisierte Christentum, einen Brief an das Oberhaupt der protestantischen Kirche in der Tschechoslowakei und bekundete ihm darin seine Solidarität. Mit dem Schlagwort von der Verbundenheit mit der Nation konnten in Zukunft Dissidenten innerhalb der deutschen protestantischen Kirche herausgegriffen werden, um diese mit der erwünschten Weltanschauung in Übereinstimmung zu bringen.

Die Mittel dafür lagen schon bereit. Die Christen Thüringens, eine Splittergruppe der „Deutschen Christen", hatten ein Manifest veröffentlicht, in dem sie eine neue Ordnung für die evangelische Kirche forderten. Dieses „Godesberger Manifest" (1937) berief sich klugerweise auf Hitlers Dekret vom 15. 2. 1937, worin Hitler für eine neue Kirchenverfassung eintrat, aber gleichzeitig seine Nichteinmischung, was Form und Inhalt betraf, betonte: Die Forderung lautete, die Gläubigen selbst wählen zu lassen. Dies stand trotz allem in Übereinstimmung mit dem nationalsozialistischen Parteiprogramm. Unter dem Deckmantel dieses Dekrets berief sich die Kirche Thüringens auf die Trennung von Kirche und Politik, eine klare lutheranische Doktrin. Der Ruf nach „Klaren Richtlinien" stimmte zudem mit der Tradition überein; so hatte die Obrigkeit die lutherische Kirche immer behandelt. Dieser Ruf war nun jedoch gegen das Konzept Luthers vom „alleinigen Glauben" gerichtet und mit einem „gottgewollten Volkstum" verbunden. Als Luther für die Unterstützung der „obrigkeitlichen Gewalten" eintrat, weil diese „von Gott gesetzt" seien (Römer XIII, 1), hatte er mit der Schaffung klarer Prinzipien nicht die Unterstützung eines „Deutschen Christentums" im Sinne gehabt – ebensowenig auch seine Nachfolger. Auf diese Weise pervertierten die Christen Thüringens den traditionellen lutherischen Glauben, um ihn zur nationalsozialistischen Religion zu verwandeln.

Hans Kerrl nahm die Gelegenheit wahr und wollte die Deklaration zur offiziellen Regel für die protestantische Kirche machen. Die Bischöfe wehrten sich jedoch dagegen, und er mußte einige Veränderungen vornehmen. Im Prinzip konnte er jedoch sein Konzept durchsetzen: Die Opposition war zeitweise in ihrer Geschlossenheit gestört, weil sie des Verrats an den Sudetendeutschen angeklagt wurde. Die versprochene Synode kam niemals zustande; man brauchte die Gefahr abweichender Meinung nicht zu fürchten, solange willkürliche Anordnungen die Stelle von Gesetzgebung einnahmen. Hitler konnte also seine angebliche Neutralität aufrechterhalten und trotzdem viele seiner wirklichen Absichten realisieren.

Das wahre Gesicht der Führung ist in dem vertraulichen Memorandum zu erkennen, das von Martin Bormann 1942 an alle Gauleiter gesendet wurde. Martin Bormann war seit 1933 der Stabschef des stellvertretenden Führers Rudolf Hess und ein Jahr vor dem Memorandum zum Chef der Kanzlei des Führers ernannt worden. Dieses Memorandum zeigt also die Gedanken eines Mannes, der in den letzten Kriegsjahren von vielen als der zweitmächtigste Mann des Reiches angesehen wurde. Die Schrift kam schließlich in den Besitz von oppositionellen Pfarrern, die sie zu verteilen versuchten, um die Feindschaft der Partei gegenüber dem Christentum zu demonstrieren, was wiederum zu einer Reihe von Verhaftungen führte, weil die Gestapo verhindern wollte, daß Bormanns Bemerkungen an die Öffentlichkeit gelangten.

In diesem aufschlußreichen Dokument geht Bormann weit über die Vorstellungen der „Deutschen Christen" hinaus. Er stellt das, was er Wissenschaft nennt, dem Christentum gegenüber, und schon die Verwendung dieses Wortes im Zusammenhang mit Bormanns Ideologie zeigt deutlich den Glauben an eine nationalsozialistische Weltanschauung als einzige Wahrheit. Gott existiert, aber als eine Weltmacht, die über den Gesetzen des Lebens wacht, welche allein von den Nationalsozialisten verstanden werden. Dieser nicht-christliche Theismus war bereits geläufig in Deutschland, und zwar lange ehe Bormann seine eigenen Gedanken zu diesem Thema niederschrieb. Er mußte nun mit neuem Leben erfüllt werden; man mußte die katastrophalen Fehler vergangener Jahrhunderte, welche die Macht des Staates in die Hand der Kirche gelegt hatten, vermeiden. Die Gauleiter wurden beauftragt, den Einfluß der christlichen Kirchen zu vermindern, indem sie die konfessionelle Zersplitterung unterstützen sollten. Sie sollten eine Politik verfolgen, die der Politik der Stauferkaiser, die Ordnung und Einheit in Rom wiederhergestellt hatten, genau entgegengesetzt war.

Diese klare Sprache offenbarte die wahren Ziele der Nationalsozialisten, aber in der Praxis gingen sie ganz behutsam vor: Sie standen zwar scheinbar zu der gewährten Freiheit, aber zur gleichen Zeit übten sie starken Druck aus, um jede Abweichung von ihrer eigenen Weltanschauung auszuschalten. Die protestantische Kirche reagierte darauf in einer wenig geschlossenen Art und Weise. Nur eine beständige Gruppe, die gegen die offizielle Politik opponierte, bildete sich heraus. 1933 gründete Pastor Martin Niemöller den Pfarrernotbund, aber der wachsende Druck auf abweichende Pfarrer erforderte die Gründung einer größeren Organisation: der Bekennenden Kirche. Ihre erste Versammlung fand 1934 statt, und es gelang ihr, während des ganzen Dritten Reiches zusammenzuhalten. Es handelte sich hier um keine isolierte Organisation; vielmehr arbeitete die Bekennende Kirche innerhalb der deutschen protestantischen Kirche, um sich dem Druck des Staates zu widersetzen. Diese Männer versuchten, die Methoden bloßzulegen, mit denen das Dritte Reich das Christentum in die nationalsozialistische Ideologie integrieren wollte. Mit Mut protestierten sie sogar gegen die Machthaber selbst.

Ein Beispiel für diesen Protest ist das hier abgedruckte Schreiben an den Stellvertreter des Führers, Heß, aus dem Jahr 1937. Der Pastor, der dieses Protestschreiben verfaßt hatte, wurde verhaftet, weil er die jüdischen Ursprünge des Christentums betont hatte – einen Gedanken, den die „Deutschen Christen" verworfen hatten, und den die „Thüringer Christen" „im Namen unseres unbeschmutzten Volkstums" bekämpfen wollten.

Die Erziehung der Jugend war auch hier der Schlüssel: Sie sollte von religiöser Unterweisung ferngehalten werden, weil – um mit Bormanns Worten zu sprechen – der Einfluß der Pfarrer – und demzufolge auch ihr „Schwindel" – auf die deutsche Jugend nicht mehr ausgeübt werden sollte. Wieder einmal hatten die Nationalsozialisten eine indirekte Annäherung benutzt, um ihr Ziel zu erreichen. Aber die Methoden der Nationalsozialisten waren deutlich genug, den Oberkirchenrat in Württemberg 1939 zu veranlassen, einen Brief an alle unter seiner Obhut stehenden Pfarrer zu senden, in dem nationalsozialistische Erpressungstaktiken dargestellt wurden. Angesichts der in diesem offenen Brief beschriebenen Unterdrückungen war die rührende Anfrage einiger Mütter, ob Hitlers religiöse Neutralität noch Geltung habe, sehr bezeichnend. Daß diese Frage noch 1939 gestellt wurde, zeigt den Erfolg, den Hitler mit seiner doppeldeutigen Kirchenpolitik erzielte und den Glauben an die Gerechtigkeit des Führer, den viele Deutsche bis zum Ende des Dritten Reiches beibehielten. Die politische Propaganda hat vor dem Zusammenbruch des Reiches niemals die religiöse Unterweisung verdrängen können, aber sie gewann doch an Raum in den Schulen.

Die katholische Kirche sah sich dem gleichen Druck ausgesetzt wie die Protestanten, und die allgemeine Betroffenheit ist in dem Brief des württembergischen Oberkirchenrates dokumentiert. Obwohl sich einzelne Priester und sogar einige Bischöfe dem Druck widersetzten und damit der Verfolgung ausgesetzt waren, entwickelte sich keine Widerstandsgruppe wie die Bekennende Kirche bei den Protestanten. Hitler hatte 1933 mit dem Papst ein Konkordat abgeschlossen, und dies trug dazu bei, daß keine Opposition entstand. Das Konkordat garantiert die Nichteinmischung in kirchliche Institutionen und Organisationen – einschließlich der Unterweisungen in den Schulen. Aber durch den Druck der Nazis wurde diese Vereinbarung ständig unterlaufen. Schließlich war die Mehrheit der katholischen Bischöfe Anhänger der Meinung, das Reich sei nur eine andere Art von Regierung; die als Gegenleistung für politische Unterstützung der Kirche Sicherheit gewähren und auch deren Rechte respektieren würde. Diese Einschätzung des nationalsozialistischen Deutschlands stand im Gegensatz zu den nationalsozialistischen Zielen, und das daraus resultierende Dilemma ist von Kardinal Faulhaber in seinen Adventspredigten des Jahres 1933 gut dargestellt worden.

Kardinal Faulhaber (1869–1952) war Erzbischof von München und in der kirchlichen Hierarchie eine wichtige und mächtige Persönlichkeit. Seine Predigten zielten darauf ab, das Alte Testament und die jüdischen Ursprünge des Christentums vor den Angriffen der Nationalsozialisten zu schützen. Aber eine Verteidigung dieser Auffassung mußte so getarnt werden, daß sie kein direkter Angriff auf die nationalsozialistische Politik war. Faulhaber hob die christliche Tradition hervor, die deutlich zwischen den Juden vor und nach dem Leben Jesu unterscheidet. Moderne Juden seien von der Offenbarung ausgeschlossen, ihr Talmud sei lediglich ein menschliches Gesetz, und die zeremoniellen Vorschriften des Alten Testamentes hätten für die heutigen Juden keine Gültigkeit mehr. Diese Bemerkungen – obwohl möglicherweise in der christlichen Theologie begründet – müssen vor dem Hintergrund einer Politik gesehen werden, die die Juden immer stärker aus dem Alltagsleben herausdrängen wollte. Zu dem Zeitpunkt, als Kardinal Fauhaber seine Predigt hielt, waren die Juden bereits von einigen Berufe und öffentlichen Ämtern ausgeschlossen, und dieser Prozeß griff auch allmählich auf die Geschäftswelt über. Sieben Monate vorher, am 7. April 1933, war der Begriff „nicht-arisch" offiziell definiert worden und umfaßte alle Personen mit jüdischen Eltern oder mit zumindest einem jüdischen Großelternteil. Sicherlich war unter diesen Umständen der Aufruf des Kardinals, die jüdische Religion zu achten, eine Mutprobe, aber seine Unterscheidung zwischen den modernen Juden und denen, die vor Christus gelebt hatten, wie auch seine Leugnung einer göttlichen Eingebung der heiligen Büchern der Juden hatte etwas Ambivalentes an sich. Als dann am 10. 11. 1938 die Synagogen in Flammen aufgingen, erfolgte kein offener Protest irgendeines katholischen Bischofs; angeblich hat Kardinal Faulhaber – obwohl auch er stumm blieb – einen Lastwagen zur Verfügung gestellt, um einige religiöse Schatze zu retten.[2]

In seinen Predigten zeigte Kardinal Faulhaber eine ambivalente Haltung, indem er einen Unterschied zwischen der natürlichen Ordnung und der Heilsordnung machte; zwischen dem Bereich des Staates und dem der Kirche. Aber diese traditionelle Doktrin hatte bereits im Mittelalter versagt und sollte auch im nationalsozialistischen Deutschland versagen. Der Nationalsozialismus war eben keine rein politische Bewegung, sondern eine totale Lebensweise, und beides, die natürliche Ordnung und die Erlösung, waren in dieser Weltanschauung enthalten. Eine ähnliche Unterscheidung zwischen Politik und Religion war von den Christen aus Thüringen vorgenommen worden, um ein deutsches Christentum zu erzwingen. Die Nationalsozialisten ließen sich aber daran hindern, die katholische Kirche in ihrem Wirkungsbereich zu bedrängen.

Die tatsächlichen Eingriffe der Nationalsozialisten werden an einem Beispiel dargestellt: dem Rückgang der Zahl konfessioneller Krankenschwestern. Obwohl die meisten Krankenhäuser nicht im Besitz der Kirchen waren, spielten die katholischen und protestantischen Schwesternorden eine wichtige Rolle im deutschen Krankenhauswesen. Die Auflösung der Orden hätte den Einfluß der Nazis erweitert und es wäre gleichzeitig ein Nachteil für die Kirchen entstanden. Die Nationalsozialisten gründeten 1936 einen eigenen Schwesternorden, und diese Frauen leisteten einen Treueeid auf Adolf Hitler. Die katholischen Orden waren auch dadurch geschwächt, daß die Kirche den Nonnen verbot, bei Operationen zu assistieren, die unter dem „Erbgesundheitsrecht" durchgeführt wurden. Die Kirche erkannte die schwerwiegenden Nachteile dieses Verbotes und befreite die Nonnen 1940 davon. Ein Teil der Begründung, die der Papst für diese Neuregelung gab, zeigte, was auf dem Spiel stand: Wenn die Nonnen nicht assistierten, wurden sie durch andere Schwestern – vermutlich nationalsozialistische[3] – ersetzt. Hierin zeigt sich wieder beispielhaft, wie die Nationalsozialisten versuchten, alle Institutionen auszuschalten, die ein gewisses Maß an Eigenständigkeit bewahren wollten.

Hätten die Nationalsozialisten den Krieg gewonnen, wäre ihre kirchliche Politik weit über das Konzept der Deutschen Christen hinausgegangen, nämlich bis zur Zerstörung der evangelischen wie der katholischen Kirche. Martin Bormanns Religion hätte triumphiert, und das hier abgedruckte Kindergebet wäre die Regel geworden – das liturgische Element, das in der nationalsozialistischen Kultur eine so vorherrschende Rolle spielte, wäre die einzige Liturgie geworden.

G. L. M.

Anmerkungen:

1 Werner Betz, „The National Socialist Vocabulary", *The Third Reich.* London 1955. S. 786–789.
2 Guenter Lewy, *Die katholische Kirche und das Dritte Reich.* München 1965. S. 311.
3 Ebda., S. 289.

„*Mein Führer, von Gott mir gegeben!*"

„Der neue Gott" aber, an den deutsche Jugend glauben soll, offenbart sich in nachfolgenden „Anrufen", die den Kindern in Köln, Ortsgruppe Reinau, für die Speisung in der NSV beigebracht wurden:
Vor dem Essen:
    „Führer, mein Führer, von Gott mir gegeben,
    beschütz' und erhalte noch lange mein Leben!
    Hast Deutschland gerettet aus tiefster Not,
    Dir danke ich heute mein täglich Brot.
    Bleib lang noch bei mir, verlaß mich nicht,
    Führer, mein Führer, mein Glaube, mein Licht!
        Heil, mein Führer!"
Nach dem Essen:
    „Dank sei Dir für diese Speise,
    Beschützer der Jugend, Beschützer der Greise!
    Hast Sorgen, ich weiß es, doch kümmert's Dich nicht,
    ich bin bei Dir bei Nacht und bei Licht.
    Leg ruhig Dein Haupt in meinen Schoß,
    bist sicher, mein Führer, denn Du bist groß.
        Heil, mein Führer!"

Johannes Neuhäusler, *Kreuz und Hakenkreuz. Der Kampf des Nationalsozialismus gegen die katholische Kirche und der kirchliche Widerstand.* München 1946. S. 251.

Christsein in einer Gemeinschaft von Blut und Rasse

Richtlinien der Kirchenbewegung Deutsche Christen (Nationalkirchliche Bewegung) in Thüringen

1. Wir Deutschen Christen glauben an unsern Heiland Jesus Christus, an die Macht seines Kreuzes und seiner Auferstehung. Jesu Leben und Sterben lehrt uns, daß der Weg des Kampfes zugleich der Weg der Liebe und der Weg zum Leben ist.

Wir sind durch Gottes Schöpfung hineingestellt in die Blut- und Schicksalsgemeinschaft des deutschen Volkes und sind als Träger dieses Schicksals verantwortlich für seine Zukunft.

Deutschland ist unsere Aufgabe, Christus ist unsere Kraft!

2. Quelle und Bestätigung unseres Glaubens sind die Gottesoffenbarung in der Bibel und die Glaubenszeugnisse der Väter.

Das Neue Testament ist uns die heilige Urkunde vom Heiland, unserem Herrn, und seines Vaters Reich.

Das Alte Testament ist uns Beispiel göttlicher Volkserziehung. Für unseren Glauben ist es von Wert, soweit es uns das Verständnis für unseres Heilandes Leben, Kreuz und Auferstehung erschließt.

3. Wie jedem Volk, so hat auch unserem Volk der ewige Gott ein arteigenes Gesetz eingeschaffen. Es gewann Gestalt in dem Führer Adolf Hitler und in dem von ihm geformten nationalsozialistischen Staat.

Dieses Gesetz spricht zu uns in der aus Blut und Boden erwachsenen Geschichte unseres Volkes. Die Treue zu diesem Gesetz fordert von uns den Kampf für Ehre und Freiheit.

4. Der Weg zur Erfüllung des deutschen Gesetzes ist die gläubige deutsche Gemeinde. In ihr regiert Christus, der Herr, als Gnade und Vergebung. In ihr brennt das Feuer heiliger Opferbereitschaft. In ihr allein begegnet der Heiland dem deutschen Volke und schenkt ihm die Kraft des Glaubens. Aus dieser Gemeinde Deutscher Christen soll im nationalsozialistischen Staat Adolf Hitlers die das ganze Volk umfassende „Deutsche Christliche Nationalkirche" erwachsen.

Ein Volk! – Ein Gott! – Ein Reich! – Eine Kirche!

Johannes Beckmann (Hrsg.), *Kirchliches Jahrbuch für die Evangelische Kirche in Deutschland, 1933–1944.* Gütersloh 1948. S. 32–33.

Wie man sich als Christ dem deutschen Volk gegenüber zu verhalten hat

Grundsätze für eine den Erfordernissen der Gegenwart entsprechende neue Ordnung der Deutschen Evangelischen Kirche

Durch den Erlaß des Führers und Reichskanzlers vom 15. Februar 1937 (RGBl. I, S. 203) ist angeordnet, daß die Kirche in voller Freiheit nach eigener Bestimmung des Kirchenvolkes sich selbst die neue Verfassung und damit eine neue Ordnung geben solle.

Um die Vorbereitung und Durchführung einer Generalsynode in der Form eines Großdeutschen Evangelischen Kirchentages zu sichern und fruchtbar zu gestalten, bedarf es klarer Grundsätze.

Solche Grundsätze sind:

1. Die Evangelische Kirche hat von Martin Luther gelernt, die Bereiche der Vernunft und des Glaubens, der Politik und der Religion, des Staates und der Kirche scharf zu unterscheiden.

Die nationalsozialistische Weltanschauung ist die völkisch-politische Lehre, die den deutschen Menschen bestimmt und gestaltet. Sie ist als solche auch für den christlichen Deutschen verbindlich.

Die Evangelische Kirche ehrt im Staate eine von Gott gesetzte Ordnung und fordert von ihren Gliedern treuen Dienst in dieser Ordnung.

2. Das Evangelium gilt allen Völkern und allen Zeiten. Die Evangelische Kirche hat aber von Martin Luther gelernt, daß wahrer christlicher Glaube sich nur innerhalb des von Gott geschaffenen Volkstums kraftvoll entfalten kann. Wir lehnen daher den politischen Universalismus römischer und weltprotestantischer Prägung entschieden ab.

3. Die nationalsozialistische Weltanschauung bekämpft mit aller Unerbittlichkeit den politischen und geistigen Einfluß der jüdischen Rasse auf unser völkisches Leben. Im Gehorsam gegen die göttliche Schöpfungsordnung bejaht die Evangelische Kirche die Verantwortung für die Reinerhaltung unseres Volkstums.

Darüberhinaus gibt es im Bereich des Glaubens keinen schärferen Gegensatz als den zwischen der Botschaft Jesu Christi und der jüdischen Religion der Gesetzlichkeit und der politischen Messiashoffnung.

4. Die Evangelische Kirche hat die Aufgabe, dem deutschen Menschen die Botschaft von der Offenbarung Gottes in Jesus Christus so zu verkündigen, wie sie uns die Reformatoren, insbesondere D. Martin Luther, verstehen gelehrt haben.

5. Ob ein einmütiges Verständnis dieser Botschaft möglich ist, wird nur entschieden werden können, wenn die bestehenden Spannungen innerhalb des deutschen Protestantismus in kraftvoller Lebendigkeit getragen und das notwendige Gespräch im Geiste der Wahrhaftigkeit und der Verträglichkeit fortgeführt wird. Daher ist eine klare Ordnung zu schaffen, die die Verkündigung des Evangeliums sichert und eine ausreichende geistliche Versorgung aller Glieder der Kirche gewährleistet.

Johannes Beckmann (Hrsg.), *Kirchliches Jahrbuch für die Evangelische Kirche in Deutschland, 1933–1944*. Gütersloh 1948. S. 299–300.

Martin Bormann

Nationalsozialismus und Christentum sind unvereinbar

Nationalsozialistische und christliche Auffassungen sind unvereinbar. Die christlichen Kirchen bauen auf der Unwissenheit der Menschen auf und sind bemüht, die Unwissenheit möglichst weiter Teile der Bevölkerung zu erhalten, denn nur so können die christlichen Kirchen ihre Macht bewahren. Demgegenüber beruht der Nationalsozialismus auf wissenschaftlichen Fundamenten. Das Christentum hat unveränderliche Grundsätze, die vor fast zweitausend Jahren gesetzt und immer mehr zu wirklichkeitsfremden Dogmen erstarrt sind. Der Nationalsozialismus dagegen muß, wenn er seine Aufgabe auch weiterhin erfüllen soll, stets nach den neuesten Erkenntnissen der wissenschaftlichen Forschungen ausgerichtet werden.

Die christlichen Kirchen haben die Gefahren, die ihrem Bestand durch die exakten wissenschaftlichen Erkenntnisse drohen, seit jeher erkannt und sich daher bemüht, durch eine Scheinwissenschaft, wie es die Theologie ist, die wissenschaftliche Forschung durch ihr Dogma zu unterdrücken oder zu verfälschen. Unser nationalsozialistisches Weltbild steht weit höher als die Auffassungen des Christentums, die in ihren wesentlichen Punkten vom Judentum übernommen worden sind. Auch aus diesem Grunde bedürfen wir des Christentums nicht.

Kein Mensch würde etwas vom Christentum wissen, wenn es ihm nicht in seiner Kindheit von den Pfarrern eingetrichtert worden wäre. Der sogenannte liebe Gott gibt das Wissen von seinem Dasein den jungen Menschen keineswegs von vorneherein mit auf den Weg, sondern überläßt dies trotz seiner Allmacht erstaunlicherweise den Bemühungen der Pfarrer. Wenn also unsere Jugend künftig einmal von diesem Christentum, dessen Lehren weit unter den unseren stehen, nichts mehr erfährt, wird das Christentum von selbst verschwinden.

Verwunderlich ist auch, daß den Menschen vor Beginn der heutigen Zeitrechnung nichts von diesem Christengott bekannt war, und daß auch seit diesem Zeitpunkt der bei weitem größte Teil der Erdbewohner nie etwas von diesem Christentum erfahren hat und daher nach der recht anmaßenden, aber christlichen Auffassung von vornherein verdammt ist.

Wenn wir Nationalsozialisten von einer Gottgläubigkeit sprechen, dann verstehen wir unter Gott nicht, wie die naiven Christen und ihre geistlichen Nutznießer, ein menschenähnliches Wesen, das irgendwo in der Sphäre herumsitzt. Wir müssen vielmehr den Menschen die Augen öffnen, daß es neben unserer kleinen, im großen Weltall höchst unbedeutenden Erde noch eine unvorstellbar große Zahl weiterer Körper im Weltall gibt, noch unzählige Körper, die wie die Sonne von Planeten und diese wieder von kleineren Körpern, den Monden, umgeben werden. Die naturgesetzliche Kraft, mit der sich alle diese unzähligen Planeten im Weltall bewegen, nennen wir die Allmacht oder Gott. Die Behauptung, diese Weltkraft könne sich um das Schicksal jedes einzelnen Wesens, jeder kleinsten Erdenbazille kümmern, könne durch sogenannte Gebete oder andere erstaunliche Dinge beeinflußt werden, beruht auf einer gehörigen Dosis Naivität oder aber auf einer geschäftlichen Unverschämtheit.

Demgegenüber stellen wir Nationalsozialisten uns die Forderung, möglichst natürlich, das heißt lebensgesetzlich zu leben. Je genauer wir die Gesetze der Natur und des Lebens erkennen und beachten, je mehr wir uns an sie halten, desto mehr entsprechen wir dem Willen der Allmacht. Je mehr wir den Willen der Allmacht einsehen, desto größer werden unsere Erfolge sein.

Aus der Unvereinbarkeit nationalsozialistischer und christlicher Auffassungen folgt, daß eine Stärkung bestehender und jede Förderung entstehender christlicher Konfessionen von uns abzulehnen ist. Ein Unterschied zwischen den verschiedenen christlichen Konfessionen ist hier nicht zu machen. Aus diesem Grunde ist daher auch der Gedanke einer Errichtung einer evangelischen Reichskirche unter Zusammenschluß der verschiedenen Evangelischen Kirchen endgültig aufgegeben worden, weil die Evangelische Kirche uns genauso feindlich gegenübersteht wie die Katholische Kirche. Jede Stärkung der Evangelischen Kirche würde sich lediglich gegen uns auswirken.

Es ist ein geschichtlicher Fehler der deutschen Kaiser im Mittelalter gewesen, daß sie immer wieder beim Vatikan in Rom Ordnung schufen. Es ist überhaupt ein Fehler, in den wir Deutsche leider allzuoft verfallen, daß wir bestrebt sind, Ordnung zu schaffen, wo wir ein Interesse an der Zersplitterung und Uneinigkeit haben müßten. Die Hohenstaufen hätten das größte Interesse an der Zersplitterung der kirchlichen Machtverhältnisse haben müssen. Vom Standpunkt des Reiches wäre es das günstigste gewesen, wenn nicht ein Papst, sondern mindestens zwei, wenn möglich sogar noch mehr Päpste bestanden und sich gegenseitig bekämpft hätten. Stattdessen haben die deutschen Kaiser und insbesondere auch die Hohenstaufen bei der Kirche immer wieder für Ordnung gesorgt, einem Papst zur Macht über alle übrigen Konkurrenten verholfen, mit dem Erfolg, daß die Kaiser, sobald der Papst wieder stark genug dazu war, von „ihrem" Papst sofort die ersten Nackenschläge erhielten. Die Kirche aber hat zur Stärkung ihrer eigenen Machtposition immer wieder den Partikularismus der Fürsten und später der Parteien ausgenutzt und nach Kräften geschürt.

In früheren Generationen lag die Volksführung ausschließlich in den Händen der Kirche. Der Staat beschränkte sich darauf, Gesetze und Verordnungen zu erlassen und vor allem zu verwalten. Die eigentliche Volksführung lag nicht beim Staat, sondern bei den Kirchen. Diese übten über den Pfarrer stärksten Einfluß aus auf das Leben des einzelnen Menschen, der Familien und auf die Gesamtheit. Alles, was den Kirchen nicht paßte, wurde mit beispielloser Rücksichtslosigkeit unterdrückt. Jahrhundertelang lieh sich der Staat durch die verschiedensten Zuwendungen die kirchliche Einflußmöglichkeit. Es hing von der Kirche ab, ob sie dem Staat helfen oder sich gegen ihn stellen wollte. Der Staat war auf die Hilfe der Kirche angewiesen, er war von ihr abhängig. Der Kampf der deutschen Kaiser gegen den Papst mußte im Mittelalter und in der Neuzeit immer wieder scheitern, weil nicht der Kaiser, sondern die Kirche die Volksführung in der Hand hatte.

Diese weltanschauliche Abhängigkeit des Staates von der Kirche, die Überlassung der Volksführung an die Kirche waren zur Selbstverständlichkeit geworden, so daß niemand wagte, ernstlich hiergegen anzugehen. Dies nicht als unumstößliche Tatsache von vornherein in Rechnung zu ziehen, galt noch bis unmittelbar vor der Machtübernahme als absurde Dummheit.

Zum ersten Male in der deutschen Geschichte hat der Führer bewußt und vollständig die Volksführung selbst in der Hand. Mit der Partei, ihren Gliederungen und angeschlossenen Verbänden hat der Führer sich und damit der deutschen Reichsführung ein Instrument geschaffen, das ihn von der Kirche unabhängig macht. Alle Einflüsse, die die durch den Führer mit Hilfe der NSDAP ausgeübte Volksführung beeinträchtigen oder gar schädigen könnten, müssen ausgeschaltet werden. Immer mehr muß das Volk den Kirchen und ihren Organen, den Pfarrern, entwunden werden. Selbstverständlich werden und müssen die Kirchen, von ihrem Standpunkt betrachtet, sich gegen diese Machteinbuße wehren. Niemals aber darf den Kirchen wieder ein Einfluß auf die Volksführung eingeräumt werden. Dieser muß restlos und endgültig gebrochen werden.

Nur die Reichsführung und in ihrem Auftrage die Partei, ihre Gliederungen und angeschlossenen Verbände haben ein Recht zur Volksführung. Ebenso wie die schädlichen Einflüsse der Astrologen, Wahrsager und sonstigen Schwindler ausgeschaltet und durch den Staat unterdrückt werden, muß auch die Einflußmöglichkeit der Kirche restlos beseitigt werden. Erst, wenn dieses geschehen ist, hat die Staatsführung den vollen Einfluß auf die einzelnen Volksgenossen. Erst dann sind Volk und Reich für alle Zukunft in ihrem Bestande gesichert.

Wir würden die Fehler, die in den vergangenen Jahrhunderten dem Reich zum Verhängnis wurden, wiederholen, wenn wir nach dem Erkennen der weltanschaulichen Gegnerschaft der christlichen Konfessionen jetzt noch irgendwie zur Stärkung einer der verschiedenen Kirchen beitragen würden. Das Interesse des Reiches liegt nicht in der Überwindung, sondern in der Erhaltung und Verstärkung des kirchlichen Partikularismus.

M. Bormann
Reichsleiter

Johannes Beckmann (Hrsg.), *Kirchliches Jahrbuch für die Evangelische Kirche in Deutschland, 1933–1944*. Gütersloh 1948. S. 470–472.

Im Brief des Apostel Paulus an die Römer steckt ein Irrtum

Memorandum der Bekennenden Kirche in Deutschland

Indem wir Ihnen nachstehend die Tatsachen unterbreiten, die uns gemeldet worden sind, richten wir an Sie, Herr Reichsminister, die Frage, wie nach Ihrer Meinung auf die Dauer der innere Frieden in unserem Volke gewahrt werden soll, in dem zwar zahlreiche Volksgenossen überzeugte Glieder der christlichen Kirche sind und dessen Regierung auf Grund des Art. 24 ihres Parteiprogramms den Schutz des positiven Christentums in Anspruch nehmen, in dem aber gleichwohl staatliche Stellen in so offensichtlicher Weise Christentum und Kirche behindern und verfolgen, wie wir dies nachstehend zu schildern haben.

Am Sonnabend, den 27. Februar, also zu einer Zeit, die bereits deutlich im Zeichen des Wahlerlasses[1] des Führers stand, wurde der Gemeindepfleger Zedlacher in Hamburg, der österreichischer Staatsangehöriger ist, von der Geheimen Staatspolizei auf Grund einer von ihm am 24. Februar 1937 gehaltenen Bibelstunde verhört. Wir müssen es als einer deutschen Behörde völlig unwürdig bezeichnen, daß das Material für dieses Verhör durch die Arbeit eines Spitzels beschafft worden war, der sich in die Bibelstunde eingeschlichen hatte. Wir müssen es darüberhinaus als eine völlig untragbare, alle Versicherungen, die Freiheit der Verkündigung werde nicht angetastet, hohnsprechende Tatsache bezeichnen, daß Zedlacher den Inhalt des von ihm ausgelegten Bibelabschnittes (Römerbrief 11) zum Vorwurf gemacht wurde. Es steht im Römer 11 unbestreitbar, daß die Erwählung Israels durch Gott unwandelbar sei, und Zedlacher hat nur pflichtgemäß gehandelt, wenn er das, was geschrieben ist, bei seiner Bibelarbeit wiedergegeben hat. Ebenso sind die von der Geheimen Staatspolizei Zedlacher vorgeworfenen Äußerungen, daß Jesus nicht Arier sei, sondern Jude war, und daß die Gottessohnschaft Christi auch gegen den Widerspruch des Herrn Reichsministers Kerrl[2] der grundlegende Glaubensatz der Christenheit sei, vom Standpunkt eines bekenntnismäßigen evangelischen Christentums aus unbestreitbar ... Noch ungeheuerlicher als das Verhör Zedlachers ist die Behandlung, die er in der über ihn verhängten Schutzhaft erfahren hat. Wie wollen es die verantwortlichen Stellen des Staates rechtfertigen, daß man einen Angestellten der Kirche im Konzentrationslager als Judenfreund oder Judenknecht bezeichnet und ihm sagt, es wäre das beste, wenn man ihn der Menschheit vom Halse nähme? Wie wollen es die Schützer des positiven Christentums verantworten, wenn ein hilfloser Gefangener von diensttuenden SS-Leuten verhöhnt wird, weil er noch an so etwas wie die Bibel glaube, und wenn man ihm ankündigt, man wolle ihm das Frommsein schon austreiben. Einer dieser vom Staat bezahlten SS-Männer hatte sogar die Frechheit, den Gefangenen zu fragen: ‚Soll ich Deinen Gott, Jehova, grüßen, er kommt heute noch zu uns auf Besuch?' Als Zedlacher bemerkte, dies sei nicht notwendig, und sie sollten nicht über Gott spotten, wurde er angebrüllt, er hätte nicht frech zu sein, er wüßte wohl gar nicht, wo er sich befände, und wenn er noch einen Ton sage, würde man ihm links und rechts eine in die Fresse schlagen, und er würde fünf Tage Arrest bekommen bei Wasser und Brot. Eine grobe Verhöhnung des christlichen Glaubens müssen wir auch darin sehen, daß Zedlacher gefragt wurde, ob er wohl meine, daß der Jude Jesus ihn auch wieder einmal aus dem Konzentrationslager herausholen würde und ob er ihn dann auch aus ihrer Hand erlösen würde. Wir ersparen uns die Wiedergabe weiterer unerhörter Einzelheiten, möchten aber in diesem Zusammenhang darauf hinweisen; uns ist aus den Mitteilungen Zedlachers nicht nur die Feststellung bedeutsam, wie gemein im Rahmen des heutigen Staates der christliche Glaube verhöhnt und verfolgt werden darf, sondern auch die uns aufs neue ausdrücklich ins Bewußtsein gerufene Erkenntnis, daß das Vorhandensein von Konzentrationslagern überhaupt eine schwere Last für das christliche Gewissen bleibt. Die Entlassung Zedlachers aus dem Konzentrationslager, die auf Veranlassung des österreichischen Generalkonsuls erfolgte, kann nicht als Wiedergutmachung des geschehen Unrechts angesehen werden, denn Zedlacher ist aus dem Reichsgebiet ausgewiesen worden und hat am 31. März 1937 – übrigens unter großer Teilnahme aus seinem Wirkungskreis – Hamburg verlassen.

Anmerkungen:

1 Dieser Erlaß erklärte den Religionsunterricht an Schulen zu einem freiwilligen Wahlfach.
2 Hans Kerrl, Reichskirchenminister.

W. Jannasch (Hrsg.), *Deutsche Kirchendokumente. Die Haltung der Bekennenden Kirche im Dritten Reich.* Zollikon/Zürich 1946. S. 44–47.

Die Beeinflussung der Jugend

Evangelischer Oberkirchenrat Stuttgart, den 12. Juni 1939
   Nr. A. 5574
   An
       sämtliche Dekanatämter
Betr.: Weltanschauungsunterricht
Beil.: Mehrfertigungen
Dek. Reg.: C II 4 a
Pfarr-Reg.: III B 19

Der Versuch, die evangelischen Eltern in Württemberg zur Abmeldung ihrer Kinder aus dem Religionsunterricht und zur Anmeldung in den sogenannten Weltanschauungsunterricht zu veranlassen, wird nach uns zugegangenen Berichten sowohl von der Schule als von einzelnen Organisationen fortgesetzt, obwohl der seitherige Verlauf der Aktion die Stellungnahme der Eltern deutlich zeigt: In einer Knabenoberschule wurden die Eltern loyal befragt mit dem Erfolg, daß von 250 Schülern 17 in den Weltanschauungsunterricht angemeldet wurden; bei einer Mädchenoberschule von über 600 Schülerinnen 23. Die erdrückende Mehrheit der Eltern hatte in beiden Fällen an ihrem Recht auf eine evangelische bzw. katholische Unterweisung festgehalten. Es erscheint notwendig, unsere Gemeinden fortlaufend über diese Vorgänge zu unterrichten und ihnen Einblick in die Methoden zu gewähren, mittels deren der Weltanschauungsunterricht in Württemberg durchgeführt werden soll.

In einer Gemeinde des Unterlandes hatten sich die Eltern vor einigen Monaten tatkräftig und erfolgreich für den dortigen Kindergottesdienst eingesetzt; jetzt lehnten sie ebenso entschieden den Weltanschauungsunterricht ab. Der Schulleiter gab Kindern, die nicht zum Weltanschauungsunterricht angemeldet waren, folgende vervielfältigte Mitteilung vom 17. 5. 1939 mit nach Hause:

„Ihr Kind... soll in der Zeit vom... bis... zu einer Erholungskur nach... geschickt werden. Nach den neuesten Verfügungen wird diese Kur davon abhängig gemacht, ob Sie sich zur Weltanschauung des Führers bekennen und dementsprechend Ihr Kind in den staatlichen nationalsozialistischen Weltanschauungsunterricht schicken. Da das letztere nicht der Fall ist, werden Sie um die Anmeldung Ihres Kindes zum Weltanschauungsunterricht gebeten, falls Sie dies jedoch nicht wollen, wird um eine kurze schriftliche entsprechende Mitteilung gebeten.

Der Schulleiter"

In C. wurde den Kindern einer Grundschulklasse gesagt, sie müßten zwischen Weltanschauungsunterricht und Religionsunterricht wählen. Das Zeugnis für den Religionsunterricht komme nicht mehr ins Zeugnis, dagegen das Zeugnis für den Weltanschauungsunterricht. Wenn einer später eine Oberschule besuchen wollte, werde er nicht mehr in Religion, aber in Weltanschauung geprüft; daraus könnten sie entnehmen, was sie zu tun hätten.

In einer Gemeinde des Bezirks L. hatte der Schulleiter den Kindern mitgeteilt, daß in Bälde auch in ihrer Gemeinde die Eltern aufgefordert würden, ihre Kinder in den Weltanschauungsunterricht zu schicken. Am 10. Mai 1939 trat eine Elternversammlung zusammen, die von etwa 20 Männern und 150 Frauen besucht war und geschlossen die Ablehnung eines solchen Ansinnens forderte. Auf die gleiche Stunde waren ganz plötzlich und überraschend gegen 50 Väter auf das Rathaus eingeladen worden, ohne daß sie wußten, worum es sich handle. Dort sprachen zuerst der Bürgermeister, der Ortsgruppenleiter und zuletzt der Oberlehrer. Dabei wurde das vorgedruckte Formular verlesen und die Väter dann aufgefordert, zu unterschreiben. Das taten dann auch alle bis auf drei oder vier, wobei die Unterschriften stark mitbestimmt waren durch den Hinweis des Oberlehrers, der Weltanschauungsunterricht komme sowieso, deshalb sei es besser, jetzt zu unterschreiben.

Die Erregung über diesen Vorgang in der Gemeinde ist ungeheuer. Bis in die späten Abendstunden hinein standen am folgen Tag erregte Gruppen auf der Straße, die die Frage des Weltanschauungsunterrichts besprachen. Zahlreiche Frauen bestürmten ihre Männer unter Tränen, die Anmeldung zum Weltanschauungsunterricht zurückzunehmen; immer wieder hört man fragen, ob die Mütter überhaupt kein Recht über ihre Kinder haben und ob die Zusicherung des Führers, jeder dürfe nach seiner Façon selig werden, nicht mehr gelte; in verschiedenen Fällen haben die Mütter ihre Kinder morgens vor der Schule zu den Vätern geschickt, um sie zu bitten, daß sie die Anmeldung zum Weltanschauungsunterricht nicht vollziehen oder zurücknehmen. Diese Bitte ist um so berechtigter, als die Väter sich auf dem Rathaus in einer halben Stunde entscheiden mußten, ohne sich über die Folgen ihrer Unterschrift ein wirkliches Urteil bilden zu können. Die Bedrückung der Gewissen und die Erregung in der Gemeinde ist außerordentlich groß.

In einer Gemeinde bei H. wurde bei der Werbung für den Weltanschauungsunterricht besonders unverhohlen mit Druck und Drohung gearbeitet. Wie aus der Gemeinde berichtet wird, sagte ein Lehrer zu einer Schülerin des 7. Schuljahres: Wenn du am Weltanschauungsunterricht nicht teilnimmst, lasse ich dich die Bibel lesen, bis du schwarz wirst. Zu einem andern Kind sagte der Lehrer: Was ist dein Vater? – Postbote. Wenn er nicht unterschreibt, wird er sehen, was kommt, dann kann er die Straße kehren. Der Schulleiter selbst äußerte sich zu den Kindern, die ohne die gewünschte Unterschrift ankamen: Der Krampf in der Bibel: Die Letzten werden die Ersten sein, gilt nicht mehr. In diesem Sinne wurden die etwa hundert Väter und Mütter, die die Abmeldung vom Religionsunterricht nicht vollzogen hatten, auf den 28. April 1939 zu einer Elternversammlung ins Schulhaus eingeladen. Der evangelische Ortspfarrer, selbst Vater eines Grundschulkindes, wurde nicht eingeladen und als er, aus seinem Recht als Vater heraus, trotzdem kam, in schärfster Form samt seiner Frau fortgewiesen: Er habe kein Recht, das Schulhaus zu betreten. Er würde wegen Hausfriedensbruch angeklagt: Er würde die Einigkeit der Versammlung nur stören. Einzelne Gemeindeglieder waren Zeugen dieser Behandlung des Ortspfarrers. Der Abend verlief dann sehr tumultuarisch. Es war beabsichtigt, keine Aussprache zuzulassen. Nach der durch zahlreiche erregte Zwischenrufe unterbrochenen Rede des Schulleiters kam es zu schärfsten Protesten. Die Angriffe auf die Geistlichen wurden entschieden und geschlossen zurückgewiesen. Die Herbeirufung des Überfallkommandos H. steigerte die Erregung. Es ließ sich nichts feststellen, als daß die Eltern den unerhörten Gewissensdruck, der an ihnen versucht worden war, tatkräftig zurückgewiesen hatten. Die Versammlung lief auseinander; einem Rest von Zurückgebliebenen gegenüber entschuldigte sich der Schulleiter: Die Schärfe der Worte soll hüben und drüben vergessen sein; es handle sich ja um eine freiwillige Sache.

Am 4. Mai fand eine evangelische Elternversammlung statt, auf der 47 Erziehungsberechtigte folgendes Schreiben an den Württembergischen Kultminister unterschrieben und absandten:

Seit einigen Tagen werden die Eltern der hiesigen schulpflichtigen Kinder durch die Lehrer gedrängt, sich durch Unterschrift mit der Einführung des weltanschaulichen Unterrichts einverstanden zu erklären.
Die Eltern lehnen diese Nötigung aufs entschiedenste ab und fordern volle Gewissensfreiheit sowie Einstellung der unter Druck stehenden Unterschriftensammlung.

Heil Hitler!

In T. hatte die Knabenklasse 7 der Deutschen Schule am 24. 4. 1939 von 9.30 Uhr bis 10.30 Uhr, also innerhalb der ordentlichen Schulzeit den sogenannten Weltanschauungsunterricht, an dem von 32 Schülern nur 5 teilnahmen. Die übrigen 27 hatten in einem anderen Raum Rechtschreiben und bekamen in dieser Stunde ein so schweres Diktat, daß der beste Schüler 7, der schlechteste 43 Fehler machte. Zur Strafe für diese angeblich schlechte Leistung mußten die Schüler am 25. April nachmittags von 14–16 Uhr, einzelne bis 16.30 Uhr nachsitzen. Auf ihre Beschwerde beim Schulleiter erhielten sie die Antwort, das sei ganz in Ordnung.

In A. erklärte der Leiter einer Oberschule einem Vater, der sich wegen des Weltanschauungsunterrichts bei ihm befragte: Sie wissen, daß ich aus der Kirche ausgetreten bin und kennen meine Stellung zum Christentum. In diesem Sinn werde ich den Weltanschauungsunterricht halten. Es soll keine Polemik getrieben werden, aber in den oberen Klassen werde er natürlich auf die verschiedenen Auffassungen eingehen. Auf die Frage, ob nicht das Reichserziehungsministerium in der Angelegenheit des Weltanschauungsunterrichts eine andere Haltung einnehme und anderslautende Verordnungen herausgegeben habe, erhielt der Vater die Antwort: Die Anordnungen des Reichserziehungsministeriums seien für Württemberg nicht bindend: Das Verordnungsblatt des Reichserziehungsministeriums werde nicht allgemein gelesen und nur die oder jene vielleicht in Betracht kommende Verordnung finde Beachtung.

Hinsichtlich des Konfirmandenunterrichts führte der Schulleiter aus: Wer den Weltanschauungsunterricht besuche, könne den Konfirmandenunterricht nicht besuchen. Er sage seinen Schülern im Weltanschauungsunterricht, er könne es nicht begreifen, wenn eines von ihnen sich noch konfirmieren lasse. Es sei da und dort eine abschließende Feier nach der 4. Klasse vorgesehen: Es gäbe darüber noch keine allgemeinen Anweisungen.

Daß ein Druck für die Anmeldung zum Weltanschauungsunterricht ausgeübt werde, wurde bestritten. Auf den Hinweis, daß von manchen Klassenlehrern doch mit starkem Druck gearbeitet werde, wurde nichts erwidert.

In einer fränkischen Gemeinde gab der Schulleiter der dortigen zweiklassigen Volksschule am Samstag, dem 20. Mai, 12 Uhr mittags, ein Formular an die Kinder aus, das am Sonntag, dem 21. Mai, 12 Uhr mittags, unterschrieben wieder abgegeben werden sollte. Es hatte den bekannten Wortlaut: „Die weltanschaulichen Auseinandersetzungen unserer Zeit haben zur Abmeldung zahlreicher Kinder vom Religionsunterricht geführt und werden zu weiteren Abmeldungen führen. Für alle Schüler, die den Religionsunterricht der Schule auf Wunsch der Eltern nicht mehr besuchen wollen, hat der Herr Kultminister weltanschaulichen Unterricht eingerichtet. Dieser weltanschauliche Unterricht ist auch an der Deutschen Volksschule in . . . eingeführt. Wer Näheres erfahren will, wende sich an den Schulleiter, der auch Anmeldungen entgegennimmt." Im Unterschied von den in anderen Gemeinden ausgegebenen Formularen trug das im vorliegenden Fall verwendete die Unterschrift „gez. Mergenthaler". Der letztere Umstand rief bei der wirtschaftlich abhängigen Elternschaft eine starke Bedrückung, bei den freien Bauern eine maßlose Erregung hervor. Am Himmelfahrtsfest hatte der Schulleiter in einer Elternversammlung für den Weltanschauungsunterricht geworben: Von jetzt an müsse jedes Kind am Weltanschauungsunterricht teilnehmen; wenn die Kinder nun dazu noch 2 Stunden Religionsunterricht der Schule und noch 2 Stunden kirchlichen Unterricht von dem Ortsgeistlichen hätten, sei das zuviel; die Eltern sollen deshalb ihre Kinder vom Religionsunterricht der Schule abmelden. Das Ergebnis war, daß der Schulleiter nur 2 gültige Anmeldungen zum Weltanschauungsunterricht bekam – von seinen eigenen Kindern. Am Dienstag, dem 23. Mai, versuchte der Schulleiter erneut auf dem Wege einer Ortsschulratssitzung die Einführung des Weltanschauungsunterrichts durchzusetzen. Er hatte einen weiteren Kreis dazu eingeladen. Bei dem ersten gehässigen Wort gegen den Ortsgeistlichen, der selbst anwesend war, brach ein Sturm gegen den Schulleiter los. Er wurde niedergeschrien. Ein Mitglied des Ortsschulrats sprang gegen ihn vor mit geballten

Fäusten, unmißverständliche Drohungen ausstoßend. Es wurde dem Schulleiter erklärt, die Sache mit der Unterschrift „gez. Mergenthaler" sei eine gerichtliche Sache. Der Schulleiter solle sich endlich an die gesetzlichen Bestimmungen halten, nach denen der Wille der Eltern für die religiöse Erziehung der Kinder maßgebend sei. Der Schulleiter bringe die ganze Gemeinde durcheinander und führe sie hinter das Licht. Seitdem er da sei, komme die Gemeinde nicht mehr aus der Unruhe heraus, die Gemeinde habe unter großen Opfern die Schulhäuser gebaut und jetzt vertreibe er den Pfarrer aus der Schule und habe veranlaßt, daß er in der Schule keinen Unterricht mehr geben dürfe. Das sei bitteres Unrecht gegen die Gemeinde. „Wir wollen doch einmal sehen, ob wir nicht Herr sind über unsere Schulhäuser, die wir mit unserem Geld gebaut haben!" Der Forderung, den Pfarrer wieder zum Religionsunterricht in der Schule zuzulassen, schlossen sich die anderen unter lebhaften Zurufen an. Der Schulleiter erklärte, das könne er nicht entscheiden, sondern nur die Behörde. Das rief neue Erregung hervor.

Der Schulleiter schloß mit der Bitte, man möchte im Interesse der Kinder zu einer friedlichen Regelung kommen. Darauf erklärte der Ortsgeistliche, diese friedliche Regelung sei dadurch am leichtesten zu erreichen, daß er ihn, wie im alten Schuljahr, den Religionsunterricht in der Schule erteilen lasse; er dürfe versichert sein, daß dann wieder Frieden in der Gemeinde einkehre und er persönlich aller Schwierigkeiten seitens der Gemeinde enthoben sei. Dem stimmten die Anwesenden zu und erklärten, das sei das Einzige, was sie dem Schulleiter in seinem Interesse raten möchten. Damit schloß die Sitzung.

In einer Reihe von Gemeinden hat ein Bannführer der Hitlerjugend an seine Unterführer den Befehl ausgegeben, sie müßten dafür sorgen, daß die Angehörigen der Hitlerjugend sich innerhalb der nächsten drei Wochen vom Religionsunterricht der Kirche abmelden und zum Weltanschauungsunterricht anmelden.

Durch dieses Vorgehen wird eine Angelegenheit, die zu den unveräußerlichen Rechten des Elternhauses gehört, entgegen auch amtlichen Äußerungen, der freien Entscheidung der Eltern entzogen und in gegenchristlichem Sinn vorwärtsgetrieben.

Dies ist in geeigneter Weise zur Kenntnis der Gemeinden zu bringen. Die Pfarrämter werden ersucht, soweit noch nicht geschehen, auf 1. Juli über die Art und das Ergebnis der Werbung für den Weltanschauungsunterricht zu berichten; dabei sind besondere Vorkommnisse zu melden, etwa, ob Bemerkungen über die künftigen Berufsaussichten der nicht abgemeldeten Kinder gefallen sind; ob mit dem Entzug der Kinderbeihilfen[1] gedroht wurde; ob wirtschaftliche Druckmittel zur Anwendung kamen.

Wurm[2]

Anmerkungen:

1 Familien mit mehr als drei Kindern erhielten Kinderbeihilfen.
2 Theophil Wurm (1868–1953), Bischof von Württemberg, war einer der Leiter der Bekennenden Kirche.

Johannes Beckmann (Hrsg.), *Kirchliches Jahrbuch für die Evangelische Kirche in Deutschland. 1933–1944.* Gütersloh 1948. S. 343–347.

Kardinal Faulhaber

Judentum, Christentum und Deutschland

Bereits 1899 wurde gleichzeitig auf dem Antisemitentag in Hamburg und im Buch von Chamberlain „Die Grundlagen des 19. Jahrhunderts[1]" die Forderung erhoben, zwischen Judentum und Christentum müsse ein Trennungsstrich gezogen, aus dem Christentum müsse alles Jüdische entfernt werden. Nach fast zwei Jahrzehnten wurden diese Gedanken neu aufgegriffen in den Büchern „Die Sünde wider das Blut", „Die große Täuschung", „Der falsche Gott[2]": Judentum und Christentum könnten nicht nebeneinander bestehen, an die Stelle der jüdischen Bibel müsse eine Germanenbibel gesetzt werden, Martin Luther habe nur halbe Arbeit getan, weil er die Schriften des Alten Testamentes in seine Bibel übernommen habe. Heute sind diese Einzelstimmen zu einem Sprechchor angeschwollen: Fort mit dem Alten Testament! Ein Christentum, das an den Schriften des Alten Testamentes noch festhalte, sei eine jüdische Religion, mit dem deutschen Wesen nicht vereinbar. Die Kinder in der Schule dürften nicht mehr mit den biblischen Geschichten von dem ägyptischen Joseph und dem alten Moses geplagt werden. Bei der heutigen Einstimmung der Geister sind diese Rufe wohl geeignet, an den Grundlagen des Glaubens in der Seele des Volkes zu rütteln.

Auch vor der Person Christi hat diese religiöse Revolution nicht Halt gemacht. Einige wollten Christus durch einen falschen Geburtsschein retten: Er sei überhaupt kein Jude, er sei Arier gewesen, weil in Galiläa Arier gewohnt hätten. Solange aber Geschichtsquellen mehr gelten als Mutmaßungen, solange ist an der Tatsache nicht zu zweifeln: Das erste Kapitel des ersten Evangeliums gibt den Stammbaum Jesu mit der Überschrift: „Stammbaum Jesu Christi, des Sohnes Davids, des Sohnes Abrahams." Ebenso beurkundet der Römerbrief (1, 4) die Abstammung Jesu aus dem Geschlechte Davids. Gewiß waren die Galiläer als Grenzvolk ein Mischvolk, Christus war aber nicht in Galiläa geboren, er war in Bethlehem geboren, in der Stadt Davids, im Gebiete des Stammes Juda, und standesamtlich als Nachkomme Davids in die Stammregister eingetragen. Jetzt aber rufen andere Stimmen: Dann müssen wir ihn erst recht ablehnen, wenn er ein Jude war, und dann wiederholen sich jene Stunden des Evangeliums: „Sie stießen ihn zur Stadt hinaus und führten ihn bis an den Rand eines Berges, um ihn hinabzustürzen (Luk. 4, 29). „Wiederum hoben sie Steine auf, um ihn zu steinigen" (Joh. 10, 31).

Zu solchen Stimmen und Bewegungen kann der Bischof nicht schweigen. Wenn die Rassenforschung, an sich eine religiös-neutrale Sache, zum Kampf gegen die Religion sammelt und an den Grundlagen des Christentums rüttelt, wenn die Abneigung gegen Juden von heute auf die Heiligen Bücher des Alten Testamentes übertragen und das Christentum wegen seiner ursprünglichen Beziehungen zum vorchristlichen Judentum verdammt wird, wenn Steine gegen die Person unseres Herrn und Erlösers geworfen werden, in einem Jahr, in dem wir das Jahrhundertsgedächtnis seines Erlösungswerkes feiern, kann der Bischof nicht schweigen.

Darum halte ich diese Adventspredigten über das Alte Testament und seine Erfüllung im Christentum.

Ich erhebe den Anspruch, als Fachmann in dieser Frage mitzureden, weil ich elf Jahre meines Lebens an der Universität Würzburg über diese Fragen Vorlesungen hielt und an der Universität Straßburg den Lehrstuhl für die Hl. Schriften des Alten Testamentes innehatte.

I. Ein dreifaches Unterscheiden

Um volle Klarheit zu schaffen und jedes Mißverständnis auszuschließen, mache ich im voraus drei Unterscheidungen. Wir müssen erstens unterscheiden zwischen dem Volke Israel vor dem Tode Christi und nach dem Tode Christi. Vor dem Tode Christi, die Jahre zwischen der Berufung Abrahams und der Fülle der Zeiten, war das Volk Israel Träger der Offenbarung. Der Geist Gottes erweckte und erleuchtete Männer, die durch das Gesetz, die mosaische Thora, das religiöse und bürgerliche Leben ordneten, mit den Psalmen das Gebetbuch für das Familiengebet und das Gesangbuch für die gemeinsame Liturgie schufen, in den Weisheitsbüchern Lebensweisheit lehrten, als Propheten mit dem lebendigen Wort das Gewissen des Volkes aufrüttelten. Nur mit diesem Israel der biblischen Vorzeit werden meine Adventspredigten sich befassen.

Nach dem Tode Christi wurde Israel aus dem Dienst der Offenbarung entlassen. Sie hatten die Stunde der Heimsuchung nicht erkannt. Sie hatten den Gesalbten des Herrn verleugnet und verworfen, zur Stadt hinausgeführt und ans Kreuz geschlagen. Damals zerriß der Vorhang im Tempel auf Sion und damit der Bund zwischen dem Herrn und seinem Volk. Die Tochter Sion erhielt den Scheidebrief, und seitdem wandert der ewige Ahasver ruhelos über die Erde. Die Juden sind auch nach dem Tode Christi noch ein „Geheimnis", wie Paulus sagt (Röm. 11, 25), und einmal, am Ende der Zeiten, wird auch für sie die Stunde der Gnade schlagen (Röm. 11, 26). Für unsere Adventspredigten aber handelt es sich nur um das vorchristliche Judentum.

Wir müssen zweitens unterscheiden zwischen den Hl. Schriften des Alten Testamentes und den Talmudschriften des nachchristlichen Judentums, die entweder Randglossen und Erklärungen zu biblischen Texten oder selbständige Religionsbücher sind. Ich denke dabei besonders an den Talmud, an die Mischna und an die mittelalterliche Gesetzessammlung Schulchan Aruch. Die Talmudschriften sind Menschenwerk, nicht vom Geiste Gottes eingegeben. Die Kirche des Neuen Bundes hat nur die heiligen Schriften des vorchristlichen Israel, nicht aber den Talmud als Erbschaft übernommen.

Wir müssen drittens auch innerhalb der alttestamentlichen Bibel unterscheiden zwischen dem, was vorübergehenden Wert hätte, und dem, was ewigen Wert haben sollte. Die langen Stammregister waren für die alte Zeit nicht wertlos, hatten aber nicht ewigen Wert. Ebenso die hundert und hundert Vorschriften für die alte

Opferliturgie und Reinigungsgebräuche. Für unser Thema handelt es sich um jene religiösen, sittlichen und sozialen Werte des Alten Testamentes, die auch im Christentum ihren Wert behalten ...

Zwei ernste Mahnungen

Halten wir die Hl. Schrift des Alten Testamentes in Ehren! Wir stellen das Alte und das Neue Testament nicht auf die gleiche Stufe. Die Hl. Schriften des Neuen Testamentes, Evangelien, Apostelgeschichte, Apostelbriefe, Geheime Offenbarung müssen den ersten Ehrenplatz behalten. Aber auch die Schriften des Alten Testamentes sind vom Geiste Gottes eingegeben, also heilige Bücher, kostbare Bausteine für das Reich Gottes, unschätzbare Werte der religiösen Ordnung. Die Kirche hat auch über die Schriften des Alten Testamentes die schützende Hand gehalten, die 45 Schriften des Alten Testamentes und die 27 Schriften des Neuen Testamentes zu einem Buch zusammengefaßt und auch alttestamentliche Texte in ihre Liturgie aufgenommen. Das Christentum wurde durch Übernahme dieser Bücher keine jüdische Religion. Diese Bücher sind nicht von Juden verfaßt, sie sind vom Geiste Gottes eingegeben und darum Gotteswort und Gottesbücher. Diese Geschichtsschreiber waren Schreibgriffeln Gottes, diese Sänger von Sion waren Harfen in der Hand Gottes, diese Propheten waren Lautsprecher der Offenbarung Gottes. Darum bleiben diese Bücher glaubwürdig und ehrwürdig auch für spätere Zeiten. Abneigung gegen Juden von heute darf nicht auf die Bücher des vorchristlichen Judentums übertragen werden.

Im Neuen Testament, im Hebräerbrief (c. 11), werden Abel, Henoch und andere Charakterbilder des Alten Bundes als Vorbilder des Glaubens auch für den Christen aufgestellt. Der hl. Franz von Assisi hebt den Zettel vom Boden auf: „Es soll niemand darauf treten, es könnte der Name Gottes darauf stehen." Niemand darf die Hl. Schriften des Alten Bundes mit Füßen treten; der Name Gottes steht darin. Kardinal Manning sagte einmal zu Israeliten: „Ich würde meine eigene Religion nicht verstehen, wenn ich für die Ihrige keine Ehrfurcht hätte."

Halten wir die Hl. Schrift des Alten Testamentes in Ehren! Lassen wir auch die biblische Geschichte des Alten Testamentes nicht aus den Schulen verdrängen! Diese biblischen Geschichten haben hohen erzieherischen Wert in der Schule, wenn sie gut ausgewählt und in schöner Sprache wiedergegeben sind, und wenn der Lehrer versteht, ihnen Leben einzuhauchen.

Für uns Katholiken ist die Bibel nicht die einzige Glaubensquelle. Neben der Bibel fließt als zweite Glaubensquelle die kirchliche Tradition. Neben dem Bibelbuch steht im kirchlichen Lehramt der Lehrer. Neben der guten Weide der gute Hirt. Neben den kostbaren Bausteinen der gute Baumeister. Für uns Katholiken greift also die Los-von-Moses-Bewegung nicht in gleicher Weise an den religiösen Lebensnerv wie für die von uns getrennten Brüder, die in der Bibel die einzige Grundlage ihrer Glaubenslehre erblicken. Wir reichen den getrennten Brüdern die

Hand, um gemeinsam mit ihnen die Hl. Bücher des Alten Testamentes zu verteidigen und dem deutschen Volk dieses kostbare Lehrgut für die christliche Schule zu erhalten ...

Wie sich das Christentum zur germanischen Rasse stellt

Vom kirchlichen Standpunkt aus ist gegen die ehrliche Rassenforschung und Rassenpflege nichts einzuwenden. Auch nichts einzuwenden gegen das Bestreben, die Eigenart eines Volkes möglichst rein zu erhalten und durch den Hinweis auf die Blutsgemeinschaft den Sinn für die Volksgemeinschaft zu vertiefen. Nur müssen wir vom kirchlichen Standpunkt aus drei Bedingungen machen: Erstens darf die Liebe zur eigenen Rasse in der Kehrseite niemals Haß gegen andere Völker werden. Zweitens darf sich der einzelne nicht der sittlichen Pflicht enthoben glauben, mit den Gnadenmitteln seiner Kirche in zäher Selbsterziehung seine Seele zu pflegen. Ein junger Mann, der immer nur von Seligpreisungen seiner Rasse hört, kommt zu leicht auf den Gedanken, er habe seinem Gott und seiner Kirche gegenüber nicht mehr die sittliche Pflicht der Demut und Keuschheit. Drittens darf die Rassenpflege keine Frontstellung gegen das Christentum einnehmen. Was soll man zu dem ungeheuerlichen Vorwurf sagen, die germanische Rasse sei durch das Christentum verdorben worden, das Christentum sei nicht artgemäß, besonders wegen seiner alttestamentlichen Belastung, und deshalb ein Hindernis für den Rassenstolz in Volk und Schule?

Wie sich das Christentum zur germanischen Rasse stellt? Rasse und Christentum sind an sich keine Gegensätze, wohl aber verschiedene Ordnungen. Rasse ist Naturordnung, Christentum ist Offenbarung, also übernatürliche Ordnung. Rasse ist Verbundenheit mit dem Volk, Christentum ist zunächst Verbundenheit mit Gott. Rasse ist völkische Geschlossenheit und Abgeschlossenheit, Christentum ist weltweite Heilsbotschaft an alle Völker. Die Begriffe Offenbarung und Erlösung, Übernatur und Gnade dürfen nicht verwässert werden. Das vierte Evangelium unterscheidet mit scharfem Trennungsstrich zwischen denen, die aus dem Blut geboren, und denen, die aus Gott geboren sind (Joh. 1, 13). Christus hat ebenso scharf unterschieden zwischen dem, was von Fleisch und Blut geoffenbart, und dem, was vom Vater im Himmel geoffenbart wurde (Mat. 16, 17f.). Wir sind Christen, nicht weil wir von christlichen Eltern abstammen. Wir sind Christen, weil wir nach der Geburt durch die Taufe in Christus zu einer neuen Schöpfung wiedergeboren wurden (2 Kor. 15, 17).

Bei keinem Volk wurden Blut und Rasse so stark betont wie bei den Israeliten des Alten Bundes. In der Fülle der Zeiten aber wurde das Rassendogma durch das Glaubensdogma abgelöst. An der Krippe von Bethlehem haben sich Juden und Heiden, Hirten aus dem Judenland und Weise aus dem Morgenland eingefunden. Im Reiche dieses Kindes gibt es nach dem Wort seines Herolds „keinen Unterschied zwischen Juden und Hellenen, ein und derselbe ist Herr für alle" (Röm. 10, 12).

Wie sich das Christentum zur germanischen Rasse stellt? Es ist dem Christen nicht verwehrt, unter obigen Bedingungen für seine Rasse einzutreten und für deren Rechte. Man kann also ohne inneren Zwiespalt ein aufrichtiger Deutscher und ein ebenso aufrichtiger Bekenner des Christentums sein. Wir haben darum keinen Grund, deshalb dem Christentum den Rücken zu kehren und eine nordisch-germanische Religion zu gründen, um ein Bekenntnis zu unserem Volk ablegen zu können. Wir dürfen aber niemals vergessen: Wir sind nicht mit deutschem Blut erlöst. Wir sind mit dem kostbaren Blut unseres gekreuzigten Herrn erlöst (1 Petr. 1, 9). Es gibt keinen anderen Namen und kein anderes Blut unter dem Himmel, in dem wir selig werden können, als der Name und das Blut Christi.

Anmerkungen:

1 Houston Stewart Chamberlains ‚Die Grundlagen des 19. Jahrhunderts' (1899) war eines der einflußreichsten Bücher, nicht nur für den Nationalsozialismus, sondern für deutschen Nationalismus allgemein.
2 Es handelt sich hier um antichristliche Publikationen, von denen Artur Dinters ‚Die Sünde wider das Blut' (1918) die bekannteste war. In diesem Roman werden die Reinheit der arischen Rasse gepriesen und die Juden als Inkarnation des Bösen verdammt.

Kardinal Faulhaber, *Judentum, Christentum und Germanentum, Adventspredigten gehalten in St. Michael zu München 1933*. München o. J. S. 7–12, 18–20, 116–117.

Ideologie und Krankenpflege

Vereidigung von NS-Schwestern. Rückgang der Zahl konfessioneller Schwestern

Zum erstenmal wurden, nach einer Meldung der „Nationalsozialistischen Parteikorrespondenz", im Gau Köln-Aachen nationalsozialistische Schwestern auf den Führer und Reichskanzler vereidigt. Gauleiter Grohé, der die Vereidigung in Anwesenheit der Reichsfrauenführerin, Scholtz-Klink und des Hauptamtsleiters Hilgenfeldt vornahm, erklärte, warum es zur Bildung der NS-Schwesternschaften gekommen sei. Die Zahl der konfessionellen Schwestern sei so zurückgegangen, daß in Zukunft nicht mehr unbedingte Gewähr für die Erledigung aller Aufgaben gegeben sei. Hinzu komme, daß die Zukunft Aufgaben stellen werde, die nur von Menschen erfüllt werden könnten, die in ihrer weltanschaulichen Haltung vom Nationalsozialismus erfüllt seien. Die Bischöfe hätten für konfessionelle Schwestern ein Verbot erlassen, bei bestimmten Operationen Hilfsdienste zu leisten, so daß schon im Interesse der zu Behandelnden die Gründung von NS-Schwesternschaften sich als unbedingt notwendig erwiesen habe.

„*Frankfurter Zeitung*", 6. 10. 1936 (Ausschnittarchiv der Wiener Library, London).

Der Schlüssel: die Erziehung der Jugend

Wie jede andere revolutionäre Bewegung versuchte der Nationalsozialismus, die junge Generation für sich zu gewinnen. Die nationalsozialistische Bewegung förderte besonders die Jugend, denn bei der älteren Generation konnten noch Spuren von Liberalismus oder sogar Sozialismus verborgen sein. Die Erziehung kann uns deshalb über die grundsätzliche ideologische Beeinflussung im Dritten Reich Aufschluß geben. Die Nationalsozialisten veränderten das Schulsystem, obwohl die förderative Struktur des Reiches dies zuerst erschwerte. Bis alle Einzelstaaten aufgehoben waren, galt Preußen als Übungsfeld für viele dieser Änderungen. Gymnasien, die sich auf naturwissenschaftlichen Gebiet spezialisiert und vom klassischen Lehrplan abgewandt hatten, wurden mit alten und namhaften humanistischen Gymnasien auf eine Stufe gestellt. Die Nationalsozialisten versuchten, das Schulsystem zu vereinheitlichen – genauso, wie sie alle anderen Aktivitäten im Dritten Reich gleichgeschaltet hatten.

Tatsächlich führte die Veränderung der Curricula zur Angleichung des Unterrichtsstoffes. Der obligatorische Unterricht in Rassenlehre und eine stärkere Betonung deutscher Geschichte und Literatur bedeutete in der Schulpraxis, daß weniger Zeit für klassische Sprachen und sogar die Naturwissenschaften übrig blieb. In den erstgenannten Fächern war natürlich die ideologische Beeinflussung größer. Darüberhinaus wurden der körperlichen Ertüchtigung mindestens fünf Stunden am Tag eingeräumt – wegen ihrer Bedeutung für die Charakterbildung und die Entwicklung von Disziplin sowie der zukünftigen militärischen Nützlichkeit. Auch wurde der Versuch unternommen, den Mädchen – in Übereinstimmung mit dem nationalsozialistischen Frauenbild – eine völlig andere Erziehung als den Jungen zu geben. Die Mädchen wurde von den Fächern ausgeschlossen, die man für ein Universitätsstudium brauchte, denn die Frau gehörte ins Haus.

Es ist schwer zu sagen, wie erfolgreich sich die nationalsozialistische Umgestaltung der Erziehung in der Praxis tatsächlich erwies. Die Unterschiede zwischen den Schulen waren sehr groß und hingen wesentlich von der Haltung einzelner Lehrer und Direktoren ab. So wurde bis zum 1. März 1938 die Überprüfung von Lesebüchern in den Schulen nach dem Zufallsprinzip gehandhabt. Manchmal zensierten sich die einzelnen Schulen selbst. Erst nach dem 1. März 1938 wurde eine zentrale Zensur- und Kontrollbehörde eingerichtet, die von einer Abteilung der NSDAP zusammen mit dem Erziehungsministerium geleitet wurde.

Sogar die Lesebücher wurden zunehmend nationalsozialistisch ausgerichtet, die Lehrer wurden reglementiert und – dies ist vielleicht das allerwichtigste – ein Teil der Jugend antwortete mit großem Enthusiasmus.

Die Begeisterung der Jugend wird uns von allen Seiten bestätigt. Die von uns ausgewählten Beispiele sollten besonders beachtet werden, weil sie von Regimegegnern stammen. Inge Scholl erzählt von sich selbst, ihrem Bruder und ihrer Schwester, die an der Universität München zusammen mit anderen Studenten eine Widerstandsgruppe, „Die weiße Rose", gegründet hatten. Sophie und Hans Scholl mußten für ihre Überzeugung teuer bezahlen; beide wurden 1943 erschossen. Anfangs waren die Geschwister Scholl sogar begeisterte Anhänger der nationalsozialistischen Bewegungen gewesen, und die in dem Dokument angeführten Gründe für ihre emotionale Binding sind typisch für einen großen Teil der Jugendlichen. Weniger repräsentativ ist dagegen die Beschreibung der frühen Desillusionierung von Hans Scholl, aber sie zeigt, wie die Nationalsozialisten versuchten, diesen jugendlichen Enthusiasmus zu kontrollieren und zu steuern.

Ilse McKee schrieb über ihre Schulzeit im nationalsozialistischen Deutschland aus der Perspektive einer heute in England lebenden Frau. Sie faßt zusammen, was in einer Schule während der ersten Jahre nationalsozialistischer Herrschaft geschah und was dies Leben für eine Schülerin bedeutete. Ilse McKee ist zwar skeptisch, aber am Ende ihrer Darstellung schreit auch sie aus vollem Herzen „Sieg Heil".

Zu welchen Idealen sollten die Kinder erzogen werden? Die Nationalsozialisten konnten sich auf eine ältere Tradition stützen. Die Bildung des Charakters hatte lange Zeit als erstrebenswertes Erziehungsideal gegolten und die Vermittlung wissenschaftlicher Kenntnisse in den Hintergrund gedrängt. Die Äußerung des Inspekteurs der Nationalpolitischen Erziehungsanstalten, des SS-Obergruppenführers Heißmeyer, scheint harmlos genug: sie hätte ebensogut aus einer alten preußischen Erziehungstradition oder sogar aus einer englischen Privatschule kommen können. Aber Heißmeyer war bedeutendes Parteimitglied (bis zum Krieg leitete er die Zentrale der SS), und der nationalsozialistisch erzogene Junge sollte seine Fähigkeiten vollkommen in den Dienst des Dritten Reiches stellen. Wie dieser Dienst auszusehen hatte, macht der Direktor eines Gymnasiums, L. Grünberg, deutlich. „Charakter" bedeutete nicht etwa Selbstbestimmung und Unabhängigkeit, sondern die Aufgabe seiner selbst für den Militärdienst und Gehorsam im Namen des Volkes und des Führers. Es erstaunt wenig, daß die Zahl der Sportstunden auf Anordnung des Erziehungsministeriums erhöht wurden, denn körperliche Übung wurde mit diesen Zielen in direkten Zusammenhang gebracht und bedeutete die Anerkennung der nationalsozialistischen Weltanschauung – wie aus den Richtlinien für Leibeserziehung deutlich hervorgeht. Das Lernen aus Büchern war immer zweitrangig im Erziehungssystem des Dritten Reiches. Der Anti-Intellektualismus ist ein integraler Bestandteil einer jeden Bewegung, die auf irrationalen Voraussetzungen aufbaut. Hans Schemm war der Führer der nationalsozialistischen Lehrervereinigung und nach 1933 Erziehungsminister in Bayern. Was er gegen die „Miniatur-Gelehrten" sagte, war sicherlich maßgebend. Obwohl er schon 1934 bei einem Flugzeugunglück ums Leben kam, ging er als Mythos in die Galerie der nationalsozialistischen Helden ein.

Um Pflicht und Gehorsam einzuimpfen, mußten der Individualismus und die Begeisterung der Schüler unter Kontrolle gehalten werden, indem man ihnen einen Gemeinschaftssinn einpflanzte. Das liberale Ideal des „kultivierten Menschen" mußte durch ein Erziehungsideal ersetzt werden, das auf der „Gefolgschaft im Kampf" aufbaute. Dies wird in den vom Erziehungsministerium herausgegebenen Richtlinien deutlich. „Verbundenheit" war nur in der rassischen Gemeinschaft zu finden, die sich im „ständigen Kampf" gegen die Feinde im Innern und von außen befand. Der Erziehungsminister ordnete an, daß diese Doktrin in jeder Schule gelehrt werden müsse, und zwar nicht nur in der „Rassenkunde", sondern auch im Geschichtsunterricht. Geschichten wie die von Lucie Alexander, einer Kinderbuchautorin, verdeutlichen dies besonders gut. Sie war aktives Parteimitglied und gründete 1931/32 den ersten Bund Deutscher Mädel in Ostpreußen. Als sie dieses Buch schrieb, studierte sie Journalismus und Literatur. Sie verdeutlichte am Arbeitsdienst, in dem alle Mitglieder der nationalsozialistischen Jugendgruppen ein gewisses Maß an körperlicher Arbeit leisten mußten, die unmoralische Haltung eines jeden, der sich diesem Dienst, und damit den Dienst am Volke, entziehen wollte.

Jungen lieben Helden, und die Nationalsozialisten stellten ihnen diese zur Verfügung. Herbert Norkus verkörperte die Liebe zum Kampf und die völlige Aufopferung für die Volksgemeinschaft, der er auch sein Leben opferte (s. Seite 302 ff.). Norkus war als Junge von Kommunisten getötet worden, als er gerade einen Botengang für die Partei ausführen sollte. Der Theaterkritiker Rudolf Ramlow schrieb ein Buch für Jungen, in dem Norkus verherrlicht wurde; dieses Buch wurde innerhalb von sechs Jahren nicht weniger als fünfundzwanzigmal aufgelegt. Hier wird nicht nur das Kameradschaftsideal deutlich gezeigt, sondern wieder einmal ein Beweis für den Anti-Intellektualismus der nationalsozialistischen Bewegung geliefert. Denn man muß nicht alles verstehen, wenn man für die Partei kämpft, und sogar ein unwissender Junge kann die Gefühle erfahren, zu denen er aufgrund seiner Rassenzugehörigkeit fähig ist. Norkus war auch die Hauptfigur einer der berühmtesten nationalsozialistischen Filme, „Hitlerjunge Quex", der 1933 in Hitlers Anwesenheit erstmals gezeigt wurde. Dieser Junge wurde auf besondere Weise Held und Märtyrer der Hitlerjugend: sie wurde mit seinem Leben als Vorbild vertraut gemacht. In der hier abgedruckten Passage aus dem Buch weist Ramlow, ohne Norkus selbst zu erwähnen, auf die grundsätzliche Lehre hin, die auf Leben und Tod des den Nationalsozialisten „heiligen" Norkus gezogen werden kann.

Wir können die Schulbücher, die unter den Nationalsozialisten verwendet wurden, nur ausschnitthaft darstellen. Unsere Auswahl ist typisch für die in dieser Zeit produzierten Bücher. Die Geschichten aus den Lesebüchern für die Jüngeren verherrlichen in erster Linie Hitler auf eine Art und Weise, wie sie von kleineren Kindern, die gerade Lesen gelernt haben, verstanden werden kann. Die anderen Bücher haben jedoch einen eindeutigeren, ideologischen Inhalt. Die Parallele zwischen einer Eiche und der Charakterschulung stammt aus einer bekannten Lesereihe für die Unterstufen. Die Mittel- und Oberstufen verwendeten hauptsächlich Lesebücher, und die von uns ausgewählten Abschnitte waren die bekanntesten. Baldur von Schirach (geb. 1907) war der Führer der Hitlerjugend und sah sich gerne als Autor und Dichter. Seine Geschichten hatten zwei Themen: die Überhöhung gemeinsamer Erfahrungen und gemeinsamer Begeisterung sowie ein Symbolismus, in dem die Sonne für diese Erfahrungen und die Sache selbst steht. Für die Nationalsozialisten hatte die Sonne eine besondere Bedeutung, die sie von einer im weitesten Sinne romantischen und deutschen Tradition übernommen hatten: die Sonne war das Zeichen des Himmels und der Lichtspender, zu der jeder auf der Erde aufsteigen möchte, und gleichzeitig Verbindungsglied zwischen Mensch und Kosmos. Baldur von Schirachs Geschichte für die Schuljugend exemplifiziert diese Art von Heidentum und seine Verschmelzung mit dem Ideal der Gemeinschaft.

Reichspressechef Otto Dietrich (geb. 1897) hatte Hitler auf seinen früheren politischen Rundreisen begleitet. Dietrichs „Sturmflug" erschien in fast jedem der verwendeten Lesebücher. Die Moral bedarf keiner Erklärung, aber wie auch in anderen Geschichten springt die ständig gezogene Parallele zwischen Mensch und Natur ins Auge. Dies war ein beliebtes nationalsozialistisches Sinnbild, denn es weist auf die „Ursprünglichkeit" der Emotionen und die wahren Wurzeln der Ideologie hin. Wieder einmal wurde hier eine alte romantische Tradition belebt. Dem Abenteuergeist der Schüler und Studenten waren diese Schriften geschickt angepaßt und nun in der nationalsozialistischen Partei ebenso kanalisiert wie der Aktivismus der Erwachsenen.

Die Liste der Aufsatzthemen, die den verschiedenen Stufen eines bekannten Gymnasiums 1935 zugewiesen wurde, sollte die erwünschten erzieherischen Ziele verstärken. Die Themen enthalten bereits die Antworten und lassen wenig Raum für eigene Gedanken. Die Befreiungskriege gegen Napoleon müssen mit den Augen des Konservativen und den Nationalsozialisten nachstehenden Historikers Erich Marcks gesehen und dann in Beziehung zum Dritten Reich gesetzt werden. Die Nibelungensage, die ohne Zweifel als großes nationales Epos behandelt wurde, mußte von christlichen Elementen befreit werden, die im 19. Jahrhundert der Romantiker Friedrich Hebbel hinzugefügt hatte und die Richard Wagner auch nicht anerkannt hatte. Walther von der Vogelweide entwickelte in seiner Dichtung auch patriotische Gedanken, die von den Nationalsozialisten für ihre Zwecke benützt wurden. Das Opfer der Bauerntochter in Hartmann von Aues Epos „Der arme Heinrich" konnte ein Gefühl für bedingungslose persönliche Opferbereitschaft vermitteln. Dieses unschuldige Mädchen hatte sich nämlich für ihren Herrn geopfert und ihn mit dieser Tat auf den Pfad der Tugend zurückgeholt. Diese Themen waren einer Privatschule in Bad Godesberg zugewiesen worden, aber sie hätten an anderen Schulen ebensogut verwendet werden können.

Die Schulen waren nur ein Teil der nationalsozialistischen Anstrengungen, um die Jugend zu dirigieren. Ilse McKee zeigte, wie sehr die Zeit außerhalb der Schule von der Partei oder entsprechenden ideologisch ausgerichteten Aktivitäten in Anspruch genommen war. Die Hitlerjugend stand hier an erster Stelle. Ihr Führer, Baldur von Schirach, erklärte die Struktur der Organisation und deren Ziele. Diese alles umfassende Jugendbewegung muß auch das Leben der Erwachsenen bestimmt haben. Der Gedanke des Dienstes an der Gemeinschaft zieht sich durch sein Buch „Die Hitler-Jugend" (1934), aus dem der hier abgedruckte Auszug entnommen ist. Außerdem äußert sich Schirach explizit über den politischen Zweck von Gruppenerlebnissen, die er in sentimentaler Weise in seiner Lesebuchgeschichte dargestellt. Gleichermaßen wichtig ist das, was er über das Verhältnis der Hitlerjugend zu Familie und Schule sagt. Die Familie war trotz allem das „Heilige Band", das die Nationalsozialisten erhalten wollten, aber die Aktivitäten der Hitlerjugend entfernten die Kinder vom Elternhaus. Schirach versuchte, eine Teilung der Aufgaben zu erreichen, aber wenn die Eltern Einspruch erhoben, waren sie es praktisch immer, die ihre Ansprüche in den Hintergrund stellten, und nicht die Organisation. Wir müssen in diesem Zusammenhang an die ideologischen Differenzen zwischen Eltern und Kindern erinnern, die von der nationalsozialistischen Indoktrination herrührten. Die eindeutige Teilung der Funktionen zwischen Schule und Hitlerjugend ließ sich ebensowenig realisieren; Schirachs Buch vermittelt einen guten Eindruck von dem, wogegen sich ein Lehrer auflehnte. Es zeigt aber auf der anderen Seite auch die Vorstellungen von einem „idealen" Lehrer des Dritten Reiches und wie der Lernprozeß dem nationalsozialistischen Ziel der Charakterschulung und dem Führerprinzip untergeordnet war.

Schließlich belegt diese Passage die Bedeutung der Jugend für die Partei und die Angst, daß sich die ältere Generation nicht als verläßlich erweisen könnte. Zusammenfassend läßt sich sagen, daß die wesentlichen Ziele der Hitlerjugend und die der Jugend zusammenfielen: es sollten Männer und Frauen erzogen und geformt werden, die aufgrund ihres Ideals vom Dienst am Volke und ihres Glaubens an die nationalsozialistische Weltanschauung verläßlich waren.

Die SS, der die Erziehung der rassischen Elite unterstand, übernahm die Jungen mit 18 Jahren aus der Hitlerjugend. Über eine akademische Erziehung wird nichts gesagt, und die Aufnahme der einzelnen Jungen in die SS wird von den Leistungen in der Hitlerjugend und nicht von den Schulleistungen abhängig gemacht. Gunter d'Alquen war eine zeitlang Verleger der offiziellen SS-Zeitung „Das Schwarze Korps" und schrieb auf Befehl Himmlers ein Buch über die SS, aus dem der vorliegende Auszug stammt.

Die Studenten stellten ein ganz besonderes Problem dar. Sie waren nicht so einfach zu beeindrucken wie die Jüngeren, konnten aber emotional aufgerüttelt werden. War dies einmal geschehen, waren sie nicht so leicht unter Kontrolle zu halten. Vorteilhaft für die Nationalsozialisten war, daß die nationalsozialistisch gesinnten Studenten, lange bevor die NSDAP an die Macht gekommen war, schon großen Einfluß auf die Studentenschaft gehabt hatten. Gerhard Krüger, der Führer des nationalsozialistischen Studentenbundes, war bereits volle zwei Jahre, bevor Hitler an die Macht kam, zum Vorsitzenden dieser Organisation gewählt worden. Seit 1933 wurden alle Studenten aufgefordert, sich diesem Studentenbund anzuschließen, und in der offiziellen Zeitung „Der Deutsche Student" forderte Krüger eine neue Art von Studentenbund, der das liberale Erbe ausmerzen sollte. Auch auf dieser Ebene können wir den Anti-Intellektualismus sehen, der durch die Angst hervorgerufen wurde, die Studenten könnten sich als privilegierte Kaste einer Gesellschaft sehen, in der nur „Volk und Führer" zählten. Demzufolge liegt eine so starke Betonung auf dem Dienst, und der „Sozialismus" im Nationalsozialismus bedeutet nur die Abwesenheit privilegierter Individuen in einer Gemeinschaft, wo nur der Kampf für das Volk Bedeutung besaß. Der Wert des Individuums hing von seinem Einsatz für den nationalsozialistischen Staat ab. Dieser Einsatz durfte nicht einzig und allein auf außergewöhnlichem Intellekt beruhen, denn dies wäre auf jeden Fall gefährlich und würde zu oppositioneller Haltung führen.

Diese Idee des Dienstes wurde in der Pflicht der Studenten, am Arbeitsdienst, Seite an Seite mit Jugendlichen der Arbeiter und Bauernjugend, teilzunehmen, konkretisiert. Indem Studenten manuelle Arbeit in der Landwirtschaft und bei öffentlichen Projekten leisteten, wurden sie mit allen anderen gleichgestellt, und ihnen selbst wurde bewußt und sollte auch bewußt werden, daß die akademische Arbeit nicht den einzigen Lebensinhalt darstelle. Wie Michael in Goebbels Roman, gingen sie hinaus, um mit dem Volk zu arbeiten. Werner Beumelburg (1899–1963) verherrlichte diese Arbeitslager. Er war bekannt als Autor von Kriegsbüchern und als Feind der „schwachen" Weimarer Republik.

Die Kriterien für die Aufnahme an der Universität Berlin zum Studium zeigen, daß akademische Fähigkeiten nur eine von vielen Aufnahmebedingungen waren. Man wollte sichergehen, daß der zukünftige Student auch den richtigen, erwarteten nationalsozialistischen Charakter besaß. So war die Studentenschaft, wie sie von Krüger gewünscht wurde, von vornherein garantiert. Die Zulassungsbestimmungen der Universität Berlin wurde im gesamten Reich angewendet.

Die alles umfassende Weltanschauung mußte ihre Wirkung auf die Universitätslehrer und Studenten haben, denn die akademische Gemeinschaft wurde als organisches Ganzes betrachtet. Alle Mitglieder der Fakultät wurden aufgefordert, dem nationalsozialistischen Dozentenbund beizutreten. Dr. Walter Schultze, der 1939 die erste Mitgliederversammlung einberief, war Arzt. Er war im bayerischen Ministerium für öffentliches Gesundheitswesen zuständig und gleichzeitig – und dies ist von größerer Bedeutung – der Führer des nationalsozialistischen Studentenbundes von 1935 bis 1943. Seine Worte im vorliegenden Auszug drücken also die offizielle Meinung aus. Entscheidend sind in letzter Konsequenz nicht etwa Hingabe an das Fach oder wissenschaftliche Spezialkenntnisse, sondern die ideologische Haltung. Akademische Freiheit wird neu definiert. Die nationalsozialistische Ausbeutung traditioneller Institutionen ist auch hier wieder offensichtlich: Äußerlich hatte sich die organisatorische Form der Universitäten nicht verändert, und die Burschenschaften waren auch nicht beseitigt worden, aber es herrschte ein neuer Geist. Ziel aller nationalsozialistischen Anstrengungen bei der Umwandlung des universitäten Lebens war die Schaffung eines neuen Menschen. Wenn der richtige Charakter und die richtige Einstellung bereits in der Volksschule anerzogen würden, käme es auf die äußere Form von Institutionen nicht an. Der Sieg der gemeinsamen Weltanschauung stand an erster Stelle: die nationalsozialistische Weltsicht würde alle bedrückenden Probleme lösen, denn das Zeitalter des Liberalismus sei zu Ende. Die Beschneidung individueller Gedanken auf Allgemeinurteile und allgemeine Weltanschauung ist das Wesen der Ideologie, und sie wurde den Jugendlichen in der nationalsozialistischen Kultur vermittelt. Hitlers Weltanschauung war die Basis, und alle anderen Aktivitäten, auch die der nationalsozialistischen Partei, waren in erster Linie darauf ausgerichtet, diese Ideologie zu verbreiten.

Der Jude war der Feind des neuen Menschen, der durch die Erziehung geformt werden sollte. Man unterrichtete Jungen und Mädchen darin, die rassischen Eigentümlichkeiten auf den ersten Blick zu erkennen. Der unablässige Gebrauch des Juden als einer Abstraktion (Hitler nannte ihn einmal „ein Prinzip") beraubte ihn jeder Individualität und machte ihn zum Anti-Typen des arischen Ideals. Die Liste der ehemaligen Schüler des Kaiser-Friedrich-Gymnasiums in Frankfurt dokumentiert diese Tatsache und belegt deutlich den Ausschluß der Juden nicht nicht aus dem Volk, sondern auch aus dem Erziehungssystem, das die Mitglieder der Gemeinschaft formen sollte. Diese hervorragende Schule sah sich im Dritten Reich einem Problem gegenüber, insofern viele von den ehemaligen Schülern Juden waren. Die Antwort darauf war einfach und gleichzeitig typisch für das nationalsozialistische Deutschland: in der Liste der Ehemaligen mußten unerwünschte Individuen in abstrakte Zahlen umgewandelt werden. Auf diese Weise konnte die nationalsozialistische Schule für die Reinheit eines Erziehungswesens garantieren, das in vielfacher Hinsicht ein Prüfstein für die Frage war, ob das tausendjährige Reich tatsächlich tausend Jahre bestehen würde.

G. L. M.

Inge Scholl

Dabei sein!

An einem Morgen hörte ich auf der Schultreppe eine Klassenkameradin zur anderen sagen: „Jetzt ist Hitler an die Regierung gekommen." Und das Radio und alle Zeitungen verkündeten: „Nun wird alles besser werden in Deutschland. Hitler hat das Ruder ergriffen."

Zum ersten Male trat die Politik in unser Leben. Hans war damals 15 Jahre alt, Sophie 12. Wir hörten viel vom Vaterland reden, von Kameradschaft, Volksgemeinschaft und Heimatliebe. Das imponierte uns und wir horchten begeistert auf, wenn wir in der Schule oder auf der Straße davon sprechen hörten. Denn unsere Heimat liebten wir sehr, die Wälder, den Fluß und die alten, grauen Steinriegel, die sich zwischen den Obstwiesen und Weinbergen an den steilen Hängen emporzogen. Wir hatten den Geruch von Moos, von feuchter Erde und duftenden Äpfeln im Sinn, wenn wir an unsere Heimat dachten. Und jeder Fußbreit war uns dort vertraut und lieb. Das Vaterland, was war es anderes als die größere Heimat all derer, die die gleiche Sprache sprachen und zum selben Volke gehörten. Wir liebten es und konnten kaum sagen, warum. Man hatte bisher ja auch nie viele Worte darüber gemacht. Aber jetzt, jetzt wurde es groß und leuchtend an den Himmel geschrieben. Und Hitler, so hörten wir überall, Hitler wolle diesem Vaterland zu Größe, Glück und Wohlstand verhelfen; er wolle sorgen, daß jeder Arbeit und Brot habe; nicht ruhen und rasten wolle er, bis jeder einzelne Deutsche ein unabhängiger, freier und glücklicher Mensch in seinem Vaterland sei. Wir fanden das gut, und was immer wir dazu beitragen konnten, wollten wir tun. Aber noch etwas anderes kam dazu, was uns mit geheimnisvoller Macht anzog und mitriß, das waren die kompakten marschierenden Kolonnen der Jugend mit ihren wehenden Fahnen, den vorwärtsgerichteten Augen und dem Trommelschlag und Gesang. War das nicht etwas Überwältigendes, diese Gemeinschaft? So war es kein Wunder, daß wir alle, Hans und Sophie und wir anderen, uns in die Hitlerjugend einreihten.

Wir waren mit Leib und Seele dabei, und wir konnten es nicht verstehen, daß unser Vater nicht glücklich und stolz ja dazu sagte. Im Gegenteil, er war sehr unwillig darüber, und zuweilen sagte er: „Glaubt ihnen nicht, sie sind Wölfe und Bärentreiber, und sie mißbrauchen das deutsche Volk schrecklich." Und manchmal verglich er Hitler mit dem Rattenfänger von Hameln, der die Kinder mit seiner Flöte ins Verderben gelockt hatte. Aber des Vaters Worte waren in den Wind gesprochen, und sein Versuch, uns zurückzuhalten, scheiterte an unserer jugendlichen Begeisterung.

Wir gingen mit den Kameraden der Hitlerjugend auf Fahrt und durchstreiften in weiten Wanderungen unsere neue Heimat, die Schwäbische Alb.

Wir liefen lange und anstrengend, aber es machte uns nichts aus; wir waren zu begeistert, um unsere Müdigkeit einzugestehen. War es nicht großartig, mit jungen Menschen plötzlich etwas Gemeinsames und Verbindendes zu haben, denen man sonst vielleicht nie nähergekommen wäre? Wir trafen uns zu den Heimabenden, es wurde vorgelesen und gesungen, oder wir machten Spiele oder Bastelarbeiten. Wir hörten, daß wir für eine große Sache leben sollten. Wir wurden ernstgenommen, in einer merkwürdigen Weise ernstgenommen, und das gab uns einen besonderen Auftrieb. Wir glaubten, Mitglieder einer großen, wohlgegliederten Organisation zu sein, die alle umfaßte und jeden würdigte, vom zehnjährigen Jungen bis zum erwachsenen Mann. Wir fühlten uns beteiligt an einem Prozeß, an einer Bewegung, die aus der Masse Volk schuf. Manches, was uns anödete oder einen schalen Geschmack verursachte, würde sich schon geben – so glaubten wir. Einmal sagte eine fünfzehnjährige Kameradin im Zelt, als wir uns nach einer langen Radtour unter einem weiten Sternenhimmel zur Ruhe gelegt hatten, ziemlich unvermittelt: „Alles wäre so schön – nur die Sache mit den Juden, die will mir nicht hinunter." Die Führerin sagte, daß Hitler schon wisse, was er tue, und man müsse um der großen Sache willen manches Schwere und Unbegreifliche akzeptieren. Das Mädchen jedoch war mit dieser Antwort nicht ganz zufrieden, andere stimmten ihr bei, und man hörte plötzlich die Elternhäuser aus ihnen reden. Es war eine unruhige Zeltnacht – aber schließlich waren wir doch zu müde. Und der nächste Tag war unbeschreiblich herrlich und voller Erlebnisse. Das Gespräch der Nacht war vorläufig vergessen.

In unseren Gruppen wurde zusammengehalten wie unter Freunden. Die Kameradschaft war etwas Schönes.

Hans hatte sich einen Liederschatz gesammelt, und seine Jungen hörten es gerne, wenn er zur Klampfe sang. Es waren nicht nur die Lieder der Hitlerjugend, sondern auch Volkslieder aus allerlei Ländern und Völkern. Wie zauberhaft klang doch solch ein russisches oder norwegisches Lied in seiner dunklen, ziehenden Schwermut. Was erzählte es einem nicht von der Seele jener Menschen und ihrer Heimat.

Aber nach einiger Zeit ging eine merkwürdige Veränderung in Hans vor, er war nicht mehr der alte. Etwas Störendes war in sein Leben getreten. Nicht die Vorhaltungen des Vaters waren es, nein, denen gegenüber konnte er sich taubstellen. Es war etwas anderes. Die Lieder sind verboten, hatten ihm die Führer gesagt. Und als er darüber lachte, hatten sie ihm mit Strafen gedroht. Warum sollte er diese Lieder, die so schön waren, nicht singen dürfen? Nur weil sie von anderen Völkern ersonnen waren? Er konnte es nicht einsehen; es bedrückte ihn, und seine Unbekümmertheit begann zu schwinden.

Zu dieser Zeit wurde er mit einem ganz besonderen Auftrag ausgezeichnet. Er sollte die Fahne seines Stammes zum Parteitag nach Nürnberg tragen. Seine Freude war groß. Aber als er zurückkam, trauten wir unseren Augen kaum. Er sah müde aus, und in seinem Gesicht lag eine große Enttäuschung. Irgendeine Erklärung durften wir nicht erwarten. Allmählich erfuhren wir aber doch, daß die Jugend, die ihm dort als Ideal vorgesetzt wurde, völlig verschieden war von dem Bild, das er sich von ihr gemacht hatte. Dort Drill und Uniformierung bis ins persönliche Leben hinein – er aber hätte gewünscht, daß jeder Junge das Besondere aus sich machte, das in ihm steckte. Jeder einzelne Kerl hätte durch seine Phantasie, seine Einfälle und seine Eigenart die Gruppe bereichern helfen sollen. Dort aber, in Nürnberg, hatte man alles nach einer Schablone ausgerichtet. Von Treue hatte man gesprochen, bei Tag und Nacht. Was aber war denn der Grundstein aller Treue: zuerst doch die zu sich selbst . . . Mein Gott! In Hans begann es gewaltig zu rumoren.

Bald darauf beunruhigte ihn ein neues Verbot. Einer der Führer hatte ihm das Buch seines Lieblingsdichters aus der Hand genommen, Stefan Zweigs „Sternstunden der Menschheit". Das sei verboten, hatte man ihm gesagt. Warum? Darauf gab es keine Antwort. Über einen anderen deutschen Schriftsteller, der ihm sehr gefiel, hörte er etwas Ähnliches. Er hatte aus Deutschland fliehen müssen, weil er sich für den Gedanken des Friedens eingesetzt hatte. Schließlich aber war es zum offenen Bruch gekommen.

Hans war schon vor längerer Zeit zum Fähnleinführer befördert worden. Er hatte sich mit seinen Jungen eine prachtvolle Fahne mit einem großen Sagentier genäht. Die Fahne war etwas Besonderes; sie war auf den Führer geweiht, und die Jungen hatten ihr Treue gelobt, weil sie das Symbol ihrer Gemeinschaft war. Aber eines Abends, als sie mit der Fahne angetreten waren zum Appell vor einem höheren Führer, war eine unerhörte Geschichte passiert. Der Führer hatte plötzlich unvermittelt den kleinen Fahnenträger, einen fröhlichen zwölfjährigen Jungen, aufgefordert, die Fahne abzugeben. „Ihr braucht keine besondere Fahne. Haltet euch an die, die für alle vorgeschrieben ist." Hans war tief betroffen. Seit wann das? Wußte der Stammführer nicht, was gerade diese Fahne für sein Fähnlein bedeutete? War das nicht mehr als ein Tuch, das man nach Belieben wechseln konnte?

Noch einmal forderte der andere den Jungen auf, die Fahne herauszugeben. Der blieb starr stehen, und Hans wußte, was in ihm vorging und daß er es nicht tun würde. Als der höhere Führer den Kleinen zum drittenmal mit drohender Stimme aufforderte, sah Hans, daß die Fahne ein wenig bebte. Da konnte er nicht länger an sich halten. Und er trat still aus der Reihe heraus und gab dem Führer eine Ohrfeige.

Von da an war er nicht mehr Fähnleinführer.

Inge Scholl, *Die weiße Rose*. Frankfurt 1956. S. 10–15.

Ilse McKee

Skepsis und Begeisterung

Nachdem Hitler in Deutschland Kanzler geworden war, änderten sich viele Dinge. Man ergriff Maßnahmen, um das Los der Arbeiter zu erleichtern und ihren Lebensstandard zu verbessern. Überall wurden neue Häuser gebaut und alte Wohnviertel abgerissen. Es gab Arbeit für jeden. Immer weniger Arbeitslose hingen schreiend, diskutierend und trinkend um den Zigaretten- und Bierkiosk unten am Kino herum. Die Leute waren besser angezogen und konnten es sich leisten, besseres Essen für ihre Familien zu kaufen.

Langsam wirkte dieser Köder. Selbst diejenigen, die vollständig gegen Hitler gewesen waren, wurden nun seine begeistertsten Anhänger. Die verschiedenen Jugendklubs wurden geschlossen und die Hitlerjugend nahm ihren Platz ein.

Freimaurerei war strikt verboten. Alte Kameraden- und Studentenorganisationen wurden von der Partei eingegliedert. Es gab kaum noch etwas, das nicht nationalsozialistisch war . . .

Mit den Jahren wuchs der Druck auf diejenigen ständig an, die der Partei noch nicht beigetreten waren. Die Nichtmitglieder fühlten sich wie Ausgestoßene. Schließlich ließ mich Vater mit schwerem Herzen und vielen Zweifeln der Hitlerjugend beitreten; er selbst wurde Mitglied der NSDAP. Aufgrund seiner schlechten Nerven und seiner Asthmaanfälle wurde er jedoch vom aktiven Dienst freigestellt.

Die Dinge waren für mich völlig anders. Die anderen Mädchen und ich nahmen zweimal wöchentlich an Abendkursen teil. Wir mußten bei jeder öffentlichen Veranstaltung anwesend sein, ebenso wie bei Jugendtreffen und beim Sport. Die Wochenenden waren vollgestopft mit Ausflügen, Zeltlagern und Märschen, bei denen wir schweres Gepäck trugen. Irgendwie machte es Spaß und wir waren dauernd beschäftigt, aber dies alles wirkte sich sehr nachteilig auf unsere Schulleistungen aus. Kaum jemals hatte man Zeit für Hausaufgaben.

Die Abendkurse wurden von jungen Mädchen geleitet, die normalerweise kaum älter als wir selbst waren. Diese jungen BDM-Führerinnen brachten uns Lieder bei und versuchten verzweifelt, ein gewisses Maß an Disziplin zu erreichen, was ihnen jedoch kaum gelang. Im Sommer traten an die Stelle der Kurse Übungen im Hof. Wir mußten wie Soldaten auf dem Exerzierplatz auf- und abmarschieren, mit einer Führerin, die uns wie ein Feldwebel Befehle zubrüllte.

Wir hörten natürlich eine Menge über nationalsozialistische Ideologie, aber das meiste ging zum einen Ohr hinein, zum anderen wieder hinaus. In den meisten Fällen wußten die Führerinnen auch nicht so recht, wovon sie eigentlich sprachen. Wir wurden schon früh auf die spätere Mutterschaft vorbereitet, weil die Mutter in den Augen unseres geliebten Führers und der nationalsozialistischen Regierung die wichtigste Person der Nation sei. Wir seien Deutschlands Hoffnung für die Zukunft, und es sei unsere Pflicht, die neue Generation von Söhnen und Töchtern zu gebären, die die Tradition des tausendjährigen Reiches wahren sollten.

Die Abendkurse für Jungen wurden im gleichen Gebäude und im gleichen Stil abgehalten. Häufig mußten wir alle in die Aula gehen, wo irgendeine bedeutende Person einen Vortrag über Rassenprobleme und die Notwendigkeit einer erhöhten Geburtenrate hielt. Auch hier wurden wir an unsere Pflicht als zukünftige Väter und Mütter der Nation erinnert. Irgendwie konnte ich nie ein Kichern unterdrücken, wenn ich mir vorstellte, diese spinnbeinigen, pickeligen kleinen Pimpfe würden einmal die Väter unserer Kinder sein.

Die Kurse trugen bald ihre Früchte und zwar in Gestalt einiger illegitimer Söhne und Töchter des Reichs, geboren von Mädchen des BDM, empfangen in unserem Hitler-Jugendhaus. Die Mädchen dachten, sie hätten ihre Pflicht getan, und schienen bemerkenswert unbetroffen. Die möglichen Väter konnte man, wann immer sie dachten, die Mädchen könnten zuhören, stolz darüber debattieren hören, wer es denn nun gewesen sei.

Ich war das alles bald leid und fand häufig Entschuldigungen für mein Fernbleiben bei den Abendklassen. Meine Erziehung nahm mehr und mehr Zeit in Anspruch, und ich fand meine Hausaufgaben bei weitem interessanter. Dadurch stiegen meine schulischen Leistungen wieder an. Es kümmerte mich wenig, daß ich dadurch als Streberin galt, denn es gab noch eine Menge anderer Mädchen, die so dachten wie ich ...

Während meines dritten Schuljahres auf dem Gymnasium wurde das gesamte Erziehungssystem grundlegend geändert, die Schulpflicht von neun auf acht Jahre reduziert und jedes Fach nun nach nationalsozialistischen Gesichtspunkten gelehrt. Die meisten Schulbücher wurden durch solche ersetzt, die von Regierungsbeamten geschrieben, bearbeitet und zensiert waren. Adolf Hitlers ‚Mein Kampf‘ wurde unser Geschichtsbuch. Wir lasen und besprachen es Kapitel für Kapitel, und wenn wir es gelesen hatten, begannen wir von neuem. Obwohl wir den Inhalt eigentlich auswendig hätten können müssen, habe ich doch sehr wenig behalten. Ich haßte Politik und mißtraute Politikern, aber ich dachte wie die meisten anderen Leute, daß Hitler weit über den Intrigen und der Falschheit stand und sich als der wahre Retter Deutschlands erweisen würde. Trotzdem fand ich sein Buch langweilig. Rosenbergs ‚Mythus des 20. Jahrhunderts‘, das von der Mehrheit der denkenden Leute als ein schlechter Scherz betrachtet wurde, war nach ‚Mein Kampf‘ das zweitwichtigste Buch. Ein neues Fach, die Rassenlehre, wurde eingeführt. Die Teilnahme am Religionsunterricht dagegen war freiwillig.

Unsere Schule war immer konservativ geführt worden, und ich bin sicher, daß die Situation für die Lehrer schwierig war. Die meisten hatten ihre Zweifel an Hitler, aber sie mußten, wenn sie nicht entlassen werden wollten, eine totale Kehrtwendung vollziehen. Selbst wenn sie mit meiner Haltung gegenüber Politik sympathisierten, konnten sie es sich nicht leisten, sie „durchgehen" zu lassen. Einige Kinder hatten keine Hemmungen, andere zu denunzieren. Die Vergangenheit eines jeden Lehrers wurde durchleuchtet, besonders sein politischer Werdegang. Viele wurden entlassen, und es wurde gefährlich, sich anders als im nationalsozialistischen Sinne zu äußern.

Einmal nahm ich an einem der großen Jugendtreffen teil. Es fand in Weimar statt. Da ich für zwei oder drei Tage von zu Hause abwesend sein sollte, zögerte mein Vater mit seiner Erlaubnis. Ich war 13 Jahre alt, zu jung, seiner Meinung nach, um ohne den Schutz zumindest eines Elternteiles zu fahren, und er mißtraute den jungen Führerinnen, die auf uns aufpassen sollten. Ich versprach, in jeder Hinsicht vorsichtig zu sein, und schließlich gab er nach.

Wir fuhren im Bus nach Weimar. Privatquartiere waren im voraus gebucht worden. Ich wurde bei einem netten älteren Ehepaar untergebracht, das von mir begeistert war und mich wie eine Tochter behandelte. Früh am nächsten Morgen wurde ich an der Sammelstelle von dem Bus abgeholt und mit den anderen Mädchen zum Stadion gebracht. Das war ein solch riesiger Platz, daß wir kaum etwas sehen konnten, lediglich das, was sich in unserer Sektion abspielte. Viele Kapellen hatten ihren Auftritt in der großen Arena und jede marschierte in einer besonderen militärischen Art. Eine Kapelle werde ich nicht vergessen; sie bestand aus 24 Jungen und ihr Aufmarsch war so furchteinflößend, daß es jedesmal still wurde, wenn sie vorbeizog. Sie wurde ‚Die Trommeln‘ genannt.

Ihre Trommeln waren sehr lang und reichten von den Hüften bis zu den Knien. Ihr Geräusch war unwirklich hohl und drohend, während die Jungen ein schnelles

Marschtempo schlugen. Sie hatten etwas Symbolisches. Die Monotonie des dumpfen Schlagens, immer und immer wieder nach dem gleichen Rhythmus, ließ mich an ein drohendes Verhängnis denken. Diese Trommelkapelle sollte uns an die Trommlerjungen von vor hundert Jahren erinnern, die in die Schlacht zogen, ohne sich um ihre Wunden zu kümmern, die trommelten, bis sie umfielen. Ihr unbegrenzter Mut sollte uns für unser ganzes Leben ein Beispiel sein . . . Während die Kapellen spielten, marschierten die Turner ein. Die Jungen in schwarzem Turnzeug stellten sich in der Arena in Form eines riesigen Hakenkreuzes auf, dann formierten sich die Mädchen in weißem Zeug im Kreis um das Hakenkreuz herum. Danach begannen die Turner ihre Übungen, begleitet von passender Musik, die aus den verschiedenen Lautsprechern tönte, und während der ganzen Zeit blieben sie in der Formation eines riesigen schwarzen Hakenkreuzes innerhalb eines weißen Kreises.

Wettrennen folgten, und während einer einstündigen Pause tanzten Mädchen in weißen Tanzkleidern Volkstänze um den Maibaum. Dann fanden weitere Rennen statt, die von einer Turnvorführung einer jüngeren Gruppe, zu der ich auch gehörte, ergänzt wurde. Wir trugen schwarze Turnhosen und weiße ärmellose Blusen und froren ziemlich. Als die Preisverteilung begann, waren wir zu weit davon entfernt, um irgend etwas zu sehen, und zu müde, über Lautsprecher zu folgen.

Zum Schluß formierten sich die Jungen und Mädchen noch einmal zum Hakenkreuz. Der Hitler-Jugendführer des Bezirks hielt eine Rede, und danach standen wir stramm und sangen das Hitler-Jugendlied. Schließlich trat der Führer vor und rief ‚Heil Hitler!' Wir antworteten ‚Sieg Heil! Sieg Heil! Sieg Heil!' Wir brüllten diese Worte mit aller Kraft und es klang schrecklich mächtig.

Ilse McKee, *Tomorrow the World*. London 1960. S. 7–9, 11–15 (Aus dem Englischen übersetzt).

Frische Jungen

„Was nützt uns ein Junge", so sagte der Inspekteur der Nationalpolitischen Erziehungsanstalten, SS-Obergruppenführer Heißmeyer, „der eine große geistige Begabung besitzt, im übrigen aber doch ein schwacher, vor Entscheidungen willenloser oder schlapper Kerl ist? Uns schwebt ein Typ des frischen Jungen vor, der von guten, erbtüchtigen Eltern kommt, körperlich gesund ist, Mut hat und geistige Frische und Aufgewecktheit mitbringt."

„*Hamburger Fremdenblatt*", 30. 12. 1941 (Ausschnittarchiv der Wiener Library, London).

L. Grünberg

Der Test

Wir deutschen Lehrer müssen uns ganz allgemein freimachen von der Vorstellung, als seien wir in erster Linie Wissensübermittler. . . . Im Waffendienst, der von einem jeden Hergabe des Letzten verlangt, zeigt sich am deutlichsten, ob und in welchem Umfang völkischer Gemeinschaftsgeist Gemeingut der Nation geworden ist. Man hat gesagt, der preußische Volksschullehrer habe den Krieg von 1866 gewonnen; ein kommender Waffengang des deutschen Volkes wird die Probe darauf sein, ob der deutsche Lehrerstand ein brauchbares Glied des deutschen Volkes im Dritten Reich geworden ist.

L. Grünberg (Direktor der Augusta-Schule in Berlin), *Wehrgedanke und Schule*. Leipzig 1934. S. 5.

Sportunterricht und Nationalsozialismus

Ziel und Inhalt der Leibeserziehung

1. Die Leibeserziehung ist grundlegender und untrennbarer Bestandteil der nationalsozialistischen Gesamterziehung.

2. Ziel und Inhalt der Erziehung ergeben sich aus der nationalsozialistischen Weltanschauung, die in *Volksgemeinschaft, Wehrhaftigkeit, Rassebewußtsein* und *Führertum* die erhaltenden und bewegenden Kräfte der Nation erkennt.

Die nationalsozialistische Erziehung ist ausgerichtet auf Volk und Staat. Sie erfaßt den Menschen in seiner Ganzheit, um ihn durch die Entwicklung aller Kräfte – des Körpers, der Seele und des Geistes – fähig und bereit zu machen zum Dienst in der Gemeinschaft des Volkes.

3. Im Rahmen der Gesamterziehung kommt der Leibeserziehung eine für die Erziehung der Jugend in der Schule entscheidende Bedeutung zu.

Die Leibeserziehung ist nicht ein Unterrichtsfach zum bloßen Zweck der Körperbildung. Sie ist vielmehr Erziehung vom Leibe her oder durch den Leib, d. h. sie greift dort an, wo der Jugendliche am leichtesten erziehbar ist: im Turnen, im Spiel, im Sport, in der Bewegung.

4. Volk, Wehr, Rasse und Führertum sind die Richtungspunkte auch für die Gestaltung der Leibeserziehung, die demnach eine vierfache Zielsetzung erhält:

a) Leibeserziehung ist Gemeinschaftserziehung. Indem sie von dem Knaben in der Klasse, in der Riege und in der Mannschaft bewußt und ohne Ansehung der Person Gehorsam, Einordnung, ritterliches Verhalten, Kameradschafts- und Mannschaftsgeist fordert, erzieht sie ihn zu den Tugenden, die die Grundlagen zur Volksgemeinschaft bilden.

b) Die Leibeserziehung führt den heranwachsenden Menschen durch planmäßige Entwicklung des angeborenen Bewegungs-, Spiel- und Kampftriebes auf dem

Wege der Übung zur körperlichen Leistung und zum kämpferischen Einsatz. Sie schafft damit die körperlichen und seelischen Grundlagen für die Wehrfähigkeit und eine gesunde Freizeitgestaltung des Mannes.

c) Die Leibeserziehung entwickelt und formt durch artgemäße und im Volkstum wurzelnde Leibesübungen Leib und Seele als die Träger des Rassenerbes; sie schafft durch Gewöhnung an sportliche Lebensformen gesunde Anschauungen über körperliche Schönheit und Leistungsfähigkeit; sie erweckt und fördert in dem einzelnen und in der Gesamtheit das Bewußtsein von dem Wert der eigenen Rasse und stellt sich damit in den Dienst der Rassenpflege.

d) Die Leibeserziehung fordert von dem Jungen Mut, Härte gegen sich selbst und Einsatzbereitschaft sowie selbständiges und verantwortliches Handeln im Rahmen der sportlichen Gemeinschaft. Sie schafft so die Möglichkeit, Führeranlagen zu erkennen und im Wege der Auslese zu fördern. Leibeserziehung ist Willens- und Charakterschulung.

5. Im Mittelpunkt der Leibeserziehung steht die kämpferische Leistung – nicht als Endzweck, sondern als Mittel der Erziehung.

Sie muß mit der körperlichen und seelischen Entwicklung des Jugendlichen und seiner Leistungsfähigkeit Schritt halten, zuerst vom Unbewußten ausgehen und dann über die bewußte Bewegungsschulung zum Kampf führen.

Die gute Form ist das Ergebnis und der äußere Ausdruck der guten Leistung. Das drillmäßige Einüben starrer Formen für Prüfungs- und Besichtigungszwecke ist nicht mit den Zielen der Leibeserziehung in der Schule vereinbar. Ebenso ist bei Vorführungen innerhalb oder außerhalb der Schule die Zahl der Proben auf das unumgänglich notwendige Maß zu beschränken.

Richtlinien für die Leibeserziehung in Jungenschulen. Berlin 1937. S. 7–8.

Hans Schemm

Zehn Kalorien mehr Charakter

Das Ziel unserer Erziehung ist die Charakterschulung ... Wir wollen unsere Kinder nicht zu Miniaturgelehrten erziehen ... Bisher wurde zuviel Wissen und zuwenig Menschentum vermittelt ... Die wirklichen, in dem deutschen Kinde ruhenden Werte werden nicht dadurch geweckt, daß wir eine große Menge von Kenntnissen in das Kind hineinstopfen ... Deshalb sage ich lieber: lieber zehn Pfund Wissen weniger und zehn Kalorien an Charakter mehr!

G. Kahl-Furthmann, *Hans Schemm spricht. Seine Reden und sein Werk.* Bayreuth 1941. S. 243–247.

Bildung versus Weltanschauung

Die nationalsozialistische Revolution der Weltanschauung hat an die Stelle des Trugbildes der gebildeten Persönlichkeit die Gestalt des wirklichen, d.h. durch Blut und geschichtliches Schicksal bestimmten deutschen Menschen gesetzt und an Stelle der humanistischen Bildungsideologie, die bis in die jüngste Vergangenheit fortgelebt hatte, eine Erziehungsordnung aufgebaut, die sich aus der Gemeinschaft des wirklichen Kampfes entwickelt hatte.

Erziehung und Unterricht in der Höheren Schule. Amtliche Ausgabe des Reichs- und Preußischen Ministeriums für Wissenschaft, Erziehung und Volksbildung. Berlin 1938. S.12.

Rassenlehre und die nationale Gemeinschaft

Lehrer sind angewiesen, die Schüler in ‚Wesen, Gründen und Auswirkungen aller rassischen und erbmäßigen Probleme' zu unterweisen, ihnen die Wichtigkeit von Rasse und Erbgut für Leben und Schicksal des deutschen Volkes nahezubringen und in ihnen ein Verantwortungsbewußtsein für die ‚Volksgemeinschaft' (ihre Ahnen, die gegenwärtige Generation und die folgende) zu entfachen, wie Stolz auf die Mitgliedschaft in der germanischen Rasse als dem Haupterbträger nordischer Werte und den Willen, bewußt an der rassischen Reinhaltung der germanischen Rasse teilzunehmen.

Rassenlehre sollte bei den jüngsten Schülern einsetzen (6jährige), nach dem Wunsch des Führers, ‚daß kein Junge und kein Mädchen die Schule verläßt, ohne vollständig über die Bedeutung und Notwendigkeit der Rassenreinheit informiert zu sein'.

Weltgeschichte sollte als Geschichte rassenorientierter Völker dargestellt werden. Die rassische Idee führt zur Ablehnung der Demokratie oder anderer ‚gleichmacherischer Tendenzen' (Beispiele: Paneuropäismus oder internationale Zivilisation) und stärkt das Verständnis für die ‚Idee der Führerschaft'.

Aus einem Erlaß des Erziehungsministers, Dr. Bernhard Rust, an alle deutschen Schulen. *The Times* (London). 29. 1. 1935 (Ausschnittarchiv der Wiener Library, London), – (Aus dem Englischen übersetzt).

Lucie Alexander

Steh' nicht beiseite!

„Ich will Euch jetzt mal was erzählen, und Ihr werdet alle sehr ruhig zuhören. Es ist eine in unserem Kreise, die hat sich in schweren einsamen Stunden klargemacht, was Arbeitsdienst eigentlich bedeutet und sich ernsthaft geprüft, ob sie diesen Dienst für ihr Volk zu leisten imstande sein würde. Denn sie wußte ja, daß er Opfer fordern würde, wie sie jede Gemeinschaft verlangt. Aber nicht genug damit. Als sie ihren Entschluß durchgeführt hatte, begann sie nun im Herzen für all ihre Kameradinnen den Kampf auszufechten. Und kannte nur den einen Wunsch, daß sie gleich ihr den Willen haben möchten, durch diese Zeit mit sehenden Augen und klaren Entscheidungen zu gehen.

Ich habe im ersten Augenblick die Notwendigkeit nicht einsehen wollen, die Verantwortung auszudehnen auf einen ganzen großen Kreis von Menschen. Jetzt habt Ihr es mir mit Euren Worten bewiesen! Wir alle müssen eine unlösliche Gemeinschaft sein. Jetzt darf der einzelne nicht mehr tun und lassen, was ihm behagt, wenn er damit nicht dem gemeinsamen Ziel ein Hindernis in den Weg stellen will.

Es ist ganz bequem und beruhigend, in heiligem Gekränktsein, weil man nicht gleich wie die liebe Sonne empfangen worden ist, in sein Kämmerlein zu gehen und zu sagen: Mit mir braucht Ihr nicht mehr zu rechnen. mich geht die ganze Sache von nun an einen Schnickschnack an! Oder, weil dem zarten Gemüt dieses oder jenes nicht paßt, einer ganzen Gruppe die Lust am Schaffen zu nehmen! Weit dienlicher wäre es, die Zähne zusammenzubeißen und sich klarzumachen, daß man Pflichten übernommen hat und mit jeder Tat beweisen muß, daß man ein würdiger Teil unserer Gemeinschaft ist."

Es war eine lautlose Stille unter den Mädchen, während Elisabeth sprach. Schließlich ging Trude, die Arbeiterin, auf sie zu und sagte sehr vernehmlich: „Du bist ein ganzer Kerl. Es ist wohl so, daß wir uns alle noch gar nicht so richtig überlegt haben, was das heißt: Arbeits-Dienst und Volksgemeinschaft. Auch ich kam ja nur, um eine Ablösung für meine zermürbende Zuhausesitzerei zu finden. Das mit dem tiefen Sinn und der Pflicht füreinander hab' ich gar nicht gewußt bis jetzt." – „Aber es wird wohl so stimmen, wenn die Elisabeth es sagt. Sie hat uns ja gestern gewissermaßen auch dienen wollen mit ihrem Spiel –"

„Jawoll! Und heute hat se uns die Wahrheit richtig jegeicht!" Marthe war ungeheuer befriedigt.

„Es ist gut, daß es eine einmal ausgesprochen hat", meinte Käte, eine Rastenburgerin, „wir brauchen keine himmelhohen Illusionen, die bei der ersten Probe wie Seifenblasen zerplatzen, sondern einen gesunden Idealismus."

Nun geschah es nach dem Abendessen, daß Elisabeth auf das Bitten vieler Gefährtinnen in den Schlafsaal hinaufsprang, um die Handharmonika zu holen, damit man zwischendrein ein frohes Lied singen könnte. Da gewahrte sie in dem golden hereinleuchtenden Abendschein Gabriele auf ihrem Bettrand sitzen und durch das Fenster auf den sonnenroten See starren. Ein wenig befremdet zwar, aber liebenswürdig, wie es ihre Art war, gab sie der Kameradin zu verstehen, daß es Zeit sei, herunterzukommen, wo schon alle beisammensäßen.

Da blitzte in Gabrieles Augen ein leidenschaftliches Funkeln auf und zornig stieß sie heraus: „Ich will nicht! Ich kann soviel Mädchen zusammen nicht ausstehen!"

Elisabeth war im ersten Augenblick vollständig ratlos. Nach einer Weile sagte sie ruhig, und ihre Stimme klang voll in dem großen Raum: „Du wirst dich eben zwingen müssen, liebe Gabriele. Du wirst wohl einsehen, daß du jetzt nicht mehr zurückkannst. Das hättest du dir eben früher überlegen müssen."

„Ich bin ja nicht von mir aus gekommen. Ich habe ja gemußt!"

„Das ist eine schlimme Sache –" murmelte Elisabeth, die wohl merkte, daß sie vorläufig nicht helfen konnte, weil da andere Dinge im Spiel sein mußten, die sie nicht zu überschauen vermochte.

„Nun ist da jedenfalls nichts mehr zu ändern. Und du solltest versuchen – komm, bring ein wenig Energie auf. Wie soll ich dir das klarmachen – bedenke doch, der große Kreis, den du fürchtest oder nicht ausstehen kannst, setzt sich am Ende aus vielen einzelnen Gliedern zusammen! Und glaub mir, jedes hat auf seine Weise sein Schicksal. Siehst du, gerade heute wird jede was von sich erzählen. Das soll uns endgültig das Fremdsein voreinander nehmen."

„Auch das kann ich nicht . . . mich vor allen – entblößen . . ." stammelte das Mädchen, „versteh mich doch, ich kann das nicht!"

„Dumme Gabriele, das verlangt ja niemand von dir!" schalt Elisabeth freundschaftlich, „ein Stückchen muß schon jeder für sich behalten. Man braucht sich nicht aufzugeben in einer Gemeinschaft, aber man soll in ihr verwurzeln mit seinen Kräften. Aber daß du dich bewußt herauslösen willst, das kann ich" – und dabei zog sie die Zaudernde in die Höhe und hakte sich bei ihr ein –, „das kann ich unter keinen Umständen zulassen."

„Im Namen aller!" fügte sie eindringlich hinzu.

Darauf gingen sie beide nach unten.

Lucie Alexander, *Unser der Weg. Vom Kampf der Jugend unserer Tage.* Berlin 1935. S. 47–51.

Rudolf Ramlow

Kann Jugend nationalsozialistisch sein?

Die nationalsozialistische Bewegung, die ein Volk erfassen wollte, um ein Reich zu gründen, mußte auch die Jugend mit sich reißen. Diese Jugend brauchte die fünfundzwanzig Punkte des Parteiprogramms nicht auswendig zu wissen, ja nicht einmal zu kennen, um nationalsozialistisch zu sein. Weil Nationalsozialismus nicht eine Parteiparole ist, sondern Weltanschauung, ja mehr noch, eine Lebenshaltung, darum kann der kleine zehnjährige Hitlerjunge ein ebenso guter Träger der Bewegung sein wie ein hoher Führer der SA.

Der Junge, der aus dem angeborenen völkischen Empfinden heraus seine Heimat, sein Vaterland liebt, der sich durch diese gemeinsame Liebe und den gleichen Laut der Sprache unbewußt verbunden fühlt mit denen, die gleichen Stammes sind, mit seinem Volk, der Junge ist nicht minder nationaler Deutscher als der erwachsene Mann, dem dieses Gefühl zur gewollten Richtschnur seines Handelns geworden ist.

Jeder Junge erkennt in dem Altersgenossen in der gleichen Tracht, der neben ihm Schritt hält, den Kameraden, den gleichgeordneten Teil der Gemeinschaft, in der sie beide marschieren. Er fühlt, daß es für sie, die Jungen, ganz gleich ist, wieviel die Väter verdienen, und ob ihr Heim eine Wohnküche oder eine Achtzimmerwohnung ist. Fühlt, daß dem Kameraden neben ihm im Glied ein gleicher Anteil gebührt von allem, was ihm die fürsorgliche Mutter auf die Fahrt mitgegeben hat. Er weiß, daß er für alles, was er tut und läßt, nicht nur sich selbst, sondern der Gemeinschaft der Kameraden verantwortlich ist, daß die Kräfte seines Körpers und Geistes jedem einzelnen der Kameradschaft ebenso gehören wie ihm selbst. Wenn er einmal der Versuchung erliegt, für sich besser zu sorgen als für die Kameraden, dann pocht in ihm das schlechte Gewissen, auch wenn er der Form nach im Recht war.

Der Junge, der so fühlt und so handelt, bewußt, aber nicht aus vernunftgemäßen Erwägungen, dieser Junge ist Sozialist. Denn Kameradschaft halten, das ist tätiger Sozialismus.

Diese Lebenshaltung der nationalen Kameradschaft, diesen Nationalsozialismus in die Herzen der deutschen Jugend zu pflanzen, ist höchste Aufgabe der Hitler-Jugend. Darum war ihr Antreten notwendig. Die Bewegung mußte geschlossen dastehen, wenn sie siegen wollte. Sie brauchte auch einen Stoßtrupp der Jugend, der den Kampf unter den gleichen Parolen und unter dem gleichen Führer führte wie die Truppen der Erwachsenen, die SA und SS.

Rudolf Ramlow, *Herbert Norkus? – Hier! Opfer und Sieg der Hitler-Jugend.* Berlin 1933. S. 90, 91.

Beispiele aus Schulbüchern

Baldur von Schirach

Der Kinderfreund

Weit weg von unserer Heimat hat unser Führer Adolf Hitler ein schönes Landhaus. Es liegt hoch oben in den Bergen und ist von einem Gitter umschlossen. Davor stehen oft viele Menschen, die den Führer gern sehen und begrüßen möchten.

Als der Führer eines Tages wieder einmal herauskam und die Leute freundlich grüßte, waren alle voll Jubel und Freude und streckten ihm die Hände entgegen.

Ganz vorn stand ein kleines Mädchen mit Blumen in der Hand, das sagte mit seiner hellen Kinderstimme: „Ich habe heute Geburtstag!"

Da nahm der Führer das blonde Mädelchen bei der Hand und ging langsam mit ihm durch das Gitter hinein in sein Haus. Hier bekam es Kuchen und Erdbeeren mit dicker, süßer Sahne.

Und die Kleine aß und aß, bis sie nicht mehr konnte. Darauf sagte sie artig: „Ich danke auch schön!" und „Auf Wiedersehen!" Und dann machte sie sich auf einmal ganz groß, schlang ihre Ärmchen um den Hals des Führers und – nun gab das kleine Mädchen dem großen Führer einen langen Kuß.

Aus: Wilhelm Brinkmann/Paul Rössing, *Fibel für die Grundschule im Bezirk Düsseldorf*. Gütersloh 1935. S. 67–68.

Lehrplan zur Behandlung der "Judenfrage" im Unterricht

Unterrichtsplan für "Staatspolitik" für die
Volksschulen des Dritten Reiches

Woche	Stoffgebiet	Beziehung zum Juden	Lesestoff
1.-4.	Das Deutschland der Vorkriegszeit. Klassenkampf, Profit, Streik.	Der Jude macht sich breit!	Aus Hauptmann "Die Weber"
5.-8.	Vom Agrarstaat zum Industriestaat. Kolonien	Der Bauer in den Klauen des Juden!	Schilderungen aus den Kolonien. Aus Hermann Löns.
9.-12.	Verschwörung gegen Deutschland, Einkreisung, Sperrfeuer um Deutschland.	Der Jude herrscht! Kriegsgesellschaften.	Beumelburg: "Sperrfeuer.." Hindenburgs Leben. Kriegsbriefe.
13.-16.	Deutsches Ringen deutsche Not. Blockade! Hungertod!	-Der Jude wird wohlhabend! Ausnutzung der deutschen Not.	Manke: Spionage an der Westfront. Kriegsschilderungen.
17.-20.	Dolchstoß. Zusammenbruch.	Juden als Führer der Novemberrevolte.	Pierre des Granges: In geheimer Mission beim Feinde. Bruno Brehm: Das war das Ende
21.-24.	Deutschlands Golgatha. Erzbergers Verbrechen! Versailles.	Ostjuden wandern ein Judas Triumph!	Volkmann: Revolution über Deutschland. Feder: Die Juden. Zeitung: Der Stürmer
25.-28.	Adolf Hitler. Der Nationalsozialismus.	Judas Gegner!	Mein Kampf. Dietrich Eckart.
29.-32.	Blutende Grenzen. Versklavung Deutschlands. Freikorps. Schlageter	Der Jude zieht aus der deutschen Not seine Nutzen. Anleihen. (Dawes, Young).	Beumelburg: Deutschland in Ketten. Wehner: Die Wallfahrt nach Paris. Schlageter: Ein deutscher Held.

Woche	Stoffgebiet	Beziehung zum Juden	Lesestoff
33.-36.	Der Nationalsozialismus im Kampf mit der Unterwelt und dem Verbrechertum.	Juden Anstifter zum Mord. Die jüdische Presse.	Horst Wessel.
37.-40.	Deutschlands Jugend voran! Der Sieg d. Glaubens	Der Endkampf gegen Juda.	Herbert Norkus. Reichsparteitag.

"Der nationalsozialistische Erzieher", Nr. 42, 1934 abgedruckt in: Helmut Eschweg (Hrsg.), Kennzeichen J., Berlin 1966 (VEB Deutscher Verlag der Wissenschaften) S. 57

Wilhelm Steckeling

Gesundbrunnen, die dir dein Turnlehrer weist

Siehst du die Eiche drüben auf der kahlen Kuppe? –

Stolz trägt ihr starker Stamm die mächtige Krone. Jahrhunderte gingen über sie hinweg. Die Sage erzählt, daß schon der Schwede im ersten Weltkrieg, den sie den Dreißigjährigen nennen, ihre knorrigen Äste als Galgen benutzt habe. Sechs Männer vermögen den gewaltigen Stamm nicht zu umspannen. Als vor etwa 40 Jahren ein furchtbarer Orkan hier in der ganzen Gegend Hunderte von Baumriesen wie Streichhölzer knickte, stand diese Eiche aufrecht und stark in Sturm und Wettergraus.

Was meinst du, woher dieser Riese unter den Räumen seine gewaltigen Kräfte geholt hat?

Das Geheimnis ist nicht allzuschwer zu enthüllen. Seit ihrer frühesten Jugend war diese Eiche ganz auf sich selbst gestellt. Schutzlos und frei stand sie da auf ihrer einsamen Höhe. Da hieß es für sie: sich wehren! sich behaupten im Kampf mit Wind und Wasser und Wetter. Sommer und Winter brauste der Sturm hinein in ihre Krone, bog den Stamm, daß das Wurzelwerk ächzte und stöhnte.

Aber das gerade war es, was diesen Baum so ungeheuer stark machte. Je heftiger und wilder das Unwetter in sein Astwerk fiel, umso stärker stemmte sich der Stamm gegen den ungestümen Angreifer, desto tiefer und fester gruben sich die braunen Wurzeln hinein in das Erdreich. Dieser Baum hatte keine Zeit zum müßigen Ausruhen. Über ihm stand das Gesetz der Bewegung, der Selbsterhaltung, der Verteidigung, der Not. Er war ein Kämpfer von Anbeginn. –

Diese Eiche, deutsche Jugend, sei dein Bild. Du sollst sein wie sie: gesund und stark und stattlich, voll zäher Kraft und edlem Mark. Und auch das Geheimnis dieser Urkraft sollst du von ihr lernen. Hörst du nicht, was dir da oben im Wipfel die Blätter zuraunen? „Kämpfe! Ringe!" flüstern sie, „stähle deine Kraft! Dann wirst du wie ich. Weiche nicht zurück vor dem Kampf! Wachse am Widerstande! Was dich nicht zerbricht, das macht dich stärker!"

Und nun, deutsches Kind, komm mit mir in den großen Wald und lausche auch seinen Stimmen. Auch er weiß um das Geheimnis seiner Kraft und seines starken Lebens. Horch! wie er Zwiesprache hält mit dem brausenden Nordost, der krachend in seine Wipfel fällt. Das ist kein Bitten um Gnade, Das ist Herausforderung und jubelnde Siegesgewißheit:

„Schwing mir die Buben, und schwing mir sie stark!"
rufet dem Winde der Wald;
„klagen sie gleich in müdem Gestöhn,
laß mir nicht ab so bald!
Also nur wurzelt ihr Fuß, und mit Mark
füllet sich Arm und Brust;
und sie wachsen zu stolzen Höh'n,
mir eine Herzenslust;

> denn ich ich hasse die Zwergenart,
> so die sumpfige Kluft
> eingewindelt vor Wetter bewahrt
> immer in Stubenluft.
> Fahl und kahl in des Frühlings Saft
> hat schon ein Lüftchen sie weggerafft."

Deutscher Junge! Deutsches Mädel! das ist für dich gesprochen. Auch du sollst im Kampf deine Kräfte stählen. Rastest du, so rostest du. Stubenhocker sind blaß und blutarm. Ihnen werden die Muskeln schlaff und wird der Sinn trüb und freudlos.

Das willst du nicht! Nun, dann komm mit hinaus zu den ewig fließenden Gesundbrunnen echter Freude und wahrer Kraft. Sie heißen Licht, Luft, Sonne und Wasser. Komm mit! Du wirst Wunder erleben. Dein trübes Auge wird wieder Glanz bekommen. Deine blassen Wangen werden sich wieder frisch und rot färben. Dein träge fließendes Blut wird wieder Bewegung und Fluß, deine Muskeln werden wieder Saft und Kraft erhalten.

Klassenlesestoff für die neue deutsche Schule: Die Schule im Dritten Reich. No. 59: Deutsche Jugend, gesund und stark! Berlin o. J. S. 9f.

Baldur von Schirach

Das Symbol der Jugend – die Sonne

Eines Tages marschieren sie wieder. Wieder weht die Fahne dem Zuge voran. Auf Waldwegen, die vom Nachtregen eingeweicht sind, gehen sie bis zur Straße. Da kann man erst recht sehen, wie es geregnet hat. Große Wasserlachen stehen dort. Es ist eben nicht gerade gut zum Marschieren. Aber daran denkt keiner. Die Lieder hallen wider aus den Wäldern, die zu grünen beginnen. Dann, in einer Pause, hören sie es unsichtbar klingen: „Uns geht die Sonne nicht unter." Sie lauschen, während sie schreiten. Das Lied klingt lauter auf. Sie hören an den Stimmen, das sind Mädchen. Nun sehen sie's auch: Eine lange Schar des BDM kommt ihnen entgegen. Auch hier flattert der Wimpel. Näher kommt es, fest im Marschschritt. Nun zeigen die Jungen, daß sie selbstverständlich noch besser marschieren können, das klappt und schallt vom Gleichschritt, daß die Spritzer nur so fliegen. Was macht das aus! . . . Nun halten beide Kolonnen. Die Mädel sind schon mehrere Tage auf Fahrt. Wie sehen sie aus! Aber ihre Gesichter strahlen. Bei vielen von den Kleinen ist's die erste große Fahrt. Die Führerin erzählt, wie sie gestern von dem Regenguß überrascht worden sind, und wie sie da doch nicht mutlos wurden, die Zehn- und Elfjährigen, wie sie vielmehr plötzlich, mitten im Regen, zu singen begannen: „Uns geht die Sonne nicht unter."

Und so singen sie auch heute, im fröhlichen Trotz fast und aus innerer Bewegung, immer wieder: „Uns geht die Sonne nicht unter." Es ist das große deutsche

Dennoch, das hier emporwächst und die Überwindung des Ich darstellt. Nur gemeinsames Erlebnis bringt so etwas zustande.

Die Sonne bricht durch. Der Jungvolkführer befiehlt eine Rast. Die Jungen packen ihre Butterbrote aus. Die Mädel sitzen am Wegrand nieder. Jungvolk- und Jungmädelfahne sind nebeneinander aufgepflanzt. Der Frühlingswind weht machtvoll durch den Morgen . . . Schon geht es weiter, nach verschiedenen Seiten. In Reih und Glied Jungen wie Mädel. Da ruft der Führer sie alle noch einmal zusammen zum Kreis:

„Stellt euch um die Standarte rund . . ."

Ein Gruß für die Fahne, ein heiliger Schwur, das Lied der Jugend: „Vorwärts, vorwärts, schmettern die hellen Fanfaren", und der Marsch in den Frühlingsmorgen geht weiter. Schon sind die Mädel nicht mehr zu sehen. Vom Hochwald drüben klingt der Widerhall ihres Liedes bis zu den Jungen:

„Uns geht die Sonne nicht unter."

Als ob das Lied Kraft gehabt hätte, so ist es; die Sonne hat sich freie Bahn er kämpft, sie strahlt und leuchtet. Die Wälder atmen und dampfen. Was grauer Regen war, sieht im Leuchten der Frühlingssonne aus wie vielfarbener Tau. Das Dennoch war sieghaft, hier wie immer, wenn es voller Kraft gesprochen und gelebt wird.

Diese Kraft zum „Dennoch" gewinnt sich der Junge, wenn er der Weisung des Führers folgt, der ihm seine Aufgabe gestellt hat,

„schlank und rank zu sein, flink wie'n Windhund, zäh wie Leder und hart wie Kruppstahl."

Wilhelm Nathrath (Hrsg.), *Neubau des Deutschunterrichts. Bd. IV: Das fünfte und sechste Schuljahr ‚Von der Heimat zur Nation'.* Münster 1936. S. 238–239.

Otto Dietrich

Ein verwegener Sturmflug

Am 8. April 1932 tobt ein Unwetter über Deutschland, das alle Vorstellungen übersteigt. Aus schwarzer Wolke prasselt der Hagel hernieder. Die Sturzwasser verwüsten Felder und Gärten. Der trübe Gischt unterspült die Straßen und Bahngeleise, und der Orkan entwurzelt selbst die ältesten Baumriesen.

Wir fahren im Wagen zum Mannheimer Flugplatze. Niemand möchte das Wagnis unternehmen, ein Flugzeug diesem Toben der Elemente auszusetzen. Die Deutsche Lufthansa hat den gesamten Flugverkehr eingestellt.

Im strömenden Regen stehen dichtgeschart die unverzagtesten unserer Anhänger. Sie wollen dabeisein, sie wollen selbst sehen, wenn der Führer sich bei diesem Unwetter dem Flugzeug anvertraut.

Der Führer befiehlt, ohne zu überlegen, sofortigen Start. Für uns muß das Tagesprogramm eingehalten werden; denn in Westdeutschland warten Hunderttausende.

Nur mit äußerster Anstrengung können die kräftigen Fäuste der Monteure und SA-Männer mit langen Stangen die Maschine an den Tragflächen festhalten, damit der Sturmwind sie nicht emporwirft und zerschellt. Die großen Motoren setzen ein. Ungeduldig zittert in gebändigter Kraft unser Flugzeug, bis ihm die Bahn freigegeben wird.

Ein kurzes Aufbäumen, und schon fegt unser wildes Roß über die grüne Steppe. Ein paar verwegene Sprünge, ein letztes kurzes Berühren der Erde, und wir reiten durch die Luft in den brodelnden Hexenkessel hinein.

Das ist kein Fliegen mehr, das ist ein Wirbel, an den wir heute nur noch wie an einen fernen Traum zurückdenken können. Bald setzen wir über Fallböen hinweg, bald peitschen wir durch Wolkenfetzen hindurch, bald zieht uns ein unsichtbarer Strudel in die Tiefe, bald ist es uns, als ob wir von einem fernen Schleuderkran steil emporgezogen würden.

Und doch, welch ein Gefühl der Geborgenheit in uns in diesem Aufruhr der Elemente! Die absolute Ruhe des Führers überträgt sich auf uns alle. In jeder Stunde der Gefahr beherrscht ihn der felsenfeste Glaube an seine weltgeschichtliche Mission, die unerschütterliche Zuversicht, daß die Vorsehung ihn für die Erfüllung seiner großen Aufgabe vor Unheil bewahren wird.

Auch hier blieb er der Überlegene, der die Gefahr meistert, indem er innerlich weit über ihr steht. Bei diesem rücksichtslosen Einsatz von Mensch und Maschine verfolgt der Führer mit Spannung den zähen Kampf unseres Meisterpiloten Bauer, wie dieser uns durch das Unwetter hindurchsteuert, bald blitzschnell über ein Sturmfeld hinwegsetzt, bald einer drohenden Wolkenwand ausweicht, während der Bordfunker eifrig die Flugplatzmeldungen einfängt.

Deutsches Lesebuch für Volksschulen. Fünftes und sechstes Schuljahr. Bd. VII. Braunschweig o. J. S. 365–366.

Deutschstunde

4. Kl. a) Der Britisch-italienische Konflikt um Abessinien.
    b) Optimismus und Pessimismus, ein Streitgespräch.
    c) Straßburg als Symbol des deutsch-französischen Verhältnisses.
5. Kl. Erich Marcks' Rede von 1913: „1813. Ideen und Kräfte der deutschen Erhebung": Gliederung, Inhaltsangabe und Stellungnahme vom Erleben des Dritten Reiches her (die Rede wurde vorgelesen).
6. H. Was verbindet uns mit der Weltanschauung der Aufklärung und was trennt uns von ihr?
7. Kl. Äußere und innere Entwicklung im Leben Kleists.
1. Kl. a) Warum brauchen wir ein Reichsheer?

　　　　b) Warum brauchen wir Kraftwagen?
　　　　c) Ist Geld eine Gefahr für den Charakter?
2. Kl. Die Rede des Führers vor dem Reichstag in Nürnberg soll gegliedert und inhaltlich wiedergegeben werden.
3. Kl. a) Mein Lebensziel.
　　　　b) Die nationalpolitische Bedeutung des fremdsprachlichen Unterrichts.
　　　　c) Warum ich der Hitlerjugend angehöre.
4. Kl. Übertragung ins Neuhochdeutsche: Nibelungenlied (Hier hat die Mär ein Ende).
5. H. Themen nach Vereinbarung.
6. Kl. a) Romanischer und gotischer Dom. Ein Vergleich.
　　　　b) Welche Änderungen nimmt Hebbel am Nibelungenstoff vor und weshalb?
　　　　c) Die Aufgabe des Luftschutzes.
7. Kl. a) Walther von der Vogelweide als politischer Dichter.
　　　　b) Wie ist die Opferbereitschaft der Pächterstochter im Armen Heinrich des Hartmann von Aue zu erklären?
　　　　c) Sinn und Bedeutung nationaler Feiern.
　　　　d) Die Kulturkreise der Erde.
8. Kl. a) Die Illustrierte als Zeitspiegel.

Bericht über das Schuljahr 1935 des Deutschen Kollegs, Obergymnasium und Oberrealgymnasium. Private Stiftungsschule, Bad Godesberg, erstattet vom Direktor Hans Behrendt. S. 13.

Einflußnahmen außerhalb der Schule

Baldur von Schirach

Die Hitler-Jugend

Der Nationalsozialismus kennt nur nationalsozialistische Organisationsformen. Sie sind ebenso durch die Weltanschauung bedingt, wie alle Einrichtungen unserer Bewegung. Die Organisation ist keine x-beliebige Form der Zusammenfassung von Menschen, sondern, wie schon ihr Name besagt, etwas Organisches, Gewachsenes: Die Organisation ist die Gestalt der Weltanschauung.

Man muß in der nationalsozialistischen Organisation die Idee erkennen, die sie gestaltet hat. Und diese Idee muß in ebendemselben Verhältnis zur Organisation stehen, wie eine künstlerische Idee zu ihrer Form.

Die HJ kennt keine Vorgesetzten, sondern nur Führer.

Der Führer ist kein Privatmann, der von früh 8 Uhr bis abends 6 Uhr die Leitung einer Jugendorganisation ausübt. Sein Amt ist nicht nur Beruf, sondern auch Berufung. Er kann sich von diesem Amt nicht wie ein Bürobeamter entfernen, denn er ist ein Teil dieses Amtes. Es verpflichtet ihn über seine Dienststunden hinaus. Nationalsozialistisches Führertum besteht nicht in den Abzeichen, Sternen und Litzen, die auf der Uniform getragen werden, es besteht in der immer neuen Bewährung jener Leistung, für die Schnüre und Sterne ein Zeichen der Anerkennung sind. Der HJ-Führer ist seiner Gefolgschaft Vorbildlichkeit schuldig, er muß nationalsozialistisch leben. Er braucht nicht physisch stärker zu sein als die Jugend, die er führt, aber er soll charakterlich und seelisch der Kraftvollste seiner Einheit sein. Der Aufbau der HJ ist so, daß der HJ-Führer auf keinem Thron sitzen kann, sondern Kamerad unter Kameraden ist. Aber seine Gefolgschaft soll zu ihm aufblicken, weil er eine Autorität besitzt, die nicht nur in seiner Ernennung von oben besteht, sondern in der ruhigen Überlegenheit des sich selbst Bezwingenden.

Ein einziger Wille führt die HJ. Die Befehlsgewalt des HJ-Führers, der kleinsten wie der größten Einheit ist absolut, d. h. er hat das uneingeschränkte Recht zu befehlen, weil er die uneingeschränkte Verantwortung trägt. Er weiß, daß die höhere Verantwortung der geringeren vorgeht. Deshalb unterwirft er sich schweigend den Anordnungen seiner Führer, auch wenn sie gegen ihn selbst gerichtet sind. Die Geschichte der HJ ist für ihn, wie für das ganze junge Deutschland der Beweis, daß auch eine Gemeinschaft von Jugendlichen nur dann Erfolg haben kann, wenn sie die Autorität der Führung bedingungslos anerkennt. Der Erfolg des Nationalsozialismus ist ein Erfolg der Disziplin, das Gebäude der nationalsozialistischen Jugend ist gleichfalls auf dem Fundament der Disziplin und des Gehorsams errichtet. Die Lehre der Verfolgungszeit gilt erst recht für die Periode des Sieges und der Macht. So lernt der kleine Jungvolkjunge, der mit zehn Jahren in die Bewegung Adolf Hitlers eintritt, seinen eigenen kleinen Willen den Gesetzen unterzuordnen, deren strenge Befolgung Staaten aufgebaut und Nationen glücklich gemacht hat, deren Verletzung aber mit dem Verlust der Freiheit den Zusammenbruch des Volkstums nach sich zieht. Er erkennt im Weiterschreiten der Jahre, daß Disziplin und Unterordnung nicht Erfindungen der Willkür sind, daß sie nicht von einigen Machthungrigen geschaffen wurden, um den Bestand ihrer persönlichen Stellung zu sichern, sondern daß sie die Voraussetzungen des Lebens seiner Nation und damit seines eigenen sind.

Der große Wert der Organisation für den Jugendlichen beruht auf dieser Tatsache. Im Kreis seiner Altersgenossen lernt er, halb im Spiel, Erkenntnisse, die für das Leben der Erwachsenen erst recht maßgebend sein müssen, und indem er in einer, seiner Empfindungswelt und seinem Begriffsvermögen entsprechenden Form zur Disziplin erzogen wird, erkennt er, daß sein blinder Gehorsam dem Willen seiner Gefolgschaft die Möglichkeit des Erfolges bietet. Was so in jungen Jahren im Ringen um kleinere Aufgaben gewonnen wird, kommt später dem Staat bei der Erfüllung seiner großen zugute.

Überall entstehen nun bereits neue Jugendherbergen nationalsozialistischer Prägung. Die HJ weiß, welch großen Einfluß nicht nur das erzieherische Wort, sondern vor allem das praktische Erleben hat. Wenn die deutsche Jugend heute wandert, so tut sie es nicht, um sich nun schwärmerisch und voll falscher Gefühlsduselei an der Natur zu berauschen, sondern sie ordnet auch hier ihr Handeln einem politischen Zweck unter. Die deutsche Jugend wandert, um ihr Vaterland, und vor allen Dingen die Kameraden in allen Teilen des Reiches kennenzulernen. Wer auf diese Weise die deutsche Volksgemeinschaft erlebt und sein Vaterland aus der nationalsozialistischen Weltanschauung heraus schätzengelernt hat, ist imstande, diesen Staat – wenn es sein muß – mit dem Einsatz seines Lebens zu verteidigen.

Der tiefere Sinn des Herbergsgedankens ist der, unsere Großstadtjugend aus der sie sittlich gefährdenden Umgebung zu lösen und ihr zu zeigen, daß es eine Erholungsmöglichkeit gibt, die schöner ist als Kino und Kneipe und – weniger kostet. Die ärmsten Kinder unseres Volkes lernen durch das Jugendherbergswerk die Heimat kennen, für die sie sich einsetzen sollen. Sie brauchen kein teures Hotelquartier in Anspruch zu nehmen und haben für wenige Pfennige die Möglichkeit, in den schönsten Gegenden ihrer Heimat in einem schönen und zweckmäßigen Bau unterzukommen. Eine Jugend, die auf solche Weise ihr ganzes großes Vaterland kennengelernt hat, wird auch im späteren Leben einen weiteren politischen Horizont haben als den der runden Stammtischplatte.

Hitler-Jugend und Elternhaus

Drei Kräfte sind es vor allem, die in sinnvollem Zusammenwirken die richtige Entwicklung der Jugend bestimmen: Elternhaus, Schule und HJ. Die Familie ist die kleinste Einheit im Volksganzen, dabei aber die bedeutungsvollste. Es kann niemals die Aufgabe der HJ sein, das Leben der Familie und das Erziehungswerk der Eltern zu stören. Weder soll das Elternhaus in den Dienst der HJ eingreifen, noch umgekehrt. Aber der HJ-Führer soll es als seine Pflicht betrachten, nicht nur gute Beziehungen zu den Eltern der ihm anvertrauten Jugend zu unterhalten, sondern ihnen darüberhinaus jeden Einblick in die Arbeit der Organisation selbst zu gewähren. Er soll den Eltern seiner Jungen Rede und Antwort stehen und versuchen, der Vertrauensmann der Familie zu werden. Nur der Führer kennt seine Jungen, der ihre Väter und Mütter, ihre Lebensbedingungen, ihr Heim, ihr Glück und ihre Sorgen kennt. Jede Jugendbewegung braucht die seelische Mitarbeit des Elternhauses. Wenn beide Teile versuchen, sich gegenseitig die Autorität zu untergraben, sind falsche Führer auf dem Plan. Das Elternhaus ist um so mehr bereit, den Dienst der HJ vorbehaltlos anzuerkennen, als dieser Dienst die Autorität der Eltern unterstützt und nicht schädigt.

Die HJ hat besonders in den letzten zwei Jahren darunter gelitten, daß ihr für die Erfüllung der ihr vorgeschriebenen Aufgaben keine Zeit zur Verfügung stand. Für die Jungarbeiterschaft läßt sich kein Dienst vor 8 Uhr abends ansetzen. Also mußte auch die Schülerschaft, die man, ohne gegen den Geist des Ganzen zu verstoßen, nicht getrennt versammeln durfte, um dieselbe Zeit antreten. Da nun aber der Dienst unmöglich bis in die frühen Morgenstunden ausgedehnt werden durfte, mußte fast jeder Wochenabend und fast jeder Sonntag herhalten. Ein solcher Zustand ist aus zwei Gründen unerträglich: 1. führte die tägliche Inanspruchnahme der Jugend zu einer Störung des Friedens in der Familie und zur Minderleistung der Jugendlichen am nächsten Morgen, 2. hatte auch die HJ trotz allen Dienstes nicht die Zeit, die sie verlangen mußte. Am Sonntag ließ sich sehr häufig mit Rücksichtnahme auf die Kirche der Ausmarsch nicht vormittags ansetzen. Hinzu kam, daß durch das Abkommen mit der evangelischen Jugend ein Wochenabend und zwei Sonntage im Monat freigehalten werden mußten. Eine Anordnung des Innenministeriums, wonach Jugendliche bereits nach 8 Uhr zu Hause zu sein hätten, blieb ohne Erfolg, weil die große Masse der berufstätigen Jugendlichen außerstande war, ihm Folge zu leisten. Besonders an den Orten, wo der Heimweg des Jugendlichen über eine Stunde und mehr Zeit in Anspruch nahm, da seine Arbeit erst um 7 Uhr beendet war, scheiterte die Verfügung an der Wirklichkeit, zumal die HJ ihren Standpunkt nicht aufgab und nicht aufgeben durfte, daß dem Erziehungswerk des Staates so oder so Raum geschaffen werden müsse. Nicht durch noch so gut gemeinte Polizeimaßnahmen konnte dieser Zustand geändert werden, sondern ausschließlich und allein durch eine neue, großzügige Regelung der Wocheneinteilung, d.h. durch die Bereitstellung eines ganzen Tages der Woche für die Zwecke der HJ. Der Plan des Staatsjugendtages sieht fünf Arbeitstage der Jugendlichen vor, der sechste Tag soll ausschließlich der HJ und der staatspolitischen Bildung, der siebente ebenso ausschließlich der Familie gehören. Dieser von Reichsminister Bernhard Rust vertretene Gedanke regelte viele Schwierigkeiten, die ein ununterbrochenes Weiterbestehen des bisherigen Zustandes herbeigeführt hätte, zumal die Reichsjugendführung von sich aus beschloß, mit der Einführung des Staatsjugendtages sämtliche Wochenabende, mit Ausnahme des Mittwoch, dienstfrei zu halten. Der Mittwochabend, als der traditionelle Heimabend der HJ, wird als Schulungsabend von der Reichsjugendführung zentral gestaltet. (Seine Aufgabe wird im Kapitel Schulung eingehend behandelt.)

Das Elternhaus ist somit endlich in die Lage versetzt, mit einer klaren Diensteinteilung rechnen zu können. Die Jugend aber hat ihren Tag, den Tag der HJ, an dem sie wandert und Sport treibt und von Schulbank und Arbeitsstätte hinausgeführt wird, um das Erlebnis ihrer Zeit, das Erlebnis der Gemeinschaft, zu erneuern.

Damit ist das Verhältnis von Jugendorganisation und Familie einigermaßen balanciert. Beide helfen sie gemeinsam, der deutschen Jugend ihre Aufgabe und Berufung klarzumachen, die Eltern, indem sie die Lehren ihres Lebens an ihre Kinder weitergeben und das jugendliche Gemüt mit dem einzigartigen Erlebnis des deutschen Familienlebens erfüllen, die Jugendführung, indem sie die Forderung des Nationalsozialismus an das junge Deutschland verkündet und gestaltet.

Schule und Hitler-Jugend

Die Schule ist die Erziehung von oben, die HJ die von unten. In der Schule erzieht die Lehrerschaft, in der HJ die junge Führung. Es ist selbstverständlich, daß die

Autorität des Lehrers innerhalb der Schule die höchste Autorität sein muß. Ebenso selbstverständlich ist aber die andere Feststellung, daß die Autorität des HJ-Führers die höchste Autorität außerhalb der Schule ist. Wenn beide Teile das genau beachten, wird es zu keinen Reibereien kommen können, zumal wenn sie sich darüber klar sind, daß die Erziehung der Jugend ein einheitliches Ganzes ist, in das sie sich sinnvoll einzufügen haben. Ohne dem Lehrerstand zu nahetreten zu wollen, ist die Feststellung notwendig, daß der Lehrer als solcher nicht HJ-Führer sein soll. Wenn wir innerhalb der Gefolgschaft der HJ auch einige hundert Lehrer zählen, steht das in keinem Widerspruch zu dieser Forderung. Die Führung der HJ kommt aus allen Ständen, mithin auch aus dem Lehrerstand. Aber die Reichsjugendführung erkennt dem Lehrer keinesfalls von vornherein eine größere Eignung für das Amt eines Jugendführers zu als irgendeinem anderen Volksgenossen. Der für die Jugendführung besonders befähigte Lehrer hat innerhalb der HJ dieselbe Aufstiegsmöglichkeit wie jeder andere Volksgenosse. Sein Lehramt gibt ihm jedoch keinerlei Anspruch auf Führung der Jugend. Lehren und Führen sind zwei grundverschiedene Dinge. Und selbst der erfahrenste und erfolgreichste Schulmann kann in der Führung einer Kameradschaft oder Gefolgschaft völlig versagen, wie andererseits auch ein fähiger HJ-Führer nicht in der Lage sein wird, einen ordentlichen Schulunterricht erteilen zu können. Die Voraussetzungen für die erzieherische Tätigkeit des Lehrers liegen neben der besonderen Berufung in einem bestimmten, planmäßigen Ausbildungsgang, der vom Staat überwacht wird. Auch der Jugendführer hat einen gewissen Ausbildungsgang vorzuweisen, der vor allem die praktische Betätigung innerhalb der Jugendbewegung umfassen muß. Er muß aber darüberhinaus eine Fähigkeit besitzen, die ihm kein Lehrerseminar, keine Hochschule und auch kein Volksbildungsministerium anerziehen kann, nämlich die Führereigenschaft, mit der man geboren wird. Für den Beruf des HJ-Führers ist dieses angeborene Führertum ausschlaggebend. Wer es besitzt, gleich ob Lehrer, Bauer oder Arbeiter, ist für die Jugendarbeit zu gebrauchen. Leider meint aber mitunter ein Lehrer, er habe das Recht zur Jugendführung gleichsam mit dem Staatsexamen mitbekommen. Ein verhängnisvoller Irrtum! Kommt ein solcher Lehrer durch ein Versehen tatsächlich zur Führung einer Jugendgruppe, verfälscht er unbewußt den Sinn der Jugendbewegung, indem er die Jugendorganisation als Fortsetzung des Schulunterrichts mit anderen Mitteln auffaßt. Was für die Jungen Ausmarsch und Fahrt sein soll, wird dann Schulausflug usw. Nur zu leicht verleitet ein Amt, das zur Beschäftigung mit der Jugend verpflichtet, zu einer falschen Selbsteinschätzung des Lehrenden. Er verwechselt dann die ihm von der Behörde verliehene Autorität als Lehrer mit der anderen, angeborenen Autorität des Führers. Am Ende steht dann die Enttäuschung des Lehrers und der Jugend, wobei dem ersteren der Glaube an sich selbst, der Jugend aber der Glaube an die Idee verlorengeht. Gerade auf dem Gebiet der Jugendführung sind Fehlschläge schwer zu überwinden, und es ist besser, wenn man von vornherein die Fehlerquellen zu schließen versucht. Außerdem hat mir mancher Lehrer bestätigt, daß es bei einer ernsten Auffassung des Lehrerberufes selten möglich sein wird, gleichzeitig den beiden Pflichtenkreisen des Jugendführers und Schulmannes gerecht zu werden, weil die Arbeitslast zu groß wird.

Es kommt noch hinzu, daß vermöge der soziologischen Struktur der HJ mit ihrer prozentual weit überwiegenden Mehrheit von berufstätigen Jugendlichen der Lehrer als HJ-Führer einem ganz anderen Lebenskreis gegenübersteht, als er sich vielleicht aus der Schulperspektive heraus vorgestellt hat. Die erzieherischen Voraussetzungen, auf denen er, dank seiner schulischen Arbeit, bei seinen Schülern innerhalb der HJ aufbauen könnte, sind nicht mehr gegeben, sobald neben ihnen schulentlassene Lehrlinge aus den verschiedensten Berufsgruppen stehen. Und wenn er angenommen hatte, es mit einer uniformierten Schulklasse zu tun zu haben, wird ihm nun die Überzeugung, daß die HJ auch bis in ihre kleinste Zelle hinein das Volk repräsentiert.

Der Trennungsstrich zwischen Schule und HJ kann nicht scharf genug gezogen werden. Wohl aber muß die Zusammenarbeit zwischen Jugendführern und Lehrern vertrauensvoll und kameradschaftlich sein. Je häufiger sich Lehrer und Jugendführer über die ihnen anvertrauten Jugendlichen aussprechen, um so besser, und zwar sowohl für die Schule als auch für die Jugendorganisation. Ein fauler Schüler (auch in der HJ gibt es faule Schüler!) wird sehr häufig einen ernsteren Antrieb zur Arbeit erhalten, wenn der HJ-Führer nach einer Rücksprache mit dem Lehrer ihn ernsthaft zur Arbeit mahnt, als wenn der Lehrer direkt seine Warnung ausspricht. Hierbei ist besonders das folgende zu bedenken: Mit dem Entstehen der nationalsozialistischen Jugendorganisation ist heute für jede Schule der Fall eingetreten, daß in der einen oder anderen Klasse auch Führer des JV und der HJ wie auch des BDM unter den Schülern bzw. Schülerinnen sitzen. Der Lehrer bedarf eines nicht geringen Maßes an Taktgefühl, um ihnen gegenüber den richtigen Ton zu treffen. Natürlich sind sie Schüler wie alle anderen auch. Aber immerhin ist es etwas anderes, ob man einen Schüler tadelt, der außerhalb des Unterrichts eine Gefolgschaft führt, oder einen solchen, der eben nichts anderes als Schüler ist. Hier wird der Lehrer stets bestrebt sein müssen, die Autorität des HJ-Führers vor seinen Kameraden nicht unnötig herabzusetzen. Er wird ihm unter vier Augen sagen, was ihm im Interesse seiner Schulbildung gesagt werden muß. Und wenn er selbst damit nicht durchkommt, wird er sich lieber mit dem dienstlichen Vorgesetzten des HJ-Führers in Verbindung setzen, als eine Auseinandersetzung vor der Klasse herbeiführen, die häufig nur den psychologisch leicht erklärbaren Erfolg zeitigen wird, daß sich die Hitlerjungen gegen ihn zusammenschließen, weil sie vielleicht den Unterschied zwischen dem Tadel am Schüler und am Gefolgschaftsführer nicht zu unterscheiden vermögen. Wenn dann tatsächlich in der Erregung des Augenblicks ein Wort gegen die HJ fällt, ist das Vertrauen zwischen Schülerschaft und Lehrerschaft zerstört und nicht so leicht wieder herzustellen. Je mehr sich aber der Lehrer in Geist und Gesetz der HJ selbst einzufühlen bemüht, um so mehr wird er Erfolg haben. Meiner Überzeugung nach muß heutzutage auch der Lehrer das wahrlich geringe Opfer bringen, dieser oder jener Veranstaltung der HJ beizuwohnen, um zu zeigen, daß auch er an der außerschulischen Betätigung seiner Jungen Anteil nimmt. Wie viele Lehrer in Deutschland haben es verstanden, auf solche Weise ein seelisches Band zwischen sich und ihre Schüler zu knüpfen! Wie viele aber haben auch den Fehler begangen, sich von der Jugend abzukehren! Sie vergessen einfach, daß die Jugend in einem höheren Sinne immer recht hat, weil sie das neue Leben trägt. Ihr starres Festhalten an der alten Zeit hat nur den Erfolg, daß sie selbst abseits der neuen Zeit stehen und mit Jugend und Leben keinen Kontakt mehr haben.

Der Lehrer ist erst recht in dieser Zeit notwendig. Er hat genau wie der Jugendführer seine große, herrliche Aufgabe an der jungen Generation. Heute weniger als je soll er mit Schulschluß die Bücher zuklappen und damit seinen täglichen Dienst beenden.

Gewiß, die Jugend hat keinen Respekt vor dem Wissen. Sie achtet nur den Kerl. Wer ein Kerl ist unter den Lehrern, der versteht es auch, aus der muffigen Schulstube ein Erlebnis zu machen. Wer keiner ist, dem kann nicht geholfen werden. Wir können nur hoffen, daß die Sorte ausstirbt, die ihr Lehramt ausschließlich vom Standpunkt der Versorgung aus betrachtet und im Schüler ein unangenehmes Arbeitsobjekt sieht. Jeder von uns kennt diese Typen, die der Volksmund „Pauker" nennt. Sie werden von Tag zu Tag weniger. Die frische Luft des Dritten Reiches bekommt ihnen nicht, und in eben dem Maße, wie sie verschwinden, erscheinen die frischen Gestalten unserer jungen Lehrer. Die stehen mit beiden Beinen in der Gegenwart, marschieren in Reih und Glied mit ihren Kameraden in SA und PO und sind wie diese die älteren Kameraden der HJ.

Die liberalistische Zeit erfand den entsetzlichen Titel „Oberstudiendirektor". Der Nationalsozialismus wird uns zeigen, was ein Schul-Meister ist.

Hitler-Jugend und NSDAP

Die HJ ist ein korporativer Bestandteil der NSDAP. Ihre Aufgabe ist es, darüber zu wachen, daß die neuen Mitglieder der nationalsozialistischen Bewegung in demselben Geist erzogen werden, durch den die Partei groß wurde. Jede Bewegung, die sich im Besitz der politischen Macht befindet, läuft Gefahr, von den Konjunkturmenschen verdorben zu werden. Auch die nationalsozialistische Bewegung hat ihre Schwierigkeiten mit den Konjunkturrittern. Der Volksmund nennt sie die Hundertzehnprozentigen. Es sind dies Menschen, die schon seit Jahren in die jeweils herrschende politische Partei eintraten, um sie sofort zu verlassen, wenn der Stern der politischen Konjunktur zu verblassen begann. Sie interessieren sich weder für eine Weltanschauung, noch haben sie das geringste seelische Antriebsmoment für ihre politischen Entschlüsse. Ihr einziges Interesse gilt ihrer eigenen Verdienstmöglichkeit. Es ist selbstverständlich, daß solche Typen am 30. Januar 1933 eine solche Verdienstmöglichkeit im Nationalsozialismus entdeckten. Im Gefühl ihrer eigenen Minderwertigkeit sind sie stets bemüht, die Handlungen nationalsozialistischer Führer daraufhin nachzuprüfen, ob nicht in ihnen ein Verrat an der nationalsozialistischen Idee erblickt werden könnte. Solche „Anhänger" des Nationalsozialismus sind eine größere Gefahr für die Bewegung als ein wirklicher Gegner. Die NSDAP schützt sich vor solchen Kreaturen in erster Linie durch ihre Jugendorganisationen. Wer mit 10 oder 12 Jahren in das Deutsche Jungvolk eingetreten ist, und bis zu seinem 18. Lebensjahr der HJ angehörte, hat eine so lange Bewährungsprobe hinter sich, daß die nationalsozialistische Partei sicher ist, in ihm einen zuverlässigen Kämpfer zu erhalten. Sie hat keine andere Möglichkeit einer Sicherung ihrer inneren Kraft. In der Kampfzeit nahm jedes Mitglied der nationalsozialistischen Partei schon durch die Tatsache seiner Zugehörigkeit zur NSDAP Opfer und Verfolgung auf sich; wer damals zu uns kam, wurde von seinem Glauben getrieben. Heute bringt die Mitgliedschaft zur NSDAP jedem einzelnen Nationalsozialisten ein gewisses Maß an Ansehen. Dieses Ansehen ist mit Recht um so größer, je länger die Mitgliedschaft dauert, und jeder weiß heute, daß das Zeichen der alten Garde der Partei ein Symbol treuer und opferbereiter Mitarbeit an der nationalsozialistischen Bewegung ist.

Nun mag unsere Bewegung auch nach dem 30. Januar 1933 hunderttausende treuer und unermüdlicher Mitglieder gewonnen haben – sie alle können, wenn sie es auch noch so sehr wollen, die Bewährungsprobe der Kampfzeit nicht mehr ablegen. Es wäre unrecht, zu zweifeln, daß auch sie sich bewähren würden, aber es bleibt doch die Tatsache bestehen, daß die einen sich einst als Einsame zu einem einsamen Führer bekannten, die anderen im Chor mit Millionen dem legalen Befehlshaber der Nation zujubelten. Und es bleibt auch diese Wahrheit, daß es doch immer Menschen gibt, die eine große, selbstlose Idee zu ihrem persönlichen Vorteil umfälschen möchten und die deutsche Freiheitsbewegung für ihre eigennützigen Ziele mißbrauchen wollen.

In dieser Erkenntnis sucht die nationalsozialistische Partei ihre Reihen aus der Jugend heraus zu ergänzen, aus der Masse derer, die wie die alten Kämpfer des Nationalsozialismus aus Glauben und Begeisterung sich schon in jungen Jahren ihrer Fahne verschworen haben. Durch die jahrelange Zugehörigkeit des einzelnen Jugendlichen zur HJ ergibt sich die Möglichkeit einer wirklich gerechten Beurteilung seiner Anlagen und seines Wertes für die Gemeinschaft. Nicht jeder Hitlerjunge wird zwangsläufig Mitglied der nationalsozialistischen Partei; die Zugehörigkeit zur HJ bedeutet kein Anrecht auf eine spätere Zugehörigkeit zum Orden der Bewegung. Aber wer schon in den Jahren der Jugend unablässig seine Pflicht der Bewegung gegenüber erfüllt hat, kann damit rechnen, daß ihm am Tage der feierlichen Überführung der Jugend in die NSDAP, am 9. November, die Tore der Partei geöffnet werden.

Es bedarf keines besonderen Hinweises auf die Notwendigkeit einwandfreier Zusammenarbeit zwischen NSDAP und HJ. Die Beziehungen sowohl der obersten Führung der Jugendorganisation zur Reichsleitung, als auch der Gebietsführungen zu den Gauleitungen sind von dem gemeinsamen Willen beseelt, die Bewegung zu fördern und zu festigen. Dort, wo Schwierigkeiten auftreten, werden sie durch gemeinsame Besprechungen rasch beseitigt. Die sehr enge Verbindung zwischen HJ und politischer Organisation kommt besonders stark in einer Verfügung von Dr. Ley zum Ausdruck, durch die den politischen Leitern zur Pflicht gemacht wird, einen geeigneten HJ-Führer als Adjutanten einzusetzen. Durch diese Maßnahme verfolgt die PO die Absicht, einen größeren Kreis von HJ-Führern noch während der Zeit ihrer Tätigkeit für die HJ mit dem Pflichtenkreis des politischen Leiters bekanntzumachen und so den Nachwuchs der politischen Führung sicherzustellen. Tausende von Angehörigen der HJ sind auf solche Weise zu einjähriger Dienstleistung bei politischen Führern befohlen. Selbst wenn sie sich später ganz der Jugendarbeit widmen sollten, sind die im Verlauf ihrer politischen Tätigkeit gewonnenen Kenntnisse wertvoll und wesentlich für das Verhältnis von Jugend und Partei. Die Reichsjugendführung ist überhaupt bemüht, den HJ-Führer in einen möglichst engen Kontakt mit den anderen Gliederungen der Bewegung zu bringen.

Baldur von Schirach, *Die Hitler-Jugend. Idee und Gestalt.* Leipzig 1934. S. 66–69, 150–151, 165–179.

Der Werdegang zum SS-Mann

Der Werdegang zum SS-Mann ist folgender: Nach Feststehen der SS-Geeignetheit und SS-Tauglichkeit wird der Hitlerjunge mit dem 18. Lebensjahr SS-Bewerber. Zum Reichsparteitag des gleichen Jahres wird er dann als SS-Anwärter unter Aushändigung des SS-Ausweises in die Schutzstaffel übernommen und nach kurzer Bewährungszeit am 9. November auf den Führer vereidigt.

Als SS-Anwärter macht er in seinem ersten Dienstjahr in der Schutzstaffel sein Wehrsportabzeichen und das bronzene Reichssportabzeichen. Sodann kommt er entweder mit 19 oder 19½ Jahren – je nachdem wie seine Altersklasse eingezogen wird – zum Arbeitsdienst und anschließend zur Wehrmacht.

Nach weiteren zwei Jahren kehrt er aus der Wehrmacht zurück, sofern er nicht in dieser als Unteroffiziersanwärter oder Kapitulant bleiben will. Der zur SS Zurückgekehrte ist dort zunächst noch SS-Anwärter. Er wird in der Folgezeit bis zu seiner bevorstehenden endgültigen Aufnahme noch einmal weltanschaulich besonders geschult, indem er eingehend über die Grundgesetze der SS, insonderheit über den Heiratsbefehl und die Ehrengesetze der SS belehrt und unterrichtet wird. Der SS-Anwärter wird dann am nächsten 9. November, der auf seine Rückkehr von der Wehrmacht folgt, bei Erfüllung der sonstigen Voraussetzungen als SS-Mann anerkannt und damit endgültig in die Schutzstaffel aufgenommen.

Gleichzeitig erhält er an diesem 9. November das Recht zum Tragen des SS-Dolches und gelobt bei dieser Gelegenheit, daß er und seine Sippe sich alle Zeit an die Grundgesetze der SS halten. Er bekommt von diesem Tage an das Recht und die Pflicht, wie es in der Schutzstaffel Gesetz ist, nach den Ehrengeboten des Schwarzen Korps seine Ehre zu verteidigen.

Gunter d'Alquen (Hrsg.), *Die SS. Geschichte, Aufgabe und Organisation der Schutzstaffeln der NSDAP.* Berlin 1939. S. 18–19.

Die Universität

Gerhard Krüger

Die Wiederherstellung der akademischen Gemeinschaft

Das Ziel der Hochschule des klassischen Liberalismus war die Heranbildung von möglichst viel und allseitig gebildeten Einzelpersönlichkeiten. Der Wert eines Menschen lag einzig in ihm selbst. Je vollkommener und geschlossener die Persönlichkeit war, um so größer schien der Wert für die Fortentwicklung, den Fortschritt der Menschheit. Jenes Bild, das man sich vom alten Goethe machte, stellt das Ideal jener Zeit dar: Dichter, Philosoph, Naturforscher, Künstler zugleich zu sein, alle Gebiete menschlicher Kultur zu umfassen. Selbst seine politische Tätigkeit hatte in diesem Zusammenhang nur den einen Sinn, die Ausbildung dieses einen wertvollen Menschenexemplars zu immer größerer Vollkommenheit und Ausgeglichenheit zu gestalten. Bezeichnend aber ist, daß der so idealisierte Goethe in der Vorstellung breiter Schichten immer mehr zu einem Meister der Lebensfreude und des Lebensgenusses wurde.

Noch einmal und völlig neu geformt wurde dieses Ideal durch Friedrich Nietzsche in seinem „höheren" Menschen – im Übermenschen, obgleich dieses Bild in vielen seiner Eigenschaften, besonders in seiner bewußten Einseitigkeit und Übersteigerung bereits die Überwindung des klassischen Persönlichkeitsideals darstellte. Auch Nietzsche sah den Wert der Menschheit ausschließlich in ihren seltensten und besten Exemplaren, neben denen die anderen im besten Falle Abfall, Probematerial der diesen Übermenschen schaffenden Natur waren und dem „höheren" Menschen selbst ein Abscheu und ein Ekel schienen.

Im 19. Jahrhundert ist das Ideal eines harmonischen Menschen, wie der klassische Liberalismus es sah, allmählich zur Einseitigkeit, zum gelehrten Spezialisten entartet, dem jede Bindung an die Gemeinschaft fehlte. Die einseitige Ausbildung und Überschätzung des Intellekts züchtete jenen modernen „vergeistigten" Menschen, den niemand so treffend und voll Ironie charakterisiert hat wie Nietzsche, und dem er die Forderung nach einer gesunden Leiblichkeit entgegensetzte. Die Hochschule züchtete den Gehirnmenschen, den „Privatdozenten". Sie selbst und damit ihre Lehrer und zum Teil auch ihre Schüler verloren jede Beziehung zu Volk und Staat.

Diesem bürgerlichen Ideal wurde vom Marxismus ein anderes entgegengesetzt: der Proletarier, der gleichfalls keine Beziehung zu Blut und Boden kannte. Der Klassenkampf zwischen Bürgertum und Proletariat mußte aus der Gegenüberstellung dieser beiden Ideale entstehen.

Die liberale Hochschule ist von der schweren politischen Schuld nicht freizusprechen, durch ihr Wissenschafts- und Erziehungsideal den Keim für diesen Gegensatz gelegt zu haben. Und der Student der Vorkriegsjahre ist nicht freizusprechen von der Schuld, sich nicht instinktiv gegen diese Erziehung aufgelehnt zu haben.

Der Student jener Zeit war durch seine Bildung Bevorrechteter. Er brauchte für seinen Wehrdienst nur ein Jahr zu dienen. Er hatte seine akademischen Sonderrechte und Sonderanschauungen. Das Feudalitätsprinzip einiger weniger Corps[1] griff auf alle studentischen Korporationen über. Die Korporationen hatten gemäß der Tradition dieser Corps nur die eine Aufgabe, ihre Mitglieder zu Persönlichkeiten im Sinne des klassischen Liberalismus erziehen zu helfen. Auch hier trat, je weiter dieses Ideal um sich griff, eine Einseitigkeit und Verflachung ein. Die Erziehung wurde immer äußerlicher, immer mehr und ausschließlich auf die leere Form, auf das Gesellschaftliche gerichtet.

Es ist die politische Schuld des deutschen Korporationsstudententums, trotz seiner sonstigen Verdienste die Gefahr dieser Entwicklung für das Gesamtleben unseres Volkes nicht rechtzeitig erkannt zu haben. Das Ergebnis dieser Entwicklung war, daß deutsche Jugend nicht mehr zu deutscher Jugend fand, Student nicht mehr zum Arbeiter, obwohl es sonst gerade zu den auffälligsten Eigenschaften der Jugend gehört, für die Gegensätze der Alten keinerlei Verständnis zu haben.

Erst der aus dem Frontleben herauswachsende Nationalsozialismus brachte hier eine Änderung. Wie tief der Liberalismus in unser Volk eingedrungen ist, und wie tief der Gegensatz zwischen Bürger und Proletarier durch ihn aufgerissen worden ist, das beleuchtet am besten die Tatsache, daß der Nationalsozialismus, trotz der erschütternden Kriegserlebnisse, fast anderthalb Jahrzehnte gebraucht hat, um sich durchzusetzen. Wir dürfen nunmehr aber nicht glauben, daß der Gegner endgültig überwunden sei. Jede Generation muß, wenn die Volksgemeinschaft Wirklichkeit werden soll, immer von neuem um die Seele des andern Volksteiles ringen.

Die Grundlage hierfür zu legen, das ist die sozialistische Aufgabe der Erziehung und der Erzieher, nicht zuletzt der Hochschule. Noch aber ist die liberale Universität nicht überwunden, noch vertritt die Mehrzahl der Hochschullehrer geistig das Erziehungsideal des klassischen Liberalismus. Der Gegensatz zwischen Jugend und Hochschule wird und darf nicht eher aufhören, als bis die Hochschule ihre große politische, ihre sozialistische Aufgabe erkannt hat und sie zu gestalten tätig ist.

Unser Ziel ist es, die Studentenschaft zu einer einheitlichen und geschlossenen Mannschaft zu formen. Die Studentenschaft kann ihre Aufgabe nur erfüllen, wenn sie den Umbau in ihren eigenen Reihen mit aller Härte und Folgerichtigkeit vollzieht. Noch kann jeder Mensch, der irgendwie einen Berechtigungsschein erworben hat, die Hochschule besuchen. Noch ist der einzige Maßstab, der bei der Zulassung zum Studium angewandt wird, der Intellekt.

Sich Jahre hindurch einzig und allein seiner geistigen Ausbildung widmen zu können und damit die Voraussetzungen für eine bessere Lebensstellung zu gewinnen, ist für den einzelnen ein Vorrecht, das ihm der Staat gibt und das sich der einzelne durch besondere Leistung gegenüber der Volksgesamtheit immer wieder erkämpfen muß. Nicht die intellekten Fähigkeiten allein sind maßgebend für die Zulassung zum Hochschulstudium, sondern in erster Linie der Wert des einzelnen für die Volksgesamtheit – für den Staat. Wir müssen in Zukunft es nicht als ein

Recht, sondern als eine Pflicht ansehen, immer wieder nachzuprüfen, wieweit der einzelne Student diesen Anforderungen genügt. Und unser Maßstab muß jedesmal ein härterer werden.

Die Korporationen, als die Erziehungsgemeinschaften an den Hochschulen, müssen ihre besondere Aufgabe in dieser Richtung erkennen. Das ist der Nachweis ihrer Lebensberechtigung, den sie zu führen haben. Die Vorkriegskorporation mit ihrem Feudalitätsprinzip muß überwunden werden. Einer Korporation anzugehören, muß ein Bekenntnis zu einer neuen Form und zu einem neuen Inhalt studentischen Lebens sein, das straff diszipliniert und mit männlicher Herbheit soldatisch sich vollzieht. Das Erlebnis der SA muß hier nachwirken. Nur so kann das Korporationsstudententum – abgelöst von der Alt-Heidelberg- und sonstigen abgelebten Romantik – politisch wertvoll und wieder wirklich volkstümlich werden.

Es ist Aufgabe der Studentenschaft, mitzuwirken an dieser Neubildung des studentischen Gemeinschaftslebens. In einigen Korporationsverbänden sind Ansätze zu dieser Entwicklung vorhanden. Ein neuer Typ des Korporationshauses als Stätte dieses Gemeinschaftslebens muß geschaffen werden. Vielleicht führt auch der Weg weiter, den man in Freiberg gegangen ist: Studenten, die führend in der Studentenschaft tätig sind, und Arbeiter im gleichen Heim unterzubringen. Es ist dies ein Gedanke, der im studentischen Arbeitsdienst seinen Ursprung hat.

Es sind in den Tagen seit der nationalsozialistischen Revolution viele Worte über Volksgemeinschaft und Sozialismus gesprochen worden, oft von Menschen, die in ihrem innersten Wesen den Geist und Sinn des Nationalsozialismus Adolf Hitlers gar nicht erfaßt haben. Es sind dies die gleichen Menschen, die glauben machen wollten, mit dem Tag von Potsdam[2] sei die Revolution zu Ende. Es sind dies die gleichen Menschen, die von uns Studenten forderten, wir sollten nunmehr vom politischen Kampf wieder in die Hochschule und zur Wissenschaft zurückkehren. Der SA-Student, der politische Student kann und wird niemals unpolitisch werden, weil der Kampf um die Gestaltung unseres Volkes nie aufhören wird. Der SA-Student kann und wird auch niemals in Hörsäle zurückkehren, in denen eine Wissenschaft gelehrt wird, die aus dem Liberalismus erwachsen ist, also in ihrem Geist und in ihren Männern im Gegensatz zum Willen der Jugend steht.

Sozialismus ist noch nicht verwirklicht, wenn sich eine Regierung gebildet hat, die in der Hauptsache von Sozialisten getragen wird. Die Forderungen des Sozialismus sind auch dann noch nicht erfüllt, wenn alle wirtschaftlichen Organisationen „gleichgeschaltet" worden sind. Wahrer Sozialismus rüttelt an den Grundbegriffen bisherigen Lebens überhaupt. Er muß daher das gesamte Leben unseres Volkes bis in seine letzten und feinsten Gliederungen neugestalten. Da gibt es keine Grenzen. Da gibt es keine autonomen Einrichtungen und Begriffe. Auch Hochschule und Wissenschaft müssen in ihrem Wesen von der Revolution erfaßt und umgestaltet werden. Und hier ist es die große Aufgabe der Studentenschaft, die Unruhe zu halten – Stoßtrupp zu sein.

Das ist der Kampf, den der Student jetzt für die Wissenschaft zu führen hat: sich nicht ablehnend außerhalb der Hochschule zu stellen, sich nicht verführen und erfassen zu lassen von einer im Grunde liberalen Wissenschaft, mag sie sich auch noch so sehr in ein nationales Gewand kleiden, sondern Wissenschaft und Hochschule in ihrer ganzen Tiefe dem Nationalsozialismus zu erobern.

Anmerkungen:

1 Farbentragende Verbindungen.
2 Am ‚Tag von Potsdam', dem 21. 3. 1933, tagte der Reichstag in der historischen Stadt Potsdam. Hitler wurde hier von Präsident Hindenburg, dem Symbol der deutschen Vergangenheit, empfangen, quasi ‚gesegnet'. Der ehemalige Gefreite war am Ziel.

Gerhard Krüger, *Verpflichtung der Studentenschaft zum Sozialismus.* In: Der deutsche Student. August 1933. S. 26–33.

Werner Beumelburg

Arbeit ist Zukunft

Aber festhalten muß man unter allen Umständen daran, daß der Arbeitsdienst keine irgendwie getarnte militärische Einrichtung ist, sondern daß er in Ausdruck und Form jenen tiefen Gedanken verwirklichen soll, der die Arbeit wieder eingliedert in den lebendigen Organismus des Volkslebens und der die aus der Arbeit fließenden moralischen Kräfte zum Nutzen der ganzen Nation freimacht.

So steht auch die Arbeit als solche im Mittelpunkt des Lagerlebens. Ihr gehören die besten Stunden des Tages. Auf den Forderungen, die sie stellt, hat sich der ganze Dienst aufzubauen. Aber daneben darf nicht vergessen werden, daß der Arbeitsdienst den jungen Menschen, der an ihm teilnimmt, mit allen jenen Erscheinungen des Lebens versorgen muß, auf die er Anspruch hat und die geeignet sind, die moralische und erzieherische Wirkung des Dienstes zu vertiefen. Weder das Lager, das den größten praktischen Arbeitserfolg erzielt, ist das beste, noch das andere Lager, dessen Mannschaft im äußeren Auftreten den diszipliniertesten Eindruck macht. Es wäre sehr bedenklich, den Versuch zu unternehmen, die jungen Menschen, die aus so verschiedenen Lebenskreisen hier zusammenströmen, in einer bestimmten Richtung zu beeinflussen und ihnen die Schablone einer Gesinnung überzustreifen, die später keinen Bestand haben kann. Richtig ist, aus der Mannschaft selbst heraus die Fähigkeiten und die Eigenschaften zu entwickeln, die dem tieferen Zweck des Arbeitsdienstes förderlich sind. Eine Gesinnung, von der zuviel gesprochen wird, ist wie ein klingendes Tongefäß, sie wird beim ersten Zusammenstoß mit der Härte des Lebens zerspringen. Der praktische Geist der Arbeits- und Lebensgemeinschaft, der in den meisten Lagern des Arbeitsdienstes heute schon heranwächst, ist keine Angelegenheit der Worte und des Drills. Er ist vielmehr die erste Lebensäußerung eines neuen Menschentyps, der in sich selbst den klaffenden Zwiespalt zwischen Arbeit und Arbeitslosenelend, zwischen Akker und Fabrik, zwischen Besitz und Nichtbesitz, zwischen Kopf und Hand, überwinden muß, um dann das ganze Elend des in Trümmer gefallenen Zeitalters des Liberalismus zu überwinden.

Eine vernünftige Lagerordnung wird darum über die Organisierung der Arbeit, der Verpflegung und der Bekleidung bewußt hinausgehen. Sie wird jene Lebensformen in ihr Programm einbeziehen, die sich auch anderswo als nützlich und gut für den jungen Menschen erwiesen haben. Sie wird der sportlichen Betätigung reiche Möglichkeit geben. Sie wird durch gemeinsame Märsche den Zusammenhang zwischen Mensch und Natur fördern, der so vielen Menschen zu ihrem Unglück verlorengegangen ist. Sie wird den Geselligkeits- und Unterhaltungstrieb der jungen Leute bewußt als erzieherisches Element eingliedern und dabei alle jene Formen berücksichtigen, die aus den verschiedenen Jugendbewegungen und aus den bündischen Jugendorganisationen erwachsen sind. Sie wird den jungen Mann wieder in einen engeren Zusammenhang mit dem Begriff der Nation in geschichtlicher und in gesellschaftlicher Beziehung bringen, nicht durch trockene Belehrung, sondern durch plastische, beispielhafte Erläuterung. Sie wird immer den in der Mannschaft sich regenden Fähigkeiten, sei es in der Musik, im Lied, in der Bastelkunst, im Gesellschaftsspiel, in der Erzählung, im Vortrag, Hilfe und Förderung zuteil werden lassen. Sie wird bestrebt sein, eine Lagertradition zu schaffen, die den jungen Mann über die Zeit seines Dienstes hinaus mit dem Lager verbindet.

Die klare Unterscheidung zwischen Führer und Mannschaft ist eine der ersten Bedingungen des Arbeitsdienstes. Denn das Lager ist kein Verein, und die Arbeit ist kein Spiel. Befehl und Gehorsam sind die Grundelemente der Disziplin. Aber der Befehl leite sich her aus Verantwortung, Tüchtigkeit und Erfahrung.

Werner Beumelburg, *Arbeit ist Zukunft. Ziele des deutschen Arbeitsdienstes.* Oldenburg 1933. S. 47–49.

Zulassungsbedingungen zur Friedrich-Wilhelm-Universität Berlin

Inländer (Angehörige des Deutschen Reiches) *haben bei der Vollimmatrikulation vorzulegen:*
1. Das Reifezeugnis einer anerkannten höheren Lehranstalt oder ein gleichwertiges Zeugnis.
   Anmerkung:
   a) Ausländische Reifezeugnisse genügen zur Immatrikulation von Inländern nur dann, wenn sie von dem Herrn Reichsminister für Wissenschaft, Erziehung und Volksbildung anerkannt worden sind.
   b) Auftragsweise oder vertretungsweise beschäftigte Lehrkräfte, die studieren wollen, müssen für die Dauer des Studiums aus dem öffentlichen Schuldienst entlassen worden sein.

2. Die ordnungsmäßigen Abgangszeugnisse (Exmatrikel) der bereits besuchten Hochschulen. (Gleichzeitige Immatrikulation an zwei Hochschulen ist nicht zulässig.)
3. Eine Bescheinigung über die Zulässigkeit des vorzeitigen Verlassens der Stammhochschule. Eine Einschreibung von Studierenden im 2. und 3. Semester bzw. Trimester erfolgt nur, wenn der Betreffende bereits an der Universität Berlin immatrikuliert war oder die Genehmigung des Rektors der früheren Hochschule vorliegt oder die Reichsstudentenführung ein Auslandsstudium genehmigt hatte.
4. Studierende, die ab 4. Semester eingeschrieben werden, den Nachweis der erfolgreichen Teilnahme an der Grundausbildung in den Leibesübungen. (Laut Erlaß des Reichserziehungsministers ist jeder der Deutschen Studentenschaft angehörige Studierende verpflichtet, im 1., 2. und 3. Studiensemester an der Grundausbildung der Leibesübungen teilzunehmen. Anmeldung Berlin NW 7, Luisenstr. 56.)
5. Die Zeugnisse über die erlangten akademischen Grade.
6. Ein polizeiliches Führungszeugnis, das jedoch nicht erforderlich ist, wenn der Bewerber vor nicht länger als einem Vierteljahr eine Schule oder Hochschule verlassen hat.
7. Drei unaufgezogene Lichtbilder für die Studentenkarte, 4×4 cm groß. (Auf diesen Lichtbildern dürfen die Bewerber nicht mit Parteiabzeichen oder in Uniform dargestellt sein.)
8. Den Ahnennachweis: Deutsche Reichsangehörige und Volksdeutsche müssen die Art ihrer Abstammung nachweisen. Zu diesem Zweck ist ein als „Ahnennachweis" bezeichneter Vordruck auszufüllen, welcher von der Studentenführung ausgehändigt und von dieser nach den vorzulegenden Urkunden geprüft wird. Die Angaben im Ahnennachweis sind durch die eigene Geburtsurkunde, Heiratsurkunde der Eltern und die Taufscheine der Großeltern zu belegen; in Zweifelsfällen sind noch Urkunden über Urahnen heranzuziehen. Sämtliche Urkunden sind in Urschrift oder in amtlich beglaubigter Abschrift vorzulegen. Als beweiskräftige Urkunden gelten auch Familienbücher und Ahnenpässe. Der Nachweis ist so zu erbringen, daß Geburtsdatum, Name, Stand, Wohnort und Religion des Bewerbers sowie seiner Eltern und Großeltern einwandfrei zu ersehen sind.

Verheiratete haben den gleichen Nachweis auch für ihre Ehegatten zu führen.

Wer einen endgültigen Mitgliedsausweis der NSDAP, SA, SS, des NSKK,[1] NSFK,[2] der HJ oder des BDM vorlegt oder durch den Wehrpaß eine Beförderung (mindestens zum Unteroffizier) nachweist, braucht das Formular „Ahnennachweis" nicht auszufüllen. Es genügt in diesen Fällen die schriftliche Versicherung, daß dem Bewerber keine Umstände bekannt sind, die auf eine nichtarische Abstammung und – wenn er verheiratet ist – auf eine nichtarische Abstammung seines Ehegatten schließen lassen.

Wurde ein Ahnennachweis von einer Hochschule bereits urkundlich geprüft, so muß dieser bei einer Wiederimmatrikulation an der Universität Berlin vorgelegt werden.

9. Den Nachweis über den abgeleisteten Arbeitsdienst oder studentischen Ausgleichsdienst oder den Nachweis über die Befreiung von der Teilnahme.

Reichsdeutsche, die deutschen oder artverwandten Blutes sind, dem Geburtsjahrgang 1915 oder den folgenden Geburtsjahrgängen angehören, haben vor Beginn des Studiums den Reichsarbeitsdienst abzuleisten. Die Meldung als Freiwilliger zum Reichsarbeitsdienst hat rechtzeitig bei dem zuständigen Meldeamt des Reichsarbeitsdienstes zu erfolgen. Abiturienten, die zu studieren beabsichtigen, können auf Anordnung des Reichsarbeitsführers gleich nach Schluß ihrer Schulzeit mit halbjähriger Verpflichtung in den Reichsarbeitsdienst eingestellt werden, sofern sie mindestens 16 1/2 Jahre alt und arbeitsdiensttauglich sind. Die Meldung zum Reichsarbeitsdienst hat vor Ablegung der Reifeprüfung im Dezember oder Januar bei dem zuständigen Meldeamt des Reichsarbeitsdienstes persönlich zu erfolgen. Wer trotz rechtzeitiger Meldung nicht in den Reichsarbeitsdienst eingestellt werden konnte, muß bei der Bewerbung zur Immatrikulation einen Bescheid des Meldeamtes darüber vorlegen.

Abiturienten, die auf Grund ihrer ordentlichen Musterung als für den Arbeitsdienst untauglich oder beschränkt tauglich befunden wurden, haben, wenn sie ein Studium ergreifen wollen, an Stelle des Arbeitsdienstes den Ausgleichsdienst abzuleisten. Anträge zur Einstellung sind bei der Reichsstudentenführung, Sozialpolitisches Amt, Abtlg. Arbeits-, Wehr- und Ausgleichsdienst, Berlin W 35, Friedrich-Wilhelm-Str. 22, zu stellen. Der Meldung sind ein Lebenslauf, zwei Lichtbilder und ein beglaubigter Wehrpaßauszug beizufügen.

Abiturientinnen, die zu studieren beabsichtigen, haben vor Beginn des Studiums den Arbeitsdienst abzuleisten, bei Arbeitsdienstuntauglichkeit den Ausgleichsdienst. Meldungen für den Ausgleichsdienst nimmt die Reichsstudentenführung, Sozialpolitisches Amt, Abtlg. Betreuung und Förderung für Studentinnen, Berlin-Charlottenburg 2, Hardenbergstr. 34, entgegen. Der Meldung sind beizufügen: Lebenslauf, Lichtbild, beglaubigte Abschrift des Reifezeugnisses und der Freistellungsschein des Reichsarbeitsdienstes. Der Einsatz erfolgt bei der NSV im Rahmen des Hilfswerks für Mutter und Kind. Anmerkung: Alle Reichsdeutschen müssen bei der Einschreibung (Immatrikulation) den Arbeitsdienstpaß oder das Pflichtenheft der Deutschen Studentenschaft oder den Wehrpaß mit dem Vermerk über die Ableistung des Arbeitsdienstes oder den Ausweis über abgeleisteten Ausgleichsdienst oder eine Bescheinigung der Reichstudentenführung, daß sie einstweilen zurückgestellt sind, vorlegen.

Anmerkungen:

1 NS-Kraftfahrer-Korps.
2 NS-Flieger-Korps.

Personal- und Vorlesungsverzeichnis Sommersemester 1941, Friedrich-Wilhelm-Universität zu Berlin. Berlin 1941. S. 10–11.

Neue Lehre für ein neues Reich

II. Volk

58	Volk und Recht (Einführung in die Rechtswissenschaft), Di Do 9–10, p.	Lemmel
59	Volk und Staat, Mi 11–13, p.	C. Schmitt
60	Volk und Rasse (zugl. Erb- und Rassenpflege in Gesetzgebung und Verwaltung mit Lichtbildern und Führungen), Di 10–11, p.	Lemmel
61	Familienerbe, Mi 11–13, p.	Titze
62	Arbeit am Volksgesetzbuch, Di 11–12, publ.	Hedemann

Übungen siehe IX, Seminar siehe X.

III. Stände

63	Bauer (einschl. Besprechungsstunde), Di Do Fr 10–11, p. ..	Reicke
64	Grundzüge des gesamten Agrarrechts des Dritten Reichs, Mo 16–18, p.	Klässel

Übungen siehe IX, Seminare siehe X.

IV. Staat

65	Verfassung, Mo Di Do 12–13, p.	C. Schmitt
66	Wehrverfassung, Do 16–17, pg.	Stock
67	Verwaltung (einschl. der Grundzüge der wichtigsten ausländischen Verwaltungsrechtssysteme), Mo Fr 9–11, p.	Höhn
68	Verwaltung, Mi So 11–13, p.	Peters
69	Finanz- und Steuerrecht, So 9–11, p.	Peters

Wissenschaft von Volk und Rasse

III. Volks- und Rassenkunde
1. Rassenkunde

Die germanische und die semitische Welt im Lichte der Rassenseelenforschung (m. Lichtb.), Mo 18–19, p. (siehe Nr. 595) ...	Clauß[2]
Ausgewählte Fragen der Rassenseelenforschung (m. Lichtb.), Mo 16–17½, p. (siehe Nr. 596)	Clauß

2. Volkskunde

660	Volksglaube in germanischer und frühdeutscher Zeit, Mi Do Fr 9–10, p.	Spamer
661	Volkssprache und Volksdichtung, Mo 16–18, p.	Beitl

Volkskundliches Seminar, Dorotheenstr. 2:
662 Übungen zu den Kategorien der Volkserzählung, insbes. Märchen und Schwank, Do 10–12, pg. .... Spamer
663 Proseminar: Einführung in die Volkssagenforschung (mit Assistent), Mo 9–11, p. .... Spamer
664 Volkskundliche Übungen: Wilhelm Heinrich Riehl, Mo 18–20, p. .... Beitl
665 Märkische Arbeitsgemeinschaft, Di 15–16, pg. .... Beitl
Institut für Volkskunstforschung, Unter den Linden 5:
666 Einführung in die deutsche Volkskunst, Mi 10–12, pg. ... Hahm

3. Völkerkunde
667 Primitive Denkgebilde und ihre Lebenshintergründe, Di 15–16, p. .... Thurnwald
668 Praktische Probleme der Völkerkunde, Fr 15–16, p. ..... Thurnwald
669 Rückzugsvölker, Primitivrassen, Altkulturen, I. Teil (mit Lichtbildern), Fr 12–13, p. .... Mühlmann
670 Die modernen nationalen Strömungen im Orient, historisch und völkerpsychologisch, Di 17–18, p. .... Mühlmann
671 Soziologie des Krieges, Fr 14–15, publ. .... Mühlmann

Anmerkungen:

1 S. Seite 336.
2 S. Seite 104.

Personal- und Vorlesungsverzeichnis, Sommersemester 1941. Friedrich-Wilhelm-Universität. Berlin, S. 148f., 180f.

Walter Schultze

Von akademischer Freiheit

So liegt in der im Nationalsozialismus wiedergeborenen geistigen Einheit und Gemeinschaft unseres Volkes auch der Beruf unserer Zeit zur Wissenschaft.

So faßt aber auch der Nationalsozialismus – was den wissenschaftlichen Sektor anbelangt, an den Hochschulen getragen vom NSD-Dozentenbund – seine erzieherische Aufgabe auf.

Die Wissenschaft darf nicht getragen sein allein vom fachlichen Können, sondern sie muß bis ins Tiefste beseelt sein von ihrer deutschen Mission, zusammengefaßt im Sinne einer platonischen Universitas – rein nordischer Prägung –, die ihren letzten Sinn im Staate, d. h. im Volk fand. Für die deutschen Hochschulen selbst aber besteht, wie manche glauben feststellen zu müssen, unter solchen Vorzeichen keine Gefahr. Für sie besteht lediglich das Problem der Menschfindung und -führung, und ihrer Umstellung im Sinne der nationalsozialistischen Weltanschauung.

Die nationalsozialistische Bewegung hat am 30. Januar 1933 in Deutschland die Macht ergriffen. Sie hat mit wenigen, aber wirksamen Maßnahmen beseitigt, was unbrauchbar, und geschaffen, was zur Ausübung dieser Macht notwendig war. Es wäre ihr ein Leichtes gewesen, auch das Äußere und Formale der Hochschulen umzugestalten. Sie tat es nicht, weil ihr nicht so sehr die äußere Form als unzulänglich oder gar unbrauchbar erschien, sondern weil sie erkannt hatte, daß es zunächst die Menschen waren, die in dieser Form lebten und wirkten, die eine Umwandlung erfahren müssen. In der Tat können auch weder staatliche noch verwaltungsmäßige noch sonstige organisatorische Maßnahmen und Anordnungen zu einer nationalsozialistischen Hochschule führen, sondern lediglich die Gestaltung der lebendigen Kräfte, die die Hochschule tragen. Die Reorganisation des Hochschulwesens hat daher nicht von äußeren Maßnahmen auszugehen, sondern dort anzufangen, wo auch die Hochschule versagte: beim Menschen. Die Neuformung des Menschen aber, oder sagen wir auf unser Gebiet übertragen: Die Heranbildung einer wahrhaft nationalsozialistischen Dozentenschaft und damit die Schaffung eines wahren deutschen Wissenschaftlers schlechthin hat der Führer für alle Zeiten – auch auf dem Sektor „Hochschule" – der Partei übertragen, die mit ihrer Weltanschauung alle Gebiete des öffentlichen Lebens zu durchdringen hat. Die deutschen Hochschulen wirklich nationalsozialistisch zu machen, nicht etwa sie da und dort gleichzuschalten, ja mehr oder minder „braun zu färben", ist somit die Hauptaufgabe des NSD-Dozentenbundes.

Er sammelt all die Kräfte an den Hochschulen, die menschlich-charakterlich und weltanschaulich die Gewähr für bedingungslosen Einsatz bieten, die aber darüberhinaus in ihrem fachlichen Können Anerkanntes leisten. Diese bilden mehr und mehr eine Kameradschaft und verschworene Gemeinschaft, die in der Lage ist, dem oben skizzierten liberalistischen Denken Paroli zu bieten und die Mission des deutschen Wissenschaftlers, Forschers und Lehrers auch wirklich so zur Geltung zu bringen, wie es der Nationalsozialismus in Partei und Staat, wie es letzten Endes das im Nationalsozialismus geeinte Volk erwartet. Die stärkste Bindung fesselt uns eben nicht an eine gestaltlose Menschheit, sondern erst einmal an unser Volk, aus dem wir kommen, dem wir alles verdanken und dem wir deshalb ganz angehören. Diese Erkenntnis geht heute aber nicht etwa wie früher neben der Wissenschaft her und dringt nicht als fremdes Element von außen her in sie ein, sondern ist der Ursprung unserer Existenz und damit der Ausgang, der Ansatzpunkt für unsere gesamte wissenschaftliche Erkenntnis überhaupt. Wir fassen daher die *Universitas litterarum* nicht allein als eine Gemeinschaft der Wissenschaften unter sich auf, sondern sehen diese Idee lebendig sein in der Gesamtheit und in der Gemeinschaft unseres Volkes, aus dem die Wissenschaft kommt und in das sie wieder eingehen wird. Für die Wissenschaft aber ist die Hochschule die Verkörperung dieser geistigen Gemeinschaftsarbeit, die eben nur dann Sinn und Zweck hat, wenn sie mit all ihren Arbeitsgebieten in dem gemeinsamen Urgrund, nämlich der allen gemeinsamen Weltanschauung wurzelt. Das Wissen um diesen alles umfassenden Nährboden, auf dem jede Disziplin wachsen muß, ja überhaupt nur wachsen kann, das Wissen um eine für alle verpflichtende Weltanschauung, ist das Lebensprinzip unserer deutschen Hochschulen. Die Anerkennung dieses Prinzips aber sichert erst eigentlich das Dasein der deutschen Universität.

In dieser Auffassung sehen wir letzten Endes dann auch die unbedingt nötige „Freiheit der Wissenschaft" begründet. Wir gehen dabei von unserer arteigenen Anschauung über die Freiheit aus, und wir wissen, daß diese Freiheit immer ihre Grenze im Bestand des Volkes haben muß. Freiheit ist eben nur denkbar in der Bindung an ein Allgemeingültiges, an ein Gesetz, das die gesamte Nation trägt. Heute wird das lebendig, wird das zur Wirklichkeit, was auch die großen Denker des deutschen Idealismus erträumten und was letztlich der Kern ihrer ganzen Freiheitssehnsucht war: Es schließt sich die Lücke, die immer wieder Geist und Leben, Sein und Sollen getrennt hatte. Niemals ist die deutsche Freiheitsidee lebendiger gedacht worden als in unserer heutigen Zeit. Diese Idee der Freiheit, die gleichzeitig die der Persönlichkeit ist, wird aber heute wieder im Tiefsten von der Universität gelebt und durchdacht. Und von diesen Zusammenhängen aus müssen wir auch die Freiheit der Wissenschaft, die Freiheit von Forschung und Lehre begreifen; sie ist letzten Endes nichts anderes als verantwortungsbewußter Dienst an den Urwerten unseres völkischen Seins. Und daß diese geschichtlich gewordene Freiheit der Wissenschaft, deren Tätigkeit letzten Endes im Volke mündet, erhalten bleibt, dafür ist der Nationalsozialistische Deutsche Dozentenbund der an der Hochschule eingesetzte Treuhänder der Partei.

Der NSD-Dozentenbund hat die große Tradition, die von den bedeutendsten Männern des deutschen Geisteslebens gegründet wurde, übernommen und wird sie im Sinne unserer Weltanschauung weiterführen. Er ist der Kern der neuen „Hohen Schule" und wird die besten Kräfte um sich sammeln, um sie zu dem zu machen, was von ihr in unserer Zeit verlangt werden muß: zu einer wahren völkischen Hochschule. Eins aber wissen wir: Eine Organisation allein ist ein totes Gebilde; erst die Männer, die sie tragen, lassen sie lebendig werden. Diese Erkenntnis ist uns geworden in einem langen Kampf um die politische Freiheit unseres Volkes. Auf die Hochschulen angewandt bedeutet dies: Hochschule und Dozentenbund stehen und fallen mit dem Typ eines einsatzbereiten, politischen und nationalsozialistischen Kämpfers, der als höchstes Gut sein Volk kennt.

Aus: *Erste Reichstagung der wissenschaftlichen Akademien des NSD-Dozentenbundes. München 8.–10. 6. 1939.* München und Berlin 1939. S. 16–17.

Jüdische Abiturienten sind nur Nummern

1915.
387. Ahl, Paul, * 2. 11. 1896, Dr. phil., Elektro-Ingenieur, Frankfurt a. M.
388. Stamm, Georg, * 7. 1. 1895, Chemiker, ?.
389. Stiefel, Hermann, * 10. 4. 1896, Amtsger.-Rat, Limburg a. L.
390. Weber, Alfred, * 7. 3. 1896, ?.
391. Bernhardt, Karl, * 13. 9. 1896, Pfarrer, ?.
392. Busch, Fritz, * 25. 5. 1897, ?.
393. Cullmann, Fritz, * 3. 8. 1896, Kaufmann, Frankfurt a. M.
394. Gabriel, Hans, * 7. 5. 1897, gefallen 26. 2. 1916.
395. Giesenregen, Rudolf, * 9. 3. 1898, Dr. rer. pol., Dipl.-Kaufmann, Frankfurt a. M.
396. Lummer, Alfred, * 9. 5. 1897, Reichsbankrat, Berlin, Reichswirtschaftsministerium.
397. Müller, Wilhelm, * 8. 4. 1897, Dr. med., Stabsarzt, Sanatorium Sobernheim/Nahe.
398. Schütz, Heinrich, * 22. 8. 1897, Kaufmann, Frankfurt a. M.
399. Vogel, Theodor, * 7. 5. 1896, selbst. Wirtschaftsprüfer, Frankfurt a. M.
400. Zimmerschied, Karl, * 13. 5. 1895, Dr. jur., Kaufmann, Berlin, ?.
401.–404. jüd. Abiturienten.

1916.
405. Radtke, Adolf, * 25. 2. 1898, Kapellmeister, Saarbrücken.

1916. Juni, Kriegsreifeprüfung.
406. Dienstbach, Hermann, * 25. 7. 1897, Dr. rer. pol., Syndikus bei der Handelskammer in Solingen.
407. v. Laer, Ernst, * 17. 1. 1898, Kaufmann, Aue i. Erzgebirge.
408. Gravenkamp, Erich, * 28. 2. 1899, gefallen 10. 3. 1917.
409. Gruber, Karl, * 22. 9. 1897, Dr. phil., Stud.-Rat, Kaiser-Wilhelm-Schule, Frankfurt a. M.
410.–411. jüd. Abiturienten.

1916. November, Kriegsreifeprüfung.
412. Bornemann, Gottfried, * 14. 11. 1898, Dr. jur., Landger.-Rat, Frankfurt a. M.
413. Jansen, Werner, * 15. 11. 1898, Postinspektor, Frankfurt a. M./Griesheim.
414. Staat, Bernhard, * 27. 11. 1898, Pfarrer, Camberg (Taunus).
415. Rady, Nikolaus, * 27. 5. 1898, ?.

1917.
416. Schmidt, Richard, * 24. 3. 1899, stud. rer. nat., † Grenzschutz Ost 23. 6. 1919.
417. Feser, Curt, * 6. 3. 1899, Dr. med., prakt. Arzt, Frankfurt a. M.
418.–419. jüd. Abiturienten.

Verzeichnis der Abiturienten des staatlichen Kaiser-Friedrich-Gymnasiums zu Frankfurt am Main, zur 50-Jahrfeier der Schule (1939). S. 26–27.

Was ist der Staat und wer sind seine Bürger?

Das nationalsozialistische Verständnis von Politik als einer „totalen Lebensweise" bedeutete auch eine neue Definition von Staat und Bürger. Der Staat wurde als ein Werkzeug der Rasse gesehen, und demzufolge bestimmte die nationalsozialistische Weltanschauung, die auf der Rasse basierte, die staatliche Politik. Das Gesetz hat nur einen einzigen Zweck: mitzuhelfen, die Gemeinschaft der Menschen zu einem Volk zusammenzuschmieden. Der Führer vereinigte Staat und Volk in seiner Person: er war die lebendige Verkörperung der Ideologie und, durch den Staat, der Vollstrecker der Aktionen, die notwendig waren, um die eigentliche Bestimmung der Rasse zu garantieren. Er war demzufolge beides: Gesetzgeber und Richter. Wie in allen Bereichen der Kultur waren Gesetz und Justiz, Staat und Bürgertum, auf eine Ideologie ausgerichtet, die völlige Einheit wünschte.

Der Staatsrechtler Carl Schmitt (geb. 1888) lehrte an den Universitäten von Greifswald (1921), Bonn (1922–1933) und schließlich in Köln und Berlin (1933–1945). Während der Weimarer Republik gehörte er zu den bemerkenswertesten Gegnern demokratisch-parlamentarischer Rechtstheorie, die er zugunsten eines dynamischen Zusammenspiels zwischen Führung und Volk, verbunden durch gemeinsame Rasse und Volkszugehörigkeit, ablehnte. Die parlamentarische Demokratie war für ihn eine antiquierte bürgerliche Regierungsform. Seine Ideen fanden im Dritten Reich Anklang, und sein Buch „Staat, Bewegung, Volk" ist eine gute Zusammenfassung seines Konzepts. Schmitt beginnt mit einer Definition der Rechtstheorie der nationalsozialistischen Machtergreifung. Die Machtergreifung vollzog sich zwar innerhalb des legalen Rahmens der Weimarer Verfassung, aber das leitende Staatsprinzip ist nach Schmitt verändert worden. Macht geht nun vom Volke aus, und die Nationalsozialistische Partei *ist* das Volk, das in einem einzigen Ziel und einer einzigen Weltanschauung vereinigt ist. Die Betonung liegt auf der Unmittelbarkeit der Macht im Gegensatz zu einem normativen oder neutralen Gesetz: sie ist Teil der Politik, der Atkionen der Führung und des Volkes, die gemeinsam die Bestimmung der Rasse verwirklichen.

Die Ablehnung einer Regierungsform auf der Grundlage von Gesetzen und nicht von Menschen und damit verbunden der Kampf gegen das parlamentarische System bedeutete in der Tat die Einführung eines neuen Staatsprinzips. Denn Hitler, der sich damit brüstete, die Macht auf legale Weise ergriffen zu haben, ließ den alten legalen Rahmen nahezu unangetastet: z. B. etwa die Justiz der ansonsten verhaßten Weimarer Republik. Aber er veränderte deren Geist, indem er die Rechtstheorie veränderte, und Schmitt belegt, wie dies geschah. Das Volk behielt das „äußere" Rechtssystem, an das es gewohnt war; aber in Wirklichkeit lebte es unter einem Rechtssystem, das ein Machtinstrument in der Hand der nationalsozialistischen Führung war.

Schmitts Auffassungen spiegeln sich in dem offiziellen Kommentar zum Reichsbürgergesetz genau wider (s. Seite 339 ff.). Die Autoren, hohe Beamte des Innenministeriums, waren der Staatssekretär Wilhelm Stuckart (der zweitwichtigste Mann im Ministerium), und Hans Globke, Leiter von verschiedenen wichtigen Abteilungen. Stuckart war als junger Mann Dank seiner Beziehungen in der Partei schnell nach oben gekommen und gab seine Position später auf, möglicherweise, weil er der Politik „Endlösung" nicht zustimmen konnte. Hans Globke war vielleicht nur nominelles Parteimitglied. Man hat behauptet, daß er ein verläßlicher Informant für die katholische Kirche war und Informationen darüber weitergab, was in seinem wichtigen Ministerium geschah. Nach der Gründung der Bundesrepublik Deutschland wurde Globke unter Konrad Adenauer Leiter des Kanzleramtes.

Das Reichsbürgergesetz war ein wesentlicher Teil der Nürnberger Gesetze, das die Juden aus der deutschen Gemeinschaft ausschlossen. Dies ging soweit, daß es den Juden verboten wurde, nichtjüdisches Hauspersonal einzustellen. Aus dem Kommentar ergibt sich eindeutig, daß das Gesetz sich in erster Linie gegen die Juden richtete, denn die im Reich lebenden Dänen und Polen erhielten die Gelegenheit, Reichsbürger zu werden. Dieser rätselhafte Erlaß – die Dänen waren nordisch, die Polen dagegen slawisch und deshalb verachtet – kann mit politischem Opportunismus erklärt werden: Preußen hatte nämlich einen hohen polnischen Bevölkerungsanteil, und die Zeit war noch nicht reif, um sich damit auseinanderzusetzen. Darüber hinaus spielte der Freundschaftsvertrag zwischen Hitler und dem polnischem Diktator Marschall Pilsudski eine Rolle bei dieser rassenpolitischen Inkonsequenz.

Die Unterscheidung in Reichs- und Staatsbürger gab der Führung die Macht über jene Menschen, die zwar in Deutschland lebten, aber nicht das volle Bürgerrecht besaßen. Indem die Reichsbürgerschaft zu einem Ehrengeschenk erklärt wurde, das man sich zu verdienen hatte, stand der Führung ein weiteres Instrument zur Verfügung, mit dem man belohnen oder bestrafen und damit Kontrolle über die Bevölkerung ausüben konnte. Die Staatsbürgerschaft war in der Praxis eine Frage des Alters; nach der nationalsozialistischen Machtergreifung wurden alle Arier, die kein politisches oder Kapitalverbrechen begangen hatte, zu Reichsbürgern. Denn die Basis des Gesetzes und des Kommentars war die Vorstellung, daß der Staat lediglich das Instrument des Volkes sein sollte. Stuckart und Globke lehnten die korporative Staatsauffassung des römischen Rechts ab.

Die bürgerlichen Rechte waren laut Definition durch die Interessen der Volksgemeinschaft begrenzt und waren keine Ideale, die entweder durch die Gesetze oder den Staat geschützt werden mußten. Beide, Schmitt und die Kommentatoren des Gesetzes, setzten ihre Theorien besonders denen des Liberalismus entgegen, der für sie ein überkommenes Konzept individueller Freiheit darstellte. Diese Neudefinierung der bürgerlichen Freiheiten durchzieht die gesamte nationalsozialistische Kultur, und die Wirkungsweise ist z. B. dort sichtbar, wo es um die akademischen Freiheiten geht.

Die Ansicht, daß die Juden außerhalb des Gesetzes stünden, wie es Stuckart und Globke letztlich meinten, wird in ihrer ganzen Grausamkeit von Walter Buch, den obersten Parteirichter, vertreten, dessen Amt darin bestand, sich mit innerparteilichen Fällen von Korruption und Verleumdungen zu beschäftigen. Seine Bemerkungen wurden in der offiziellen Zeitschrift „Deutsche Justiz" veröffentlicht. Er schrieb zu einer Zeit, als man die Juden nicht mehr mit „Seidenhandschuhen" anfaßte, als nämlich das Niederbrennen der Synagogen am 10. November 1938 die zunehmende Gewalttätigkeit anzeigte, gewissermaßen zwischen den Nürnberger Gesetzen (1935) und der „Endlösung" der Judenfrage.

Eine Veränderung der Rechtsgrundsätze innerhalb alter Formen ist bedeutungslos, wenn die Rechtsbürokratie nicht mit dem neuen Geist erfüllt ist. Roland Freisler (1893–1944) verlangt eben diese Veränderung in seinem Vorwort zum „Kalender für Reichsjustizbeamte". Freisler war zu der Zeit Staatssekretär im Justizministerium. 1942 wurde er Präsident des Volksgerichtshofes, der 1934 eingerichtet worden war, um im Falle von Verrat ein schnelles Gerichtsverfahren zu ermöglichen – eine weitreichende Zuständigkeit zu einem Zeitpunkt, als Verrat nicht mehr eindeutig festgelegt war, sondern jede Art von Opposition gegen die Ideologie des nationalsozialistischen Staates umfaßte. Freisler erwies sich als schnell durchgreifender Henker, und er war es, vor dem die Führer des Widerstandes gegen Hitler 1944 gestellt wurden. Freisler wurde noch vor Ende dieses Prozesses von einer Bombe der Alliierten getötet.

Freislers Absicht war, wie im Vorwort zum „Kalender" deutlich wird, den Widerstand der konservativen preussischen Beamten zu brechen, die sich – ähnlich wie ihre Kollegen in England – politisch unabhängig einschätzten. Auch hier konnte es keinem Menschen und keiner Institution zugestanden werden, außerhalb des Volkes und im Gegensatz zur nationalsozialistischen Ideologie zu stehen. Dennoch waren in der Praxis viele Beamte niemals völlig „reformiert", obwohl die Nationalsozialisten einen beachtlichen Erfolg bei einer Bürokratie hatten, die zu politischem Konservativismus tendierte.

Der Staat war das rein „äußerliche" Instrument des Volkes: das Gesetz und die Rechtsadministration mußten von der alles umfassenden Weltanschauung absorbiert werden. Die äußere Form war beibehalten worden – Hitler verstand sein Reich als eine „Revolution der Gesinnung" –, aber diese Revolution veränderte die deutsche Realität, hauptsächlich durch die Unterscheidung zwischen Form und Inhalt, die auch in den folgenden Dokumenten spürbar wird.

G. L. M.

Carl Schmitt

Öffentliches Recht im neuen Kontext

Was bedeutet dann aber das Reichsgesetz vom 24. März 1933, das doch in den Formen eines verfassungsändernden Gesetzes gemäß den Bestimmungen des Art. 76 der Weimarer Verfassung mit den erforderlichen Zweidrittelmehrheiten beschlossen worden ist? Dieses sogenannte Ermächtigungsgesetz ist vom Reichstag nur im Vollzug des durch die Reichstagswahl vom 5. März 1933[1] erkennbar gewordenen Volkswillens beschlossen worden. Die Wahl war in Wirklichkeit, rechtswissenschaftlich betrachtet, eine Volksabstimmung, ein Plebiszit, durch welches das deutsche Volk Adolf Hitler, den Führer der nationalsozialistischen Bewegung, als politischen Führer des deutschen Volkes anerkannt hat. Die Gemeindeabstimmungen vom 12. März haben denselben Volkswillen nochmals bekräftigt. Reichstag und Reichsrat handelten hier also nur als Vollzugsorgane des Volkswillens. Für die Denkgewohnheiten des bisherigen sogenannten positivistischen Juristen liegt es aber trotzdem nahe, in diesem Gesetz die Rechtsgrundlage des heutigen Staates zu finden. Der Ausdruck „Ermächtigungsgesetz" verstärkt noch die Neigung zu diesem Irrtum. Es ist daher notwendig, das Wort Ermächtigungsgesetz als eine juristisch ungenaue, ja unrichtige Bezeichnung zu erkennen, und es wäre zweckmäßig, das Wort ganz zu vermeiden, zumal es weder in der Überschrift („Gesetz zur Behebung der Not von Volk und Reich") noch im Wortlaut des Gesetzes vorkommt und nur von außen an das Gesetz herangetragen worden ist. In Wahrheit ist dieses „Ermächtigungsgesetz" ein vorläufiges Verfassungsgesetz des neuen Deutschland.

Die deutsche Revolution war legal, d. h. gemäß der früheren Verfassung formell korrekt. Sie war es aus Disziplin und deutschem Sinn für Ordnung. Im übrigen bedeutet ihre Legalität nur eine von der früheren Weimarer Verfassung, also von einem überwundenen System her bestimmte Eigenschaft. Es wäre juristisch falsch und politisch ein Sabotageakt, aus dieser Art Legalität eine Weitergeltung überwundener Rechtsgedanken, Einrichtungen oder Normierungen und damit eine fortdauernde Unterwerfung unter den Buchstaben oder den Geist der Weimarer Verfassung abzuleiten. Das gute Recht der deutschen Revolution beruht nicht darauf, daß sich einige Dutzend Abgeordnete bereitfanden, durch ihre Zustimmung die fünfzehn Prozent Differenz von einfacher und Zweidrittelmehrheit auszugleichen, und das Recht des heutigen deutschen Staates hängt nicht an den Voraussetzungen, Vorbehalten oder gar den Mentalreservationen, unter denen jene Gruppe ihre Zustimmung gegeben hat. Es wäre politisch, moralisch und juristisch gleich sinnwidrig, von der Machtlosigkeit her Ermächtigungen zu erteilen und auf diese Weise einem machtlos gewordenen System wieder Macht zu erschleichen. Das Lebendige kann sich nicht am Toten, und die Kraft braucht sich nicht an der Kraftlosigkeit zu legitimieren.

Wenn Rudolf Heß, der Stellvertreter unseres Führers, auf dem Parteitag in Nürnberg 1933 gesagt hat, daß dieser Parteitag ein „Reichstag" des Dritten Reiches war, so trifft das zu; aber der Begriff „Reichstag" bestimmt sich nicht mehr nach der Einrichtung gleichen Namens, die die Weimarer Verfassung meint. Und wenn der Stellvertreter des Führers den Satz ausspricht: „Alle Gewalt geht vom Volke aus", so ist das etwas wesentlich anderes, als wenn die liberaldemokratische Weimarer Verfassung in ihrem Art. 1 die gleichen Worte gebraucht. Unser ganzes öffentliches Recht, einschließlich aller aus der Weimarer Verfassung übernommenen weiter geltenden Bestimmungen, steht in einem völlig neuen Zusammenhang. Die Grundzüge der neuen Staatsstruktur werden (unter II) dargelegt werden. Hier soll nur gegenüber allen falschen juristischen Konstruktionen, die den nationalsozialistischen Staat in die Geleise und Denkweisen des alten überwundenen Staatsdenkens zurückführen möchten, das eigene Recht unseres neuen Staates von Anfang an klargestellt werden.

Angesichts der grundlegenden Bedeutung des Führergedankens wird es um so notwendiger, den Kernbegriff des nationalsozialistischen Staatsrechts, den Begriff der Führung, auch theoretisch klar zu unterscheiden und in seiner Eigenart zu sichern. Um den Begriff in seiner vollen Bedeutung zu erkennen und die Gefahr der Fälschungen und Trübungen abzuwehren, ist zunächst eine klare Gegenüberstellung mit einigen anderen, scheinbar verwandten Begriffen erforderlich. Denn solche Begriffe, die durchaus notwendig und in ihrem Gebiet unentbehrlich, aber auch von einem andern Geist bereits imprägniert sind, werden gern benutzt, um den Führergedanken an sie zu assimilieren und dadurch seine eigentliche Kraft zu lähmen. Es ist bekannt, daß es zur konsequenten Liberaldemokratie gehört, das Ideal in der politischen „Führerlosigkeit" zu sehen. Es ist aber noch nicht zu wissenschaftlichem Bewußtsein der meisten deutschen Juristen gekommen, daß seit einem Jahrhundert ein ganzes System spezifischer Begriffsbildungen an dieser Ausmerzung des Führergedankens arbeitet, und daß die Hebel solcher Begriffe vor allem dort angesetzt werden, wo sie politisch zerstörend und geradezu vernichtend wirken müssen.

Das von dem Grundprinzip der Sicherheit, Berechenbarkeit und Meßbarkeit beherrschte rechtstaatliche Denken verwandelt, unter dem Vorwand, Rechtsbegriffe zu schaffen, alle Vorstellungen, Begriffe und Einrichtungen in normativistisch vorher bestimmte Abstraktheiten. Es wird z. B. gesagt, daß jede Pflicht, wenn sie eine Rechtspflicht und juristisch relevant sein soll, immer einen normativ nachmeßbaren und infolgedessen einen der richterlichen Nachprüfung unterliegenden Inhalt habe. Auf diese einfache Weise wird eine andere, dem individualistisch-liberalen Rechtsdenken unzugängliche Art von Pflichten aus dem Rechtsleben hinausverwiesen, und verschafft einer ganz bestimmten politischen Weltanschauung (die keineswegs besonders rechtlicher oder besonders wissenschaftlicher Art ist) das Monopol der Rechtswissenschaftlichkeit. Die für das Recht eines Führerstaates lebensnotwendigen Treuepflichten, z. B. der Gefolgschaft, des Beamtentums, der Volksgenossen, die durchaus im vollen Sinne Rechtspflichten sind, werden dadurch zu „bloß moralischen" oder „bloß politischen" Angelegenheiten umgedeutet und ihres rechtlichen Kernes beraubt. Im Leipziger Prozeß der amtsenthobenen preußischen Regierung des Weimarer Systems gegen das Deutsche Reich[2] hat dieser Gedankengang seine Triumphe gefeiert. Die Treuepflicht der Länder gegen das Reich, die selbstverständlich eine Rechtspflicht politischen Inhalts ist, wurde mit Hilfe einer solchen liberalen Trennung von Recht und Politik in ihrem Wesen zerstört und von einem besonders typischen Vertreter des Weimarer Systems als etwas „Sentimentales" ironisiert. Daß man Nationalsozialisten und Kommunisten politisch auf eine Stufe stellte, galt dieser Auffassung als „Recht" zum Unterschied von „Politik"; die kommunistische Organisation, also einen gefährlichen Todfeind des deutschen Staates, von einer nationalen deutschen Bewegung zu unterscheiden, galt dagegen als ein Verstoß gegen die „Gleichheit vor dem Gesetz" und als eine „politische" im Gegensatz zu einer „rechtlichen" oder „juristischen" Bewertung. Hier wurde der staatsfeindliche Kern der liberalen Antithetik von Recht und Politik handgreiflich.

Unser Begriff ist eines vermittelnden Bildes oder eines repräsentierenden Vergleichs weder bedürftig noch fähig. Er stammt weder aus barocken Allegorien und Repräsentationen, noch aus einer cartesianischen *idée générale*. Er ist ein Begriff unmittelbarer Gegenwart und realer Präsenz. Aus diesem Grunde schließt er auch, als positives Erfordernis, eine unbedingte Artgleichheit zwischen Führer und Gefolgschaft in sich ein. Auf der Artgleichheit beruht sowohl der fortwährende untrügliche Kontakt zwischen Führer und Gefolgschaft wie ihre gegenseitige Treue. Nur die Artgleichheit kann es verhindern, daß die Macht des Führers Tyrannei und Willkür wird; nur sie begründet den Unterschied von jeder noch so intelligenten oder noch so vorteilhaften Herrschaft eines fremdgearteten Willens.

Artgleichheit des in sich einigen deutschen Volkes ist also für den Begriff der politischen Führung des deutschen Volkes die unumgänglichste Voraussetzung und Grundlage. Wenn der Gedanke der Rasse auf dem Nationalsozialistischen Deutschen Juristentag in Leipzig 1933 in der gewaltigen Schlußrede des Führers, in den hinreißenden Ansprachen des Führers der Deutschen Rechtsfront, Dr. Hans Frank, und in ausgezeichneten Fachreferaten wie namentlich dem Vortrag von H. Nicolai, immer wieder in den Mittelpunkt gestellt wurde, so war das kein theoretisch ausgedachtes Postulat. Ohne den Grundsatz der Artgleichheit könnte der nationalsozialistische Staat nicht bestehen und wäre sein Rechtsleben nicht denkbar; er wäre mit allen seinen Einrichtungen sofort wieder seinen – bald überlegen-kritisierenden, bald unterwürfig sich assimilierenden – liberalen oder marxistischen Feinden ausgeliefert.

Für den wissenschaftlichen Juristen des neuen deutschen Rechts ist es insbesondere notwendig, sich der systematischen, alle rechtlichen Erwägungen durchdringenden Kraft dieses Begriffes der Artgleichheit bewußt zu werden. Die Fiktion der normativistischen Bindung des Richters an ein Gesetz ist heute für wesentliche Gebiete des praktischen Rechtslebens theoretisch und praktisch unhaltbar geworden. Das Gesetz kann die Berechenbarkeit und Sicherheit, die für das rechtsstaatliche Denken zur Definition des Gesetzes gehört, überhaupt nicht mehr aufbringen. Die Sicherheit und Berechenbarkeit liegt nicht in der Normierung, sondern in der als „normal" vorausgesetzten Situation.

Anmerkungen:

1 Das Reichsgesetz vom 24. März 1933 übertrug die absolute Macht auf Adolf Hitler. Artikel 76 besagte, daß eine Zweidrittelmehrheit die Verfassung außer Kraft setzen konnte. Die Wahlen vom 5. März 1933 gaben den Nazis eine einfache Mehrheit im Reichstag aufgrund von 43,9% der abgegebenen Stimmen (die Wahlbeteiligung betrug fast 90%). Die kommunistische Partei war nicht angetreten, da sie bereits als ungesetzlich galt. Diese Wahl war die letzte, an der andere politische Parteien teilnehmen konnten. Falls die Kommunisten teilgenommen hätten, hätte Hitler keine einfache Mehrheit im Reichstag erhalten.
2 Am 20. Juli 1932 benutzte Kanzler v. Papen das Notstandsgesetz, um die sozialdemokratische Regierung Preußens abzusetzen. Die preußische Regierung widersetzte sich nicht, klagte aber vor dem Obersten Gerichtshof. Hitlers Machtergreifung brachte diese Aktion zum Scheitern.

Carl Schmitt, *Staat, Bewegung, Volk. Die Dreigliederung der politischen Einheit*. Hamburg 1933. S. 7–9, 36–37, 42–43.

Aus dem „Merkbuch für deutsche Polizeibeamte"

Grundsätze für die Polizei

1. Halte Deinen Eid in voller Treue und ganzer Hingabe an Führer, Volk und Vaterland.
2. Die außerordentlichen Vollmachten, Dir als dem sichtbarsten Träger der Staatsgewalt gegeben, sind keine Vorrechte, sondern Pflichten, erfülle sie vorbildlich als Diener Deines Volkes.
3. Sei aufmerksam und verschwiegen in dienstlichen Dingen, mutig und selbstbewußt, aber gerecht, rücksichtslos im Kampf gegen alle Feinde des Volkes und Staates.
4. Handele so gegen andere, wie Du an ihrer Stelle behandelt zu werden wünschest.
5. Sei wahr, schlicht und genügsam. Lügen sind gemein; Geschenke verpflichten; Genußsucht ist unwürdig.
6. Hilf dem, der Deiner Hilfe bedarf.
7. Vernachlässige nicht den äußeren Menschen. Der ist das Spiegelbild des inneren.
8. Sei gehorsam Deinen Vorgesetzten, ein Vorbild Deinen Untergebenen. Halte Manneszucht und pflege Kameradschaft.
9. Du bist als Träger einer Waffe der größten Ehre des deutschen Mannes teilhaftig. Sei dessen stets eingedenk.
10. Schule Dich und arbeite an Dir. Wer viel leistet, wird anerkannt. Anerkennung sei Dein höchster Stolz.

Gesetz gegen heimtückische Angriffe auf Staat und Partei und zum Schutz der Parteiuniformen

Art. 1. § 1. (1) Wer vorsätzlich eine unwahre oder gröblich entstellte Behauptung tatsächlicher Art aufstellt oder verbreitet, die geeignet ist, das Wohl des Reichs oder das Ansehen der Reichsregierung oder das der Nationalsozialistischen Deutschen Arbeiterpartei oder ihrer Gliederungen schwer zu schädigen, wird, soweit nicht in anderen Vorschriften eine schwerere Strafe angedroht ist, mit Gefängnis bis zu zwei Jahren und, wenn er die Behauptung öffentlich aufstellt oder verbreitet, mit Gefängnis nicht unter drei Monaten bestraft.

(2) Richtet sich die Tat ausschließlich gegen das Ansehen der NSDAP oder ihrer Gliederungen, so wird sie nur mit Zustimmung des Stellvertreters des Führers oder der von ihm bestimmten Stelle verfolgt.

§ 2. (1) Wer öffentlich gehässige, hetzerische oder von niedriger Gesinnung zeugende Äußerungen über leitende Persönlichkeiten des Staates oder der NSDAP, über ihre Anordnungen oder die von ihnen geschaffenen Einrichtungen macht, die geeignet sind, das Vertrauen des Volkes zur politischen Führung zu untergraben, wird mit Gefängnis bestraft.

(2) Den öffentlichen Äußerungen stehen nichtöffentliche, böswillige Äußerungen gleich, wenn der Täter damit rechnet oder damit rechnen muß, daß die Äußerung in die Öffentlichkeit dringen werde.

§ 3. (1) Wer bei der Begehung oder Androhung einer strafbaren Handlung eine Uniform oder ein Abzeichen der NSDAP oder ihrer Gliederungen trägt oder mit sich führt, ohne dazu als Mitglied der NSDAP oder ihrer Gliederungen berechtigt zu sein, wird mit Zuchthaus, in leichteren Fällen mit Gefängnis nicht unter sechs Monaten bestraft.

(2) Wer die Tat in der Absicht begeht, einen Aufruhr oder in der Bevölkerung Angst und Schrecken zu erregen oder dem Deutschen Reich außenpolitische Schwierigkeiten zu bereiten, wird mit Zuchthaus nicht unter drei Jahren oder mit lebenslangem Zuchthaus bestraft. In besonders schweren Fällen kann auf Todesstrafe erkannt werden.

(3) Nach diesen Vorschriften kann ein Deutscher auch dann verfolgt werden, wenn er die Tat im Ausland begangen hat.

Merkbuch für deutsche Polizeivollzugsbeamte, bearb. v. Möller, 12. Jg., Hannover 1940. S. 4, 135–136.

Wilhelm Stuckart/Hans Globke

Über die natürliche Ungleichheit der Menschen

Die Staatslehre des vergangenen Jahrhunderts begriff den Staat als ein eigenes Wesen, als eine abstrakte juristische Staatsperson. Der politische Grundwert des Nationalsozialismus ist dagegen nicht der Staat als solcher, sondern das Volk. Hier werden vielleicht die stärksten Unterschiede zwischen germanischer Vorstellungswelt und romanischem Denken offenbar. Im germanischen Gemeinschaftsdenken besteht der Staat aus einem System von Gemeinschaften, wie Familie, Sippe, Hundertschaft, Volksgemeinschaft, bei denen jeweils die weitere eine Anzahl engerer Gemeinschaften umfaßt. Das gesamte Leben des einzelnen Genossen spielt sich in diesen Gemeinschaften ab. Außerhalb der Gemeinschaften gibt es kein menschliches Leben im Rechtssinne, sondern nur noch ein biologisch-vegetatives Leben, weshalb auch der aus der Gemeinschaft ausgestoßene Verbrecher vogelfrei ist. Der Staat steht also nicht als etwas anderes dem Genossen gegenüber oder über dem Genossen, sondern die Genossen der Gemeinschaft bilden in ihrer Gesamtheit den Staat. Für das romanische Denken steht dagegen die abstrakte Staatspersönlichkeit mit ihrem Staatsapparat im Mittelpunkt. Die stark romanisch beeinflußte individualistisch-liberale Staatsauffassung, die im freien unabhängigen Individuum und in der Summe der Individuen, der Gesellschaft, das Primäre und daher allein Schutzwürdige sah, weil man durch das „freie Spiel der Kräfte" das größtmögliche Glück des einzelnen und der Summe der einzelnen, der Allgemeinheit, zu erreichen glaubte, begriff den Staat als einen neben oder über dem Individuum stehenden Apparat, als einen verselbständigten Mechanismus, der juristisch als eine über dem Volke schwebende juristische Staatsperson erfaßt wurde. Dieser Begriff des Staates entsprach dem herrschenden mechanischen Weltbild. Die juristische, vom Volke gelöste Staatspersönlichkeit hatte unter scharfer Kontrolle der Gesellschaft der freien Entfaltung der Einzelpersönlichkeit zu dienen und darauf zu achten, daß niemand in seiner Freiheit beschränkt wurde. Staat und Volk, Staatsgewalt und Untertan standen sich hier streng geschieden gegenüber. Das einzelne Individuum war der Gegenpart der abstrakten Staatspersönlichkeit. Beide traten, wenn auch nicht gleichgeordnet, miteinander in Rechtsbeziehungen. Die Wirklichkeit des Volkes und des Staates löste sich in ein System von Rechtsbeziehungen zwischen der Staatspersönlichkeit und der Einzelperson auf. Die dauernde Rechtsbeziehung zwischen Einzelperson und Staatsperson war die Staatsangehörigkeit, die man als Rechtsverhältnis zwischen der Staatsperson und der Einzelperson ansah. In diesen positiv-rechtlichen Rechtsbeziehungen erschöpfte sich im liberalen Rechtsstaat das Wesen der Staatsangehörigkeit. Mit peinlicher Sorgfalt für das Individuum und seine Rechte versuchte man den Inhalt der Staatsangehörigkeit genauestens zu erörtern und festzulegen. Selbstverständlich bezog sich die Betrachtung im wesentlichen auf die Rechte des Staatsangehörigen, auf den Grad seines Einflusses auf den Staat und seiner Unabhängigkeit von diesem Staat. Der individualistischen Denkweise entsprach es, den Inhalt der Staatsangehörigkeit, abgesehen von einigen wenigen Untertanenpflichten wie der Wehrpflicht, in einem Strauß von Rechten zu sehen, den sogenannten Staatsbürgerrechten, die sich im wesentlichen gegen den Staat richteten. In jeder Verfassung spielten daher die sogenannten Grundrechte eine hervorragende Rolle, so im besonderen Maße auch in der Weimarer Verfassung. Vor allem aber wurde der Grundsatz der

Gleichheit aller auf das peinlichste gewahrt. Stets waren die Rechte und Pflichten für jeden Staatsangehörigen die gleichen. Auf seine Blutzugehörigkeit insbesondere kam es nicht an. Eine völkische Grundlage für die Staatsbürgerschaft gab es nicht. Die Frage nach der völkischen Zugehörigkeit des einzelnen Staatsangehörigen wurde nicht gestellt.

Der Umbruch in der Staatsauffassung hat zwangsläufig Begriff, Wesen und Inhalt der Staatsangehörigkeit und Staatsbürgerschaft gewandelt. Der Nationalsozialismus hat das Volk in den Mittelpunkt des Denkens, Glaubens und Wollens, des Schaffens und Lebens gerückt. Er lebt, wie Reichsminister Dr. Frick sagt, aus der mächtigsten Tradition, die es auf Erden gibt: aus der Ewigkeit des sich immer wieder erneuernden Volkes. „Der Ausgangspunkt der nationalsozialistischen Lehre liegt nicht im Staat, sondern im Volk, d. h. um die Nichtigkeit, mithin Zweckmäßigkeit der äußeren volklichen Organisationsformen überprüfen, beurteilen und korrigieren zu können, ist es notwendig, über sie als Mittel hinweg den Zweck zu begreifen. Deshalb liegt der Brennpunkt jeder nationalsozialistischen Betrachtung in der lebenden Substanz, die wir nach seinem geschichtlichen Werdegang als deutsches Volk bezeichnen" (Aus der Schlußrede des Führers auf dem Parteikongreß 1935). Die Gemeinschaft des Volkes, getragen vom Gemeinschaftswillen und gemeinsamen Ehrbewußtsein des artgleichen deutschen Volkes, ist die politische Einheit. Diese Gemeinschaft ist nicht nur eine geistige, sondern eine reale. Die reale Bindung ist das gemeinsame Blut. Die Blutsgemeinschaft schafft die völkisch-politische Einheit der Willensrichtung in der Auseinandersetzung mit der Umwelt. Die völkisch-politische Volksgemeinschaft ist der Angelpunkt unseres staatlichen und volklichen Lebens. Demgemäß begreifen wir den Staat nicht, wie die individualistisch-liberale Staatsauffassung es tat, als eine neben oder über den Individuen stehende abstrakte Staatsperson mit Staatsapparat. Der Staat ist die völkisch-politische Organisation des lebendigen Organismus Volk. Die Staatsauffassung des Nationalsozialismus ist die Idee der völkisch-politischen Volksgemeinschaft. Der die Geschichte durchziehende Gegensatz zwischen Staatsidee und Staatsziel einerseits und Nation und Volkstum andererseits ist überwunden, die Zerreißung von Volk und Staat, aus der in der Vergangenheit dem deutschen Volk schwere Schäden erwachsen sind, beseitigt. Das Verhältnis von Nation und Staat begreifen wir heute als das von Inhalt und Form, von Zweck und Mittel. Der Staat ist das Mittel der Volkssicherung. „Sein Zweck liegt in der Erhaltung und Förderung einer Gemeinschaft physisch und seelisch gleichgearteter Lebewesen. Diese Erhaltung selber umfaßt erstlich den rassemäßigen Bestand und gestattet dadurch die freie Entwicklung aller in dieser Rasse schlummernden Kräfte" (Der Führer in „Mein Kampf" S. 433).

Die äußere Rechtsgestalt, in der die geordnete Gemeinschaft der Deutschen nach außen in Erscheinung tritt, ist das Reich. Es ist der Rechtsbegriff der deutschen politischen Einheit. Es hat mithin eine tiefe staatsrechtliche Bedeutung, wenn wir vom Dritten Reich sprechen. Dieses Dritte Reich ist die Gestaltwerdung der deutschen Volksidee. Es ist deshalb nicht als besonderer Organismus, als abstrakte Staatsperson über dem Volke zu begreifen, sondern es ist und soll immer mehr die mit den Lebensgesetzen des Organismus Volk übereinstimmende politisch-völkische Organisation werden. Das Reich ist die politisch geformte und rechtlich geordnete Volksgemeinschaft im deutschen Raum. Wir sehen also das Reich nicht mehr als selbstgenügsamen in und für sich bestehenden abstrakten Staat, sondern für uns ist das Reich die Gemeinschaftsordnung des völkischen Gesamtlebens, die höchste organisatorische Erscheinungsform der blutgebundenen Gemeinschaft des Volkes, die alle Gliederungen und Funktionen des Volkes zur handlungsfähigen Einheit, zur öffentlichen Macht zusammenfaßt. Der Reichsorganisation als solcher kann kein Eigenleben und Selbstzweck mehr zuerkannt werden, wie dies beim individualistischen Staatsbegriff der Fall ist. Wenn aber der Staat – nicht die Staatsapparatur, sondern der Staat im völkischen Sinne – sich von der Nation herleitet, wenn er die Organisation des lebendigen Organismus Volk ist, so ist damit auch klar zum Ausdruck gebracht, daß der Staat nichts Bedeutungsloses ist. Das Volk braucht seine wesensgemäße organisatorische Gestaltung und der organisatorische Rahmen seinen Inhalt, wenn nicht das Volk gestaltlose Masse und das Reich starre, tote Form sein sollen. Die Verneinung der abstrakten Staatsperson schließt jedoch nicht aus, daß das Reich als politisch-völkische Organisation des Volkes Träger von Rechten und Pflichten ist, d. h. daß das Reich im Rechtsverkehr rechtsfähig ist. Träger dieser Rechtsfähigkeit ist nun nicht mehr die abstrakte Rechtsfigur Staat, sondern die Gemeinschaft des Volkes in ihrer politisch geformten und rechtlich geordneten Gestalt.

Aus dieser Auffassung von Volk und Reich bestimmt sich auch das Verhältnis des einzelnen zur Gesamtheit. Wie schon hervorgehoben, stellte die liberalistische Staatsauffassung das Individuum und die Gesellschaft in einen Gegensatz zum Staat, indem sie der Staatsgewalt gegenüber das Recht des einzelnen auf möglichst ungehemmte Betätigung betonte und Vorsorge treffen zu müssen glaubte, den Staatsbürger von den Fesseln einer übermächtigen Staatsgewalt zu befreien und seine persönliche Rechtssphäre gegen staatliche Eingriffe zu schützen. Der einzelne war nicht Gemeinschaftsglied, sondern Gegenspieler des Staates. Das Verhältnis der Einzelperson zum Staat war von der Person aus bestimmt und begünstigte die Stellung des einzelnen zum Nachteil der Gesamtheit. Nach nationalsozialistischer Anschauung sind dagegen nicht einzelne Menschen, sondern Rassen, Völker und Nationen die tatsächlichen Gegebenheiten der gottgewollten Ordnung dieser Welt. Der einzelne ist in seinem Volkstum schicksalhaft verwurzelt. Die Gemeinschaft des Volkes ist der erste Wert im Leben der Gesamtheit wie des einzelnen. Der Einzelmensch ist nur denkbar als Glied von Gemeinschaften, denen er artgleich ist, und von denen er sein körperliches Wesen und seine geistige Veranlagung ererbte (Familie, Volkstum). Für den Nationalsozialismus gibt es keine abgekapselte gemeinschaftsfreie Individualsphäre mehr, die peinlich vor jedem Eindringen des Staates zu bewahren wäre. Die Bewährung der sittlichen Persönlichkeit ist nur in der Gemeinschaft möglich. Jede Arbeit des täglichen Lebens ist nur als Dienst am Ganzen sinn- und wertvoll. Das bedeutet, die

Entfaltung des eigenen Lebens zu seinen höchsten Möglichkeiten kann nur als dienendes Glied in der völkischen Gemeinschaft erfolgen. In der Rechtsordnung bestimmt sich daher auch die Stellung des einzelnen nicht mehr von der Einzelperson, sondern von der Gemeinschaft aus. Bei dem Abwägen der öffentlichen Interessen gegenüber denjenigen des einzelnen Privaten steht nicht im Mittelpunkt der Betrachtung, was der Einzelmensch zur freien Entfaltung seiner Kräfte, zur möglichst ungehinderten Erreichung seiner persönlichen Ziele, seines Strebens nach persönlichem Erwerb und Besitz braucht, und wieviel er von diesem seinem eigenen Bereich notfalls zugunsten der Gesamtheit aufgeben kann. Aus der Idee der höchsten Verantwortlichkeit gegenüber Volk und Reich ergibt sich für den Nationalsozialismus vielmehr die Fragestellung, welchen Umfang von Rechten billigt die Gemeinschaft dem einzelnen zu? Damit wird eine klare Rangordnung zwischen den Belangen der Gesamtheit und dem berechtigten Streben des einzelnen geschaffen. Sie bedeutet nicht die Verneinung staatsbürgerlicher Rechte des einzelnen, sondern seine Einordnung in eine auf sozialer Gerechtigkeit und Ehre aufgebaute Volksordnung. Er wird als kleinste Einheit der Nation gewertet und als Teil des Ganzen um des Ganzen willen geschützt. Die staatsbürgerlichen Rechte und Pflichten sind jedoch nicht Ausfluß der grundsätzlich unbeschränkten Persönlichkeit des Einzelindividuums und von Rechtsbeziehungen zwischen ihm und der Staatspersönlichkeit, sondern sie sind Auswirkungen der Gliedschaftsstellung des einzelnen in der Gemeinschaft. In sein Volk wird der einzelne Mensch als Glied hineingeboren. Diese Gliedschaft erzeugt für ihn Rechte und Pflichten gegenüber dem Volksganzen und den anderen Gliedern. Recht und Pflicht des einzelnen bedürfen daher zu ihrer Entstehung nicht der Konstruktion von zweiseitigen Rechtsverhältnissen zwischen Einzelperson und Staatsperson, sondern sie erwachsen unmittelbar aus der Gliedschaft und Eingliederung des einzelnen in die Gemeinschaft.

Die Reichsbürgerschaft, die Gesamtheit der Reichsbürger, ist das Volk in seiner politischen Gestaltung und Formung. Der Erwerb des Reichsbürgerrechts setzt den staatsangehörigen Volksgenossen in den Vollbesitz der aus seiner Volkszugehörigkeit fließenden Rechte und Pflichten. Das Reichsbürgerrecht gliedert den Staatsangehörigen deutschen oder artverwandten Blutes als Vollgenossen in die Volksgemeinschaft ein. Diese Eingliederung erzeugt die vollen politischen Rechte und Pflichten.

Das Reichsbürgergesetz verwirklicht die völkische Ordnung des deutschen Volkes auf der politischen Ebene. Es ist damit zum sichernden und tragenden Fundament der gesamten politischen Volksordnung des Dritten Reiches geworden. Kein nach der nationalsozialistischen Revolution erlassenes Gesetz ist eine so vollkommene Abkehr von der Geisteshaltung und der Staatsauffassung des vergangenen Jahrhunderts wie das Reichsbürgergesetz. Den Lehren von der Gleichheit aller Menschen und von der grundsätzlich unbeschränkten Freiheit des einzelnen gegenüber dem Staate setzt der Nationalsozialismus hier die harten, aber notwendigen Erkenntnisse von der naturgesetzlichen Ungleichheit und Verschiedenartigkeit der Menschen entgegen. Aus der Verschiedenartigkeit der Rassen, Völker und Menschen folgen zwangsläufig Unterscheidungen in den Rechten und Pflichten der einzelnen. Diese auf dem Leben und den unabänderlichen Naturgesetzen beruhende Verschiedenheit führt das Reichsbürgergesetz in der politischen Grundordnung des deutschen Volkes durch. Es unterscheidet daher zwischen Staatsangehörigen und Reichsbürgern. Staatsangehöriger ist nach § 1 des Gesetzes, wer dem Schutzverband des Deutschen Reiches angehört und ihm dafür besonders verpflichtet ist. Reichsbürger dagegen ist nur der Staatsangehörige deutschen oder artverwandten Blutes, der durch sein Verhalten beweist, daß er gewillt und geeignet ist, in Treue dem deutschen Volk und Reich zu dienen. Der Aufbau der völkischen Lebens- und Volksordnung und des darauf beruhenden Führerstaates erfordert die Trennung zwischen Staatsangehörigkeit als äußerer Abgrenzung gegenüber dem Ausländer und Staatenlosen und dem innerpolitischen Reichsbürgerrecht als der Befähigung der Ausübung der staatsbürgerlichen Pflichten und Rechte. Liberalem Rechtsdenken war es fremd, die Ausübung der politischen Rechte und Pflichten an die völkische Zugehörigkeit des einzelnen zu knüpfen. Aus der nationalsozialistischen Staatsauffassung folgt, daß der nationalsozialistische Staat dagegen als völkischer Staat die Ausübung der Staatsbürgerrechte von der Volkszugehörigkeit abhängig machen muß. Was deutsch ist und was dem deutschen Volk und Reich nützt oder schadet, kann nur der Blutsverwandte empfinden, wissen und daher auch bestimmen. Neben der Staatsangehörigkeit ist daher die Zugehörigkeit oder Artverwandtschaft mit dem deutschen Volk Voraussetzung für das Reichsbürgerrecht.

Damit verwirklicht das Reichsbürgerrecht eine grundsätzliche Forderung des nationalsozialistischen Parteiprogramms:

Staatsbürger kann nur sein, wer Volksgenosse ist. Volksgenosse kann nur sein, wer deutschen Blutes ist, ohne Rücksicht auf Konfession. Kein Jude kann daher Volksgenosse sein. Wer nicht Staatsbürger ist, soll nur als Gast in Deutschland leben können und muß unter der Fremdengesetzgebung stehen. Das Recht, über Führung und Gesetze des Staates zu bestimmen, darf nur dem Staatsbürger zustehen. Daher fordern wir, daß jedes öffentliche Amt, gleichgültig welcher Art, gleich ob im Reich, Land oder Gemeinde, nur durch Staatsbürger bekleidet werden darf.

Das Reichsbürgergesetz hebt den Träger deutschen oder artverwandten Blutes aus den übrigen Staatsangehörigen heraus, indem es ihn allein befähigt, Reichsbürger zu werden. Personen artfremden Blutes, insbesondere also die Juden, sind damit ohne weiteres vom Erwerb des Reichsbürgerrechts ausgeschlossen.

Aber auch dem Staatsangehörigen deutschen oder artverwandten Blutes fällt das Reichsbürgerrecht nicht ohne weiteres zu. Das Reichsbürgergesetz verlangt vielmehr bei ihm den Willen und die Eignung, in Treue dem deutschen Volk und Reich zu dienen. Beides muß er vor der Verleihung des Reichsbürgerrechts durch sein Verhalten bewiesen haben.

Die subjektive Voraussetzung des Reichsbürgerrechts, nämlich der Wille, dem deutschen Volk und Reich zu dienen, wird grundsätzlich bis zum Beweise des Ge-

genteils als vorliegend angenommen werden können. Denn das Reichsbürgergesetz bezweckt keineswegs, die Ausübung der politischen Rechte auf einen kleinen Bruchteil des deutschen Volkes zu beschränken und alle übrigen Volksgenossen davon auszuschließen. Es ist aber Sinn und Zweck der Reichsbürgergesetzgebung, die Staatsbürgerrechte nicht wahllos jedem Angehörigen des Staatsverbandes mit der Erreichung eines bestimmten Alters zufallen zu lassen, sondern sie ihm nach Prüfung seiner Würdigkeit durch einen staatlichen Hoheitsakt, die Verleihung des Reichsbürgerbriefes, zu erteilen. Das Reichsbürgerrecht wird demgemäß dem weitaus größten Teil aller Staatsangehörigen bei der Erreichung eines bestimmten Lebensalters verliehen werden. Andererseits ermöglicht aber die Versagung oder Entziehung des Reichsbürgerrechts, die Ungeeigneten von der politischen Mitbestimmung auszuschließen. Schwere Verbrechen, staatsfeindliche Betätigung, Verletzung der staatsbürgerlichen Pflichten, wie z. B. Nichterfüllung der Wehrpflicht, Wehrunwürdigkeit, Aberkennung der Fähigkeit zur Bekleidung öffentlicher Ämter, Berufsunwürdigkeit werden den Staatsangehörigen vom Reichsbürgerrecht ausschließen.

... Die Eignung eines Angehörigen einer Minderheit zum Dienst am Deutschen Reich liegt daher dann vor, wenn er ohne Preisgabe seiner Volksgruppenzugehörigkeit in Treue zum Reich seine staatsbürgerlichen Pflichten, wie Wehrdienst usw., erfüllt. Die Reichsbürgerschaft steht mithin den in Deutschland lebenden artverwandten Volksgruppen, wie Polen, Dänen usw., offen.

Anders verhält es sich mit art- und blutsfremden Staatsangehörigen. Diese erfüllen die blutmäßige Voraussetzung für das Reichsbürgerrecht nicht. Rassefremdheit kennzeichnet insbesondere das Judentum, das einen Fremdkörper in allen europäischen Völkern bildet. Bei Juden kann deshalb auch die Eignung zum Dienst am Volk und Reich nicht anerkannt werden. Ihnen muß daher die Reichsbürgerschaft versagt bleiben.

Der Reichsbürger ist der alleinige Träger der politischen Rechte nach Maßgabe der Gesetze. Nur er kann zum Reichstag wählen oder gewählt werden, sich an Volksabstimmungen beteiligen, Ehrenämter im Staat und in der Gemeinde ausüben und zum Berufs- oder Ehrenbeamten ernannt werden. Kein Jude kann daher in Zukunft ein solches öffentliches Amt ausüben.

Da der Verleihung des Reichsbürgerrechts infolge ihrer Tragweite für die Nation wie für den einzelnen hervorragende Bedeutung zukommt, kann sie nur mit größter Sorgfalt und nur durch die hierfür geeigneten Stellen der Reichs- und Parteiführung vorgenommen werden. Der Reichsbürgerbrief wird somit, dem Willen des Führers entsprechend, die wertvollste Urkunde sein, die die Nation zu vergeben hat und die ein Deutscher in seinem Leben erwerben kann. Dabei ist es selbstverständlich, daß das Reichsbürgerrecht wieder entzogen werden kann, wenn seine Voraussetzungen, insbesondere das eines Reichsbürgers würdige Verhalten, in Wegfall kommen.

Der deutsche Staatsangehörige erwirbt das Reichsbürgerrecht nicht ohne weiteres durch seine Abstammung oder durch seine Betätigung für das deutsche Volk, sondern nach individueller Prüfung seiner Würdigkeit durch einen staatlichen

Hoheitsakt, durch die Erteilung des Reichsbürgerbriefes. Die danach notwendige ständige Überprüfung der deutschen Nation wird zur Ausscheidung aller für die Fortentwicklung des deutschen Volkes und Reiches ungeeigneten Elemente aus dem politischen Leben führen und damit für alle Zukunft das Schicksal der deutschen Nation in die Hände der Träger guter deutscher Erbmasse und deutschen Geistes legen.

Neben den Reichsbürgern als den politisch allein vollberechtigten Volksgenossen bilden die Staatsangehörigen den weiteren Kreis. Das Reichsbürgergesetz ändert zunächst die Grundsätze des Erwerbs und des Verlusts der Staatsangehörigkeit nicht, wie sie sich auf der Grundlage des Reichs- und Staatsangehörigkeitsgesetzes vom 22. Juli 1913, seit der nationalsozialistischen Revolution durch das Gesetz zur Änderung des Reichs- und Staatsangehörigkeitsgesetzes vom 15. Mai 1935 und durch die in Ausführung des Neuaufbaugesetzes ergangene Verordnung über die deutsche Staatsangehörigkeit vom 5. Februar 1934 entwickelt haben. Inhalt und Wesen der Staatsangehörigkeit hat das Reichsbürgergesetz dagegen tiefgehend umgestaltet. Der Begriff des Staatsangehörigen war bisher nicht gesetzlich festgelegt, seine Bestimmung vielmehr der Rechtswissenschaft überlassen. Das Reichsbürgergesetz gibt nunmehr eine Legaldefinition. Materieller Inhalt der Staatsangehörigkeit ist danach die Zugehörigkeit zum Schutzverband des Deutschen Reiches, d. h. das Recht auf Schutz des Deutschen Reiches. Mit diesem Recht sind unlöslich verbunden die Pflichten des Staatsangehörigen gegenüber dem Reich. Die Staatsangehörigkeit hat innen- und außenpolitische Bedeutung. In ihrer völkerrechtlichen Beziehung ist sie das Unterscheidungsmerkmal gegenüber dem Ausländer, d. h. demjenigen, der eine fremde Staatsangehörigkeit besitzt oder staatenlos ist. Innenpolitisch ist sie eine Schutzverbandsgenossenschaft aller dem Staatsverband Angehörigen. Diese Schutzverbandsgenossenschaft umfaßt in erster Linie die Reichsbürger, darüberhinaus aber auch die übrigen Volksgenossen, die entweder wegen Jugendlichkeit noch nicht Reichsbürger sind, oder denen das Reichsbürgerrecht versagt oder wieder entzogen worden ist, und schließlich die artfremden Staatsangehörigen. Der Besitz der Staatsangehörigkeit begründet die rechtliche Stellung des Staatsangehörigen als Schutzverbandsgenosse im staatlichen Schutzverband. Es ist dies kein zweiseitiges Rechtsverhältnis Staat – Einzelperson, vielmehr erzeugt die Rechtsstellung des Staatsangehörigen im Schutzverband Rechtsbeziehungen in den verschiedensten Richtungen. Aus dieser Eingliederung in den Schutzverband erwachsen die öffentlichen Rechte und Pflichten des Staatsangehörigen.

Durch die Trennung des Besitzes der Staatsangehörigkeit und des Erwerbs der Staatsbürgerrechte durch die Verleihung des Reichsbürgerrechts hat die Staatsangehörigkeit ihren politischen Inhalt verloren. Die bisher mit der Staatsangehörigkeit verknüpften politischen Befugnisse sind weggefallen. Der Staatsangehörige hat als solcher keine politischen Rechte mehr. Im übrigen kann er alle der Öffentlichkeit dienenden Einrichtungen im Rahmen der hierfür geltenden Bestimmungen benutzen; er darf, soweit nicht gesetzliche Einschränkungen vorliegen, sich wirtschaftlich betätigen und genießt den Schutz durch die staatlichen Organe.

Umgekehrt ist er verpflichtet, alle öffentlichen Lasten mitzutragen und sich notfalls auch mit allem, was er besitzt, für den Bestand des Staates einzusetzen. Staatspolitische Rechte besitzt er jedoch nicht. Der Besitz der Staatsangehörigkeit gibt keinen Anspruch auf den Erwerb des Reichsbürgerrechts.

Im Unterschied zum Reichsbürgerrecht ist die Staatsangehörigkeit unabhängig von der blutmäßigen Zugehörigkeit. Demgemäß werden auch weiterhin Fremdrassige die deutsche Staatsangehörigkeit erwerben können, wenn sie die im übrigen an ihre Gesamtpersönlichkeit zu stellenden Anforderungen erfüllen. Allerdings besteht seit dem Gesetz vom 15. Mai 1935 kein Anspruch auf Einbürgerung mehr, vielmehr hängt die Verleihung der deutschen Staatsangehörigkeit von der auf dem pflichtmäßigen Ermessen und der Gesamtbeurteilung der einzubürgernden Persönlichkeit beruhenden Entscheidung der Einbürgerungsbehörden ab. Im Zuge der Neuordnung wird eine Neuregelung des Erwerbs und des Verlusts der Staatsangehörigkeit erfolgen müssen, und zwar im Ausbau des bereits im Gesetz vom 15. Mai 1935 zum Durchbruch gelangten Gedankens, daß die deutsche Staatsangehörigkeit in keinem Fall mehr nach freiem Belieben erworben, verloren und gewechselt werden kann.

Wilhelm Stuckart/Hans Globke,, *Kommentare zur deutschen Rassengesetzgebung.* München und Berlin 1936. S. 20–26, 28–30.

Reichsbürgergesetz

Der Reichstag hat einstimmig das folgende Gesetz beschlossen, das hiermit verkündet wird:

§ 1

(1) Staatsangehöriger ist, wer dem Schutzverband des Deutschen Reiches angehört und ihm dafür besonders verpflichtet ist.

(2) Die Staatsangehörigkeit wird nach den Vorschriften des Reichs- und Staatsangehörigkeitsgesetzes erworben.

§ 2

(1) Reichsbürger ist nur der Staatsangehörige deutschen oder artverwandten Blutes, der durch sein Verhalten beweist, daß er gewillt und geeignet ist, in Treue dem Deutschen Volk und Reich zu dienen.

(2) Das Reichsbürgerrecht wird durch Verleihung des Reichsbürgerbriefes erworben.

(3) Der Reichsbürger ist der alleinige Träger der vollen politischen Rechte nach Maßgabe der Gesetze.

§ 3

Der Reichsminister des Innern erläßt im Einvernehmen mit dem Stellvertreter des Führers die zur Durchführung und Ergänzung des Gesetzes erforderlichen Rechts- und Verwaltungsvorschriften.

Nürnberg, den 15. September 1935, am Reichsparteitag der Freiheit.
Der Führer und Reichskanzler Adolf Hitler
Der Reichsminister des Innern Frick

Wilhelm Stuckart/Hans Globke, *Kommentare zur deutschen Rassengesetzgebung.* München und Berlin 1936. S. 31.

Walther Buch

Der Jude steht außerhalb des Gesetzes

Der Jude ist kein Mensch. Er ist eine Fäulniserscheinung. Wie sich der Spaltpilz erst im faulenden Holz einnistet und sein Gewebe zerstört, so konnte sich der Jude erst im deutschen Volk einschleichen und Unheil anrichten, als es geschwächt durch den Blutverlust des 30jährigen Krieges innerlich zu faulen begann und seine Schwären begierig den Einflüssen der französischen Revolution dargeboten hatte.

Aus einem Artikel des obersten Parteirichters Walther Buch über die deutsche Ehre. In: *Deutsche Justiz,* 21. 10. 1938 (Ausschnittarchiv der Wiener Library, London).

Roland Freisler

Der deutsche Beamte als Glied des Volkes

Seitdem der Kalender, der die Beamten der Justizverwaltung durch das Jahr 1937 begleitete, erschien, hat die Stellung der Beamten im neuen Reich eine grundlegende Festigung erfahren: Mit dem Deutschen Beamtengesetz vom 26. Januar 1937 ist eine Entwicklung abgeschlossen, die von der nationalsozialistischen Staatsführung im Jahre 1933 zielbewußt eingeleitet worden ist. Verfehlt wäre es, Abträgliches über die Beamtenschaft als solche zu sagen, die im Weimarer Zwischenreich ihren Dienst versah. Denn ebenso gerecht wie die Brandmarkung ist, die jene Fälle korrupter und undeutscher Gesinnung einzelner Treuhänder öffentlicher Aufgaben gefunden haben, muß auch anerkannt werden, daß der überwiegende Teil der Beamtenschaft von der Unmoral eines innerlich richtungslosen Systems Abstand gesucht und gefunden hat. Es wird ein nicht welkendes Ruhmesblatt für die Schöpfer des preußischen Beamtentums sein, daß sich das dem deutschen Beamtentum ins Blut geimpfte Wesen aufopfernder Pflichterfüllung im Dienst für Volk und Staat auch in dem vernichtenden Sturm der Vaterlandslosigkeit und Zwietracht, der 15 Jahre Deutschland heimsuchte, in seinem Kerne behauptet hat.

Doch eine Folge hat jener äußere Sturm gehabt: Dem gefährlichen, mitunter gewaltsamen Einfluß demokratisch-marxistischer Herrschaft konnte der deutschbewußte Beamte häufig mit Erfolg nur dadurch Widerstand leisten, daß er sich mit Starrheit an den Formalismus bürokratischer Arbeitsweise klammerte. Viele

Beispiele könnten dafür genannt werden, wie auch in der Justizverwaltung und Rechtsprechung häufig die von oben gewollte Durchsetzung marxistischer Geistesauffassung an der peinlichen Benutzung und Ausnutzung von Paragraphen scheiterte. So wurde vielerorts der deutsche Beamte zu einer formalen Denkungsweise genötigt und erzogen; einer Denkungsweise, die in dem Augenblick, in dem die nationalsozialistische Revolution dem marxistischen Spuk ein Ende bereitete, nicht mehr am Platze war.

Der Nationalsozialismus verlangt als eine aus Leben geborene und Leben schaffende Bewegung Abkehr von formaler Starrheit des Denkens und Handelns und erwartet von jedem seiner Träger und Sachwalter lebende Dynamik der Einstellung. Diese Dynamik hat in der neuerschlossenen Seele des Volkes zu wurzeln. War es nur eine natürliche Folge der Machtübernahme, daß durch das Berufsbeamtengesetz vom April 1933 rassisch und geistig feindliche Elemente aus der Beamtenschaft ausgemerzt wurden, so ergab sich darüberhinaus aus dem Gesetz gewordenen Gedanken der Einheit von Partei und Staat die weitere und innige Verankerung des Berufsbeamtentums in der Gefolgschaft zum Führer und in der Gesamtheit des Volkes.

So führte der Nationalsozialismus auch hier seinen Kampf, der als Kampf gegen Bürokratie und gegen Paragraphen landläufig zum Schlagwort im guten und im bösen Sinne geworden ist; – im guten Sinne, weil sich in ihm der gesunde Instinkt gegenüber allem Lebensfernen, allem Toten, allem Verstaubten ausdrückt; – im bösen dort, wo sich etwa hier und da diejenigen seiner Flagge mißbräuchlich bemächtigen, die auf ihrem Nachen als Konterbande eigensüchtiges Interesse an Unordnung geladen haben.

Bürokratie gibt es nicht nur im Büro und im Berufszweig der Beamtenschaft. Bürokratie ist in allen Lebensgebieten zu finden. Bürokrat ist nicht nur der Mann hinter dem Schreibtisch, der vor lauter Vorschriften nicht den Zweck seines Daseins erkennt. Bürokratisch handelt vielmehr jeder, der mit dem Blick nur auf die eigenen Zehenspitzen durchs Leben geht; sei es der Bauherr, der über allen Berechnungen die große Linie seines Vorhabens vernachlässigt; sei es der Kaufmann, der wohl mit Zahlen, aber nicht mit der Ware, die Gegenstand seines Unternehmens ist, umzugehen versteht; sei es der Soldat, der im entscheidenden ernsten Augenblick sich nur an die Dienstvorschrift klammert, ohne den Entschluß zu eigenem verantwortlichen Handeln aufzubringen. Bürokratie ist also eine Krankheit, die aus dem Allgemein-Menschlichen erwächst. Besten Nährboden allerdings findet sie in der Luft des Schreibzimmers und hier wie überall muß sie bekämpft werden. Weil sie aus einer Grundeinstellung erwächst, muß ihr auch mit Erneuerung der Grundeinstellung zu Leibe gegangen werden; d. h. ihre Bekämpfung ist engstens verbunden mit der Forderung nach nationalem und sozialistischem Bekenntnis jedes einzelnen Beamten.

Hier ruht der Angelpunkt des Deutschen Beamtengesetzes. Schon äußerlich tritt dies darin zutage, daß das Gesetz vom Januar 1937 entgegen dem Aufbau früherer Beamtengesetze nicht mit den Formalien der Begründung eines Beamtenverhältnisses beginnt, sondern daß nach kurzer Festlegung der begrifflichen

Merkmale des Beamtentums überhaupt der Grundsatz an die Spitze gestellt ist: Wer Beamter werden und sein will, muß sich zu restloser Bejahung der ihm durch den nationalsozialistischen Staat auferlegten Pflichten bekennen. Erst aus der zutiefst vorhandenen Durchdrungenheit von dem geistigen Kern der Bewegung kann die unlösliche Verbundenheit mit dem Führer erwachsen, die der Beamte durch den Eid auf die Person des Führers feierlich bekräftigt. Aus dieser Verbundenheit erwächst die Verwurzelung des Beamten im Volk, dessen Teil und Glied er ist.

Kalender für Reichsjustizbeamte. Berlin 1938. S. 17–19.

Arbeiter und Kaufleute

Die Volksgemeinschaft der Nationalsozialisten sollte eine ewige Einheit bilden, und alle ihre Mitglieder sollten nach Status, wenn nicht sogar nach ihrer Aufgabe gleich sein. Eine Hierarchie mußte zwar bestehen, aber darin sollte der Platz des Einzelnen vom Dienst vom Volk bestimmt sein, und wenn auch in dieser Volksgemeinschaft der eine Arbeitgeber und der andere Arbeiter sein konnte, so sollten doch beide theoretisch statusgleich sein, insofern sie durch eine gemeinsame Ideologie und Zwecksetzung verbunden waren. Aus der Statistik der Parteimitglieder geht klar hervor, daß dieses Konzept keine große Anziehungskraft auf die deutsche Arbeiterklasse ausgeübt hat; anziehend war es stattdessen für die wirtschaftlich absteigenden und an Status verlierenden Gruppen. Aufgrund der starken sozialistischen Tradition unter der deutschen Arbeiterklasse hatten es die Nationalsozialisten schwer, Arbeiter für sich zu gewinnen, wenn auch ein unbeträchtlicher Teil des „Proletariats" in die Partei eintrat. Bald nach der Machtergreifung wurde die „Deutsche Arbeitsfront" gegründet, die an die Stelle der herkömmlichen Gewerkschaften treten sollte. Tatsächlich zwang man seit dem Sommer 1934 alle Lohnabhängigen, Mitglied in der „Arbeitsfront" zu werden, deren Organisation den verschiedenen Gewerbezweigen entsprach.

Der Führer der „Deutschen Arbeitsfront", Robert Ley (1890–1945), begann eine Institution aufzubauen, die sich nicht nur um die Organisation und die sozialen Probleme der Lohnarbeiter kümmerte, sondern ihnen auch die „richtige" Einstellung zur nationalsozialistischen Weltanschauung vermitteln wollte. Ihrem Selbstverständnis nach war die Deutsche Arbeitsfront in erster Linie eine politische, und keine wirtschaftliche Organisation.[1] Die Partei und die alle vereinnahmende Arbeiterorganisation waren identisch: die Auffassung von Politik als totale Kultur, die schon mehrfach hervorgehoben worden ist, herrscht auch in diesem Bereich vor. Die Lohnabhängigen konnten dem Netz der Arbeits-Front nicht entkommen; sie hatte die Kontrolle über Einstellung und Entlassung, Lohn und Versicherung und die Unterstützung der älteren und arbeitsunfähigen Arbeiter. Der „Sozialismus" in der Parteibezeichnung fand seinen direkten Ausdruck in einem Paternalismus, der die Klassenwidersprüche zugunsten der Volksgemeinschaft aufheben sollte. Das Wesen dieses Paternalismus äußerte sich in der „Kraft-durch-Freude"-Bewegung, die 1933 als eigenständige Organisation gegründet, aber schon ein Jahr später in die Arbeitsfront eingegliedert wurde.

Der „Kraft-durch-Freude" Bewegung lag die Idee zugrunde, daß sich die Arbeiter in ihrer Freizeit weiterbilden sollten; Gruppenreisen, Theater- und Opernbesuche, Vorträge und Sportveranstaltungen standen dabei auf dem Programm. 1934 machten etwa neun Millionen Arbeiter von diesem Angebot Gebrauch; 1939 waren es 55 Millionen. Die „Kraft-durch-Freude" Bewegung hatte zur Folge, daß die Arbeitsfront eigene Unternehmen aufbaute; dazu gehörten Passagierdampfer und das Volkswagenwerk, wo die Entwicklung eines „Arbeiterautos" vorangetrieben wurde. Aber auch hier war die nationalsozialistische Ideologie vorherrschend; eine der wichtigsten Abteilungen dieser Bewegung befaßte sich mit der Aufgabe, die Arbeiter mit der Weltanschauung der Nationalsozialisten zu indoktrinieren. Die Darstellung des „idealen nationalsozialistischen Geistes" im Betrieb aus dem Jahr 1938 macht deutlich, wie diese Erziehungsbemühungen in der Arbeitswelt aussahen. Als leuchtendes Beispiel diente dabei der „Jugendarbeitsdienst", zu dem die aus jedem Betrieb ausgewählten „Nazi-Kämpfer" gehörten, die in jeder „Betriebszelle" eine Elite bildeten.

Da man den Wettbewerb als Grundlage effizienter Wirtschaftsorganisation ansah, unterstützte die Arbeitsfront Wettbewerbe unter den Arbeitern. Das Dokument „Vom Ringen um die Durchsetzung des deutschen Sozialismus" (s. Seite 356f.) beschreibt einen derartigen Wettbewerb zwischen Elite-Arbeitern aus verschiedenen Gewerbezweigen und Betrieben, zwischen denen also, die die blauen Hemden trugen, die Uniform der *Werkscharen*. Nach der nationalsozialistischen Terminologie bedeutete Sozialismus Leistungswettbewerb im Dienst am Volk, und nicht etwa zugunsten einer angeblichen Klassengleichheit des Proletariats, wie bei den Marxisten. Von 1934 an unterstützte die „Deutsche Arbeitsfront" die „Reichsberufswettkämpfe", die auf lokaler Ebene begannen, wo die Teilnehmer „Zeugnis deutscher Werkmannsarbeit" ablegten, und auf Reichsebene endeten; hier war der Siegespreis eine Audienz beim Führer und berufliche Weiterbildung auf Staatskosten.

Militärische Formen und militärischer Geist sollten vorherrschen, und die militärische Sprache wurde von der Arbeitsfront übernommen, um größtmögliche Leistungen zu erzielen. Tatsächlich wird hier der Ausdruck „Front" als direkter Appell an die Schützengrabenmentalität verwendet. Bezeichnenderweise war dieser Wettbewerb nicht nur auf Produktionserhöhung und bessere Qualität der Produkte begrenzt, sondern schloß auch die Überprüfung des ideologischen Wissens der Arbeiter ein. Die Arbeits-Front sollte einen „neuen Typ von Arbeiter" schaffen, der in keiner Weise mehr dem klassenbewußten Arbeiter früherer Jahre glich: dies war das Bild des Arbeiters, der die Schulbank drückt und von der Erziehungsabteilung der „Kraft-durch-Freude" Bewegung unterrichtet wird. Aber alte Gewohnheiten lassen sich nur schwer ausmerzen, wie die Verurteilung von „Bummelschichten" und unverschuldetem Fehlen durch den „Reichstreuhänder der Arbeit" (1938) beweist (s. Seite 357f.). Dieser „Reichstreuhänder" war für die Produktionserhöhung, die der Vier-Jahresplan notwendig machte, verantwortlich. Der eigentliche Zweck dieses Plans bestand darin, die militärische Macht Deutschlands zu stärken. In diesem Zusammenhang bedeutet „Bummelschicht" allerdings mehr als nur fehlende Arbeitsmoral; der Hauptgrund für diese Verordnung war die Angst der Führung vor Streiks. Das Streikrecht hatte man unmittelbar nach der Auflösung der Gewerkschaften und der Gründung der Arbeits-Front aufgehoben. Dennoch gab es im Dritten Reich wilde Streiks, über die allerdings nichts an die Öffentlichkeit drang.

Wie man die Arbeiter in Zucht hielt und welche Art von Disziplinierung man tatsächlich anwendete, zeigt die offizielle Warnung „Betriebsführer, so darf es nicht sein!", in der die Betriebsführer angehalten werden, die Rechte der Arbeiter zu respektieren. Mit den „Grenzbefestigungen", die in diesem Dokument erwähnt werden, ist der Westwall gemeint, der gegen Frankreich gerichtet war. Die Arbeits-Front stellte Hunderttausende von Arbeitern bereit, die zum Bau dieses Grenzwalls benötigt wurden. Der im Vier-Jahresplan vorgesehene Lohnstopp betraf alle Lohnabhängigen, und nicht nur die im Dokument erwähnten Stenotypistinnen.

„Genosse" Müller (s. Seite 359ff.) repräsentiert den „idealen Typ" des Arbeiters, den urdeutschen Mann. Wie viele andere ist Müller vom internationalen Marxismus geködert worden, der hier in der Person des Flex verkörpert ist. Aber sein durch und durch arisches Wesen rebelliert, als er herausfindet, daß Flex ein Vaterlandsverräter und Werkzeug seiner Auftraggeber ist. Anständigkeit im Kampf gegen die Scheinheiligkeit ist der Kern dieser Geschichte, wie so oft in der nationalsozialistischen Literatur – das deutsche Volk besteht nur aus geraden Kerlen. Walter Dach war ein sehr ergiebiger Autor, der sehr oft im Dienst der „Kraft-durch-Freude" Bewegung schrieb. Hier kaprizierte er sich auf Reiseromane „echter Arbeiter" vom angesprochenen Typ.

Die Gegenleistung, die die Arbeiter dem Dritten Reich zu erbringen hatten, war mehr als nur kulturelle Anpassung (s. Seite 364 ff.). Die Löhne der Arbeiter wurden eingefroren, und die Freizügigkeit der Arbeitswahl wurde scharf eingeschränkt. Es gab aber auch andere finanzielle Opfer, wie eine Überprüfung der nationalsozialistischen Steuerpolitik belegt. Hier macht sich die Ideologie in der Steuerstaffelung bemerkbar. Unverheiratete mußten bedeutend höhere Steuern bezahlen als Personen mit Kindern; es gab steigende Prämien fürs Kinderkriegen. Die „kinderreiche Familie" war nicht nur ein Garant für die Zukunft der Rasse, sondern gleichzeitig ein wichtiger Faktor für Deutschlands militärische Macht. Juden mußten Sondersteuern bezahlen, die einer Konfiszierung entsprechen sollten; sie werden in dem abgedruckten Bericht über die nationalsozialistische Steuerpolitik, der einer führenden demokratischen Schweizer Zeitung entnommen ist, nicht erwähnt.

Man muß den Anstieg der Lebenshaltungskosten in Beziehung zum Lohnstopp für Lohnempfänger und zur Besteuerung setzen. Ganz offensichtlich führten diese Faktoren zu einer Reallohneinbuße für alle außer den Spitzenverdienern. Denn bei allem Gerede von der Gleichheit der Volksgemeinschaft waren nur die Spitzengehälter der Führungskräfte ausreichend, um der immer bedrückender werdenden wirtschaftlichen Situation zu entkommen, in der sich die übrige Bevölkerung befand.

Gerade kleinere Betriebe waren besonders betroffen, was nicht einer gewissen Ironie entbehrt. Schließlich hatten sich die Nationalsozialisten auf dem Weg zur

Macht für die kleineren Betriebe stark gemacht, und die aufgeführte Statistik über die Parteistruktur belegt, daß diese Gruppe auf diesen Programmpunkt der Nationalsozialisten durchaus ansprachen. Während der ersten Jahre des Dritten Reiches kämpften die kleineren Betriebe um die wirtschaftliche Vormachtstellung. Aber in diesem Kampf war die Großindustrie 1936 siegreich, denn wirtschaftlicher Zentralismus war einer der Aspekte des Vier-Jahres-Plans. 1939 wurde die Lage des Einzelhandels aussichtslos, wie der Bericht der äußerst verläßlichen *Neuen Züricher Zeitung* beweist. Wenige Monate vor Kriegsausbruch schlug das SS-Blatt „*Das Schwarze Korps*" in seiner Polemik gegen den Einzelhandel vor, Kaufleute sollten sich nach anderen Berufen umsehen. Zweifellos dachte man dabei an die Rüstungsindustrie, wie die *Neue Züricher Zeitung* bemerkte. Auch die Preisüberwachung diente demselben Zweck, wenn auch die Kaufleute sie zu unterlaufen versuchten. Allerdings wurden Höchstpreisüberschreitungen sofort und drastisch bestraft, wie die Fleischerinnung in Bockum-Hövel (Westfalen) kritisierte. Derartiger geschlossener Widerstand kann als Maßstab für die aussichtslose Lage eines größeren Sektors des Einzelhandels gelten, erfolgte er doch zu einem Zeitpunkt, als das Dritte Reich schon sechs Jahre bestand und das System von Terror und Überwachung voll ausgebildet war.

Die Fleischer verloren den Kampf. Ökonomisch gesprochen waren es die Mittelschichten, die verraten wurden. Und dennoch entwickelte sich keine ernstzunehmende Widerstandsbewegung; Unruhen in den Mittelschichten gab es nur vereinzelt. Auch unter den Arbeitern finden sich keine Belege für Unzufriedenheit größeren Ausmaßes. Natürlich war in späteren Jahren Protest mit immer größeren Gefahren verbunden, und Widerstand hatte eher Inhaftierung als wirtschaftliche Veränderung zur Folge. Auch hier kommt man wieder nicht umhin, die Ergebnisse einer erfolgreichen Indoktrinierung festzustellen. Offensichtlich muß der Glaube an die Ideologie, die der Bevölkerung von allen Seiten eingehämmert wurde, dazu beigetragen haben, die wirtschaftlichen Unzufriedenheit zu kompensieren. Zusätzlich zur unmittelbaren, persönlichen Sicherheit, die viele Menschen in der nationalsozialistischen Ideologie fanden, erfuhren die Arbeiter auch Sicherheit durch den Paternalismus der Arbeitsfront. Die Arbeiter profitierten nicht nur von den wirtschaftlichen Vorteilen dieser Organisation, „Kraft-durch-Freude" eröffnete ihnen auch kulturelle Möglichkeiten, die vorher nur der Mittel- und Oberschicht zugänglich gewesen waren, und erlaubte es ihnen, in ferne und fremde Länder zu reisen. Innerhalb gewisser Grenzen belegt dieses Kapitel jedenfalls den Erfolg der Nationalsozialisten bei dem Versuch, wirtschaftliche Überlegungen der Neuordnung der Gesellschaft unterzuordnen.[2]

G. L. M.

Anmerkungen

1 *Die Deutsche Arbeitsfront. Wesen-Ziel-Wege.* Berlin 1943. S. 8.
2 Ebenda S. 14.

Der Arbeiter – Ideal und Realität

Tabellen über die Berufszugehörigkeit der Parteimitglieder

Vergleich der Sozialgliederung der NSDAP und der Gesellschaft 1930
(in Prozenten)

Berufsgruppe	NSDAP	Gesellschaft	Ges. = 100
Arbeiter	28,1	45,9	61,2
Angestellte	25,6	12,0	213,5
Selbständige	20,7	9,0	230,0
Beamte	8,3	5,1	162,7
Beamte	6,6	4,2	157,1
Lehrer	1,7	0,9	188,8
Bauern	14,0	10,6	132,0
Sonstige (m-Personen)	3,3	17,4	18,9
	100,0	100,0	

Sozialstruktur der NSDAP 1930 und 1933

Berufsgruppe	1930	1933	1930 = 100
Arbeiter	26,3	32,5	108,4
Angestellte	24,4	20,6	85,9
Selbständige	18,9	17,3	91,5
Beamte	7,7	6,5	84,4
Bauern	13,2	12,5	94,7
Sonstige	3,4	3,7	108,9
Rentner	1,9	1,6	84,3
Hausfrauen	3,6	4,1	113,6
Studenten	1,0	1,2	120,0

Wolfgang Schäfer, NSDAP. Entwicklung und Struktur der Staatspartei des Dritten Reiches. Hannover 1956. S. 17,19

Deutscher Sozialismus?

Kein Bedarf an Bildungsphilistern

In Schlesien sahen wir die Werkscharmänner an der Arbeit, sahen ihren Einsatz im Volkstumskampfe, sahen ihre enormen Leistungen im „Zeugnis deutscher Werkmannsarbeit". Wem das nicht ein Begriff sein sollte: Im „Zeugnis deutscher Werkmannsarbeit" beweisen die Werkscharen, daß sie nicht nur politische und kulturelle Aufgaben zu erfüllen gewillt sind, sondern auch rein berufskönnerisch und leistungsmäßig Vorbild sein wollen. Im „Zeugnis deutscher Werkmannsarbeit" zeigen die Werkscharen, daß sie die tausendfältige deutsche Arbeitswelt verkörpern, daß sie überall, wo im Reiche ein Hammer geschwungen wird und ein Maschinenrad sich dreht, das Prinzip der freiwilligen Höchstleistung und des intensivsten Einsatzes vertreten. So schaffen die Werkscharen im „Zeugnis deutscher Werkmannsarbeit" charakteristische Arbeitsstücke ihres Betriebes von hervorragender Qualität. Elektrotechniker zergliederten Telephonkabel auf das anschaulichste, Holzarbeiter legten wundervolle Intarsien, Glasbilder schufen nach uraltem Handarbeitsverfahren schöne Gefäße aus ihrem leuchtenden, durchsichtigen Werkstoffe.

Das sind die Werkscharen im „Zeugnis deutscher Werkmannsarbeit". – Ebenso einsatzbereit aber fanden wir sie bei der Feiergestaltung, beim Katastropheneinsatz oder beim Heimbau. Wo überall die Männer den blauen Rock tragen, fühlen sie sich damit zum letzten Einsatze verpflichtet, greifen sie jede Aufgabe bedingungslos an, setzen sie ihre Ehre darein, der aktivistische Stoßtrupp des Betriebes zu sein.

Nun sind wir bei den Hannoverschen Werkscharmännern. Auch hier das gleiche Bild der Pflichterfüllung, auch hier der Grundsatz der Werkscharen: Tägliche Pflichterfüllung gerade im Arbeitsleben ist oberste Aufgabe jedes Werkscharmannes!

Heiter zu sein, bester Kamerad im Betrieb zu werden, ist das Ziel der Werkscharen. Denn wo sollte sich wohl der Nationalsozialismus des Herzens ehrlicher erweisen als gerade im Betriebe selbst, als mitten zwischen den tausend Nöten und Sorgen unseres Werktages? Groß ist das Geschehen unserer Zeit, und mancher steht in Zweifeln und trägt die Fragen in sich, die von brennender und wesentlichster Bedeutung für ihn sind. Der Werkscharmann will seinen Arbeitskameraden helfen, will ihm den Weg zeigen, will ihm Aufklärung geben nach bestem Wissen und Kräften.

Aus den Ärmeln schütteln kann man das aber nicht – sofern man verantwortungsbewußter Nationalsozialist ist.

„Ihr werdet ein seltsames Bild finden!" hatte uns der Kreiswerkscharführer vorbereitet, und wirklich – es war seltsam anzusehen, als wir das mächtige, backsteinrote Schulgebäude betraten und – erwachsene Menschen die Schulbank drücken sahen. „Die Frauen gehören natürlich nicht zu uns. Auch jene ‚Zivilistenausführung' dort nicht", erklärte der Kreiswerkscharführer. „Dies ist ein allgemeiner

Kursus des ‚Deutschen Volksbildungswerkes', und unsere Männer holen sich hier gründliche Kenntnisse in allen Fragen, denen sie im Betriebe begegnen!" ‚Deutsches Volksbildungswerk'? Das ist doch jenes Amt der NSG (Nationalsozialistische Gemeinde) ‚Kraft durch Freude', das im ganzen Reiche einen riesigen Schulungsapparat errichtet hat!? Ein Amt, das die Aufgabe hat, dem deutschen Schaffenden die Schätze seines Volkes in der Kunst nahezubringen, die elementaren Grundlagen einer guten Allgemeinbildung zu übermitteln und so neben der berufserzieherischen Arbeit des Amtes für ‚Berufserziehung und Betriebsführung der DAF' die größte Bildungsarbeit verrichtet? Arbeit, die dem deutschen Schaffenden eine der vielen Möglichkeiten gibt, seinen sozialen Aufstieg durch eigenes, handfestes, berufliches und allgemeines Wissen zu erarbeiten?"

SA-Geist im Betrieb. Vom Ringen um die Durchsetzung des deutschen Sozialismus. München 1938. S. 152–153.

Die richtige Einstellung zur Arbeit

Generalfeldmarschall Ministerpräsident Göring hat zur Sicherstellung der Durchführung der Reichsverteidigung und des Vierjahresplanes als Beauftragter für den Vierjahresplan die Verordnung über die Lohngestaltung vom 25. 6. 1938 erlassen und damit dem Reichstreuhänder der Arbeit und dem Sondertreuhänder der Arbeit die Befugnis übertragen, alle Maßnahmen zu treffen, die erforderlich sind, um eine Beeinträchtigung der Wehrhaftmachung und der Durchführung des Vierjahresplanes durch die Entwicklung der Löhne und der sonstigen Arbeitsbedingungen zu verhindern.

In einem bedeutenden Industriewerk des Wirtschaftsgebietes Mittelelbe, das im Rahmen des Vierjahresplanes wichtige Aufgaben zu erfüllen hat, ließ die Arbeitsdisziplin dadurch nach, daß ein Teil der Gefolgschaft ohne jede Entschuldigung oder unter nichtigen Vorwänden von der Arbeit fernblieb – sogenannte Bummelschichten machte –. Dadurch wurde die Produktion erheblich gefährdet, so daß ich gezwungen war, von der mir auf Grund der Verordnung vom 25. 6. 1938 übertragenen Befugnis Gebrauch zu machen und durch Anordnung auf Grund der Verordnung vom 25. 6. 1938 für diesen Betrieb die Einhaltung der für den Betrieb bestehenden Arbeitszeit unter gleichzeitiger Androhung der Bestrafung durch die Strafgerichte bei Verstößen gegen diese Anordnung festzulegen. Trotzdem haben nach einiger Zeit einige Gefolgschaftsmitglieder dieses Werkes, die noch nicht die richtige Einstellung zur Arbeit und Pflichterfüllung im nationalsozialistischen Reich zu besitzen scheinen, wiederum die Produktion dadurch gefährdet, daß sie wiederholt unentschuldigt und ohne Erlaubnis von ihrer Arbeitsstätte ferngeblieben sind oder nichtige Gründe für ihr Fehlen angegeben haben. Das Verhalten dieser Gefolgschaftsmitglieder zeugte von einer so großen Verantwortungslosigkeit gegenüber den Aufgaben des Vierjahresplanes und von so erheblicher Nichtachtung des Gedankens der Betriebsgemeinschaft, daß diese Verstöße nicht ungeahndet bleiben durften. Auf meinen Antrag griff daher der zuständige Oberstaatsanwalt die sofortige Strafverfolgung der Beschuldigten auf. Im beschleunigten

Strafverfahren wurden drei Gefolgschaftsmitglieder nunmehr wegen Vergehens gegen § 2 der Verordnung über die Lohngestaltung vom 25. 6. 1938 in Verbindung mit der Anordnung des Reichstreuhänders der Arbeit für das Wirtschaftsgebiet Mittelelbe durch rechtskräftiges Strafurteil zu 1 Monat, 3 und 6 Wochen Gefängnis verurteilt.

Die Durchführung weiterer Strafverfahren schwebt noch.
Magdeburg, den 2. Dezember 1938
Der Reichstreuhänder der Arbeit
für das Wirtschaftsgebiet Mittelelbe.
M.d.R.d.G.b.   Schroeder

Amtliche Mitteilungen des Reichstreuhänders der Arbeit für das Wirtschaftsgebiet Mittelelbe. No. 1, 5. 1. 1939. (Ausschnittarchiv der Wiener Library, London).

Betriebsführer, so darf es nicht sein!

Etwas anderes: Wenn heute jemand sich in seiner Stelle finanziell verbessern kann, ist es sein gutes Recht. Niemand wird ihm das übelnehmen. Andererseits wird es dem Betrieb niemand übelnehmen, wenn er alles versucht, um den Mann zu halten, um eine unzweckmäßige Facharbeiterwanderung zu unterbinden und sich die eingearbeiteten Facharbeiter zu erhalten.

Der beste Weg dazu ist aber nicht der, einen Arbeiter, der woanders mehr verdienen kann, mit Drohungen zu bearbeiten oder ihm gar anzudrohen, man würde ihn zu den „Grenzbefestigungen" schicken. Für jeden Volksgenossen ist die Arbeit an den Grenzbefestigungen eine Ehrensache! Und es dürfte eine reichlich schamlose Entwürdigung dieses Werkes des Führers sein, eine Strafversetzung daraus machen zu wollen!

Der Angriff, 3. 12. 1938 (Ausschnittsarchiv der Wiener Library, London).

Lohnstopp für Stenotypistinnen

„Der Reichstreuhänder der Arbeit für das Wirtschaftsgebiet Bayern hat für seinen Bereich nunmehr ebenfalls eine Anordnung erlassen, die für sämtliche mit kaufmännischen Arbeiten beschäftigten weiblichen Angestellten in Industrie, Handel, Gewerbe und in den freien Berufen gilt, insbesondere für die Stenotypistinnen, Sekretärinnen und Maschinenschreiberinnen. Die wichtigsten Bestimmungen dieser Anordnung besagen:

„Weibliche Angestellte dürfen bei Eingehen eines neuen Arbeitsverhältnisses kein höheres Gehalt und keine sonstigen höheren Bezüge fordern, als sie im bisherigen Arbeitsverhältnis erhalten haben. Die Betriebsführer dürfen diese Gefolgschaftsmitglieder nur zu dem bisherigen Gehalt und der sonstigen Bezügen einstellen. Wenn aber die für den neuen Betrieb geltende Tarifordnung ein höheres Gehalt vorsieht, so ist beim Vorliegen der entsprechenden Voraussetzungen das höhere Gehalt zu zahlen.

„Weibliche Angestellte, die ihre Lehre beendet haben, dürfen beim Eingehen eines neuen Arbeitsverhältnisses oder bei ihrer Übernahme als kaufmännische Angestellte kein höheres Gehalt als ihr Tarifgehalt erhalten. Das gleiche gilt für weibliche Angestellte, die zum erstenmal ein Arbeitsverhältnis eingehen.

„Die Erhöhung des Einstellungsgehaltes bzw. des Tarifgehaltes darf frühestens nach dem Ablauf von sechs Monaten, beginnend von der Einstellung bzw. der Übernahme als kaufmännische Angestellte, erfolgen. Jede Erhöhung – auch eine solche im Einzelfall – ist unter Angabe ihres Grundes sowie der bisherigen und der beabsichtigten Bezüge mindestens drei Wochen vorher schriftlich dem Reichstreuhänder der Arbeit mitzuteilen. Nicht anzeigepflichtig sind Erhöhungen, die bei Vorliegen der tariflichen Voraussetzungen im Rahmen der Tarifordnung vorgenommen werden.

„Der neue Betriebsführer ist verpflichtet, sich vor der Einstellung über das Gehalt und die sonstigen Bezüge der Bewerberin in der alten Stellung zu unterrichten.

„Wer dieser Anordnung zuwiderhandelt oder sie umgeht, wird mit Gefängnis oder Geldstrafe, letztere in unbeschränkter Höhe, oder einer dieser Strafen bestraft. Die Anordnung tritt am 1. Juli in Kraft."

Fränkische Tageszeitung, 1. 7. 1939. (Ausschnittarchiv der Wiener Library, London).

Walter Dach

Die Bekehrung des „Genossen" Müller

„Ich muß gleich wieder los!" sagt Müller hastig, nachdem er die Jungen, alle drei, mit „Strolche" und „Vagabunden" in den Ring seiner kräftigen Arme geschlossen und, wie üblich, von der Küche aus in die Stube gegen die Betten geschleudert hat. Dem Kleinsten, sechsjährig, macht das am meisten Spaß. Alle drei aber kreischen und brüllen wie die Löwen dabei.

„Du mußt gleich wieder fort?" Müllers Frau fragt es stets mit einiger Besorgnis. Sie weiß, wie es in ihm frißt und brodelt. Er ist ein Fanatiker in allem, was er tut, und leicht reißt es ihn zu Unbesonnenheiten hin. Die Arbeitersache scheint ihm verloren zu sein, ein Menschenalter lang hat man's ihm so eingepaukt, daß er's nun glauben muß. Ganz wirr macht ihn aber, daß er dafür keine handgreiflichen Beweise hat. Hitler ist der Knecht der Bourgeoisie! haben sie jahrelang in Versammlungen geschrien. Und nun müssen sie erleben, daß die Industriekapitäne und Bankfürsten bei diesem Hitler um schön Wetter bitten.

„Und doch wollen sie ihn einwickeln!" hat sich Müller ausgeredet.

Sie wollen. Kann sein. Aber ob er sich einwickeln läßt, das ist die Frage. Frau

Müller hat sich nie richtig um Politik gekümmert. Doch soviel versteht sie davon, ja fühlt sie: Hitler will das Beste für den Arbeiter, man darf Vertrauen zu ihm haben. Er hat selbst auf dem Bau als einfacher Arbeiter gestanden und weiß, wie's dem armen Menschen ums Herz ist.

„Er wird es vergessen, wie alle Bonzen da oben, die wir hatten", schimpft Müller.

„Das glaube ich nicht", sagt seine Frau, „Der Mann lebt so einfach, das sieht man schon am Anzug. Die Zeit wird's ja lehren. Es ist übrigens vom Verein der Saarländer ein Schreiben gekommen ... wegen der Abstimmung."*

Müller brummt etwas vor sich hin, rasiert sich, wäscht sich, zieht sich um, ißt zwischendurch ein paar Happen. „Ich sage Dir, das kann heute mein Glück sein. Flex ist ein toller Junge."

„Grade das gefällt mir nicht", meinte dagegen die Frau. „Wenn einer wegen Mogelei rausfliegt ..."

„Das gefällt mir auch nicht", sagt Müller. „Aber was geht das uns an. Das ist lange her, und wie die Chose eigentlich genau war, das wissen wir alle nicht. Vielleicht ist die Direktion auch nicht sauber dabei. Wenn man jeden Menschen daraufhin untersuchen wollte ..."

Im Kaffeehaus in der Friedrichstraße fragt Müller nach Herrn Flex, denn er kann ihn nicht gleich finden.

„Herr Direktor Flex –."

„Donnerwetter, der Flex ist Direktor? Ja, ja, ein Teufelskerl war er schon damals!"

Da ist er. Er hat sich umgezogen und sieht noch wohlhabender aus. Mit seinen tänzelnden Schritten kommt er auf den Besucher zu, reicht ihm die Hände hin.

Müller ist froh, aus dem allgemeinen Blickfang hinaus zu kommen. Das vornehme Getue ringsum in den Sesseln, die befrackten Kellner und die Musik haben ihn ganz verwirrt; schließlich ist das hier ja nicht der Stammaufenthalt eines Arbeiters.

Flex nimmt Müller mit sich durch einige große Räume, immerzu plaudernd, immerzu behende wie ein Wiesel. Am Ende sind sie in einem kleineren, gemütlicheren Raum angelangt, in dem es stiller ist und der sich recht gut fürs Plaudern eignet. Hier wird auch Müller gesprächiger.

„Erst mal gut vor Anker gehen", scherzt Flex und rückt an einem kleinen Ecktisch, „und dann etwas an Bord nehmen. Herr Ober ..."

„Wo ist denn Fräulein Wackerhagen?" fragt Müller.

Flex erzählt, daß sie seine Privatsekretärin sei und zu tun habe. Dabei nimmt er dem Kellner die Flasche ab und füllt selber die Gläser mit dem duftenden Bordeaux. Der Kellner reicht Zigaretten, Zigaretten ... und verschwindet.

---

* Im Versailler Vertrag wurde dem Kohlegebiet Saarland die Unabhängigkeit verliehen, obwohl es ökonomisch an Frankreich gebunden blieb. Eine Volksabstimmung wurde für 1935 vorgesehen. Das Volk konnte dann abstimmen, ob es entweder Frankreich oder Deutschland angegliedert werden wollte oder den unabhängigen Status beibehalten wollte.

In einiger Entfernung geht eine hübsche dunkelblonde, schlanke Frau vorüber. Flex verschlingt sie. „Sache, was? Was Rassiges. Das wäre etwas für mich. Ich bin mächtig hungrig auf Berliner Frauen."

Müller denkt: und die Wackerhagen? Aber er sagt nichts. Wer kennt sich schließlich darin aus?

„Sie sind nun schon lange fort, Herr Flex", meint Martin Müller. „Wie die Zeit vergeht."

„Ja", sagt Flex und raucht Kringel; das konnte er auch früher, mindestens zehnmal hintereinander. „Die Welt ist groß und doch so klein. Bei der Chemischen war ja nichts zu machen für mich. Soll ich mein Lebtag als kleiner Angestellter mit dreihundert Märkerchen und weniger im Monat schuften? Und andere werden reich dabei? Soll ich meine Talente verkümmern lassen in solcher Knochenbude?"

Und die Betrügerei in der Chemischen? denkt Müller.

„Nein, mein lieber Müller", spricht Flex weiter, „da habe ich einen Sprung gemacht. Von Berlin nach Paris. Dann war ich in Lyon und Straßburg. Zuletzt habe ich mich einige Wochen in Saarbrücken aufgehalten. Sehen Sie, jetzt bin ich auf der Höhe. Als Leiter einer großen Französisch-Luxemburgischen Industrievertretung und Agentur . . . ja, ja. Vorübergehend habe ich meine Zelte in Berlin aufgeschlagen. Aber ganz anders als damals, ganz anders . . ."

Müller sagt sich: das ist ihm schon zu glauben. Flex trägt einen Anzug von neuestem Stoff und Schnitt. Aus der Westentasche hängt ein goldener Bierzipfel. Und Ringe trägt er, die ihr gutes Kapital in sich haben. Dasselbe ist von der Perle auf seiner Krawatte zu sagen. Er wird eine gefüllte Brieftasche haben und ein hohes Bankkonto.

„So etwas kommt natürlich nicht von selbst", erzählt Flex weiter. „Das muß man sich erringen. Man muß verstehen, Vorteile auszunutzen. Man muß auf dem Posten sein, Herr Müller. Man darf nicht über Hemmungen und Vorurteile stolpern."

Müller meint: warum erzählt er mir das?

„Und nun zu Ihnen, bester Müller. Zwischendurch einen tiefen Schluck. Auf Ihr Spezielles!"

Müller muß sich anstrengen, mitzuhalten. Flex ist ein strammer Weintrinker.

„Ihr habt inzwischen in Deutschland eine kleine Revolution gemacht, nicht?" Flex sieht sich vorsichtig im Kreis um und lacht dann schallend. Zischend fährt er fort: „Müller, ich sage Ihnen: Die Deutschen . . . nicht mal eine richtige Revolution bringen sie fertig . . . sowas wie in Frankreich . . ."

„Na", meint Müller, „Umwälzungen haben wir eigentlich genug. Darüber komme ich ja gerade nicht weg."

Flex stutzt einen Augenblick. „Und Sie persönlich? Mit wieviel hundert Mark Pension hat man den Betriebsrat Müller entlassen?" Er lacht wieder, und es gießt sich mit Spott in die Breite.

„Eine schlimme Zeit", sagt Müller und denkt wieder an seine alten Ideale und an seine Funktionärämter.*

* in der Gewerkschaft und der SPD.

„Mit andern Worten also: bekleckert, richtig bekleckert!" bekräftigt Flex die Klage Müllers. „Das wissen wir im Ausland ganz genau. Ich kenne genug Emigranten." Er beugt sich vor. „Und wollen Sie das alles wie eine feige Memme hinnehmen? Ich kann Ihnen sagen: es tut sich was im Saargebiet. Mit den Stimmen für Frankreich wird's wohl leider nicht viel werden, – aber Status-quo-Stimmen ... Am Ende ist's dasselbe, so hoffe ich. Die Kohlengruben müssen mal ganz an Frankreich gehen. Sie sind wichtig ... überhaupt die ganze Saar ... im Frieden und im Krieg."

Flex rückt mit dem Stuhl vertraulicher heran. „Müller, ich habe eine ganz große Sache, – und ich brauche Sie."

Martin Müller weicht etwas vor der grünen Lohe aus Flex's Augen zurück. „Handelt es sich um die neue Arbeit für mich?"

„Ja. Können Sie schweigen?"

„Natürlich, wenn es sein soll."

„Es muß sein, Müller, unbedingt. Sie müssen wir fest versprechen, zu schweigen, gegen jedermann."

Das ist ja eine sonderbare neue Arbeit, denkt Martin Müller, bei der so viel Geheimnis dabei ist. „Ich verspreche es", sagt er dann laut und fest. „Ich habe übrigens gleich meine Papiere aus den vorigen Stellungen mitgebracht." Er holt sie aus der Brusttasche.

Flex wehrt stumm ab. Seine Hand greift zum Glas, er stärkt sich und spricht dann geschäftlich.

„Herr Müller, ich habe einen Sonderauftrag für die französische Rüstungsindustrie. Ihre Chemische Fabrik hat sich für industrielle Zwecke seit Jahren mit der fabrikationsmäßigen Herstellung eines bestimmten Gases beschäftigt. Die Versuche sind jetzt geglückt, wir wissen das genau. Es liegt uns daran, das technische Verfahren im einzelnen kennen zu lernen. Mein Plan liegt dazu fest. Es hat keinen Zweck, direkt an die beteiligten Ingenieure heranzugehen. Die Sache muß durch drei, vier Hände laufen. Der Verbindungsmann zu mir muß ein äußerlich völlig unverdächtiger Mann sein, einer, der eben auch erst durch Mittelspersonen an das Geheimnis herankann. Wie das zu geschehen hat, ist von mir ausgearbeitet. Ich brauche nur noch den ersten Mann in der Kette. Und das sollen Sie sein, Müller."

Müller sitzt regungslos vor dem Sprecher. Er sieht ihn unverwandt an. Sieh mal da, wie sich der Flex verändert! Seine Nase wird noch länger und krümmt sich zu einem Schnabel. Seine Augen werden noch listiger, jetzt sind sie ganz grell. Seine Kopfhaare sträuben sich zu einem schwellenden Haarkamm. Ein Vogelkopf, ein richtiger Beutejäger, ein Raubtier ...

„Und nun Ihre Chance", spricht Flex weiter. „Sie erhalten eine Geldabfindung, die sich hören lassen kann. Und dann haben Sie ja die Genugtuung. Sie werden zufrieden sein, Müller. Sie haben doch nicht etwa Bedenken, was? Ich weiß ja, Sie waren immer ein ehrlicher Mann, zu ehrlich, mein Lieber. Schon als Betriebsrat hätten Sie großzügiger sein sollen. Was haben Sie nun? Fußtritte. Und das hier hat ja überhaupt nichts mit Ehrlichkeit oder Unehrlichkeit zu tun. Es handelt sich um ein Geschäft, um Konjunktur und Konkurrenz. Die Kapitalisten sind ja sowieso auf der ganzen Welt miteinander versippt. In einem Jahr hätten wir drüben selbst die Sache ausgeknobelt. Glauben Sie man, im Westen gibt's auch helle Köpfe. Aber wozu experimentieren, wenn's anders scheller geht? Auf direktem Weg sozusagen. Kleiner Tip, Müller: wenn Sie moralische Anwandlungen haben sollten, betrachten Sie die Geschichte mal politisch. Spielen Sie dem neuen Regime in Deutschland einen Streich. Das Gas, ich kann Ihnen sagen, eine scheußliche Sache. Das frißt sich durch Tanks und Betonkeller. Der nächste Krieg wird verflucht lustig für Deutschland..."

Müller sitzt noch immer regungslos und schweigend vor Flex. Was man doch alles für Bilder hat, wenn man so starr auf einen Punkt sieht! Graue Schwaden geistern durch den Raum. Gasalarm hämmert. Soldatenkolonnen brechen auf, stürmen vorwärts, die Maske vor dem Gesicht. Keine Artillerie. Ein unheimlich-stummes Ringen im Feld. Die Reihen sinken wie die Halme vor der Klinge. Von drüben pustet es grau heran. Gas, Gas. Dem ist keiner gewachsen. Und drei der Tausende – sind es nicht Müllers Jungen? – recken im Lauf die Arme gegen Müller, hilflos die Gewehre von sich schlenkernd, drohend, fluchend. Auch sie sinken dahin, reißen die Maske in Todesqual herunter, irr, stöhnend, schreiend: Vater...! Vater...! Verräter...! Verräter...!

„Müller, nanu, was ist Ihnen denn? Wo es mir gut geht, da ist mein Vaterland! Bedenken Sie das viele Geld! Da würde sich kein einziger Arbeiter besinnen. Es wird so bleiben in der Welt: erst ich, was scheren mich die andern."

Da steht Müller auf, sehr langsam und den Blick immer auf sein Gegenüber gerichtet, reckt sich kraftvoll zur ganzen Höhe, nimmt die rechte Hand weit nach hinten – und haut Flex mit der Wucht des Schmiedehammers mitten eins ins Gesicht. Wie ein Quell springt das Blut aus der Nase.

Flex taumelt, brüllt, reißt sich empor, stößt den Tisch um und stürzt auf Müller zu.

„Ein Wahnsinniger! Ein Verrückter!"

Müller macht Miene, ihm eine zweite Ohrfeige zu geben.

Flex weicht zurück. Plötzlich ist Fräulein Wackerhagen da, als hätte sie lauernd im Nebenraum gesessen. Kellner und Gäste stürzen herzu.

„Jetzt wird mir alles klar", sagt Müller mit einem Blick auf die Sekretärin. „Ihr habt mich längst belauert am Fabriktor, um eure dreckige Sache mit mir zu machen. Aber ohne mich, Leute, aber ohne mich..."

Es entsteht ein großes Durcheinander. Fragen schwirren umher, Leute laufen durch die Stuhlreihen, man drängt sich. Flex's Nase wird von Fräulein Wackerhagen nach oben gezogen, um das Blut zu stillen.

„Ich werde vielleicht nie ein richtiger Nationalsozialist werden", sagt Müller bebend, „aber das eine weiß ich nun ganz genau: Die Arbeiter wollen keinen Krieg – und Hitler will ihn auch nicht, der hat auch die Nase voll. Der hat schon allerlei in der Sache getan, mehr als jede andere Regierung, das muß man nun sagen... und das Saargebiet hat nichts mit Krieg zu tun. Und ein Lump will ich nicht werden. Und meine drei Jungen..."

Hier bringt der Geschäftsführer einen Polizeibeamten an, und Flex kullert vor dem mit den Augen. „Was ist hier geschehen?"

„Ich habe dem da eins geknallt", sagt Müller.

„Wie kommen Sie dazu? Sind Sie denn von Sinnen? Einen solch kräftigen Schlag . . ."

„Es ist nicht so schlimm", gluckst Flex unter dem blutgetränkten Taschentuch hervor. Das wirkt so erheiternd, daß alle Umstehenden in Lachen ausbrechen und der Beamte mitlacht.

Es zeigt aber auch, daß hier etwas gespielt wird, was die Polizei offenbar nicht wissen soll, zumal Flex in ängstlicher Unruhe aufs Zahlen drängt und mit seiner Begleiterin verschwinden will.

Der Beamte greift zu. „Los, auf die Revierwache!" Und dann zum Alex!

Walter Dach, *Volksgenosse Müller. II. Erzählungen der Arbeit.* Berlin 1935. S. 23–34.

Die Rechnung liegt auf dem Tisch

Was das deutsche Volk an Steuern bezahlt

Neben dem Rüstungswettlauf, der sich quantitativ in den Zahlen der produzierten Kanonen, Flugzeuge etc., der ausgebildeten Soldaten, der Kadres usw. ausdrückt, wird zu oft ein anderer „Wettlauf", der sich unter den sogenannten Kulturstaaten abspielt, übersehen: die unheimliche Zunahme der Steuerlasten, die dem Bürger „aufgebürgert" werden. Auch auf diesem Gebiet hat das Dritte Reich Spitzenleistungen hervorgebracht. Es wäre innig zu wünschen, daß jene kapitalistischen Kreise in der Schweiz und andern demokratischen Ländern, die immer wieder von Sympathien für die „Ordnung" in den Diktaturstaaten geplagt wurden, gelegentlich auch dieser Seite der Frage etwas mehr Aufmerksamkeit schenken würden. Insbesondere ist das einprozentige Wehropfer, über das wir uns in der Schweiz streiten, eine ganz bescheidene Sache gegenüber dem, was die Volksgenossen Großdeutschlands für die Machtträume des Führers berappen müssen.

Vor uns liegt eine amtliche Zusammenstellung der zur Zeit in Deutschland geltenden Steuern und Steuertarife (mit vielen Tabellen). Es ist eine 120 Seiten starke Broschüre, auf deren letzter Umschlagseite tröstlich bemerkt wird, daß die Lieferung von Änderungen jederzeit möglich sei; „Auswechslung infolge des Klemmheftes ohne weiteres möglich." Der Steuersegen fließt ständig weiter – und die Nerven werden immer gespannter.

Im ganzen sind es heute 21 Reichssteuern, 12 Besitzsteuern und 9 Verkehrssteuern, wozu aber bekanntlich noch zahlreiche von den Gemeinden erhobene Abgaben auf allem möglichen kommen, mit denen die Gemeinden ihre Sonderbedürfnisse decken. Weiter sind auch die „freiwilligen Steuern" (Winterhilfe etc.) nicht unbeträchtlich. Die 12 Besitzsteuern heißen:

1. Einkommensteuer,
2. Lohnsteuer,
3. Kapitalertragsteuer,
4. Aufsichtsratssteuer,
5. Bürgersteuer,
6. Wehrsteuer,
7. Körperschaftssteuer,
8. Gewerbesteuer,
9. Vermögenssteuer,
10. Aufbringungsumlage,
11. Reichsfluchtsteuer,
12. Erbschaftssteuer.

Am Schluß des Heftes befindet sich ein „Steuerterminkalender", in dem für jeden Monat die Fälligkeitstermine angegeben werden. In jedem Monat sind Raten mehrerer Steuern fällig, im Februar und August zum Beispiel sind acht Fälligkeitstermine, zwei am 5., drei am 10., zwei am 15, und einer am 20. Februar resp. August. Dazu wird beigefügt: „Alle diese Zahlungstermine sind strikte einzuhalten. Schonfristen gibt es nicht mehr."

Die Grundlage des Ganzen ist die Reichseinkommensteuer. Hier ist sozial beachtenswert, daß sehr große Ermäßigungen für Verheiratete, je nach Kinderzahl, gemacht werden. Die Steuerbelastung für die Ledigen ist dafür so stark, daß diese kaum mehr für die Errichtung eines eigenen Haushalts sparen können. Als „ledig" gelten auch Witwer und Geschiedene bis zu einem bestimmten Alter.

Wir bringen hier einige Ansätze für drei Kategorien: Ledige, Verheiratete ohne Kinder, Verheiratete mit zwei Kindern:

Einkommen pro Jahr:	Steuerbetrag		
4000 M.	640	342	185
6000	1024	640	376
10000	1984	1240	910
20000	5376	3360	2796
50000	21568	13480	12710
100000	50000	33480	32600

Der ledige Volksgenosse, der 100,000 M. verdient, kann also genau die Hälfte abladen; für die höhern Einkommen bleiben die gleichen Tarife wie für 50,000 (in Prozenten). Männer (verwitwete oder geschiedene) und Frauen, die jüdische Kinder haben, gelten als ledig und müssen die höhere Steuer zahlen.

Sehr hoch sind ebenfalls die Ansätze für die Lohnsteuer, die bekanntlich gleich bei der Lohnzahlung abgezogen wird: sie beträgt in den mittleren Löhnen durchschnittlich 15 Prozent.

Die Bürgersteuer steigt von 2 M. bis zu 50 M. bei Einkommen von 20,000 M. Die Vermögenssteuer beträgt grundsätzlich 5 pro Mille.

Die Erbschaftssteuer umfaßt fünf Steuerklassen; bei den niedern Erbschaften steigt sie von 2–15 Proz., bei 500.000 beträgt sie 7–34 Prozent.

Die Gewerbesteuer wird nach dem Ertrag, dem Kapital und der Lohnsumme berechnet. Es muß für den gewerblichen Mittelstand, aus dem ein großer Teil der ersten Anhänger Hitlers stammt, besonders schmerzlich sein, daß er noch mit einer speziellen drückenden Steuer belastet wird.

Jedenfalls gewinnt man aus der Lektüre dieses Büchleins den Eindruck, daß die vielzitierte „Grenze des Tragbaren" für Steuerbelastungen eine sehr variable Sache ist. Die Demokratie sichert uns nicht nur unsere Freiheiten, sie schützt uns auch vor dem Schicksal, daß wir mehrere Monate des Jahres allein für den Steuerdrachen schuften müssen.

Auch England hat eine relativ sehr hohe Steuerbelastung, besonders für die hohen Einkommen; da aber die Gesetzgebung ganz verschieden ist, sind Vergleiche schwer möglich. Das deutsche Steuersystem verlangt weiter einen ungeheuer komplizierten Erhebungs- u. Kontrollapparat, der natürlich wieder vom Volk bezahlt werden muß.

National-Zeitung (Basel), 23. 2. 1939. (Ausschnittarchiv der Wiener Library, London).

Die Lebenshaltungskosten 1933–1937

Berlin, 14. Mai. – Zum ersten Mal nach einer längeren Zeit hat das Institut für Marktanalysen Einzelhandelspreise und Lebenshaltungskosten in Deutschland analysiert. Während man vor einigen Wochen noch behauptete, der Preisanstieg betrage in den vergangenen vier Jahren nationalsozialistischer Wirtschaftslenkung lediglich 3,4%, gibt das Institut nun einen realen Preisanstieg von 7,2% zu. Die Zahlen basieren auf dem Verbrauch einer durchschnittlichen Arbeiterfamilie, aber sie können nur bedingte Gültigkeit für die Gesamtbevölkerung haben, da unzählige Vorzugsmaßnahmen und Sonderrationen für bestimmte Gruppen mit niedrigen Einkommen geschaffen wurden.

Lebensmittelpreise stiegen seit 1933 um 11,5%. Verglichen mit Vorkriegspreisen stiegen die Kosten um 22,3%, aber verglichen mit dem Preisniveau von 1929 kann man einen Rückgang von 23,4% verzeichnen. Bei Kleidern beträgt der Preisanstieg 17,5% seit 1933 und seit 1914 24,5%. Jedoch sind diese Preise seit 1929 um 28% gesunken.

Mieten haben sich seit 1933 kaum verändert. Im Vergleich zu 1929 sind Mieten durchschnittlich 3,7% niedriger, aber im Vergleich zum Vorkrieg 21,3% höher.

Unter allen Faktoren, die in den Lebenshaltungskostenindex eingehen, sind Heizung und Kleidung die einzigen, deren Kosten gesunken sind – 1,1% seit 1933. Sie sind um 11,3% billiger als 1928 aber 26,6% teurer als 1914.

„Verschiedenes" ist 41,9% teurer als 1914 und 0,2% als vor vier Jahren. Im Vergleich mit 1929 liegt dieser Posten aber 17,6% niedriger.

Der allgemeine Preisanstieg wird noch offensichtlicher, wenn man die heutigen Einzelhandelspreise mit denen von 1933 vergleicht. Butter wurde um 35% teurer, Margarine um 44%, Eier 31%, Kartoffeln 22%, Fleisch generell 18%, Schweinefleisch 11%, aber Kalb- und Hammelfleisch stiegen um 40 bzw. 41%. Milchprodukte liegen generell um 15% höher, Erbsen sogar 52% und Bohnen 31%. Haferflocken stiegen um 5%, Reis 7% und Zucker um 2%. Gemüse ist 2% teurer, Vollmilch 7%. Brot dagegen ist 2% billiger und andere Bäckereierzeugnisse 1%. Roggenbrot und Mischbrot sind 2% billiger, Spezialbrot 1%, Mühlenprodukte generell 2% billiger.

Unter der Kategorie Heizung und Licht sind Kohle, Gas und Elektrizität billiger geworden – jeweils 1%. Aber die Preise für Wintermäntel, Hemden und Schuhe stiegen um jeweils 24, 17 und 8%.

Für Hygiene und Körperpflege reduzierten sich die Kosten um 2% und für Verkehrsmittel um 3%. Die Kosten für Möbel dagegen stiegen um 6%, Unterhaltung 1%, Zeitungen 2% und Kulturelles 1%.

Im Ganzen sind also die Lebenshaltungskosten erheblich gestiegen. Preisrückgänge stehen in keinem Verhältnis zum Preisanstieg. Die Preise berücksichtigen auch nicht den gleichzeitigen Rückgang der Qualität der Waren und Güter. Um nur ein Beispiel zu nennen: Die Qualität des Brotes ist durch das vollständige Ausmahlen des Roggens entschieden gesunken sowie durch die Beimischung von 7% Maismehl zum Weizenmehl.

Die fortschreitende Verminderung der Qualität schlägt sich natürlich nicht deutlich in den Indexzahlen nieder. Aber es kann festgestellt werden, daß sie jede bescheidene Preissenkung wettmacht, abgesehen von der Tatsache, daß es den Verbraucher zwingt, zu teureren Produkten zu greifen. So ist der Preisanstieg beim Fleisch in Wirklichkeit höher, als er sich in den Zahlen ausdrückt. Da häufig die preiswerteren Fleischstücke nicht auf dem Markt waren, gab es einen gezwungenen Wechsel zu höherwertigen Fleischsorten und, als Folge, einen Anstieg der realen Lebenshaltungskosten. Dasselbe kann man von Milchprodukten sagen und sicher auch von Textilien, bei denen häufig Mischgewebe aus Kunstseide und Wollfasern angeboten wurden. So ist es schwer zu verstehen, wenn das Institut für Marktanalysen diese Faktoren als zufällig präsentiert und nicht ausschlaggebend für die wirklichen Lebenshaltungskosten.

‚Luxemburger Wort' (Luxemburg), 23. 2. 1940 (Ausschnittarchiv der Wiener Library, London) (aus dem Englischen übersetzt).

Die Lage des deutschen Einzelhandels

Das nationalsozialistische Wirtschaftsprogramm der sog. Kampfzeit enthielt als großes Schlagwort die Unterstützung des Einzelhandels und des Handwerks und die Ausschaltung der großen Warenhäuser ... In den letzten Jahren hat sich eine vollständig umgekehrte Politik in der Versorgung der Bevölkerung mit Konsumwaren herausgebildet. . . . Auch der Index der Einzelhandelsumsätze blieb hinter dem Stand von 1928 zurück. . . . Der Mangel an Konsumgütern hatte schon vor Ausbruch des Krieges viele kleine Einzelhandelsgeschäfte lebensunfähig gemacht, so daß deren Inhaber, weil ihr Einkommen unter dem Existenzminimum lag, unterstützt werden mußten . . .

Die ungünstige Lage des Einzelhandels gab den nationalsozialistischen Stellen, die sich mit der Beschaffung von Arbeitskräften für die unter Arbeitermangel leidenden rüstungswichtigen Betriebe zu befassen hatten, willkommene Gelegenheit, eine Auskämmung des Einzelhandels und des Gewerbes vorzunehmen. Allein in Berlin sind bei dieser Auskämmungsaktion mehr als 10 000 Betriebe geschlossen worden. Ihre Inhaber wurden der unselbständigen Arbeit in der Rüstungs- und Baubranche und in der Verwaltung zugeführt.

Waren infolge des Gütermangels schon vor Kriegsausbruch viele Einzelhandelsbetriebe unrentabel geworden, so setzte sich diese Entwicklung nach Kriegsausbruch im Zusammenhang mit dem Karten- und Bezugsscheinsystem verstärkt fort. Die Warenzuteilungen wurden weiter eingeschränkt . . . Wie zu erwarten war, sind aufs neue viele Betriebe unrentabel geworden und z. T. bereits in Zahlungsschwierigkeiten geraten.

Neue Züricher Zeitung; 28. 11. 1939. (Ausschnittarchiv der Wiener Libary, London)

Die Spitzengehälter in Deutschland.

Aus Berlin wird berichtet: Auf Grund der neuen Reichsbesoldungsordnung erhalten die Oberbefehlshaber der Wehrmachtteile, der Chef des Oberkommandos der Wehrmacht und der Chef der Deutschen Polizei ein Gehalt in Höhe von 26 550 DM jährlich. 24 000 DM erhalten die Staatssekretäre, die Präsidenten des höchsten Gerichts, die Generalobersten, Generaladmirale, Generale und Admirale.

Pester Lloyd (Budapest), 23. 2. 1940. (Ausschnittarchiv des Wiener Library, London).

Einschränkungen für den Handel

„Das Schwarze Korps" hat wiederholt die Überbesetzung im Zwischenhandel dargestellt, die in einem so ungesunden Verhältnis zur Anzahl der produktiven Kräfte steht. Die Kennzeichnung dieser Wahrheit findet nicht überall gleich freudigen Widerhall, aber das schafft sie nicht aus der Welt und befreit unsere Volksführung nicht von der Aufgabe, ein gesünderes Verhältnis herzustellen und den aufgeblähten Verteilerapparat zu vereinfachen.

So ist es wohl verständlich, daß wir heute mehr Kaufleute haben als wir ernähren können; und daß uns in der Erzeugung die Kräfte fehlen, die anderswo in dem aussichtslosen Bemühen, an überflüssigen Verteilungsstellen einen Lebensunterhalt zu verdienen, nutzlos vergeudet werden. Es ist ebenso verständlich, daß die Betroffenen eine Härte darin sehen, daß man ihnen nahelegt, den aussichtslosen Beruf aufzugeben und umzusatteln. Aber ihnen und dem deutschen Volke bietet sich heute endlich die Möglichkeit, alte Fehler wiedergutzumachen und Ordnung in die Aufgabengliederung der Volksgemeinschaft zu bringen.

Das Schwarze Korps, 27. 7. 1939 (Ausschnittarchiv der Wiener Library, London).

So sah es aus

Im Jahre 1934 erreichten über 200 000 Einzelhändler nicht das steuerliche Existenzminimum. Im Jahre 1936/37 war bei 34,7% das Einkommen geringer als 125 Mark.

Soziale Praxis, Februar 1938.

... und die Maßnahme folgte

Die Schließung nach Para. 1 der Verordnung kann verfügt werden, wenn der Inhaber oder die mit der Leitung des Unternehmens betraute Person
1. in der Zeit vom 1. Januar 1937 bis zum Zeitpunkt der Überprüfung des Betriebes während mindestens drei, auch nicht zusammenhängenden Monaten Wohlfahrtsunterstützung oder Arbeitslosenunterstützung bezogen hat, weil aus dem Unternehmen eine selbständige Existenz nicht gewährleistet ist, oder
2. nicht in der Lage ist, ohne Gefährdung des Unternehmens den steuerlichen Verpflichtungen aus dem Gewerbebetrieb und den laufenden Verpflichtungen der Gefolgschaft gegenüber regelmäßig nachzukommen, oder von der Gewerbe- oder Einkommenssteuer freigestellt ist.

Erste Anordnung zur Durchführung der Verordnung zur Beseitigung der Überbesetzung im Einzelhandel vom 16. 3. 1939.

Ständige Preiskontrollen

Berlin, 8. Oktober. Der Polizeipräsident von Berlin, Graf von Helldorf, hat eine Bekanntmachung veröffentlicht, in der er zunächst mitteilt, daß er den Betrieb eines wegen Höchstpreisüberschreitung wiederholt bestraften Großschlächters für dauernd habe schließen und den Inhaber selbst in Schutzhaft nehmen lassen. Daran fügt er folgende Erklärung an:

„Die Zahl der Kontrollbeamten der Preisüberwachungsstelle ist wesentlich vermehrt worden. In allen Stadtteilen finden künftig ständig Kontrollen statt. Für die anständigen Geschäftsleute sind diese Kontrollen nur eine Bestätigung ihres einwandfreien Handels. Wer aber fahrlässig oder absichtlich Höchstpreise überschreitet, Preistreiberei unterstützt oder gegen die Preisauszeichnungspflichten verstößt, wird unverzüglich zur Anzeige gebracht.

Ich warne die gesamte Berliner Geschäftswelt vor weiterer Preistreiberei. Wer glaubt, aus einer vorübergehenden Mangellage sich einen Sondervorteil mit ungerechtfertigten Preiserhöhungen verschaffen zu können, erweist sich als Schädling für die Volksgemeinschaft und wird entsprechend behandelt. Empfindliche Ordnungsstrafen, Geschäftsschließungen und Schutzhaft drohen bei Zuwiderhandlungen."

Frankfurter Zeitung, 9. 10. 1936.

Die Machtergreifung

Die Ereignisse des 30. Januar 1933, als Adolf Hitler Reichskanzler wurde, berührten jeden Deutschen. Leider haben wir nur wenig Informationen darüber, wie die nationalsozialistische Machtergreifung von der Mehrheit der Bevölkerung aufgenommen wurde. Die Wahlen im März jenes Jahres mögen signifikant sein, denn obwohl sie unter steigendem nationalsozialistischem Druck stattfanden, waren es die letzten freien Wahlen für viele Jahre. Die Nationalsozialisten erhielten zwar mit 43,9% der abgegebenen Stimmen nicht die absolute Mehrheit, gingen jedoch eindeutig gestärkt aus den Wahlen hervor. Das Ergebnis dieser Wahlen trug dazu bei, die Anstrengungen der Nationalsozialisten zu beschleunigen, das gesamte politische und kulturelle Leben zu beherrschen.

Zwei Auszüge sollen hier einen Eindruck von der nationalsozialistischen Machtübernahme vermitteln (s. Seite 374 ff.). Otto Knabs Bericht über die nationalsozialistische Machtergreifung in einer Kleinstadt in der Nähe von München ist 1934 in der Schweiz veröffentlicht worden, zu einem Zeitpunkt, als die Erinnerungen noch ganz frisch gewesen sein müssen. In dieser Kleinstadt kannte jeder jeden, es herrschte eine „gemütliche" Atmosphäre, und, nach der Zusammensetzung des Stadtrates zu urteilen, war das politische Klima eher konservativ. Die Ironie, die diesen Bericht über eine von Amateuren angestiftete Revolution durchzieht, darf die Tatsache nicht verdecken, daß sie Erfolg hatten und daß sie – so harmlos ihre Aktionen auch ausgesehen haben mögen – die Macht im öffentlichen Leben der Stadt übernahmen. Denn die nationalsozialistische Revolution stürmte keine Barrikaden, sondern vollzog sich auf legale Weise und stellte die Macht der Reichsregierung hinter die Ziele der Partei.

In der Industriestadt Herne im Ruhrgebiet, die 1931 98 400 Einwohner hatte, wurden die Nationalsozialisten vor größere Probleme gestellt. Aus den Wahlen zum Stadtrat am 12. März 1933 ging die NSDAP zwar als die stärkste Partei hervor, konnte jedoch nur ein Drittel aller Stimmen auf sich vereinigen. Das katholische Zentrum wurde aufgrund der überwiegend katholischen Bevölkerung zweitstärkste und die Kommunisten drittstärkste Partei. Offensichtlich gab es immer noch eine selbstbewußte Arbeiterklasse in diesem hochindustrialisierten Teil Deutschlands. Das relativ schlechte Abschneiden der Nationalsozialisten wurde jedoch durch die Reichsregierung korrigiert: bis zur Jahresmitte wurden alle anderen politischen Parteien aufgelöst. Darüber hinaus ermöglichte das Gleichschaltungsgesetz (1934) der NSDAP, Bürgermeister oder Ratsherren nach Belieben ein- oder abzusetzen.

In der Zwischenzeit versuchte die Partei den Lebensrhythmus der Stadt zu verändern. Es wurden nicht nur Straßennamen geändert und Freiwilligen-Organisationen übernommen, sondern die Nationalsozialisten wendeten auch die Methoden an, die ihnen bereits zur Machtergreifung verholfen hatten. Ständige Massenversammlungen, Paraden und Fahnen ließen die Begeisterung der Bevölkerung nicht abebben. Eine Vielzahl von Parteiveranstaltungen und Aktivitäten brachten so irgendwann jeden Bürger – ob er wollte oder nicht – in irgendeinen Kontakt mit den Nationalsozialisten. Der Stadthistoriker von Herne gibt eine lebendige Beschreibung der Methoden nach der nationalsozialistischen Machtübernahme und der darauf folgenden sich verändernden Lebensweise in der Stadt. Es waren nur die tatsächlichen Ereignisse, die er in der zeitlichen Distanz 1963 beschreibt. Jedoch genügt dies, um uns die stürmischen Tage nach der Machtübernahme deutlich vor Augen zu führen.

Die Machtübernahme auf der lokalen Ebene verlief ebenso unblutig wie die Machtübernahme im ganzen Reich. Die Sitzungsberichte des Kölner Stadtrates der ersten Sitzung, nachdem Hitler Kanzler geworden war, vermerken nur geringen Widerstand der noch in der Kammer vertretenen oppositionellen Parteien. Konrad Adenauer und das katholische Zentrum hatten Köln 16 Jahre lang regiert, und doch wurden sie in einer Welle der Begeisterung für die Nationalsozialisten „hinweggespült". Bis zu dieser Sitzung waren die Nationalsozialisten eine kleine Minderheit im Stadtrat gewesen. Ihr Sprecher, Josef Grohé (geboren 1902), war Gauleiter des NSDAP-Gaues Köln-Aachen und Fraktionsführer. Die Rede, die er vor dem Kölner Stadtrat hielt, und die gesamte Ratssitzung bildete den Höhepunkt in seiner Karriere (s. Seite 380 ff.). Diese Rede wurde dann noch einmal 1941 in einer Veröffentlichung zu Ehren Grohés anläßlich seiner zwanzigjährigen Parteimitgliedschaft („Soldat Adolf Hitlers") und zehnjährigen Tätigkeit als Gauleiter abgedruckt.

Für den normalen Bürger waren es wohl eher die kleinen Dinge als die größeren politischen Ereignisse, die die Veränderung seines Denkens bewirkten. Hermann Stresau, Autor und Gegner des Nationalsozialismus, blickt auf einige solcher Vorkommnisse zurück (s. Seite 385 ff.).

Die hier abgedruckten Beschreibungen der Ereignisse während der Machtergreifung erheben natürlich keinen Anspruch auf Vollständigkeit, sie sollen jedoch dazu beitragen, einen Eindruck von der nationalsozialistischen Machtergreifung auf lokaler Ebene zu vermitteln, wo jeder Bürger unmittelbar betroffen sein mußte. Was den durchschnittlichen Bürger betraf, so vollzogen sich die Veränderungen auf friedliche Weise; sie waren aber trotzdem auf eine unerbittliche Art umfassend. So wurde es ermöglicht sich anzupassen, mit dem Strom mitzuschwimmen und in die nationalsozialistische Verhaltensweise hineinzugleiten. Tatsächlich war das der Weg des geringsten Widerstandes, auch wenn man im März 1933 nicht für die Nationalsozialisten gestimmt hatte. War der Anfang einmal gemacht, folgte der Rest ganz von allein – die nationalsozialistische Bewegung ergriff und vereinnahmte die ganze Bevölkerung. Was das bedeutete, haben wir anhand dieses Buches deutlich gesehen.

Die Arbeiterklasse von Herne hatte noch im März 1933 in beachtlicher Zahl für die Kommunisten gestimmt. Aber als die Gewerkschaften zerstört waren und die Partei verboten wurde, blieb nur wenig an Möglichkeiten, Widerstand zu leisten. Hinzu kam, daß die Arbeitslosigkeit Ende 1933 abgeflaut war, und diese Leistung zählte mehr. Sie überdeckte auch die Erinnerung an vergangene Zeiten. Die alte herrschende Klasse des Kaiserreiches, der Adel, der die Republik erfolgreich überlebt hatte, leistete nur vereinzelt Widerstand. Eine Massenbewegung verschreckte sie in ihrer aristokratischen Sensibilität, und das Christentum, zu dem sie eine tiefe Verbundenheit besaßen, schien von der nationalsozialistischen Ideologie verseucht. Dennoch traten auch Teile des Adels, angeführt vom Kronprinzen von Preußen, der nationalsozialistischen Bewegung bei, weil sie hofften, daß Hitler die Monarchie wieder herstellen würde. Die meisten unter ihnen teilten die Anschauung der Baronin von Richthofen, die von Erich Ebermayer in seinen Memoiren zitiert wird (s. Seite 386ff.). Die Baronin von Richthofen mußte vor Ebermayers Mutter ihre Verbundenheit mit dem nationalsozialistischen Regime verteidigen. Ebermayers Mutter war die Frau des ehemaligen Oberstaatsanwaltes in der Weimarer Republik und wie ihr Sohn ein Gegner der Nationalsozialisten.

Die Einstellung der Baronin von Richthofen beschränkte sich in keiner Weise auf den Adel; sie bildete vielmehr die Voraussetzung, das heraufziehende Übel zu akzeptieren – und das nicht nur in Deutschland. Wenn man 1933 nicht den Weg der Legalität sondern den Weg auf die Barrikaden eingeschlagen hätte, wäre die Bevölkerung gezwungen gewesen, vernünftigere Entscheidungen zu treffen. Die Legalität der Machtübernahme hatte aber zur Folge, daß sich die Bevölkerung dem Dritten Reich ohne großen Widerstand unterwarf, um sich dann in einer Umklammerung wiederzufinden, aus der sie sich nicht mehr befreien konnte. Konformität hatte vor auch noch so alten und wertvollen Freundschaften den Vorrang. Dennoch müssen wir dabei ständig an die vielen Menschen denken, die dem neuen Regime voller Begeisterung zustimmten und denen die nationalsozialistische Ideologie einen neuen Lebensinhalt zu geben schien.

Mitläufer und Anhänger, beide sahen sich als Partner des weitreichenden Versuchs, einer modernen Nation ein umfassendes kulturelles Verhaltensmuster aufzustülpen, das die westliche Welt bis dahin noch nicht erlebt hatte. In diesem Buch haben wir uns bemüht darzustellen, auf welche Art und Weise diese Verhaltensmuster und damit gleichzeitig die Weltanschauung in die Bevölkerung hineingetragen wurden. Es ist uns jetzt möglich, die nationalsozialistische Machtergreifung in ihrer ganzen Tragweite zu erfassen, so als hätten wir das Tor geöffnet, durch das sich die nationalsozialistische Ideologie auf das ganze Volk ergoß. Daß die Nationalsozialisten so viel Zustimmung erhielten, ist vielleicht die größte Tragödie dabei. Der Mensch mag sich oft in Situationen hineintreiben lassen, daß aber sich Millionen völlig und bedingungslos der nationalsozialistischen Kultur ergeben haben sollen, gibt diesen Dokumenten ein Gewicht, das es unmöglich macht, sie einzig und allein als Produkt einer raffinierten, erfolgreichen Propaganda abzuqualifizieren.

G. L. M.

Otto Michael Knab

Unsere Stadt unterm Hakenkreuz

Wenn irgendwo der Zustand eingetreten ist, von dem der Volksmund sagt, „es liegt etwas in der Luft", dann redet man auffällig wenig von diesem Zustand und von jener Luft, aus der man das Bedrohliche befürchtet. So war es zwischen dem 5. März und dem 6. März 1933 in unserem Städtchen am See. Ein wenig müde wie der vormärzliche Wolkenhimmel war die Stimmung. Die Wahlen, aus dem Elan des 30. Januar geboren, waren vorüber. Ganz Unentwegte erkühnten sich, von Koalitionsmöglichkeiten zu phantasieren; sie blieben ohne Echo. Zwar nicht zugegeben, klebte dennoch etwas wie Katzenjammer an der Erinnerung um das Wahlergebnis dieses 5. März[1] Die vordem sich heißgeredet hatten: „Man muß Hitler die Chance geben – vielleicht schafft er es doch – und sonst kommt der Bolschewismus", sie waren nun wohl selbst etwas unsicher geworden ob des Kommenden. Auf der Siegerseite aber, der braunen, herrschte so viel verdächtige Ruhe, daß kein Glaube daran sich breit machen konnte.

Da platzten die Bomben der ersten Meldungen: Gerüchte noch, schnell widersprochen, erneut behauptet, wieder dementiert, als Tatsachen wiederholt: in München war Revolution. Nun war es schon gleichgültig, ob Held zurückgetreten oder verhaftet war, ob Stützel sich wehrte oder nicht, ob Epp, zum Staatskommissar ernannt, schon in München war oder erst im Flugzeug[2] – wichtig war nur noch: die braune Revolution hatte begonnen. Was würde nun werden?

Ängstliche erinnerten sich an 1918. Begriffe wie „Geißeln verhaften", „an die Wand stellen", „Waffen abliefern" tauchten auf. Drohungen, in den Wahlkämpfen hundertfach ausgestoßen, nahmen Gestalt an. Was würde werden?

Indessen hingen die nationalsozialistischen Führer des Ortes fieberhaft am Telephon. Was in den Straßen als Gerücht umherlief, war zunächst nicht unsicherer als das, was sie parteiamtlich erfuhren: Bestätigung – Dementi – Alarm – Dementi – Bestätigung – Dementi – – – aber endlich sicher: Alarm! Und der Befehl ging übers ganze Land:

„Auf allen öffentlichen Gebäuden ist die Hakenkreuzfahne zu hissen. Widerstand ist zu brechen." Den Befehl wußte die Öffentlichkeit nicht. Aber die Ausführung sah sie. Die Dämmerung war noch nicht völlig zur Dunkelheit geworden, da stand die SA unter Gewehr.

Die SA unter Gewehr – nicht ein Begriff, sondern zwei Begriffe.

Erstens die SA! Am Städtchen kannte man seit Jahren die „alten Kämpfer", mit Nachsicht, mit Verständnis, mit Duldung die einen, mit Abwehr, Unverstehen, Abscheu die anderen. Nicht kannte man, die seit dem 30. Januar alle neu dazugestoßen waren und nun im Braunhemd marschierten, viel Jugend vor allem. Die standen nun neben den alten Kämpen, die manche Saalschlacht hinter sich hatten, fiebernd vor Tatendrang, standen –

„unter Gewehr"! Der zweite Begriff! In den Städten, wo die SA schon alt genug war, um ausgebildet worden zu sein, wie man so einen Schießprügel behandelt, mag es ein sehr militärischer Anblick gewesen sein, die braune Armee plötzlich in kriegerischer Ausrüstung vor sich zu sehen. Hier im Städtchen war der Anblick nur in den ersten Gliedern der kleinen Hundertschaft militärisch; weiter hinten war er weniger kriegerisch als romantisch. Das Marschieren klappte, soweit die Dunkelheit es ahnen ließ, aber das Kehren und Schwenken erinnerte sehr an Exerzierplatzanfänge, und beim Haltkommando gab es ein malerisches Potpourri, Filmszenen ähnlich, darin wilde Beduinenscharen mit Gewehren fuchtelten. Wer sich nicht scheute, mit dem marschierenden Exekutivkomitee der Revolution Schritt zu halten, konnte allerlei rauhbeinige Ermahnungen der Felderprobten an die jungen Revolutionäre zu Ohren bekommen, etwa: „Rindvieh, halt dei Latt'n (Latte – Gewehr) g'scheit!" Das einzig Bedenkliche an der Geschichte war, daß diese Latten scharf geladen waren, und daß es nur eines unglücklichen Zufalls bedurft hätte, um die großenteils ungeschulte Horde zu einer wilden Schießerei zu veranlassen.

Wozu aber in einer Kleinstadt eine Revolution verhindern wollen? – Und also marschierte die SA unter Gewehr zu ihrer ersten Tat.

Das Bezirksamt ließ sich friedliche Gewalt antun, kapitulierte vor den Gewehren und ließ eine rote Fahne mit dem schwarzen Krummkreuz aus seinem Giebelloch hängen. Eine bewaffnete Wache blieb zurück zur Sicherheit der flatternden Revolution. Im Rathaus war kein Bürgermeister da. Es war auch nicht von Bedeutung. Mit ihm oder gegen ihn – die Fahne wäre doch gehißt worden.

Wieder traten zwei Mann Wache unter das aufgezogene Banner. Jetzt waren schon etliche hundert Leute auf den Beinen, schauten sich die Szene an, fragten einander, wie das Lied heiße, das die Bewaffneten zum Gruße ihres Sieges sangen. Kaum einer wußte es. Es war das Horst-Wessel-Lied. „Die Fahne hoch, ham's g'sungen", antwortete ein Eingeweihter. So sehr ward der Wille des Volkes mit dieser Revolution erfüllt.

Aber nun hatte man nicht genug Fahnen, d. h. schon Fahnen, die für ein Fenster genügt hätten; so große aber, wie sie für amtliche Bauten sich ziemten, hatte man nicht. Doch Befehl ist Befehl. Also nahm man das größte der kleinen Fähnchen, das man hatte – es maß etwa 1 Meter im Geviert – und marschierte mit ihm zu den Flaggenmasten am Bahnhof. Wieder: „Achtung!" Wieder: „Die Fahne hoch!" Und hurtig kletterte das rote Tüchlein in die Höhe, zehnmal höher als es selber war. Es muß sich sehr einsam dort oben gefühlt haben, das niedliche Wahrzeichen der großen Revolution. Und der erste Sieg war also ohne Blut errungen.

Im Wirtshaus „zur Eisenbahn", hochpolitisches Hauptquartier geworden, versammelten sich die Kämpfer zum Siegestrunk, indes die ersten der „Alten", die ihre eigenen Rechnungen zu erledigen hatten, zu den Wohnungen der roten Funktionäre marschierten und dort die ersten Gefangenen machten, ohne Widerstand zu finden. Aber das erfuhr man erst anderntags, wer Prügel bezogen hatte, wer nach München eingeliefert worden war, wo man Haussuchung gehalten hatte. Nach außen hin schien alles friedlich, wie auch heute noch alles friedlich scheint. Die Bürger gingen zu ihren Stammtischen wie sonst, wenn es auch nicht eben fröhlich dort herging an jenem Abend. Eine Vereinsversammlung kam zustande, nur etwas zerstreut waren die Mitglieder. Die Hausfrauen brachten das Abendessen bloß mit einiger Verspätung auf den Tisch. Die Arbeiter blieben zu Hause.

Aber vor drei Gebäuden in der Stadt standen bewaffnete Posten. Standen sie?

Gegen 10 Uhr dieser Nacht lehnten an einem Wohngebäude neben dem Rathaus zwei Burschen, die Kragen ihrer Zivilmäntel hochgeschlagen – denn die olivgrünen Uniformmäntel der SA waren dazumal noch nicht erfunden – auf dem Kopf die Zeichen ihrer revolutionären Würde, die SA-Mützen, und am linken Arm die rote Binde mit dem Hakenkreuz. Angeregt schäkerten sie mit zwei gutgelaunten Weiblichkeiten. Es war eine mäßig kalte Nacht. Eine Zigarette mochte wärmen. Also steckte sich jeder einen Glimmstengel zwischen die Lippen, die Damen strichen das Feuer an und hielten es ihren Helden unter die Nase. – –

In diesem Augenblick kommt ein Mann vorbei. Stahlhelmer, also kein unbedingter Freund, eher das Gegenteil. Er geht auf die zwei gemütlichen Posten zu, stellt sich breitbeinig vor sie hin, brüllt sie an: „Ihr Lausbuben! Ihr wißt wohl nicht, daß auf Wache nicht poussiert und nicht geraucht wird, was?!" – Als ob ein Vorgesetzter sie zurechtgewiesen, lassen sie die Zigaretten fallen, die Sieger des Tags, holen ihre Gewehre, die friedlich an der Wand lehnen, und kehren – betont soldatischen Schritts – zum Rathaus zurück.

Der Stahlhelm-Mann ist längst verschwunden. Die Damen auch. Die Fahne der Revolution pendelt über ihren Wächtern, die stumm sind – bis ein Windstoß das stolze Banner an die Dachrinne reißt und es von unten nach oben zerschleißt. Schon am ersten Tag verwundet!

Vordem hatte das Städtchen einen Stadtrat. Heute nennt sich dieselbe Einrichtung ‚Der Rat der Stadt'.

Nicht nur Kleider, auch Worte machen Leute.

Doch ehe es soweit war, mußten zwei Übergangsstationen durchlaufen werden. Zunächst waren die neuen Gemeinderäte gesetzmäßig zu bilden nach dem Ergebnis der Märzwahlen. Demgemäß waren also die gemeindlichen Vertretungen noch nicht rasserein, noch nicht einfarbig braun. Schwarz-weiß-rote waren da, zwei Stück, Rote ebenfalls zwei Stück, und vier Schwarze – gegenüber elf Braunen.[3]

In der ersten Sitzung gab es Zusammenstöße mit Schwarz und Schwarz-weißrot, Angriffe der Braunen, Loyalitätserklärungen der Nichtbraunen und schließlich, um des alten Bürgermeisters auf gute Art loszuwerden, dessen Ernennung zum Ehrenbürgermeister. Doch das ist eine eigene Geschichte nicht ohne Reiz.

In der zweiten Sitzung folgte man dem Beispiel der großen Städte und schmiß die Roten hinaus. Das geschah so: Die zwei Männlein dieser Farbe, von denen der eine übrigens bereits einige Wochen Konzentrationslager hinter sich hatte, hatten soviel Charakter, nicht mit „Heil Hitler" zu grüßen und bei der solcher Art üblich gewordenen Eröffnungszeremonie der Sitzungen die Hand nicht zum Gruße zu erheben. Würden sie es getan haben, hätte man über ihre Heuchelei gewettert. Da sie es aber nicht taten, ergoß der neue Bürgermeister eine Flut von Beschimpfungen über sie und forderte sie auf, in ihrem eigenen Interesse die Sitzungen ein für allemal zu verlassen. Da nahmen sie ihre Hüte und gingen.

Der deutschnationale Stadtrat Elert, dessen Schicksal wir noch erzählen werden, fand den Mut zu der Frage nach den gesetzlichen Handhaben solchen Vorgehens. Man sagte ihm sehr energisch, daß nationalsozialistische Handlungen als revolutionäre Akte keiner gesetzlichen Handhabe bedürfen; ihm übrigen würde das jetzt überall so gemacht und die Gesetze würden hinterher schon noch folgen; es müsse überhaupt daran erinnert werden, daß man sich in einer Revolution befände, was offenbar gewisse Herren vergessen hätten.

In der dritten Sitzung waren auch die Schwarzen verschwunden. Auf Befehl des bayerischen Innenministers Wagner hatte man sie im ganzen Land verhaftet und gegen die unterschriftliche Erklärung des Austritts aus der Bayerischen Volkspartei und der Niederlegung ihrer Mandate (in den Gemeinde-, Bezirks-, Kreis- und Landtagsvertretungen) wieder freigelassen. So fand man für jede Gruppe ein eigenes Mittelchen. Tödlich wirkten sie alle.

Die Deutschnationalen wurden in der Folgezeit ratenweise gleichgeschaltet, bis der Rest bedeutungslos an die Wand gedrückt war; dann wurde er gastweise in den NS-Fraktionen geduldet und zog die braune Uniform über die schwarz-weiß-rote Seele. In unserem Städtchen war einer übrig geblieben.

So war am 24. April 1933 der Tag gekommen, da der Rat der Stadt nationalsozialistisch rasserein war. Und also sei er vorgestellt:

Alles neu macht – nicht nur der Mai. Alles neu macht eine Revolution. Die nationalsozialistische Revolution zudem hat ja der ganzen Welt erzählt, welch ein zerrüttetes, verlumptes Volk sie übernommen habe. Es ist schier ein Wunder, daß aus diesem „verluderten" Volk von 1919 bis 1933 überhaupt noch irgend etwas Brauchbares hervorgegangen ist. Aber der von der NSDAP so drastisch geschilderte Zustand des deutschen Volkes mag vielleicht eine Entschuldigung dafür sein, daß dieses arme Volk die nationalsozialistischen Führer hervorgebracht hat.

Es war also höchste Zeit, daß auch in unserer kleinen Stadt auf dem Gebiet der Kultur nach dem Rechten gesehen wurde. In den Jahren des Kampfes hatte die Bewegung für solch luxuriöse Dinge, wie die Kultur es ist, keine Kräfte zu verschwenden. Nun aber war über Nacht ein Kulturwart ernannt worden. Er war eine etwas dunkle Existenz und hieß Rücke. Bis dahin hatte ihn niemand gekannt, nun mußte er doch von sich reden machen. Es waren aber im Städtchen annähernd 120 Vereine, von denen etwa ein Drittel sich immerhin mit kulturellen Dingen beschäftigte, nicht nur mit denen des Körpers, auch mit solchen des Geistes. Es gab Musik- und Gesangvereine, Theatergruppen und kleinere Quartette, es gab heimatkundliche und literarische Vereine. Manche davon recht rührig. Da zudem die Großstadt in der Nähe war, verging kaum eine Woche, in der nicht Konzerte, Vorträge und dergl. bekannter Namen angekündigt waren, und außerdem saß ja auch eine große Künstlerkolonie rings um den See. Wer also Bedarf hatte an kulturellen Genüssen, konnte sich reichlich bedienen. Aber auch ein Kreiskulturwart will etwas zu tun haben. Und so berief er Sitzungen ein, in denen beraten wurde, wie man zu den fünfzig monatlichen Veranstaltungen ein weiteres Dutzend hinzufügen könnte und wie man am besten – Zentralisation war ja Triumph – die sämtlichen Vereine und ihre Arbeit in einer – natürlich braunen – Hand vereinigen könne.

Zu diesem Behuf warf ein neuer Verein gegründet, die NS-Kulturgemeinde. Und das erste war, daß sie sich blamierte.

Der Herr Kulturwart berief eine öffentliche Versammlung ein und hielt eine lange Rede, nach deren Schluß sich alle fragten: Was hat er nun gewollt? Sonderbar genug, hatte er freie Diskussion zugesagt, und so frug man ihn, was der Sinn seiner Rede war und welch neuen Plan er nun eigentlich habe.

Der Herr Kulturwart war nicht faul und erklärte freimütig: das eben wolle er von der Versammlung wissen; den Plan eben, wie man etwas Neues machen könne, möchte er aus der Diskussion erfahren. Man war sehr belustigt, hielt sich dann aber mit Vorschlägen zurück, als einem Arzt recht kräftig über den Mund gefahren worden war. Immerhin gingen als Ergebnis der Versammlung Listen herum, in die man sich einzeichnen konnte, bereit, monatlich 50 Pfg. zu zahlen.

Dann hatte der Herr Kreiskulturwart selbst Ideen: Da ihm die deutsche Kultur offenbar in den letzten Jahren vernachlässigt schien, veranstaltete er einen ersten Kulturabend mit dem Thema: 5 Jahre in Rumänien. Seine Tochter sang und sprach rumänische Gedichte, die natürlich niemand verstand, aber alle beklatschten; dann tanzte sie mit einigen Hitlermädchen zusammen einen rumänischen Nationaltanz – ich weiß wirklich nicht, ob er aus Rumänien war –, und schließlich hielt er selbst einen zweistündigen Vortrag, währenddem er alle Postkarten an die Leinwand projizierte, die er in den 5 Jahren seines rumänischen Aufenthaltes bekommen hatte. Als nach 2 Stunden das Licht im Saal aufflammte, erschrak die ganze Versammlung und rieb sich den Schlaf aus den Augen.

Der zweite deutsche Kulturabend Herrn Rückes bestand darin, daß einer, der in Hinterindien und auf Java war, phantasievolle Geschichten erzählte, über welchen Karl May vor Neid hätte erblassen können.

Nach diesem doppelten Debüt deutscher Kultur verschwand der Herr Kulturwart ruhmlos in der Versenkung, und an seine Stelle trat Dr. Zweihäuser. Seine erste Tat war die Auflösung der NS-Kulturgemeinde und ihre Überführung in den „Kampfbund für deutsche Kultur". Das hatte den äußeren Vorteil für die Mitglieder, daß sie jetzt statt 50 Pfg. monatlich 1 Mark pro Monat zahlen dürfen, und den inneren Vorzug, daß der neue Verein sie mit Ausnahme des Einhebens der Beiträge durch keinerlei andere Veranstaltungen belästigte.

Dafür aber wurde etwas Neues gegründet, nämlich eine Ortsgruppe der Deutschen Bühne, die dem Volk nationalsozialistisches Theater in Reinkultur zu vermitteln hatte. Man braucht nur Mitglied dieser neuen Organisation zu werden und monatlich einen Theaterplatz zu bezahlen, und alles ist in Ordnung.

Anmerkungen

1 s. Anm. S.323.
2 Am 9. März 1933 führte Hitler in Bayern einen Staatsstreich durch, indem er die Regie-

rung Heinrich Helds (1924–1933) für abgesetzt erklärte und General Franz Ritter von Epp kommissarisch mit allen Vollmachten einsetzte. Karl Stützel war der bayerische Innenminister.
3 Die Farben stehen für die politischen Gruppierungen: Schwarz-weiß-rot für die Deutschnationalen (DNVP), schwarz für die katholische Bayernpartei und braun für die Nationalsozialisten.

Otto Michael Knab, *Kleinstadt unterm Hakenkreuz. Groteske Erinnerungen aus Bayern.* Luzern 1934. S. 11–16, 23–25, 76–79.

Veränderter Lebensrhythmus

Das Leben der Bürger war verwandelt. Selbst altvertraute Straßen hatten andere Namen, so hieß
der Rathausplatz – Adolf-Hitler-Platz,
die Bebelstraße – Hermann Göring-Straße,
die Otto-Hue-Straße – Schlageterstraße,
die Neustraße – Franz-Seldte-Straße*,
der Rathenau-Platz – Josef-Wagner-Platz, (als der Gauleiter Wagner in Ungnade gefallen war, wurde er in Hans-Schemm-Platz umbenannt).

Später kamen noch die „Straße der SA" für den ersten Teil der Behrensstraße, die Willi-Woide-Straße für die Rosenstraße, die Gustloffstraße für den ersten Teil der alten Shamrockstraße hinzu. Die Bürger gewöhnten sich daran, wie sie sich an vieles gewöhnen mußten. Für Individualisten war es eine schlechte Zeit, denn Partei und Staat griffen überall nach den Menschen. Wer eine Stelle erstrebte, wer einen Paß brauchte, ja, wer nur in einen Verein eintrat, mußte seinen Ahnennachweis führen. Die Standes- und Pfarrämter hatten viel zu tun. Wer heiraten wollte, mußte ein Ehetauglichkeitszeugnis des Amtsarztes beibringen (§ 2 Ehegesundheitsgesetz vom 18. 10. 1933), und bei bestimmten Krankheitsfällen in der Familie entstanden die größten Schwierigkeiten und Untersuchungen auf Grund des Gesetzes zur Verhütung erbkranken Nachwuchses vom 14. 7. 1933 (RGBl. I S. 529). Neue Gerichte entstanden, so das Erbgesundheitsgericht (für Herne in Bochum) und das Erbhofgericht in Herne, an das sich die 21 Erbhofbauern, die es zum Schluß in Herne gab, in allen ihren Hof betreffenden Angelegenheiten wenden mußten. In vielen Berufen brauchte man ein Arbeitsbuch (Gesetz vom 26. 2. 1935, RGBl. I S. 311), und durch den Aufbau der Wehrmacht (Gesetz vom 16. 3. 1935) und das Reichsarbeitsdienstgesetz vom 26. 6. 1935 wurden neue Behörden ins Leben gerufen, wie die Wehrmeldestelle und das Wehrbezirkskommando in dem früheren Gebäude der Loge in der Hermann-Löns-Straße. Zum 1. 1o. 1935 wurde der erste Jahrgang der Arbeitsdienstpflichtigen eingezogen, und die ersten Wehrpflichtigen mußten zum 1. 11. 1935 einrücken; gleichzeitig wurden ab 18. 11. die Jahrgänge 1913 und 1916 für den Arbeits- und Wehrdienst gemustert.

* Seldte war Arbeitsminister, früher Führer der Veteranenorganisation ‚Stahlhelm'.

Die Partei selbst entfaltete die größtmögliche Erfindungsgabe, um sich in alle Lebensbereiche einzumischen. Sie kontrollierte durch ihre großen Nebenorganisationen einfach alles: keine karitative Handlung ohne Einmischung der NSV, kein kulturelles Ereignis ohne KdF, immer neue Begriffe und Schlagworte wurden erfunden, um zu organisieren und Geld hereinzuholen: Hitlerfreiplatzspende – Dankopfer der Nation – Spende der nationalen Arbeit – Gaufahrt der alten Garde – Ehrenbuch für die kinderreiche deutsche Familie – Arbeitsdank für ehemalige Arbeitsdienstler – Haustafel der NSDAP – „Hier spricht die Partei" – Goldene Fahne der DAF – Nationalsozialistischer Musterbetrieb – Anerkannte Berufserziehungsstelle der DAF – Reichsberufswettkampf – Schönheit der Arbeit. Immer neue Organisationen und Einrichtungen: Landjahr, Kreismütterschule, Hilfswerk Mutter und Kind, Kinderlandverschickung, Ernährungshilfswerk; ferner die Begriffe des Winterhilfswerks wie Eintopfsonntag, Tag der nationalen Solidarität, Eisernes Buch.

Und immer hieß es „Flaggen heraus!", wobei nur noch die Hakenkreuzflagge gezeigt werden durfte; die zunächst vielfach verwendeten alten Reichsfarben Schwarz-Weiß-Rot wurden bald verboten. Es war immer ein Grund zum Feiern, zu Aufmärschen und Kundgebungen. Der Ablauf des Jahres bekam einen ganz neuen Rhythmus, es bildete sich ein Kreis von Festen, der sich jährlich wiederholte, und die Rassentheoretiker der Partei sprachen bereits ehrfürchtig von einem sich neu bildenden Mythos. Die althergebrachten Feste mußten in den Hintergrund treten. Das Weihnachtsfest entwickelte sich zum Fest der Wintersonnenwende, die HJ sang nicht die alten christlichen Weihnachtslieder, sondern „Hohe Nacht der klaren Sterne". Dabei lief die Propagandamaschine immer auf vollen Touren, und wenn im folgenden der Ablauf des nationalsozialistischen Jahres 1937 als Beispiel angeführt wird, so darf dabei der große dazugehörige Rummel, das ewige Trommeln, die ständige Wiederholung (ein Eintopfsonntag erforderte mindestens 6 eindrucksvolle Hinweise in der Zeitung) nicht vergessen werden. Tatsächlich vollzog sich der Ablauf der Ereignisse aufdringlich und lärmhaft, und die nüchterne Aufzählung kann keinen Begriff von dem begleitenden Tam-Tam geben.

Hermann Meyerhoff, *Herne 1933–1945: Die Zeit des Nationalsozialismus.* Herne 1963. S. 94–96.

Die Machtübernahme der Nationalsozialisten in Köln

Erste Stadtverordnetensitzung nach der Machtübernahme
Sitzung vom 30. März 1933

Grohé: Deutsche Männer und Frauen! Es ist das erstemal, daß die Kölner Stadtverordnetenversammlung im Zeichen und unter dem Eindruck der nationalen Erhebung des deutschen Volkes zusammentritt. Ganz Köln steht im Banne dieser unserer Tagung. Zehntausende sind auf Straßen und Plätzen versammelt, um dieses Ereignis durch Lautsprecherübertragung mit zu erleben. Und Hunderttausende erwarten sehnlichst die Meldung der Presse, daß der Verlauf dieser Versammlung und ihrer Beschlüsse mit dem Willen des überwältigenden Teiles der Kölner Bevölkerung in Einklang stehen.

Wir danken zunächst der Kölner Stadtverwaltung dafür, daß sie den Saal, in dem wir tagen, in jene feierliche Ausschmückung gehüllt hat, die der Bedeutung des Tages gerecht wird. Wir grüßen unser stadtkölnisches Wappen. Wir neigen unser Haupt vor jenen schwarzweißroten Fahnen, die einstmals Deutschlands Größe und Herrlichkeit in der Welt verkündeten, und wir schauen voll Stolz und Genugtuung auf jenes Hakenkreuzbanner, das uns Adolf Hitler schenkte und unter dem sich Deutschlands Wiederauferstehung aus dem Nichts heraus anbahnte und sich zur Größe des heutigen Tages durchzusetzen vermochte. (Lauter Beifall.)

Wir sehen in diesem Saale die Bildnisse unseres verehrungswürdigen Generalfeldmarschalls und Reichspräsidenten von Hindenburg und des deutschen Volkskanzlers und Führers zur nationalen Freiheit und sozialen Gerechtigkeit: Adolf Hitler. (Bravo- und Heilrufe.) In Ehrfurcht vor der Größe ihres Seins und Tuns und in dem Gelöbnis bedingungsloser Gefolgschaft wollen wir sie heute bitten, die Ehrenbürgerschaft unserer rheinischen Metropole zu übernehmen. (Starker Beifall.) Es ist eine große Stunde, die wir heute alle begehen. Das stolzeste, heldenhafteste und arbeitsamste Volk der Erde wurde durch die Revolte des Novembers 1918 in eine furchtbare Tiefe gerissen. Aus dem Mustervolk der Welt wurde eine Masse egoistischer Interessenhaufen, ein Durcheinander des Klassenhasses und der standesdünklerischen Überheblichkeit. Aus einem Volk der Macht und der vorbildlichen Ehre wurde ein Spielball der Umwelt und ein Opfer weltkapitalistischer Ausbeuter.

Für uns als Vertreter der stadtkölnischen Bevölkerung mußte dieser Fall aus höchster Höhe in die tiefste Tiefe um so schmerzlicher und beschämender wirken, als von dieser Stadt aus der Geist des Verrats und des Bruderzwistes im Jahre 1918 sein Haupt erhob. Damit nicht genug, brandete die Fackel des von den Feinden aufgestachelten Separatismus in unserer Stadt auf und zerstörte weitere Werte nationalen Ansehens und völkischen Zusammengehörigkeitsgefühls.

Nun ist der Tag der Wiedererstehung deutschen Seins in Köln angebrochen. Was die Geschichte unserer Stadt – sicherlich im wesentlichen infolge der feindlichen Bedrückung und Einflüsse – bisher nicht zu verzeichnen vermochte, ist Wirklichkeit geworden: die Kölner Bevölkerung hat sich in einer geradezu überwältigenden Mehrheit zum deutschen Volkstum und zur nationalen Einheit eines großen Deutschen Reiches bekannt. (Lautes Bravo!) Und das, deutsche Männer und Frauen, danken wir dem deutschen Volksmanne Adolf Hitler, der aus dem Nichts heraus als Unbekannter unter den Millionen unseres Volkes den Kampf gegen Niedergang und Stumpfsinnigkeit begann und allen Widerständen zum Trotz die nationale Revolution im deutschen Volke erweckte, die wir in diesen Wochen und Tagen in Deutschland mit so grenzenlosem Jubel erleben können. Das danken wir jenen bekannten und unbekannten Angehörigen unseres Volkes, die in jahrlanger aufopfernder Tätigkeit nichts unversucht gelassen haben, der Idee der Volksgemeinschaft der nationalen Ehre und der sozialen Gerechtigkeit zum

Durchbruch zu verhelfen. Wir denken in dieser Stunde an die Tausende und aber Tausende nationalsozialistischen SA- und SS-Männer und sonstiger Parteigenossen, die – ihr eigenes Ich immer wieder zurücksetzend und vergessend – als Soldaten Adolf Hitlers und damit als Soldaten der deutschen Wiedererhebung fochten und wirkten und infolge ihrer Zähigkeit, ihres Mutes und ihrer Treue den Tag der nationalen Wiedergeburt herbeigeführt haben. (Bravorufe und Händeklatschen.)

Wir wissen, daß nicht alle unsere Gegner wider besseres Wissen gehandelt haben. Wir schätzen das deutsche Volk in dem, was sein Ehrgefühl ausmacht, viel zu hoch ein, als daß wir eine bewußt böswillige Bekämpfung der nationalsozialistischen Bewegung durch es in seiner Mehrheit jemals zu unterstellen vermocht hätten. Wir sind vielmehr der Überzeugung, daß es nur ein geringer Bruchteil der Angehörigen unseres Volkes und im übrigen jener Teil sogenannter deutscher Staatsbürger war, der mit dem deutschen Volkstum nichts gemeinsam hat und aus anders geartetem Blutwert die Wiedergeburt der deutschen Nation zu vereiteln versuchte. Wir wollen deshalb auch keine Rache nehmen an all jenen, die uns bisher gegnerisch gegenüberstanden, sondern wir wollen unsere Arme und die Tore unserer Bewegung weit öffnen, um alle zu umfangen und in unsere Volksgemeinschaft hineinzunehmen, die sich noch ein Gefühl für einstige deutsche Größe, für hinter uns liegendes deutsches Heldentum und für die Notwendigkeit einer Wiedererstehung der deutschen Volksgemeinschaft bewahrt haben. (Starker Beifall.) In tiefer Ehrfurcht verneigen wir uns deshalb vor unseren gefallenen Brüdern des großen Weltkrieges. Wir erheben uns ihnen zu Ehren von unseren Plätzen, und wir gedenken in derselben Ehrerbietigkeit und Dankbarkeit jener Kameraden und Volksgenossen, die im uneigennützigen Kampfe für ein neues Deutschland und eine neue Größe unseres Volkes als Helden der nationalen Revolution ihr Leben gelassen haben. (Lebhafte Pfuirufe zur Linken; Zurufe: Aufstehen, Ihr Lumpen, hinaus, Ihr Lumpen! Glocke des Vorsitzenden.)

Ich stelle fest, deutsche Männer und Frauen, daß Sie sich zu Ehren unserer Helden von Ihren Plätzen erhoben haben, und danke Ihnen.

Deutsche Männer und Frauen! Wir erleben die begeistertste Erhebung unseres deutschen Volkes im Zeichen des Hakenkreuzes. Die nationale Revolution hat sich in einer Disziplin und einer Ordnung vollzogen, wie sie die deutsche Geschichte bisher nicht zu verzeichnen vermochte. Ziehen wir aus der Notwendigkeit unserer Zeit und aus der Form, in der die Umwälzung vonstatten ging, aber auch die allein möglichen Konsequenzen. So, wie der Geist der Zwietracht und des Interessenklüngels überwunden wurde, so ist auch die Zeit des Parteienstaates und der Koalitionen vorüber. (Starker Beifall und Händeklatschen.)

Wenn die Einheit des deutschen Volkes in seiner überwältigenden Mehrheit nur im Geiste Adolf Hitlers und in den Forderungen des Nationalsozialismus möglich war, dann ist auch der weitere Aufbau des neuen Reiches nur in dem gleichen Geiste und in den gleichen Grundsätzen denkbar.

Ein jeder muß sich damit abfinden, daß wir jetzt wohl das letztemal nach Parteilisten in Deutschland gewählt haben. (Beifall.) Die nach vier Jahren kommende Wahlhandlung des deutschen Volkes wird sich nach menschlichem Ermessen auf einen neuen Verfassungsentwurf zu beziehen haben (Lebhafter Beifall), der die Existenz parlamentarischen und damit Klassen- oder konfessionellen Parteiegoismus ausstreicht und einen neuen völkischen Staatsaufbau sicherstellt. (Beifall.)

Die Machtübernahme durch Adolf Hitler und seine Mitkämpfer hat damit die Zeiten der Koalitionen und des Kuhhandels ein für alle Male überwunden. (Stürmischer Beifall.)

Damit ist die Wurzel der deutschen Not und Verelendung beseitigt und dem natürlichen Willen der deutschen Volksmehrheit entsprochen.

Damit ist aber auch die Voraussetzung dafür geschaffen, daß die aufbauenden Kräfte der Nation, die sich in der persönlichen Sauberkeit und menschlichen Charakterfestigkeit und in der Befähigung zur Leistung kennzeichnen, ohne Rücksicht auf ihre parteipolitische Herkunft für eine ehrliche und gemeinsame Arbeit am Volksganzen zusammengeballt werden können. (Beifall.) An Ihnen liegt es, meine deutschen Männer und Frauen, den von uns eingeführten neuen Lebensstil hinzunehmen, sich unserem berechtigten und bewährten Gestaltungswillen zu fügen und uns unsere Grundforderungen verwirklichen zu helfen. Was Sie an wirklich berechtigten Bestrebungen wirtschaftlicher und kultureller Art bisher verfochten haben, wird Ihnen im neuen Reich Adolf Hitlers und des Hakenkreuzes zu verfechten mehr als im Parteienstaat möglich sein.

Wir lassen aber keinen Zweifel daran, daß wir alle Volksschädlinge radikal zu vernichten gewillt sind, und daß wir Korruptionen und Verfechtung irgend welcher dem allgemeinen Interesse zuwiderlaufenden Sonderbestrebungen keineswegs dulden werden. (Beifall.)

Den Marxisten erkennen wir grundsätzlich keinerlei Betätigungsrecht in Deutschland zu. (Stürmischer anhaltender Beifall.) Es kommt deshalb auch nicht in Frage, daß marxistische Parteien in den Ausschüssen der Stadtverordnetenversammlung zugelassen werden. (Sehr richtig, Beifall.) Wer klassenkämpferisch und international ist, kann nicht gleichzeitig von sich behaupten, den Interessen unserer Stadt und unseres Volkes dienen zu wollen. (Sehr richtig!)

Aber nur deren Interessen gilt es, auch hier in diesem Hause zu vertreten und zu verwirklichen. Wir bekennen, daß wir der dem deutschen Volke anhaftenden Sentimentalität verfallen sind, wenn wir die Urheber der Verelendung unseres Volkes und die Verräter unseres Landes heute lediglich politisch unmöglich machen, ohne sie gleichzeitig auch menschlich und persönlich zur gebührenden Rechenschaft zu ziehen. (Sehr gut!)

Es sei daran erinnert, wie man Tausende unserer Kameraden, die nichts wollten als Deutschlands Rettung, brotlos machte, sie in die Gefängnisse einsperrte, sie niederschlug und zu Hunderten ermordete, wie man die nationalsozialistische Presse verbot und durch Vorenthaltung städtischer Säle und des Versammlungsrechtes die Arbeit für ein neues, besseres Deutschland erschwerte und unmöglich machen wollte. (Pfui-Rufe.) Die Vertreter der Sozialdemokratie sitzen noch hier in der Volksvertretung, obwohl ihre führenden Genossen nicht nur vorwiegend mitschuldig sind an Deutschlands bisheriger Schmach, sondern auch jetzt noch die schamlosesten Verleumdungen gegen das neue Deutschland im Ausland verbreiten. (Stürmische Pfui-Rufe.) Diese Parteivertreter haben alle Ursache, dankbar zu uns aufzuschauen, daß wir ihnen nicht das angetan haben, was ihnen angesichts der schweren Folgen ihres bisherigen Tuns gebühren würde. (Sehr richtig!)

Denken Sie zurück an das, was unser einstmals einziger Stadtverordneter Ebel in diesem Hause zu ertragen hatte. (Sehr richtig!) Denken Sie auch daran, wie man uns, die wir bis zur letzten Wahl mit drei Nationalsozialisten in diesem Hause gesessen haben, behandelt hat, wie Sie uns so gut wie jede Redemöglichkeit nahmen und uns noch nicht einmal eigene Anträge stellen ließen. (Pfui-Rufe!)

Denken Sie an die hämische und höhnische Art, mit der Sie uns jahrelang in den Augen der Öffentlichkeit herabzusetzen versucht haben, und dann ermessen Sie an unserem heutigen großmütigen Verhalten, welche Energie und menschliche Größe uns Nationalsozialisten erfüllt.

Wir haben Herrn Adenauer abgesetzt, nicht etwa, weil er sich zur Zentrumspartei zählte, sondern weil wir in ihm einen Menschen erkannt haben, für dessen Auffassung von Moral und Charakter uns das Verständnis abgeht (Sehr gut), und weil sein Wirken von außergewöhnlichem Nachteil für Köln und das ganze Deutschland war. (Beifall.)

Wir können deshalb auch nicht erkennen, daß irgendeine auf Ehre, Anstand und Sauberkeit Wert legende Gruppe dieses Hauses glaubt, sich schützend vor diesen Mann und seine Handlungen stellen zu können. Eine Identifizierung mit der Person dieses abgesetzten Oberbürgermeisters ist gleich einer Identifizierung mit dem Verhalten und den Handlungen dieses Mannes und verdient daher auch die gleiche Beurteilung und Bekämpfung. (Sehr richtig! Beifall.)

Wir bekennen uns in dieser Stunde zu dem Versprechen an die nationaldenkende und deutschbewußte Bevölkerung, alles das, was wir in den Jahren des oppositionellen Kampfes erklärt und vertreten haben, mit eiserner Konsequenz bis zum letzten zu erfüllen. (Lebhafter Beifall.)

Wir reichen allen Volksgenossen, die guten Willens sind, unsere Hand und heißen sie willkommen als Mitkämpfer an unserem großen deutschen Werk. Wir wollen gemeinsam diese unsere rheinische Domstadt wieder zu einer Zierde deutschen, völkischen Lebens und ihre Verwaltung wieder zu einer Zelle der Sauberkeit und Sparsamkeit machen. (Beifall.)

Schließlich danken wir dem neuen Oberhaupt der Stadt Köln für seinen opferbereiten und verantwortungsvollen Einsatz und für die glückliche Hand, mit der er seine Mitarbeiter auszusuchen verstand.

(Die NSDAP erhebt sich und bringt dem kom. Oberbürgermeister begeisterte Heilrufe dar.)

Wir wollen mit dem ersten Leiter unserer Stadt und mit der ganzen Verwaltung arbeiten und wirken für ein sauberes Köln und damit am Ende für die Mehrung deutschen Ansehens und deutscher Größe. Es lebe Köln! Es lebe Deutschland!

(Begeisterte Heilrufe. Die Versammlung singt stehend das Deutschlandlied.)

Peter Schmidt, *Zwanzig Jahre Soldat Adolf Hitlers, zehn Jahre Gauleiter. Ein Buch von Kampf und Treue.* Köln 1941. S. 198–204.

Hermann Stresau

Kleinigkeiten verraten die Unterdrückung

Das Deutsche, oder besser gesagt, der Deutsche sitzt einem enger als je am Leibe, er schnürt einen ein und preßt einem zuweilen die Luft ab. Die Herrschaft Hitlers ist nicht mehr allein eine Herrschaft Hitlers. Man könnte manchmal fast meinen, er sei zu einer Nebenfigur oder vielmehr zu einem Aushängeschild geworden. Aber das ändert nichts an jenem Druck.

Worin dieser Druck besteht, ist schwer zu sagen. Persönlich geschieht uns nichts, wir merken hier draußen von der Partei gar nichts, so lange wir unseren Wald nicht verlassen. Aber unterwegs in Berlin hört und sieht man manches, – es sind nicht immer besondere Ereignisse, sondern kleine, an sich unbedeutende Erlebnisse, die jenes Druckgefühl wachhalten. Etwa folgende kleine Beobachtung im Omnibus: es ist Abend, vor der Abfahrt, und vor mir sitzt ein kleiner Mann, Gärtner seines Zeichens, im Nebenberuf Nachtwächter in der Siedlung. Ich kenne ihn, weil Jackie ihn einmal gestellt hat, er ist ein furchtsamer, ziemlich einfältiger, geschwätziger, aber vollkommen harmloser Mann. Ein großer breiter Kerl kommt herein, mit schwarzer Melone, unangenehm aussehend, wie manchmal in Filmen Kriminalpolizisten in Zivil aussehen, setzt sich zu dem Kleinen, begrüßt ihn, nachdem er dem ganzen Wagen ein baritonales „Heil Hitler" zugerufen hat. Die beiden unterhalten sich über das Wetter, über den Frost, und der kleine Gärtner meint ganz harmlos: gestrenge Herrn regieren nicht lange, Ein Sprichwort, das man fast bei jedem derartigen Frostgeklöhne hören kann. Was tut der Dicke? Er beugt sich vor, räuspert sich und sagt mit merklicher Betonung: Ich verstehe ja nicht ganz, wie Sie das meinen, Herr ... Der Kleine merkte offenbar nicht, wie nahe er dem Konzentrationslager stand.

Oder eine junge Mutter sitzt im Omnibus, mit einem kleinen Mädchen von 4 oder 5 Jahren, das auf der Bank steht und sich interessiert die Außenwelt durchs Fenster betrachtet. Vor dem Omnibus, der noch eine Weile hält, geht ein junger SA-Mann auf und ab. Plötzlich sagt das kleine Mädchen: „Sieh mal, Mutti, dieser junge Mann kommt uns aber nicht hier herein, nicht?" Die Mutter hält dem Kind den Mund zu und macht entsetzt: pst, pst!

Das nennt man Volksgemeinschaft ...

Dazu kommt noch der Generationswechsel: immer wieder wachsen Menschen auf, die den Krieg aus eigener Erfahrung nicht kennen, die Erfahrung der Älteren in den Wind schlagen und geneigt sind, ihn für ein erfrischendes Abenteuer zu halten oder gar für eine Gelegenheit, hohe Tugenden zu entwickeln. Ich vergesse so leicht nicht einen Vormittag in der Bücherei, als ein Kollege und ich, am Katalog beschäftigt, in ein Gespräch über die damals massenhaft auftretenden Kriegsromane kamen, die ja zum größten Teil eine im Grunde kriegsgegnerische Haltung einnehmen. Wir beide waren uns ohne Pathetik ziemlich einig, als ehemalige Teilnehmer, daß der Krieg eine „Schweinerei" sei und daß man von dem einen Male für sein Leben genug habe. Da mischte sich die kleine Praktikantin F. ein und behauptete keck, der Krieg habe doch auch etwas Erhebendes. Wieso? fragte ich, – die Kleine, ein zartes, hübsches Ding, obendrein ein bißchen verwachsen, keine 20 Jahre alt, verblüffte uns ordentlich. Wieso? Aber der Krieg rufe doch die besten Eigenschaften hervor: Opfersinn, Kameradschaft, Mut. Was sollte man darauf sagen? Mein Kollege bemerkte brummig, sie möge die „Schweinerei" erst mal selbst erleben, – aber damit kommt man dem Argument eines idealistischen Kükens nicht bei, und die Antwort darauf ist regelmäßig ein verächtlich wegwerfender Gesichtsausdruck, vielleicht sogar mit Recht. Ich versuchte ihr zuzureden: In früheren Zeiten habe es Seuchen gegeben, Pest, Cholera z. B., welche auch Gelegenheiten boten, menschliche Tugenden zu entfalten: Hilfs- und Opferbereitschaft usw. Ob man es um dieser Tugenden willen bedauern solle, diese Seuchen mit Erfolg aus der Welt geschafft zu haben? Die Kleine schwieg darauf, aber sehr überzeugt hat sie das noch nicht. Wenigstens holte sie immerhin nicht das dümmste aller Argumente hervor, mit dem manche Leute immer noch hausieren gehen: Kriege waren immer, also werden sie immer sein. Die Idiotie dieser Logik tritt immer erst dann hervor, wenn Millionen von Menschen sie mit ihrem Leben bezahlt haben.

Hermann Stresau, *Von Jahr zu Jahr*. Berlin 1948. S. 94–95, 168.

Erich Ebermayer

Verlorene Freunde

Leipzig, 9. Mai 1933

Man wird immer einsamer.
Überall bekennen sich die Freunde zu Adolf Hitler. Es ist, als ob sich eine luftleere Schicht um uns Wenige lege, die unbekehrbar bleiben.
Von meinen jungen Freunden sind es die besten, die sich jetzt radikal zum Nationalsozialismus bekennen. Das ist nicht zu leugnen. Die beiden Söhne des Leipziger Kunsthistorikers Wilhelm Pinder, zwei Prachtjungen von erstklassiger Rasse – der jüngere hatte sich eine Zeitlang eng an mich angeschlossen –, sind geradezu besessene Nazis. Man kann mit ihnen überhaupt nicht diskutieren, denn sie glauben eben. Und gegen Glauben gibt es keine Vernunftargumente. Sie rennen, strahlend vor Glück und Stolz, in der schmucken HJ-Uniform herum. Als ich heute im Schreberbad, unserem jetzt wieder eröffneten Thomaner-Treffpunkt, mit Eberhard Pinder den Versuch eines Gesprächs machte und es wagte – schon schwach und kraftlos, wie man jetzt gegenüber dieser sieghaften Jugend ist! –, zu äußern, daß vielleicht unsere ganze alte Kultur, der Besitz an geistigen und künstlerischen Werten der letzten fünfhundert Jahre, im Strudel dieser Zeit untergehen würde, da meinte der sieghafte Knappe naiv und ein bißchen unverschämt: „Und wenn schon, mein Lieber! Gar so wichtig ist diese Kultur wirklich nicht! Denn

nach dem Wort des Führers entsteht ja jetzt das Tausendjährige Reich. Und es wird sich seine neue Kultur schaffen!"

Meine Mutter erlebt Ähnliches. Mit der Baronin Richthofen, einer ihrer engsten Freundinnen, ist sie über die Politik bereits radikal verkracht. Es ging um die neue Fahne. Frau von Richthofen verlangte, sie solle sich nun endlich eine Hakenkreuzfahne anschaffen. Mutter lehnte das empört ab, sie denke nicht daran, und wenn man sie dazu zwinge, dann werde sie den „Fetzen zum Clo heraushängen". Eine schöne, deutliche und deutsche Sprache – sonst nicht üblich zwischen den Damen der ersten Gesellschaft... Die Baronin schnappte denn auch mit hörbarem Knacks ein, und die alte Freundschaft ging in die Brüche. Mutter leidet mehr darunter, als sie zugibt.

Erich Ebermayer, *Denn heute gehört uns Deutschland... Persönliches und politisches Tagebuch von der Machtergreifung bis zum 31. 12. 1935*. Hamburg und Berlin 1959. S. 75–76.

ATHENÄUM

NEUERSCHEINUNGEN SACHBUCHPROGRAMM

Uwe Dietrich Adam
Judenpolitik im Dritten Reich
384 Seiten, DM 19,80
ATHENÄUM/DROSTE Taschenbücher
Geschichte (ADT 7219)

Zur Erstausgabe 1972 hieß es in der Allgemeinen jüdischen Wochenzeitung:
„... verdient stärkste Beachtung. Das Buch ist ein hervorragender Beitrag zur Geschichte des Judentums und zur Geschichte des Dritten Reiches. Es ist die erste komplette, gut gestraffte und sehr sorgsam belegte Zusammenfassung des riesigen Gebietes, mit Literatur- und Quellenverzeichnis von sämtlichen maßgebenden Titeln und mit einem Personenregister versehen."

Alan Bullock
Hitler
Eine Studie über Tyrannei. Aus dem Englischen von Wilhelm und Modeste Pferdekamp. Nachdruck der Neuausgabe 1971. Mit einem Nachwort des Verfassers 1977
886 Seiten, DM 19,80
ISBN 3–7610–7200–7
ATHENÄUM/DROSTE Taschenbücher
Geschichte (ADT 7200)

Manfred Funke (Hrsg.)
Hitler, Deutschland und die Mächte
Studien zur Außenpolitik des Dritten Reiches
1978. 861 Seiten, kt. DM 26,00
ISBN 3–7610–7213–9
ATHENÄUM/DROSTE Taschenbücher
Geschichte (ADT 7213)

Karl-Heinz Ludwig
Technik und Ingenieure im Dritten Reich
Mit einem Vorwort des Autors zur Taschenbuchausgabe
544 Seiten, DM 22,00
ISBN 3–7610–7219–8
ATHENÄUM/DROSTE Taschenbücher
Geschichte (ADT 7219)

Dieses Buch über „Technik und Ingenieure im Dritten Reich", eine faszinierende geschichtliche Darstellung, wendet sich nicht nur an Zeithistoriker oder an die Techniker, die das Dritte Reich miterlebt haben. Es gibt vielmehr auch den Ingenieuren von heute Anlaß, die Methoden und Ziele technischer Arbeit in einer Demokratie immer neu zu bedenken.

Erich Matthias/Rudolf Morsey (Hrsg.)
Das Ende der Parteien 1933
Darstellungen und Dokumente
Mit Beiträgen von Siegfried Bahne, Hans Booms, Werner Conze, Friedrich Frhr. Hiller von Gaertringen, Erich Matthias, Alfred Milatz, Rudolf Morsey, Karl Schwend.
Mit einem Vorwort der Herausgeber zur Taschenbuchausgabe 1979
864 Seiten mit 46 Abb., DM 29,80
ISBN 3–7610–7220–1
ATHENÄUM/DROSTE Taschenbücher
Geschichte (ADT 7220)

„Das Ende der Parteien 1933": Dieses 1960 erstmals erschienene Standardwerk, jetzt als unveränderte Taschenbuchausgabe wieder aufgelegt, ist bis heute trotz zahlreicher Einzelforschungen als Gesamtdarstellung unübertroffen. Er beschreibt Verhalten und Versagen der Parteien und politischen Gruppierungen in der letzten Phase der Weimarer Republik und in den ersten dramatisch bewegten Monaten der nationalsozialistischen Diktatur.

George L. Mosse
Rassismus
Ein Krankheitssymptom in der europäischen Geschichte des 19. und 20. Jahrhunderts
1978. 236 Seiten mit 9 Seiten Abbildungen, DM 36,00
ISBN 3–7610–8029–8

Das Buch versucht erstmalig, eine Geschichte des europäischen Rassismus im Kontext europäischer Geschichte vom 18. Jahrhundert bis zum Ende des Dritten Reichs darzustellen.

Verlagsgruppe Athenäum · Hain · Scriptor · Hanstein
Adelheidstraße 2 · Postfach 1220 · 6240 Königstein/Ts.